개념완성

사회탐구영역

세계지리

KB190415

정답과 해설 PDF 파일은 EBS*i* 사이트(www.ebsi.co.kr)에서 다운로드 받으실 수 있습니다.

EBS*i* 사이트에서 본 교재의 문항별 해설 강의 검색 서비스를 제공하고 있습니다.

교재 내용 문의 교재 및 강의 내용 문의는 EBS*i* 사이트 (www.ebs*i*.co.kr)의 학습 Q&A 서비스를 활용하시기 바랍니다.

교 재 정오표 공 지 발행 이후 발견된 정오 사항을 EBS*i* 사이트 정오표 코너에서 알려 드립니다. **교재 ▶ 교재 자료실 ▶ 교재 정오표**

교재 정정 신청 공지된 정오 내용 외에 발견된 정오 사항이 있다면 EBS*i* 사이트를 통해 알려 주세요. **교재 ▶ 교재 정정 신청**

기획 및 개발

이은희 박영민 박민 박빛나리 김은미

집필 및 검토

김진수(전 강일고등학교)
신승진(울산삼일여자고등학교)
이강준(홍익대학교사범대학부속고등학교)
이정식(창덕여자고등학교)
최재희(휘문고등학교)
홍철희(대전과학고등학교)

검토

고인석
김봉수
김종명
이태규
정명섭
조동연
최명렬
최종현
탁송일

본 교재의 강의는 TV와 모바일 APP, EBS*i* 사이트(www.ebs*i*.co.kr)에서 무료로 제공됩니다.

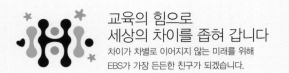

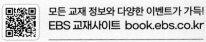

발행일 2020. 1. 5. **9쇄 인쇄일** 2024. 12. 5. **신고번호** 제2017-000193호 **펴낸곳** 한국교육방송공사 경기도 고양시 일산동구 한류월드로 281
표지디자인 디자인싹 **인쇄** 금강인쇄주식회사 **내지디자인** ㈜글사랑 **내지조판** 하이테크컴 **사진** 북앤포토
인쇄 과정 중 잘못된 교재는 구입하신 곳에서 교환하여 드립니다. 신규 사업 및 교재 광고 문의 pub@ebs.co.kr

개념 완성

사회탐구영역

세계지리

차례와 우리 학교 교과서 비교

Contents

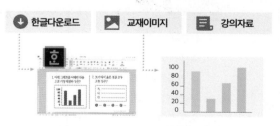

개념완성 세계지리 사용법

1

대단원 한눈에 보기

단원을 들어가기에 앞서 대단원 한눈에 보기 마인드맵을 보고 해당 단원의 구성을 머릿속에 그려보세요. 그리고 단원 학습이 끝난 후 이 마인드맵을 통해 학습한 내용들을 다시 한번 정리하세요.

2

핵심 개념 정리

수업 전후에 핵심 개념 정리를 읽으면서 중요 내용을 정리해 보세요. 보다 상세한 설명이 필요한 부분에는 색 표시하여 친절한 설명을 덧붙였습니다.

3

자료 탐구 + 확인학습

중요하고 꼭 알아두어야 할 자료는 자료 탐구에 정리하였습니다. 자료 분석을 읽으면서 해당 자료가 어떠한 의미가 있고, 또 자료를 통해 무엇을 알아야 하는지 꼭 확인하세요. 그리고 확인학습 문제를 통해 마무리하세요.

4

개념 체크

이제 개념 정리가 끝났다면 학습이 제대로 이루어졌는지 평가할 차례입니다. 첫 번째 평가는 개념 체크를 통해 이루어집니다. 중단원마다 기본 실력을 점검할 수 있도록 개념 체크 문항들을 넣었습니다. 1~3회 반복 체크하다 보면 개념들이 머릿속으로 쏙쏙 들어올 겁니다.

5

기본 문제

두 번째 평가는 기본 문제를 통해 이루어집니다. 틀린 문제가 있다면 꼭 다시 한번 풀어주세요.

6

대단원 마무리 정리 + 대단원 종합 문제

단원 학습이 끝나면 대단원 마무리 정리를 통해 학습 내용을 정리해 보세요. 빈칸에 주요 개념을 채워가며 앞서 학습한 내용을 다시 한번 체크하고, 대단원 종합 문제를 풀면서 마무리하세요.

7

신유형 · 수능열기

내신뿐만 아니라 수능까지도 대비할 수 있도록 신유형 · 수능열기 코너를 구성하였습니다. 난이도가 다소 높을 수 있지만 실제 수능에서는 어떻게 출제되는지 수능에 대한 감(感)을 잡아 봅시다.

8

부록

1 · 2학기 중간 · 기말고사를 준비할 수 있도록 범위별 비법노트와 시험 문제를 제공하였습니다. 시험 전에 진지하게 테스트에 임하여 실전 대비력을 강화하도록 합시다.

9

정답과 해설

마지막으로 정답과 해설에서는 답지별로 친절한 해설을 제공하였고, 틀린 사람을 위한 조언을 넣었습니다. 답지별 해설도 꼼꼼히 읽어서 해당 문항을 완벽한 내 것으로 만들어 보세요.

I 세계화와 지역 이해

대단원 한눈에 보기

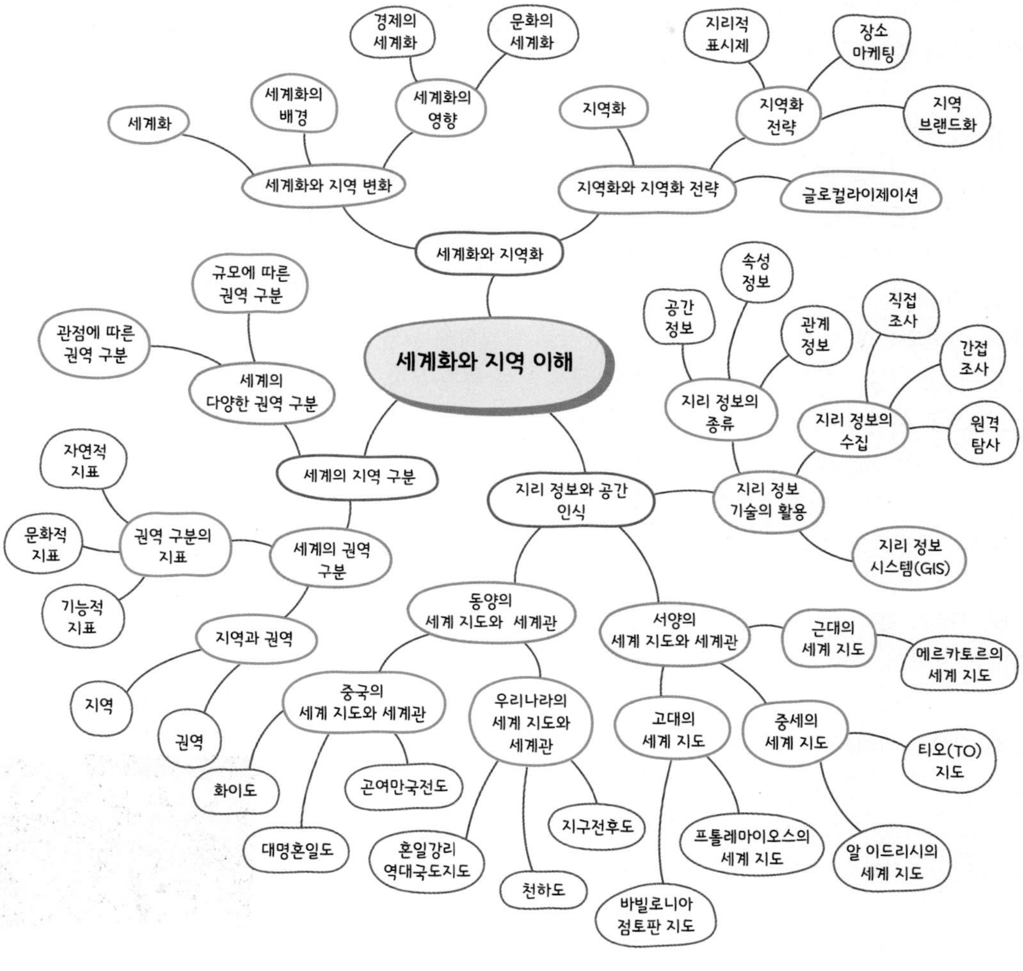

01 세계화와 지역화

교통과 통신의 발달로 세계가 하나로 통합되는 현상을 ① □□□(이)라고 한다.

02 지리 정보와 공간 인식

프톨레마이오스의 세계 지도는 지구를 ② □□(으)로 인식하여 제작되었다.

03 세계의 지역 구분

아메리카는 문화적인 특징에 따라 ③ □□□아메리카와 ④ □□ 아메리카로 구분된다.

정답 | ① 세계화 ② 구체 ③ 앵글로 ④ 라틴

핵심 개념 정리 01 세계화와 지역화

세계화와 지역화로 인한 변화

(1) 세계화와 지역 변화

① 세계화: 교통 · 통신의 급속한 발달에 따라 정치, 경제, 사회, 문화 등 모든 방면에서 세계가 하나의 공동체로 통합되는 현상

② 세계화의 배경: 교통 · 통신의 발달에 따른 시공간의 압축과 상호 의존성 증가
(시공간의 압축 — 물리적 거리의 중요성이 약화됨)

③ 세계화의 영향

- 경제의 세계화: 지구적 차원의 협력과 분업을 통한 생산성 · 효율성 증가와 소비 활동 확대, 세계 무역 기구(WTO)의 출범에 따른 자유 무역 확대 → 국제 분업 증가, 무역 증가, 국제 관광 증가, 생산 및 소비 활동 공간 범위 확대
- 문화의 세계화: 전 세계의 다양한 문화들이 서로 활발하게 교류함으로써 지구촌 문화가 변화하며, 문화 전파 과정에서 서로 다른 문화의 융합으로 새로운 문화가 창조되어 세계 문화가 풍부해짐 → 문화 갈등이 발생하거나 소수 문화 쇠퇴 등의 문제가 발생하기도 함
(문화의 세계화 — K-POP의 세계적 확산이 대표적인 사례임)
(소수 문화 쇠퇴 — 영어 사용이 증가하면서 언어의 다양성이 약해지고 있음)
- 인간 활동 공간의 지리적 확대와 국제적인 상호 연계성의 증대로 국경의 의미가 약화되고 있음

(2) 지역화와 지역화 전략

① 지역화: 지역의 생활 양식이나 사회 · 문화 · 경제 활동 등이 세계적 차원에서 가치를 지니게 되는 현상

② 지역화 전략: 세계화의 흐름 속에서 세계 각 지역은 지역 경제 활성화 및 경쟁력 향상을 위해 다양한 지역화 전략을 사용

지리적 표시제	특정 지역의 기후, 지형, 토양 등의 지리적 특성을 반영한 우수한 상품에 그 지역에서 생산 · 가공되었음을 증명하고 표시하는 제도
장소 마케팅	지역의 특정 장소를 하나의 상품으로 인식하고, 기업과 관광객에게 매력적으로 보일 수 있도록 지역 정부와 민간이 이미지와 시설 등을 개발하는 전략
지역 브랜드화	지역의 상품과 서비스, 축제 등을 브랜드로 인식시켜 지역 이미지를 높이고 지역의 경제를 활성화하는 전략

③ 글로컬라이제이션(Glocalization): 세계화를 추구하면서도 각 지역의 고유한 의식, 문화, 기호, 행동 양식 등을 존중하는 전략 → 세계화와 지역화의 효과를 동시에 높일 수 있음
(글로컬라이제이션 — 세계화 + 지역화)

(3) 세계화와 지역화 시대의 대응: 지방 정부나 자치 단체가 경제적 · 문화적으로 자립할 수 있는 여건 조성 → 세계 여러 지역과의 교류 활성화 → 국가 경쟁력 강화, 지역의 문화 보존을 통한 세계 문화의 다양성 증진

◉ 항공기 산업의 국제적 분업

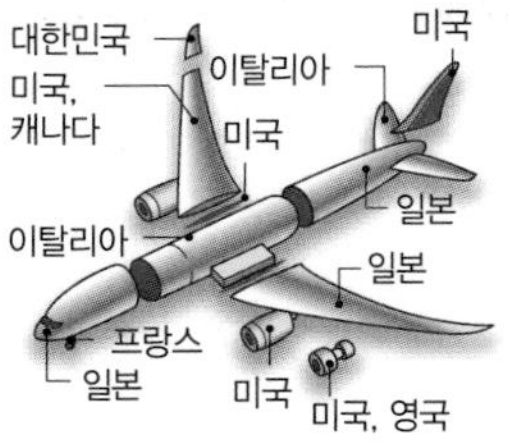

(B 항공기 제작사, 2017)

미국에 본사를 둔 다국적 기업인 B사는 세계 여러 국가의 협력업체로부터 부품을 공급받아 항공기를 생산한다.

◉ 관광 산업의 세계화

(유엔 세계 관광 기구, 2016)

▲ 세계 관광객 수 추이

세계화의 영향으로 세계 관광객 수가 빠르게 증가하고 있다. 이로 인해 지역 경제가 활성화되고 있으나 지역의 문화 및 자연환경에 부정적 영향을 주기도 한다.

◉ 뉴욕의 지역 브랜드 I♥NY

◉ 피자에 나타난 글로컬라이제이션

▲ 인도의 피자

힌두교도를 배려하여 소고기를 넣지 않으며, 마살라(혼합 향신료)와 파니르(인도식 치즈) 등의 재료를 사용한다.

자료 탐구

① 청바지 생산의 국제 분업

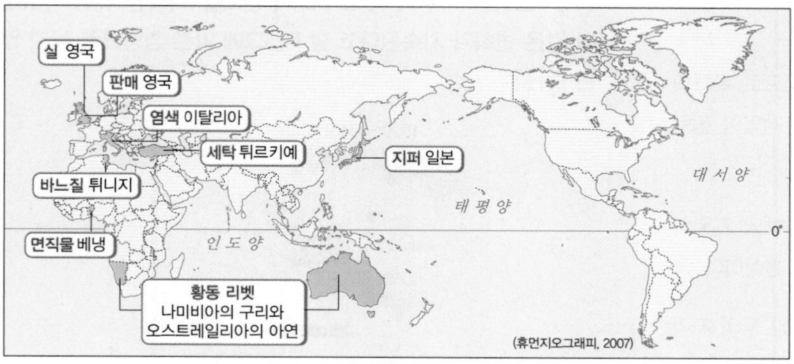

▲ 영국 ○○사의 청바지 생산

분석 | 광산 노동자의 작업복이었던 청바지가 오늘날에는 전 세계 젊은이들의 상징적인 패션이 되었다. 영국 ○○사는 청바지를 생산하기 위해 8개 이상의 국가로부터 원료, 부품, 노동력 등을 공급받는다. 이렇게 생산된 청바지는 유통망을 통해 전 세계로 팔려 나간다.

② 세계 여러 지역의 지리적 표시제 특산물

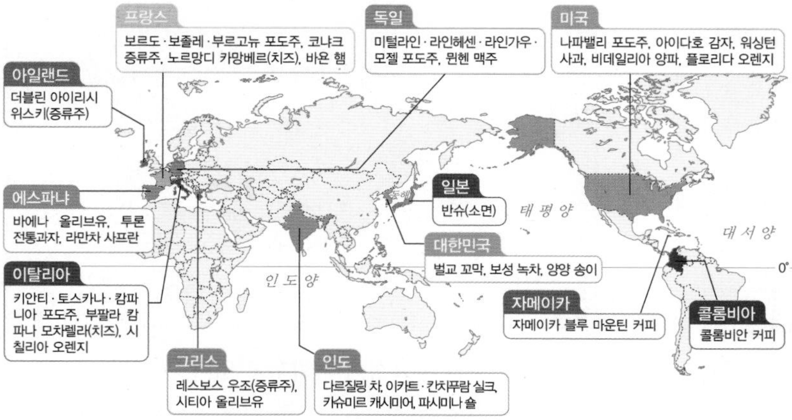

(세계 지식 재산권 기구, 2017)

분석 | 지리적 표시제는 상품의 품질이나 맛이 생산지의 기후와 토양 등 지리적 특성과 밀접하게 연계되어 높은 명성을 얻은 경우 지명을 지식 재산권으로 인정하는 제도이다. 지리적 표시제 인증을 받은 상품에는 다른 지역에서 임의로 상표권을 이용하지 못하도록 하는 법적 권리가 주어진다. 인도의 다르질링 차, 프랑스의 보르도 포도주 등이 대표적이다.

확인학습

1 왼쪽에 있는 청바지 생산의 국제 분업 지도에 나타난 국가 중 (가), (나)에 해당하는 국가로 옳은 것은? (단, 아프리카 국가들만 고려함.)

> (가) 구리의 매장 및 생산량이 많은 편이다.
> (나) 인근에 넓은 목화 재배 지역이 위치한다.

	(가)	(나)
①	베냉	나미비아
②	튀니지	베냉
③	튀니지	나미비아
④	나미비아	베냉
⑤	나미비아	튀니지

정답과 해설 ▶ 나미비아는 구리의 매장 및 생산량이 많아 구리를 구하기 쉬운 국가이며, 면직물을 담당하는 베냉은 지리적으로 인접한 말리 등에서 목화를 대규모로 확보할 수 있는 국가이다. 답 ④

2 (가)는 어느 지리적 표시제 상품의 마크이다. (가) 상품이 생산되는 국가를 지도의 A~E에서 고른 것은?

(가)

① A ② B ③ C ④ D ⑤ E

정답과 해설 ▶ (가)에는 '콜롬비아의 커피'라고 적혀 있으며, 콜롬비아의 커피 제품은 지리적 표시제에 등록되어 있다. 콜롬비아는 지도에서 A에 해당한다. A는 콜롬비아, B는 페루, C는 브라질, D는 칠레, E는 아르헨티나이다. 답 ①

개념 체크

저절로 암기 Tip | ☐ 1회 (/) ☐ 2회 (/) ☐ 3회 (/)

01~05 빈칸에 알맞은 용어를 쓰시오.

01 __________은/는 인간의 활동 공간이 지리적으로 확대되고 국제적인 상호 연계성이 증대되어 국경의 제약이 점차 약해지는 현상이다.

02 __________은/는 지역의 고유성이 증대되어 해당 지역이 세계적 차원에서 독자적인 가치를 지니게 되는 현상이다.

03 __________은/는 특정 지역의 기후, 지형, 토양 등의 지리적 특성을 반영한 우수한 상품에 그 지역에서 생산·가공되었음을 증명하고 표시하는 제도이다.

04 __________은/는 지역의 특성을 하나의 상품으로 인식하고, 기업과 관광객에게 매력적으로 보일 수 있도록 지방 정부와 민간이 협력하여 이미지와 시설 등을 개발하는 것이다.

05 __________의 출범과 다국적 기업의 성장으로 국가 간의 상품, 서비스, 자본, 노동 등의 이동이 활발해지고 있다.

06~08 다음 내용이 옳으면 ○표, 틀리면 ×표 하시오.

06 다국적 기업은 세계 여러 지역에 자회사와 연구소, 생산 공장을 두고 세계 시장을 대상으로 상품을 생산하고 판매하는 기업이다. (　　)

07 지역 축제는 지리적 표시제의 대표적인 사례이다. (　　)

08 인터넷을 이용한 해외 직접 구매가 확대되고 있는 것은 세계화의 사례이다. (　　)

정답

01 세계화 **02** 지역화 **03** 지리적 표시제 **04** 장소 마케팅 **05** 세계 무역 기구(WTO) **06** ○ **07** × **08** ○

오답 체크 Tip

05 세계 무역 기구(WTO)가 출범하면서 국제 무역이 증가하고, 국가 간 생산 요소의 이동도 증가하였다. **07** 지역 축제는 장소 마케팅의 대표적인 사례이다.

기본 문제

▶ 20581-0001

01 그림은 지구의 상대적 크기 변화를 나타낸 것이다. (가)와 같은 변화가 지속된다고 할 때, 그에 따른 영향으로 옳지 않은 것은?

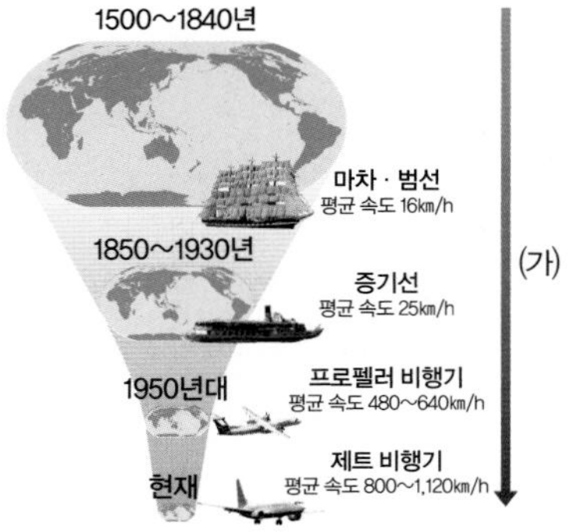

① 국제 관광객 수가 증가할 것이다.
② 지역 간 시간 거리가 축소될 것이다.
③ 다국적 기업의 영향력이 강화될 것이다.
④ 지역 경제 협력체의 중요성이 약화될 것이다.
⑤ 국가 및 지역 간 상호 의존성이 증가할 것이다.

▶ 20581-0002

02 지도는 대륙별 상품 무역액 변화를 나타낸 것이다. 이에 대한 설명으로 옳은 것은?

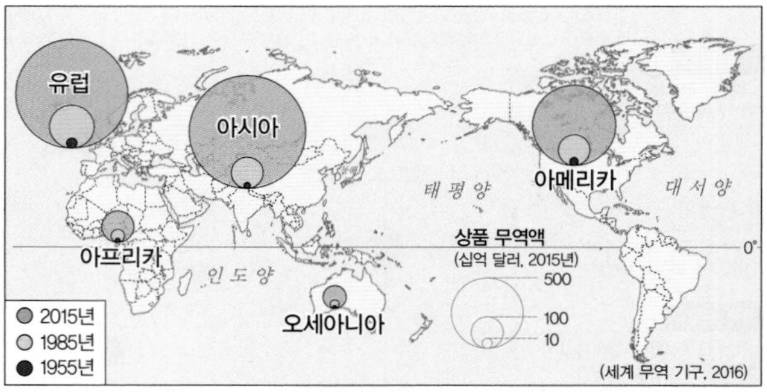

① 세계 도시의 중요성이 약화되고 있다.
② 1985년 아메리카는 유럽보다 상품 무역액이 많다.
③ 2015년 오세아니아는 아프리카보다 상품 무역액이 많다.
④ 상품 무역액 증가는 교통 및 통신 발달을 배경으로 한다.
⑤ 1985~2015년 유럽은 아시아보다 상품 무역액 증가율이 높다.

▶ 20581-0003

03 다음 글은 지역화 전략에 대한 설명이다. (가), (나)에 해당하는 내용으로 옳은 것은?

(가) 상품의 품질과 명성, 특성이 특정 지역의 기후, 지형, 토양 등의 지리적 특성을 반영한 경우 그 원산지의 이름을 상표권으로 인정해 주는 제도이다.
(나) 어떤 지역이 다른 지역과 차별화하려고 사용하는 이름이나 기호, 상징물 등을 의미한다. 이를 잘 개발하면 독특하고 매력적인 지역 이미지를 형성할 수 있다.

	(가)	(나)
①	장소 마케팅	지역 브랜드화
②	지역 브랜드화	장소 마케팅
③	지역 브랜드화	지리적 표시제
④	지리적 표시제	장소 마케팅
⑤	지리적 표시제	지역 브랜드화

▶ 20581-0004

04 (가), (나) 햄버거가 널리 판매되는 국가를 지도의 A~C에서 고른 것은?

(가) (나)

빵 대신 쌀로 만든 '번'에 닭고기나 소고기를 넣어 만든 햄버거

빵 대신 전통 '난'에 양고기와 채소를 넣어 만든 햄버거

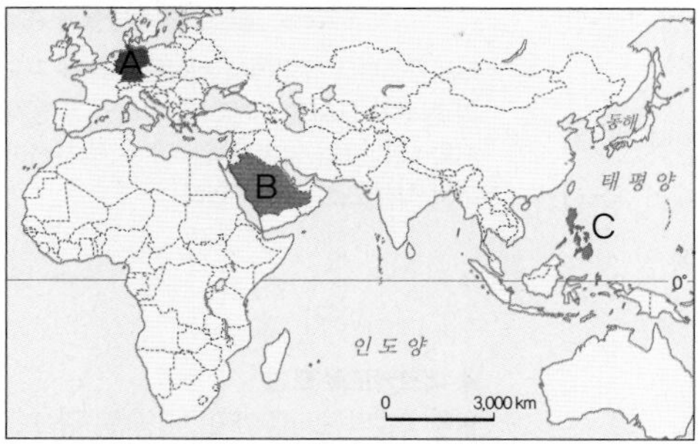

	(가)	(나)
①	A	B
②	A	C
③	B	A
④	C	A
⑤	C	B

▶ 20581-0005

05 다음 자료의 ㉠~㉢에 대한 설명으로 옳은 것은?

[㉠]는 가장 많은 국가에서 공식어로 사용하는 언어이다. ㉡ 유럽 연합(EU)에서는 전체 학생의 90% 이상이 정규 교육 과정에서 이 언어를 배우고 있으며, 학생들 대부분이 이 언어로 자신의 의사를 표현할 수 있다. 최근에는 [㉢]와/과 대중문화의 확산으로 [㉠]의 사용 인구가 점차 늘어나고 있으며, 세계인들의 일반적인 의사소통 수단으로 사용되고 있다.

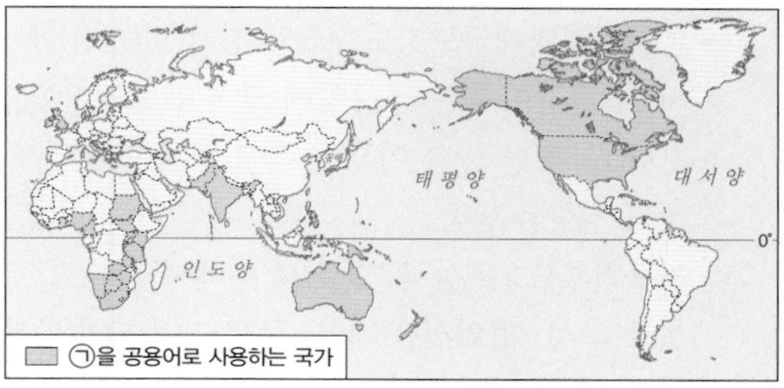

① ㉠ 언어의 종주국은 미국이다.
② ㉠은 세계에서 모국어 사용자 수가 가장 많은 언어이다.
③ ㉠의 사용 확대로 인류가 사용하는 언어의 수가 증가하고 있다.
④ ㉡은 경제 협력 개발 기구(OECD)와 회원국이 일치한다.
⑤ ㉢에는 '인터넷'이 들어갈 수 있다.

단답형

▶ 20581-0006

06 다음 글의 (가)에 공통으로 들어갈 알맞은 용어를 쓰시오.

회사원 박모(30) 씨는 최근 타이의 인터넷 사이트에서 신용 카드로 결제하고 얼굴에 바르는 파우더를 구매했다. 지난 3월 한 TV 프로그램에서 소개된 뒤 여자 연예인의 이름을 붙여 'OOO 파우더'로 입소문 난 화장품이다. 바야흐로 해외 [(가)] 전성시대이다. 몇 년 전까지만 해도 미국과 유럽에 집중됐던 해외 [(가)] 수요가 베트남, 타이, 타이완 등으로까지 확장되는 추세이다.

핵심 개념 정리 02~03

지리 정보와 공간 인식~세계의 지역 구분

● 지리 정보와 공간 인식의 변화

(1) 동양의 세계 지도와 세계관

① 중국의 세계 지도와 세계관

- 송나라의 화이도, 명나라의 대명혼일도: 중국 중심의 세계관인 중화사상과 천원지방 사상 반영
  (중화사상: 중국이 세계의 중심이라는 생각)
- 17세기 이후 곤여만국전도 소개: 세계 인식 범위 확대, 서구식 세계 지도 제작 시작

▲ 대명혼일도(중국, 14세기 후반)

② 우리나라의 세계 지도와 세계관

- 혼일강리역대국도지도: 조선 전기(1402년)에 국가 주도로 제작된 세계 지도, 중국이 지도의 중앙에 크게 표현되어 있음(중화사상의 영향)
- 천하도: 조선 중기 이후 민간에서 제작된 세계 지도, 중화사상 · 도교 사상의 영향을 받음
  (도교 사상: 도교의 영향으로 천하도에는 상상의 국가 및 지명이 나타남)
- 지구전후도: 조선 후기(1834년)에 목판본으로 제작, 지구전도와 지구후도로 구성, 경위선을 사용, 중국도 세계의 일부라는 인식이 확산되는 계기가 됨

(2) 서양의 세계 지도와 세계관

① 고대의 세계 지도

- 바빌로니아 점토판 지도: 기원전 600년경에 제작된 현존하는 가장 오래된 세계 지도, 바빌론과 그 주변 지역 및 미지의 세계를 표현함
- 프톨레마이오스의 세계 지도: 150년경 로마 시대에 제작되었다고 알려져 있으며, 15세기에 복원된 지도가 남아 있음, 경선과 위선의 개념과 투영법이 사용되었음
  (프톨레마이오스: 지구가 구체라는 사실을 알고 있었음)

② 중세의 세계 지도

- 티오(TO) 지도: 중세 유럽에서 제작, 지도의 중심에 대부분 예루살렘이 있음(크리스트교 세계관 반영), 지도의 위쪽이 대부분 동쪽이며, 에덴동산이 표현되어 있음
  (에덴동산: 파라다이스)
- 알 이드리시의 세계 지도: 12세기경에 제작, 프톨레마이오스의 세계 지도와 이슬람인들의 광범위한 지식을 토대로 제작, 메카를 지도의 중심이 되는 자리에 둠 → 이슬람교 세계관 반영, 지도의 위쪽이 남쪽임
- 포르톨라노 해도: 13세기경부터 유럽에서 제작된 항해용 지도

③ 근대의 세계 지도

- 대항해 시대(콜럼버스의 신대륙 발견(1492년), 마젤란의 세계 일주(1519~1522년)) → 지리 지식 확대 → 지도에 아메리카가 표현되기 시작
- 인쇄술의 발달로 지도 제작 기술이 급속도로 발전
- 나침반을 이용한 항해에 편리한 메르카토르 도법을 활용한 지도 제작

◉ 화이도(1136년)

현존하는 지도 중 중국 전역을 기록한 지도로는 가장 오래되었으며, 가로와 세로가 약 79cm인 석판 뒷면에 새겨져 있다. 지도의 중심에 중국이 있으며 오른쪽에 한반도가 표현되어 있다.

◉ 천원지방(天圓地方)

동양인들의 세계관 또는 우주관인데, 동양인들은 하늘은 둥근데 비해 땅은 네모나고 평평하다고 보았다.

◉ 바빌로니아 점토판 지도(기원전 600년경)

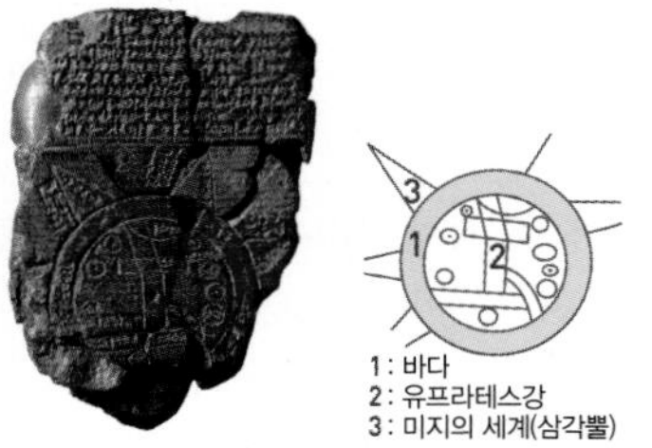

신바빌로니아 시대에 점토판 위에 제작된 지도로, 세계에서 가장 오래된 세계 지도로 알려져 있다.

◉ 포르톨라노 해도

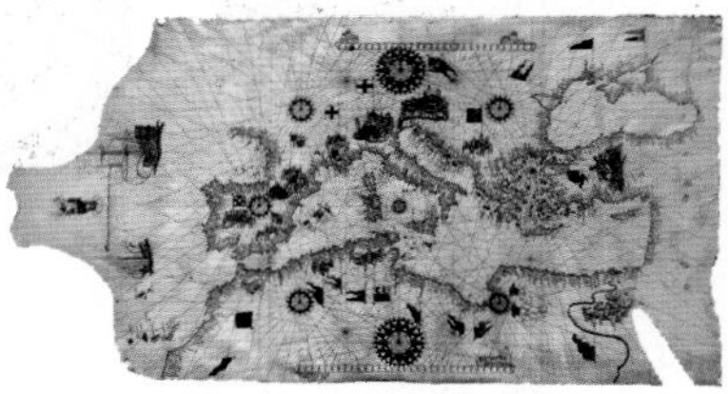

13세기경부터 유럽에서 제작된 항해용 지도로 해안의 항구와 도시를 자세히 표현하였다. 항해의 요충지와 나침반의 방향을 알려주는 방사선이 목적지까지 직선으로 나타나 있다.

◉ 메르카토르 도법

원통 도법의 원리를 개량한 것으로, 경선 간격의 확대율에 따라 위선 간격의 확대율을 조정한 도법이다. 경위선이 수직 교차하며, 방위각이 정확하여 배의 항로가 직선으로 표현되기 때문에 선박의 항해도로 많이 이용된다. 고위도로 갈수록 면적이 확대되는 단점이 있다.

자료 탐구

① 혼일강리역대국도지도와 지구전후도

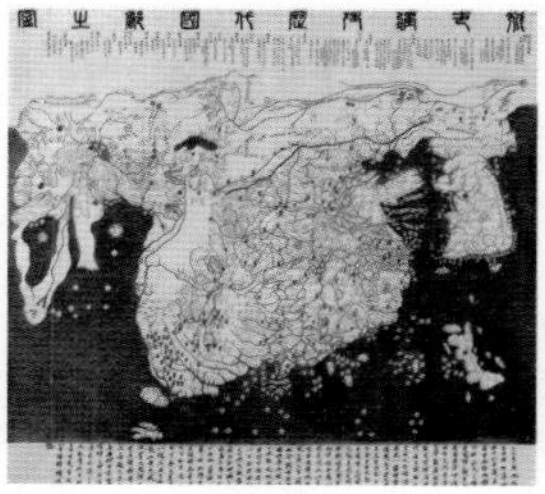

▲ 혼일강리역대국도지도

▲ 지구전후도

분석 | 혼일강리역대국도지도는 중국에서 들여온 세계 지도(혼일강리도와 성교광피도)에 우리나라와 일본의 지도를 추가하여 제작한 지도이다. 중화사상을 반영하여 지도의 중심에 중국이 있으며, 자주적 국토 인식을 반영하여 우리나라가 상대적으로 크게 표현되어 있다. 17세기 이후 이탈리아 출신의 마테오 리치가 중국에서 제작한 곤여만국전도가 소개되면서 세계에 대한 인식에 커다란 변화가 나타났으며, 곤여만국전도 등의 영향으로 조선 후기에는 실학자인 최한기에 의해 지구전후도가 제작되었다. 지구전후도는 지구전도와 지구후도로 나누어져 있으며 경위선을 사용하였다. 지구전후도에는 중국이 세계의 중심이 아닌 세계의 일부라는 인식이 나타난다.

└ 중국의 면적 왜곡이 적음

② 프톨레마이오스의 세계 지도와 메르카토르의 세계 지도

(＊15세기에 복원된 지도임)

▲ 프톨레마이오스의 세계 지도

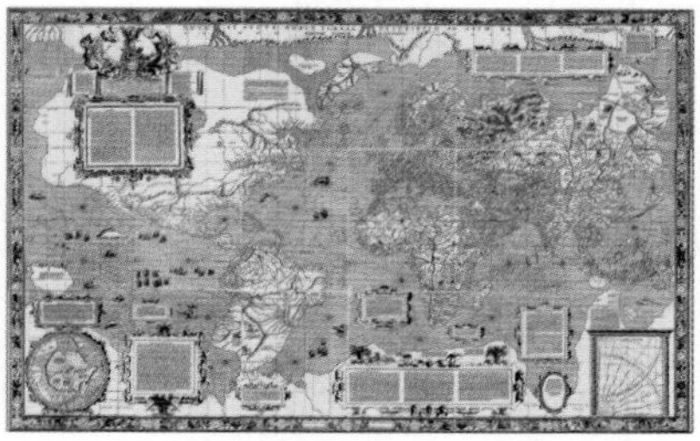

▲ 메르카토르의 세계 지도

분석 | 프톨레마이오스의 세계 지도는 지구를 구체(球體)로 인식하고 경위선망을 설정하였으며, 이 경위선망을 평면에 투영하는 방법으로 세계 지도를 제작하였기 때문에 과학적인 지도로 인정받고 있다. 메르카토르의 세계 지도는 지구를 원통에 투영하는 방법으로 제작한 지도이다. 경선과 위선이 수직으로 교차하며, 경선 간격을 고정한 채 위선 간격을 조정한 지도로, 선박 항로 설정이 쉽다. 두 지도 모두 지구를 구체로 인식하였으며, 경위선이 나타난다는 것이 특징이다.

위선의 폭이 극쪽으로 갈수록 확대됨 → 고위도 지역의 면적이 확대되는 왜곡이 발생함

확인학습

1 (가), (나) 지도에 대한 설명으로 옳은 것은?

(가) 지구전후도
(나) 혼일강리역대국도지도

① (가)는 중화사상을 담고 있다.
② (나)에는 아메리카가 나타나 있다.
③ (가)는 (나)보다 제작 시기가 이르다.
④ (가), (나) 모두 우리나라에서 제작되었다.
⑤ (나)는 (가)보다 우리나라의 경위도를 파악하기 쉽다.

정답과 해설 ▶ 지구전후도(가)는 조선 후기 실학자에 의해 제작된 지도이고, 혼일강리역대국도지도(나)는 조선 전기 국가 주도로 제작되었다. 따라서 두 지도 모두 우리나라에서 제작되었다. 답 ④

2 다음은 혼일강리역대국도지도의 일부이다. 이 부분도의 A에 해당하는 지역(대륙)의 이름을 쓰시오.

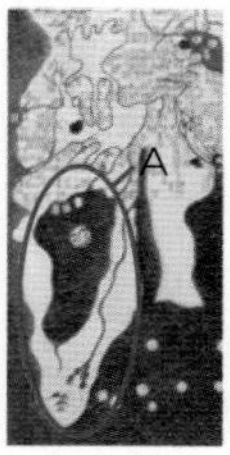

답 아프리카

3 프톨레마이오스의 세계 지도와 메르카토르 세계 지도의 공통점을 〈보기〉에서 고른 것은?

보기
ㄱ. 투영법을 이용하였다.
ㄴ. 경선과 위선이 표현되어 있다.
ㄷ. 선박 항해 시 항로 설정이 쉽다.
ㄹ. 고위도로 갈수록 면적이 심하게 확대 왜곡된다.

① ㄱ, ㄴ ② ㄱ, ㄷ ③ ㄴ, ㄷ
④ ㄴ, ㄹ ⑤ ㄷ, ㄹ

정답과 해설 ▶ 프톨레마이오스의 세계 지도와 메르카토르의 세계 지도는 모두 구체인 지구를 투영하여 만든 지도로, 경선과 위선이 표현되어 있는 것이 특징이다. ㄷ. 프톨레마이오스의 세계 지도는 선박의 항로 설정이 어렵다. ㄹ. 프톨레마이오스의 세계 지도는 고위도로 가면서 면적이 확대 왜곡된다고 보기 어렵다. 답 ①

(3) 지리 정보 기술의 활용

① 지리 정보의 수집과 표현

- 지리 정보: 지표 위의 지리적 현상과 관련된 모든 정보
- 지리 정보의 종류: 공간 정보(장소의 위치와 형태), 속성 정보(장소가 지닌 자연적 · 인문적 특성), 관계 정보(한 장소와 다른 장소 간의 관계)
- 지리 정보의 수집 방법

직접 조사	조사 지역을 방문하여 지리 정보 수집
간접 조사	지도, 문헌 등을 통한 지리 정보 수집
원격 탐사	인공위성, 항공기 등의 센서를 이용하여 지구 표면의 지리 정보를 수집

└ 광범위한 지역에 대한 정보를 주기적으로 수집할 수 있음

② 지리 정보 시스템(GIS)

- 의미: 지리 정보를 수치화하여 컴퓨터에 입력 · 저장하고, 사용자의 요구에 따라 분석 · 가공 · 처리하여 필요한 결과를 얻는 지리 정보 기술
- 특징: 복잡한 지리 정보를 다양한 유형 및 크기로 지도화할 수 있음 → 공간의 이용과 관련하여 신속하고 합리적인 결정 가능
- 활용: 국토 개발 및 도시 개발, 환경 보전 등 다양한 분야에서 활용, 컴퓨터, 위성 위치 확인 시스템(GPS) · 사물 인터넷 · 웹(Web) GIS 등의 발달로 사용 범위가 확대되고 있음

● 세계의 지역 구분

(1) 세계의 권역 구분

① 지역과 권역의 의미

- 지역: 지리적 특성이 다른 곳과 구분되는 지표상의 공간 범위, 자연적 · 문화적 · 사회적 · 경제적 기준에 따라 지역의 경계가 달라짐
- 권역: 세계를 나누는 가장 큰 규모의 공간적 단위 → 지역성 파악

② 세계 권역 구분의 주요 지표

자연적 지표	위치, 지형, 기후, 식생 등의 자연환경과 관련된 요소
문화적 지표	의식, 언어, 종교, 정치 체제 등 생활 양식과 관련된 요소
기능적 지표	기능의 중심이 되는 핵심지와 그 배후지로 이루어지는 권역을 설정할 수 있는 요소

(2) 세계의 다양한 권역 구분

① 관점에 따른 권역 구분: 기준에 따라 다양한 권역으로 구분됨

- 대륙 중심: 아시아, 유럽, 아프리카, 오세아니아, 아메리카 등으로 구분
- 인문적 요소 중심: 문화, 정치 등과 같은 요소에 따른 구분
- 지구적 쟁점 중심: 쟁점과 관련된 지역을 한 권역으로 묶는 방식

② 규모에 따른 권역 구분: 연구 주제에 따라 적절한 규모로 지역 구분 가능

└ (쟁점) 서로 다투는 중심이 되는 내용

◉ **원격 탐사**
관측 대상과의 접촉 없이 먼 거리에서 지구의 표면을 촬영한 후 이를 분석하여 지리 정보를 수집하는 기술이다. 주로 인공위성이나 항공기를 이용하여 넓은 지역의 정보를 주기적으로 수집할 수 있다.

◉ **위성 위치 확인 시스템(GPS)**
인공위성에서 보내는 신호를 수신해서 사용자의 현재 위치를 알려 주는 시스템이다.

◉ **사물 인터넷(IoT, Internet of Things)**
각종 사물에 감지기와 통신 기능을 내장하여 인터넷에 연결하는 기술이다.

◉ **웹(Web) GIS**
인터넷을 통해 지리 정보를 검색, 분석, 처리할 수 있는 시스템이다.

◉ **북아메리카와 남아메리카의 경계**

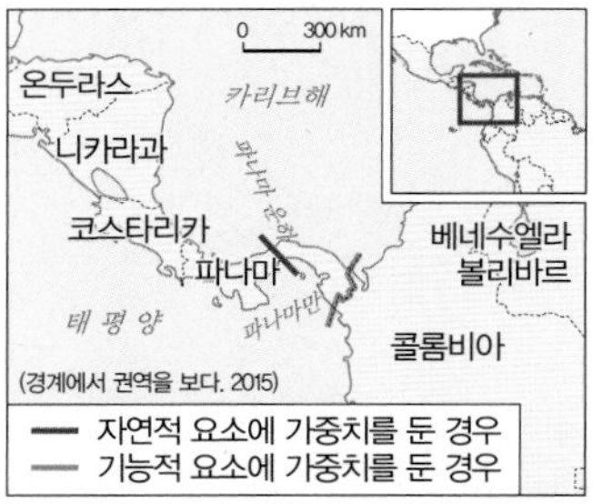

자연적 요소를 중요시한다면 파나마 운하, 기능적 요소를 중요시한다면 파나마와 콜롬비아 간 국경이 북아메리카와 남아메리카의 경계가 된다.

◉ **세계지리 교과서의 권역 구분**

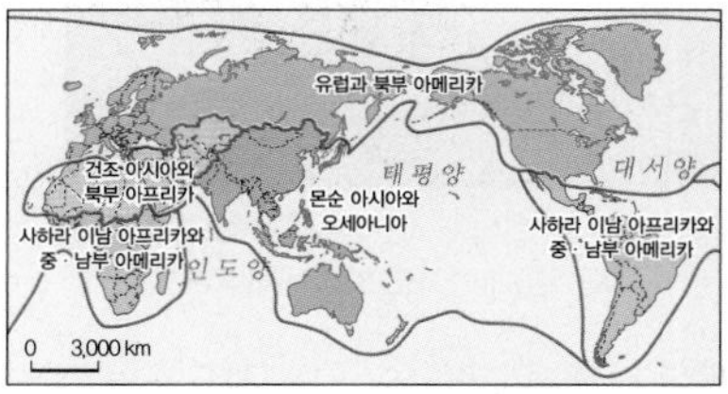

주요 자원의 분포와 산업 구조, 문화의 공간적 다양성, 최근의 지역 쟁점 등을 지표로 몬순 아시아와 오세아니아, 건조 아시아와 북부 아프리카, 유럽과 북부 아메리카, 사하라 이남 아프리카와 중 · 남부 아메리카로 권역을 구분하였다.

자료 탐구

❸ 티오(TO) 지도, 알 이드리시의 세계 지도, 천하도

▲ 티오(TO) 지도

▲ 알 이드리시의 세계 지도

▲ 천하도

분석 | 크리스트교의 영향을 받은 중세 유럽에서는 종교적인 영향으로 과학적 · 실용적 지도 제작이 어려워졌다. 이 시기에 널리 사용된 티오(TO) 지도는 세계를 원형으로 표현하고, 크리스트교 세계관을 반영하여 지도의 중심에 예루살렘을 두었다. 반면, 이슬람 세계는 그리스 · 로마의 지도 제작 기술을 받아들이고, 활발한 상업 활동을 펼치며 지리적 지식의 범위를 넓혀 갔다. 이를 바탕으로 알 이드리시는 이슬람교 성지인 메카를 지도 중심에 둔 세계 지도를 제작하였다. 천하도는 조선 중기 이후 제작된 지도로 중화사상과 도교에 기반을 둔 상상의 국가와 지명이 표현되어 있는 것이 특징이다.

└ 프톨레마이오스의 세계 지도와 관련이 깊음 └ 대인국, 삼수국(머리가 셋 달린 사람들이 사는 나라) 등

❹ 지역 및 권역 구분

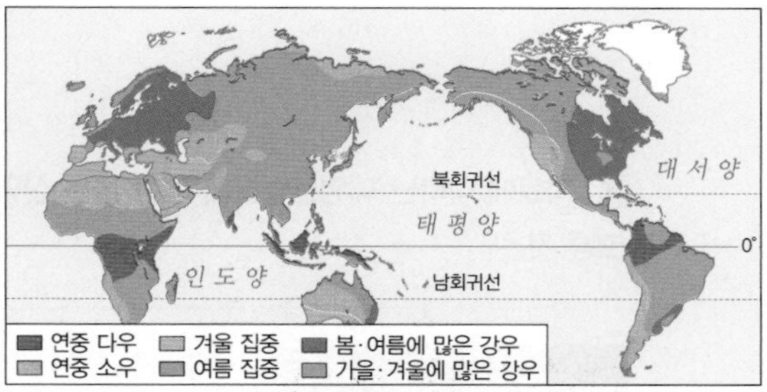

▲ 자연적 지표에 따른 지역 구분

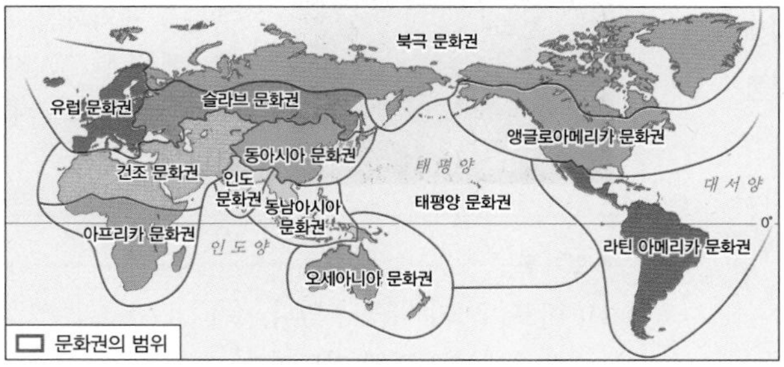

▲ 문화적 권역 구분

분석 | 세계의 지역을 구분하는 자연환경 요소로는 기후, 지형, 식생, 토양 등이 있는데, 위쪽 지도는 강수의 계절 분포에 따라 세계의 지역을 구분한 것이다. 세계의 지역을 구분하는 문화적 요소로는 종교, 언어, 민족(인종) 등이 있다. 아래쪽 지도는 종교, 언어 등의 문화적 요소를 종합적으로 고려하여 서로 유사한 지리적 특성이 나타나는 지역을 하나의 권역으로 묶은 것이다. 예를 들어 유럽 문화권은 크리스트교를 주로 신봉하며, 영어, 독일어, 이탈리아어 등 인도 · 유럽 어족에 속하는 언어들을 주로 사용한다.

확인학습

4 (가)~(다) 지도의 중심에 위치하는 도시 또는 국가로 옳은 것은?

(가) 천하도
(나) 티오(TO) 지도
(다) 알 이드리시의 세계 지도

	(가)	(나)	(다)
①	메카	중국	예루살렘
②	메카	예루살렘	중국
③	중국	메카	예루살렘
④	중국	예루살렘	메카
⑤	예루살렘	중국	메카

정답과 해설 ▶ 천하도의 중심에는 중국, 티오(TO) 지도의 중심에는 예루살렘, 알 이드리시의 세계 지도의 중심에는 메카가 위치한다. 답 ④

5 지도를 바탕으로 할 때 돼지고기 소비량이 적은 국가만을 〈보기〉에서 고른 것은?

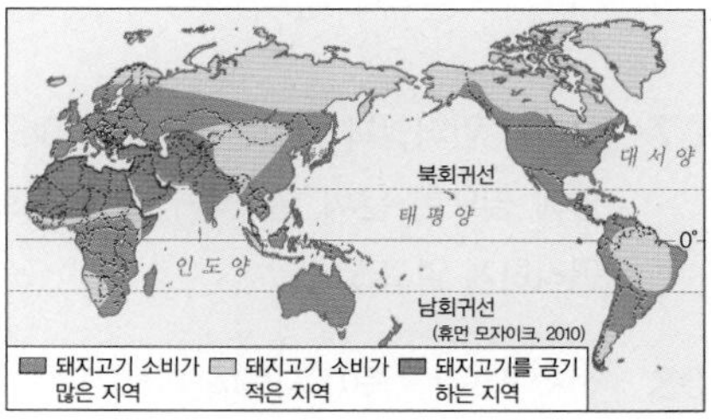

보기
ㄱ. 미국 ㄴ. 중국
ㄷ. 이란 ㄹ. 리비아

① ㄱ, ㄴ ② ㄱ, ㄷ ③ ㄴ, ㄷ
④ ㄴ, ㄹ ⑤ ㄷ, ㄹ

정답과 해설 ▶ 지도에서 돼지고기를 금기하는 지역은 서남아시아와 북부 아프리카 등지이다. 따라서 이들 지역에 속하는 이란과 리비아의 돼지고기 소비량이 적다. 답 ⑤

개념 체크

저절로 암기 Tip | ☐ 1회 (　/　) ☐ 2회 (　/　) ☐ 3회 (　/　)

01~05 빈칸에 알맞은 용어를 쓰시오.

01 중국에서 만들어진 송나라의 화이도와 명나라의 대명혼일도에는 중국을 세계의 중심으로 여기는 ________이/가 반영되어 있다.

02 중국에서 들여온 세계 지도에 우리나라와 일본 지도를 추가하여 조선 전기에 제작된 지도는 ________이다.

03 그리스 · 로마 시대의 학자 ________은/는 지구를 구형으로 인식하고 경위선 망을 설정한 후 이를 평면에 투영하는 방식으로 지도를 제작하였다.

04 이슬람 학자인 ________은/는 이슬람교의 성지인 ________을/를 중심에 둔 세계 지도를 제작하였다.

05 북아메리카와 남아메리카를 나누는 경계에는 ________ 운하가 위치한다.

06~08 다음 내용이 옳으면 ○표, 틀리면 ×표 하시오.

06 지리 정보의 종류에는 위치와 형태를 나타내는 공간 정보, 장소의 자연적 · 인문적 특성을 나타내는 속성 정보 등이 있다. (　　)

07 우리는 인터넷과 연결된 웹(Web) GIS를 통해 개인의 실생활에 필요한 날씨, 길 찾기, 교통 정보 등의 지리 정보를 편리하게 얻고 있다. (　　)

08 전자 지도는 종이 지도에 비해 많은 양의 지리 정보를 수록할 수 있다. (　　)

정답
01 중화사상 **02** 혼일강리역대국도지도 **03** 프톨레마이오스 **04** 알 이드리시, 메카 **05** 파나마 **06** ○ **07** ○ **08** ○

오답 체크 Tip
05 아프리카와 아시아의 경계에는 지중해와 홍해를 연결하는 수에즈 운하가 위치한다.

기본 문제

▶ 20581-0007

01 지도에 대한 옳은 설명만을 〈보기〉에서 있는 대로 고른 것은?

1 : 바다
2 : 유프라테스강
3 : 미지의 세계(삼각뿔)

〈보기〉
ㄱ. 점토판에 제작되었다.
ㄴ. 지구를 구체(球體)로 인식하였다.
ㄷ. 남부 아시아 일대를 표현하고 있다.
ㄹ. 현존하는 가장 오래된 세계 지도로 알려져 있다.

① ㄱ, ㄷ　② ㄱ, ㄹ　③ ㄴ, ㄷ
④ ㄱ, ㄴ, ㄹ　⑤ ㄴ, ㄷ, ㄹ

▶ 20581-0008

02 자료에 나타난 대명혼일도에 대한 옳은 설명만을 〈보기〉에서 고른 것은?

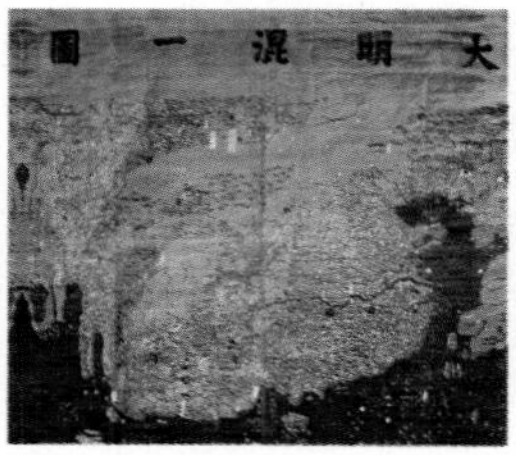

대명혼일도는 명나라 때 제작된 지도로, 조선과 일본 부분을 제외하면 조선 전기에 제작된 우리나라의 (가) 와/과 매우 유사하다.

〈보기〉
ㄱ. 아프리카가 나타나 있다.
ㄴ. 중국에서 제작된 지도이다.
ㄷ. (가)에는 '천하도'가 들어갈 수 있다.
ㄹ. '지구는 둥글다'는 생각을 반영하고 있다.

① ㄱ, ㄴ　② ㄱ, ㄷ　③ ㄴ, ㄷ
④ ㄴ, ㄹ　⑤ ㄷ, ㄹ

▸ 20581-0009

03 지도에 대한 설명으로 옳은 것은?

① A는 유럽에 속한다.
② B 바다는 지중해에 해당한다.
③ C에는 메카가 위치한다.
④ 기원후 150년경에 제작되었다.
⑤ 메르카토르에 의해 제작되었다.

▸ 20581-0010

04 (가) 지도에 대한 설명으로 옳은 것은?

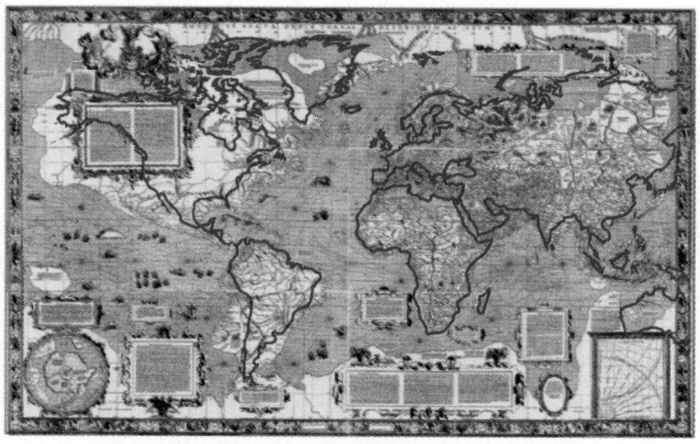

▲ (가) 지도와 오늘날 지도(붉은색 선으로 표시)의 중첩

① 항공기 운항에 많이 사용되었다.
② 대항해 시대 이전에 제작되었다.
③ 지도의 중앙부에 태평양이 위치한다.
④ 고위도로 갈수록 면적이 확대 왜곡된다.
⑤ 경선과 위선이 모두 곡선으로 표현되어 있다.

▸ 20581-0011

05 그림에 나타난 지리 정보 수집 방법에 대한 옳은 설명만을 〈보기〉에서 고른 것은?

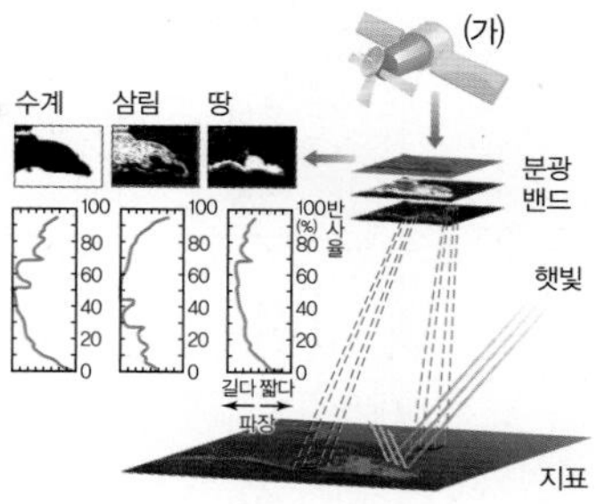

〈보기〉
ㄱ. (가)는 인공위성이다.
ㄴ. 위성 위치 확인 시스템이라고 불린다.
ㄷ. 넓은 지역의 지리 정보를 수집할 수 있다.
ㄹ. 선진국보다 개발 도상국에서 활발히 이용된다.

① ㄱ, ㄴ ② ㄱ, ㄷ ③ ㄴ, ㄷ
④ ㄴ, ㄹ ⑤ ㄷ, ㄹ

단답형 ▸ 20581-0012

06 다음 자료는 아메리카의 지역 구분을 나타낸 것이다. (가), (나)에 들어갈 알맞은 용어를 쓰시오.

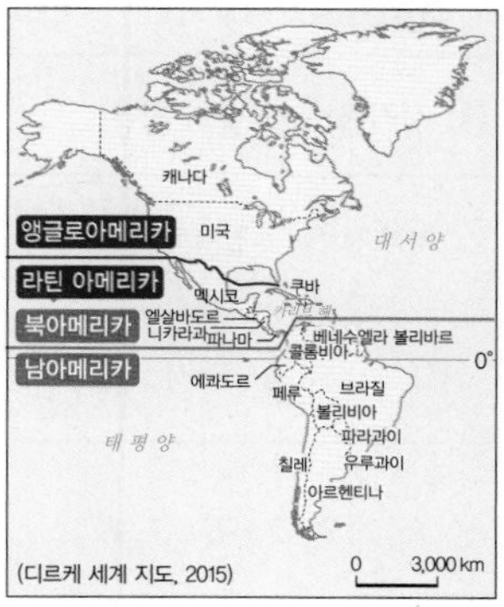

(디르케 세계 지도, 2015)

지리적으로 아메리카 대륙을 구분할 때는 (가) 지협을 경계로 북아메리카와 남아메리카로 나눌 수 있다. 언어, 종교 등의 문화적 기준으로 아메리카 대륙을 구분할 때는 (나) 을/를 경계로 앵글로아메리카와 라틴 아메리카로 나눌 수 있다.

I 단원

대단원 마무리 정리

Self Note

01 세계화와 지역화

(1) 세계화

의미	정치 · 경제 · 사회 · 문화 등의 활동 범위가 전 세계로 확대되는 현상
영향	국경의 의미 약화, 국가 간 문화 · 자본 · 정보 · 인구의 이동 증가

(2) ①

의미	지역의 정체성을 강조하여 지역의 경쟁력을 높이고 세계화에 대응하는 현상
영향	세계 각 지역이 지닌 고유성의 가치 증가, 지역화 전략의 확산 등

→ 지리적 표시제, 지역 브랜드화, 장소 마케팅이 대표적임

02 지리 정보와 공간 인식

(1) 동양의 세계 지도

화이도	중국 전체가 표현된 가장 오래된 지도, 중국을 중심에 두고 한반도 등을 표현
곤여만국전도	경도와 위도를 사용하여 아시아, 유럽, 아프리카, 아메리카 등을 표현
②	조선 전기, 우리나라에서 가장 오래된 세계 지도
천하도	조선 중기 이후, 중화사상, ③ 의 영향으로 상상의 국가 및 지명 표현
지구전후도	조선 후기, 경위선, 아메리카 등 표현

→ 중화사상으로부터 탈피

(2) 서양의 세계 지도

바빌로니아 점토판 지도	현존하는 가장 오래된 세계 지도
프톨레마이오스의 세계 지도	지구 구체설 반영, 경위선 개념 사용, 근대 이후의 지도 발달에 영향
④	대부분 지도의 위쪽이 동쪽, 지도의 중심에 예루살렘 표현
알 이드리시의 세계 지도 (→ 이슬람 학자)	지도의 위쪽이 남쪽, 지도의 중심에 ⑤ 가 위치함
메르카토르의 세계 지도	경위선이 수직 교차, 항해도로 이용

→ 방위각이 정확하여 두 지점 사이의 항로가 직선으로 나타남

(3) 지리 정보 기술의 활용

지리 정보의 수집	직접 조사(지역을 방문하여 조사), 간접 조사(지도, 문헌 등을 활용하여 조사), 원격 탐사(인공위성 등 활용) 등
⑥	지리 정보를 수치화하여 컴퓨터에 입력 · 저장하고, 사용자의 요구에 따라 분석 · 가공 · 처리하여 필요한 결과물을 얻는 지리 정보 기술

03 세계의 지역 구분

자연적 구분	위치, 지형, 기후, 식생 등을 기준으로 구분
인문적 구분	인구, 농업, 문화 등을 기준으로 구분

답 ① 지역화
② 혼일강리역대국도지도
③ 도교
④ 티오(TO) 지도
⑤ 메카
⑥ 지리 정보 시스템(GIS)

▸ 20581-0013

01 **다음 자료의 (가), (나)에 알맞은 국가를 지도에서 고른 것은?**

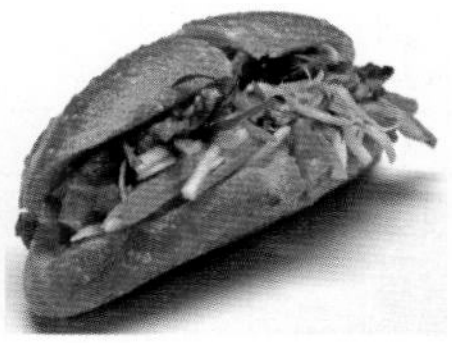
▲ 바인 미

바게트는 (가) 의 식민 지배를 받은 경험이 있는 (나) 에서도 일상적인 주식으로 이용된다. (나) 의 '바인 미'는 바게트 샌드위치로, 쌀로 만든 바게트에 고기, 어묵, 파, 고수, 오이 등을 첨가하여 만든다.

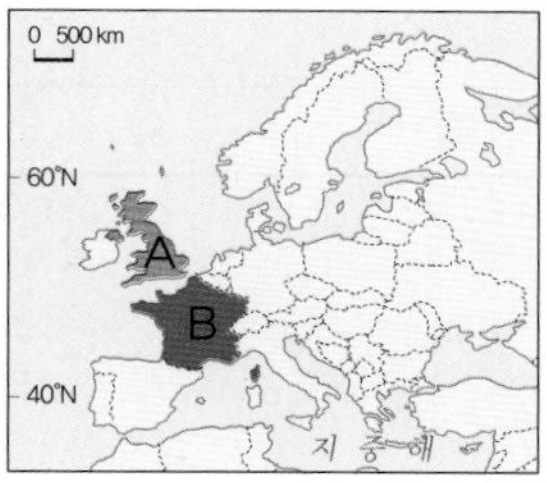

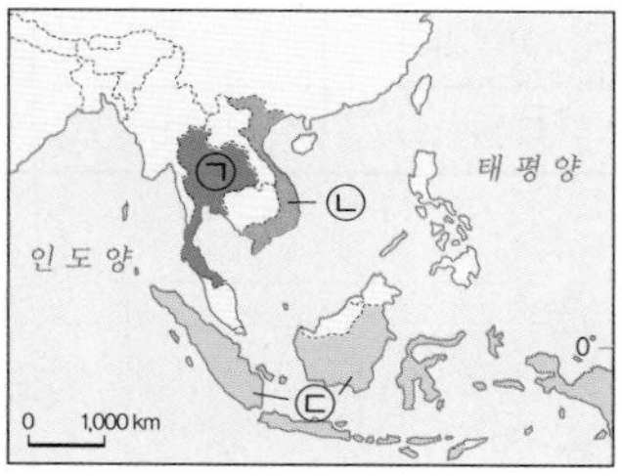

	(가)	(나)
①	A	㉠
②	A	㉡
③	A	㉢
④	B	㉠
⑤	B	㉡

서술형

▸ 20581-0014

02 **다음 자료는 국내 상점에서 구입한 두 제품의 라벨이다. 자료를 이용하여 세계화 및 현지화 전략에 대해 서술하시오.**

○○○ sports
US UK EUR CM
6.5 4 37.5 23.5
01/06/13 123456-123 03/18/13
MADE IN VIETNAM
123456789 00000055555544

▲ 신발 라벨

본 제품은 미국의 ○○사와 상표 도입 및 제휴로 (주)☆☆에서 주문자 상표 부착 생산(OEM)으로 제조한 제품입니다.
원산지 필리핀
제조원 (주)☆☆
주소 서울시 ㅁㅁ구△△동 123
전화번호 080-1234-5678
12345678 000000555555

의류 라벨 ▶

▸ 20581-0015

03 **(가), (나) 지도에 대한 설명으로 옳은 것은?**

(가) 중세 유럽에서 제작된 지도로 ㉠ 을/를 세계의 중심으로 여기는 것이 가장 큰 특징이다. 바다가 'O' 자 모양으로 대륙을 둘러싸고 있으며, ㉡ 지도의 위쪽에는 에덴동산(Paradise)이 있다.

(나) 13세기경부터 유럽에서 항해에 도움을 주고자 제작된 지도로, 유럽의 해안에 있는 항구와 도시들이 자세히 표현되어 있다. ㉢ 을/를 이용한 항해에 편리하도록 ㉢ 의 중심에서 방사상으로 뻗어 나가는 형태의 수많은 직선들을 그려 넣었다.

① ㉠은 이슬람교가 발생한 지역이다.
② ㉡은 방위상 남쪽에 해당한다.
③ ㉢에는 '나침반'이 들어갈 수 있다.
④ (가)는 (나)보다 수록된 지리 정보가 많다.
⑤ (나)는 (가)보다 최초로 제작된 시기가 이르다.

▸ 20581-0016

04 **(가), (나) 지도의 특징을 그림의 A~E에서 고른 것은?**

(가)

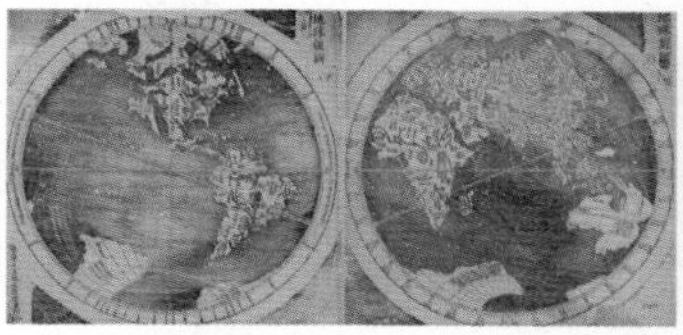

(나)

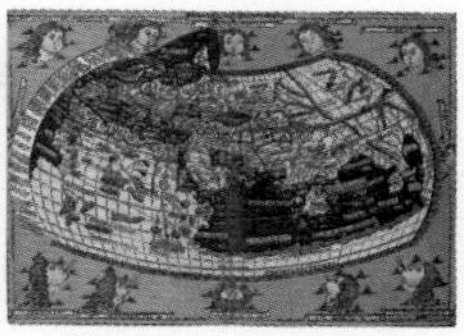
(＊15세기에 복원된 지도임)

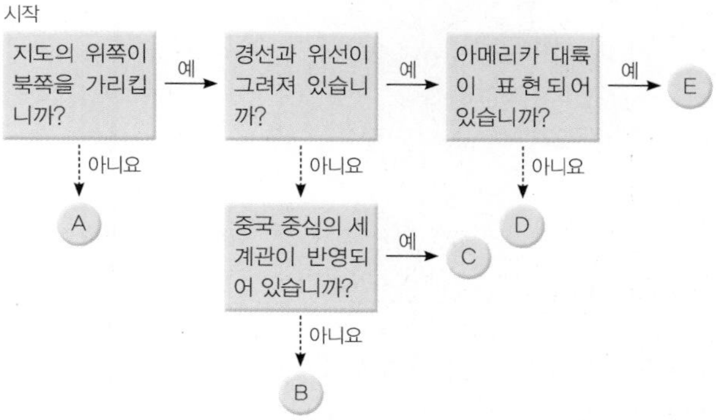

	(가)	(나)
①	A	C
②	B	A
③	B	D
④	E	C
⑤	E	D

▶ 20581-0017

05 (가), (나) 지도에 대한 설명으로 옳은 것은? (단, (가), (나)는 메르카토르의 세계 지도와 혼일강리역대국도지도 중 하나임.)

(가)

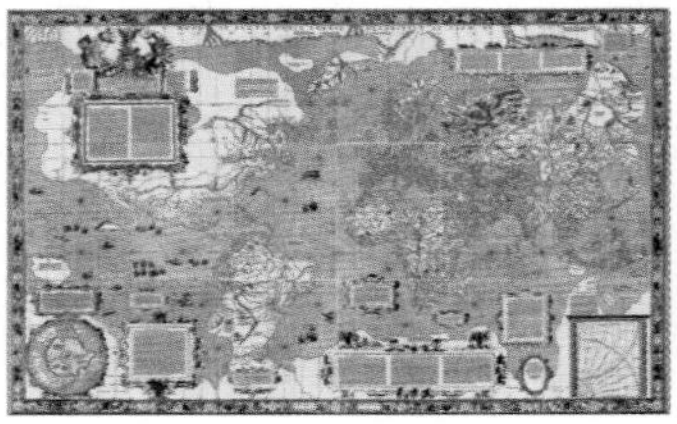

(나)

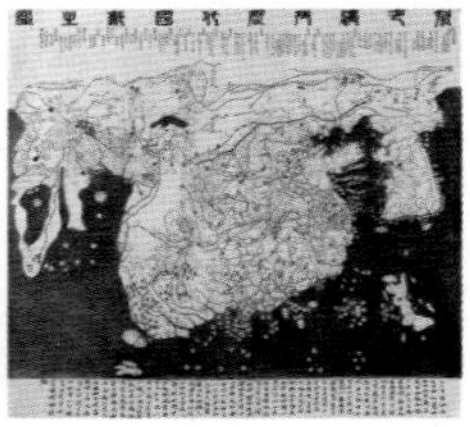

① (가)는 (나)보다 제작 시기가 이르다.
② (가)는 (나)보다 지도에 표현된 지역 범위가 넓다.
③ (나)는 (가)보다 선박 항해 시 항로 설정이 쉽다.
④ (나)는 (가)보다 유럽의 지리 정보가 많이 수록되어 있다.
⑤ (가), (나) 모두 경위선이 표현되어 있다.

▶ 20581-0018

06 지도는 세계의 문화권을 구분한 것이다. 이에 대한 설명으로 옳은 것은?

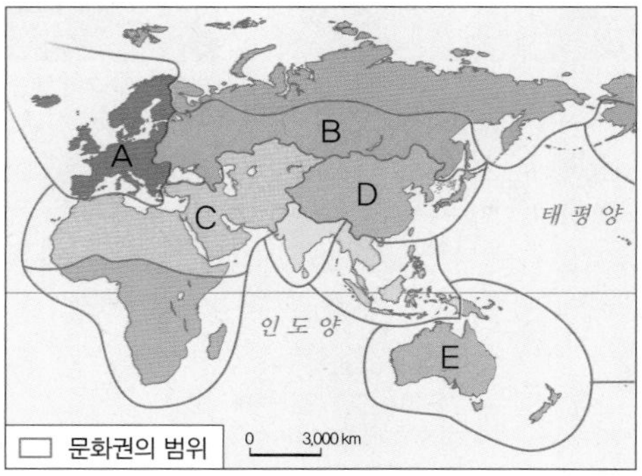

① C의 주민들이 가장 널리 사용하는 언어는 영어이다.
② D에서는 식사 도구로 포크와 나이프를 주로 이용한다.
③ A와 B의 경계선은 알프스산맥과 대체로 일치한다.
④ A와 E는 모두 크리스트교 신자 수 비중이 높다.
⑤ C는 D보다 인구 밀도가 높다.

▶ 20581-0019

07 다음 〈조건〉을 모두 만족시키는 국가에 회사를 설립하고자 한다. 가장 적합한 국가를 지도의 A~E에서 고른 것은?

조건
1. 국내 총생산 1조 달러 이상
2. 인터넷 이용률 80% 이상
3. 경제 성장률 2% 이상

국가명	국내 총생산 (조 달러)	인터넷 이용률 (%)	경제 성장률 (%)
덴마크	0.3	97.1	2.2
프랑스	2.6	80.5	1.8
독일	3.7	84.4	2.2
이탈리아	1.9	61.3	1.5
네덜란드	0.8	93.2	3.2

(OECD, 2017)

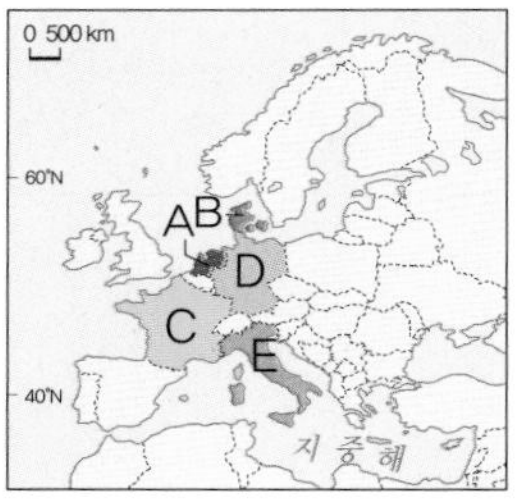

① A
② B
③ C
④ D
⑤ E

서술형 ▶ 20581-0020

08 다음 자료는 어느 지리 정보 수집 방법을 나타낸 것이다. (가)에 해당하는 지리 정보 수집 방법의 특징에 대해 장점을 포함하여 서술하시오.

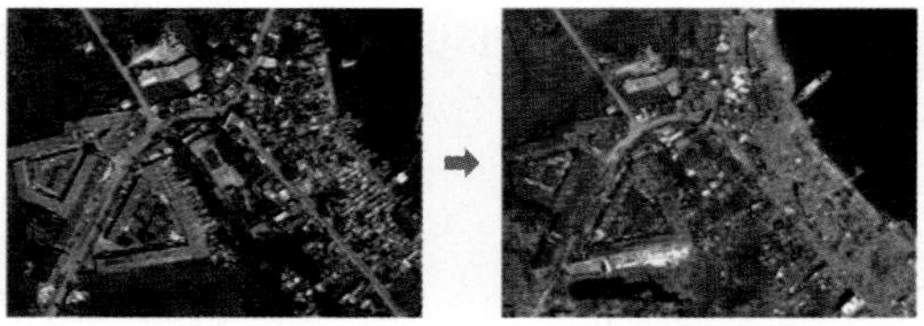

▲ 태풍 통과 전 ▲ 태풍 통과 후

자료는 (가) 을/를 통해 확보한 필리핀 타클로반시(市)의 변화를 나타낸 것이다. 태풍으로 발생한 잔해들로 도로가 차단된 상태에서도 위성 자료를 통해 태풍이 도시에 끼친 영향에 대해 파악할 수 있다.

정답과 해설 6쪽

▸ 20581-0021

1 다음 자료에 대한 옳은 설명만을 〈보기〉에서 고른 것은?

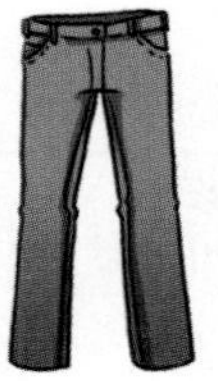
▲ ○○사의 청바지

• 최상위 세계 도시인 영국의 [A]에 위치한 본사에서 브랜드 및 디자인 개발, 생산 전략 수립
• 파키스탄의 목화 산지인 [B]에 입지한 공장에서 청바지의 소재가 되는 면직물 생산
• 산업 발달 수준이 낮은 탄자니아의 중소 도시 [C]에 위치한 봉제 공장에서 완제품 생산

〈보기〉
ㄱ. ○○사는 다국적 기업에 속한다.
ㄴ. A는 B보다 산업 종사자의 평균 임금이 높다.
ㄷ. 원료 또는 제품은 A → B → C의 순서로 이동한다.
ㄹ. 청바지 생산 과정은 세계화보다 현지화의 특성을 많이 반영한다.

① ㄱ, ㄴ ② ㄱ, ㄷ ③ ㄴ, ㄷ ④ ㄴ, ㄹ ⑤ ㄷ, ㄹ

▸ 20581-0022

2 다음 자료에 대한 설명으로 옳은 것은?

DARJEELING

㉠ 다르질링 차는 향과 맛이 풍부하여 '차의 샴페인'이라고 불린다. 해당 정부에 의해 [㉡] 상품으로 등록되어 상표권에 준하는 보호를 받는다.

I ♥ NY

'I ♥ New York'이라는 ㉢ 뉴욕의 도시 슬로건은 1977년 관광객 유치 전략의 일환으로 제안된 홍보 캠페인에서 시작되었다. 이것은 [㉣]의 대표적인 성공 사례로 간주되고 있다.

① ㉠은 스리랑카에 위치한다.
② ㉡에는 '장소 마케팅'이 들어갈 수 있다.
③ ㉢은 미국의 수도이고 최상위 세계 도시에 속한다.
④ ㉣에는 '지리적 표시제'가 들어갈 수 있다.
⑤ ㉡과 ㉣ 모두 지역화 전략으로 이용된다.

▸ 20581-0023

3 (가)~(다) 지도에 대한 설명으로 옳은 것은?

(가)
(나)
(다)
(가)는 르네상스 시대에 복원된 지도로 유럽은 물론 북부 아프리카와 아시아의 일부 지역까지 표현되어 있어.
(나)는 메르카토르의 세계 지도로 항해용으로 널리 사용되었다고 해.
(다)는 조선 전기에 제작된 지도로 중국이 지도 중앙에 크게 표현되어 있어.

① (가)는 (나)보다 지도의 제작 시기가 늦다.
② (나)는 (다)보다 지도에서 중국이 차지하는 면적 비율이 높다.
③ (다)는 (가)보다 지중해 일대의 해안선이 잘 나타나 있다.
④ (가)와 (나)에는 경선과 위선이 나타나 있다.
⑤ (가)~(다) 모두 아메리카가 나타나 있다.

▸ 20581-0024

4 지도는 국가별 1인당 국내 총생산(GDP)을 나타낸 것이다. 이에 대한 옳은 설명만을 〈보기〉에서 고른 것은?

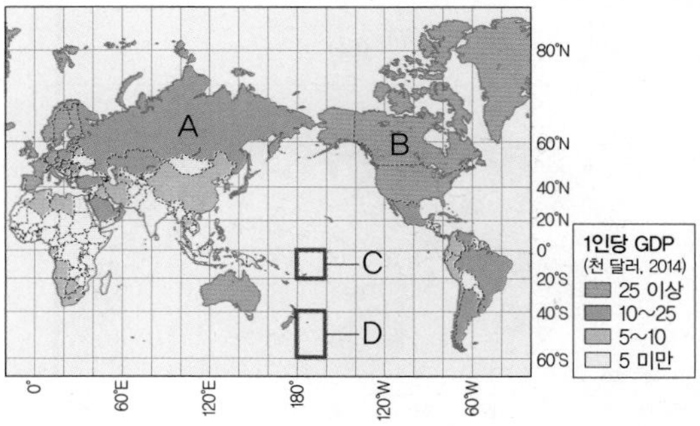

〈보기〉
ㄱ. A는 B보다 1인당 국내 총생산이 많다.
ㄴ. D의 실제 면적은 C의 약 2배이다.
ㄷ. 모든 경선과 위선이 직각으로 교차한다.
ㄹ. 방위각이 정확하여 항해로 설정이 쉽다.

① ㄱ, ㄴ ② ㄱ, ㄷ ③ ㄴ, ㄷ ④ ㄴ, ㄹ ⑤ ㄷ, ㄹ

▶ 20581-0025

5 지도는 어떤 지표를 바탕으로 제작된 것이다. 이 지표로 옳은 것은?

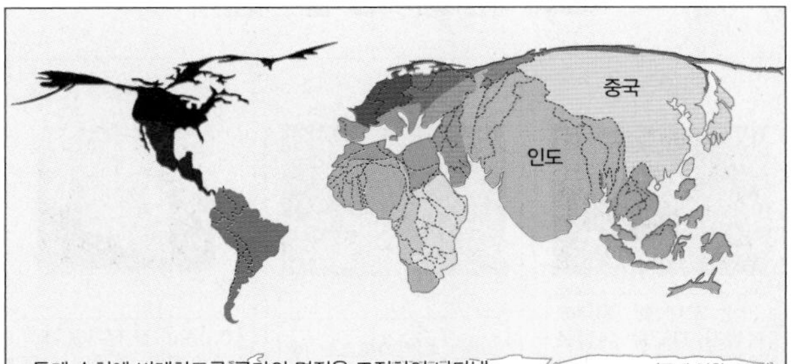

• 통계 수치에 비례하도록 국가의 면적을 조정하여 나타냄 (국제 연합, 2018)

① 인구수　② 기대 수명　③ 인구 밀도
④ 합계 출산율　⑤ 노년층 인구 비율

▶ 20581-0026

6 (가), (나) 지역 구분에 이용된 지표로 옳은 것은?

(가)

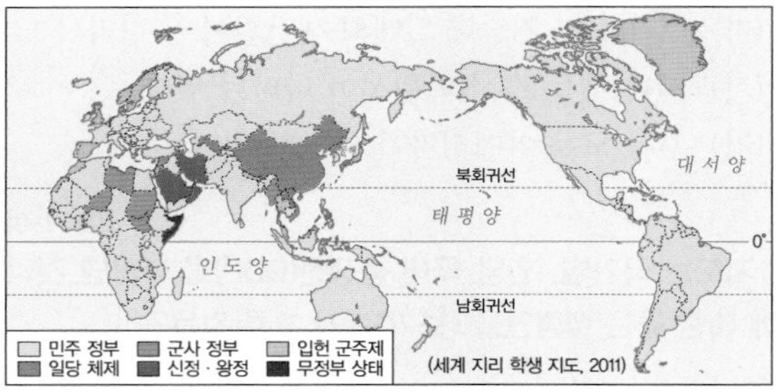

(세계 지리 학생 지도, 2011)

(나)

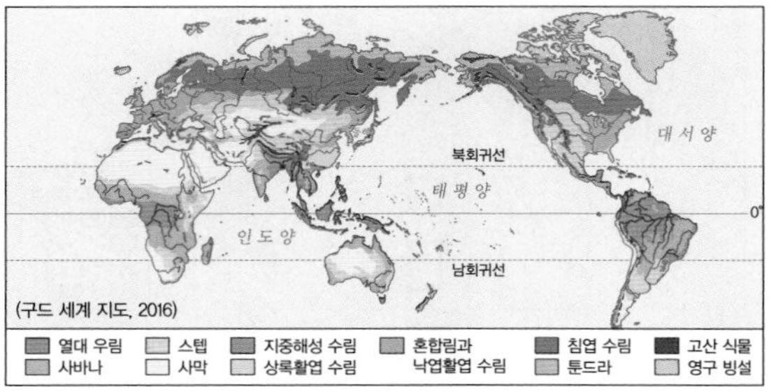

(구드 세계 지도, 2016)

	(가)	(나)
①	기능적 지표	문화적 지표
②	기능적 지표	자연적 지표
③	문화적 지표	기능적 지표
④	문화적 지표	자연적 지표
⑤	자연적 지표	기능적 지표

▶ 20581-0027

7 〈조건〉에 따라 남아메리카에 자동차 공장을 세우려고 한다. 가장 적합한 국가를 A~E에서 고른 것은?

조건

인구와 청장년층 인구 비율 점수에 2배의 가중치를 준 후 3개 항목의 합산 점수가 가장 높은 국가를 선택한다.

〈배점 기준〉

인구 (만 명)	점수	도시화율 (%)	점수	청장년층 인구 비율(%)	점수
3,000 이상	3	80 이상	3	67 이상	3
1,000~3,000	2	70~80	2	65~67	2
1,000 미만	1	70 미만	1	65 미만	1

〈국가 정보〉 (국제 연합, 2015)

국가	인구 (만 명)	도시화율 (%)	청장년층 인구 비율(%)
볼리비아	1,073	68.5	61.1
칠레	1,795	89.5	68.9
콜롬비아	4,823	76.4	68.7
파라과이	664	59.7	63.8
페루	3,138	78.6	65.3

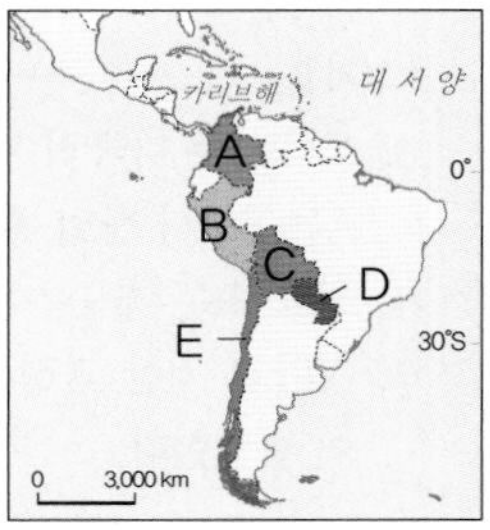

① A　② B　③ C　④ D　⑤ E

▶ 20581-0028

8 (가), (나) 지리 정보 수집 방법의 활용 사례만을 〈보기〉에서 고른 것은?

(가) 현장을 직접 방문하여 지리 정보를 수집하는 방식이다.
(나) 인공위성이나 항공기 등에 탑재된 센서를 이용하여 지리 정보를 수집하는 방식이다.

보기

ㄱ. 상하이의 지역별 지가 차이 파악
ㄴ. 콜럼버스의 신대륙 개척 항로 조사
ㄷ. 소노란 사막 일대의 야생 식물 스케치
ㄹ. 아마존강 유역의 열대림 파괴 현황 파악

	(가)	(나)
①	ㄱ	ㄴ
②	ㄱ	ㄷ
③	ㄴ	ㄷ
④	ㄴ	ㄹ
⑤	ㄷ	ㄹ

II 세계의 자연환경과 인간 생활

대단원 한눈에 보기

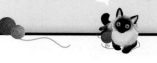

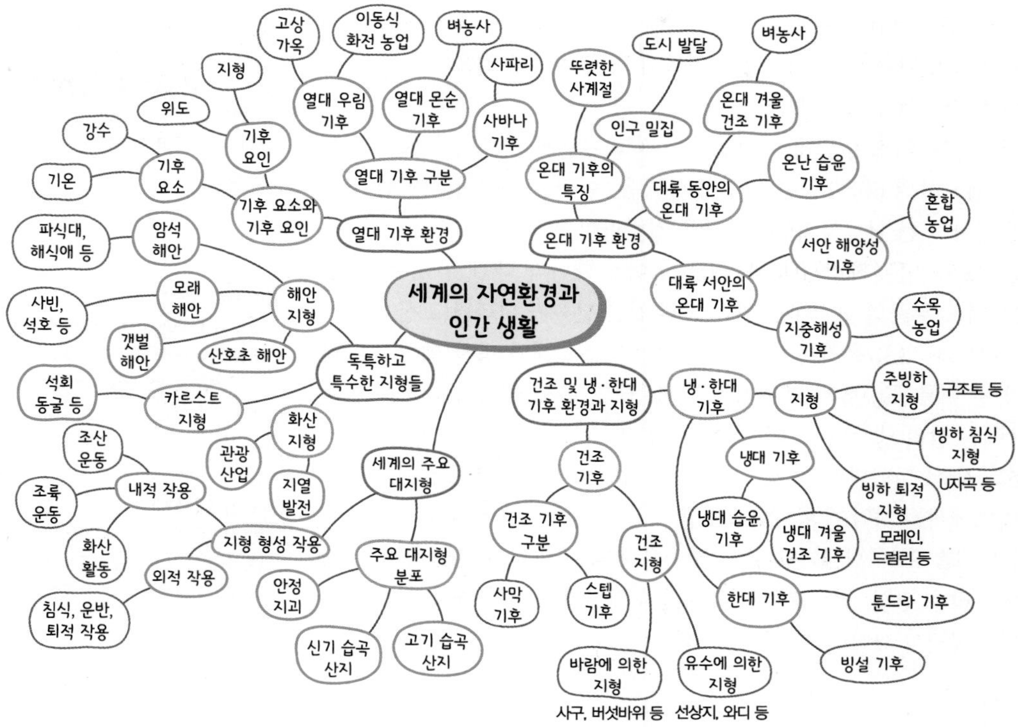

01 열대 기후 환경
열대 기후는 열대 우림 기후, ① □□□ 기후, 열대 몬순 기후로 구분된다.

02 온대 기후 환경
온대 기후는 위도와 관련하여 ② □□□이/가 뚜렷하다.

03 건조 및 냉·한대 기후 환경과 지형
사막 기후는 ③ □□ 기후에, 빙설 기후는 ④ □□ 기후에 속한다.

04 세계의 주요 대지형
판의 경계부에서는 ⑤ □□와/과 화산 활동이 활발하다.

05 독특하고 특수한 지형들
조류의 퇴적 작용으로 형성되는 대표적인 지형에는 ⑥ □□이/가 있다.

정답 | ① 사바나 ② 사계절 ③ 건조 ④ 한대 ⑤ 지진 ⑥ 갯벌

핵심 개념 정리 01 열대 기후 환경

기후 요소와 기후 요인

(1) 기후 요소: 기온, 강수, 바람, 습도 등

(2) 기후 요인: 위도, 해발 고도, 수륙 분포, 격해도(바다로부터 떨어진 정도), 지형, 해류, 기단, 전선 등

① **위도와 기온**: 저위도에서 고위도로 갈수록 단위 면적당 일사량이 감소하여 기온이 낮아짐, 고위도는 저위도에 비해 여름과 겨울의 일사량 차이가 커 기온의 연교차가 큼

② **위도와 강수**: 적도 수렴대가 형성되는 적도 부근과 한대 전선대의 영향이 큰 남·북위 60° 부근은 강수량이 많음, 반면 극지방과 아열대 고압대의 영향이 큰 남·북위 30° 부근은 강수량이 적음

③ **해발 고도와 기온**: 해발 고도가 100m 높아질 때마다 약 0.5~0.6℃씩 낮아짐, 적도 부근의 고지대는 연중 봄과 같은 날씨가 나타남(고산 기후)

④ **수륙 분포와 기온**: 육지는 바다보다 비열이 작아 태양 복사 에너지를 많이 받는 여름에는 빨리 데워지는 반면, 태양 복사 에너지를 적게 받는 겨울에는 빨리 냉각됨 → 대륙 내부가 해안보다 기온의 연교차가 큼

⑤ **지형과 강수**: 바람받이 사면이 비 그늘 사면보다 강수량이 많음, 비 그늘 지역에서는 사막이 형성되기도 함 — 남아메리카의 파타고니아 사막이 대표적임

⑥ **해류와 기후 요소**: 난류가 흐르는 해안은 한류가 흐르는 해안에 비해 강수량이 많은 편임, 남·북회귀선 부근의 한류가 흐르는 대륙 서안은 대기가 안정되어 사막이 형성되기도 함

열대 기후

(1) 열대 기후의 분포와 특징

① **기후 구분 기준**: 최한월 평균 기온 18℃ 이상이고, 연 강수량이 500mm보다 많음

② **분포**: 적도를 중심으로 남·북회귀선 사이의 저위도 지역

③ **특징**

- 연중 기온이 높아(연중 태양의 입사각이 큼) 기온의 연교차가 작음, 기온의 일교차가 기온의 연교차보다 더 큼
- 강한 일사로 상승 기류가 발달하여 대류성 강수(햇빛에 지면이 데워져 따뜻한 공기가 상승하면서 발생하는 강수)가 빈번함
- 적도 수렴대가 형성됨, 적도 수렴대는 계절에 따라 이동함 — 지구의 자전축이 기울어진 상태로 공전하기 때문

④ **구분**: 강수량과 강수 시기에 따라 열대 우림 기후, 사바나 기후, 열대 몬순(계절풍) 기후로 구분됨

(2) 열대 우림 기후

① **기후 구분 기준**: 최소우월(일 년 중 강수량이 가장 적은 달)의 강수량이 60mm 이상임

② **분포**: 아프리카의 콩고 분지, 동남아시아의 적도 부근, 남아메리카의 아마존 분지 등

◉ **위도와 일사량**

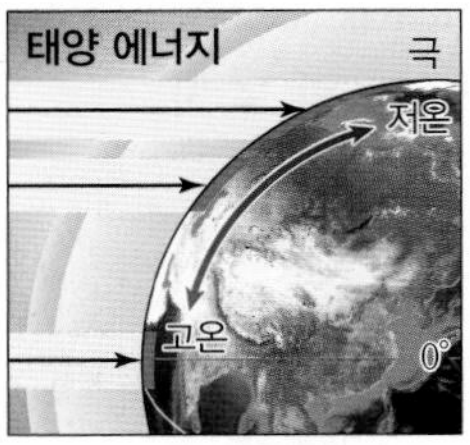

고위도로 갈수록 태양 에너지가 넓은 면적으로 분산되므로 단위 면적당 유입되는 태양 에너지의 양은 감소한다.

◉ **적도 수렴대**

북동 무역풍과 남동 무역풍이 수렴하는 곳이다. 적도 수렴대는 북반구가 여름일 때는 적도 북쪽, 북반구가 겨울일 때는 적도 남쪽으로 이동한다.

◉ **한대 전선대**

한대 기단과 열대 기단이 만나 형성되는 전선대이며, 극동풍과 편서풍이 만나는 위도 약 60° 정도의 고위도 저압대를 따라 분포한다.

◉ **바람받이 사면과 비 그늘 사면**

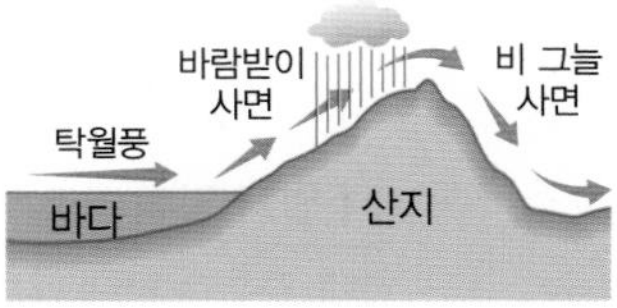

◉ **스콜**

열대 기후 지역에서 내리는 대류성 강수로, 짧은 시간에 집중적으로 쏟아지는 소나기이다. 스콜은 지표면의 기온이 높은 오후 시간대에 주로 발생한다.

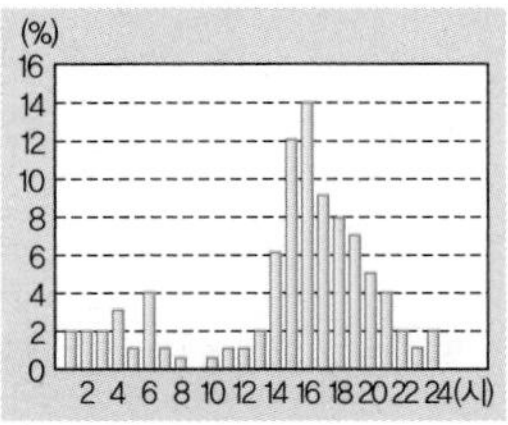

▲ 쿠알라룸푸르(말레이시아)의 시간대별 강수 비율

자료 탐구

① 대기 대순환과 위도대별 강수량과 증발량

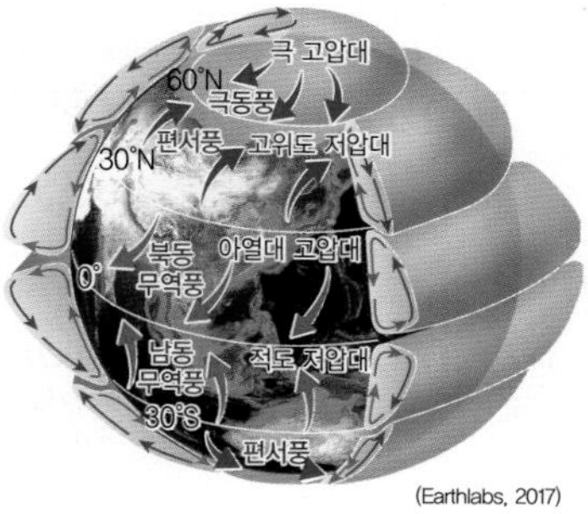

▲ 대기 대순환

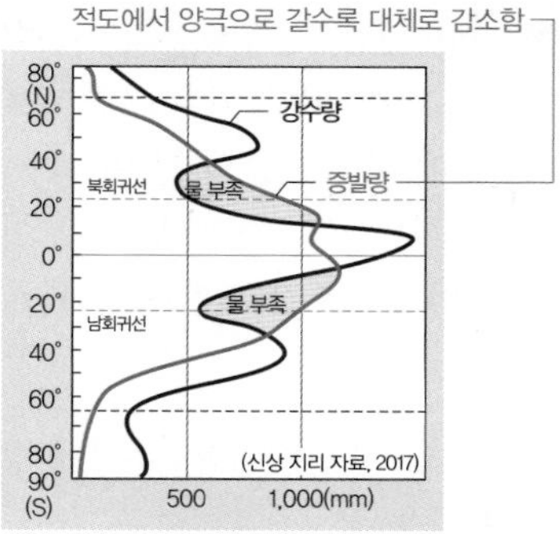

▲ 위도대별 강수량과 증발량

분석 | 기온이 높은 적도 부근에서는 대기가 상승하는 적도 저압대가 형성되고, 적도 부근에서 상승한 기류는 남 · 북위 30° 부근에서 하강하여 아열대 고압대를 이룬다. 기온이 낮은 극 부근에서는 대기가 하강하는 극 고압대가 형성된다. 남 · 북위 30° 부근에서 적도 쪽으로는 무역풍이 불고, 고위도 쪽으로는 편서풍이 분다. 양극 지방에서 남 · 북위 60° 부근으로는 극동풍이 분다. 극 고압대와 아열대 고압대는 하강 기류가 발생하여 강수량이 적고, 적도 저압대와 고위도 저압대는 상승 기류가 발생하여 강수량이 많다. 아열대 고압대는 강수량에 비해 증발량이 많아 대체로 건조 기후가 나타난다.

② 세계의 기후 구분(쾨펜 기준)

1차 기후 구분			2 · 3차 기후 구분	
수목 기후	열대 기후(A)	최한월 평균 기온 18℃ 이상	• 열대 우림 기후(Af) • 사바나 기후(Aw) • 열대 몬순 기후(Am)	f: 연중 습윤 s: 여름 건조 w: 겨울 건조 m: 몬순 기후(f와 w의 중간) a: 최난월 평균 기온 22℃ 이상 b: 최난월 평균 기온 22℃ 미만, 월평균 기온 10℃ 이상인 달이 4개월 이상
	온대 기후(C)	최한월 평균 기온 −3℃~18℃	• 서안 해양성 기후(Cfb) • 지중해성 기후(Cs) • 온난 습윤 기후(Cfa) • 온대 겨울 건조 기후(Cw)	
	냉대 기후(D)	최한월 평균 기온 −3℃ 미만, 최난월 평균 기온 10℃ 이상	• 냉대 습윤 기후(Df) • 냉대 겨울 건조 기후(Dw)	
무수목 기후	한대 기후(E)	최난월 평균 기온 10℃ 미만	• 툰드라 기후(ET) • 빙설 기후(EF)	T: 최난월 평균 기온 0℃~10℃ F: 최난월 평균 기온 0℃ 미만
	건조 기후(B)	연 강수량 500mm 미만	• 스텝 기후(BS) • 사막 기후(BW)	S: 연 강수량 250~500mm W: 연 강수량 250mm 미만

분석 | 쾨펜은 자연 식생을 지표로 기후 요소가 비슷하게 나타나는 범위를 묶어 기후 지역으로 구분하였다. 세계를 나무가 자랄 수 있는 수목 기후와 나무가 자랄 수 없는 무수목 기후로 나눈 후 기온과 강수량에 따라 열대 기후, 온대 기후, 냉대 기후, 한대 기후, 건조 기후로 구분하였고, 더 세부적인 구분을 통해 13개의 기후형으로 분류하였다.

확인학습

1 표는 대기 대순환의 일부를 나타낸 것이다. (가), (나)에 들어갈 탁월풍의 이름을 쓰시오.

60°N 부근	고위도 저압대	한대 전선 형성
	↗ (가) ↗	
30°N 부근	아열대 고압대	하강 기류
	↙ (나) ↙	
0° 부근	적도 저압대	상승 기류

답 (가) 편서풍, (나) 무역풍

2 그래프는 위도대별 강수량과 증발량을 나타낸 것이다. (가) 위도대에 대한 옳은 설명만을 〈보기〉에서 고른 것은?

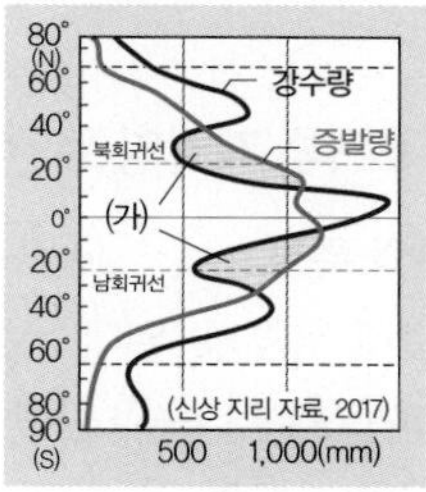

보기
ㄱ. 연 강수량이 연 증발량보다 많다.
ㄴ. 건조 기후가 나타날 가능성이 높다.
ㄷ. 연중 아열대 고압대의 영향을 받는다.
ㄹ. 하강 기류보다 상승 기류의 발생 빈도가 높다.

① ㄱ, ㄴ ② ㄱ, ㄷ ③ ㄴ, ㄷ
④ ㄴ, ㄹ ⑤ ㄷ, ㄹ

정답과 해설 ▶ (가)는 남 · 북회귀선 일대로 연중 아열대 고압대의 영향을 받아 연 강수량보다 연 증발량이 많은 곳이다. 이들 지역은 강수가 부족하여 건조 기후가 나타날 가능성이 높다. 답 ③

3 수목 기후에 해당하는 기후만을 〈보기〉에서 고른 것은?

보기
ㄱ. 열대 기후 ㄴ. 건조 기후
ㄷ. 냉대 기후 ㄹ. 한대 기후

① ㄱ, ㄴ ② ㄱ, ㄷ ③ ㄴ, ㄷ
④ ㄴ, ㄹ ⑤ ㄷ, ㄹ

정답과 해설 ▶ 열대 기후와 냉대 기후는 나무가 자라는 수목 기후, 건조 기후와 한대 기후는 무수목 기후에 속한다. 답 ②

열대 기후 환경

(3) 사바나 기후

비가 잘 안 내리는 시기를 건기(乾期)라고 하고, 비가 많이 내리는 시기를 우기(雨期)라고 함

① 기후 구분 기준: 최소우월의 강수량이 60mm 미만, 건기와 우기가 뚜렷함
② 분포: 열대 기후 중 분포 범위가 가장 넓음, 열대 우림 기후 주변 지역
③ 특징: 연중 기온이 높으나 열대 우림 기후에 비해 기온의 연 변화가 큼, 연 강수량은 열대 우림 기후나 열대 몬순 기후보다 대체로 적음, 아열대 고압대의 영향으로 건기, 적도 수렴대의 영향으로 우기가 나타남

(4) 열대 몬순 기후

몬순 – 계절풍을 의미함

① 기후 구분 기준: 최소우월의 강수량이 60mm 미만이지만, 우기에 강수량이 많아 연 강수량이 사바나 기후보다 많음
② 분포: 동남 및 남부 아시아 일대, 남아메리카의 북동부 등
③ 특징: 적도 수렴대와 계절풍의 영향으로 긴 우기와 짧은 건기가 나타남

열대 기후 지역의 주민 생활

(1) 가옥의 특징

① 열대 우림 및 열대 몬순 기후: 나무를 주요 재료로 함, 개방적인 구조의 고상(高床) 가옥 발달, 급경사 지붕 — 강수량이 많기 때문
(고상 가옥 – 바닥이 지면으로부터 떨어져 있는 가옥)
② 사바나 기후: 주로 풀과 진흙으로 집을 지음

(2) 전통 산업

① 이동식 경작 — 경작지의 토양이 척박해지면 새로운 곳에 화전을 만들어 이동하는 형태의 경작 방식
- 아프리카의 열대 우림 기후 지역, 동남아시아의 열대 몬순 기후 지역
- 화전 농업으로 카사바, 얌, 타로 등의 식량 작물을 재배함

② 유목: 주로 사바나 기후 지역에서 소, 양, 염소 등의 유목이 이루어짐
③ 벼농사: 열대 몬순 기후 지역에서 벼의 2~3기작이 이루어짐

(3) 산업의 발달

① 플랜테이션
- 선진국의 자본과 기술 + 원주민의 노동력 + 열대의 기후 환경 → 상업적 농업
- 기호 작물, 원료 작물을 대규모로 재배하여 수출함 (기호 작물 – 커피, 카카오 등)

② 관광 산업: 트레킹, 사파리 관광, 전통 부족 생활 체험 관광 등
③ 자원 개발: 열대림, 지하자원(알루미늄의 원료인 보크사이트 등) 개발

(4) 열대림

① 가치: 생물 종의 다양성을 지키는 유전자의 창고임, 이산화 탄소를 흡수하고 산소를 공급하는 지구의 허파 역할 → 지구 온난화를 억제함
② 개발: 도시화, 경지 개간, 방목지 조성 → 무분별한 벌채
③ 문제점: 지구 온난화 가속화, 생물 종 다양성 감소, 토양 침식 증가 등

◉ 아열대 고압대
열대와 온대의 중간 지역인 남 · 북회귀선 주변에 위치하는 기압이 높은 지역을 말한다. 아열대 고압대는 대기 대순환에 의해 연중 하강 기류가 나타나 고기압이 형성되므로 대체로 연 강수량이 적다.

◉ 열대 고산 기후
저위도의 해발 고도가 높은 지역에서 나타나는 기후로, 연중 봄과 같이 온화한 것이 특징이다.

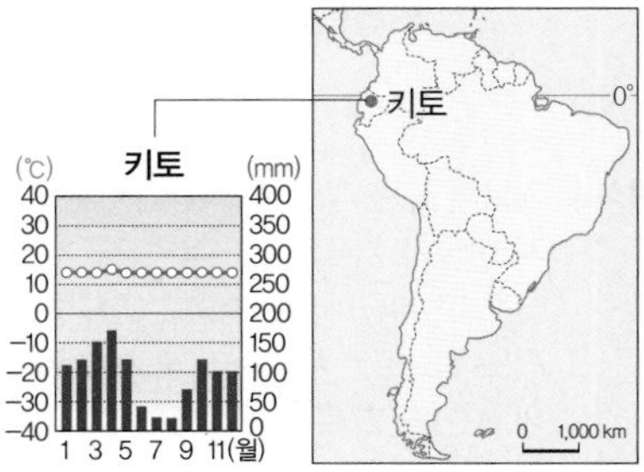

▲ 키토(열대 고산 기후)의 위치와 기후 그래프

◉ 몬순
주로 대륙과 해양의 비열 차이에 의해 계절에 따라 풍향이 바뀌는 바람을 말한다.

◉ 카사바
아메리카 열대 기후 지역이 기원지이며, 고구마 모양의 덩이뿌리가 있는 식물이다.

▲ 카사바

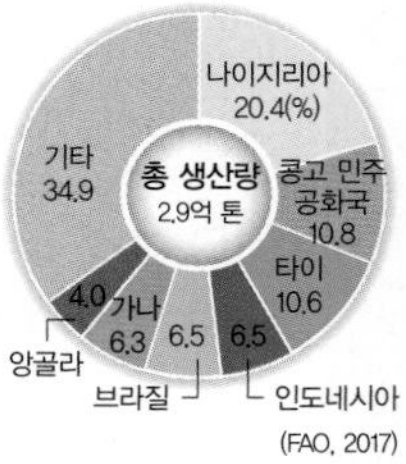

▲ 카사바 생산량 비율

◉ 사파리 관광
사바나 기후 지역에는 관목과 초원이 분포하여 기린 · 얼룩말 등의 초식 동물이 많이 서식하고, 이 초식 동물을 먹이로 하는 사자 · 표범 등의 맹수도 많아 자동차를 타고 야생 동물들을 돌아보는 사파리 관광이 활성화되었다.

자료 탐구

확인학습

3 열대 기후의 분포와 특징

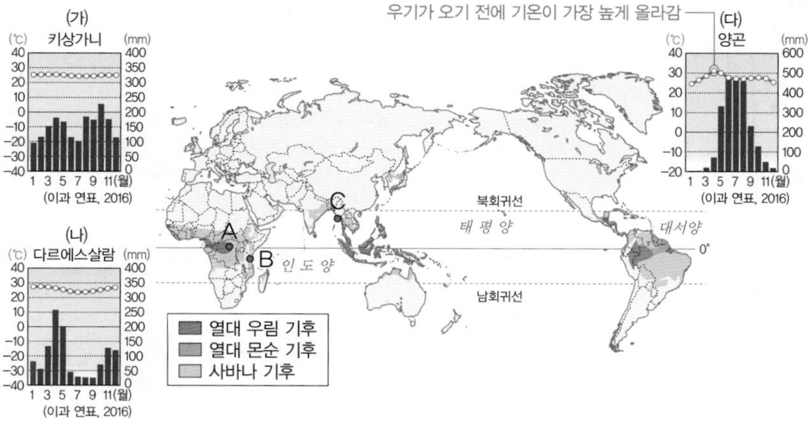

분석 | 열대 기후는 최한월 평균 기온 18℃ 이상으로 연중 기온이 높고 비가 많은 편이며, 태양 복사 에너지가 연중 일정한 편으로 기온의 연교차가 매우 작다. 열대 기후는 강수 시기와 강수량을 기준으로 열대 우림 기후, 사바나 기후, 열대 몬순 기후로 구분된다. 열대 우림 기후(가, A)는 적도 수렴대의 영향으로 연중 고온 다습하다. 사바나 기후(나, B)는 적도 수렴대와 아열대 고압대의 영향으로 우기와 건기가 교차한다. 열대 몬순 기후(다, C)는 여름에는 고온 다습한 계절풍의 영향으로 비가 많이 내리고 그 뒤에 짧은 건기가 나타난다.

4 적도 수렴대의 이동과 강수 분포

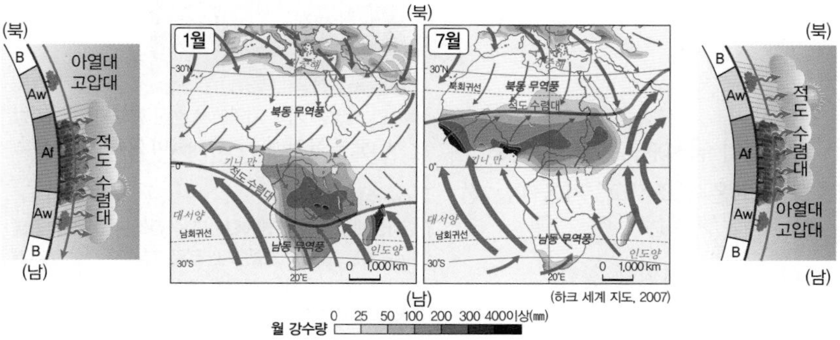

분석 | 적도 일대는 북동 무역풍과 남동 무역풍이 수렴하는 지역으로, 상승 기류가 발달하여 연 강수량이 많다. 적도 일대에서 상승한 공기는 남·북위 30° 부근에서 하강하며, 이 일대에 아열대 고압대를 형성한다. 적도 수렴대와 아열대 고압대는 지구의 공전에 의한 태양의 회귀 현상에 따라 남북으로 이동한다. 열대 우림 기후 지역은 연중 적도 수렴대의 영향을 받으므로 일 년 내내 비가 많이 내린다. 그러나 사바나 기후 지역은 계절에 따라 이동하는 적도 수렴대와 아열대 고압대의 영향을 번갈아 받는다. 따라서 북반구의 사바나 기후 지역은 7월에 북상한 적도 수렴대의 영향을 받아 우기가 되고, 1월에 남하한 아열대 고압대의 영향을 받아 건기가 된다.

└ 남반구의 사바나 기후 지역은 1월에 적도 수렴대의 영향을 받아 우기가 되고, 7월에 아열대 고압대의 영향을 받아 건기가 된다.

4 그래프는 두 지역의 기후 그래프를 나타낸 것이다. (가), (나) 지역에 대한 설명으로 옳은 것은?

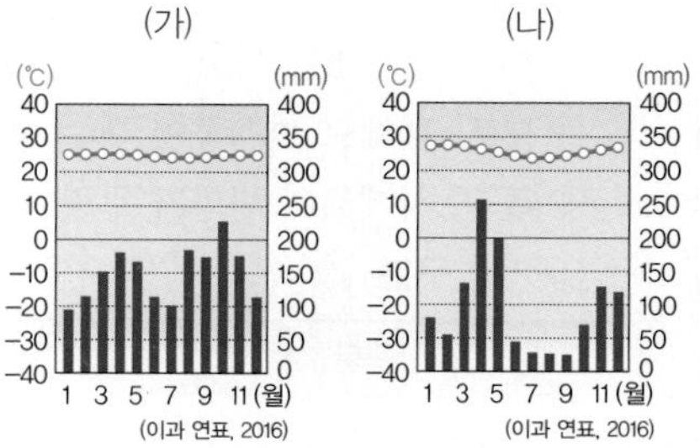

① (가)는 (나)보다 수목의 밀도가 높다.
② (가)는 (나)보다 기온의 연교차가 크다.
③ (나)는 (가)보다 우기가 길다.
④ (나)는 (가)보다 적도 수렴대의 영향을 받는 시기가 길다.
⑤ (가)와 (나) 모두 북반구에 위치한다.

정답과 해설 ▶ (가)는 열대 우림 기후가 나타나는 키상가니, (나)는 사바나 기후가 나타나는 다르에스살람의 기후 그래프이다. 열대 우림 기후는 사바나 기후보다 수목의 밀도가 높다. 답 ①

5 그림과 같은 전통 가옥이 나타나는 지역의 지리적 특징만을 〈보기〉에서 있는 대로 고른 것은?

〈보기〉
ㄱ. 연 강수량이 많다.
ㄴ. 건기가 우기보다 길다.
ㄷ. 포도와 올리브 생산이 활발하다.
ㄹ. 최한월 평균 기온이 18℃ 이상이다.

① ㄱ, ㄷ ② ㄱ, ㄹ ③ ㄴ, ㄹ
④ ㄱ, ㄴ, ㄷ ⑤ ㄴ, ㄷ, ㄹ

정답과 해설 ▶ 그림은 열대 우림 기후와 열대 몬순 기후 지역에서 나타나는 고상 가옥이다. 이들 지역은 연 강수량이 많으며, 최한월 평균 기온이 18℃ 이상이다. ㄴ. 우기가 건기보다 길다. ㄷ. 카사바, 얌 등을 재배한다. 답 ②

핵심 개념 정리 02

온대 기후 환경

온대 기후

(1) 온대 기후의 분포와 특징

① 기후 구분 기준: 최난월 평균 기온이 10℃ 이상이면서 최한월 평균 기온이 −3℃～18℃이고, 연 강수량이 대체로 500mm보다 많음

② 분포: 대체로 편서풍이 부는 중위도에 분포함 (인구 밀도가 높음, 세계적인 대도시들이 많이 위치함)

③ 특징: 사계절의 변화가 뚜렷함, 농경과 인간 생활에 유리함

④ 기후 구분

구분	특색	분포
지중해성 기후(Cs)	여름에 고온 건조하고 겨울에 온난 습윤함	편서풍의 영향을 받는 대륙 서안 남·북위 30°～60°에 주로 분포
서안 해양성 기후(Cfb)	기온의 연교차가 작고 연중 강수량이 고름	
온대 겨울 건조 기후(Cw)	여름에 고온 다습하고 겨울에 건조함	계절풍의 영향을 받는 대륙 동안 남·북위 20°～40°에 주로 분포
온난 습윤 기후(Cfa)	연중 습윤한 편임, 여름에 무더움	

(2) 서안 해양성 기후

① 구분: 연중 강수량이 고르고, 최난월 평균 기온이 22℃ 미만임 (여름이 서늘한 편임)

② 분포: 서부 및 북부 유럽, 북아메리카 북서 해안, 칠레 남부, 오스트레일리아 남동부, 뉴질랜드 등

③ 특징: 연중 편서풍의 영향을 받으며, 기온의 연교차가 작음, 편서풍의 바람받이 지역은 지형성 강수가 많이 내림 — 노르웨이의 베르겐이 대표적임

④ 주민 생활: 혼합 농업 발달, 하천의 유량 변동이 적어 수운 교통에 유리

(3) 지중해성 기후

① 구분: 온대 기후 중에서 여름에 건조한 기후

② 분포: 지중해 연안, 미국 캘리포니아, 아프리카 남서단, 칠레 중부 등

③ 특징: 여름에는 아열대 고압대의 영향으로 고온 건조하고, 겨울에는 전선대와 편서풍의 영향으로 온난 습윤함 (여름에 산불이 많이 발생함)

④ 주민 생활: 벽을 두껍고 창을 작게 만들며, 벽면을 하얗게 칠함 (외부와의 열 출입을 줄이기 위함)

(4) 대륙 동안의 온대 기후

① 구분: 온대 겨울 건조 기후와 온난 습윤 기후로 구분됨

② 분포: 아시아 및 아메리카 대륙의 동안 지역을 중심으로 주로 분포함

③ 특징: 대륙의 영향으로 기온의 연교차가 큼, 낙엽 활엽수와 침엽수의 혼합림이 많으나, 상록 활엽수(조엽수)도 분포함

④ 농업: 아시아 – 벼농사, 미국 남부 – 목화 재배, 아르헨티나의 팜파스 – 기업적 목축과 밀농사

◉ 편서풍

아열대 고압대에서 고위도 저압대를 향해 부는 탁월풍으로, 주로 남북 30°～60°의 위도대에서 나타나며, 일 년 내내 서쪽에서 동쪽으로 분다.

◉ 활엽수와 침엽수

잎이 넓은 나무는 활엽수, 잎이 뾰족한 바늘 형태인 나무는 침엽수이다. 활엽수는 가을이나 겨울에 잎이 떨어지는 낙엽 활엽수와 연중 녹색의 잎을 지니는 상록 활엽수로 구분한다.

◉ 대륙 서안과 대륙 동안 기후

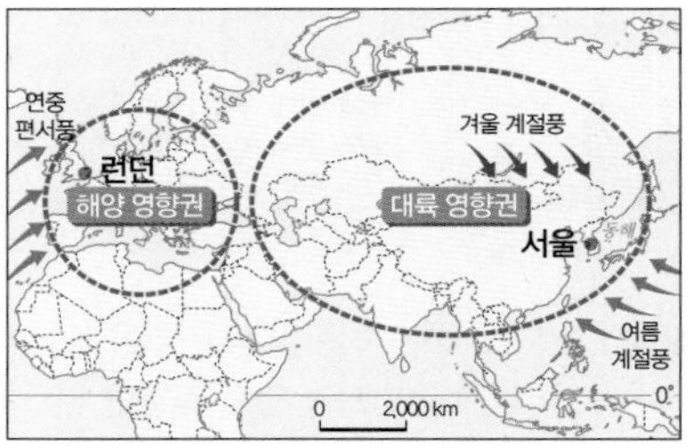

▲ 대륙 서안과 대륙 동안의 주요 바람

편서풍의 영향이 큰 대륙 서안과 계절풍의 영향이 큰 대륙 동안은 기후 특징이 서로 다르게 나타난다. 대륙 서안 기후는 연중 바다의 영향으로 기온의 연교차가 작은 반면, 대륙 동안은 겨울에 대륙의 영향을 크게 받기 때문에 기온의 연교차가 크다.

◉ 혼합 농업

서안 해양성 기후 지역에서 흔히 행해지는 농업 방식으로, 곡물 재배와 가축 사육이 함께 이루어진다.

◉ 수목 농업

지중해성 기후 지역에서 고온 건조한 여름을 견딜 수 있는 올리브, 오렌지, 코르크참나무 등 뿌리가 깊고 잎이 두꺼운 나무를 키워 과실 등을 얻는 농업을 말한다.

(국제 연합 식량 농업 기구, 2018)

▲ 국가별 올리브 생산량 비율

자료 탐구

5 온대 기후의 분포와 특징

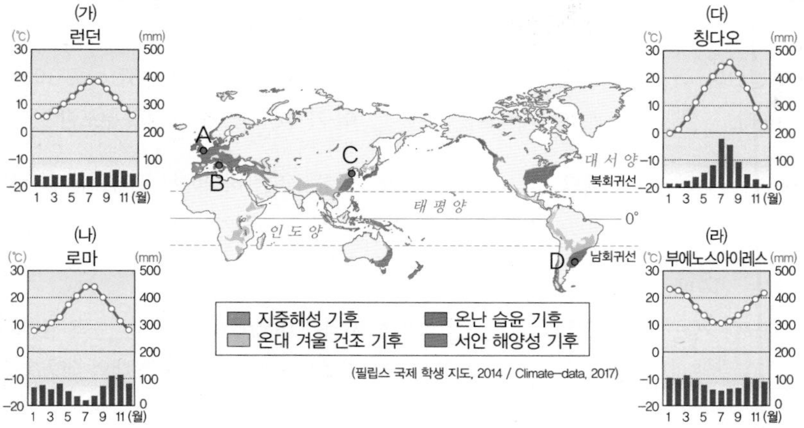

(필립스 국제 학생 지도, 2014 / Climate-data, 2017)

분석 | 온대 기후는 최한월 평균 기온이 -3~18℃이고, 대부분 연 강수량이 500mm 이상이다. 온대 기후는 편서풍대인 중위도를 중심으로 대륙 동안에서는 위도 20°~40°, 대륙 서안에서는 위도 30°~60°에 주로 분포한다. 서안 해양성 기후(가, A)는 편서풍의 영향으로 연중 온난 습윤하다. 지중해성 기후(나, B)는 여름에는 아열대 고압대의 영향으로 고온 건조하고, 겨울에는 편서풍과 전선대의 영향으로 온난 습윤하다. 온대 겨울 건조 기후(다, C)는 계절풍의 영향으로 여름에 고온 다습하고 겨울에 건조하다. 온난 습윤 기후(라, D)는 계절풍의 영향을 받지만 비교적 강수가 고른 것이 특징이다.

6 아시아의 계절풍 기후

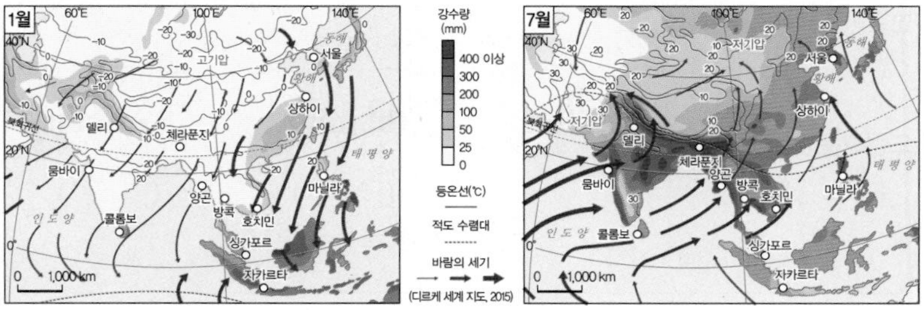

(디르케 세계 지도, 2015)

분석 | 계절풍은 대륙과 해양의 비열 차이로 발생하게 된다. 겨울에는 대륙이 해양보다 더 차가워지므로 하강 기류가 발생하여 대륙에는 고기압, 해양에는 저기압이 발달한다. 이로 인해 겨울에는 건조한 대륙으로부터 계절풍이 불어와 강수량이 적다. 여름에는 대륙이 해양보다 더 빨리 가열되어 상승 기류가 발생하므로 대륙에는 저기압, 해양에는 고기압이 발달한다. 이로 인해 여름에는 해양으로부터 계절풍이 불어와 강수량이 많다. 아시아의 충적 평야에서는 여름의 다습한 계절풍을 이용한 벼농사가 활발히 이루어지고 있다.
└ 하천의 퇴적 작용으로 형성된 평야로, 범람원, 삼각주 등이 대표적임

확인학습

6 그래프는 두 지역의 기후 그래프를 나타낸 것이다. (가), (나) 지역에 대한 옳은 설명만을 〈보기〉에서 있는 대로 고른 것은?

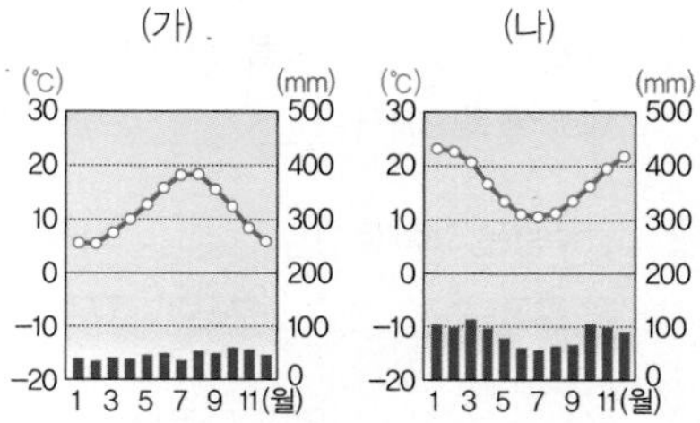

보기
ㄱ. (가)는 연중 편서풍의 영향을 받는다.
ㄴ. (나)는 최난월이 7월이다.
ㄷ. (가)는 (나)보다 연 강수량이 많다.
ㄹ. (가)는 북반구, (나)는 남반구에 위치한다.

① ㄱ, ㄷ ② ㄱ, ㄹ ③ ㄴ, ㄹ
④ ㄱ, ㄴ, ㄷ ⑤ ㄴ, ㄷ, ㄹ

정답과 해설 ▶ (가)는 서안 해양성 기후가 나타나는 런던의 기후 그래프이고, (나)는 온난 습윤 기후가 나타나는 부에노스아이레스의 기후 그래프이다. 런던은 북반구에 위치하고, 부에노스아이레스는 남반구에 위치한다. 런던은 연중 편서풍의 영향으로 온난 습윤한 기후가 나타난다. 답 ②

7 지도는 연 강수량의 지역적 차이를 나타낸 것이다. (가) 지역에서 주로 발생하는 강수의 유형을 쓰시오.

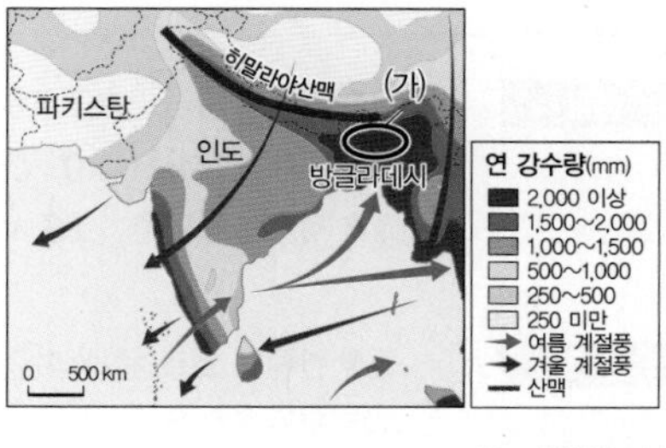

답 지형성 강수

개념 체크

저절로 암기 Tip ☐ 1회 (/) ☐ 2회 (/) ☐ 3회 (/)

01~04 **빈칸에 알맞은 용어를 쓰시오.**

01 기온은 ________ 복사 에너지의 영향을 크게 받으며, 대체로 열적도에서 ________(으)로 갈수록 낮아진다.

02 강수량은 대체로 ________ 지역과 남 · 북위 60° 부근에서 많고, ________ 부근과 극지방에서 적다.

03 육지와 바다의 비열이 다르므로 ________은/는 기후에 영향을 준다. 같은 위도의 해안 지역이 내륙 지역보다 기온의 ________이/가 작게 나타난다.

04 ________이/가 흐르는 해안 지역은 연 강수량이 적다.

05~08 **다음 설명이 열대 우림 기후의 특징에 해당하면 '우', 사바나 기후의 특징에 해당하면 '사', 열대 몬순 기후의 특징에 해당하면 '몬'을 괄호 안에 쓰시오.**

05 연중 적도 수렴대의 영향을 받아 일 년 내내 강수량이 많다. ( )

06 건기에는 아열대 고압대의 영향으로 강수량이 적고, 우기에는 적도 수렴대의 영향으로 강수량이 많다. ( )

07 계절풍의 영향을 받아 긴 우기와 짧은 건기가 번갈아 나타나는 것이 특징이다. ( )

08 키가 큰 풀이 자라는 초원에 키가 작은 관목이 드문드문 분포한다. ( )

09~12 **빈칸에 알맞은 용어를 쓰시오.**

09 ________ 기후는 최한월 평균 기온이 −3℃~18℃이며, 대체로 ________이/가 부는 중위도에 걸쳐 분포한다.

10 ________ 기후 지역은 연중 바다에서 불어오는 편서풍의 영향으로 여름이 서늘하고 겨울이 온화하여 기온의 ________이/가 작다.

11 ________ 기후 지역은 여름에는 ________의 영향으로 덥고 건조하며, 겨울에는 편서풍 및 전선대의 영향으로 기온이 온화하고 강수량이 많은 편이다.

12 ________ 기후는 여름에는 고온 다습하고 겨울에는 건조하여 기온의 연교차와 강수의 계절 차가 크다.

13~15 **다음 기후 그래프가 어느 기후에 해당하는지 쓰시오.**

13

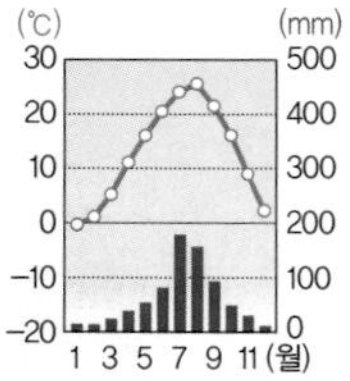

( )

14

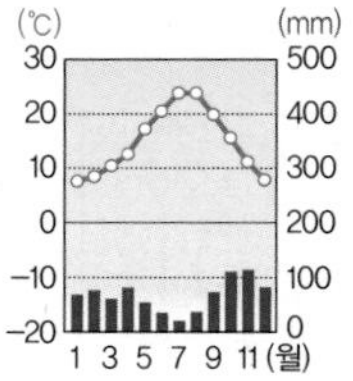

( )

15

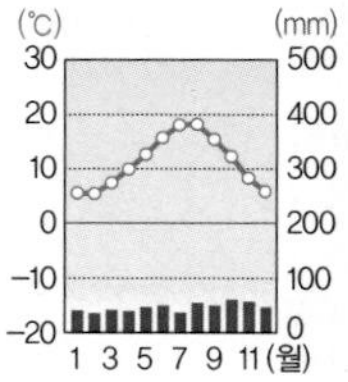

( )

정답

01 태양, 양극 **02** 저위도, 남 · 북위 30° **03** 수륙 분포, 연교차 **04** 한류 **05** 우 **06** 사 **07** 몬 **08** 사 **09** 온대, 편서풍 **10** 서안 해양성, 연교차 **11** 지중해성, 아열대 고압대 **12** 온대 겨울 건조 **13** 온대 겨울 건조 기후 **14** 지중해성 기후 **15** 서안 해양성 기후

오답 체크 Tip

04 한류가 흐르는 해역은 대기가 안정되어 강수량이 적다. **06, 11** 사바나 기후의 건기와 지중해성 기후의 건조한 여름을 가져오는 요인은 아열대 고압대이다.

기본 문제

정답과 해설 8쪽

▶ 20581-0029

01 (가), (나) 지역의 기온 차에 영향을 끼친 기후 요인으로 가장 적절한 것은?

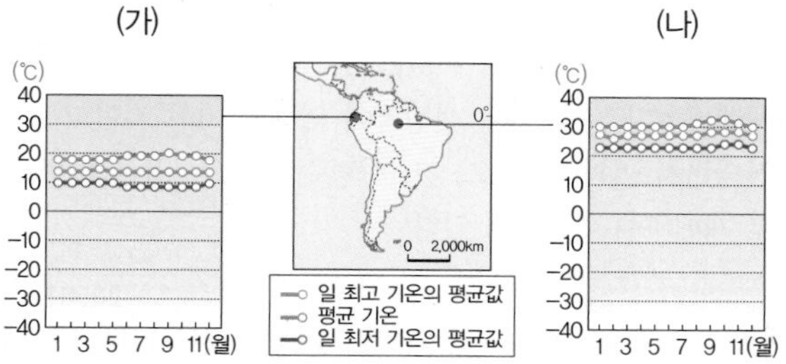

① 위도　② 해류　③ 격해도
④ 수륙 분포　⑤ 해발 고도

▶ 20581-0030

02 지도는 강수 시기와 강수량을 기준으로 지역을 구분한 것이다. A~C에 들어갈 내용만으로 옳은 것은?

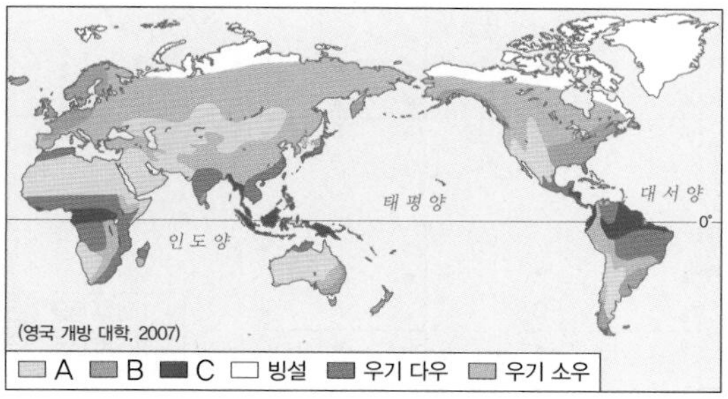

	A	B	C
①	건조	연중 다우	연중 습윤
②	건조	연중 습윤	연중 다우
③	연중 다우	건조	연중 습윤
④	연중 다우	연중 습윤	건조
⑤	연중 습윤	건조	연중 다우

단답형

▶ 20581-0031

03 다음 글의 (가)에 들어갈 알맞은 용어를 쓰시오.

> (가) 은/는 적도 부근의 열대 지방에서 한낮에 강한 일사(日射)로 인한 대기의 상승 작용에 의하여 내리는 비로 대류성 강수에 속한다. 오후 시간에 주로 내리며, 무더위를 완화시키는 역할을 한다.

▶ 20581-0032

04 다음은 세계지리 수업 장면이다. 교사의 질문에 옳게 답한 학생을 고른 것은?

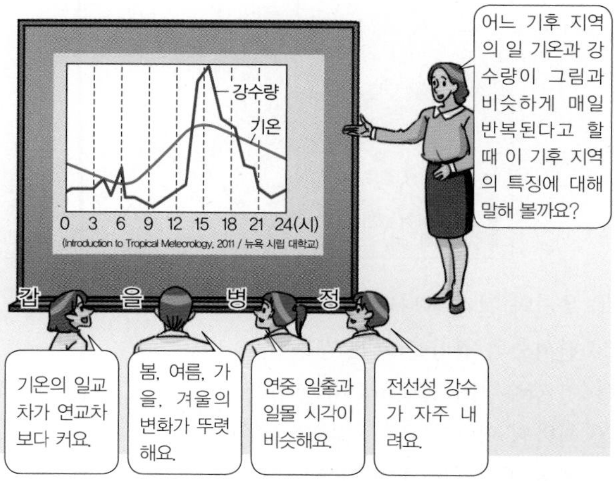

① 갑, 을　② 갑, 병　③ 을, 병
④ 을, 정　⑤ 병, 정

▶ 20581-0033

05 지도의 (가), (나) 기후 지역에 대한 설명으로 옳은 것은?

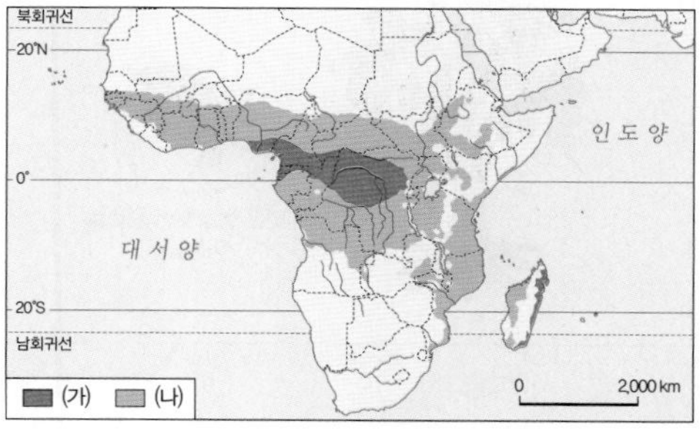

① (가)는 (나)보다 분포 범위가 넓다.
② (가)는 (나)보다 강수의 월 편차가 크다.
③ (나)는 (가)보다 수목 밀도가 높다.
④ (나)는 (가)보다 최소우월의 강수량이 적다.
⑤ (가), (나)는 모두 기온의 연교차가 일교차보다 크다.

기본 문제

▶ 20581-0034

06 지도에 표시된 (가) 지역에 대한 설명으로 옳은 것은?

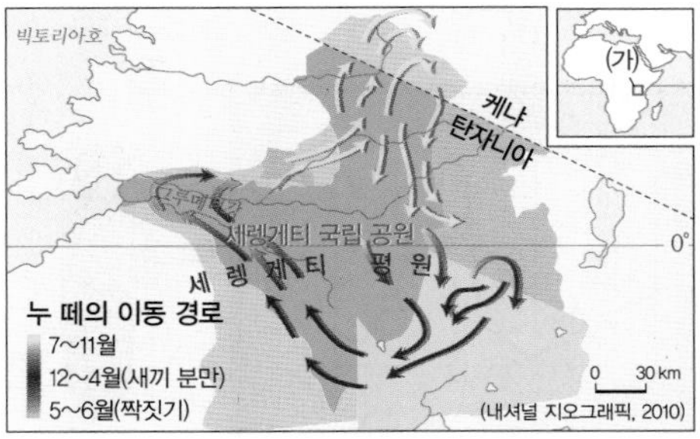

① 우기와 건기가 나타난다.
② 편서풍의 영향을 크게 받는다.
③ 연 강수량이 500mm 미만이다.
④ 최한월 평균 기온이 −3~18℃이다.
⑤ 연중 적도 수렴대의 영향을 받는다.

▶ 20581-0035

07 그림에 제시된 작물의 생산량이 많은 국가를 지도의 A~E에서 고른 것은?

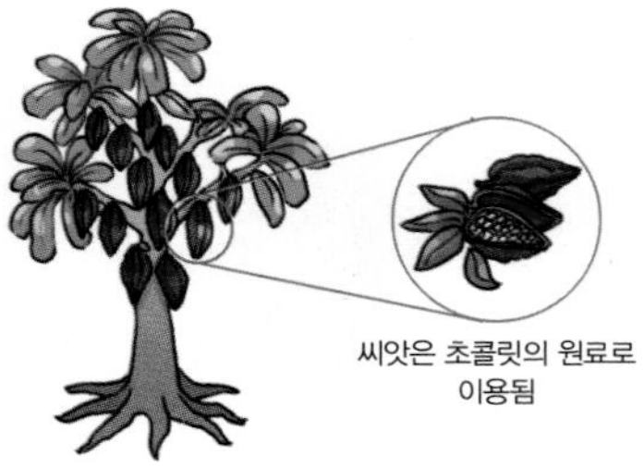

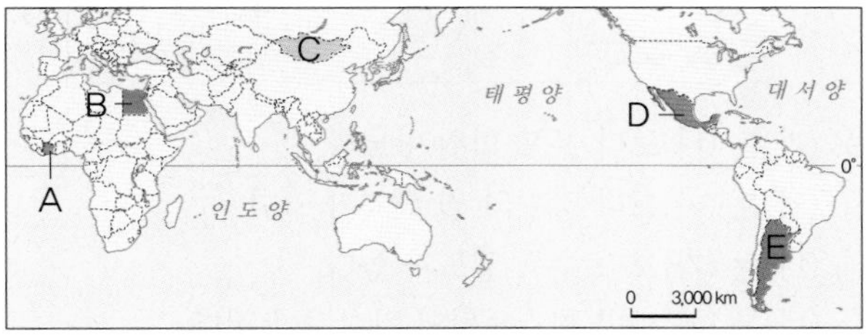

① A ② B ③ C ④ D ⑤ E

단답형 ▶ 20581-0036

08 다음 글의 (가), (나)에 들어갈 알맞은 용어를 쓰시오.

> 과거 열대 기후 지역의 원주민은 수렵과 채집을 하거나 (가) 을/를 통해 카사바, 얌, 타로 등의 식량 작물을 재배하였다. 근대에는 선진국에 의해 (나) 이/가 시작되면서 커피, 카카오, 차, 사탕수수, 고무 등을 대규모로 재배하여 수출하고 있다.

▶ 20581-0037

09 지도에 표시된 A~C 지역의 최난월 평균 기온과 최한월 평균 기온을 옳게 나타낸 것은?

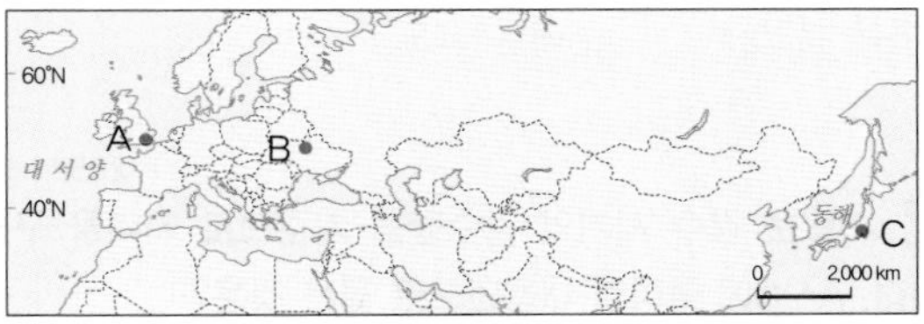

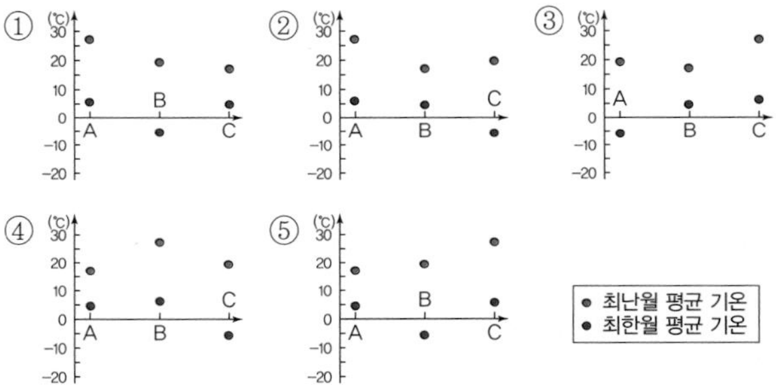

▶ 20581-0038

10 지도에 표시된 올리브 기원지 및 주요 재배 지역의 지리적 특징으로 옳은 것은?

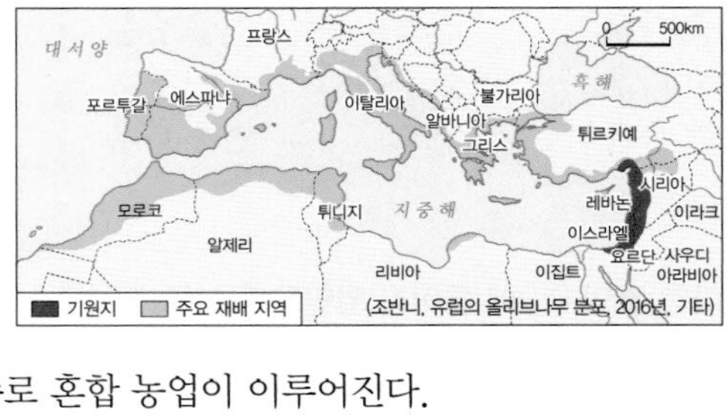

① 주로 혼합 농업이 이루어진다.
② 연 강수량이 1,000mm를 넘는다.
③ 여름에 편서풍과 전선대의 영향을 받는다.
④ 겨울보다 여름에 대기 중 상대 습도가 낮다.
⑤ 1월의 낮 시간 길이가 7월의 낮 시간 길이보다 길다.

▶ 20581-0039

11 (가), (나)는 지도에 표시된 두 지역의 기후 그래프를 나타낸 것이다. 이에 대한 옳은 설명만을 〈보기〉에서 고른 것은?

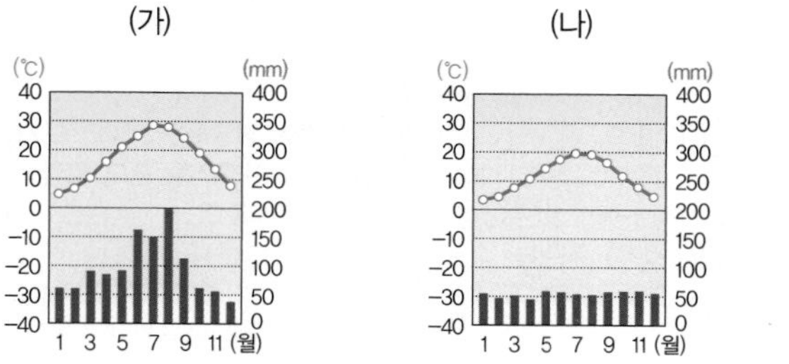

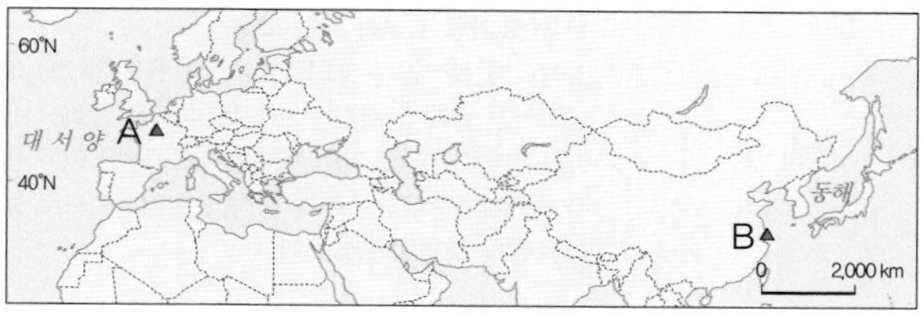

〈보기〉

ㄱ. (가)는 B, (나)는 A이다.
ㄴ. (가)는 (나)보다 벼농사에 유리하다.
ㄷ. (나)는 (가)보다 저위도에 위치한다.
ㄹ. A는 B보다 여름 강수 집중률이 높다.

① ㄱ, ㄴ ② ㄱ, ㄷ ③ ㄴ, ㄷ ④ ㄴ, ㄹ ⑤ ㄷ, ㄹ

▶ 20581-0040

12 지도는 어느 시기의 열적도의 위치를 나타낸 것이다. 이 시기 A, B의 지리적 특징에 대한 설명으로 옳은 것은? (단, 시기는 1월과 7월 중 하나임.)

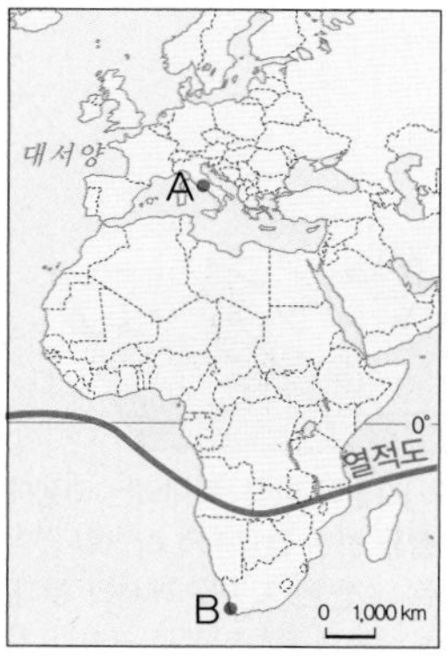

① A는 B보다 월 강수량이 많다.
② A는 B보다 월평균 기온이 높다.
③ B는 A보다 낮 시간의 길이가 짧다.
④ B는 A보다 산불 발생 위험이 작다.
⑤ A, B 모두 포도 수확이 이루어진다.

▶ 20581-0041

13 (가) 지역에서 공통적으로 이루어지는 농업에 가장 큰 영향을 끼친 바람으로 옳은 것은?

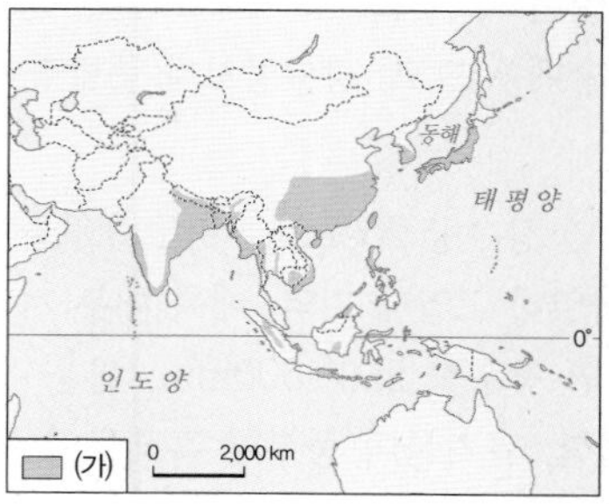

① 극동풍
② 편서풍
③ 겨울 계절풍
④ 여름 계절풍
⑤ 열대 저기압

▶ 20581-0042

14 (가), (나)는 서울과 런던의 하천 경관을 나타낸 것이다. (가) 지역과 비교한 (나) 지역의 상대적인 특징을 그림의 A~E에서 고른 것은?

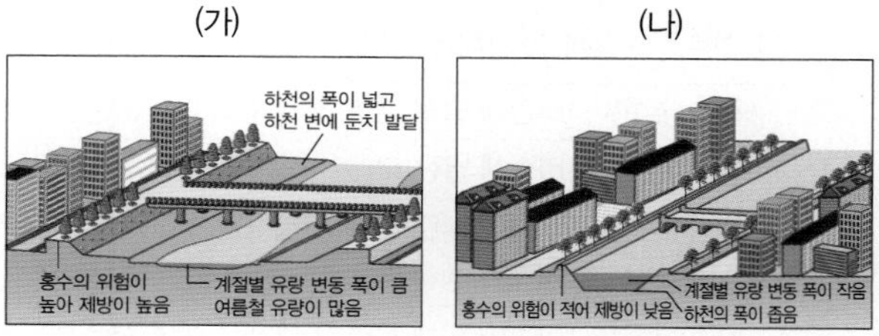

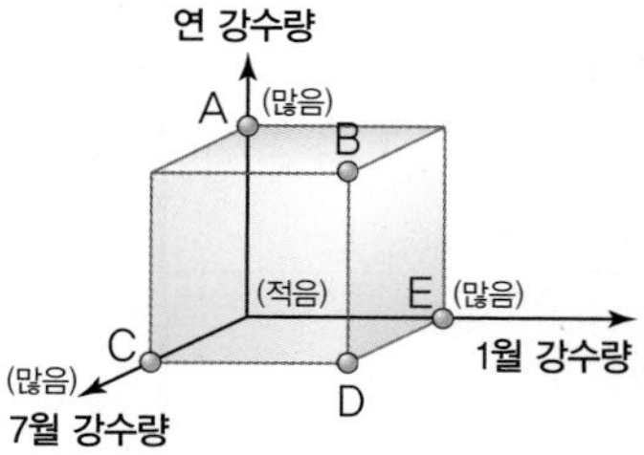

① A
② B
③ C
④ D
⑤ E

단답형

▶ 20581-0043

15 다음 글의 (가)에 알맞은 바람을 쓰시오.

내 고향은 연중 (가) 의 영향이 큰 곳입니다. 흐린 날이나 비 오는 날이 많기 때문에 햇살이 밝게 비치는 날에는 공원이나 강가의 잔디밭에서 일광욕을 즐기는 모습을 많이 볼 수 있습니다.

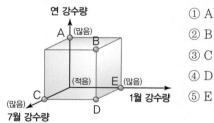

핵심 개념 정리 03 건조 및 냉 · 한대 기후 환경과 지형

● 건조 기후의 특징과 구분

(1) 특징

① 나무가 자라지 않는 기후(무수목 기후)로, 연 강수량이 500mm 미만임 (대기 중의 습도가 낮기 때문)

② 기온의 일교차가 매우 크고, 강수량보다 증발량이 많음

(2) 구분

① 사막 기후(BW): 연 강수량 250mm 미만, 유기물이 적고 염분이 많은 사막토가 분포, 아열대 고압대 지역, 대륙 내부 지역 등에 분포

② 스텝 기후(BS): 연 강수량 250~500mm, 짧은 우기에 키 작은 풀이 자라 초원을 형성함, 유기물이 풍부한 흑색토인 체르노젬 등이 분포, 사막 주변 지역에 분포

● 건조 기후 지역의 지형

(1) 지형 형성 작용: 화학적 풍화 작용에 비해 물리적 풍화 작용이 활발함, 바람에 의한 침식 및 퇴적 작용이 활발함, 간헐적으로 내리는 비에 의해 포상홍수 침식과 퇴적 작용이 나타남

(2) 구분

① 바람에 의해 형성되는 지형

사구(바르한)	바람에 날려 온 모래가 쌓여 이루어진 모래 언덕
버섯바위	바람에 날린 모래가 바위의 아랫부분을 깎아서 형성된 버섯 모양의 바위
삼릉석	바람에 날린 모래의 침식을 받아 형성된 여러 개의 평평한 면(面)과 모서리가 생긴 돌
사막 포도	바람에 의해 모래가 제거된 후 자갈로 덮이게 된 지표면

② 유수(流水)에 의해 형성되는 지형

와디	비가 내릴 때에만 일시적으로 물이 흐르는 골짜기 또는 하천(건천) → 평상시에는 교통로로 이용
플라야	비가 많이 내렸을 때 건조 분지의 평탄한 저지대에 일시적으로 물이 고이는 염호
선상지	골짜기 입구에 유수의 운반 물질이 퇴적된 부채 모양의 지형
바하다	여러 개의 선상지가 연속적으로 분포하는 복합 선상지
페디먼트	포상홍수 침식에 의해 형성되는 완경사의 침식면

③ 메사와 뷰트: 경암과 연암의 차별적 풍화와 침식에 따라 형성

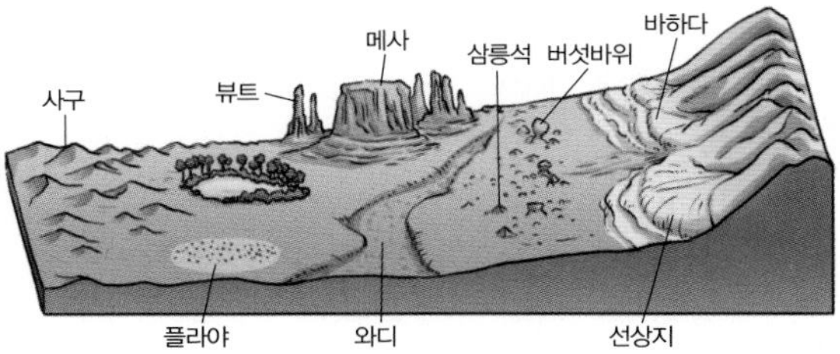

◀ 건조 기후 지역에서 발달하는 여러 지형

◉ **사막토**
사막 기후 지역에서 발달하는 토양으로, 식생이 거의 자라지 않으므로 유기물의 집적이 적어 척박하다.

◉ **체르노젬**
스텝 기후 지역에서 발달하는 토양으로, 지표의 풀이 유기물을 공급하여 흑색을 띤다. 토양이 비옥하여 밀 재배에 적합하다.

◉ **건조 기후 지역과 풍화 작용**
암석의 화학적인 성분의 변화 없이 물리적 과정에 의해서만 잘게 부서지는 현상을 물리적 풍화 작용이라고 한다. 건조 기후 지역은 낮과 밤의 기온 변화에 의해 암석의 수축과 팽창이 활발해지므로 물리적 풍화 작용이 활발하다.

◉ **삼릉석의 형성**

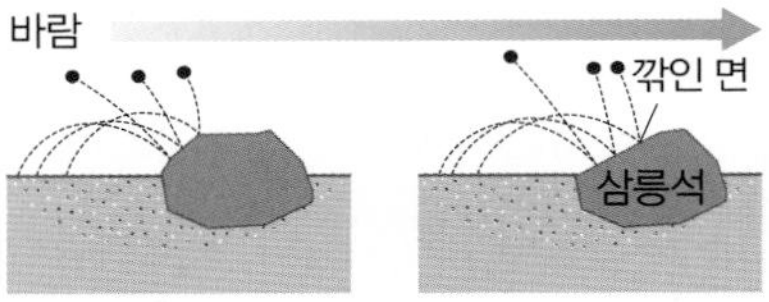

◉ **포상홍수**
건조 기후 지역에서 짧은 시간에 많은 비가 내릴 경우 빗물이 경사면에서 지표면을 덮는 형태로 넓게 퍼져 흘러내리는 것을 말한다.

◉ **메사와 뷰트**

수평 지층의 대지와 고원이 침식, 해체되는 과정에서 상단의 덮개 역할을 하는 경암층과 하단의 연암층이 탁자 모양으로 남게 된 지형을 메사라 한다. 뷰트는 메사가 점차 침식 · 풍화되면서 크기가 작아진 것이다.

자료 탐구

1 건조 기후의 분포와 특징

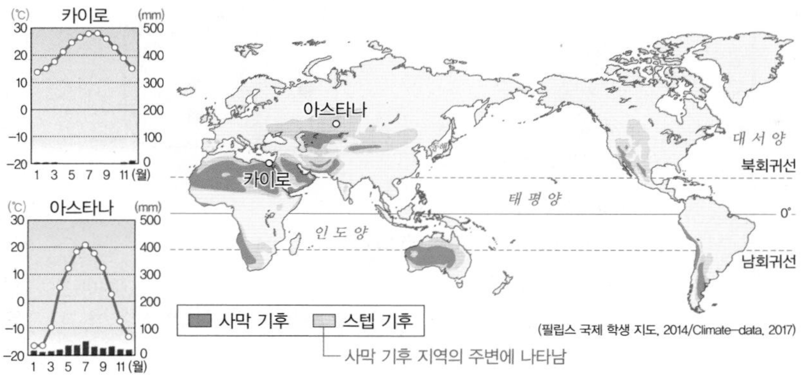

분석 | 건조 기후는 강수량보다 증발량이 많고 기온의 일교차가 매우 크다. 건조 기후는 연 강수량이 약 250mm 미만인 사막 기후와 250~500mm의 스텝 기후로 나뉜다. 사막 기후는 아열대 고압대와 대륙 내부에 주로 나타나며, 오아시스 부근이나 하천 양안을 제외하면 식생이 매우 빈약하다. 스텝 기후는 사막 주변에서 발달하는데, 건기가 길기 때문에 나무가 자라는데 불리하며 짧은 우기 동안 키 작은 풀이 자란다. 스텝 기후 지역에는 풀이 부식된 유기질 성분이 쌓여 형성된 비옥한 체르노젬이 분포한다.

2 사막의 분포 지역과 형성 원인

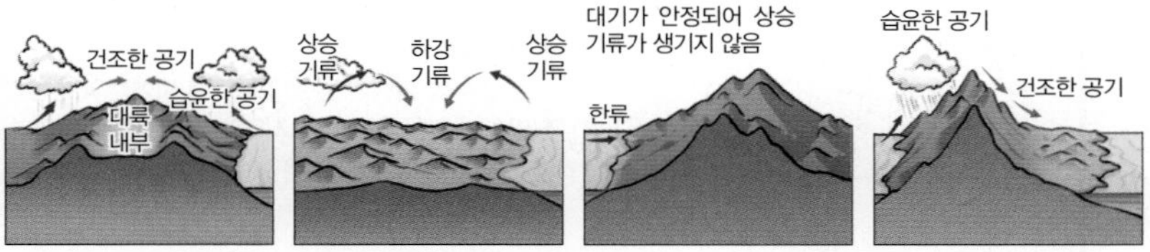

▲ 바다로부터 수분 공급이 적은 지역
▲ 대기 대순환의 아열대 고압대 지역
▲ 중위도 대륙 서안의 한류 연안 지역
▲ 탁월풍의 비 그늘 지역

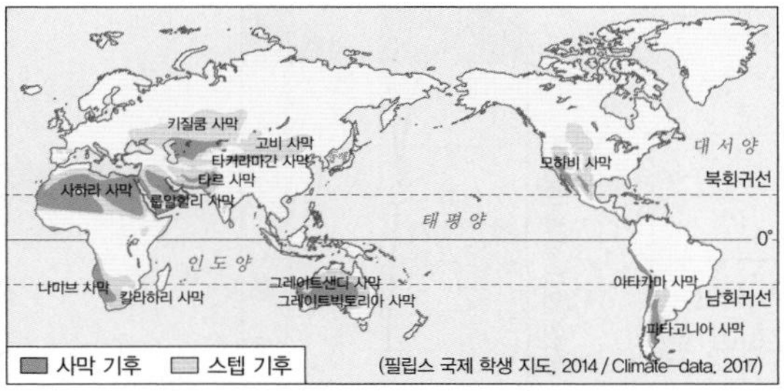

바다로부터 떨어진 정도를 의미함

분석 | (가)는 대륙 내부에 형성된 사막으로 격해도가 높아 해양의 습윤한 바람이 미치지 못하는 지역이다. 고비 사막과 타커라마칸(타클라마칸) 사막이 대표적이다. (나)는 아열대 고압대의 영향으로 연중 하강 기류가 발생하여 사막이 형성되는 지역이다. 사하라 사막이 대표적이다. (다)는 대륙 서안을 따라 흐르는 한류의 영향으로 대기가 안정되어 사막이 형성되는 지역이다. 나미브 사막과 아타카마 사막이 대표적이다. (라)는 수분을 운반하는 바람이 높은 산지에 가로막혀 사막이 형성되는 지역이다. 이러한 요인에 의해 만들어진 사막으로는 비 그늘에 자리 잡은 파타고니아 사막이 대표적이다.

확인학습

1 지도의 (가), (나) 지역에 대한 설명으로 옳은 것은?

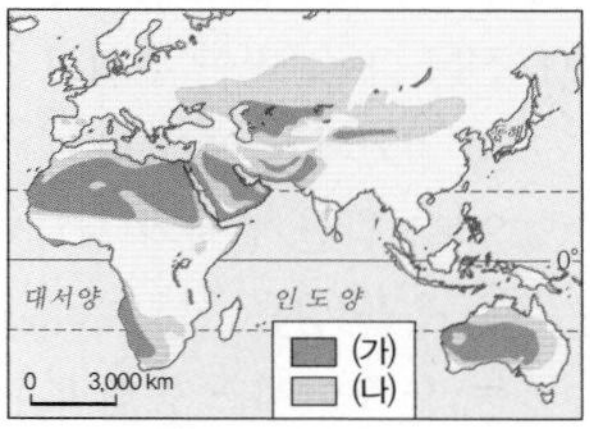

① (가)는 (나)보다 토양이 비옥하다.
② (가)는 (나)보다 바람의 침식 작용이 활발하다.
③ (나)는 (가)보다 연 강수량이 적다.
④ (나)는 (가)보다 강수량 대비 증발량이 많다.
⑤ (가), (나) 모두 북반구보다 남반구에 널리 분포한다.

정답과 해설 ▶ (가)는 사막 기후, (나)는 스텝 기후이다. 식생이 결핍된 사막 기후 지역이 풀이 자라는 스텝 기후 지역보다 바람의 침식 작용이 활발하게 나타난다. 답 ②

2 (가), (나)로 인해 사막이 형성되는 지역을 지도의 A~C에서 고른 것은?

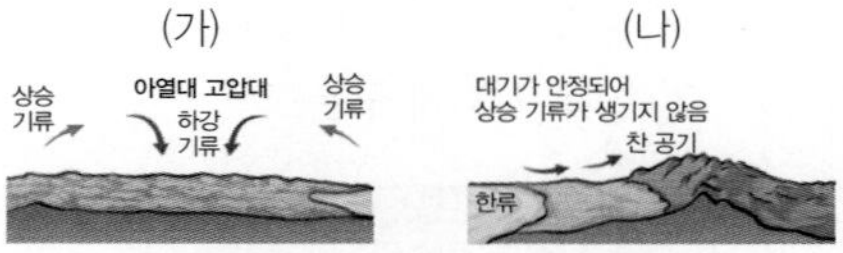

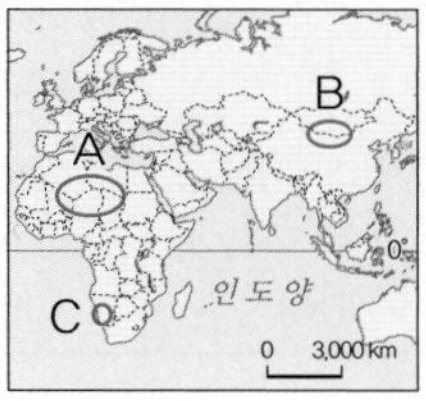

	(가)	(나)		(가)	(나)
①	A	B	②	A	C
③	B	A	④	B	C
⑤	C	A			

정답과 해설 ▶ (가)는 연중 아열대 고압대의 영향을 받아 사막이 형성되는 곳으로, A의 사하라 사막이 대표적이다. (나)는 연안에 한류가 흘러 사막이 형성되는 곳으로, C의 나미브 사막이 대표적이다. B는 대륙 내부에 형성된 고비 사막이다. 답 ②

핵심 개념 정리 03 건조 및 냉·한대 기후 환경과 지형

● 건조 기후 지역의 주민 생활

(1) 사막 기후의 주민 생활

① 전통 가옥: 벽이 두껍고 창문이 작으며 지붕은 평평한 흙벽돌집 → 기온의 일교차가 매우 크고, 일사가 강하며, 강수량이 매우 적기 때문

② 의복: 강한 일사와 모래바람으로부터 몸을 보호하기 위해 전신을 가리는 옷을 입음

③ 농업: 오아시스 농업과 관개 농업 → 밀, 대추야자 등 재배
(오아시스: 사막 가운데에 샘이 솟고 풀과 나무가 자라는 곳으로, 마을이 형성됨)

④ 에너지 개발: 풍부한 일사량 → 태양광(열) 발전 시설 건설

(2) 스텝 기후의 주민 생활

① 전통 가옥: 조립과 해체가 쉬운 천막집 → 몽골의 게르

② 구대륙의 농목업: 유목(가축과 함께 풀과 물을 찾아 이동), 관개 농업 → 밀과 대추야자 재배

③ 신대륙의 농목업: 대규모 상업적 농업(밀), 기업적 방목(소, 양)
(방목: 가축을 놓아기르는 것을 말함)

● 냉·한대 기후

(1) 냉대 기후

① 기온: 최한월 평균 기온 −3℃ 미만, 최난월 평균 기온이 10℃ 이상

② 식생: 침엽수림(타이가)이 넓게 분포하며, 일부 지역에는 혼합림이 분포함

③ 토양: 산성도가 높고 척박한 회백색의 포드졸 분포

④ 냉대 기후의 구분

냉대 습윤 기후 (Df)	• 겨울이 춥고 길며, 여름이 짧음 • 강수는 연중 고른 편 • 동부 유럽~시베리아, 캐나다 등에 분포
냉대 겨울 건조 기후 (Dw)	• 대륙의 영향으로 겨울 기온이 매우 낮고, 기온의 연교차가 매우 큼 • 강수는 주로 여름철에 집중 • 시베리아 동부, 중국 북동부 등에 분포

(2) 한대 기후

툰드라 기후 (ET)	• 최난월 평균 기온 0~10℃로, 짧은 여름에 지의류 등의 식생이 자람 • 지표면은 활동층이 발달하고 그 아래는 영구 동토층이 분포하며, 토양층의 발달이 미약함 • 북극해 주변 및 일부 고산 지대에 분포
빙설 기후 (EF)	• 최난월 평균 기온 0℃ 미만, 지표면이 연중 눈과 얼음으로 덮여 있음 • 그린란드 내륙, 남극 대륙 등에 분포

◉ **흙벽돌집**

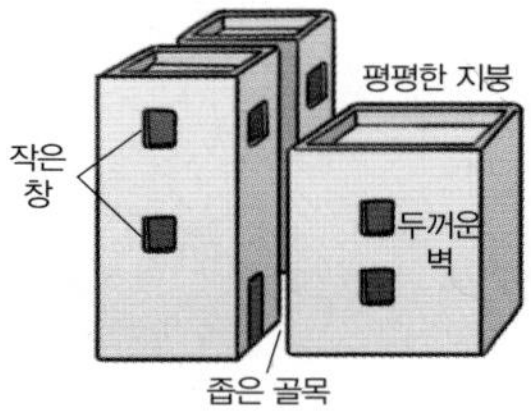

◉ **외래 하천**
대체로 습윤한 기후 지역에서 발원하여 건조 기후 지역을 통과해 흐르는 하천이다.

◉ **대추야자**
서남아시아와 북부 아프리카의 사막 기후 지역에서 흔히 볼 수 있는 식물이다. 열매는 거의 주식에 가까울 정도로 애용되고 있으며, 나무는 목재와 땔감으로 사용된다. 대추야자는 이집트, 이란, 사우디아라비아, 알제리 등에서 많이 생산된다.

◉ **타이가**
원래는 시베리아에 발달한 침엽수림을 의미하였으나, 오늘날에는 냉대 기후 지역에 분포하는 침엽수림을 뜻하는 용어로 널리 쓰인다.

◉ **포드졸**
냉대 기후의 한랭한 환경으로 인해 미생물의 활동이 활발하지 않은 침엽수림 지역에 분포하는 토양이다. 강한 산성을 띠고 있어 농업에는 적합하지 않다.

◉ **활동층과 영구 동토층**

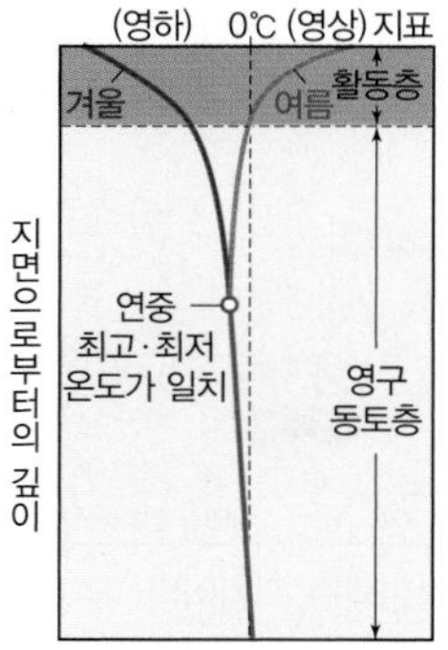

활동층은 기온의 변화에 따라 땅이 얼고 녹기를 반복하는 층이다. 영구 동토층은 지면으로부터 깊은 곳에 있어 연중 얼어 있는 토양층이다.

③ 건조 지역에서 물을 얻는 방법

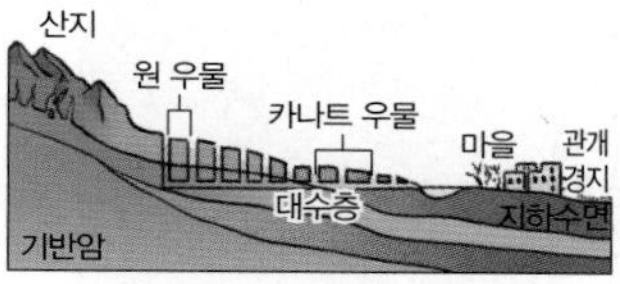

▲ 지하 관개 시설(카나트)

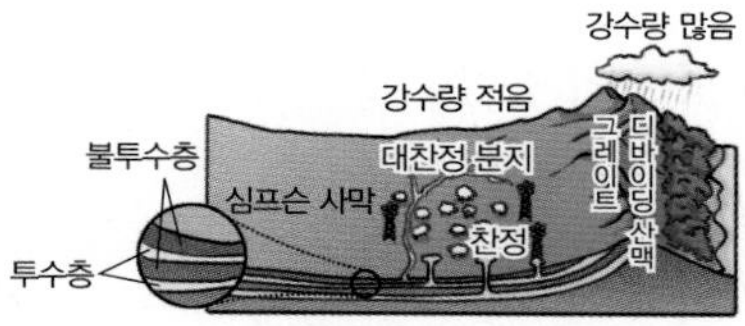

▲ 대찬정 분지의 구조

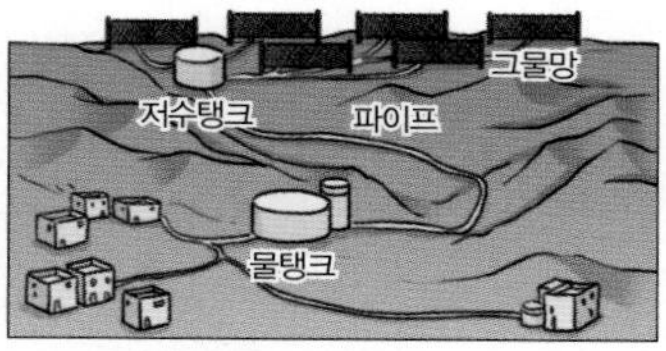

▲ 그물망과 물탱크

분석 | 건조 기후 지역에서는 지역마다 물을 얻는 방법이 서로 다르다. 북부 아프리카, 서남아시아, 중앙아시아 지역에서는 배후 산지에서 확보한 물을 수분 증발을 막기 위해 카나트라 불리는 지하 관개 수로를 통해 마을로 끌어들여 사용한다. 오스트레일리아 내륙의 건조 기후 지역에서는 동부의 그레이트디바이딩산맥에 내린 빗물이 지하 불투수층 사이로 스며든 후 압력을 받아 자연 분출하는 찬정의 물을 사용한다. 칠레 및 페루의 아타카마 사막 등에서는 한류에 의해 발생한 안개를 그물망을 이용하여 모아서 물을 얻는다.

└ 불투수층 사이에 위치하여 압력을 받게 되면서 자연적으로 솟아남

④ 냉대 및 한대 기후의 분포와 특징

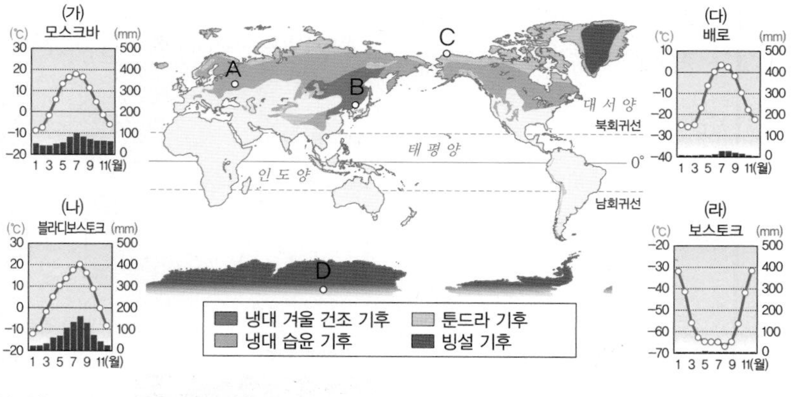

분석 | 냉대 기후는 최한월 평균 기온이 -3℃ 미만이고, 최난월 평균 기온이 10℃ 이상이다. 냉대 기후는 강수 시기에 따라 연중 습윤한 냉대 습윤 기후(가, A)와 겨울이 건조한 냉대 겨울 건조 기후(나, B)로 구분한다. 한대 기후 지역은 최난월 평균 기온이 10℃ 미만인 지역으로 기온이 낮아 나무가 자라기 어렵다. 한대 기후는 다시 짧은 여름 동안 최난월 평균 기온 0~10℃인 툰드라 기후(다, C)와 최난월 평균 기온 0℃ 미만인 빙설 기후(라, D)로 구분된다. 툰드라 기후 지역에서는 지표면이 녹는 여름에 이끼류, 지의류 등의 식물이 자란다.

확인학습

3 그림과 같은 시설물을 볼 수 있는 지역을 지도의 A~E에서 고른 것은?

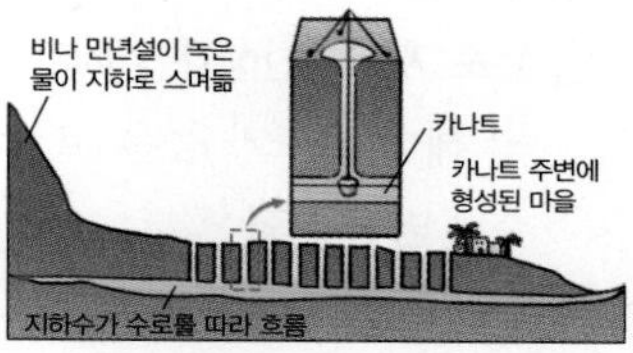

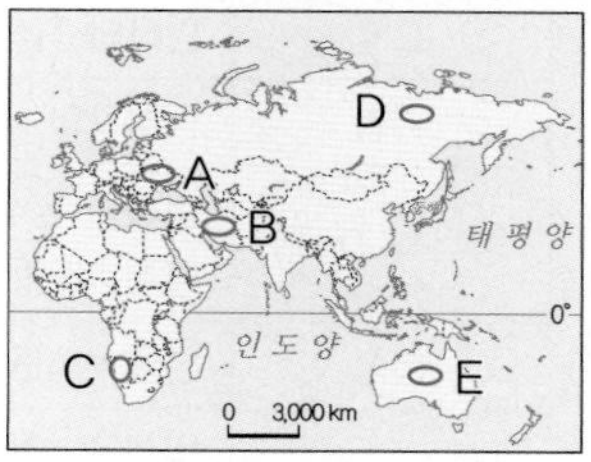

① A ② B ③ C ④ D ⑤ E

정답과 해설 ▶ 그림은 산지에서 확보한 물을 지하 관개 수로를 이용하여 마을까지 끌어들이는 카나트이다. 카나트는 북부 아프리카, 서남아시아, 중앙아시아 등에서 이용된다. 답 ②

4 (가)~(다) 기후가 나타나는 지역에 대한 옳은 설명만을 <보기>에서 고른 것은?

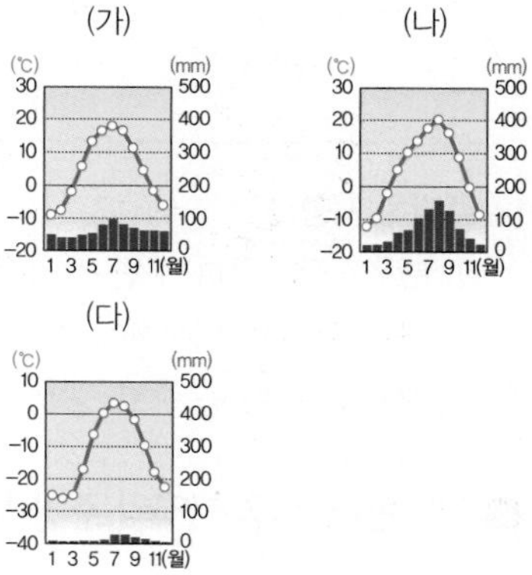

보기

ㄱ. (다)는 툰드라 기후 지역에 해당한다.
ㄴ. (가)와 (나)는 모두 나무가 자랄 수 있다.
ㄷ. (가)는 (나)보다 기온의 연교차가 크다.
ㄹ. (나)는 (다)보다 인간 거주에 불리하다.

① ㄱ, ㄴ ② ㄱ, ㄷ ③ ㄴ, ㄷ
④ ㄴ, ㄹ ⑤ ㄷ, ㄹ

정답과 해설 ▶ (가)는 냉대 습윤 기후, (나)는 냉대 겨울 건조 기후, (다)는 툰드라 기후가 나타나는 지역이다. 냉대 기후는 나무가 자라는 수목 기후이다. 답 ①

핵심 개념 정리 03 건조 및 냉 · 한대 기후 환경과 지형

● 빙하 지형과 주빙하 지형

(1) 빙하 지형

① **분포 지역**: 신생대 제4기 빙기 때 빙하로 덮여 있었던 중 · 고위도 지역 및 해발 고도가 높은 고산 지역 등

② **주요 빙하 지형**

권곡이 여러 방향에서 발달하여 호른이 형성됨

구분		특징
빙하 침식 지형	호른	빙하의 침식으로 형성된 산 정상부의 뾰족한 봉우리
	권곡	빙식곡의 상류부에 형성된 반원형의 와지
	빙식곡(U자곡)	빙하의 침식으로 형성된 U자 모양의 골짜기로, 골짜기의 양쪽 사면은 급경사를 이룸
	현곡	본류 빙식곡으로 합류하는 지류 빙식곡 → 폭포 발달
	피오르	빙식곡이 해수면 상승으로 바닷물에 잠겨 형성된 좁고 깊은 만
빙하 퇴적 지형	빙퇴석(모레인)	빙하에 의해 운반된 모래와 자갈 등의 퇴적물 → 분급 불량
	드럼린	빙하에 의해 형성된 지형으로, 숟가락을 엎어 놓은 것과 비슷한 모양의 언덕
	에스커	융빙수에 의해 형성된 제방 모양의 퇴적 지형 → 모레인에 비해 퇴적물의 분급 양호
	빙력토 평원	빙하의 퇴적 작용으로 형성된 평원으로 빙하의 후퇴로 남게 된 자갈 · 모래 · 점토 등이 섞여 있으며, 유기 물질이 부족하여 척박함

(2) 주빙하 지형

① **분포 지역**: 빙하 주변 지역(툰드라 기후 지역 및 고산 지역)에 분포

② 영구 동토층(여름에도 녹지 않고 얼어 있는 층)과 활동층(여름에 일시적으로 녹는 층)으로 구분

● 냉 · 한대 기후 지역의 주민 생활

(1) 냉대 기후 지역: 전통 가옥은 통나무로 주로 지음, 타이가(침엽수림) → 임업 발달

(2) 한대 기후 지역

① 툰드라 기후 지역

- 가옥: 토양층의 융해로 건축물이 붕괴되는 것을 막기 위해 지표면으로부터 가옥 바닥을 띄워서 지음 → 고상 가옥
- 농목업: 이누이트족 등은 순록 유목, 수렵 및 어업 활동을 함

과거에는 에스키모라고 불렸음

② **빙설 기후 지역**: 식생이 자랄 수 없으며 인간 거주에 매우 불리함, 최근 극지방 개발과 이용을 위한 관심이 높아지고 있음

◉ **빙하 침식 지형**

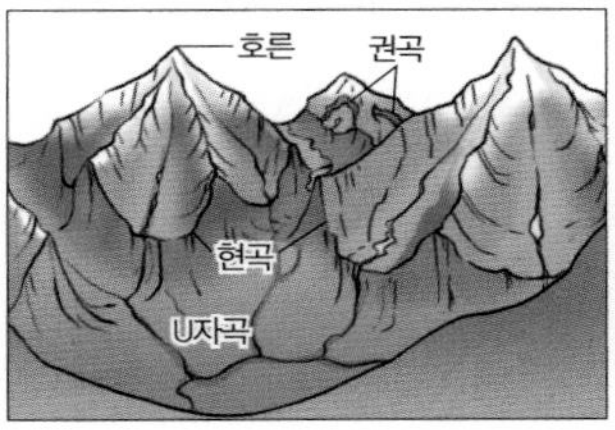

◉ **빙하 퇴적 지형**

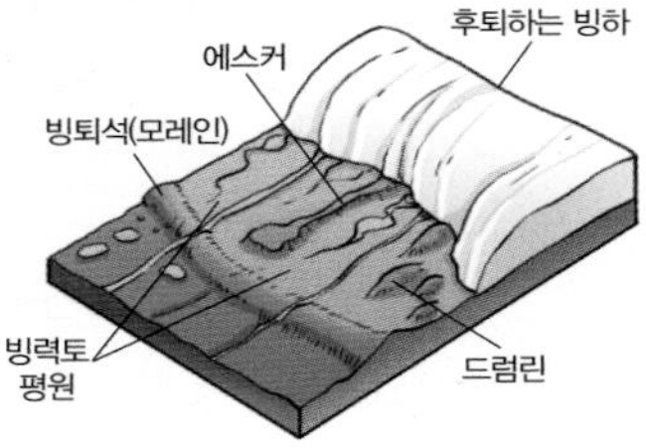

◉ **툰드라 기후 지역의 연못**

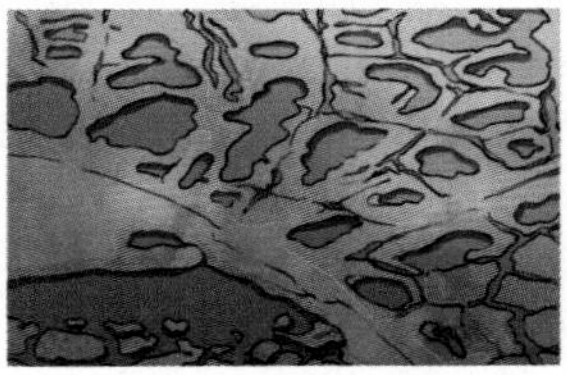

여름에 기온이 높아지면 활동층은 녹지만 지하의 영구 동토층은 여전히 얼어 있기 때문에 물 빠짐이 좋지 않아서 다양한 형태의 연못이 생겨난다.

◉ **툰드라 기후 지역의 주민들**

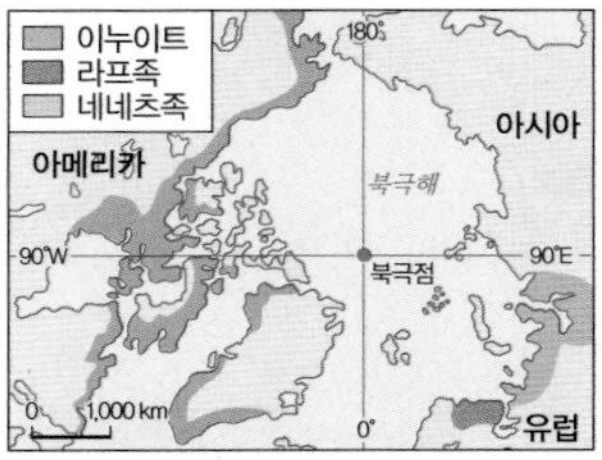

◉ **주빙하 지형**

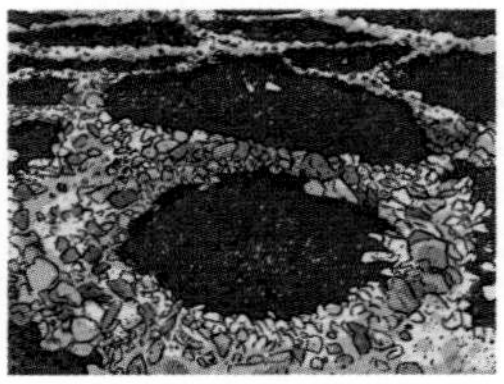

▲ 구조토

자료 탐구

❺ 주빙하 지형의 형성 작용

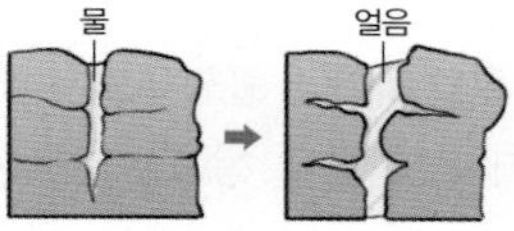

▲ 얼음의 쐐기 작용

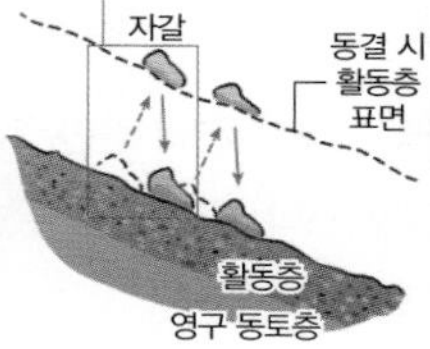

▲ 활동층의 동결과 융해

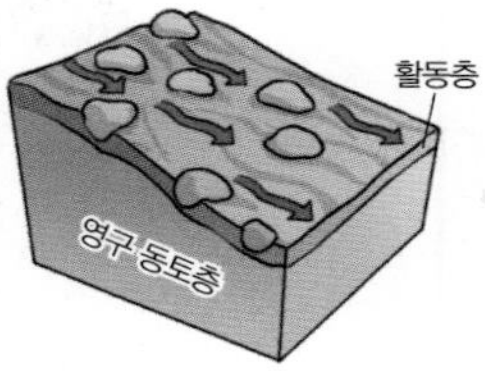

▲ 솔리플럭션 현상

분석 | 주빙하 지형은 주로 여름에 낮과 밤을 주기로 기온이 영상과 영하를 오르내리는데, 이로 인해 암석의 틈으로 스며든 물이 얼고 녹기를 반복하면서 암석에 균열이 발생한다. 이를 얼음의 쐐기 작용이라고 한다. 주빙하 지형의 활동층은 주로 여름에 융해와 동결을 반복하는 과정에서 입자가 큰 물질과 작은 물질이 나누어져 구조토가 형성되며, 활동층이 경사면을 따라 흘러내리는 솔리플럭션 현상이 나타난다.

❻ 툰드라 지역의 가옥

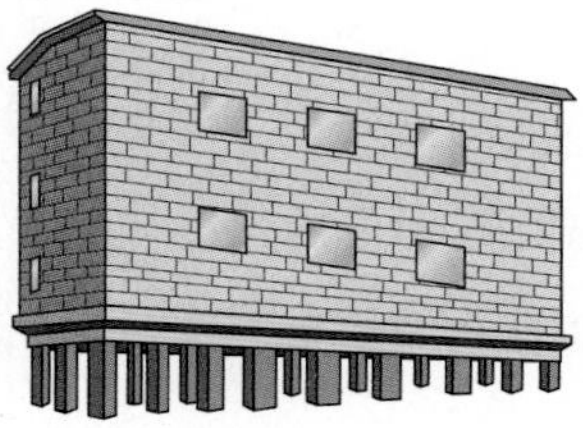

▲ 툰드라 지역의 고상 가옥

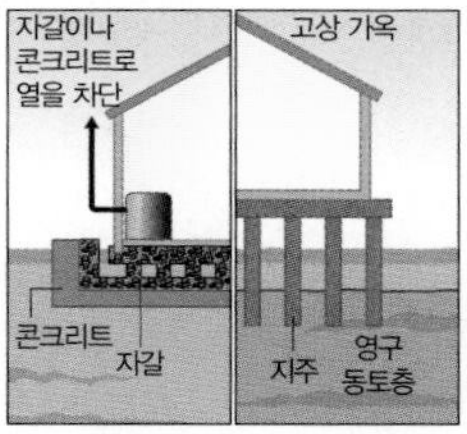

▲ 툰드라 지역에서 가옥이 배출하는 열을 차단하는 방법

분석 | 툰드라 기후 지역에서는 여름철 기온 상승과 가옥에서 방출되는 인공열로 인해 바닥면과 맞닿은 지표의 토양이 녹는 상황이 반복해서 나타나며, 이러한 현상은 건축물의 붕괴를 유발한다. 따라서 가옥을 건설할 때는 기둥을 활동층 하부 영구 동토층에 깊숙이 박은 후 그 위에 집을 짓거나 바닥에 콘크리트를 친 후 그 위에 자갈을 두껍게 깔고 집을 짓는다. 한편, 알래스카 등에서는 파이프라인을 설치할 때에도 지면에서 띄워서 설치한다.

확인학습

5 그림에 나타난 지형 형성 작용이 활발한 지역에서 쉽게 볼 수 있는 지형으로 옳은 것은?

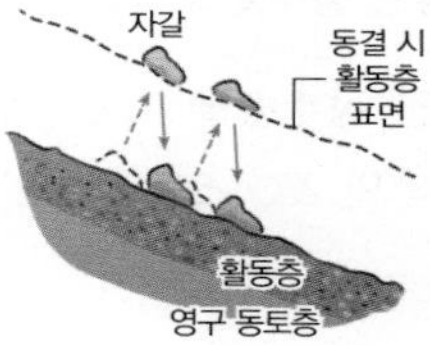

① 사구
② 호른
③ U자곡
④ 구조토
⑤ 버섯바위

정답과 해설 ▶ 활동층의 동결과 융해 작용을 통해 만들어질 수 있는 지형으로는 툰드라 기후 지역의 구조토가 있다. 답 ④

6 사진은 툰드라 기후 지역에서 촬영한 것이다. 이에 대한 옳은 설명만을 〈보기〉에서 고른 것은?

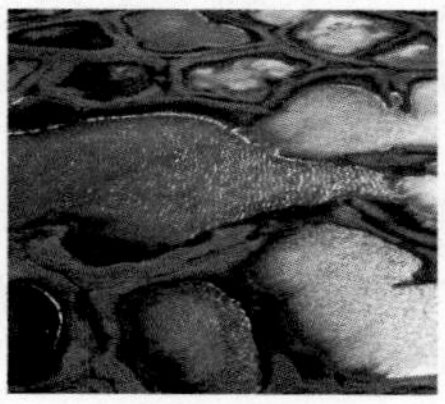

보기
ㄱ. 플라야라고 불린다.
ㄴ. 지하에는 영구 동토층이 분포한다.
ㄷ. 호수의 물은 염분 농도가 매우 높다.
ㄹ. 활동층의 얼음이 녹아 형성된 연못이다.

① ㄱ, ㄴ　② ㄱ, ㄷ　③ ㄴ, ㄷ
④ ㄴ, ㄹ　⑤ ㄷ, ㄹ

정답과 해설 ▶ 사진은 툰드라 기후 지역에서 볼 수 있는 연못이다. 이들 연못은 여름에 활동층의 얼음이 녹으면서 형성된다. 활동층 아래에는 영구 동토층이 분포한다. 답 ④

7 그림은 툰드라 기후 지역의 파이프라인이다. 이와 같이 툰드라 기후 지역에서 파이프라인을 지면에서 띄워서 설치하는 이유를 쓰시오.

답 활동층의 동결과 융해로 발생할 수 있는 파이프라인의 손상을 막기 위해서이다.

개념 체크

저절로 암기 Tip | ☐ 1회 (　/　) ☐ 2회 (　/　) ☐ 3회 (　/

01~08 **빈칸에 알맞은 용어를 쓰시오.**

01 건조 기후는 연 강수량을 기준으로 250mm 미만의 ________ 기후와 250~500mm의 ________ 기후로 구분된다.

02 사막 지역에서는 바람에 날리는 모래가 쌓이는 곳에서는 바르한과 같은 ________이/가 형성된다.

03 사막 지역의 경사가 급한 계곡의 입구에는 ________이/가 발달하며, 이들이 연결되어 ________이/가 만들어지기도 한다.

04 냉대 기후 지역은 겨울 강수량의 많고 적음에 따라 냉대 습윤 기후와 ________ 기후로 나뉜다.

05 한대 기후 지역은 최난월 평균 기온이 0~10℃인 ________ 기후 지역과 최난월 평균 기온이 0℃ 미만인 ________ 기후 지역으로 나뉜다.

06 빙하 침식 지형 중 산 정상부를 중심으로 여러 개의 ________이/가 만나면 뾰족한 봉우리인 ________이/가 형성된다.

07 빙력토 평원의 말단부에는 빙하에 의해 운반된 물질이 퇴적된 ________이/가 나타난다.

08 툰드라 기후 지역은 여름에도 녹지 않는 ________와/과 여름에 일시적으로 녹는 활동층이 분포하며, 활동층에서는 기하학적인 모양의 ________이/가 형성되기도 한다.

09~12 **다음 내용이 옳으면 ○표, 틀리면 ×표 하시오.**

09 사막 기후 지역의 주민은 유목을 하거나, 물을 구할 수 있는 오아시스나 외래 하천 주변에서 오아시스 농업과 관개 농업을 한다. (　　)

10 비가 내릴 때만 물이 흐르는 사막 지역의 하천을 플라야라고 한다. (　　)

11 툰드라 기후 지역의 지표면은 연중 눈이나 얼음으로 덮여 있다. (　　)

12 지구 온난화에 따른 기후 변화로 북극 지방에 대한 관심이 확대되고 있다. (　　)

13~15 **다음 기후 그래프가 어느 기후에 해당하는지 쓰시오.**

13

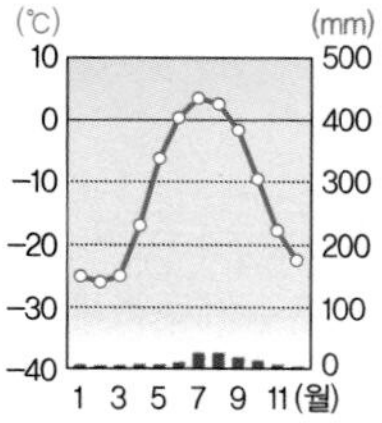

(　　)

14

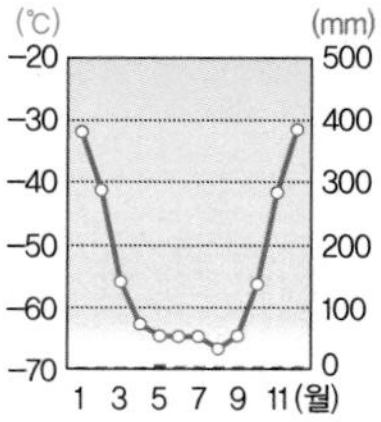

(　　)

15

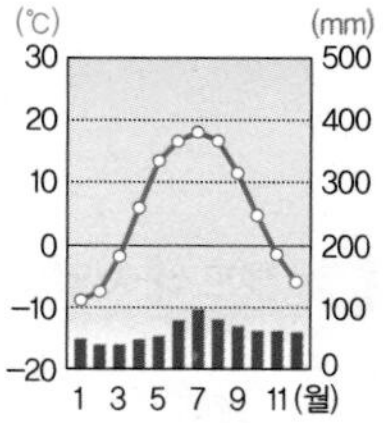

(　　)

정답

01 사막, 스텝 02 사구 03 선상지, 바하다 04 냉대 겨울 건조 05 툰드라, 빙설 06 권곡, 호른 07 모레인(빙퇴석) 08 영구 동토층, 구조토 09 ○ 10 × 11 × 12 ○ 13 툰드라 기후 14 빙설 기후 15 냉대 습윤 기후

오답 체크 Tip

06 산지의 사면에서 권곡이 발달하다가 여러 개의 권곡이 산 정상부를 중심으로 만나면 호른이 된다. 10 건조 지형에서 비가 내릴 때만 물이 흐르는 하천은 와디이다. 플라야는 빗물이 모여들 때만 물이 고이는 염호이다.

▶ 20581-0044

01 지도의 A, B 지역에 대한 설명으로 옳은 것은?

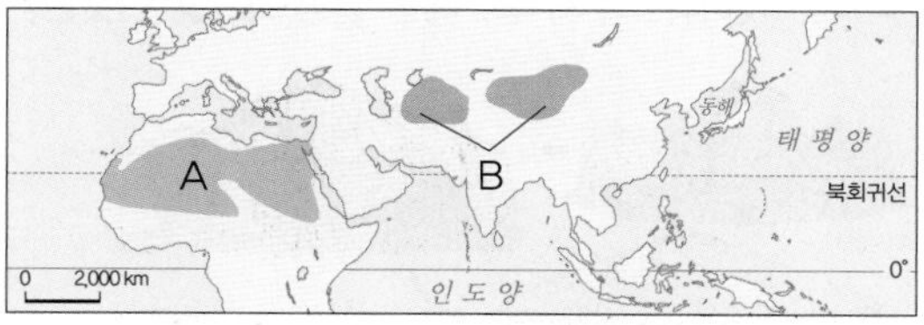

① A는 탁월풍의 비 그늘에 형성된 사막이다.
② B는 대륙 내부에 형성된 사막이다.
③ A는 B보다 연평균 기온이 낮다.
④ B는 A보다 기온의 연교차가 작다.
⑤ A와 B는 모두 연중 아열대 고압대의 영향을 받는다.

▶ 20581-0045

02 지도는 어느 가축의 국가별 사육 두수를 나타낸 것이다. 이 가축을 활발히 사육하는 지역의 지리적인 공통점으로 옳은 것은?

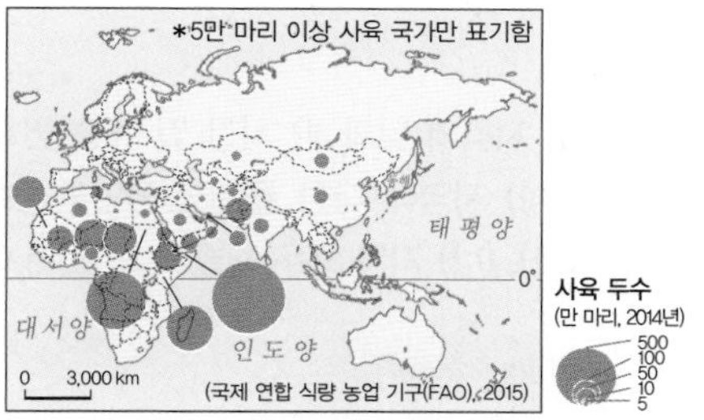

① 기온의 연교차가 크다.
② 연 강수량이 대체로 적다.
③ 계절풍의 영향을 크게 받는다.
④ 크리스트교 신자 수 비율이 높다.
⑤ 밤에 해가 지지 않는 현상이 나타난다.

단답형

▶ 20581-0046

03 다음 자료의 (가), (나)에 알맞은 용어를 쓰시오.

사진에 나타난 지형은 (가) (이)라고 불리는데, 이 지형은 (나) 에 날린 모래의 침식 작용을 받아 형성되었다.

▶ 20581-0047

04 그림과 같은 시설물을 통해 물을 구하기에 가장 적절한 지역을 지도의 A~E에서 고른 것은?

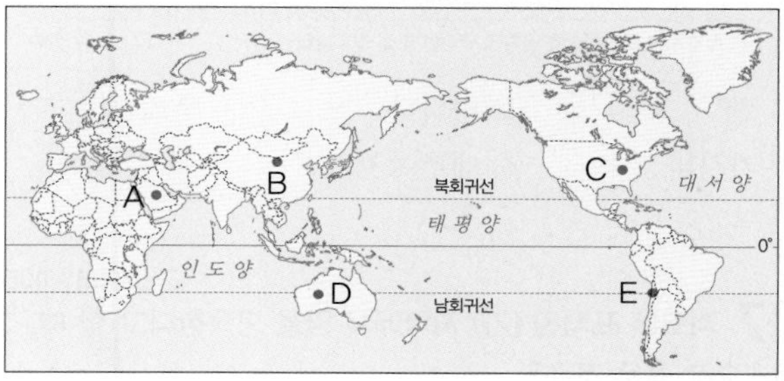

① A ② B ③ C ④ D ⑤ E

▶ 20581-0048

05 그림은 어느 지역의 전통 가옥이다. A~D와 관련된 옳은 내용만을 〈보기〉에서 고른 것은?

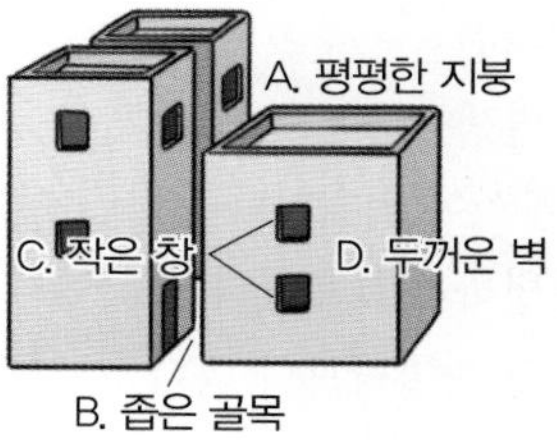

〈보기〉
ㄱ. A – 연 강수량이 많다.
ㄴ. B – 일사량이 많다.
ㄷ. C – 겨울이 춥고 길다.
ㄹ. D – 낮과 밤의 기온 차가 크다.

① ㄱ, ㄴ ② ㄱ, ㄷ ③ ㄴ, ㄷ
④ ㄴ, ㄹ ⑤ ㄷ, ㄹ

기본 문제

▶ 20581-0049

06 지도는 어느 작물의 국가별 생산량을 나타낸 것이다. 이 작물로 옳은 것은?

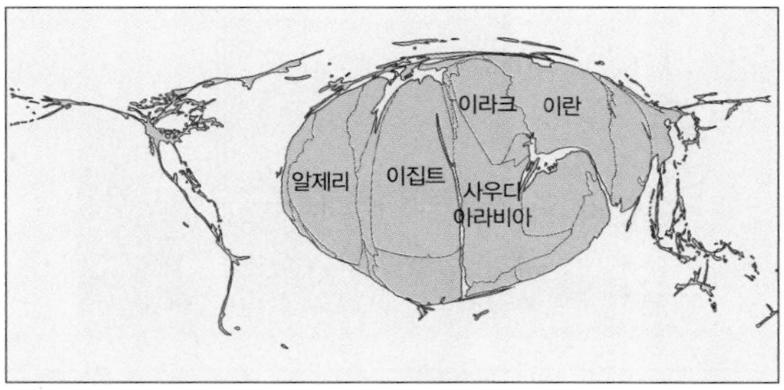

• 통계 수치에 비례하도록 국가의 면적을 조정하여 나타냄 (FAO, 2016)

① 쌀 ② 바나나 ③ 올리브
④ 카사바 ⑤ 대추야자

▶ 20581-0050

07 지도에 표시된 (가) 지역에서 양을 방목한다고 할 때, 그 배경으로 옳은 것은?

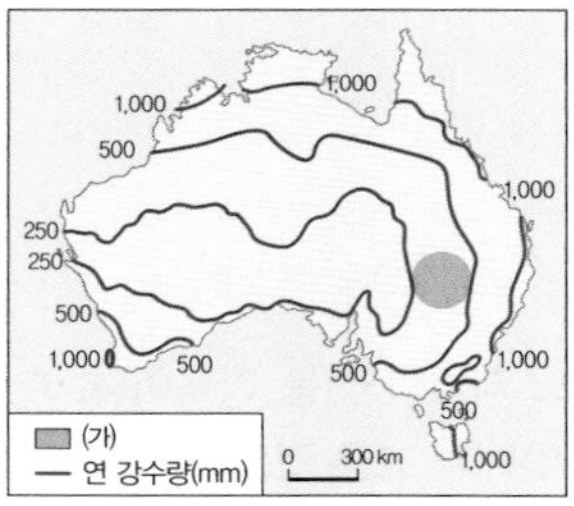

① 지하수가 풍부하다.
② 안개가 자주 발생한다.
③ 대소비지가 가까이 위치한다.
④ 주변 산지에 빙하가 분포한다.
⑤ 연 강수량이 연 증발량보다 많다.

단답형

▶ 20581-0051

08 지도의 표시된 지역에 분포하는 침엽수림을 지칭하는 용어를 쓰시오.

▶ 20581-0052

09 그림은 어느 지역의 전통 가옥을 만드는 방법과 주민 생활을 나타낸 것이다. 이 지역에 대한 설명으로 옳은 것은?

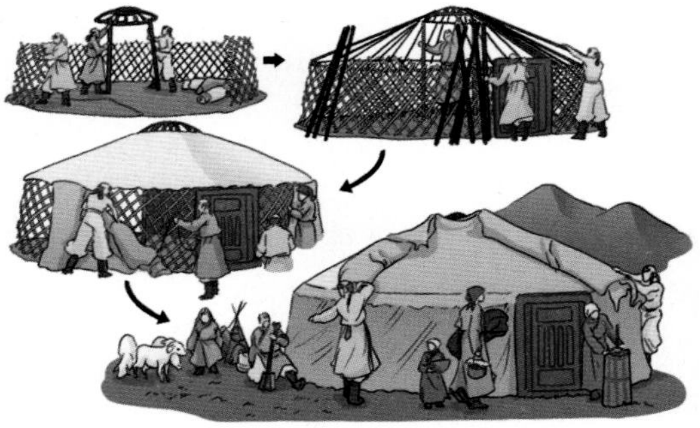

① 우기가 건기보다 길게 나타난다.
② 연 증발량보다 연 강수량이 많다.
③ 연 강수량이 250~500mm이다.
④ 최난월 평균 기온이 0~10℃이다.
⑤ 기업적 목축을 통해 소와 양을 대규모로 사육한다.

▶ 20581-0053

10 그래프는 두 지역의 낮과 밤 시간 및 계절 변화를 나타낸 것이다. (가), (나) 지역에 대한 옳은 설명만을 〈보기〉에서 고른 것은? (단, (가), (나) 지역 모두 해발 고도 20m 이내임.)

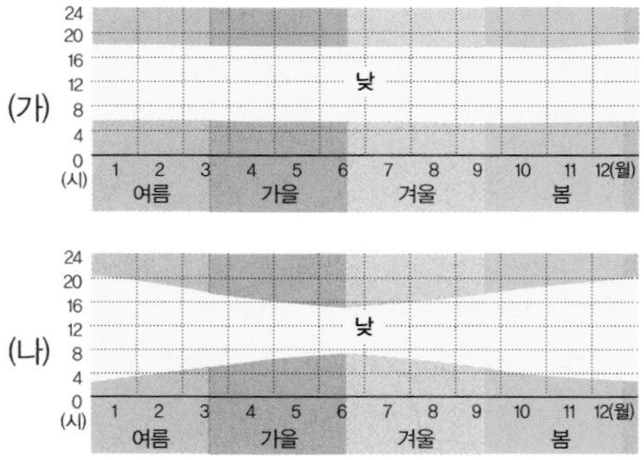

〈보기〉
ㄱ. (가)는 남반구, (나)는 북반구에 위치한다.
ㄴ. (가)는 (나)보다 연평균 기온이 높다.
ㄷ. (나)는 (가)보다 기온의 연교차가 크다.
ㄹ. (나)는 (가)보다 낮과 밤의 길이 변화가 작다.

① ㄱ, ㄴ ② ㄱ, ㄷ ③ ㄴ, ㄷ ④ ㄴ, ㄹ ⑤ ㄷ, ㄹ

▶ 20581-0054

11 지도의 (가)에 대한 옳은 설명만을 〈보기〉에서 있는 대로 고른 것은?

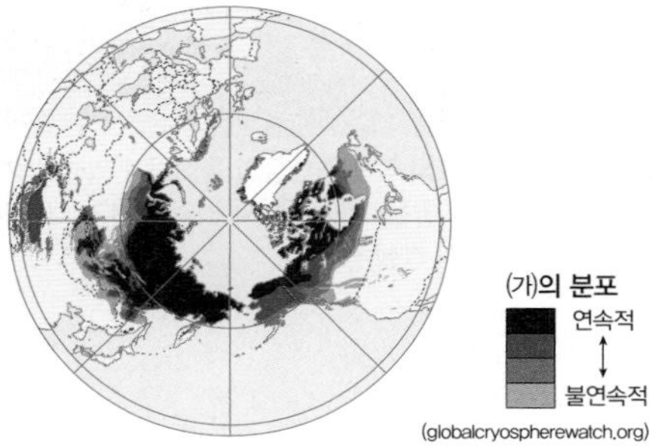

보기

ㄱ. 지중 온도가 연중 0℃ 미만이다.
ㄴ. 여름철에 얼고 녹기를 반복한다.
ㄷ. 저위도로 갈수록 연속적으로 분포한다.
ㄹ. 지구 온난화로 분포 지역이 축소되고 있다.

① ㄱ, ㄷ ② ㄱ, ㄹ ③ ㄴ, ㄷ
④ ㄱ, ㄴ, ㄹ ⑤ ㄴ, ㄷ, ㄹ

▶ 20581-0055

12 그림의 A~C 지형의 이름으로 옳은 것은?

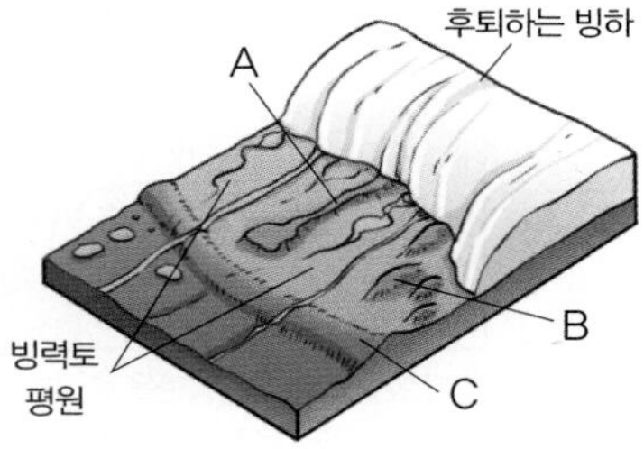

	A	B	C
①	드럼린	모레인	에스커
②	드럼린	에스커	모레인
③	모레인	드럼린	에스커
④	에스커	모레인	드럼린
⑤	에스커	드럼린	모레인

▶ 20581-0056

13 사진의 집에서 머무른다고 할 때 주변에서 관찰할 수 있는 경관으로 옳은 것은?

① 수많은 양떼를 몰고 가는 목동
② 넓은 들판에서 벼가 자라는 모습
③ 커피 농장에서 커피 열매를 따는 모습
④ 바람에 의해 만들어진 버섯 모양의 바위
⑤ 땅이 얼고 녹기를 반복하면서 만들어진 구조토

▶ 20581-0057

14 (가), (나) 지형에 대한 설명으로 옳은 것은?

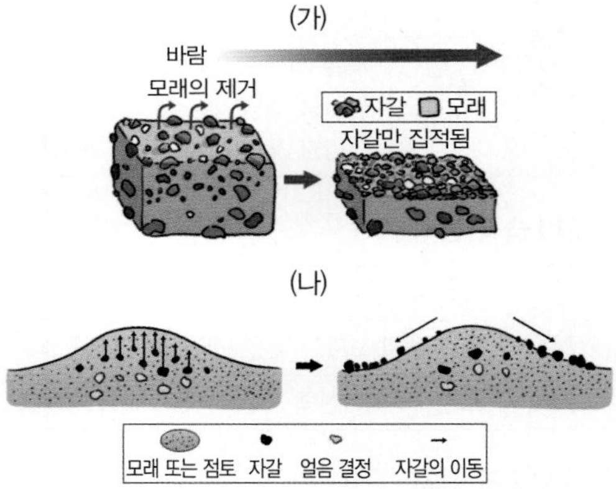

① (가)는 바람의 퇴적 작용에 의해 형성된다.
② (나)는 지표의 동결 및 융해에 의해 형성된다.
③ (가)는 (나)보다 고위도에 위치한다.
④ (나)는 (가)보다 지표의 자갈 집적도가 높다.
⑤ (가)는 솔리플럭션, (나)는 페디먼트이다.

핵심 개념 정리 04 세계의 주요 대지형

지형 형성 작용

(1) 지형 형성 작용

내적 작용	기복이 커짐	조륙 운동	융기: 땅이 올라감
			침강: 땅이 내려감
		조산 운동	습곡: 땅이 횡압력을 받아 휘어짐
			단층: 땅이 힘을 받아 끊어짐
		화산 활동	지구 내부의 마그마가 분출함
외적 작용	기복이 작아짐	풍화: 물리적(일교차 심한 곳), 화학적(덥고 습한 곳)	
		침식(깎임), 운반(하천, 빙하 등의 이동), 퇴적(쌓임)	

(2) 판 구조 운동

① 정의: 지각판이 맨틀의 대류에 따라 서서히 움직이면서 부딪히거나 갈라지는 운동 → 판의 경계 지역은 지각이 불안정함

맨틀은 지구 내부의 뜨거운 열을 표면으로 나르고, 지각 아래에서 식으면 다시 지구 내부로 움직임 → 이러한 맨틀의 움직임을 대류 현상과 비슷하다고 하여 '맨틀의 대류'라고 부름

② 특징: 판의 경계 지역에서 해양판과 대륙판의 상호 작용에 따라 대지형 형성 → 해구, 호상 열도, 지진, 화산 등

섬이 휘어진 활처럼 연속적으로 나타나는 지형으로 주로 판의 경계부, 그중에서도 환태평양 조산대에서 잘 나타남

세계의 주요 대지형

(1) 안정육괴

정의	시 · 원생대 조산 운동 → 오랜 침식 → 오늘날 대륙 내부에 위치함	
종류	순상지	고생대 이후 지각 변동을 받지 않은 안정된 지각의 일부분이므로 기복이 완만함 → 예 캐나다(로렌시아) 순상지, 발트 순상지, 아프리카 순상지, 브라질 순상지, 시베리아(앙가라) 순상지 등
	구조 평야	지질 시대를 거치는 동안 지각 변동을 거의 받지 않아 기복이 완만하고 대평원을 이루는 경우가 많음 → 예 유럽 대평원, 러시아 대평원, 북아메리카 평원, 오스트레일리아 중앙 평원 등

구조 평야: 오랜 시간 동안 쌓인 퇴적층이 지각 변동을 거의 받지 않고 평탄한 상태를 유지하여 형성된 평야임

(2) 고기 습곡 산지

정의	고생대 이후의 조산 운동으로 형성 → 비교적 지각 안정
특징	평균 해발 고도가 낮은 편임, 경사 완만, 석탄 많음, 순상지 주변
사례	스칸디나비아산맥, 우랄산맥, 그레이트디바이딩산맥, 애팔래치아산맥 등

(3) 신기 습곡 산지

정의	중생대 말~현재까지의 조산 운동으로 형성 → 지각 불안정
특징	평균 해발 고도가 높은 편임, 경사 급함, 석유와 천연가스 많음, 판의 경계와 가까움
사례	환태평양 조산대 → 로키산맥, 안데스산맥 등 알프스–히말라야 조산대 → 알프스산맥, 히말라야산맥, 캅카스산맥 등

◉ 지구의 내적 및 외적 작용

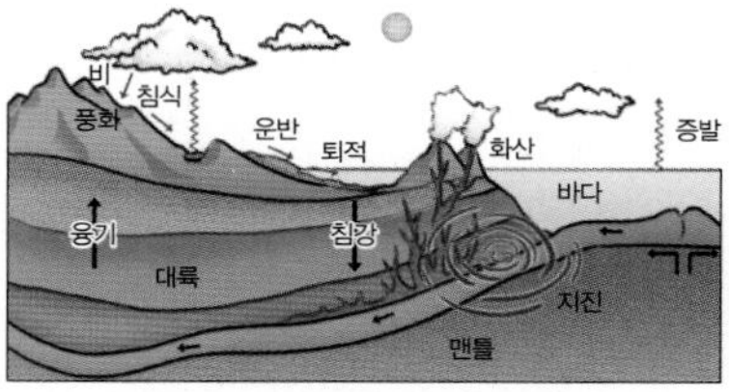

내적 작용은 맨틀의 움직임에 의해 발생하고, 외적 작용은 태양 에너지에 의해 물과 대기가 순환하면서 발생한다.

◉ 유럽 대평원과 케스타 지형

유럽 대평원은 우랄산맥의 서쪽에서 남서쪽의 피레네산맥에 이르는 광대한 평원이다. 특히 구조 평야 중 단단한 암석과 무른 암석이 교대로 층을 이루어 완만하게 경사져 있는 경우 이를 케스타 지형이라 부른다. 프랑스의 파리 분지와 영국의 런던 분지가 대표적이다.

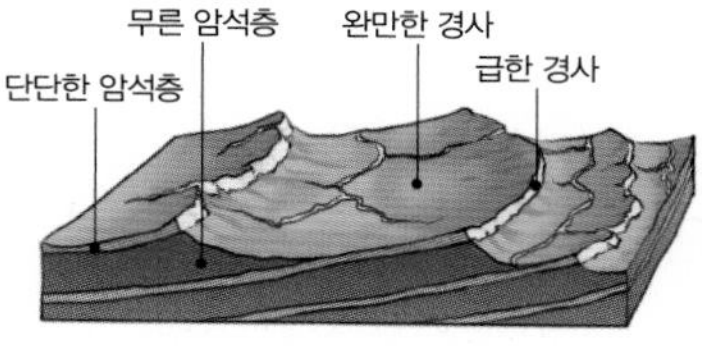

▲ 케스타 지형

◉ 신기 조산대의 분포

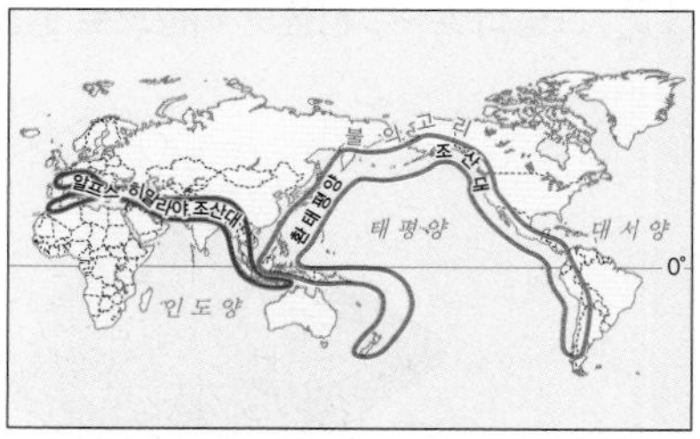

신기 조산대는 태평양판을 중심으로 남아메리카판, 북아메리카판, 유라시아판이 서로 만나는 환태평양 조산대와 알프스–히말라야 조산대로 구분된다. 신기 습곡 산지는 대부분 신기 조산대에 분포한다. 판의 경계부에 해당하는 곳이 많아 지각이 불안정하여 화산 및 지진 활동이 활발하다. 특히 환태평양 조산대는 전 세계 활화산과 휴화산의 80% 이상이 집중해 있어, '불의 고리(Ring of Fire)'라고도 불린다. 그에 비해 알프스–히말라야 조산대는 지각이 매우 두꺼워 화산보다는 지진의 빈도가 높은 편이다.

자료 탐구

❶ 세계의 주요 대지형

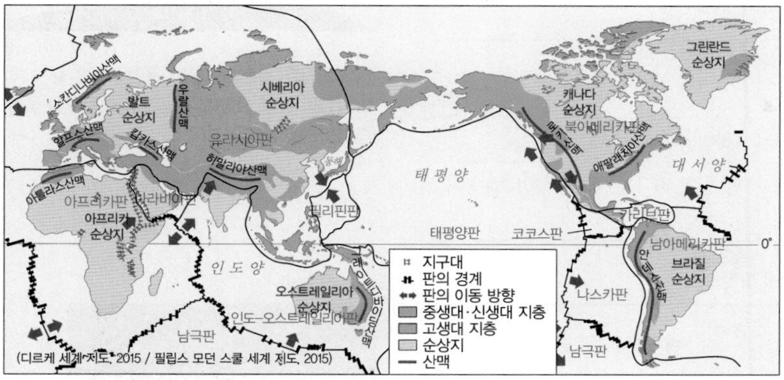

(디르케 세계 지도, 2015 / 필립스 모던 스쿨 세계 지도, 2015)

두 판이 벌어지는 경계		판이 미끄러지는 경계
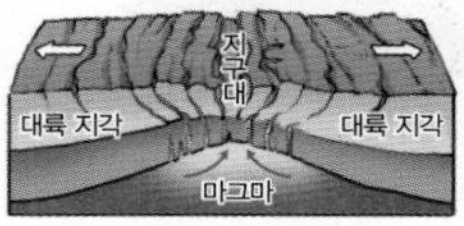	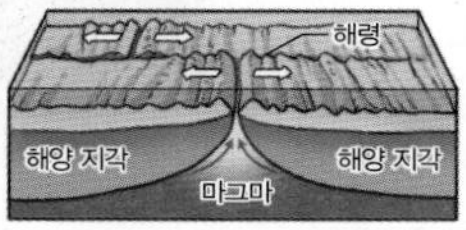	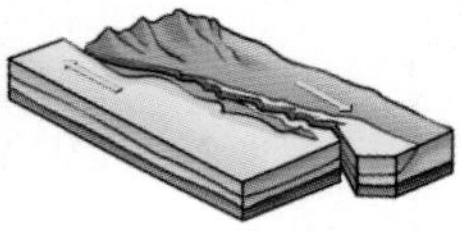
두 대륙 지각이 벌어지는 곳에서는 마그마의 상승으로 지각들이 반대 방향으로 이동한다. 예 동아프리카 지구대	두 해양 지각이 벌어지는 곳에서는 마그마의 상승으로 지각들이 반대 방향으로 이동한다. 예 동태평양 및 대서양 중앙 해령	두 판이 벌어지거나 수렴하지 않고 수평으로 어긋나게 이동한다. 예 샌안드레아스 단층

└ 지각이 단층 작용으로 벌어질 때 상대적으로 밑으로 내려앉은 거대한 규모의 골짜기를 뜻함

두 판이 수렴하는 경계	
	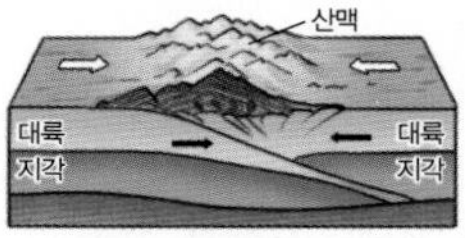
해양 지각이 대륙 지각 밑으로 들어가면서 해구와 산맥이 형성된다. 예 페루 · 칠레 해구와 안데스산맥	대륙 지각과 대륙 지각이 만나는 곳에서는 충돌로 습곡 산맥이 형성된다. 예 히말라야산맥

분석 | 세계의 대지형은 판의 경계에서 일어나는 판의 상호작용을 통해 이해할 수 있다. 인간의 삶에 큰 영향을 주는 산맥, 화산, 지진 등의 활동은 모두 판과 판의 움직임을 통해 일어난다. 판의 경계에서는 두 판이 벌어지거나 수렴하는 과정이 일어나며, 판이 평행 상태를 유지하면서 미끄러지기도 한다. 이러한 판의 상호작용을 통해 세계의 대지형이 형성된다. 세계 대지형은 대체로 대륙 내부에서부터 안정육괴, 고기 조산대, 신기 조산대 순으로 나타난다. 오늘날 판 구조 운동의 영향을 직접 받는 신기 조산대가 판의 경계와 가까운 편이다.

확인학습

1 지도의 A~C에 해당하는 판의 모식도를 〈보기〉에서 찾아 바르게 연결하시오.

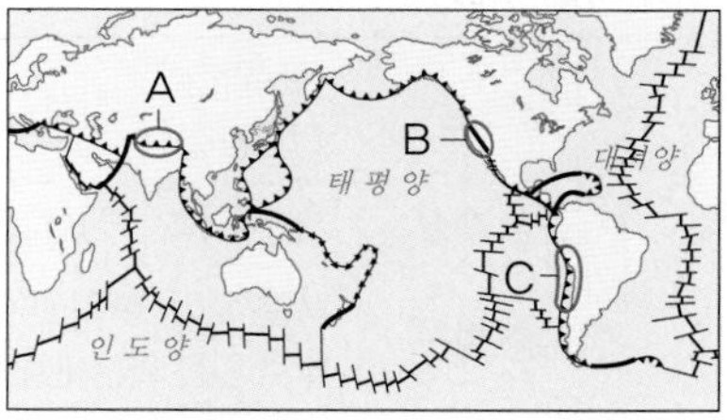

보기

ㄱ. ㄴ. ㄷ.

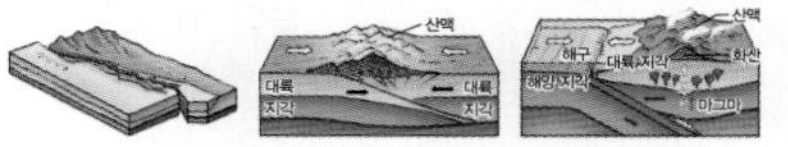

정답과 해설 ▶ A는 대륙판과 대륙판이 충돌하는 경계, B는 판이 미끄러지는 경계, C는 해양판과 대륙판이 수렴하는 경계이다.

답 A－ㄴ, B－ㄱ, C－ㄷ

2 지도는 세계의 대지형을 나타낸 것이다. (가)~(다)의 이름을 쓰시오.

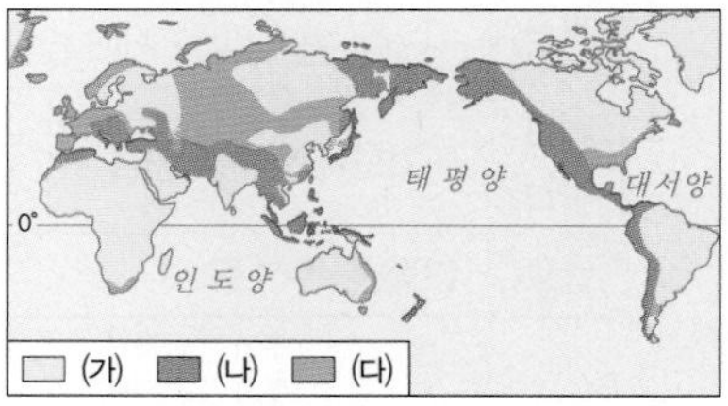

답 (가) 안정육괴(순상지), (나) 신기 습곡 산지, (다) 고기 습곡 산지

3 지도의 A~E를 고기 습곡 산지와 신기 습곡 산지로 분류하고, 각각의 이름을 쓰시오.

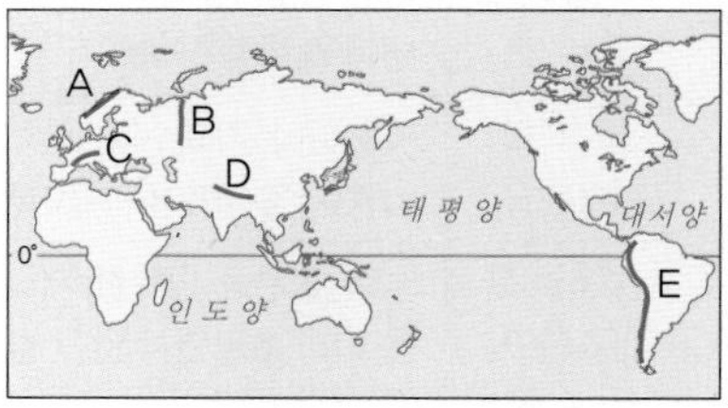

답 고기 습곡 산지－A, B, 신기 습곡 산지－C, D, E, A－스칸디나비아산맥, B－우랄산맥, C－알프스산맥, D－히말라야산맥, E－안데스산맥

핵심 개념 정리 05

독특하고 특수한 지형들

● 화산 지형

(1) 화산의 형태

용암 돔	유문암질, 안산암질	점성↑, 유동성↓	예 미국 세인트헬렌스산
순상 화산	현무암질	점성↓, 유동성↑	예 하와이 마우나케아산
성층 화산	폭발 없이 흐르는 용암류와 폭발로 인한 화산쇄설물이 조합됨		예 일본 후지산, 이탈리아 베수비오산

화산쇄설물: 화산의 폭발로 방출된 크고 작은 바위 파편을 말함

(2) 화산 지형

칼데라	화산 폭발 시 화구가 함몰되면서 만들어진 분지 형태의 지형	예 탄자니아 응고롱고로
칼데라호	칼데라에 물이 고여 형성됨	예 에콰도르 킬로토아
주상 절리	용암이 식을 때 빠른 수축으로 기둥처럼 갈라져 형성된 지형	예 미국 데빌스 포스트파일, 영국 자이언트 코즈웨이
용암 대지	점성이 약한 현무암질 용암이 지표를 넓고 평탄하게 덮은 지형	예 인도 데칸고원

(3) 화산 지형과 주민 생활

광업	구리, 주석, 유황, 금 등이 산출됨	예 칠레, 페루의 구리
농업	미네랄이 풍부한 용암으로 덮여 비옥함 → 과수원, 벼농사 지대 발달	예 이탈리아 베수비오산, 일본 간토평야
지열 발전	뜨거운 지열수를 이용하여 전기를 생산함	예 미국, 필리핀, 인도네시아
관광	간헐천, 온천 등	예 일본, 뉴질랜드, 아이슬란드

간헐천: 뜨거운 물과 수증기, 가스 등이 일정한 간격을 두고 주기적으로 분출하는 온천

● 카르스트 지형

(1) 특징: 석회암의 주성분인 탄산 칼슘이 이산화 탄소를 포함한 약산성의 빗물이나 지하수를 만나 용식 과정을 거쳐 형성됨

석회암 풍화토: 석회암이 용식된 후 남은 철분이 산화되어 붉은색을 띠는 토양으로 테라로사라고도 부른다. 테라로사는 이탈리아어로 '적색 토양'이라는 뜻임

(2) 종류 및 특성

돌리네: 인접한 돌리네가 서로 결합하면 우발라 형성

돌리네	지표수나 지하수의 용식으로 무너져 내린 움푹 파인 지형(싱크홀의 발달로 배수가 원활) → 주변에 석회암 풍화토가 발달하기도 함	예 중국 나사전
석회 동굴	빗물이나 지표수가 땅속으로 흘러들면서 석회암층이 용식되어 만들어진 동굴	예 슬로베니아 포스토이나 동굴
석회화 단구	석회 성분을 함유한 지하수나 온천수가 경사면을 따라 흐르면서 탄산 칼슘이 침전되어 형성	예 튀르키예 파묵칼레
탑 카르스트	주로 고온 다습한 지역에서 석회암이 빗물, 하천, 해수에 의한 용식 작용을 받아 형성	예 베트남 할롱베이, 중국 구이린

◉ 순상 화산과 성층 화산의 규모 비교

(어스, 2014)

성층 화산은 화산쇄설물과 용암류가 층을 이루면서 겹겹이 쌓인 지형이다. 대체로 현무암질 용암으로 형성된 순상 화산보다 경사가 급하다.

◉ 주상 절리

▲ 자이언트 코즈웨이(영국)

◉ 석회 동굴

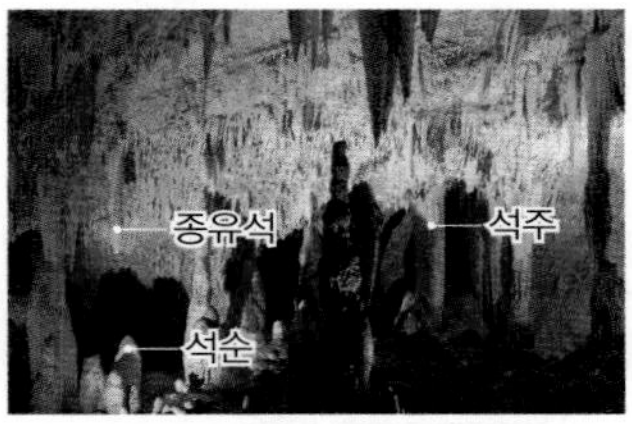

▲ 포스토이나 동굴(슬로베니아)

석회암이 용식 작용을 받아 동굴이 형성되고 탄산 칼슘이 침전되어 종유석, 석순 등의 내부 지형이 형성된다. 오랜 시간이 흘러 종유석과 석순이 만나면 석주가 된다. 모양이 기묘하고 아름다워 관광 자원으로서의 가치가 높다.

◉ 석회화 단구

▲ 파묵칼레(튀르키예)

자료 탐구

② 칼데라와 칼데라호의 형성 과정

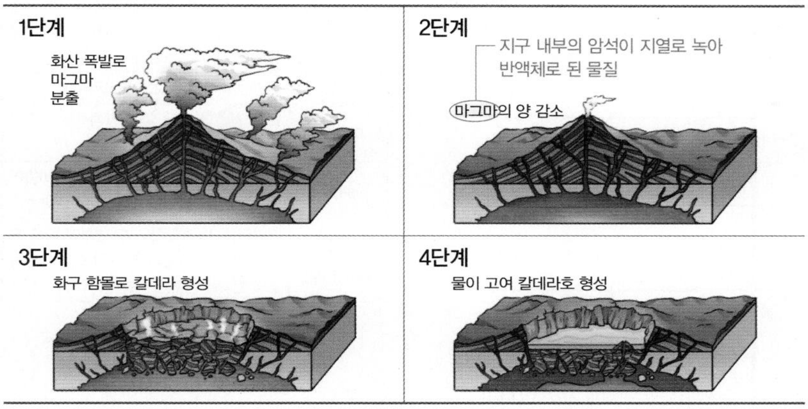

분석 | 칼데라는 화구의 일종으로 화산체가 형성된 후에 대폭발이나 함몰로 형성된다. 그중에서도 칼데라는 화산 폭발로 마그마가 분출한 뒤 마그마의 양이 줄어들면서 산 정상부가 함몰되어 형성되는 경우가 많다. 함몰 후 칼데라 분지에 물이 고여 만들어진 호수를 칼데라호라고 부른다.

③ 카르스트 지형의 형성 과정

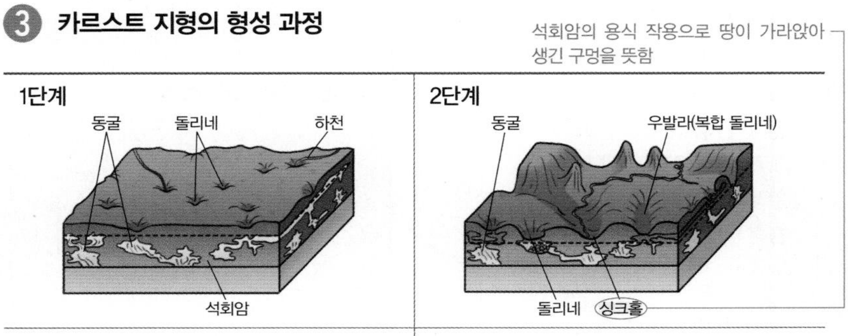

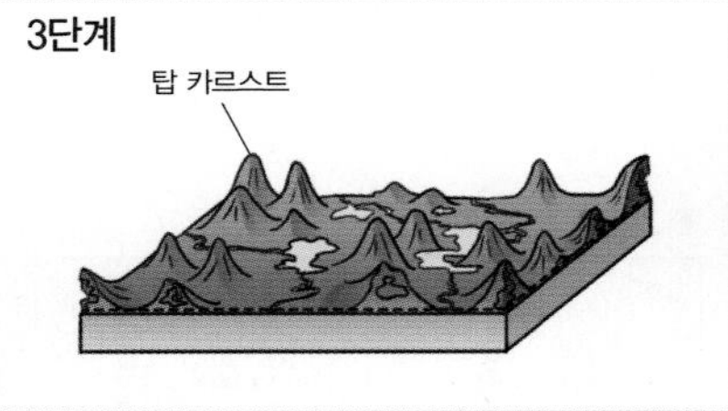

▲ 탑 카르스트(중국 구이린)

분석 | 카르스트 지형은 기반암이 석회암인 지역에서 용식 작용으로 형성된다. 석회암이 빗물이나 지하수에 용식되면 돌리네, 우발라, 석회 동굴 등의 지형이 만들어진다. 이후 지하수면이 내려가는 도중에 풍화와 침식을 견디고 남은 부분이 마치 탑과 같은 모양으로 남게 되면 이를 탑 카르스트라 한다.

확인학습

4 그림은 칼데라호의 형성 과정을 나타낸 모식도이다. 이를 순서대로 옳게 나열한 것은?

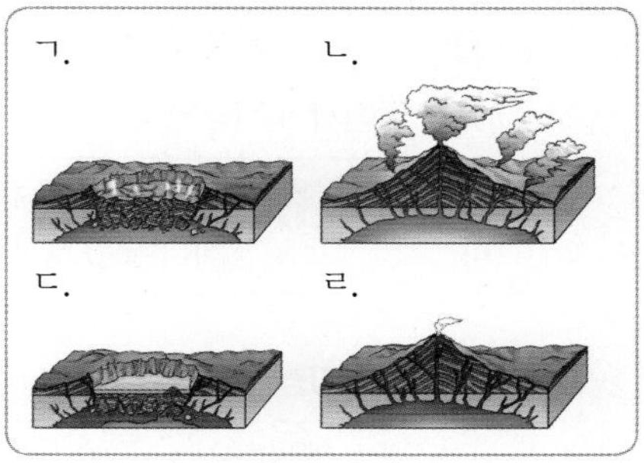

① ㄱ → ㄴ → ㄷ → ㄹ
② ㄱ → ㄷ → ㄴ → ㄹ
③ ㄴ → ㄹ → ㄱ → ㄷ
④ ㄴ → ㄷ → ㄹ → ㄱ
⑤ ㄷ → ㄱ → ㄹ → ㄴ

정답과 해설 ▶ 칼데라호는 마그마가 분출한 뒤 산의 정상부가 함몰되어 형성된 칼데라 분지에 물이 고인 지형이다. 칼데라호가 만들어지기 위해서는 먼저 칼데라 분지가 형성되어야만 한다. 답 ③

5 사진은 중국의 유명 관광지의 모습이다. 이 두 지형에 공통으로 영향을 미친 지형 형성 요인은?

▲ 뤄핑의 돌리네(나사전)

▲ 탑 카르스트(구이린)

① 화산의 폭발
② 하천의 퇴적 작용
③ 빙하의 침식 작용
④ 바람의 침식 작용
⑤ 석회암의 용식 작용

정답과 해설 ▶ 나사전은 석회암의 용식에 의해 형성된 돌리네와 우발라가 군집을 이루는 곳으로, 계단식으로 농경지가 조성되어 있다. 구이린은 세계적인 탑 카르스트 지형으로, 지하수의 용식 작용으로 형성되었다. 답 ⑤

핵심 개념 정리 05 독특하고 특수한 지형들

해안 지형의 형성

(1) 해안 지형

① 형성 요인: 파랑, 연안류, 조류, 바람 등

② 곶과 만에서의 지형 형성

곶	암석 해안	파랑 에너지가 집중하여 침식 작용이 우세함
만	모래, 갯벌 해안	파랑 에너지가 분산되어 퇴적 작용이 우세함

(2) 다양한 해안 지형

암석 해안	해식애	해안의 산지나 구릉이 파랑의 침식을 받아 형성된 절벽
	파식대	해식애가 후퇴하면서 해식애 앞에 발달하는 평탄면
	시 스택	해식애가 침식으로 후퇴할 때 차별 침식의 영향으로 침식에 강한 암석이 기둥 형태로 남은 지형 → 시 아치와 해식 동굴이 함께 발달하는 경우가 많음
	해안 단구	지반의 융기나 해수면 변동으로 현재의 해수면보다 높은 곳에 과거의 파식대 또는 퇴적 지형이 계단 모양으로 남은 지형
모래 해안	사빈	하천이나 해안에서 공급된 모래가 파랑과 연안류의 작용으로 해안을 따라 퇴적된 모래밭
	사주	파랑과 연안류에 의해 운반된 모래가 둑처럼 길게 퇴적된 지형
	육계도	사주의 성장으로 육지와 연결된 섬
	석호	후빙기 해수면 상승으로 형성된 만의 입구에 사주가 발달하여 입구가 막히면서 형성된 호수
	해안 사구	해풍의 영향으로 사빈의 배후에 쌓인 모래 언덕, 육지와 바다가 만나는 곳으로 독특한 생태계 형성
갯벌 해안	갯벌	• 만조 시 바닷물에 잠기고 간조 시 드러나는 해안 퇴적 지형 • 하천의 물질 공급량이 많고, 조수 간만의 차가 큰 곳에 발달 • 파랑의 힘이 약한 만이나 섬으로 가로막힌 해안에서 잘 형성됨 • 모래 해안에 비해 점토와 미립 물질의 비중이 큼 • 생태계의 보고, 오염 물질의 정화 능력 탁월
산호초 해안		• 석회질의 산호충 유해가 퇴적되어 형성 • 수심이 깊지 않은 열대 · 아열대의 도서 및 연안에서 발달 • 다양한 생물의 서식처, 관광 자원, 해일의 충격 완화 효과

시 아치: 시 스택과 마찬가지로 해식애가 후퇴하면서 침식에 강한 암석이 아치 모양으로 남은 지형

산호충: 식물이 아닌 수중 동물이다. 산호충의 몸은 석회질 성분으로 구성되어 있음

해안 지형의 보존 노력

(1) 갯벌 복원(역간척): 매립했던 갯벌을 원래의 상태로 복원

(2) 그로인 설치: 해안의 모래 유실을 막기 위해 설치하는 인공 구조물

(3) 맹그로브 숲 조성: 하천의 하구와 해안 사이에 조성하여 퇴적물의 침식 억제

맹그로브: 주로 열대와 아열대의 갯벌이나 하구에서 자란다. 집단으로 자생하며 뿌리가 깊어 해안의 토사를 잡아주는 기능을 함

◉ **해안 지형의 형성 요인**

파랑	바람이 해수면과 마찰하여 형성된 풍랑과 이러한 풍랑이 다른 해역까지 진행하면서 그 세기가 약해져서 생긴 너울을 뜻함, 해안 지형 형성에 가장 중요한 역할을 함
연안류	해안을 따라 이동하는 해수의 흐름
조류	조수 간만의 차에 의해 발생하는 해수의 흐름(밀물과 썰물)
바람	파랑을 형성하며, 바다에서 육지로 바람이 불 때 해안의 물질을 내륙으로 이동시킴
지반 운동 · 해수면 변동	지반의 융기나 침강, 기후 변화에 따른 해수면 변동 → 해안의 침식 작용과 퇴적 작용의 변화를 가져옴 → 해안선의 형태 변화

◉ **리아스 해안과 피오르 해안**

구분	리아스 해안
특징	하천 침식 작용, V자곡, 섬이 많은 복잡한 해안선
분포	에스파냐 북서 해안, 우리나라의 남서 해안 등

구분	피오르 해안
특징	빙하 침식 작용, U자곡, 좁고 긴 형태의 만, 깊은 수심
분포	노르웨이 해안, 뉴질랜드 남섬의 남서부 해안 등

◉ **산호초 해안의 분포 지역**

◉ **그로인의 원리**

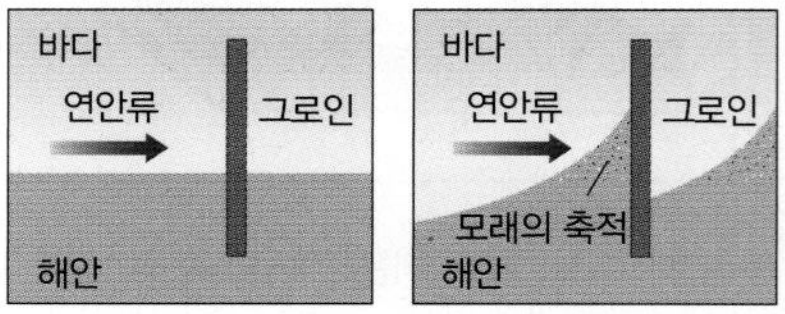

연안류의 방향과 수직으로 설치하여 연안류를 따라 이동하던 모래가 구조물 앞에 쌓인다.

자료 탐구

4 해안 지형의 형성 원리와 모식도

파랑의 집중과 분산	연안류에 의한 퇴적 물질의 이동
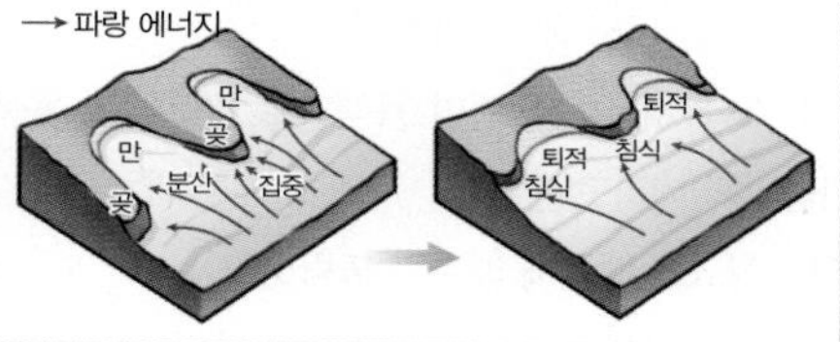	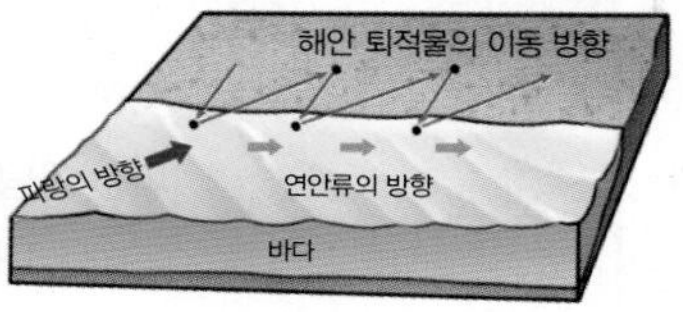

분석 | 드나듦이 불규칙한 해안에서는 파랑이 굴절한다. 파랑의 전진 속도는 만입 지역보다 돌출부 부근에서 먼저 감소하므로 파랑의 굴절이 발생한다. 파랑의 에너지가 집중하는 곶에서는 침식, 분산하는 만에서는 퇴적이 우세하다. 해안의 모래나 점토들은 해안선을 따라 이동하는 연안류에 의해 운반되는데, 해안선과 평행하게 이동하다가 주로 만에 퇴적된다.

수심이 얕아지면서 부분적으로 파랑의 속도가 감소하면서 일어나는 파랑의 휘어짐 현상임

5 암석 해안의 모식도와 시 스택의 형성 과정

파랑, 조류 등에 의해 암석의 약한 부분이 차별 침식을 받아 형성됨

암석 해안의 모식도	시 스택의 형성 과정
	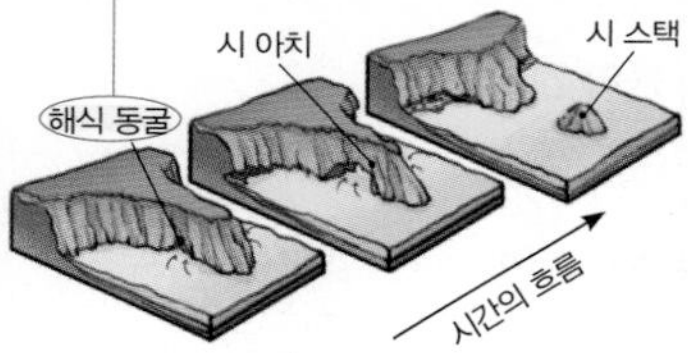

분석 | 암석 해안은 파랑이 집중하는 곶에서 잘 발달한다. 곶에서 발달하는 암석 해안은 해안 침식 지형으로 분류한다. 시 스택은 파랑의 침식 작용으로 해식애가 후퇴하는 과정에서 형성되는데, 해식 동굴이나 시 아치와 함께 형성되는 경우가 많다.

6 모래 해안의 모식도와 석호의 형성 과정

모래 해안의 모식도	석호의 형성 과정
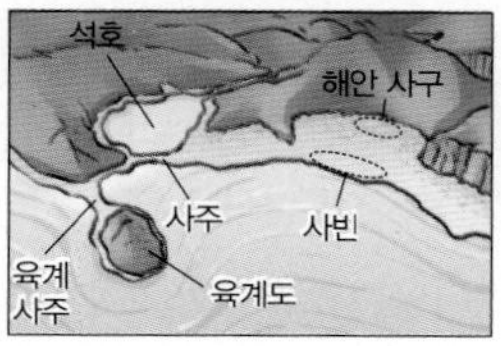	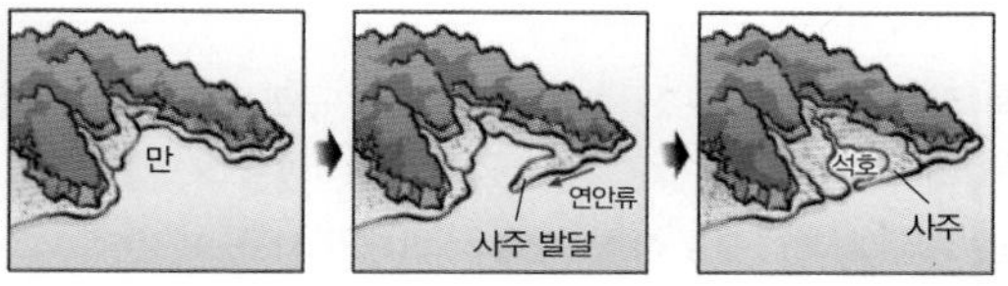

분석 | 모래 해안은 파랑이 분산하는 만에서 발달한다. 만에서 발달하는 모래 해안은 해안 퇴적 지형으로 분류한다. 석호는 후빙기 해수면이 상승하여 만이 형성된 후 만의 입구를 사주가 막으면서 발달한다. 육계사주가 발달하여 인접한 섬이 육지와 연결되면 육계도가 된다.

빙기 이후 지구 대기의 평균 온도가 올라가면서 빙하 녹은 물이 바다로 유입할 때 일어남

확인학습

6 그림의 A와 B의 특징으로 옳은 설명만을 〈보기〉에서 고른 것은?

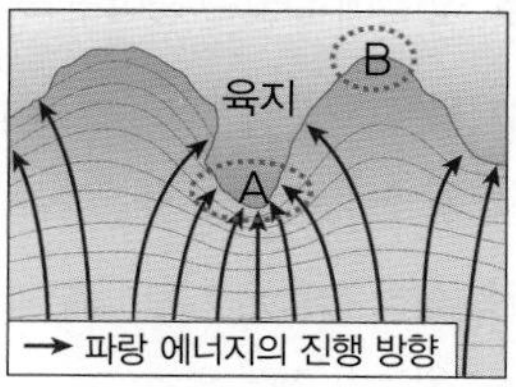

〈보기〉
ㄱ. A에서는 주로 침식이 일어난다.
ㄴ. B에서는 주로 퇴적이 일어난다.
ㄷ. A는 B보다 파랑의 에너지를 약하게 받는다.
ㄹ. B는 A보다 기반암의 노출이 심하다.

① ㄱ, ㄴ ② ㄱ, ㄷ ③ ㄴ, ㄷ
④ ㄴ, ㄹ ⑤ ㄷ, ㄹ

정답과 해설 ▶ A는 곶으로 파랑의 에너지가 집중되어 침식이 우세하다. B는 만으로 파랑의 에너지가 분산되어 퇴적이 우세하다. 기반암의 노출 정도는 침식이 우세한 곶에서 심하다. 답 ①

7 그림의 A~E 지형의 이름을 각각 쓰시오.

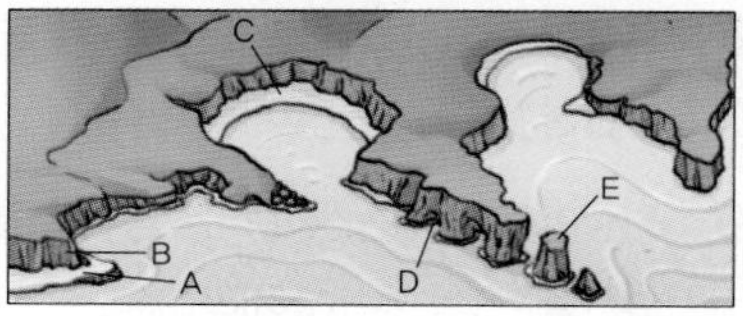

답 A – 파식대, B – 해식애, C – 사빈, D – 해식 동굴, E – 시 스택

8 지도를 보고 물음에 답하시오.

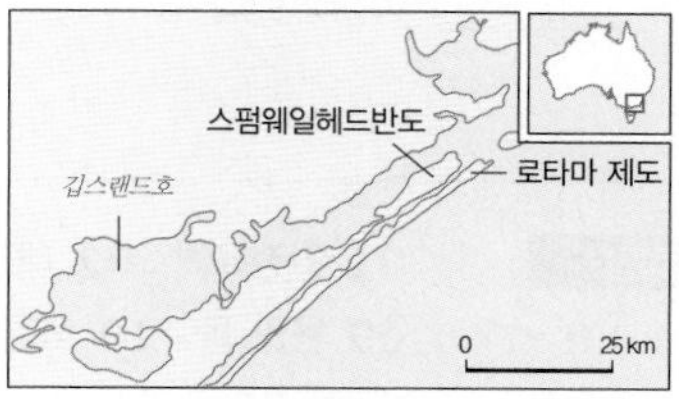

(1) 스펌웨일헤드반도, 로타마 제도는 어떤 해안 지형에 속하는지 쓰시오.
(2) 깁스랜드호는 어떤 해안 지형에 속하는지 쓰시오.

답 (1) 사주 (2) 석호

개념 체크

저절로 암기 Tip | ☐ 1회 (/) ☐ 2회 (/) ☐ 3회 (/)

01~11 빈칸에 알맞은 용어를 쓰시오.

01 대지형은 __________, 고기 습곡 산지, 신기 습곡 산지로 구분할 수 있다.

02 지형 형성 작용은 지구 내부의 힘에 의한 __________와/과 지구 외부의 힘에 의한 __________(으)로 구분된다.

03 판의 경계 지역에서 10여 개의 판이 상호작용을 통해 대지형을 만드는 과정을 __________ 운동이라 한다.

04 내적 작용으로 형성된 대지형은 침식 · 운반 · 퇴적 등의 외적 작용에 의해 기복이 __________한다.

05 시 · 원생대에 일어난 조산 운동 이후 오랫동안 침식 작용을 받아 평탄해진 지형을 안정육괴라고 하며, 순상지와 __________(이)가 이에 해당한다.

06 고기 습곡 산지는 고생대에 조산 운동을 받아 형성된 산지로, 주로 __________(이)가 많이 매장되어 있다.

07 신기 습곡 산지에는 주로 __________, 천연가스 등이 많이 매장되어 있다.

08 점성이 작고 유동성이 큰 용암의 분출로 형성된 완경사의 화산을 __________(이)라 한다.

09 점성이 크고 유동성이 작은 용암의 분출로 형성된 급경사의 화산을 __________(이)라 한다.

10 화산쇄설물과 용암류가 여러 층으로 쌓인 원추 모양의 화산을 __________(이)라 한다.

11 거대한 화산 폭발 이후 화구의 함몰로 형성된 분지를 __________(이)라 한다.

12~17 다음 내용이 옳으면 ○표, 틀리면 ×표 하시오.

12 석회암은 빗물이나 지하수에 강하다. ( )

13 석회암이 지표수나 지하수에 의한 용식으로 만들어진 움푹 파인 웅덩이를 돌리네라고 부른다. ( )

14 돌리네 내부는 싱크홀 때문에 배수가 불량하다. ( )

15 석회암의 용식이 활발하게 일어나는 지역에서 주로 발달하는 토양은 흑색이다. ( )

16 돌리네의 규모 확대로 인접한 다른 돌리네와 결합된 지형을 우발라라고 한다. ( )

17 석회암의 차별적인 용식 작용으로 만들어진 연속된 봉우리를 해식애라고 부른다. ( )

18~24 빈칸에 알맞은 용어를 쓰시오.

18 __________	해식애가 후퇴하면서 그 앞에 발달하는 평탄면
19 __________	해식애가 침식으로 후퇴할 때 침식에 강한 암석이 기둥 형태로 남은 지형
20 __________	해안 지반의 융기나 해수면 변동으로 형성된 계단 모양의 해안 지형
21 __________	하천이나 해안 침식으로 공급된 모래가 파랑과 연안류의 작용으로 해안을 따라 퇴적된 모래밭
22 __________	파랑과 연안류의 영향으로 형성된 모래 띠
23 __________	후빙기 해수면 상승으로 형성된 만의 입구에 사주가 발달하여 입구가 막히면서 형성된 호수
24 __________	해풍의 영향으로 사빈의 배후에 쌓인 모래 언덕

정답

01 안정육괴 **02** 내적 작용, 외적 작용 **03** 판 구조 **04** 감소 **05** 구조 평야 **06** 석탄 **07** 석유 **08** 순상 화산 **09** 용암 돔 **10** 성층 화산 **11** 칼데라 분지 **12** × **13** ○ **14** × **15** × **16** ○ **17** × **18** 파식대 **19** 시스택 **20** 해안 단구 **21** 사빈 **22** 사주(사취) **23** 석호 **24** 사구(해안 사구)

오답 체크 Tip

14 돌리네는 석회암의 용식 작용에 의해 움푹 파인 와지로, 내부에 싱크홀이 발달하여 배수가 양호하다. **15** 석회암 용식 지역에는 테라로사라고 하는 붉은색의 석회암 풍화토가 발달한다. **17** 석회암의 차별적인 용식 작용으로 형성된 연속된 봉우리는 탑 카르스트이다.

기본 문제

정답과 해설 13쪽

▶ 20581-0058

01 지도는 세계의 주요 대지형을 나타낸 것이다. (가)~(다)에 대한 옳은 설명만을 〈보기〉에서 고른 것은?

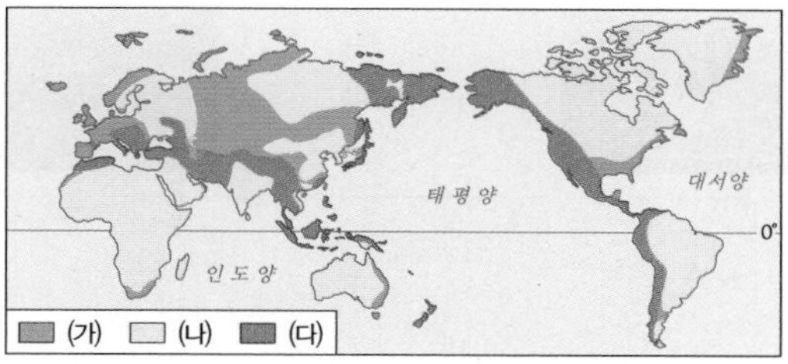

보기

ㄱ. (가)는 지각이 불안정하여 지진이 빈번하다.
ㄴ. (나)는 (가), (다)보다 형성된 시기가 이르다.
ㄷ. (다)는 (가), (나)보다 평균 해발 고도가 높다.
ㄹ. (가)~(다) 중 대체로 판의 경계와의 거리가 가까운 지형은 (나)이다.

① ㄱ, ㄴ ② ㄱ, ㄷ ③ ㄴ, ㄷ
④ ㄴ, ㄹ ⑤ ㄷ, ㄹ

▶ 20581-0059

02 지도에 표시된 ⬬ 지역에서 공통으로 나타나는 지형 특징만을 〈보기〉에서 고른 것은?

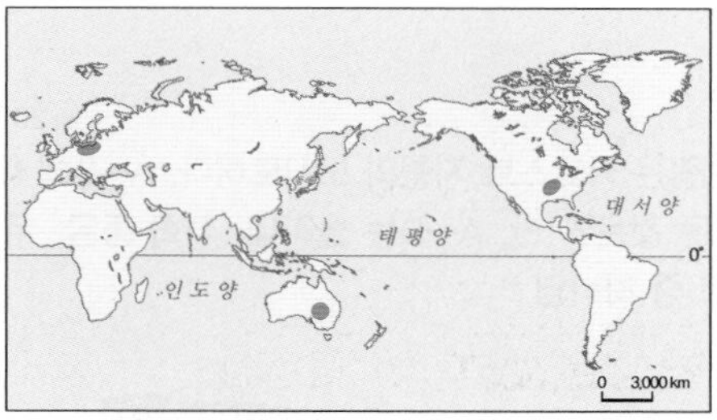

보기

ㄱ. 화산의 영향으로 토양이 비옥하다.
ㄴ. 지반의 융기로 형성된 고원 지역이다.
ㄷ. 판의 경계부에서 떨어진 중심부에 위치한 대평원이다.
ㄹ. 오랜 시간 동안 지각 변동의 영향을 거의 받지 않은 곳이다.

① ㄱ, ㄴ ② ㄱ, ㄷ ③ ㄴ, ㄷ
④ ㄴ, ㄹ ⑤ ㄷ, ㄹ

▶ 20581-0060

03 다음은 지형 형성 작용을 정리한 표이다. ㉠~㉤에 대한 설명으로 옳지 않은 것은?

구분	종류	특징
내적 작용	조륙 운동	㉠
	조산 운동	㉡
	화산 활동	㉢
외적 작용	㉣ 풍화, 침식, ㉤ 운반, 퇴적	

① ㉠ – 지반이 융기 또는 침강 운동을 한다.
② ㉡ – 지반이 휘거나 끊어지는 작용을 포함한다.
③ ㉢ – 지하의 마그마가 분출한다.
④ ㉣ – 덥고 습한 지역에서는 물리적 풍화가 활발하다.
⑤ ㉤ – 주로 하천, 빙하, 바람에 의해 발생한다.

04~05 지도를 보고 물음에 답하시오.

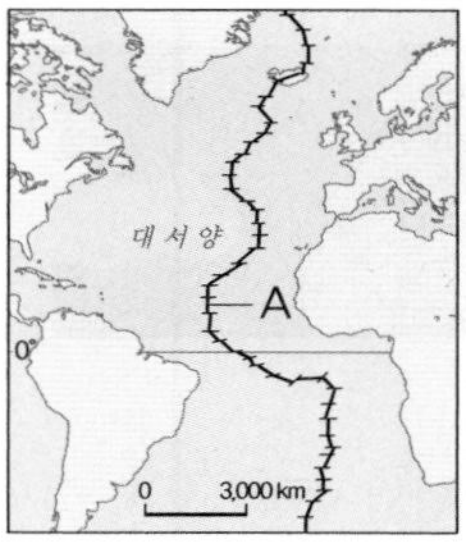

단답형 ▶ 20581-0061

04 판 구조 운동의 관점에서 A를 무엇이라 하는지 쓰시오.

서술형 ▶ 20581-0062

05 판 구조 운동의 관점에서 A의 특징에 대해 서술하시오.

▶ 20581-0063

06 (가)~(다)에 해당하는 지역을 지도의 A~C에서 고른 것은?

(가) 판과 판이 충돌하는 경계이다.
(나) 석탄 매장량의 풍부한 고기 습곡 산지이다.
(다) 시 · 원생대에 형성되어 지각이 안정되어 있다.

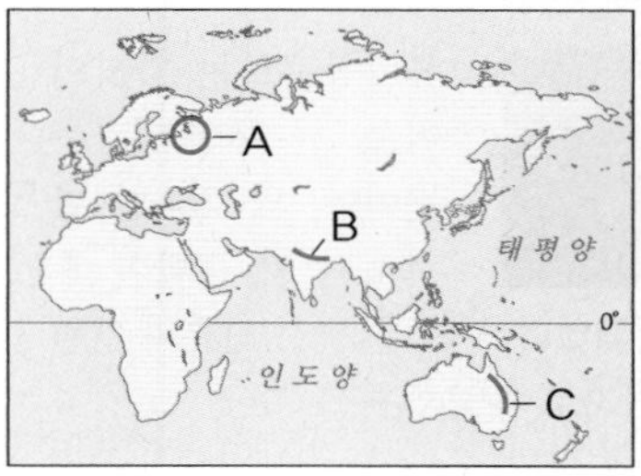

	(가)	(나)	(다)
①	A	B	C
②	B	A	C
③	B	C	A
④	C	A	B
⑤	C	B	A

기본 문제

▶ 20581-0064

07 다음 자료의 ㉠~㉢에 들어갈 용어에 대한 옳은 설명만을 〈보기〉에서 고른 것은?

㉠	안산암질 용암	예 미국 세인트헬렌스산
순상 화산	㉡	예 미국 마우나케아산
성층 화산	㉢	예 일본 후지산, 이탈리아 베수비오산

보기
ㄱ. ㉠은 점성이 큰 용암으로 형성되었다.
ㄴ. ㉡에는 '유문암질 용암'이 들어갈 수 있다.
ㄷ. ㉢에는 '화산쇄설물과 용암류의 조합'이 들어갈 수 있다.
ㄹ. 순상 화산은 ㉠보다 대체로 화산체의 경사가 급하다.

① ㄱ, ㄴ ② ㄱ, ㄷ ③ ㄴ, ㄷ ④ ㄴ, ㄹ ⑤ ㄷ, ㄹ

▶ 20581-0065

08 (가), (나) 지형의 형성 원인으로 옳은 것은?

(가)

(나)

	(가)	(나)
①	바람의 침식	분출된 용암의 냉각
②	바람의 침식	기반암의 용식
③	기반암의 용식	바람의 침식
④	기반암의 용식	분출된 용암의 냉각
⑤	분출된 용암의 냉각	기반암의 용식

단답형

▶ 20581-0066

09 다음 자료의 밑줄 친 지역에 해당하는 지형의 명칭을 쓰시오.

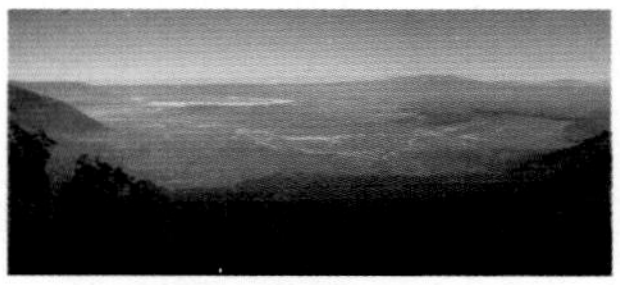

응고롱고로는 마사이어로 '큰 구멍'이라는 뜻이다. 약 250만 년 전 화산이 분화한 후 분화구가 함몰되어 형성되었다. 이곳은 원시 인류의 기원지이자 야생 동물의 서식지로 유명하다.

▶ 20581-0067

10 지도의 A~D 국가의 사진 속 지역에 대한 옳은 설명만을 〈보기〉에서 고른 것은?

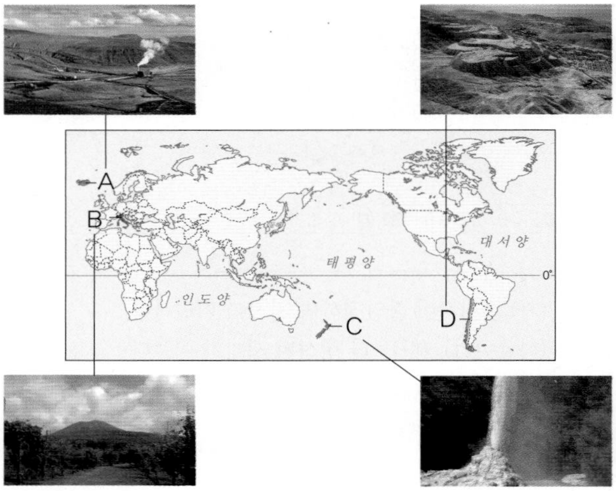

보기
ㄱ. A 지역은 환태평양 조산대에 속한다.
ㄴ. B 지역의 토양은 척박하다.
ㄷ. C 지역의 주변에는 온천이 발달하였다.
ㄹ. D 지역은 판의 경계와 가까운 편이다.

① ㄱ, ㄴ ② ㄱ, ㄷ ③ ㄴ, ㄷ ④ ㄴ, ㄹ ⑤ ㄷ, ㄹ

▶ 20581-0068

11 그림은 카르스트 지형의 모식도이다. A~D에 대한 설명으로 옳은 것은? (단, A~D는 돌리네, 석회 동굴, 우발라, 탑 카르스트 중 하나임.)

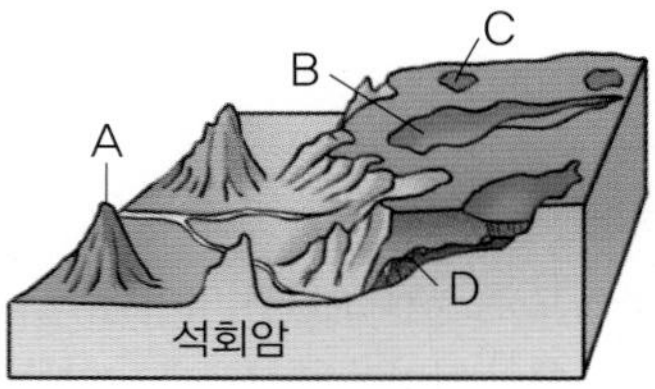

① A는 건조 기후 지역에서 잘 발달한다.
② B는 화산 폭발로 인해 움푹 파인 와지이다.
③ C는 대체로 배수가 불량하다.
④ D의 형성은 지하수면의 오르내림과 관련이 깊다.
⑤ B가 연속하여 발달하면 D가 된다.

▶ 20581-0069

12 **그림의 A, B에서 발달하는 지형을 〈보기〉에서 골라 옳게 짝지은 것은?**

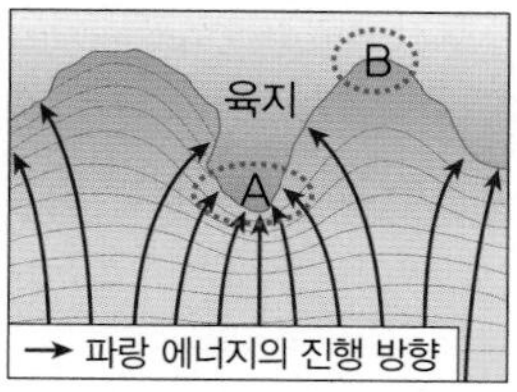

보기

ㄱ. 시 스택, 시 아치　　ㄴ. 사취, 사주
ㄷ. 해안 단구　　ㄹ. 해안 사구

	A	B
①	ㄱ, ㄴ	ㄷ, ㄹ
②	ㄱ, ㄷ	ㄴ, ㄹ
③	ㄴ, ㄷ	ㄱ, ㄹ
④	ㄴ, ㄹ	ㄱ, ㄷ
⑤	ㄷ, ㄹ	ㄱ, ㄴ

단답형

▶ 20581-0070

13 **그림은 해안 지형의 모식도이다. A~D 지형의 이름을 각각 쓰시오.**

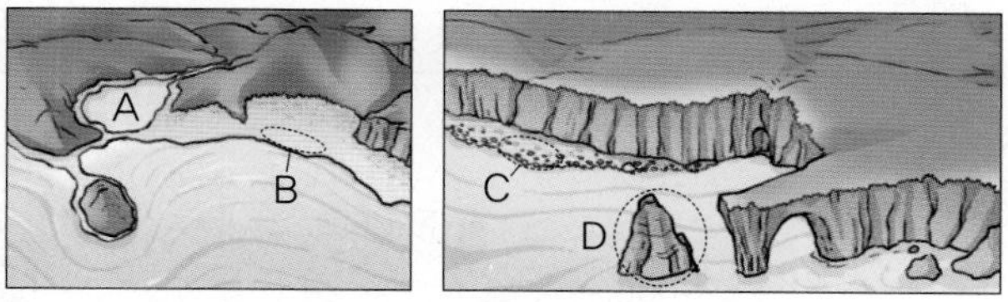

서술형

▶ 20581-0071

14 **그림은 해안에 설치된 인공 구조물의 모식도이다. 이 시설물의 설치 목적을 서술하시오. (단, 서술 내용에는 시설 명칭이 포함되어야 함.)**

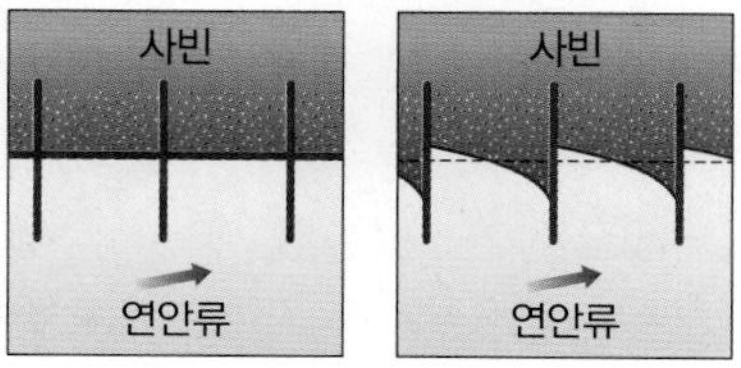

▶ 20581-0072

15 **(가), (나)에 대한 옳은 설명만을 〈보기〉에서 고른 것은?**

(가)

(나)

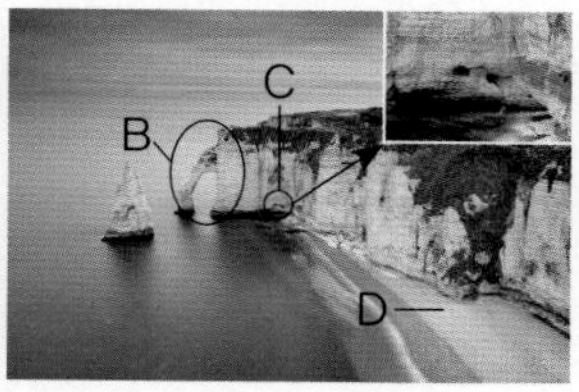

보기

ㄱ. (가)는 (나)보다 파랑과 연안류의 퇴적 작용이 우세하다.
ㄴ. (나)는 (가)보다 단위 면적당 생물 종 다양성이 높다.
ㄷ. (가)의 A는 (나)의 D보다 퇴적 물질의 평균 입자 크기가 작다.
ㄹ. (나)의 B와 C는 주로 파랑의 침식 작용으로 형성되었다.

① ㄱ, ㄴ　② ㄱ, ㄷ　③ ㄴ, ㄷ　④ ㄴ, ㄹ　⑤ ㄷ, ㄹ

▶ 20581-0073

16 **다음 자료의 A~D에 대한 옳은 설명만을 〈보기〉에서 고른 것은?**

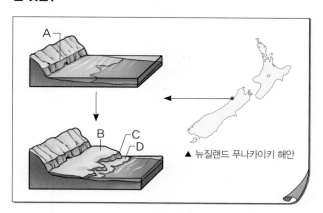

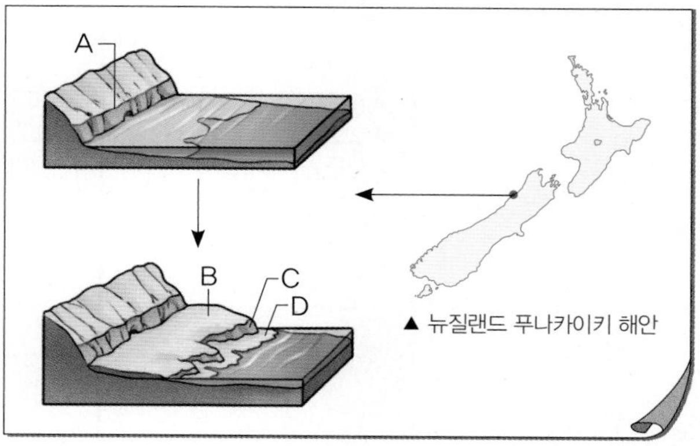

▲ 뉴질랜드 푸나카이키 해안

보기

ㄱ. A가 침식으로 후퇴하면서 B로 발달한다.
ㄴ. B는 해수면 하강으로 형성되기도 한다.
ㄷ. C의 후퇴가 활발하면 B의 면적이 점차 좁아진다.
ㄹ. D는 B보다 평탄해진 시기가 이르다.

① ㄱ, ㄴ　② ㄱ, ㄷ　③ ㄴ, ㄷ　④ ㄴ, ㄹ　⑤ ㄷ, ㄹ

Ⅱ 단원 대단원 마무리 정리

Self Note

01 기후의 이해

기후 요소	기온, 강수, 바람 등
기후 요인	위도, 수륙 분포, 해발 고도, 지형, 해류 등

→ 수륙 분포: 지구상의 육지와 해양의 배열 상태를 뜻함

02 다양한 기후 환경과 주민 생활

→ 선진국의 자본과 기술 + 원주민의 노동력 + 열대의 기후 환경

☆ 열대 기후	최한월 평균 기온 18℃ 이상, 기온의 연교차가 작음	열대 우림 기후	열대 몬순 기후	① 기후
		적도 수렴대, 연중 습윤	계절풍	건기 · 우기가 뚜렷
		② 화전 농업, 플랜테이션, ③ 가옥, 수상 가옥		
☆ 온대 기후	최한월 평균 기온 −3℃~18℃	서안 해양성 기후	④ 기후	온대 겨울 건조 기후
		편서풍+난류	여름-고온 건조, 겨울-온난 습윤	기온의 연교차 큼, 여름철에 강수 집중
		⑤	수목 농업 (→ 올리브, 코르크 등을 재배하는 농업)	벼농사
건조 기후	연 강수량 500mm 미만 → 사막과 스텝으로 구분	아열대 고압대, 대륙 내부, 한류 연안, 비 그늘 → 다양한 건조 지형 발달, 유목, ⑥ 농업, 관개 농업, 기업적 ⑦		
냉대 기후	최한월 평균 기온 −3℃ 미만, 최난월 평균 기온 10℃ 이상	펄프 공업, 밭농사, 임업 발달, 침엽수의 단순림인 ⑧ 분포		
한대 기후	최난월 평균 기온 10℃ 미만	• 툰드라: 이끼류, 빙설: 식생 없음 • ⑨ 유목, 수렵, 자원 개발 등		

☆ 건조 지형	바람	침식	삼릉석, 사막 포도, 버섯바위
		퇴적	사구(바르한)
	⑩	와디, 선상지, 바하다, 플라야(호)	

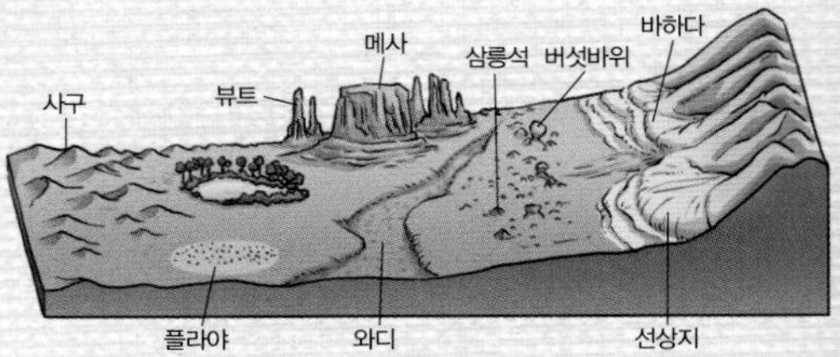

▲ 건조 지형

☆ 빙하 지형	침식 지형	빙식곡	U자 모양의 침식곡
		⑪	지류 빙식곡, 폭포 발달
	퇴적 지형	빙퇴석(모레인)	분급 불량
		드럼린	숟가락을 엎어 놓은 모양의 언덕
		에스커	분급 양호
주빙하 지형	• 빙하 주변 지역, 고산 지역 • 구조토, 솔리플럭션		

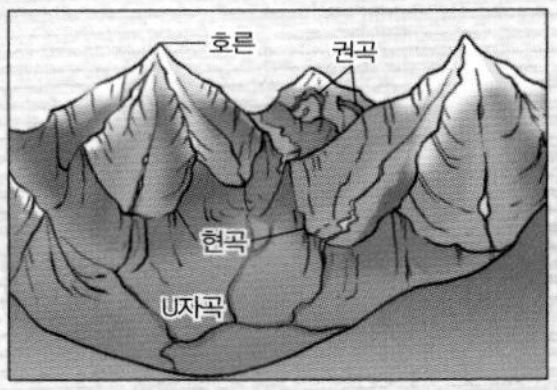

▲ 빙하 침식 지형

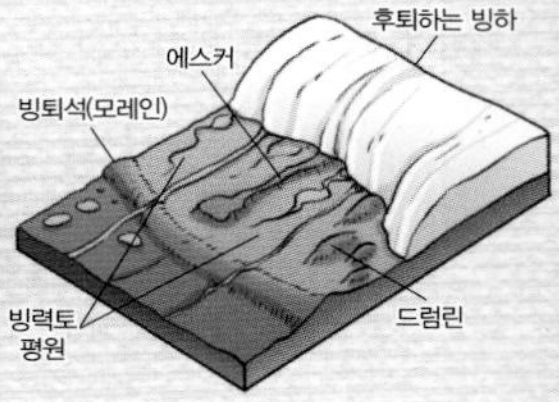

▲ 빙하 퇴적 지형

답 ① 사바나
② 이동식
③ 고상
④ 지중해성
⑤ 혼합 농업
⑥ 오아시스
⑦ 방목
⑧ 타이가(침엽수림대)
⑨ 순록
⑩ 유수(流水)
⑪ 현곡

Self Note

03 세계의 주요 대지형

지형 형성	내적 요인, 외적 요인 → 대지형 형성, 지각판의 상호 작용 → ① ______ 운동	
대지형	② ______	시·원생대 조산 운동, 순상지, 구조 평야 발달
	고기 습곡 산지	고생대 이후의 조산 운동, 해발 고도가 낮고 경사가 완만함, 석탄 매장
	신기 습곡 산지	중생대 말~현재까지의 조산 운동, 해발 고도가 높고 경사가 급함, ③ ______, 천연가스 매장

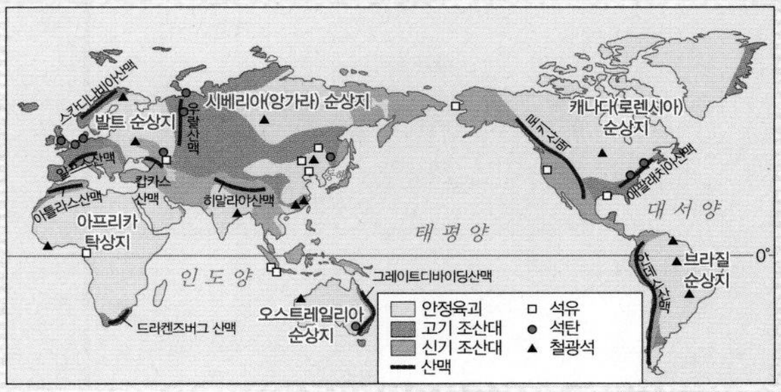

▲ 세계의 대지형

세계 대지형의 배열은 대체로 대륙 내부에서부터 안정육괴, 고기 조산대, 신기 조산대 순으로 나타난다. 오늘날 판 구조 운동의 영향을 직접 받는 신기 조산대가 판의 경계와 대체로 가까운 편이다.

04 독특하고 특수한 지형들

화산 지형	용암 돔(점성이 큰 용암, 급경사), 순상 화산(점성이 작은 용암, 완경사), ④ ______(화산쇄설물 + 용암류), ⑤ ______(화구의 함몰로 형성된 거대 분지 → 물이 고이면 칼데라호 형성), 용암 대지(유동성이 큰 용암, 평탄한 지형), 주민 생활 → 비옥한 화산토를 이용하는 농업, 관광 산업, 지열 발전 → 뜨거운 지열수 활용 (화산쇄설물 → 분화로 분출된 고체 물질)	
카르스트 지형	• ⑥ ______(용식으로 형성된 움푹 팬 와지 → 연속되면 우발라로 확장됨) • 석회 동굴(지하수의 용식으로 형성 → 종유석, 석순, 석주) • ⑦ ______(용식 작용을 받아 형성된 탑 모양의 봉우리) • 주민 생활 → 독특한 경관을 이용한 관광 산업 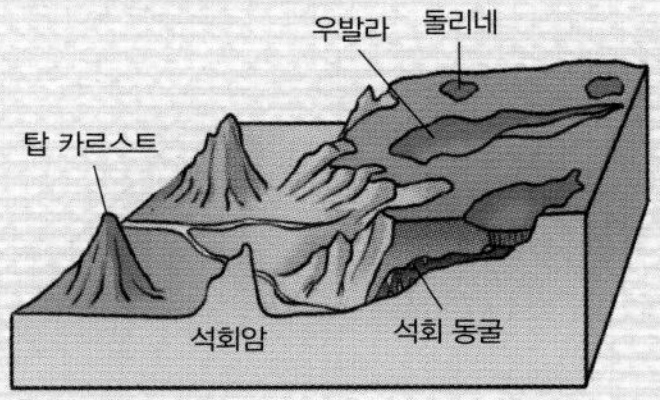 	
해안 지형	침식 지형	해식애(파랑에 의한 해안 절벽), 시 스택(차별 침식의 결과로 단단한 암석이 남아 형성된 바위 기둥), ⑧ ______(융기, 해수면 변동으로 형성) (융기 → 지반이 솟아 오르는 현상)
	퇴적 지형	사빈(파랑과 연안류, 해수욕장), 사주(파랑과 연안류, 둑의 모양으로 길게 퇴적), ⑨ ______(만의 입구를 사주가 막아 형성된 호수), 해안 사구(사빈의 모래가 바람에 날려 형성된 모래 언덕)

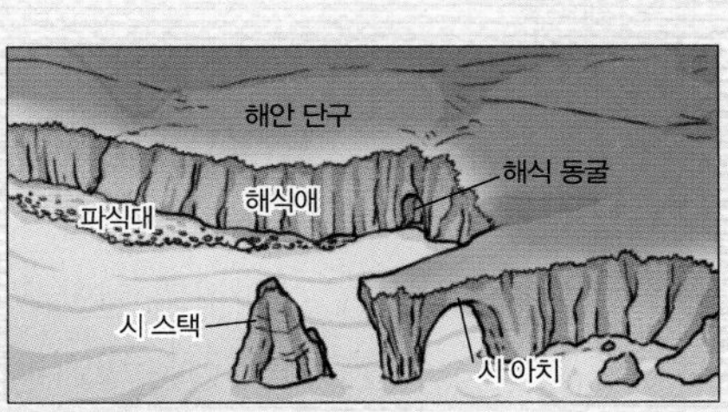

▲ 해안 침식 지형

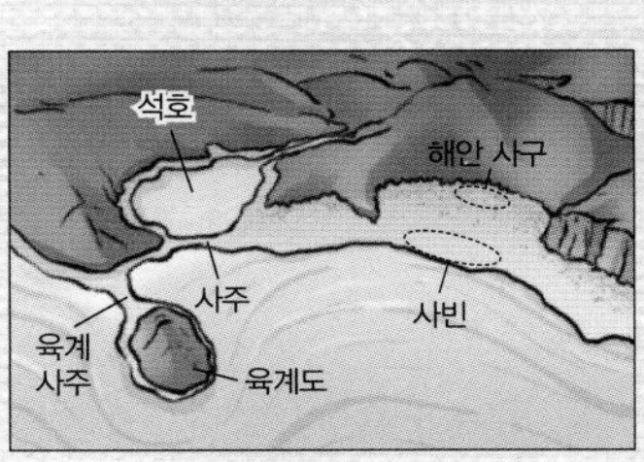

▲ 해안 퇴적 지형

답 ① 판 구조
② 안정육괴
③ 석유
④ 성층 화산
⑤ 칼데라
⑥ 돌리네
⑦ 탑 카르스트
⑧ 해안 단구
⑨ 석호

▶ 20581-0074

01 **그림과 같은 판 구조 운동이 나타나는 지역을 지도의 A~E에서 고른 것은?**

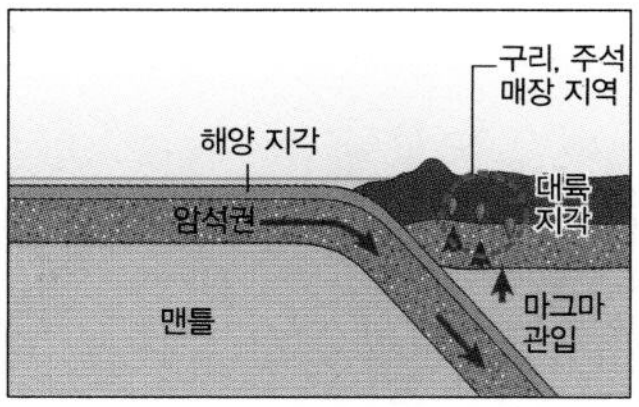

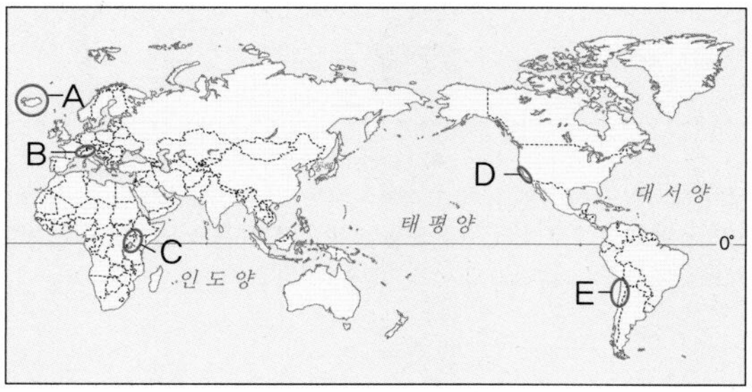

① A　　② B　　③ C　　④ D　　⑤ E

02~03 **지도를 보고 물음에 답하시오.**

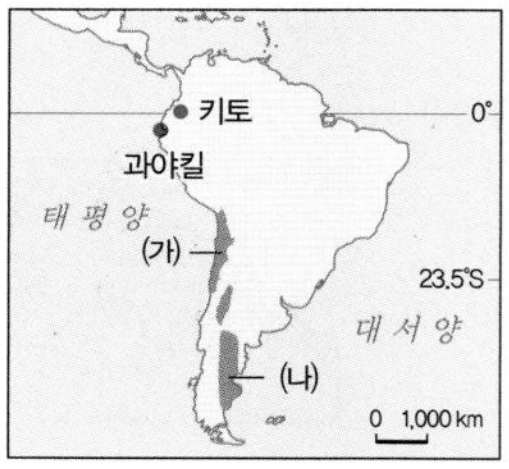

단답형

▶ 20581-0075

02 **다음 글의 빈칸에 알맞은 기후 요인을 쓰시오.**

> 에콰도르의 과야킬과 키토의 월별 기온 분포의 차이는 ＿＿＿＿＿의 영향을 반영하고 있다. 두 지점은 모두 적도 부근에 위치하지만, 과야킬의 연평균 기온은 25℃로 연평균 기온이 13.3℃인 키토에 비하여 훨씬 높다.

서술형

▶ 20581-0076

03 **(가), (나) 사막의 이름과 형성 원인을 각각 서술하시오.**

▶ 20581-0077

04 **(가)~(다)와 같은 생활 양식이 나타나는 지역의 기후 그래프를 〈보기〉에서 골라 옳게 짝지은 것은? (단, (가)~(다)는 모두 온대 기후 지역임.)**

> (가) 여름철에 외부의 열기가 집 안으로 들어오는 것을 막기 위해 벽은 두껍고 창문은 작게 만듦
> (나) 가축 사육과 식량 및 사료용 곡물 재배가 함께 이루어지는 혼합 농업이 발달하였음
> (다) 남아메리카의 팜파스에서는 기업적 목축과 밀 농사를 실시함

보기

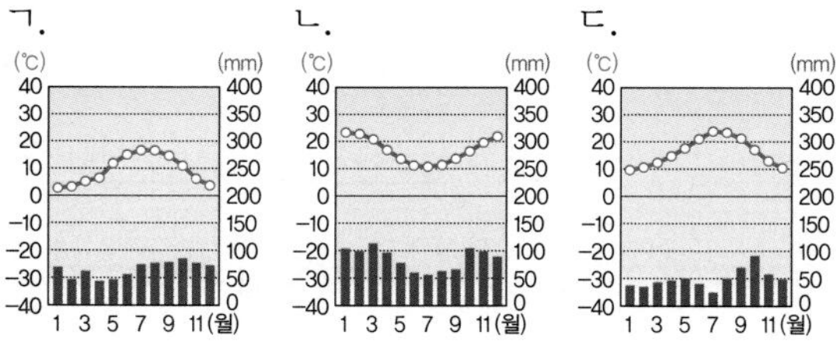

	(가)	(나)	(다)
①	ㄱ	ㄴ	ㄷ
②	ㄱ	ㄷ	ㄴ
③	ㄴ	ㄱ	ㄷ
④	ㄴ	ㄷ	ㄱ
⑤	ㄷ	ㄱ	ㄴ

▶ 20581-0078

05 **그림은 해안 지형의 모식도이다. A~D에 관한 설명으로 옳지 않은 것은?**

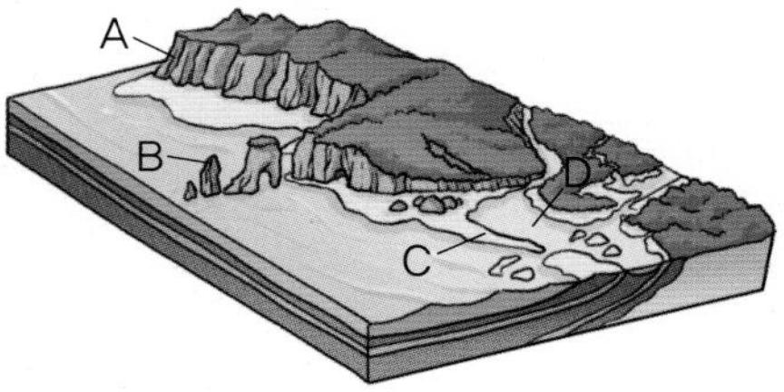

① A는 침식으로 형성된 절벽이다.
② B는 주변 암석보다 침식에 강한 편이다.
③ C는 파랑과 연안류의 작용으로 형성된다.
④ D의 형성은 빙기 해수면 하강과 관련이 깊다.
⑤ D는 C의 성장으로 형성된 호수이다.

▸ 20581-0079

06 다음 자료의 밑줄 친 A에 해당하는 지형으로 옳은 것은?

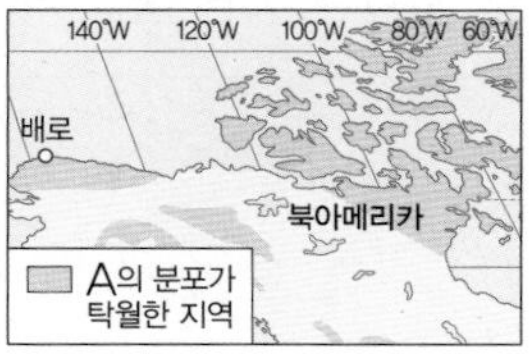

___A___은/는 지표면에서 수분의 동결과 융해가 반복되면서 물질의 분급이 일어나 기하학적인 모양을 띠는 지형이다.

①

②
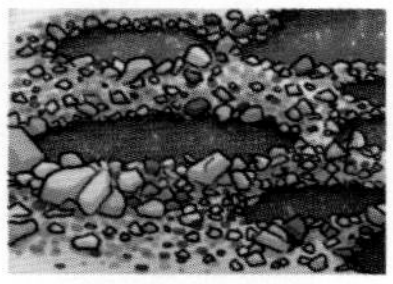

③

④

⑤
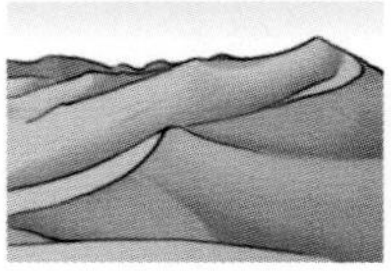

▸ 20581-0080

07 그림은 건조 기후 지역의 지형 모식도이다. A~E 지형에 관한 설명으로 옳지 않은 것은? (단, A~E는 선상지, 사구, 버섯바위, 와디, 플라야 중 하나임.)

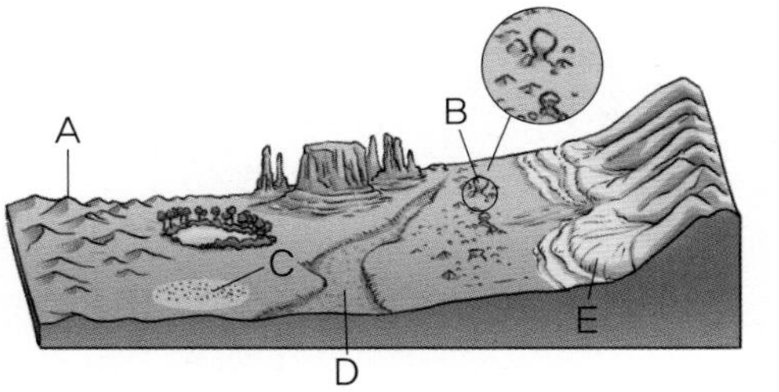

① A의 모양을 보고 이 지역의 주된 바람의 방향을 알 수 있다.
② B는 바람에 날린 모래의 침식으로 형성되었다.
③ C에 고인 물은 농업용수로 사용할 수 없다.
④ D는 선박을 이용한 물자의 이동이 가능한 하천이다.
⑤ E는 경사가 급변하는 지점에서 물질이 퇴적되어 형성된 지형이다.

▸ 20581-0081

08 지도에 표시된 (표시) 지역에 대한 설명으로 옳지 않은 것은?

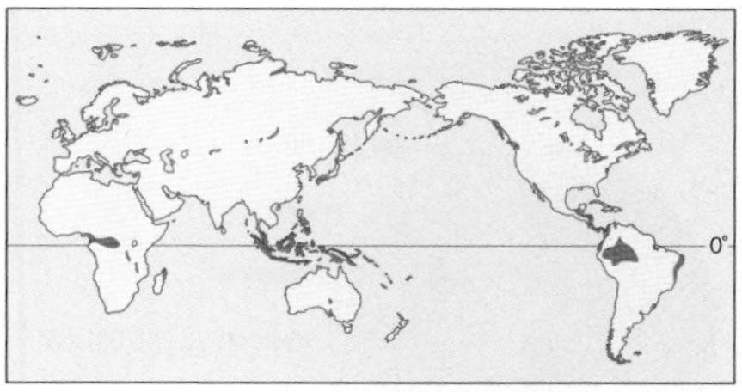

① 적도와 가까운 곳으로 연중 고온 다습하다.
② 상록 활엽수림으로 이루어진 울창한 숲이 나타난다.
③ 여름 계절풍의 영향으로 우기에 강수가 집중되는 지역이다.
④ 무역풍의 수렴대로 연중 적도 저압대의 영향을 받는다.
⑤ 지면의 가열에 따른 대류성 강수가 빈번하게 발생한다.

단답형

▸ 20581-0082

09 다음 자료에 해당하는 화산의 종류를 쓰시오.

▲ 세인트헬렌스산(미국)

유문암질 용암이 분출하면서 굳어져 만들어지며, 경사가 매우 가파른 것이 특징이다.

▸ 20581-0083

10 다음 글의 밑줄 친 A에 들어갈 내용으로 적절한 것은?

▲ 제비동굴(멕시코)

멕시코의 제비동굴은 깊이가 약 400m에 이르는 세계에서 가장 깊은 싱크홀이다. 깊고 신비로운 제비동굴은 ___A___ 형성되었다.

① 하천의 꾸준한 하방 침식으로
② 빙하의 이동에 따른 기반암의 침식 작용으로
③ 파랑에 의한 차별 침식으로 기반암이 함몰되어
④ 마그마의 분출로 비어 있는 화산체가 무너져 내리면서
⑤ 지하수의 용식 작용으로 비어 있는 공간을 덮고 있는 입구가 무너져 내리면서

▶ 20581-0084

1 그림의 A~C 지역에 대한 옳은 분석만을 〈보기〉에서 고른 것은?

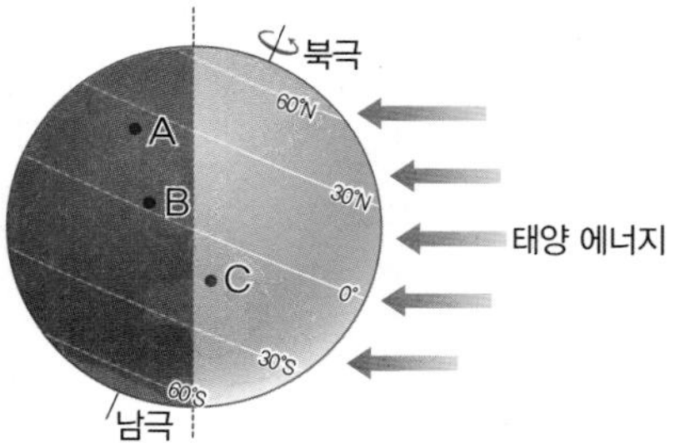

〈보기〉

ㄱ. 기온의 연교차는 B가 가장 작다.
ㄴ. 1월 강수 집중률은 C가 가장 높다.
ㄷ. 7월 낮의 길이는 A > C > B 순으로 길다.
ㄹ. 적도 수렴대의 영향을 받는 기간은 C가 가장 길다.

① ㄱ, ㄴ ② ㄱ, ㄷ ③ ㄴ, ㄷ
④ ㄴ, ㄹ ⑤ ㄷ, ㄹ

▶ 20581-0085

2 (가), (나)는 서로 다른 시기의 월 강수량 분포를 나타낸 것이다. 지도의 A~C 지역에 대한 설명으로 옳지 않은 것은? (단, (가), (나)는 1월, 7월 중 하나임.)

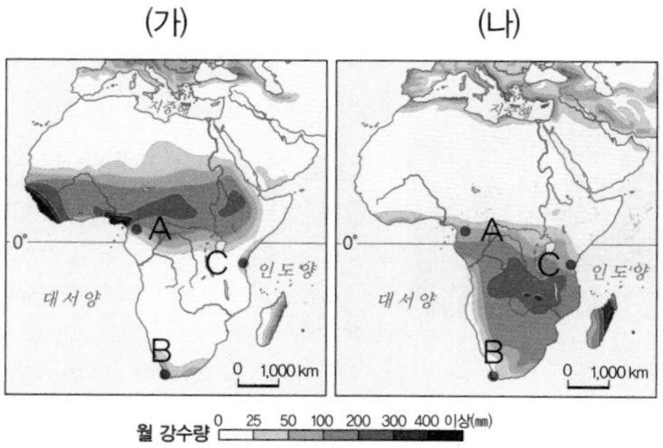

① (가) 시기에 A는 C보다 강수량이 많다.
② (나) 시기에 B는 아열대 고압대의 영향을 받는다.
③ A는 연중 하강 기류의 영향을 받는다.
④ B, C는 A보다 (가), (나) 시기의 강수 편차가 크다.
⑤ (가), (나) 강수 변화의 근본 원인은 태양의 회귀이다.

▶ 20581-0086

3 지도의 (가)~(마)는 기후 특성이 다른 두 지점을 연결한 것이다. A, B의 기후 차이를 분석한 내용으로 옳지 않은 것은?

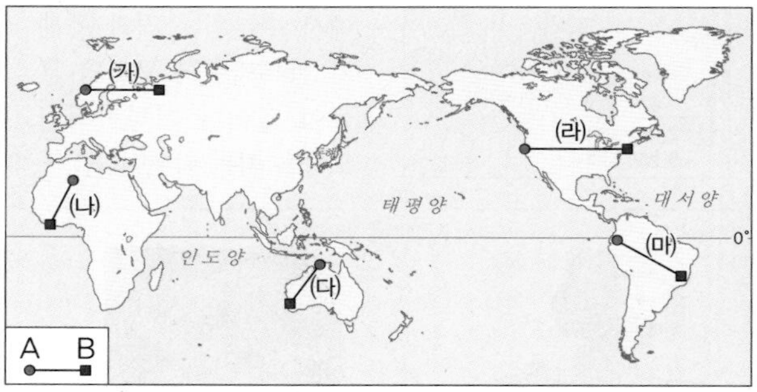

① (가) – 1월 평균 기온은 A > B이다.
② (나) – 연 강수량은 A < B이다.
③ (다) – 1월 강수량은 A > B이다.
④ (라) – 여름철 강수량은 A > B이다.
⑤ (마) – 연평균 기온은 A < B이다.

▶ 20581-0087

4 (가)~(다) 기후 및 기후 지역에 대한 설명으로 옳지 않은 것은? (단, (가)~(다)는 모두 온대 기후임.)

최한월 평균 기온이 -3℃~18℃ 사이인가? —예→ 여름철이 건조하고 겨울철이 습윤한가? —예→ (가)
↓아니요
연중 습윤한 기후가 나타나는가? —예→ (나)
↓아니요
여름에 고온 다습하고, 겨울에 건조한가? —예→ (다)

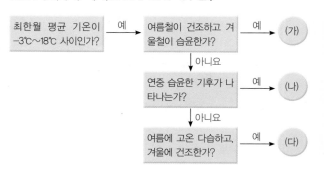

① (가)는 아열대 고압대의 영향권에 드는 시기가 있다.
② (나)는 대륙 동안과 서안에서 모두 나타난다.
③ (다)는 여름철에 적도 수렴대의 영향을 받는다.
④ (가)는 (나)보다 겨울철 강수 집중률이 높다.
⑤ (다)는 (나)보다 건기와 우기가 뚜렷하게 구분된다.

▶ 20581-0088

5 지도에 표시된 A~C 지역의 기후 값에 대한 옳은 내용만을 〈보기〉에서 있는 대로 고른 것은?

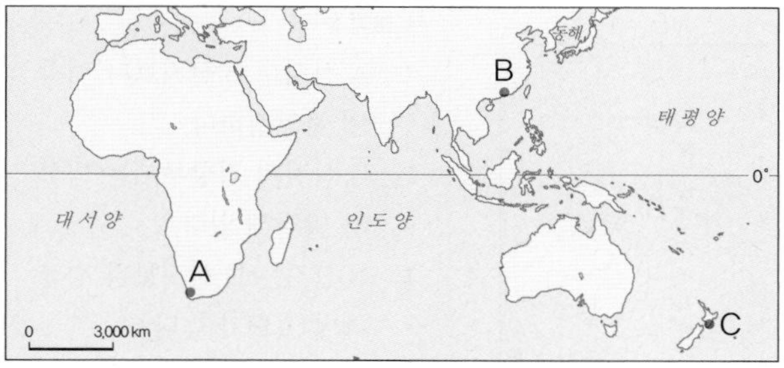

〈보기〉

ㄱ. 7월 강수량은 B가 가장 많다.
ㄴ. 1월 평균 기온은 A가 가장 높다.
ㄷ. 기온의 연교차는 C가 가장 크다.
ㄹ. 편서풍의 영향을 받는 기간은 C가 가장 길다.

① ㄱ, ㄴ ② ㄴ, ㄷ ③ ㄷ, ㄹ
④ ㄱ, ㄴ, ㄹ ⑤ ㄱ, ㄷ, ㄹ

▶ 20581-0089

6 지도의 A~E 지역에 대한 설명으로 옳지 않은 것은?

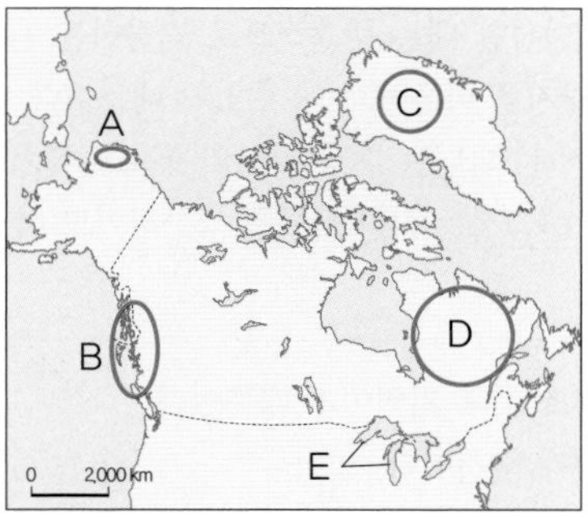

① A 기후 지역에서는 고상 가옥을 볼 수 있다.
② B 해안은 후빙기 해수면 상승 작용으로 해안선이 복잡하다.
③ C 지역에서는 대륙 빙하를 관찰할 수 있다.
④ D 지역의 기반암은 E 호수보다 형성 시기가 이르다.
⑤ E는 판이 벌어지는 경계로 땅이 갈라져 형성된 호수다.

▶ 20581-0090

7 지도의 A~E에 대한 설명으로 옳지 않은 것은?

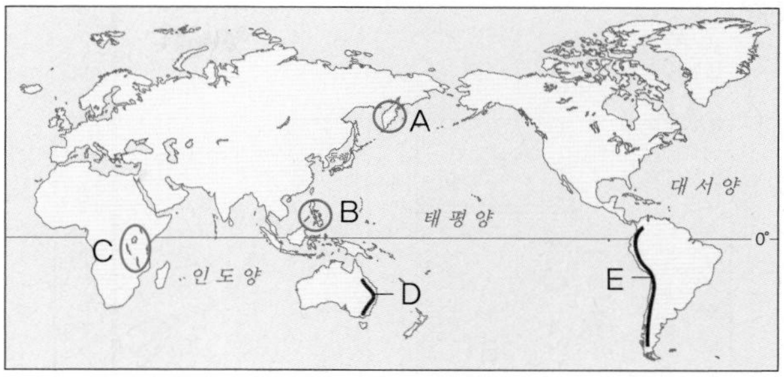

① A에서는 화산 활동이 활발하다.
② B는 판의 경계부에 위치한다.
③ C는 두 판이 서로 미끄러지는 경계이다.
④ D는 E보다 조산 운동을 받은 시기가 이르다.
⑤ E는 D보다 산지의 평균 해발 고도가 높다.

8~9 지도의 (가)~(다), A, B는 세계의 주요 사막을 표시한 것이다. 지도를 보고 물음에 답하시오.

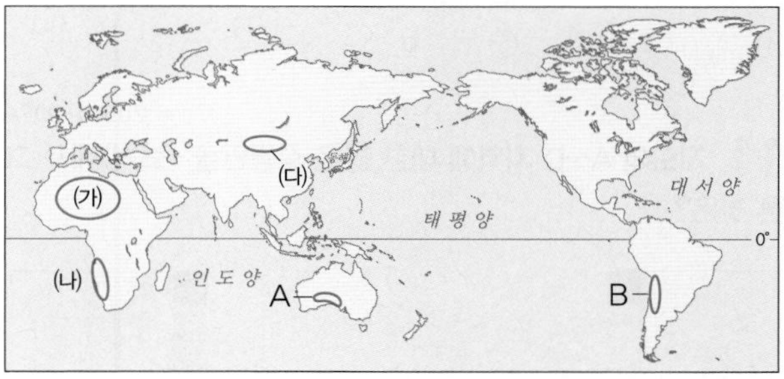

▶ 20581-0091

8 지도의 A, B와 동일한 형성 원인을 갖는 사막을 (가)~(다)에서 옳게 고른 것은?

	A	B		A	B		A	B
①	(가)	(나)	②	(가)	(다)	③	(나)	(가)
④	(나)	(다)	⑤	(다)	(나)			

▶ 20581-0092

9 지도의 (가)~(다)와 A, B에 대한 설명으로 옳은 것은?

① (가)는 연중 상승 기류의 영향을 받는다.
② (다) 일대의 주민들은 전통적으로 유목 생활을 하였다.
③ (나)는 (가)보다 연평균 안개 발생 빈도가 낮다.
④ A는 B보다 화산 활동과 지진이 잦다.
⑤ B는 A보다 격해도가 크다.

▶ 20581-0093

10 지도의 A~C에 대한 옳은 설명만을 〈보기〉에서 고른 것은?

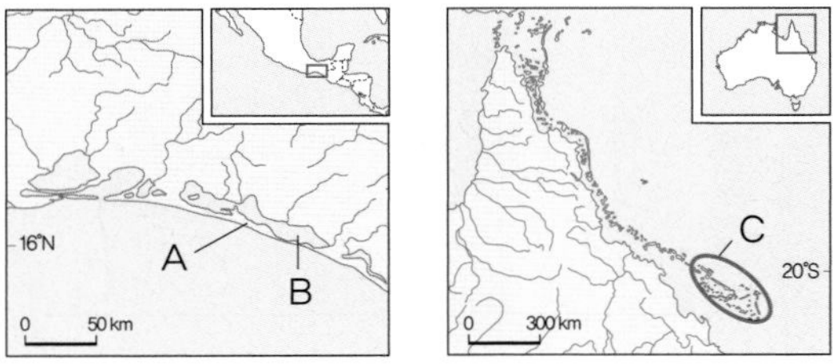

〈보기〉

ㄱ. A는 퇴적보다 침식이 우세한 해안에서 잘 발달한다.
ㄴ. B는 수심이 깊어 대규모 항구 발달에 유리하다.
ㄷ. B로 유입되는 토사 공급량이 현재처럼 유지되면 B의 면적은 축소된다.
ㄹ. C는 석회질의 산호충 유해가 퇴적되어 형성되었다.

① ㄱ, ㄴ　② ㄱ, ㄷ　③ ㄴ, ㄷ
④ ㄴ, ㄹ　⑤ ㄷ, ㄹ

▶ 20581-0094

11 지도의 A~D 지역에 대한 옳은 설명만을 〈보기〉에서 고른 것은?

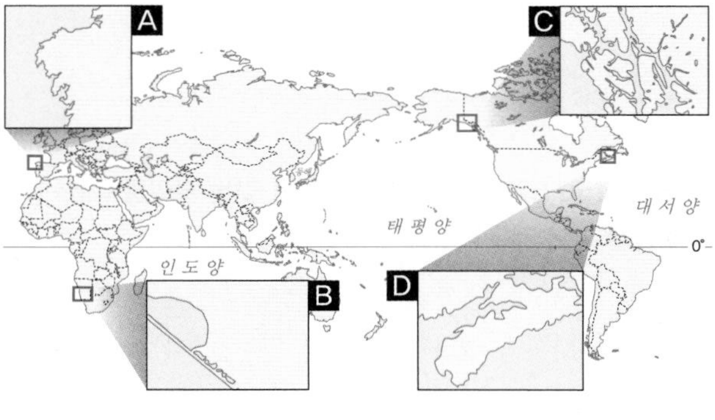

〈보기〉

ㄱ. A 해안은 빙식곡(U자곡)의 침수로 형성되었다.
ㄴ. B 해안에는 사주의 발달이 탁월하다.
ㄷ. C는 하천 침식으로 형성된 골짜기가 침수된 해안이다.
ㄹ. D 해안의 일 수위 변동 폭은 A~C보다 크다.

① ㄱ, ㄴ　② ㄱ, ㄷ　③ ㄴ, ㄷ
④ ㄴ, ㄹ　⑤ ㄷ, ㄹ

▶ 20581-0095

12 지도의 A~D 산맥에 대한 옳은 설명만을 〈보기〉에서 고른 것은?

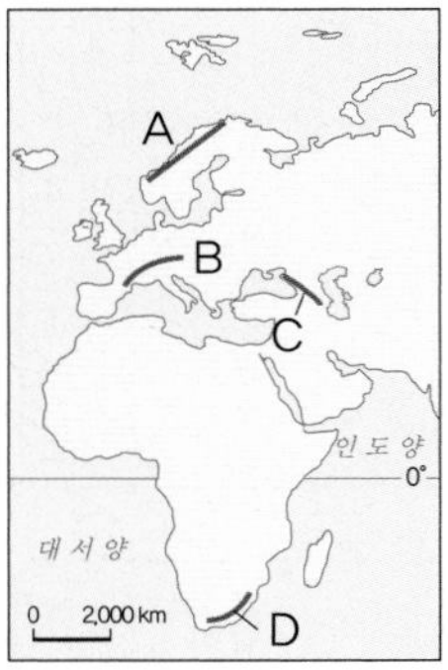

〈보기〉

ㄱ. A 산지는 B 산지보다 지각이 불안정하다.
ㄴ. B 산지의 정상부에는 빙하가 발달해 있다.
ㄷ. C 산지는 D 산지보다 평균 해발 고도가 높다.
ㄹ. D 산지는 B 산지보다 조산 운동을 받은 시기가 늦다.

① ㄱ, ㄴ　② ㄱ, ㄷ　③ ㄴ, ㄷ
④ ㄴ, ㄹ　⑤ ㄷ, ㄹ

▶ 20581-0096

13 다음 글의 ㉠~㉣에 대한 옳은 설명만을 〈보기〉에서 고른 것은?

수천 년 전에 만들어진 피라미드가 오늘날까지 원형의 상태를 유지하는 데는 건축물 부식에 큰 영향을 미치는 ㉠ 비의 양이 적었던 영향이 크다. 거대한 피라미드를 쌓을 정도로 제국이 번성한 데는 주기적으로 범람하는 ㉡ 나일강이 주변의 농경지를 비옥하게 해 주었기 때문이다. 또한 피라미드 주변의 ㉢ 와디는 대상 무역의 통로로 활용되기도 하였고, ㉣ 주변에서는 식량 작물을 생산하기도 하였다.

〈보기〉

ㄱ. ㉠ – 건조 기후 지역이기 때문이다.
ㄴ. ㉡ – 외래 하천이다.
ㄷ. ㉢ – 와디는 수운을 활용한 내륙 교통수단으로 이용되었다.
ㄹ. ㉣ – 주로 플라야의 물을 끌어들여 대추야자를 재배하였다.

① ㄱ, ㄴ　② ㄱ, ㄷ　③ ㄴ, ㄷ
④ ㄴ, ㄹ　⑤ ㄷ, ㄹ

III 세계의 인문 환경과 인문 경관

대단원 한눈에 보기

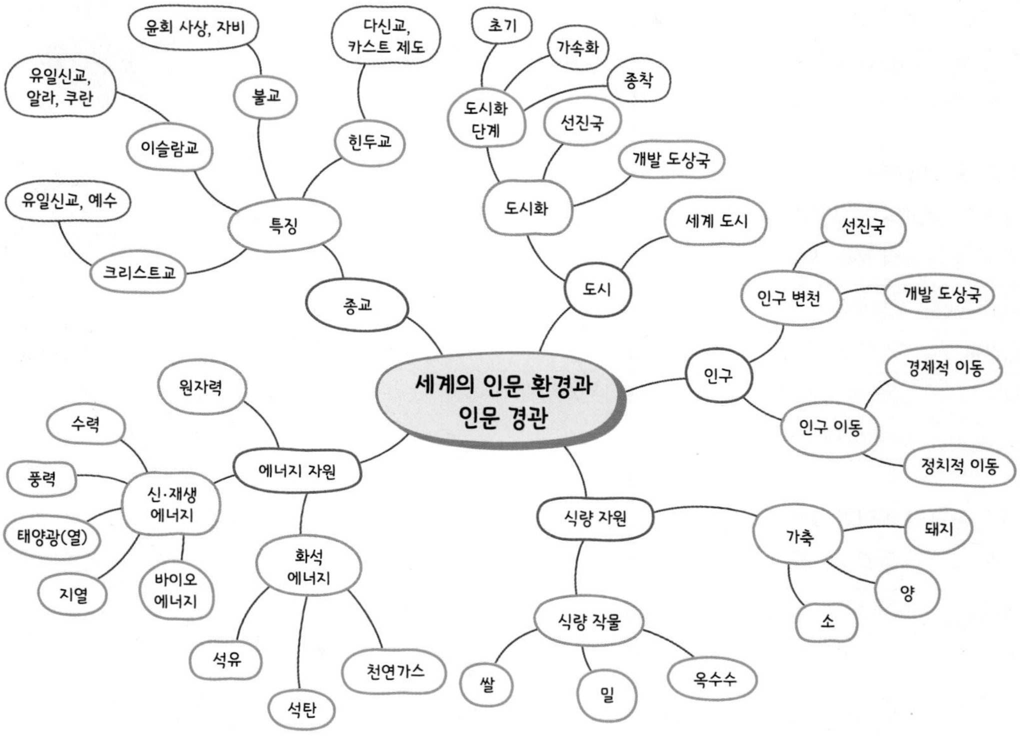

01 주요 종교의 전파와 종교 경관

세계 4대 종교 중에서 크리스트교, 이슬람교, 불교는 ① □□ 종교, 힌두교는 ② □□ 종교이다.

02 세계의 인구 변천과 인구 이주

국가 간 인구 이동의 여러 유형 중 ③ □□□ 목적의 인구 이동이 가장 많다.

03 세계의 도시화와 세계 도시 체계

최상위 세계 도시는 ④ □□, 런던, 도쿄이다.

04 주요 식량 자원과 국제 이동

주요 식량 작물 중 국제 이동량은 ⑤ □이/가 가장 많고, 육류 생산량은 ⑥ □□고기가 가장 많다.

05 주요 에너지 자원과 국제 이동

세계 1차 에너지 소비 구조에서 차지하는 비중이 가장 높은 에너지는 ⑦ □□이다.

정답 | ① 보편 ② 민족 ③ 경제적 ④ 뉴욕 ⑤ 밀 ⑥ 돼지 ⑦ 석유

핵심 개념 정리 01 주요 종교의 전파와 종교 경관

● 세계 주요 종교의 분포와 특징

(1) 보편 종교와 민족 종교

① 보편 종교(세계 종교): 인류 차원의 보편적 진리를 강조하고 전 인류를 포교 대상으로 삼는 종교 ㉠ 크리스트교, 이슬람교, 불교

② 민족 종교: 특정 민족 및 그 문화와 관계가 깊고 신자도 해당 민족을 중심으로 분포하는 종교 ㉠ 힌두교, 유대교

└ 유일신인 여호와를 믿고, 메시아가 지상 천국을 건설할 것을 믿는 유대인의 종교

(2) 세계 주요 종교의 분포

① 세계 주요 종교의 신자 수: 크리스트교 > 이슬람교 > 힌두교 > 불교

② 세계 주요 종교의 분포 지역

크리스트교	유럽, 아메리카, 오세아니아, 중 · 남부 아프리카
이슬람교	북부 아프리카, 서남 · 중앙 · 동남아시아
불교	남부 아시아(부탄, 스리랑카), 동남아시아 및 동아시아
힌두교	남부 아시아(인도, 네팔)

(3) 세계 주요 종교의 특징과 주민 생활

① 크리스트교: 유일신교, 예수를 구원자로 믿음

가톨릭교	남부 유럽, 라틴 아메리카, 필리핀
개신교	북 · 서부 유럽, 앵글로아메리카, 오세아니아
정교회	그리스, 러시아, 동부 유럽

② 이슬람교

- 유일신교, 경전인 쿠란의 가르침에 따른 신앙 실천의 5대 의무를 지킴
- 할랄 식품을 먹으며, 술과 돼지고기를 금기시함
- 여성들은 머리나 몸 전체를 가리는 의복을 착용함

수니파	다수파, 이란, 이라크를 제외한 지역에서 다수파임
시아파	소수파, 이란, 이라크에 집중 분포

③ 불교: 윤회 사상, 자비를 강조, 육식을 금기시함(유목민(몽골, 티베트)은 생활 양식의 특성으로 인해 주로 육식을 함)

소승(상좌부) 불교	개인의 해탈을 중시, 주로 동남아시아의 스리랑카, 타이, 미얀마, 캄보디아에 분포 (해탈: 윤회에서 벗어나는 것을 의미함)
대승 불교	중생(대중)의 구제를 중시, 대한민국, 중국, 일본
라마교	중국 내 시짱고원(티베트고원), 부탄, 몽골

④ 힌두교

- 다신교로 선행과 고행(苦行)을 통한 수련을 중시, 윤회 사상을 믿음
- 소를 신성시하며 소고기를 먹지 않음, 카스트 제도의 생활 양식이 존재

◉ **종교별 신자 수 비율**

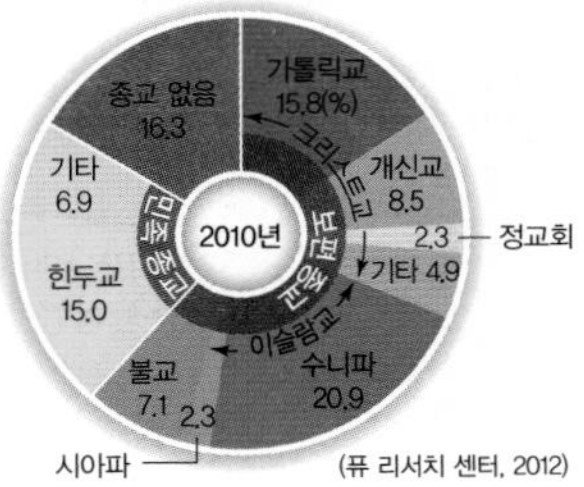

(퓨 리서치 센터, 2012)

종교별 신자 수 비율은 크리스트교 > 이슬람교 > 힌두교 > 불교 순으로 높다. 크리스트교에서 가장 신자 수 비율이 높은 종파는 가톨릭교이고, 이슬람교에서 다수파는 수니파이다.

◉ **유일신교**
하나의 신을 믿는 종교로, 크리스트교, 이슬람교 등이 있다.

◉ **할랄**
아랍어로 '허락된 것'이라는 뜻이다. 할랄은 음식뿐만 아니라 생활 전반에 걸쳐 많은 것들을 규정하고 있다. 이슬람 율법에서 허락되어 먹을 수 있는 음식을 '할랄 식품(Halal Food)'이라고 한다. 무슬림(이슬람교 신자)이 술과 돼지고기를 먹지 않는 것은 쿠란에 할랄 음식이 아니라고 되어 있기 때문이다.

◉ **이슬람교도가 지켜야 할 다섯 가지 의무**
신앙 고백, 예배, 자선 활동, 라마단(약 한 달 간의 금식 기간), 성지(메카) 순례이다.

◉ **윤회 사상**
사람이 죽은 뒤에 그 업(業)에 따라서 여섯 가지의 세상에서 생사(生死)를 거듭한다는 것을 천명한 사상이다. 여섯 가지의 세상이란 지옥, 축생, 인간 세계, 천상계 등을 말한다.

◉ **카스트 제도**
인도의 세습적 계급 제도이다. 카스트 제도에서 최상층은 브라만(승려), 다음은 크샤트리아(귀족, 무사), 다음은 바이샤(농민, 상인, 연예인), 최하층은 수드라(수공업자, 하인, 청소부)이다. 계급에 따라 결혼, 직업, 식사 따위의 일상생활에 규제가 있다.

자료 탐구

❶ 주요 종교의 분포

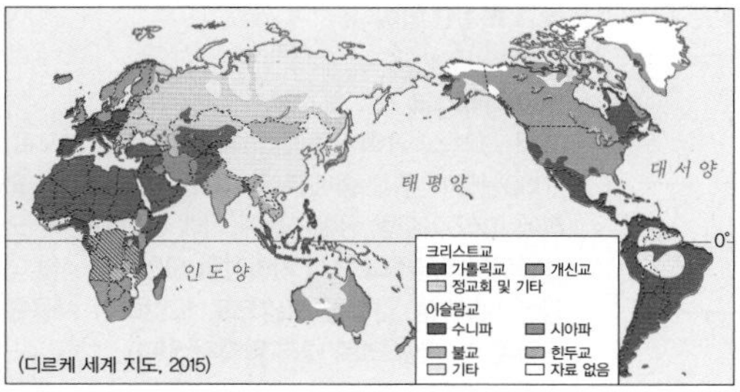

분석 | 세계에서 가장 많은 사람이 믿는 종교인 크리스트교는 유럽과 아메리카, 오세아니아에서 신자의 비중이 높다. 두 번째로 많은 사람들이 믿는 종교인 이슬람교는 서남아시아, 중앙아시아, 북부 아프리카에서 신자의 비중이 높다. 불교는 동아시아 및 동남아시아에서 신자의 비중이 높다. 힌두교는 민족 종교 중에서 신자 수가 가장 많은 종교로, 신자의 대부분이 인도에 분포한다.

공통적으로 건조한 기후 지역이라는 특징이 있다.

❷ 주요 종교의 전파

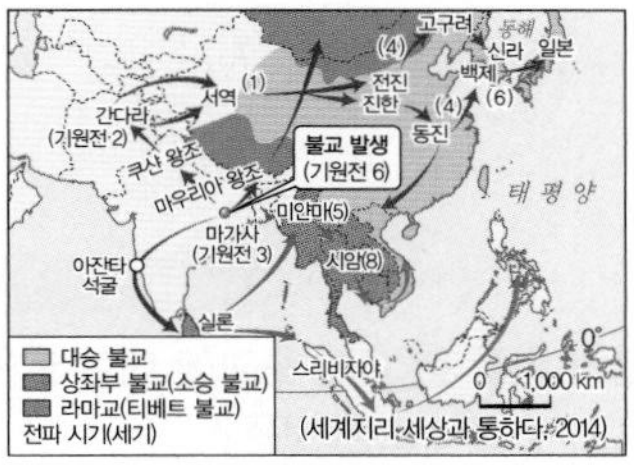

▲ 불교의 전파

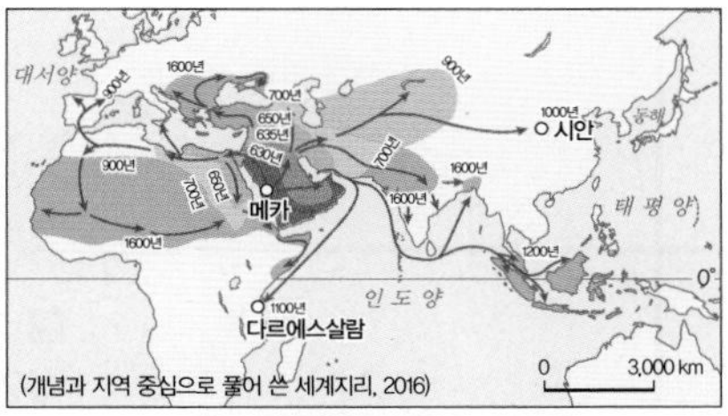

▲ 이슬람교의 전파

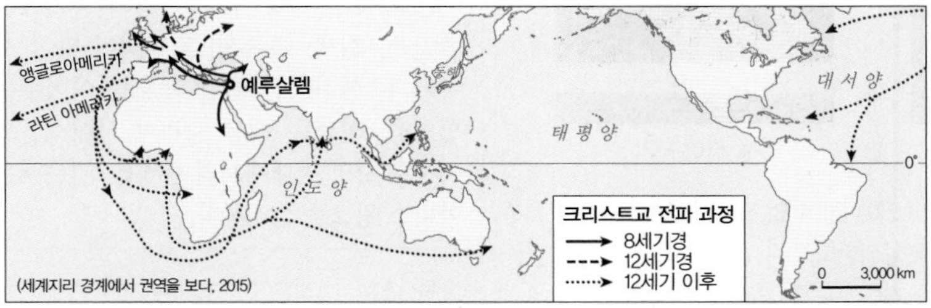

▲ 크리스트교의 전파

분석 | 불교는 인도 북부에서 시작되어 점차 인도 전체로 확대되었고 이후 남쪽의 스리랑카와 동남아시아, 북쪽으로 티베트와 중국을 거쳐 우리나라와 일본까지 전파되었다. 동남아시아로는 소승 불교가 전파되었다. 이슬람교는 무함마드의 후계자들이 조직한 군대가 북부 아프리카를 정복하고, 중앙아시아에서 에스파냐, 포르투갈이 위치하는 반도에 이르는 광대한 제국을 건설하면서 널리 전파되었다. 또한, 육상 및 해상 교통로를 따라 중계 무역을 하는 이슬람 상인을 통해 인도 북부와 동남아시아, 중국까지 전파되었다. 가톨릭교는 주로 라틴 아메리카와 필리핀에 전파되었고, 개신교는 앵글로아메리카, 오스트레일리아와 뉴질랜드에 전파되었다. 정교회는 그리스, 동부 유럽에서 비중이 높다.

불교는 기원지에서 쇠퇴하였다. 불교의 기원지는 오늘날 힌두교 분포 지역에 해당한다.

확인학습

1 그래프는 주요 종교의 대륙별 신자 수 비율을 나타낸 것이다. (가)~(다) 종교로 옳은 것은?

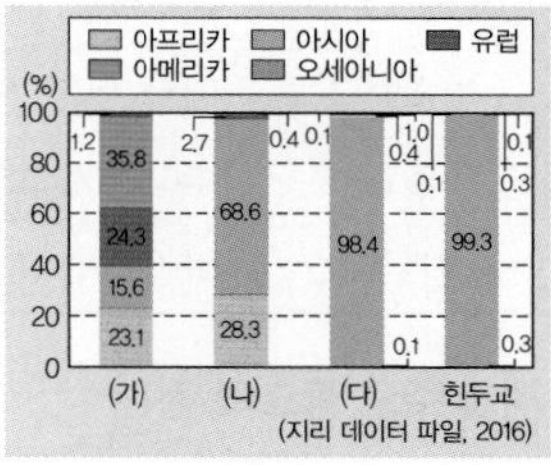

	(가)	(나)	(다)
①	불교	이슬람교	크리스트교
②	이슬람교	불교	크리스트교
③	이슬람교	크리스트교	불교
④	크리스트교	불교	이슬람교
⑤	크리스트교	이슬람교	불교

정답과 해설 ▶ 불교는 신자의 대부분이 아시아에, 이슬람교는 아시아 및 아프리카에 주로 분포한다. 크리스트교는 아메리카, 유럽, 아시아, 아프리카 등지에 신자들이 분포한다. 답 ⑤

2 지도는 어느 종교의 전파 과정을 나타낸 것이다. 이 종교에 대한 옳은 설명만을 〈보기〉에서 고른 것은?

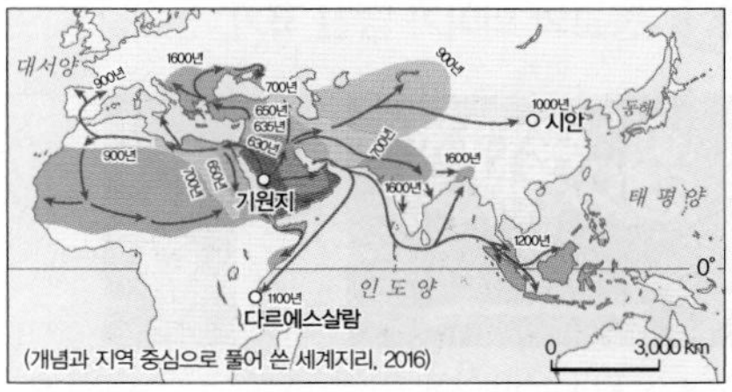

〈보기〉
ㄱ. 선행과 고행을 통한 수행을 중시한다.
ㄴ. 카스트 제도에 기반한 생활 양식이 존재한다.
ㄷ. 인도네시아에는 주로 상인들을 통해 전파되었다.
ㄹ. 북부 아프리카에는 정복 과정을 통해 전파되었다.

① ㄱ, ㄴ ② ㄱ, ㄷ ③ ㄴ, ㄷ ④ ㄴ, ㄹ ⑤ ㄷ, ㄹ

정답과 해설 ▶ ㄱ. 선행과 고행을 통한 수행을 중시하고, ㄴ. 카스트 제도에 기반한 생활 양식이 존재하는 종교는 인도의 민족 종교인 힌두교이다. 답 ⑤

핵심 개념 정리 01

주요 종교의 전파와 종교 경관

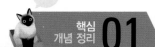

세계 주요 종교의 성지와 경관

(1) 세계 주요 종교의 성지

크리스트교	예루살렘: 예수가 십자가에 못 박혀 죽은 곳
이슬람교	메카: 무함마드가 탄생한 곳으로 이슬람교 최고의 성지
불교	부다가야: 석가모니가 깨달음을 얻은 곳
힌두교	바라나시: 대표적인 힌두교 성지

(2) 세계 주요 종교의 경관

종탑: 꼭대기에 종을 매달아 칠 수 있도록 만든 탑

크리스트교	• 십자가, 종탑 등이 보편적으로 나타남 • 종파별 예배 건물의 모습이 다양함
이슬람교	• 모스크(마스지드): 중앙의 돔형 지붕과 주변의 첨탑이 특징 • 아라베스크: 꽃, 나무, 문자 등을 기하학적으로 배치한 문양
불교	• 불상이 있는 불당, 부처의 사리가 있는 탑이 있음 • 석탑(대한민국), 목탑(일본), 전탑(중국) 등 지역에 따라 경관이 다름
힌두교	• 사원에는 다양한 신들의 모습이 그림이나 조각으로 표현됨 • 가트: 영혼의 정화 의식이 행해지는 강가의 계단

◉ **첨탑**
크리스트교 사원과 이슬람교 사원에서 볼 수 있는 높고 뾰족한 탑이다.

◉ **아라베스크**
고대 그리스 공예가들에 의해 유래된 문양으로, 1,000년경에 우상 숭배를 금지하는 이슬람교의 교리에 따라 이슬람 공예가들에 의해 변화되었다. 오늘날에는 이슬람교에서 기하학적 모양이나 식물의 덩굴 · 줄기를 일정한 모양으로 도안하여 사용한 문양이 아라베스크로 널리 알려져 있다.

◉ **사리**
참된 수행의 결과로 생겨나는 구슬 모양의 유골이다.

◉ **가트**
남부 아시아에서 볼 수 있는 강가의 층계를 뜻한다. 벵골어를 사용하는 지역에서 '가트'라는 용어는 작은 호수에서 큰 강에 이르기까지 계단 형태로 된 지형을 모두 가리킨다. 힌디어 사용 지역에서 '가트'는 특히 바라나시에 있는 갠지스강의 계단을 뜻하는 말로 쓰인다.

자료 탐구

③ 종교의 의미가 담긴 국기

▲ 사우디아라비아 국기

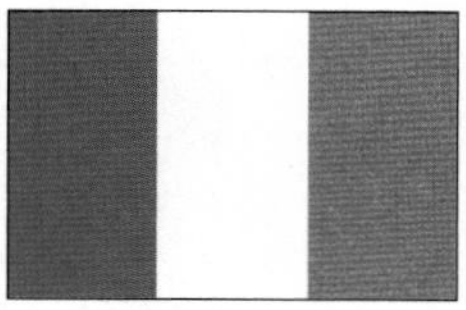
▲ 아일랜드 국기

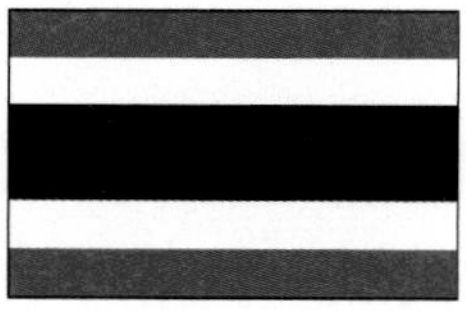
▲ 타이 국기

분석 | • 사우디아라비아 국기: 오른쪽에서 왼쪽으로 '알라 외에 신이 없고 무함마드는 알라의 사도'라고 적혀 있다. 문자 아래의 칼은 정의를 상징한다.
• 아일랜드 국기: 초록색은 가톨릭교도를, 주황색은 개신교도를, 흰색은 이 둘의 결합과 우애를 의미한다.
• 타이 국기: 중앙의 청색 부분은 국왕을, 청색 양쪽의 흰색은 불교를, 제일 바깥쪽의 붉은색은 국민의 피를 나타낸다.

사도: 어떤 임무를 부여받고 파견된 사람

확인학습

3 다음 글의 밑줄 친 ○○ 종교에 대한 옳은 설명만을 〈보기〉에서 고른 것은?

○○ 종교를 주로 믿는 국가의 국기에는 빨간색, 흰색, 초록색, 검정색이 많이 사용된다. 빨간색은 아랍 세계를 이어주는 혈연을, 흰색은 '정통 칼리파 시대'를, 초록색은 사막 지대에서의 번영을, 검은색은 아바스 왕조를 상징한다.

〈보기〉
ㄱ. 사원에는 첨탑이 나타난다.
ㄴ. 최고의 종교 성지는 메카이다.
ㄷ. 사원은 다양한 신들의 모습으로 장식되어 있다.
ㄹ. 갠지스강에서 몸을 닦으면 죄를 씻을 수 있다고 믿는다.

① ㄱ, ㄴ ② ㄱ, ㄷ ③ ㄴ, ㄷ
④ ㄴ, ㄹ ⑤ ㄷ, ㄹ

정답과 해설 ▶ ○○ 종교는 아랍 지역의 주요 종교인 이슬람교이다.
답 ①

개념 체크

저절로 암기 Tip | ☐ 1회 (/) ☐ 2회 (/) ☐ 3회 (/)

01~11 **다음 내용이 크리스트교에 해당되면 '크', 이슬람교에 해당되면 '이', 불교에 해당되면 '불', 힌두교에 해당되면 '힌'이라고 쓰시오.**

01 세계에서 신자 수가 가장 많다. ( )

02 세계 4대 종교 중에서 신자 수가 가장 적고 개인의 수양 및 해탈을 강조하며 윤회 사상을 믿는다. ( )

03 소를 신성시하여 소고기를 먹지 않는다. ( )

04 라마단 기간 동안 해가 떠 있는 시간에 금식한다. ( )

05 신자들은 하루에 다섯 번씩 성지를 향해 예배한다. ( )

06 서남아시아에서 기원하였으며 돼지고기와 술을 금기시한다. ( )

07 보편 종교 중에서 출현 시기가 가장 이르다. ( )

08 민족 종교로 윤회 사상을 중시하며, 카스트 제도와 관련이 깊다. ( )

09 여성들은 부르카, 차도르, 히잡 등으로 불리는 신체를 가리는 의복을 주로 입는다. ( )

10 북부 아프리카에는 정복 활동을 통해, 동남아시아에는 무역 활동을 통해 전파되었다. ( )

11 수행자들은 육식을 금하고 채식을 선호하는 보편 종교이다. ( )

정답

01 크 **02** 불 **03** 힌 **04** 이 **05** 이 **06** 이 **07** 불 **08** 힌 **09** 이 **10** 이 **11** 불

오답 체크 Tip

01 종교별 신자 수는 크리스트교 > 이슬람교 > 힌두교 > 불교 순으로 많다.

기본 문제

정답과 해설 22쪽

▶ 20581-0097

01 **(가)~(다) 종교의 기원지를 지도의 A~C에서 고른 것은?**

> (가) 알라를 유일신으로 섬기고 신자들의 일상생활에 큰 영향을 미친다.
> (나) 하나님을 유일신으로 섬기고 서구 사회의 생활 전반에 큰 영향을 주었다.
> (다) 석가모니의 가르침을 전하고 실천하며, 개인의 깨달음을 얻기 위한 수행과 자비를 중시한다.

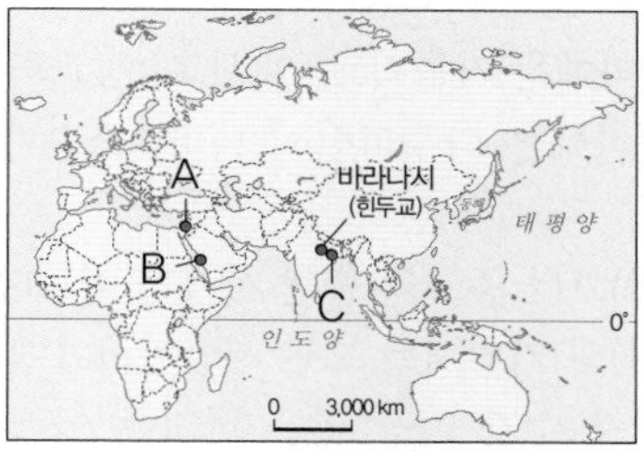

	(가)	(나)	(다)
①	A	B	C
②	A	C	B
③	B	A	C
④	B	C	A
⑤	C	A	B

▶ 20581-0098

02 **(가), (나)는 두 종교의 주민 생활에 대한 것이다. 이에 대한 설명으로 옳지 않은 것은?**

> (가) 성당이나 교회에서 예배하고 성경의 가르침에 따라 결혼, 장례 등의 의식을 치른다.
> (나) 전통적으로 신앙 실천의 다섯 가지 의무를 지키는 등 경전인 쿠란에 담겨 있는 율법을 중시하는 생활을 한다.

① (가)는 유럽, 아메리카, 오세아니아, 아프리카 중남부 지역에 주로 분포한다.
② (나)는 신자의 대부분이 아시아와 아프리카에 분포한다.
③ (가)는 (나)보다 신자수가 많다.
④ (나)는 (가)보다 종교의 출현 시기가 이르다.
⑤ (가), (나) 모두 유일신을 믿는다.

▶ 20581-0099

03 지도는 (가), (나) 종교의 주요 분포 지역을 나타낸 것이다. 이에 대한 설명으로 옳지 <u>않은</u> 것은?

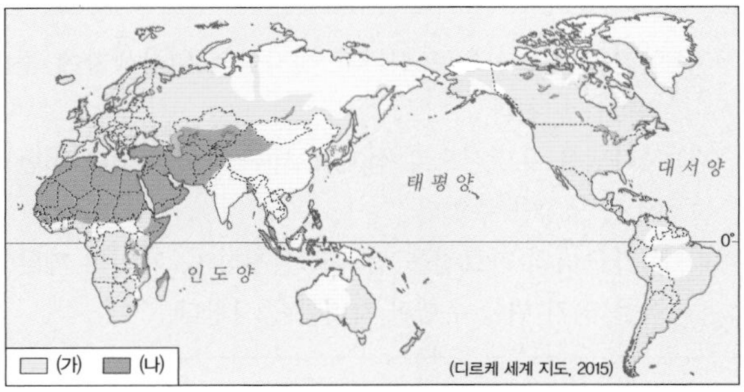

① (가)의 종파에는 가톨릭교, 개신교, 정교회 등이 있다.
② (나)의 종파에는 다수파인 수니파, 소수파인 시아파가 있다.
③ (나)는 (가)보다 종교의 출현 시기가 이르다.
④ (가)와 (나)의 기원지는 모두 서남아시아에 위치한다.
⑤ (가)의 신자 수가 가장 많은 국가는 아메리카, (나)의 신자 수가 가장 많은 국가는 아시아에 위치한다.

▶ 20581-0100

04 지도는 (가), (나) 종교의 주요 분포 지역을 나타낸 것이다. 이에 대한 설명으로 옳지 <u>않은</u> 것은?

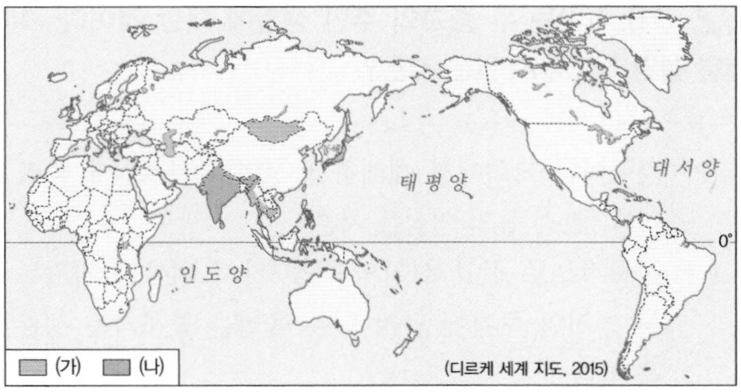

① (가)는 인도 북부 지역에서 발생하여 동남 및 동아시아 일대로 전파되었다.
② (가)의 종파 중에서 소승(상좌부) 불교는 주로 동남아시아, 대승 불교는 주로 동아시아에 분포한다.
③ (나)는 민족 종교로 신자의 대부분이 인도에 분포한다.
④ (가)는 (나)보다 신자 수가 많다.
⑤ (가)와 (나)는 모두 윤회 사상을 믿는다.

▶ 20581-0101

05 그래프는 지역(대륙)별 주요 종교 인구 비율을 나타낸 것이다. (가)~(라) 종교에 대한 옳은 설명만을 〈보기〉에서 있는 대로 고른 것은?

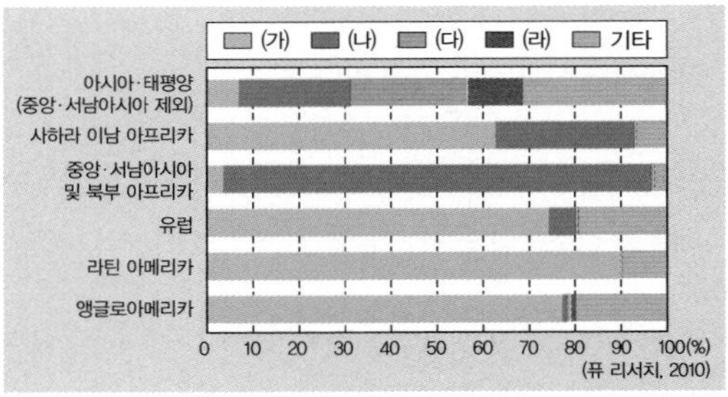

보기

ㄱ. (가)의 사원은 우상 숭배를 금지하는 교리에 따라 주로 아라베스크 무늬로 장식된다.
ㄴ. (다)의 신자들은 성스럽게 여기는 갠지스강에 화장(火葬)한 시신의 재를 뿌린다.
ㄷ. (가)의 신자들은 (나)의 신자들보다 1인당 돼지고기 소비량이 많다.
ㄹ. (라)의 사원은 (나)의 사원보다 신을 표현한 그림이나 조각상이 많다.

① ㄱ, ㄴ ② ㄷ, ㄹ ③ ㄱ, ㄴ, ㄷ
④ ㄱ, ㄴ, ㄹ ⑤ ㄴ, ㄷ, ㄹ

▶ 20581-0102

06 그래프는 세 국가의 종교별 인구수를 나타낸 것이다. (가)~(다) 국가를 지도의 A~C에서 고른 것은?

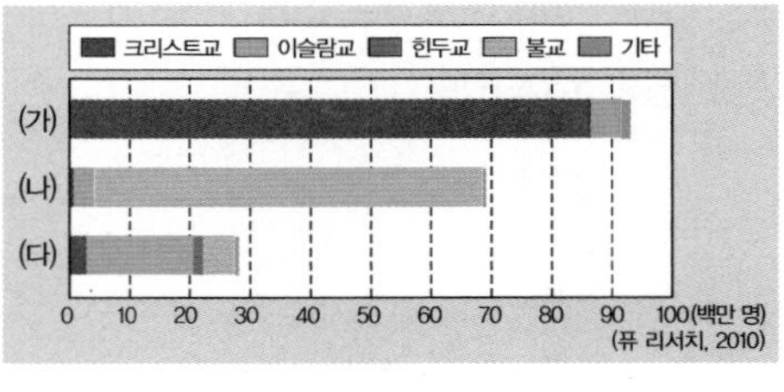

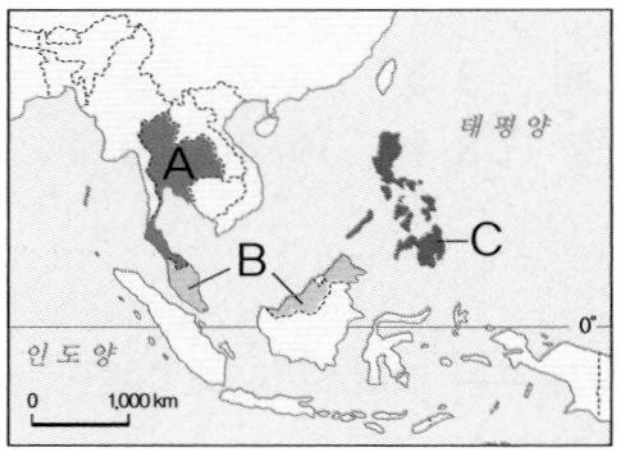

	(가)	(나)	(다)
①	A	B	C
②	A	C	B
③	B	A	C
④	C	A	B
⑤	C	B	A

▶ 20581-0103

07 그림의 (가)~(다) 종교가 처음 출현한 지역을 지도의 A~C에서 고른 것은? (단, 보편 종교만 고려함.)

(가)

(나)

(다)

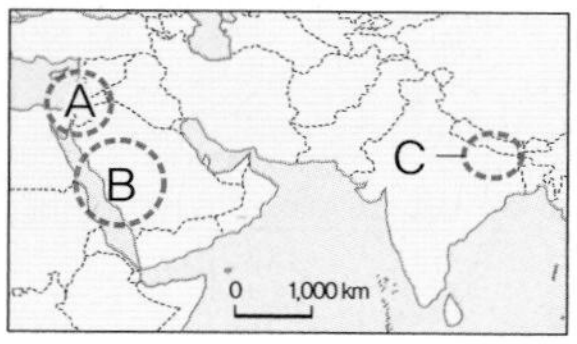

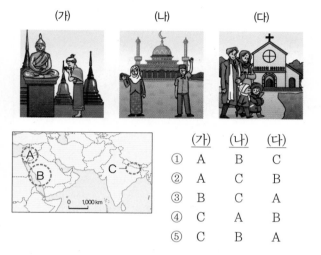

	(가)	(나)	(다)
①	A	B	C
②	A	C	B
③	B	C	A
④	C	A	B
⑤	C	B	A

▶ 20581-0104

08 다음 자료는 세계 주요 종교의 종교 활동에 대해 조사한 것이다. (가)~(라) 종교에 해당하는 특징을 그림의 A~D에서 고른 것은? (단, 세계 신자 수 4위 이내의 종교만 고려함.)

> (가) 소를 신성시하여 쇠고기를 먹지 않는다.
> (나) 라마단 동안에는 밤에 함께 모여 음식을 먹는다.
> (다) 주말에 교회나 성당에서 예배나 미사에 참석한다.
> (라) 출가한 승려가 손에 발우(그릇)를 들고 다니면서 먹을 것을 얻는다.

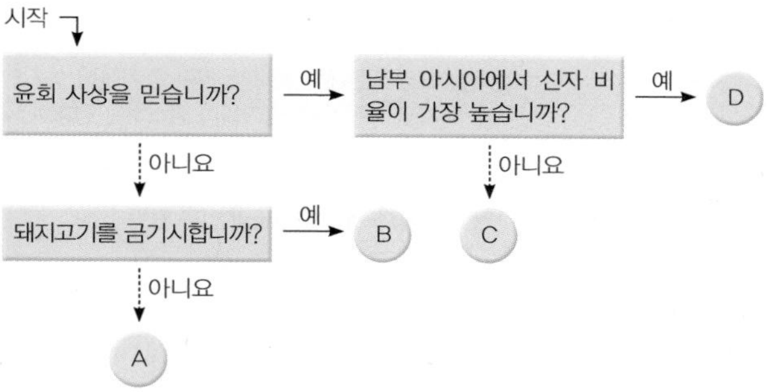

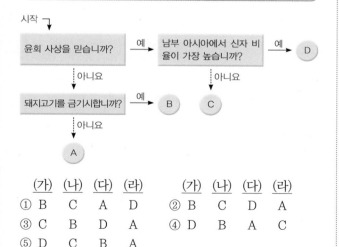

	(가)	(나)	(다)	(라)
①	B	C	A	D
②	B	C	D	A
③	C	B	D	A
④	D	B	A	C
⑤	D	C	B	A

▶ 20581-0105

09 지도는 (가), (나) 종교의 전파 과정을 나타낸 것이다. 이에 대한 설명으로 옳은 것은?

(가)

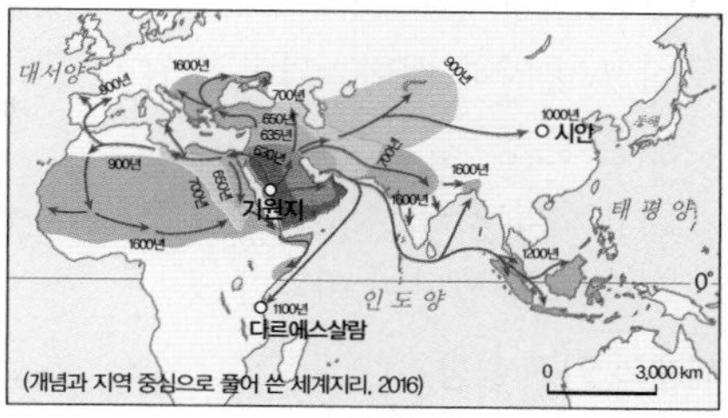

(나)

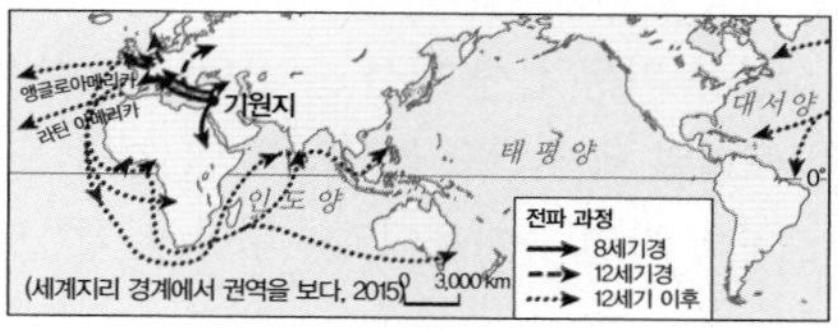

① (가)의 신자들은 카스트 제도에 기반을 둔 생활 양식을 따른다.
② (가)는 상인들의 무역 활동을 통해 동남아시아에 전파되었다.
③ (나)의 사원에서는 부처의 사리를 모신 탑을 볼 수 있다.
④ (나)는 아시아 각지로 전파되었으나, 기원지에서는 쇠퇴하였다.
⑤ (가)는 보편 종교, (나)는 민족 종교이다.

▶ 20581-0106

10 지도는 각 국가에서 차지하는 ○○ 종교의 신자 수 비율을 나타낸 것이다. 이 종교에 대한 설명으로 옳은 것은?

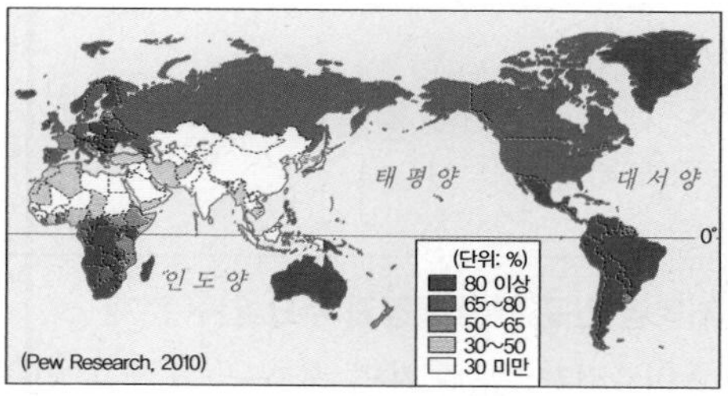

① 교리에 따라 할랄 식품만 먹는다.
② 살생을 금하며 육식을 대체로 금기시한다.
③ 신앙 실천의 5대 의무를 엄격하게 지킨다.
④ 신대륙에는 식민지 개척 과정을 통해 전파되었다.
⑤ 여성들은 얼굴이나 몸 전체를 가리는 의복을 착용한다.

핵심 개념 정리 02

세계의 인구 변천과 인구 이주

● 세계의 인구 분포와 인구 성장

(1) 세계의 인구 분포

① 인구 밀집 지역: 기후가 온화하여 인간 거주에 유리한 곳, 도시가 밀집하고 공업과 서비스업이 발달한 곳, 단위 면적당 식량 작물 생산량이 많은 곳 등

② 인구 희박 지역: 자연환경이 인간 거주에 불리한 곳, 경제 활동이 어렵거나 교통 발달이 미약한 곳

(2) 세계의 인구 성장

① 성장 요인: 농업 혁명(인류가 수렵·채취에서 작물 재배로 이행한 것), 산업 혁명 → 인구 부양력 향상, 의료 기술 발달, 공공 위생 시설 개선 → 사망률 감소

② 오늘날 세계 인구 성장의 특징: 개발 도상국이 주도, 선진국 중에서는 인구의 자연 증가율이 0% 미만인 국가도 있음

● 세계의 인구 변천과 인구 문제

(1) 인구 변천 모형

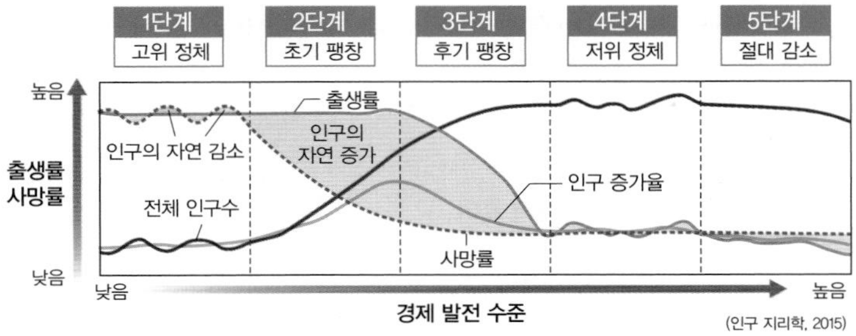

(인구 지리학, 2015)

구분	1단계	2단계	3단계	4단계	5단계
출생률	높음	높음	감소	낮음	매우 낮음
사망률	높음	감소	낮음	낮음	낮음
인구 증가율	낮음	증가	둔화	낮음	0% 미만
사례 지역	아마존 분지 일부 지역	니제르, 에티오피아	인도, 브라질 등	영국, 미국, 프랑스 등	일본

(2) 지역별 인구 변천 특징과 주요 인구 문제

① 아프리카: 높은 자연 증가율 → 빠른 인구 증가 → 피라미드형 인구 구조, 일자리 부족과 높은 유소년 인구 부양 부담

② 아시아, 라틴 아메리카: 높은 자연 증가율 → 경제 발전 및 산아 제한 정책 시행 → 출생률 감소 → 인구의 자연 증가율 감소

③ 유럽, 앵글로아메리카: 출생률의 지속적 감소 → 일부 국가에서는 인구 감소 → 방추형(물레에서 실을 감는 가락) 인구 구조, 인구 고령화 현상, 노동력의 고령화 문제 발생

◉ **인구 밀도와 식량 생산**

농업 사회에서는 식량 생산량이 인구 성장에 미치는 영향이 컸기 때문에 식량 생산량이 많은 지역의 인구 밀도가 높았다. 아메리카, 오세아니아 등 신대륙의 경우는 기업적으로 식량을 생산하고 이를 수출하기 때문에 식량 생산량이 많은 지역임에도 인구 밀도가 높지 않다.

◉ **세계의 인구 분포**

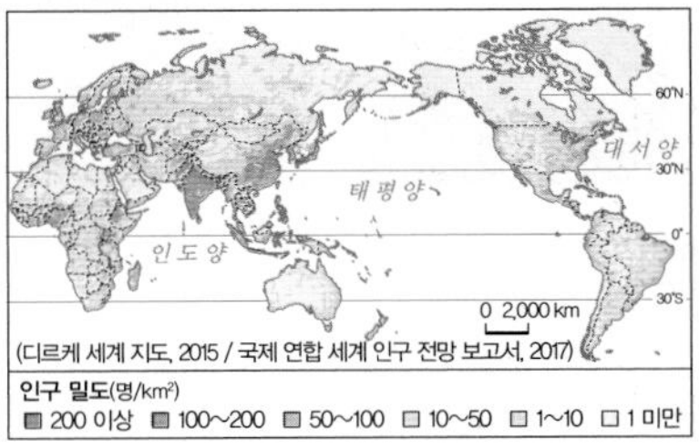

(디르케 세계 지도, 2015 / 국제 연합 세계 인구 전망 보고서, 2017)

◉ **인구 부양력**

한 나라의 인구가 그 나라의 사용 가능한 자원에 의해 생활할 수 있는 능력으로, 어느 지역이 얼마나 많은 인구를 수용할 수 있는가를 나타내는 척도이다.

◉ **인구의 자연 증가율이 0% 미만인 국가**

인구의 사회적 증감이 없을 경우 인구가 감소하는 국가로 일본, 독일 등이 있다. 우리나라도 2030년대부터 인구가 감소할 것으로 예측된다.

◉ **세계의 인구 증가율**

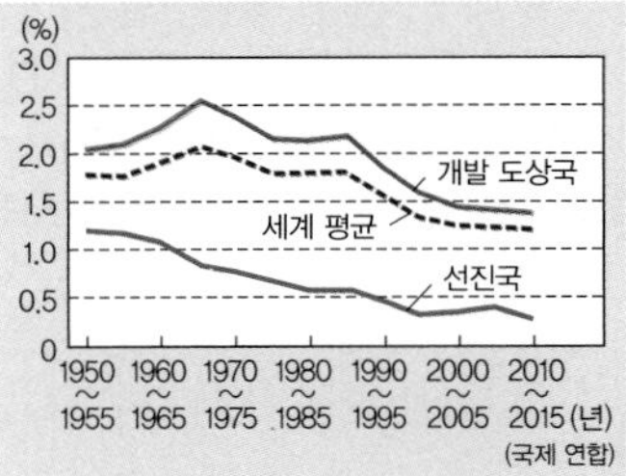

(국제 연합)

개발 도상국은 선진국보다 인구 증가율이 높지만 두 국가군 모두 인구 증가율이 감소하는 경향이 나타난다.

◉ **선진국과 개발 도상국의 인구 변화**

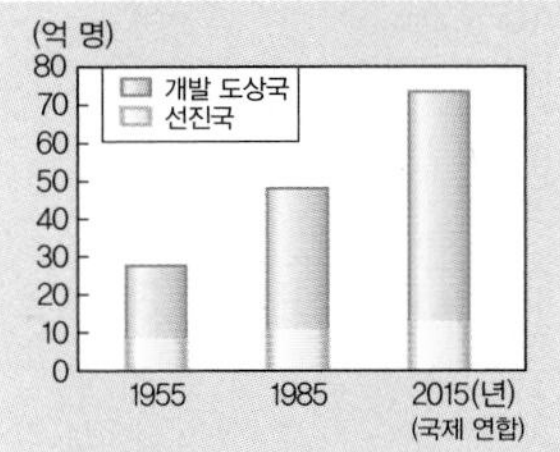

(국제 연합)

세계 인구는 꾸준하게 증가하고 있는데, 주로 개발 도상국에서 증가하고 있다.

자료
탐구

❶ 국가별 인구의 자연 증가율

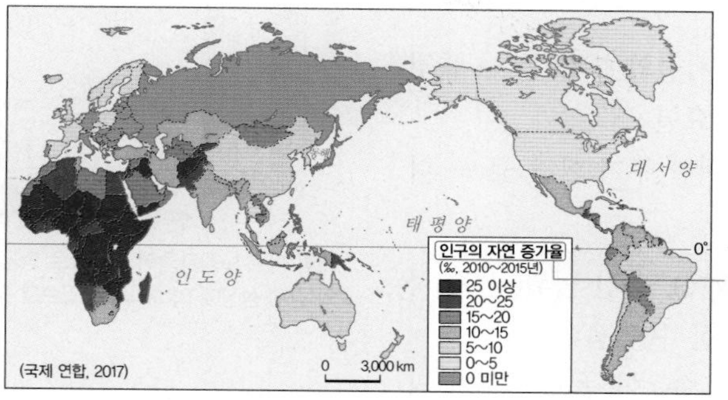

분석 | 인구 성장은 국가별로 차이가 있다. 영국, 독일 등 선진국은 초혼 연령이 높고 결혼과 출산에 대한 인식 변화 등으로 합계 출산율이 낮아져 인구의 자연 증가율이 낮아졌고 의학 기술 발달, 생활 수준 향상 등으로 사망률이 낮아지면서 노년층 인구 비중이 증가하였다. 개발 도상국은 합계 출산율이 높은 상태에서 의학 기술 보급, 인구 부양력 증대 등으로 사망률이 낮아져 인구가 급증하였고, 이러한 인구 급증 문제를 해결하는 과정에서 출생률이 낮아지고 있지만 여전히 높은 상태이다.

❷ 지역(대륙)별 인구의 자연 증가율 변화와 중국, 인도의 인구 변화

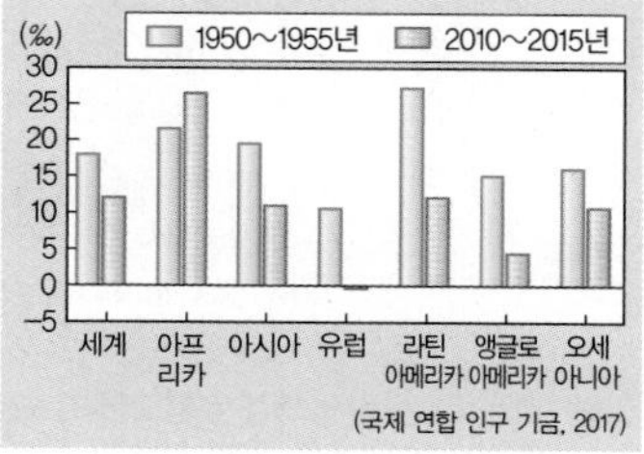

▲ 지역(대륙)별 인구의 자연 증가율 변화

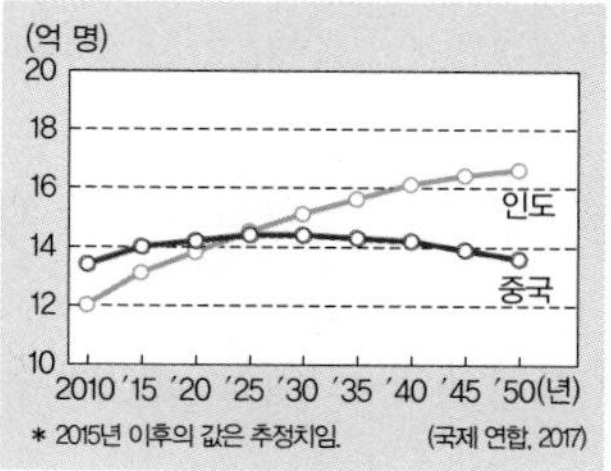

▲ 중국과 인도의 인구 변화

분석 | 아프리카는 인구의 자연 증가율이 다른 지역에 비해 높다. 라틴 아메리카와 아시아는 1950년대에는 인구의 자연 증가율이 높았지만, 2010년대에는 세계 평균과 비슷해졌다. 아시아의 자연 증가율이 낮아진 것은 경제 발전에 따른 자연 증가율의 감소뿐만 아니라 인구 규모가 큰 중국의 산아 제한 정책의 영향도 크다. 유럽, 앵글로아메리카 등은 인구의 자연 증가율이 낮다. 특히 유럽에서는 출생률보다 사망률이 높아 인구의 자연적 감소가 나타나기도 한다.

중국은 한족의 경우 1가구 1자녀 정책을 실시하다가 2015년 폐지하였다.

확인학습

1 그림은 두 국가의 인구 구조를 나타낸 것이다. (가), (나) 국가에 대한 설명으로 옳지 않은 것은?

(가) (나)

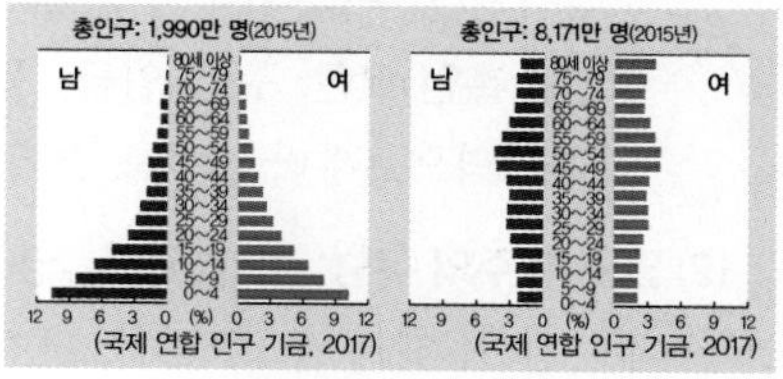

① (가)는 (나)보다 인구 부양력이 높다.
② (가)는 (나)보다 인구의 자연 증가율이 높다.
③ (나)는 (가)보다 청장년층 인구 비중이 높다.
④ (나)는 (가)보다 노동력의 고령화 문제가 뚜렷하다.
⑤ (가)는 개발 도상국, (나)는 선진국에 해당한다.

정답과 해설 ▶ (가)는 아프리카의 니제르, (나)는 독일의 인구 피라미드이다. 답 ①

2 그래프는 두 국가의 인구수 변화를 나타낸 것이다. (가), (나) 국가에 대한 옳은 설명만을 〈보기〉에서 고른 것은?

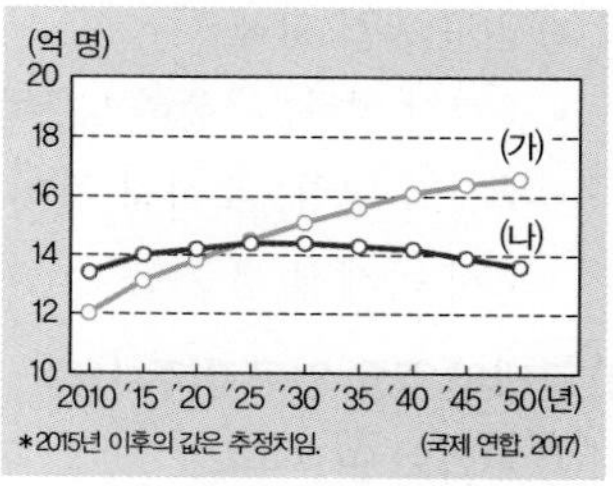

보기
ㄱ. (가)는 출산 장려 정책을 실시하고 있다.
ㄴ. (나)는 과거에 국가 주도로 강력한 출산 억제 정책이 실시되었다.
ㄷ. (가)는 (나)보다 2015년에 인구의 자연 증가율이 높다.
ㄹ. (나)는 (가)보다 2050년대에 유소년층 인구 비율이 높을 것이다.

① ㄱ, ㄴ ② ㄱ, ㄷ ③ ㄴ, ㄷ
④ ㄴ, ㄹ ⑤ ㄷ, ㄹ

정답과 해설 ▶ (가)는 인도, (나)는 중국이다. 답 ③

핵심 개념 정리 02

세계의 인구 변천과 인구 이주

세계의 인구 이주

(1) 인구 이주의 요인

① **인구 배출 요인**: 빈곤, 일자리 부족, 생활 기반 시설의 부족 등 → 특정 지역의 인구를 다른 지역으로 이주하게 만드는 요인

② **인구 흡인 요인**: 높은 임금, 풍부한 일자리, 쾌적한 주거 환경 등 → 다른 지역으로부터 인구를 끌어들이는 요인

(2) 인구 이주의 유형: 기간(일시, 영구), 동기(자발, 강제), 공간 범위(국내, 국제), 원인(경제, 종교, 정치, 환경) 등에 따라 구분할 수 있음

① 경제적 요인에 따른 국제 이주가 활발 → 임금 수준이 높고 기회가 많은 지역으로 이동

② **전문 인력의 국제 이동**: 주로 선진국에서 선진국으로 이동, 다국적 기업의 활동에 따라 선진국에서 개발 도상국으로의 이동도 나타남

③ **미숙련 노동자의 이동**: 주로 개발 도상국 → 선진국, 소득이 낮은 국가에서 상대적으로 소득이 높은 국가로 이주 예 아프리카 → 유럽, 멕시코 → 미국, 동남 및 남부 아시아 → 서남아시아, 대한민국, 일본 등

(미국: 누적 유입 인구가 가장 많으며, 근래에는 멕시코 출신의 비중이 높다.)

(3) 인구 이주에 따른 지역 변화

① 인구 유출 지역
- 긍정적 영향: 해외 이주 노동자의 송금액 유입 → 지역 경제 활성화, 실업률 하락 등
- 부정적 영향: 생산 가능 인구의 유출, 고급 기술 및 전문 인력의 해외 유출, 산업 성장의 둔화 가능

② 인구 유입 지역
- 긍정적 영향: 부족한 노동력 확보, 경제 활성화, 문화적 다양성의 증대
- 부정적 영향: 문화적 차이에 따른 갈등, 이주자의 집단 주거지 형성으로 도시 문제 발생 가능

(4) 근래의 주요 인구 이주 사례

① 유럽의 인구 유입
- 20세기 후반의 저출산 · 고령화 현상 → 노동력 부족 → 인접 국가나 과거 식민지로부터의 인구 유입 활발 (영국은 인도, 프랑스는 알제리 출신의 비중이 높다.)
- 북부 아프리카와 서남아시아의 내전, 정치 불안 등으로 인한 난민의 유럽 이주 증가 → 여러 갈등 발생
- 이슬람 지역으로부터의 인구 유입 증가 → 현지인과 이주민 간의 갈등 발생

② **미국의 인구 유입**: 멕시코로부터의 인구 유입 증가 → 히스패닉의 비중 증가

③ **서남아시아 산유국의 인구 유입**: 지역 개발 증가 → 노동력 부족 → 인도, 파키스탄 등에서 젊은 남성 노동력의 유입 증가

◉ **해외 이주 노동자들의 송금액 규모**

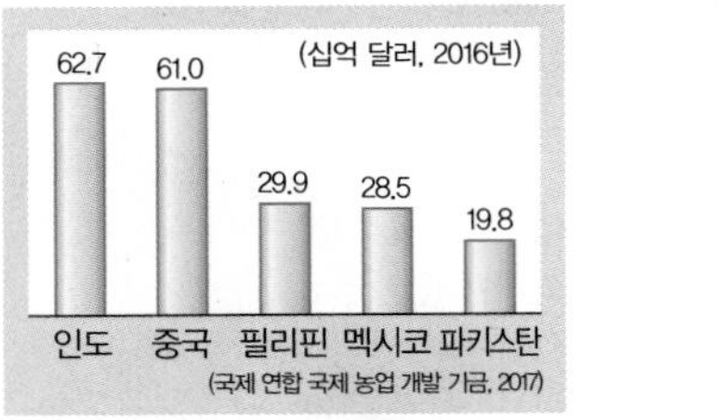

해외 이주 노동자들이 본국으로 송금하는 돈은 본국의 경제 성장에 이바지하는 것으로 알려져 있다.

◉ **지역(대륙)별 인구 순 이동 변화**

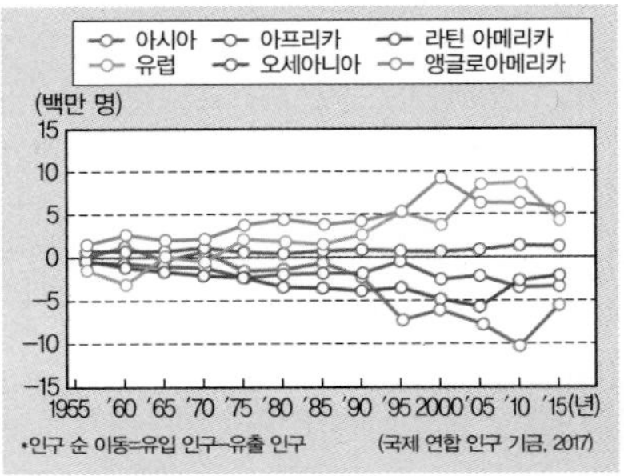

인구 순 유입이 많은 지역은 주로 선진국이 많은 유럽과 앵글로아메리카 등이고, 인구 순 유출이 많은 지역은 인구 규모가 크고 개발 도상국이 많은 아시아, 아프리카 등이다.

◉ **아랍 에미리트의 인구 구조와 출신 국가별 인구 구성**

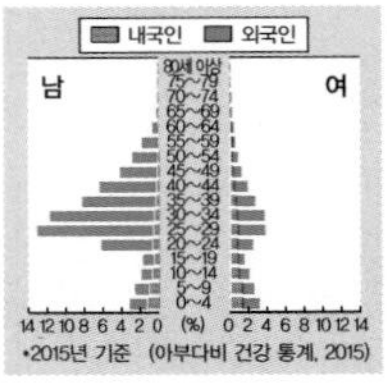

▲ 인구 구조

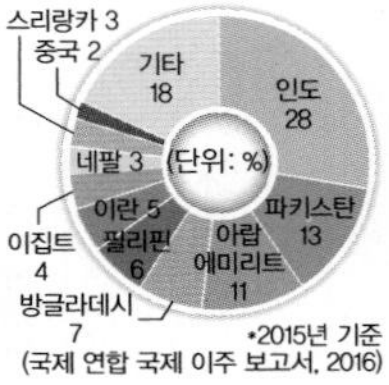

▲ 출신 국가별 인구 구성

아랍 에미리트는 산업화가 진행되면서 도로, 항만 등 기반 시설 건설, 석유 개발 등을 위해 많은 외국인 노동자들이 유입되었다. 아랍 에미리트의 외국인 노동자 비중은 전체 인구의 80% 이상이며, 이들은 주로 소득 수준이 낮고 일자리도 부족한 인도, 파키스탄, 방글라데시, 필리핀 등지에서 이주해 온 사람들이다. 유입된 노동자들이 주로 남성이기 때문에 아랍 에미리트는 남자 인구 비율이 높아 성비 불균형이 나타난다.

자료 탐구

❸ 인구의 국제 이동

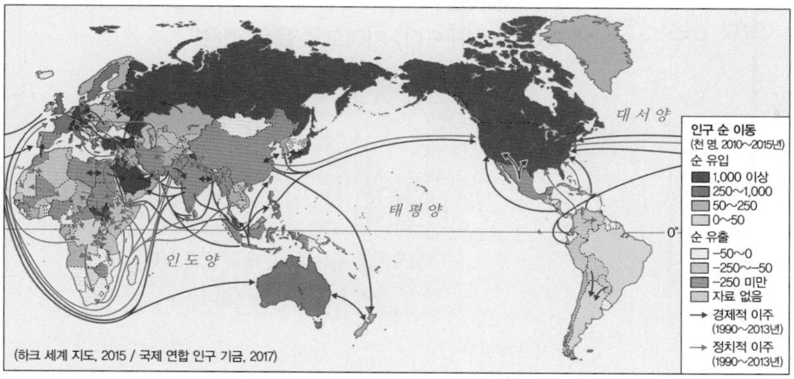

분석 | 오늘날 세계는 교통과 통신의 발달 및 경제의 세계화로 인해 인구의 국제 이주가 활발하게 나타나고 있다. 특히 경제적 요인에 의한 국제 이주가 활발한데, 그 흐름은 상대적으로 소득 수준이 낮은 국가에서 소득 수준이 높은 국가로 향하고 있다. 한편, 시리아, 아프가니스탄 등과 같이 내전, 테러 등이 발생하거나 극심한 경제난을 겪고 있는 국가에서 난민이 발생하면서 이들의 국제 이동 현상도 뚜렷하게 나타난다. 오늘날 소득 수준이 비교적 높은 국가에서는 해외에서 이주 노동자들이 유입되는 경우를 쉽게 볼 수 있다.

❹ 서부 유럽으로의 인구 유입

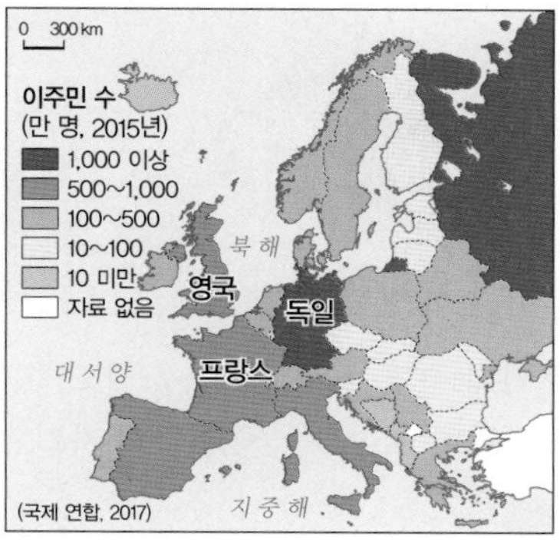

◀ 유럽으로의 인구 이주

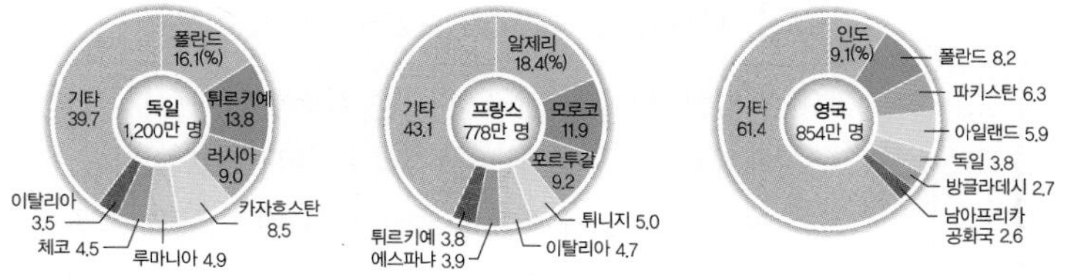

▲ 유럽 주요 국가의 이주민 출신국

분석 | 유럽은 동부 유럽, 서남아시아, 북부 아프리카로부터의 유입 인구가 많다. 유럽에서 이주민 수가 많은 국가는 독일, 프랑스, 영국 등이다. 독일로의 유입 인구는 폴란드, 튀르키예 출신 비율이 높고, 프랑스의 유입 인구는 알제리, 모로코 출신 비율이 높으며, 영국의 유입 인구는 인도, 폴란드 출신의 비율이 높다.

└ 독일과 이주민 협정을 맺고 있으며, 독일 내 이주민 비율이 높다.

확인학습

3 그래프는 국가별 어떤 인구수를 나타낸 것이다. 그래프의 제목으로 가장 적절한 것은?

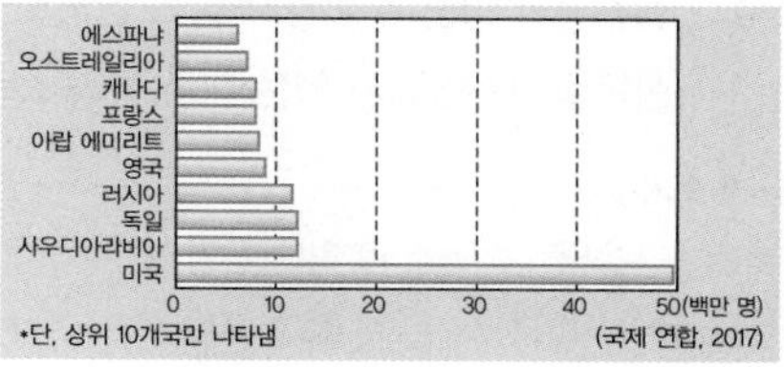

① 유입된 난민 수
② 65세 이상 인구수
③ 유입된 이주민의 수
④ 하루 2달러 미만 생활자 수
⑤ 외국으로 이주한 이주민의 수

정답과 해설 ▶ 그래프는 2017년 기준 국가별로 유입된 이주민의 수를 나타낸 것이다. 수치가 높은 국가는 대체로 소득 수준이 높은 국가이다. 답 ③

4 다음 글은 두 국가로 유입된 이주민에 대한 것이다. (가), (나) 국가를 지도의 A~C에서 고른 것은?

> (가) 서부 유럽 국가 중 이주민의 수가 가장 많다. 유입된 이주민의 출신 국가 비율은 폴란드 > 튀르키예 > 러시아 등의 순으로 높다.
> (나) 서부 유럽 국가 중 이주민의 수가 세 번째로 많다. 유입된 이주민의 출신 국가 비율은 과거 식민지였던 알제리, 모로코가 높다.

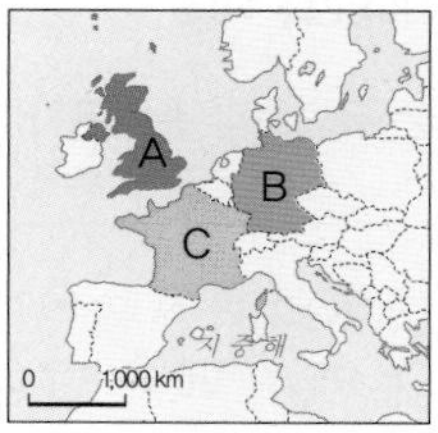

	(가)	(나)
①	A	B
②	A	C
③	B	A
④	B	C
⑤	C	A

정답과 해설 ▶ (가)는 독일, (나)는 프랑스이다. 독일은 인접 국가인 폴란드, 이민 협약을 맺은 튀르키예 출신의 이민자가 많다. 프랑스는 과거 식민지였던 지역으로부터의 이민이 많다. 지도에서 A는 영국, B는 독일, C는 프랑스이다. 답 ④

개념 체크

저절로 암기 Tip | ☐ 1회 (/) ☐ 2회 (/) ☐ 3회 (/)

01 선진국의 평균 수치가 개발 도상국의 평균 수치보다 높은 항목을 〈보기〉에서 있는 대로 골라 쓰시오.

보기

ㄱ 도시화율　ㄴ 기대 수명　ㄷ 중위 연령
ㄹ 유아 사망률　ㅁ 합계 출산율　ㅂ 노년 부양비
ㅅ 노년 인구 비율　ㅇ 1인당 국내 총생산
ㅈ 유소년 인구 부양비　ㅊ 1차 산업의 노동 생산성
ㅋ 1인당 에너지 자원 소비량

02~09 다음 내용이 옳으면 ○표, 틀리면 ×표 하시오.

02 2015년 기준 인구 증가율은 아시아가 아프리카보다 높다. (　　)

03 합계 출산율이 높은 국가의 인구 구조는 피라미드형이다. (　　)

04 1990년 이후 순 유출 인구는 아시아가 아프리카보다 많다. (　　)

05 어떤 국가의 노인 인구 비중이 20%, 유소년 인구 비중이 10%이면 노령화 지수는 50이다. (　　)

06 인구 변천 모형의 2단계에서는 인구의 자연 증가율이 뚜렷하게 감소한다. (　　)

07 청장년층 인구 비중이 높을수록 총 부양비는 감소한다. (　　)

08 아프리카는 아시아보다 인구의 자연 증가율이 높지만 인구 증가폭은 아시아보다 작다. (　　)

09 앵글로아메리카는 유럽보다 총인구가 많다. (　　)

정답

01 ㄱ, ㄴ, ㄷ, ㅂ, ㅅ, ㅇ, ㅊ, ㅋ **02** × **03** ○ **04** ○ **05** × **06** × **07** ○ **08** ○ **09** ×

오답 체크 Tip

06 인구 변천 모형 2단계는 출생률이 높고 사망률이 낮아지므로 인구의 자연 증가율(출생률 − 사망률)이 높아진다.

기본 문제

▶ 20581-0107

01 그래프는 지역(대륙)별 인구의 자연 증가율 변화를 나타낸 것이다. (가)~(다) 지역으로 옳은 것은?

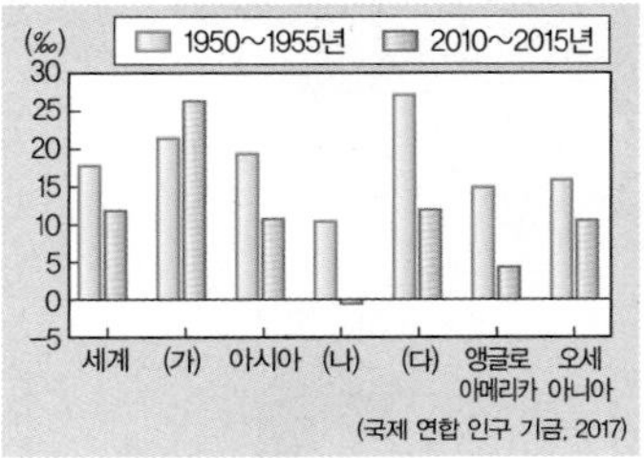

	(가)	(나)	(다)
①	유럽	아프리카	라틴 아메리카
②	유럽	라틴 아메리카	아프리카
③	아프리카	유럽	라틴 아메리카
④	아프리카	라틴 아메리카	유럽
⑤	라틴 아메리카	유럽	아프리카

▶ 20581-0108

02 지도의 인구 지표로 옳은 것은?

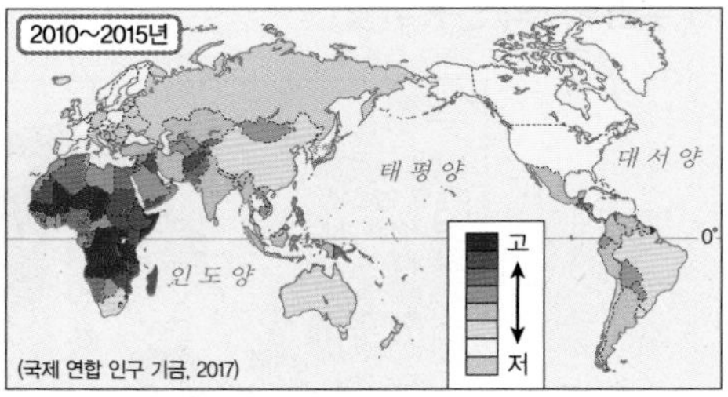

① 기대 수명　② 인구 밀도　③ 중위 연령
④ 노령화 지수　⑤ 인구의 자연 증가율

▶ 20581-0109

03 세계의 인구에 대한 설명으로 옳은 것은?

① 개발 도상국의 인구 비중은 감소하였다.
② 세계의 인구 성장은 선진국이 주도하고 있다.
③ 인구가 빠르게 증가하는 국가의 인구 구조는 종형이다.
④ 출생률과 사망률이 모두 낮아지면 유소년층 인구 비중은 증가한다.
⑤ 출생률이 높은 상태에서 사망률이 낮아지면 인구의 자연 증가율은 높아진다.

정답과 해설 24쪽

▶ 20581-0110

04 (가), (나) 국가에 대한 설명으로 옳지 않은 것은? (단, (가), (나)는 독일, 필리핀 중 하나임.)

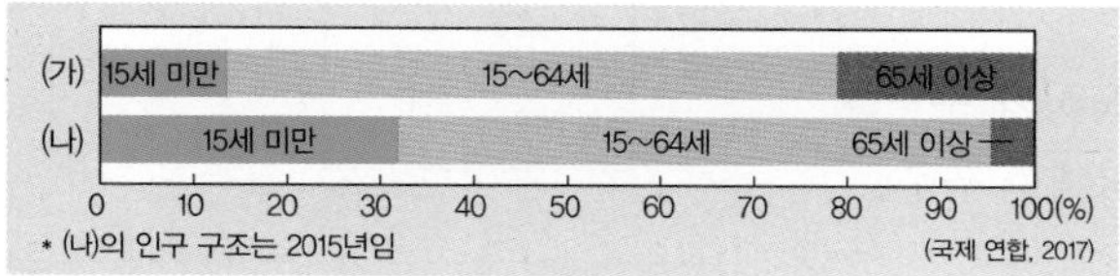

▲ 연령별 인구 비중

구분	(가)	(나)
이주민의 수(만 명)	1,216.5	21.9
총인구(만 명)	8,252.2	10,097.9

(국제 연합, 2017)

① (가)는 (나)보다 1인당 평균 임금이 높다.
② (가)는 (나)보다 유입된 이주민 인구 비율이 높다.
③ (나)는 (가)보다 인구의 자연 증가율이 높다.
④ (나)는 (가)보다 출산 장려 정책의 필요성이 크다.
⑤ (가)는 선진국, (나)는 개발 도상국이다.

05~06 표는 인구 변천 단계에 따른 출생 · 사망률, 인구의 자연 증가율을 나타낸 것이다. 이를 보고 물음에 답하시오.

구분	1단계	2단계	3단계	4단계	5단계
출생률	높음	높음	감소	낮음	매우 낮음
사망률	높음	B	낮음	낮음	낮음
인구 증가율	A	증가	C	낮음	0% 미만
사례 지역	(가)	니제르	(나)	(다)	(라)

▶ 20581-0111

05 A~C에 들어갈 내용으로 옳은 것은?

	A	B	C
①	높음	증가	높아짐
②	높음	감소	낮아짐
③	낮음	증가	높아짐
④	낮음	감소	낮아짐
⑤	보통	감소	높아짐

▶ 20581-0112

06 (가)~(라)에 속하는 국가(지역)에 대한 옳은 설명만을 〈보기〉에서 고른 것은?

보기
ㄱ. (가)는 (나)보다 인구의 자연 증가율이 높다.
ㄴ. (나)는 (다)보다 유소년층 인구 비율이 높다.
ㄷ. (다)는 (라)보다 노년층 인구 비율이 높다.
ㄹ. (라)는 (가)보다 인구 부양력이 출생률에 미치는 영향이 작다.

① ㄱ, ㄴ ② ㄱ, ㄷ ③ ㄴ, ㄷ
④ ㄴ, ㄹ ⑤ ㄷ, ㄹ

▶ 20581-0113

07 지도의 (가), (나) 국가군에 대한 옳은 설명만을 〈보기〉에서 고른 것은? (단, 인구 순 유입 100만 명 이상, 인구 순 유출 25만 명 이상인 국가만 고려함.)

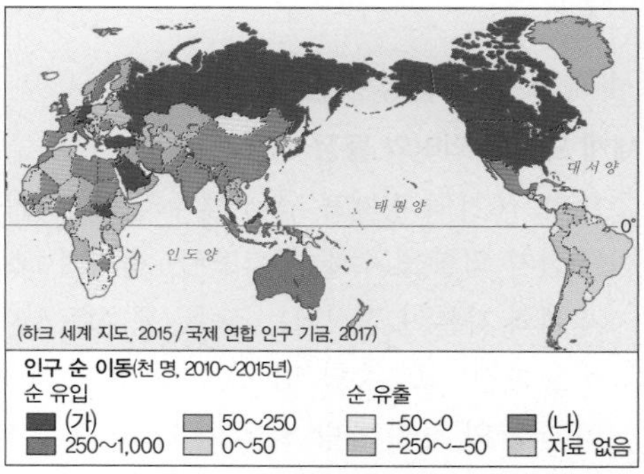

보기
ㄱ. (가)는 (나)보다 여성의 초혼 연령이 높다.
ㄴ. (가)는 (나)보다 1차 산업 종사자 비율이 높다.
ㄷ. (나)는 (가)보다 합계 출산율이 높다.
ㄹ. (나)는 (가)보다 1인당 국내 총생산(GDP)이 많다.

① ㄱ, ㄴ ② ㄱ, ㄷ ③ ㄴ, ㄷ
④ ㄴ, ㄹ ⑤ ㄷ, ㄹ

핵심 개념 정리 03 세계의 도시화와 세계 도시 체계

● 도시화와 도시화 과정

(1) 도시와 도시화

① 도시화: 도시에 거주하는 인구 증가, 촌락에 도시적 생활 양식이 확대되는 과정

② 도시화율: 전체 인구에서 도시 인구가 차지하는 비율로 도시화 수준을 나타내는 지표 → 도시화율에 따라 초기 · 가속화 · 종착 단계로 구분
(도시화율: 총인구에서 도시 인구가 차지하는 비율)

(2) 세계의 도시화

① 세계의 도시 발달

- 세계 도시화율 변화: 지속적으로 상승하는 경향 → 2015년 세계의 도시화율은 약 54%
- 도시 수가 증가하고 인구 규모가 큰 도시의 수가 증가하고 있음 → 2015년 기준 인구 100만 명 이상인 도시가 500개 이상임

② 선진국과 개발 도상국의 도시화

선진국	• 영국, 독일 등 유럽의 선진국들은 산업 혁명 이후 도시에 새로운 일자리가 늘어나면서 이촌 향도로 도시화율이 높아짐 → 그 기간이 약 200년에 이를 정도로 점진적 도시화가 진행됨 • 현재 종착 단계에 도달 → 도시화율 상승 둔화
개발 도상국	• 제2차 세계 대전 이후 급속한 도시화가 진행됨 → 급속한 도시화로 도시화 과정에서 주택 부족, 기반 시설 부족, 환경 오염 등의 도시 문제가 발생 • 현재 가속화 단계에 속한 경우가 많음

● 세계 도시의 선정 기준과 주요 특징

(1) 세계 도시의 의미와 등장 배경

① 의미: 국가의 경계를 넘어 세계의 경제 활동을 조절하고 통제할 수 있는 중심지 역할을 수행하는 도시, 세계적 교통 · 통신망의 핵심적인 결절, 세계의 자본이 집적되는 장소, 세계화 시대를 맞이하여 중요성이 커짐

② 등장 배경: 교통수단 및 정보 통신의 발달에 따른 경제 활동의 세계화, 각 국가의 경제 개방 및 국가 간 자유 무역 확대, 다국적 기업의 활발한 활동과 자본 및 금융의 세계화, 세계 여러 도시 간 연계와 경제적 연결망 강화

(2) 세계 도시의 선정 기준

① 정치적 측면: 국제기구의 본사 수, 국제회의의 개최 수 등

② 경제적 측면: 다국적 기업의 본사 수, 금융 기관 수, 법률 회사 수 등

③ 문화적 측면: 세계적으로 유명한 문화 · 예술 기관, 영향력 있는 대중 매체, 스포츠 경기 및 시설, 교육 기관 등

④ 도시 기반 시설 측면: 국제공항, 첨단 정보 통신 시스템 구비 정도 등

◉ 도시화 곡선과 도시화 과정

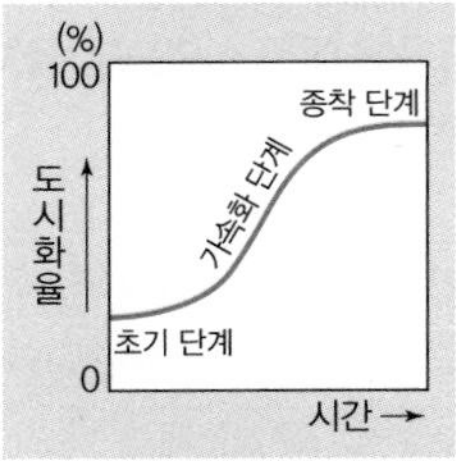

단계	특징
초기	1차 산업 중심의 농업 사회
가속화	• 이촌 향도로 급속한 도시 인구 증가 • 각종 도시 문제 발생
종착	도시화율 증가 둔화, 교외화 및 대도시권 확대

◉ 선진국과 개발 도상국의 도시화율 변화 추이

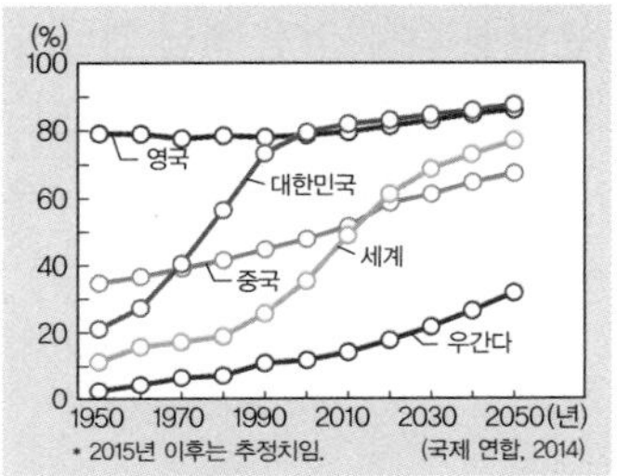

세계의 도시화율은 지속적으로 높아지고 있는데, 선진국인 영국 등은 높은 상태에서 유지되고, 중국 등 개발 도상국은 빠르게 높아지고 있다.

◉ 도시 규모별 도시 수 변화

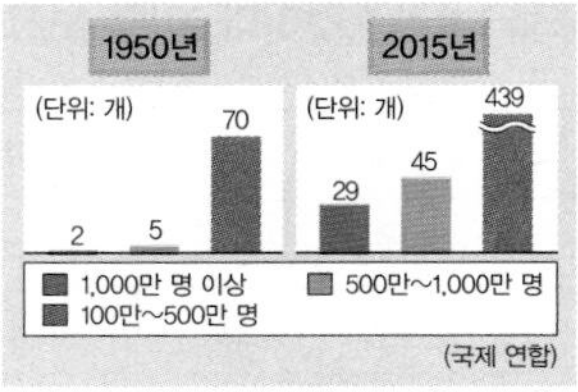

도시 수가 늘어날 뿐만 아니라 인구 규모가 큰 도시가 크게 증가하였다.

◉ 지역(대륙)별 도시 인구 변화

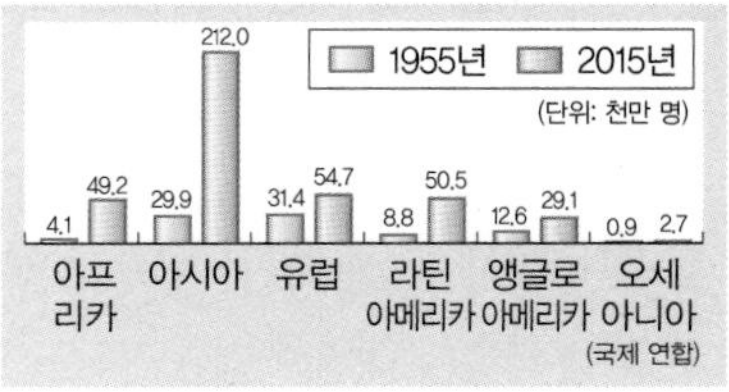

자료
탐구

❶ 세계의 도시화율과 주요 도시의 인구수 및 인구 증가율

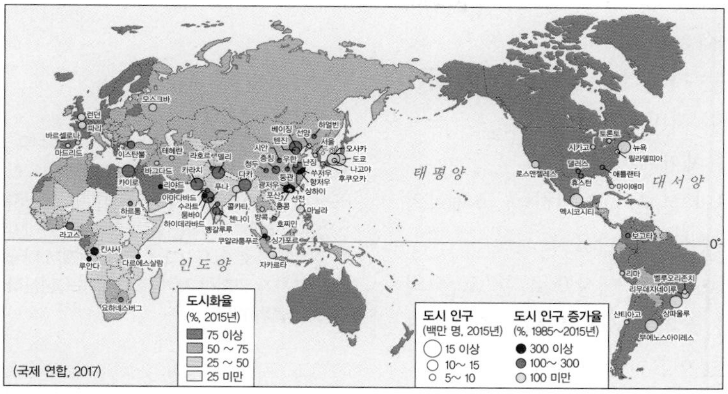

분석 | 도시화율이 75% 이상으로 높은 국가는 영국, 독일, 프랑스 등 유럽과 미국, 캐나다, 브라질 등 아메리카에 많고 오스트레일리아, 대한민국, 일본 등도 높은 수준이다. 도시 인구 증가율이 낮은 도시는 유럽, 아메리카, 일본 등지에 분포하고 인구 증가율이 높은 도시는 주로 아프리카, 인도, 중국 등지에 분포한다.

└ 인구 증가율이 높고 이촌 향도가 활발하여 도시 인구 증가율이 높다.

❷ 세계 도시 순위

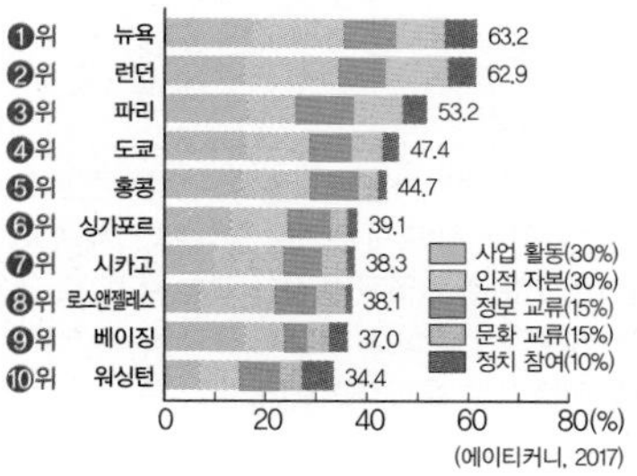

▲ 세계 도시 지수 순위

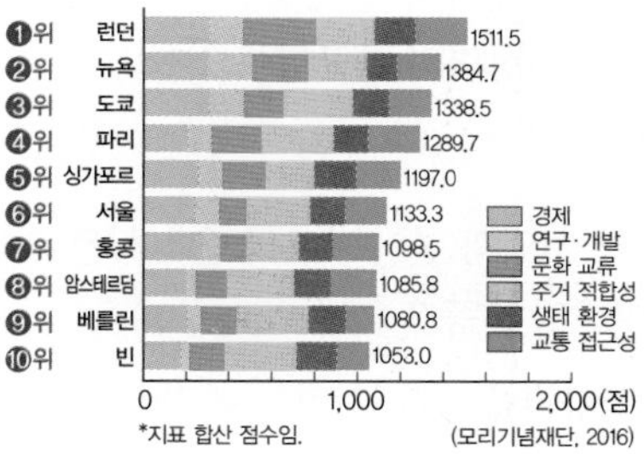

▲ 세계 도시 국제 경쟁력 지수 순위

분석 | 세계 도시의 영향력 평가 결과는 평가 기관에 따라 다소 다르게 나타난다. 에이티커니에 따른 세계 도시 지수 순위는 뉴욕 > 런던 > 파리 > 도쿄 등의 순으로 높지만, 모리기념재단에 따른 세계 도시 국제 경쟁력 지수 순위는 런던 > 뉴욕 > 도쿄 > 파리 등의 순으로 높다. 그렇지만 뉴욕, 런던, 도쿄, 파리가 4위 이내의 도시라는 점에서는 동일하다. 이를 통해 평가 기관에 따라 다소 차이가 있지만 뉴욕, 런던, 도쿄, 파리가 상위 세계 도시에 해당한다는 것을 알 수 있다.

확인학습

1 왼쪽 지도를 보고 세계의 도시화율, 도시 인구 및 도시 인구 증가율에 대한 옳은 설명만을 〈보기〉에서 고른 것은?

〈보기〉
ㄱ. 아프리카는 아메리카보다 도시화율이 높다.
ㄴ. 인구 1,000 만 명 이상 도시의 인구 증가율은 아시아가 유럽보다 높다.
ㄷ. 2015년에 아시아는 아메리카보다 인구 1,000만 명 이상의 도시수가 많다.
ㄹ. 아시아에 위치하는 인구 규모 500만 명 이상 도시는 모두 1985~2015년에 도시 인구 증가율이 100% 이상이다.

① ㄱ, ㄴ ② ㄱ, ㄷ ③ ㄴ, ㄷ
④ ㄴ, ㄹ ⑤ ㄷ, ㄹ

정답과 해설 ▶ ㄱ. 아메리카는 아프리카보다 도시화율이 높다. ㄹ. 아시아에 위치하는 인구 규모 500만 명 이상 도시 중에서 일본에 위치한 도시는 도시 인구 증가율이 100% 미만이다. 답 ③

2 지도에 표시된 세 도시의 공통적 특징으로 옳은 설명만을 〈보기〉에서 고른 것은? (단, 세 도시는 모두 최상위 세계 도시에 속함.)

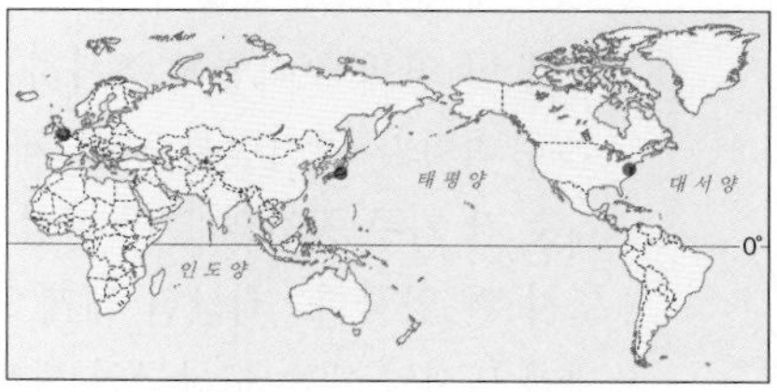

〈보기〉
ㄱ. 세계적 교통·통신망의 핵심 결절 지역이다.
ㄴ. 각 대륙의 대도시 중에서 인구 증가율이 가장 높다.
ㄷ. 정치·경제 측면에서 다른 도시와의 교류가 활발하다.
ㄹ. 생산자 서비스업은 발달이 미약하고 소비자 서비스업은 발달하였다.

① ㄱ, ㄴ ② ㄱ, ㄷ ③ ㄴ, ㄷ
④ ㄴ, ㄹ ⑤ ㄷ, ㄹ

정답과 해설 ▶ 지도에 제시된 세 도시는 왼쪽부터 런던, 도쿄, 뉴욕으로, 최상위 세계 도시이다. 답 ②

(3) 세계 도시의 특징과 주요 세계 도시

① 세계 도시의 특징

- 다국적 기업의 본사 및 관련 업무 기능이 집중됨
- 전 세계적인 관리와 통제 기능을 수행하는 다국적 기업의 본사를 위한 금융, 법률, 컨설팅, 광고 등과 같은 생산자 서비스업이 발달함
- 고도의 정보 통신 네트워크와 최신의 교통 체계가 발달함
- 분쟁을 조정 · 통제하는 다양한 국제기구의 본부가 입지하여 국제회의 및 행사가 많이 개최되는 등 국제 정치의 중심지 역할을 함
- 고차 생산자 서비스 부문에 종사하는 고소득층을 대상으로 한 고급 외식업, 레저 및 문화 산업 등과 같은 고급 소비자 서비스업이 증가하고 있으며, 일부 도시형 첨단 산업도 발달하고 있음

(고급 소비자 서비스업: 최소 요구치의 범위가 넓고 전문적인 서비스를 제공함)

② 주요 세계 도시

뉴욕	• 세계적인 기업의 본사와 은행 · 증권 · 보험 회사 등 금융 기관이 모여 있어 세계의 경제 중심지 역할을 하고 있음 • 생산자 서비스업을 중심으로 여러 기능이 조합된 최상위 계층의 세계 도시 • 국제 연합(UN) 본부가 있음
런던	금융 중심지 '더시티'를 중심으로 많은 다국적 기업과 금융 기업의 본사가 입지함
도쿄	일본계 주요 제조 · 무역 업체의 본사, 연구 · 개발 기능, 광고 · 디자인과 같은 생산자 서비스업 등이 집적되어 있음

③ 세계 도시의 문제점

- 도시 내 양극화: 소득이 높은 전문 관리 계층과 소득이 낮은 단순 서비스업 및 영세 소기업에 종사하는 사람과 개발 도상국 출신 이민자 간의 소득 격차가 커지면서 사회 계층 간 양극화 현상이 심화됨, 이로 인해 계층 간 거주 공간의 분리 현상 및 사회적 갈등 현상 발생
- 도시 간 양극화: 최상위 세계 도시가 모두 선진국에 분포 → 선진국의 세계 도시와 개발 도상국의 세계 도시 간 영향력의 불균형이 심함

세계 도시 체계

(1) 구분: 국제 금융에 미치는 영향력, 다국적 기업의 본사 수, 국제기구 본부 수, 국제 항공 승객 수, 주요 교통 · 통신의 결절 등을 기준으로 구분

(2) 계층: 최상위 세계 도시는 전 세계적인 영향력을 갖추고 있는 선진국에 위치, 상위 및 하위 세계 도시는 선진국 및 개발 도상국에 위치

구분	사례	특징
최상위 세계 도시	뉴욕, 런던, 도쿄	최상위 세계 도시는 하위 세계 도시보다 도시 수는 적고, 도시 기능은 많으며 영향력이 큼
상위 세계 도시	파리, 로스앤젤레스, 브뤼셀 등	
하위 세계 도시	서울, 토론토, 홍콩, 시드니 등	

(브뤼셀: 벨기에에 위치, 유럽 연합(EU), 북대서양 조약 기구(NATO)의 본부가 있음)

◉ **생산자 서비스업**

상품이나 서비스의 생산 및 유통 과정에 투입되는 서비스를 말하며, 금융 · 보험 · 부동산업 · 회계 서비스 · 연구 개발 등이 이에 해당한다. 생산자 서비스업은 이러한 서비스업을 필요로 하는 대기업 본사 주변에 주로 입지한다. 따라서 세계적 다국적 기업의 본사가 밀집한 세계 도시에서는 생산자 서비스업이 발달하였다.

◉ **세계 도시의 권역 간 네트워크**

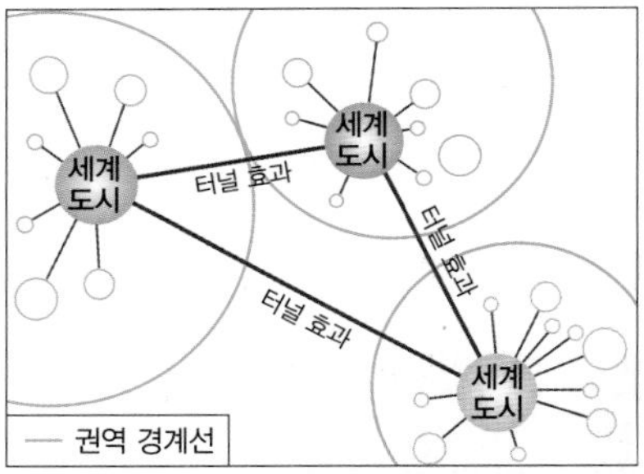

세계 도시는 도시의 기능을 보완하기 위해 주변 도시와 연계하여 세계 도시 권역을 형성한다. 세계 도시 간에는 고도로 발달된 통신과 교통수단으로 연결되어 시공의 압축화로 시너지 효과가 나타나게 되는데, 이를 터널 효과라고 한다.

자료 탐구

3 세계 도시 체계

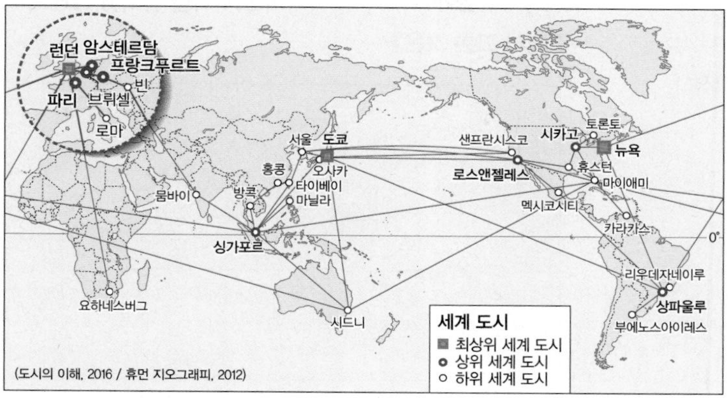

분석 | 최상위 세계 도시는 영국의 런던, 일본의 도쿄, 미국의 뉴욕이 해당된다. 최상위 세계 도시는 모두 선진국에 분포하는 반면 상위 세계 도시와 하위 세계 도시는 선진국뿐만 아니라 개발 도상국에도 분포한다. 세계 도시는 서부 유럽과 북아메리카, 동아시아에 집중되어 있다.

4 세계 도시 간 인터넷 통신 정보량

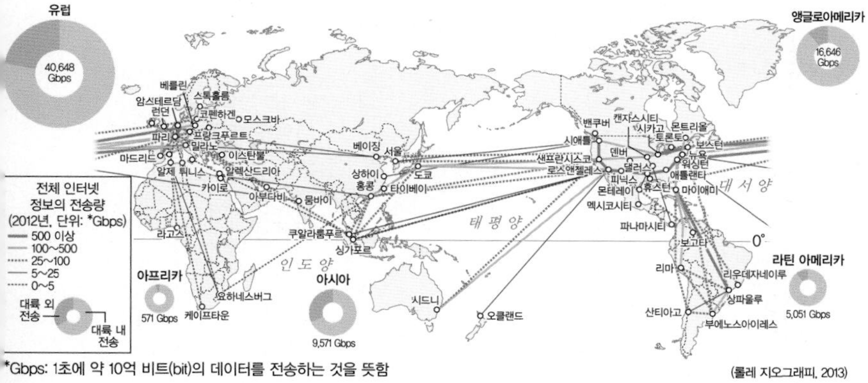

*Gbps: 1초에 약 10억 비트(bit)의 데이터를 전송하는 것을 뜻함

(롤레 지오그래피, 2013)

분석 | 세계 도시 체계는 다국적 기업 본사의 수, 생산자 서비스업 부문의 집중도뿐만 아니라 주요 교통 · 통신의 결절 등을 기준으로 계층을 나눈 것이다. 인터넷 통신 정보량을 토대로 세계 도시 간의 정보의 흐름이 어떻게 나타나는지 파악할 수 있다. 인터넷 통신 정보량은 유럽과 아메리카 간에 많으며, 이들 지역 중 유럽에서는 런던, 암스테르담, 프랑크푸르트 등, 미국에서는 뉴욕, 워싱턴 등의 인터넷 통신 정보량이 많다.

└ 독일에 위치하는 유럽의 경제와 문화의 중심이다. 프랑크푸르트 공항은 주요 허브 공항이다.

확인학습

3 (가), (나) 세계 도시에 대한 옳은 설명만을 〈보기〉에서 고른 것은?

(가) 런던, 도쿄, 뉴욕
(나) 로마, 뭄바이, 방콕, 홍콩, 타이베이, 서울, 오사카, 휴스턴, 부에노스아이레스, 카라카스 등

보기
ㄱ. 도시당 일평균 항공 교통 여객수는 (가)가 (나)보다 많다.
ㄴ. 각 도시가 국제 금융에 미치는 영향력은 (가)가 (나)보다 크다.
ㄷ. 도시당 생산자 서비스업의 생산액은 (나)가 (가)보다 많다.
ㄹ. (가)와 (나)의 주요 구분 기준은 도시 인구 규모와 도시 인구 증가율이다.

① ㄱ, ㄴ ② ㄱ, ㄷ ③ ㄴ, ㄷ
④ ㄴ, ㄹ ⑤ ㄷ, ㄹ

정답과 해설 ▶ (가)는 최상위 세계 도시, (나)는 하위 세계 도시이다. 답 ①

4 세계 도시 간 인터넷 통신 정보량에 대한 옳은 설명만을 〈보기〉에서 고른 것은?

보기
ㄱ. 세계 도시의 인터넷 통신 전송량은 유럽이 아프리카보다 많다.
ㄴ. 세계 도시의 인터넷 통신 전송량의 상위 도시는 주로 유럽과 앵글로아메리카에 분포한다.
ㄷ. 세계 도시 간 인터넷 통신 정보량은 모든 지역에서 대륙 내 전송량이 대륙 외 전송량보다 적다.
ㄹ. 유럽과 앵글로아메리카 간의 세계 도시 간 인터넷 통신 정보량은 유럽과 아시아 간의 세계 도시 간 인터넷 통신 정보량보다 적다.

① ㄱ, ㄴ ② ㄱ, ㄷ ③ ㄴ, ㄷ
④ ㄴ, ㄹ ⑤ ㄷ, ㄹ

정답과 해설 ▶ ㄷ. 세계 도시 간 인터넷 통신 정보량은 가까운 도시 간에 활발하여 모든 지역에서 대륙 내 전송량이 대륙 외 전송량보다 많다. ㄹ. 유럽과 앵글로아메리카 간의 세계 도시 간 인터넷 통신 정보량은 유럽과 아시아 간의 세계 도시 간 인터넷 통신 정보량보다 많다. 답 ①

개념 체크

저절로 암기 Tip | ☐ 1회 (/) ☐ 2회 (/) ☐ 3회 (/)

01~12 다음 내용이 옳으면 ○표, 틀리면 ×표 하시오.

01 산업 혁명 이후 세계의 도시화율은 지속적으로 높아졌다. ( )

02 도시화율의 증가율은 종착 단계에서 가장 높다. ( )

03 2020년에 아시아는 아프리카보다 도시화율이 높다. ( )

04 2020년에 도시 인구가 가장 많은 지역은 유럽이다. ( )

05 도시화율이 50%를 초과하면 도시에 거주하는 인구가 촌락에 거주하는 인구보다 많다. ( )

06 선진국은 개발 도상국보다 도시화의 가속화 단계가 시작된 시기가 이르다. ( )

07 세계 도시는 소비자 서비스업은 발달하였지만, 생산자 서비스업은 발달하지 못하였다. ( )

08 런던은 영국의 수도이며 최상위 세계 도시이다. ( )

09 미국의 뉴욕에는 국제 연합(UN) 본부가 있다. ( )

10 최상위 세계 도시는 하위 세계 도시보다 각 도시가 국제 금융에 미치는 영향이 크다. ( )

11 상품이나 서비스의 생산 및 유통 과정에 투입되는 서비스는 소비자 서비스이다. ( )

12 최상위 세계 도시는 모두 선진국, 하위 세계 도시는 모두 개발 도상국에 위치한다. ( )

정답

01 ○ 02 × 03 ○ 04 × 05 ○
06 ○ 07 × 08 ○ 09 ○ 10 ○
11 × 12 ×

오답 체크 Tip

12 최상위 세계 도시는 모두 선진국에 위치하지만, 하위 세계 도시는 선진국과 개발 도상국에 위치한다.

기본 문제

▶ 20581-0114

01 지도의 (가)~(다) 국가의 도시화율 변화를 그래프의 A~C에서 고른 것은?

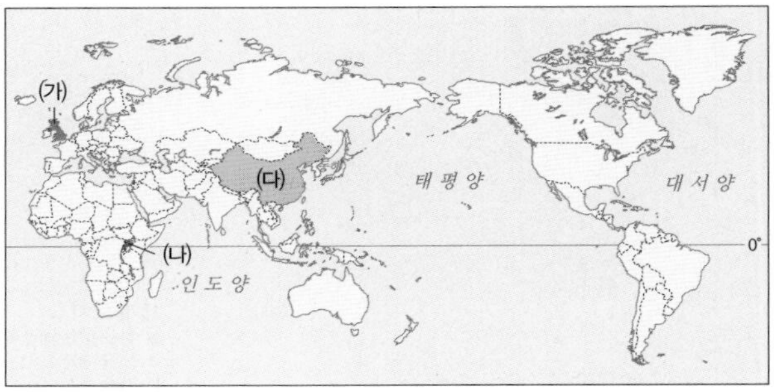

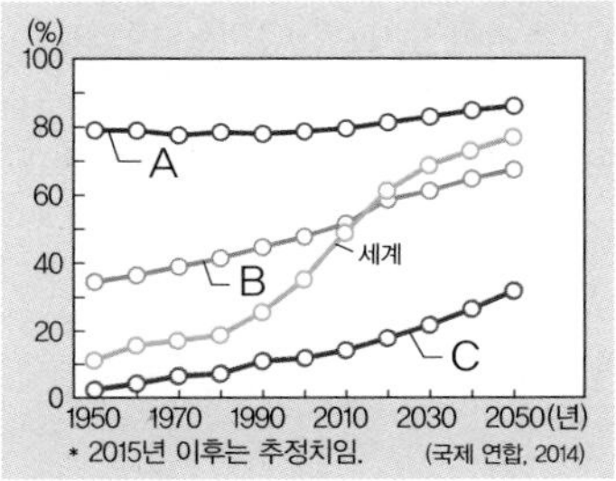

* 2015년 이후는 추정치임. (국제 연합, 2014)

	(가)	(나)	(다)
①	A	C	B
②	B	A	C
③	B	C	A
④	C	A	B
⑤	C	B	A

▶ 20581-0115

02 그래프는 지역별 도시 인구 변화를 나타낸 것이다. (가)~(다) 지역으로 옳은 것은?

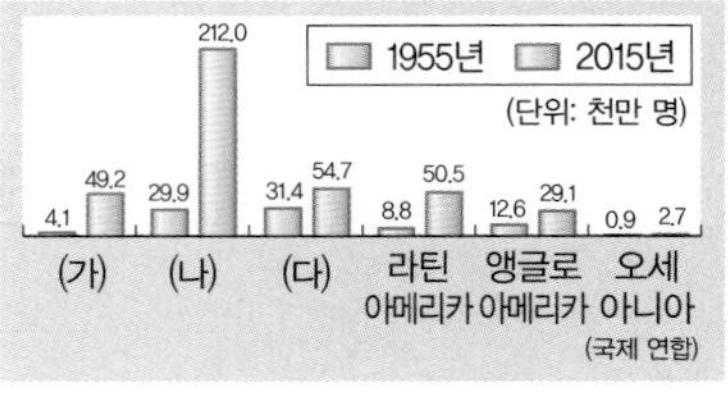

(국제 연합)

	(가)	(나)	(다)
①	유럽	아시아	아프리카
②	아시아	유럽	아프리카
③	아시아	아프리카	유럽
④	아프리카	유럽	아시아
⑤	아프리카	아시아	유럽

▶ 20581-0116

03 **그래프는 세 국가의 시기별 촌락 인구와 도시 인구를 나타낸 것이다. (가)~(다) 국가에 대한 설명으로 옳은 것은? (단, (가)~(다)는 브라질, 일본, 이집트 중 하나임.)**

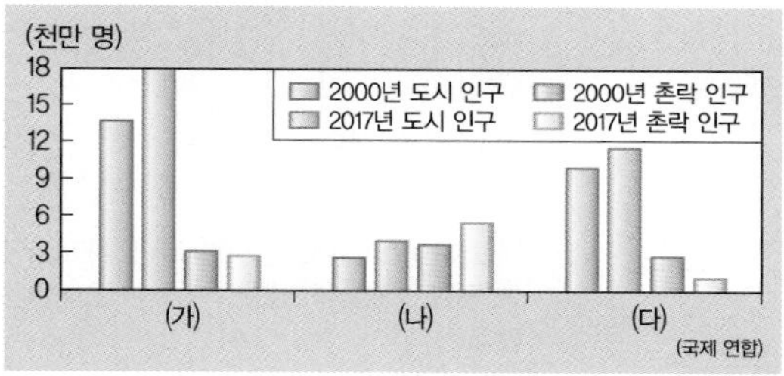

① (가)는 아프리카, (나)는 아시아에 위치한다.
② (가)는 (나)보다 도시화율이 높다.
③ (나)는 (다)보다 1인당 국내 총생산(GDP)이 많다.
④ (다)는 (가)보다 인구 증가율이 높다.
⑤ (다)는 (나)보다 세계 도시 발달 수준이 낮다.

▶ 20581-0117

04 **그래프는 세계 도시 지수 순위를 나타낸 것이다. 이에 대한 옳은 분석만을 〈보기〉에서 고른 것은?**

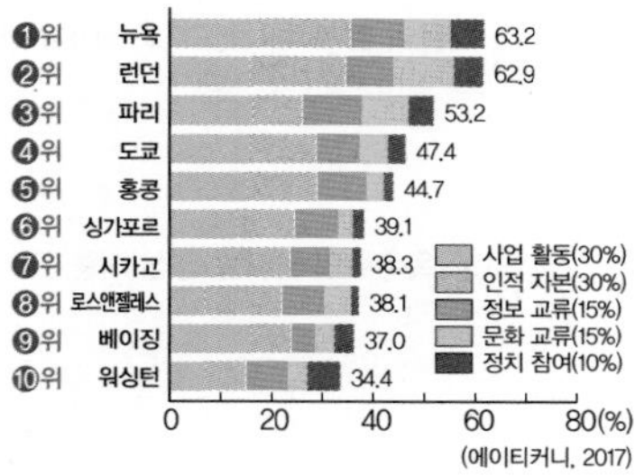

보기

ㄱ. 싱가포르는 파리에 비해 인적 자본 부문이 우위에 있다.
ㄴ. 베이징은 시카고보다 사업 활동은 점수가 높고, 정보 교류는 점수가 낮다.
ㄷ. 세계 도시 지수 10위 이내에 속하는 도시는 유럽이 앵글로아메리카보다 많다.
ㄹ. 세계 도시 지수 1위 도시는 10위 도시보다 사업 활동에 비해 정치 참여에서 뚜렷한 우위에 있다.

① ㄱ, ㄴ ② ㄱ, ㄷ ③ ㄴ, ㄷ
④ ㄴ, ㄹ ⑤ ㄷ, ㄹ

▶ 20581-0118

05 **지도는 세계 주요 도시의 인구와 도시 인구 증가율을 나타낸 것이다. 이에 대한 분석으로 옳은 것은?**

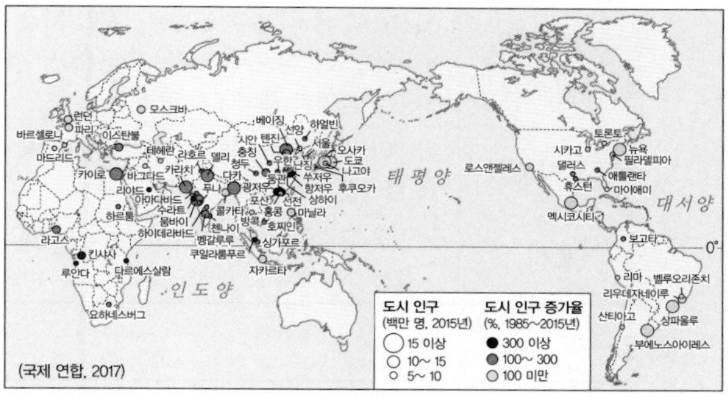

① 도시 인구 규모가 클수록 도시 인구 증가율도 높다.
② 최상위 세계 도시는 도시 인구 증가율도 가장 높다.
③ 도시 인구 증가율 300% 이상인 도시는 주로 유럽에 위치한다.
④ 인구 1,000만 명 이상의 도시는 아메리카보다 아시아에 더 많다.
⑤ 미국은 인구 1,000만 명 이상인 도시가 500~1,000만 명인 도시보다 도시 인구 증가율이 높다.

▶ 20581-0119

06 **지도는 세계 도시 체계를 나타낸 것이다. 이에 대한 설명으로 옳지 않은 것은?**

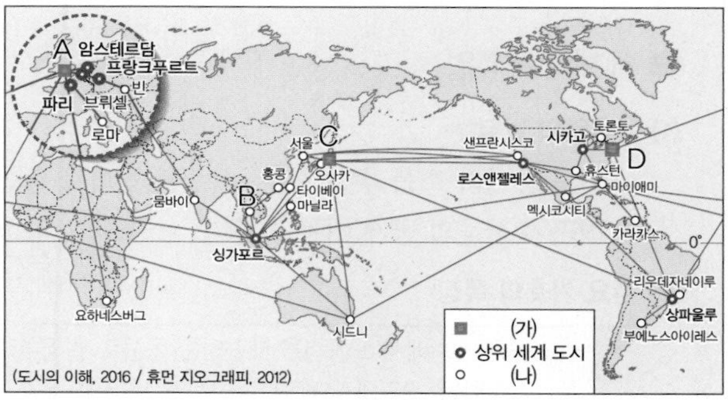

① A는 런던, C는 도쿄, D는 뉴욕이다.
② B는 A보다 도시 인구 증가율이 높다.
③ (나)의 도시 수는 아시아가 남아메리카보다 많다.
④ (나)는 (가)보다 개발 도상국에 분포하는 비율이 높다.
⑤ (나)는 (가)보다 생산자 서비스업의 발달 수준이 높다.

핵심 개념 정리 04 주요 식량 자원과 국제 이동

세계의 주요 식량 작물

인류의 생존과 건강한 생활을 위해 필요한 자원으로 쌀, 밀, 옥수수 등의 곡물 자원과 소고기, 돼지고기 등의 육류 자원(축산물) 등이 있다.

(1) 쌀

기원지와 재배 조건	• 기원지: 중국 남부 및 동남아시아 지역 • 재배 조건: 성장기에 고온 다습하고 수확기에 건조한 기후 지역의 충적 평야가 재배에 유리함
주요 재배지	아시아의 계절풍 기후 지역(가족 노동력 중심의 자급적 영농), 미국과 브라질(기계화된 상업적 영농) 등
특징	• 인구 부양력이 높아 전통적 벼농사 지역은 인구 밀도가 높음 • 생산지에서 주로 소비되어 밀, 옥수수보다 국제 이동량이 적음

(2) 밀

기원지와 재배 조건	• 기원지: 서남아시아의 건조한 기후 지역 • 재배 조건: 기후 적응력이 커서 비교적 기온이 낮고 건조한 기후 조건에서도 잘 자람 → 내한성과 내건성이 커서 재배 범위가 넓음
주요 재배지	중국 화북 · 인도 펀자브 등(주로 자급적 농업), 미국 · 캐나다 · 오스트레일리아 등(기계화된 영농 방식으로 상업적 농업)
특징	식량 작물 중 국제 이동량이 가장 많음, 남반구에서 북반구, 신대륙에서 구대륙으로 주로 이동함

남반구에서 재배되는 밀은 북반구와 수확 시기가 달라 높은 가격에 수출되기도 한다.

(3) 옥수수

기원지와 재배 조건	• 기원지: 아메리카 지역 • 재배 조건: 기후 적응력이 커서 다양한 기후 지역에서 재배됨
주요 재배지	지역별로는 아메리카 · 아시아, 국가별로는 미국, 중국, 브라질, 아르헨티나 등
특징	육류 소비가 늘면서 가축의 사료로 많이 사용됨, 최근 바이오 에탄올의 원료로 이용되면서 수요가 급증함

바이오 에탄올은 옥수수, 사탕수수, 수수, 보리, 감자 등의 작물에서 포도당을 추출한 후 이를 발효하여 생산하며, 주로 휘발유 첨가제로 사용된다.

세계의 목축업

(1) 목축업의 발달

① 인구 증가와 소득 수준 향상, 식생활 변화로 축산물 소비량 증가

② 최근 축산물의 국제 이동량 증가 — 냉동선의 발명으로 육류의 장거리 이동이 가능해지면서 오스트레일리아, 아메리카 등으로 목축 지역이 확대되었으며, 국제 이동량이 증가하였다.

(2) 주요 가축의 특징

소	농경 사회에서 노동력을 대신하는 동물로 일찍부터 가축화됨, 고기와 유제품(우유, 치즈, 버터)을 제공	강수량이 비교적 풍부한 곳에서는 주로 소를, 강수량이 적은 건조 기후 지역에서는 양을 기르는 경우가 많음
양	고기와 젖을 제공, 양털 수요 증가로 공업 원료로서의 가치 상승, 아시아에서는 주로 유목, 미국 · 브라질 · 오스트레일리아 등에서는 방목의 형태로 사육됨	
돼지	번식력이 강한 동물로 유럽과 아시아 전역에서 사육함 → 돼지고기를 금기시하는 이슬람교 신자의 비중이 높은 서남아시아에서는 거의 사육하지 않음	

유목: 가축과 함께 물과 풀을 찾아 이동하는 목축 방식으로, 일정한 정주지가 없는 것이 특징이다.

◉ 주요 식량 작물의 재배 면적과 단위 면적당 생산량

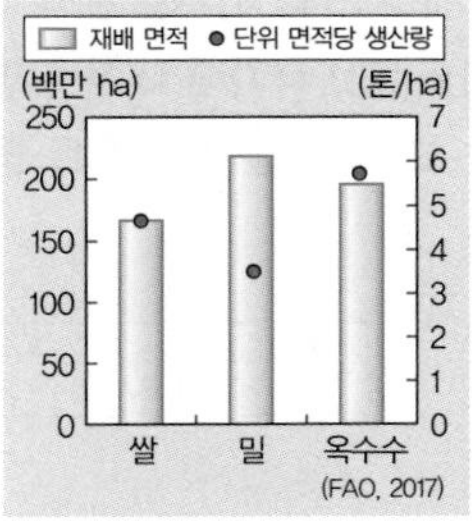

내한성, 내건성이 높은 밀은 재배 면적이 가장 넓으며, 단위 면적당 생산량은 옥수수 > 쌀 > 밀 순으로 많다.

◉ 주요 식량 작물의 지역(대륙)별 생산 현황

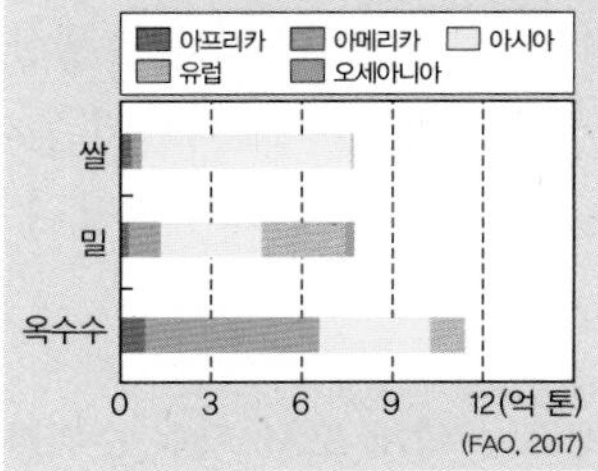

총 생산량은 옥수수가 가장 많으며, 쌀은 아시아, 밀은 아시아와 유럽, 옥수수는 아메리카에서 생산 비율이 높게 나타난다. 오세아니아에서는 상대적으로 밀이 많이 생산된다.

◉ 옥수수의 국가별 생산 비중

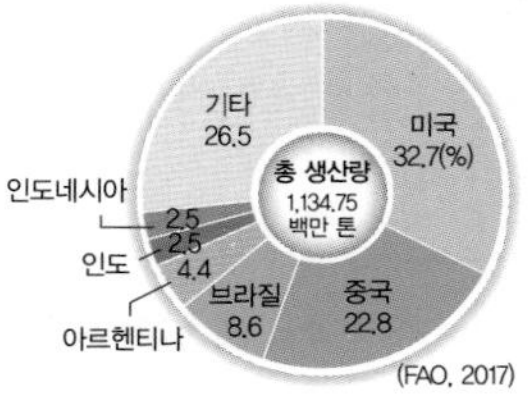

◉ 소, 양, 돼지의 국가별 사육 두수 비중

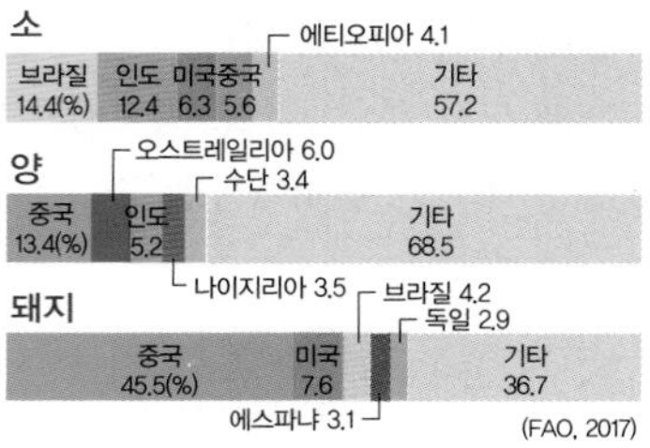

자료 탐구

확인학습

1 쌀과 밀의 생산과 이동

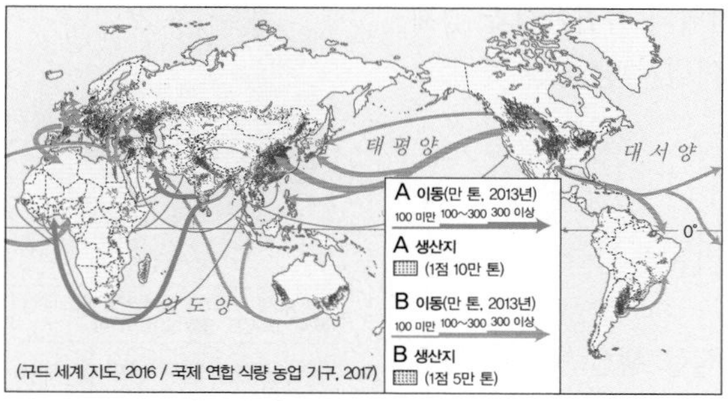

(구드 세계 지도, 2016 / 국제 연합 식량 농업 기구, 2017)

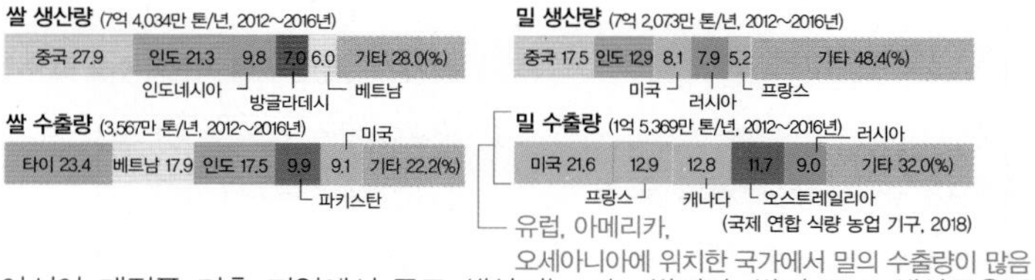

(국제 연합 식량 농업 기구, 2018)

분석 | 아시아 계절풍 기후 지역에서 주로 생산되는 A는 쌀이다. 쌀의 주요 생산국은 중국, 인도, 인도네시아 등이고, 주요 수출국은 타이, 베트남, 인도 등인데, 모두 아시아 국가들이다. B는 A보다 국제 이동량이 많고, 재배 범위가 넓게 나타나는 것으로 보아 밀이다. 밀의 주요 생산국은 중국, 인도, 미국 등이고, 주요 수출국은 미국, 프랑스, 캐나다 등이다.

1 주요 식량 작물인 쌀과 밀에 대한 설명으로 옳은 것은?

① 쌀은 밀보다 국제 이동량이 많다.
② 쌀은 아시아보다 유럽의 생산량이 많다.
③ 밀의 최대 생산국과 수출국 모두 아시아에 위치한다.
④ 쌀의 기원지는 아시아, 밀의 기원지는 아메리카이다.
⑤ 밀은 쌀보다 기후적 제약이 작아 재배 범위가 넓게 나타난다.

정답과 해설 ▶ 내한성 · 내건성이 높은 밀은 아시아 계절풍 기후 지역에서 주로 재배되는 쌀보다 기후적 제약이 작아 재배 범위가 넓게 나타난다.
밀이 쌀보다 국제 이동량이 많으며(①), 쌀은 아시아에서 대부분 생산되며(②), 밀의 최대 수출국은 미국이며(③), 밀의 기원지는 서남아시아로 알려져 있다(④). 답 ⑤

2 육류의 이동

중국은 돼지, 양의 최대 사육 국가임

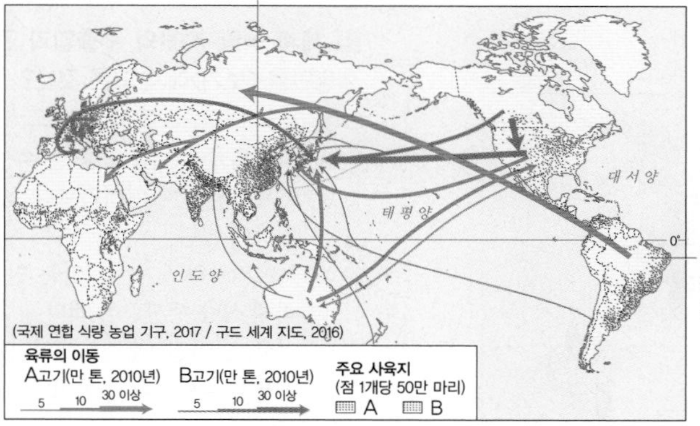

(국제 연합 식량 농업 기구, 2017 / 구드 세계 지도, 2016)

브라질은 소의 최대 사육 국가임

분석 | 브라질, 인도, 미국 등에서 주로 사육되는 A는 소이다. 소는 신대륙에 위치한 국가의 경우 기업적 목축 형태로 사육되며, 소고기는 주로 브라질, 미국, 오스트레일리아 등에서 아시아, 러시아 등으로 이동한다.
중국, 미국, 브라질과 유럽에 있는 국가에서 주로 사육되는 B는 돼지이다. 돼지고기를 금기시하는 이슬람교 신자 수 비율이 높은 서남아시아, 북부 아프리카에서는 돼지의 사육이 거의 이루어지지 않는다. 돼지고기는 유럽 내 이동량이 많으며, 유럽과 미국에서 동부 아시아로의 이동 또한 많다.

2 주요 가축에 대한 설명으로 옳지 않은 것은?

① 인도는 돼지보다 소의 사육 두수가 많다.
② 돼지는 이슬람 문화권에서 주로 사육된다.
③ 미국은 일본보다 돼지고기의 수출량이 많다.
④ 브라질은 오스트레일리아보다 소의 사육 두수가 많다.
⑤ 유럽은 소고기보다 돼지고기의 지역 내 이동량이 많다.

정답과 해설 ▶ 돼지고기를 금기시하는 이슬람 문화권에서는 돼지의 사육이 거의 이루어지지 않는다.
소를 신성시하는 인도는 돼지보다 소의 사육 두수가 많다(①). 미국은 돼지고기의 수출량이 많은 국가 중 하나이며, 일본은 돼지고기의 수입량이 많다(③). 브라질은 세계에서 소를 가장 많이 사육하는 국가이다(④). 육류의 이동 지도를 보면 유럽은 지역 내 돼지고기의 이동량이 많다(⑤). 답 ②

핵심 개념 정리 04 주요 식량 자원과 국제 이동

식량 자원의 생산과 수요

(1) 식량 자원의 국제 이동 발생 원인: 식량 생산은 각 지역의 자연환경과 경제 발전 수준, 사회 조건 등의 차이에 따라 다름 → 지역별 식량 생산 및 수요의 차이로 인해 식량 자원의 국제 이동 발생

(2) 식량 생산 및 수요의 지역적 차이

① 아시아와 아프리카: 인구 규모에 비해 식량 생산 비중이 낮음 → 곡물 순 수입

② 아메리카와 유럽, 오세아니아: 인구 규모에 비해 식량 생산 비중이 높음 → 곡물 순 수출

식량 자원의 교역 증가

(1) 세계 무역 환경의 변화: 세계화와 자유 무역 확대 → 식량 자원의 국가 간 교역 확대

(2) 세계 곡물 시장의 특징

① 곡물 생산량 변화에 따른 가격 변동이 큼

② 다국적 기업이 세계 곡물 시장의 약 80%를 장악, 식량 시장을 투기화하는 등 불안정한 상황 존재 → 안정적인 식량 확보를 위한 노력 필요

◉ **지역(대륙)별 인구 분포 및 곡물 생산 비율**

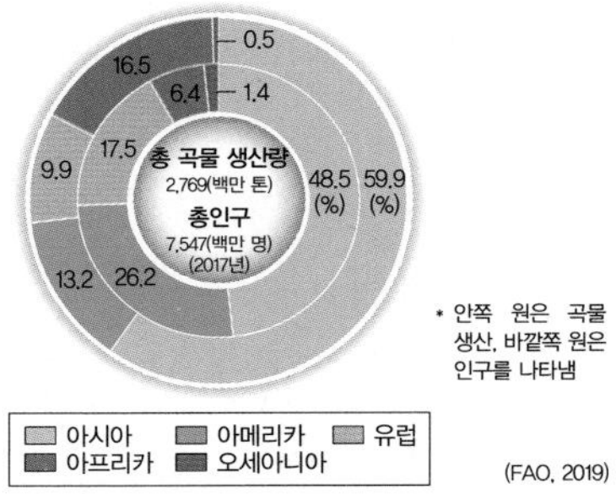

* 안쪽 원은 곡물 생산, 바깥쪽 원은 인구를 나타냄

(FAO, 2019)

지역(대륙)별 인구 분포 및 식량 생산과 수요의 차이로 인해 식량 자원의 국제 교역이 발생한다.

◉ **지역(대륙)별 곡물 자원의 수출 및 수입**

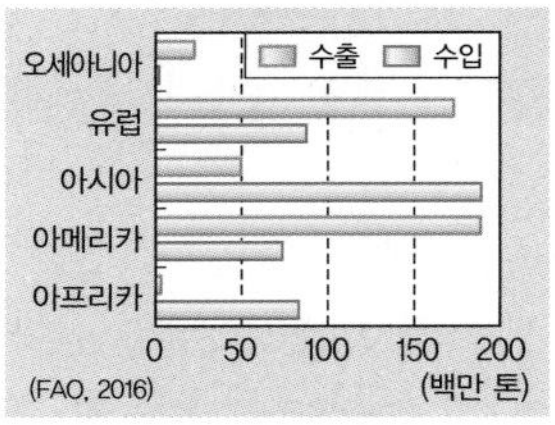

(FAO, 2016)

유럽, 아메리카, 오세아니아는 곡물 수입 대비 수출이 많고, 아시아, 아프리카는 곡물 수출 대비 수입이 많다.

자료 탐구

3 국가별 곡물 자원의 수출과 수입

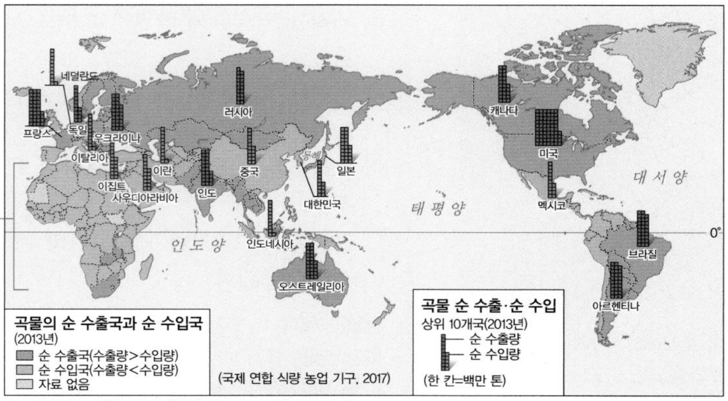

아프리카는 곡물 순 수출국보다 순 수입국이 많음

분석 | 미국, 캐나다, 브라질, 러시아 등은 곡물 순 수출량이 많다. 반면 일본, 대한민국, 중국 등은 인구 대비 곡물 생산량이 적어 곡물 순 수입량이 많다. 건조 기후 지역에 위치한 사우디아라비아와 이란 등은 인구 대비 경지 면적이 좁아 곡물 자원의 주요 수입국이다.

확인학습

3 세계 식량 자원의 수출입과 관련된 옳은 설명만을 〈보기〉에서 고른 것은?

〈보기〉
ㄱ. 미국은 중국보다 곡물 순 수출이 많다.
ㄴ. 아프리카는 아메리카보다 곡물 순 수입국이 많다.
ㄷ. 아메리카와 오세아니아는 인구 규모에 비해 식량 생산량이 적다.
ㄹ. 미국, 브라질, 오스트레일리아는 모두 곡물 수출량보다 곡물 수입량이 많다.

① ㄱ, ㄴ ② ㄱ, ㄷ ③ ㄴ, ㄷ
④ ㄴ, ㄹ ⑤ ㄷ, ㄹ

정답과 해설 ▶ ㄷ. 아메리카와 오세아니아는 모두 곡물 순 수출 지역으로 인구 규모에 비해 곡물 생산량이 많다. ㄹ. 미국, 브라질, 오스트레일리아는 모두 곡물 순 수출국으로, 곡물 수입량보다 곡물 수출량이 많다. 답 ①

핵심 개념 정리 05 주요 에너지 자원과 국제 이동

주요 에너지 자원과 국제 이동

└ 인간에게 이용 가치가 있고 기술적 · 경제적으로 이용 가능한 것을 말함

(1) 에너지 자원의 특징

① 에너지 자원의 종류: 화석 에너지(석유, 석탄, 천연가스 등), 신 · 재생 에너지(수력, 태양광, 풍력 등)

② 세계 에너지 자원 소비: 석유>석탄>천연가스>수력>원자력 등

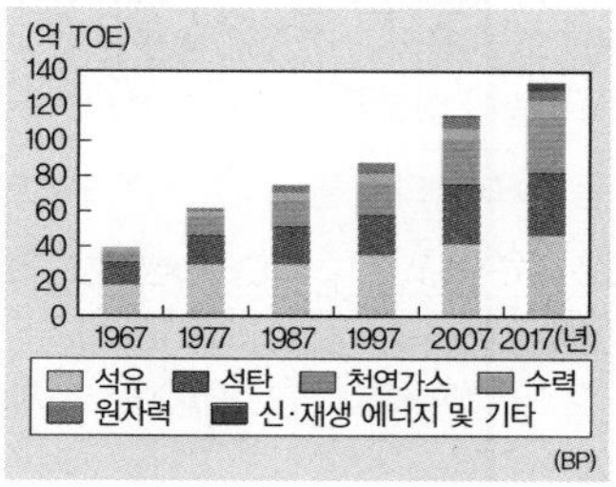

▲ 세계 1차 에너지 소비량 변화

(2) 지역별 화석 에너지 자원의 생산과 소비

① 지역(국가)별 화석 에너지 자원의 생산과 소비 특성: 화석 에너지 소비량 상위 5개국(중국, 미국, 인도 등)이 전 세계 화석 에너지 소비량의 50% 이상을 차지함

② 경제 발전 수준에 따른 화석 에너지 생산 및 소비 특성: 선진국이 개발 도상국보다 화석 에너지 생산량 대비 소비량이 많음

(3) 화석 에너지 자원의 이동 및 문제점

화석 에너지는 소비량 대비 생산량이 많은 지역에서 생산량 대비 소비량이 많은 지역으로의 국제 이동이 활발하다.

① 자원의 국제 이동: 주로 개발 도상국에서 경제 발전 수준이 높거나 공업이 발달한 선진국으로 이동

② 자원 이동과 관련된 갈등: 자원 수송로 및 수송관 설치를 둘러싼 갈등

◉ 자원의 특성

유한성	대부분 자원은 매장량이 한정되어 있어 언젠가는 고갈됨
편재성	자원이 특정 지역에 편중되어 분포함
가변성	기술 · 경제 · 문화적 조건 등에 따라 자원의 의미와 가치가 달라짐

◉ 주요 국가의 화석 에너지 소비 비중 변화

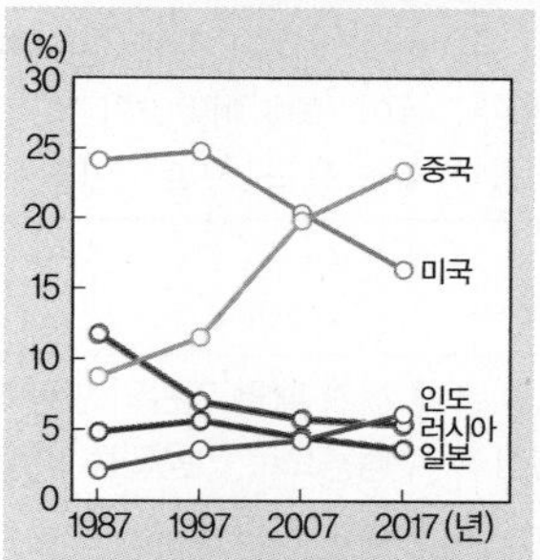

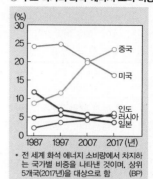

* 전 세계 화석 에너지 소비량에서 차지하는 국가별 비중을 나타낸 것이며, 상위 5개국(2017년)을 대상으로 함 (BP)

산업화 · 도시화가 빠르게 진행된 중국은 세계 최대 화석 에너지 소비국이 되었으며, 상대적으로 미국과 러시아가 전 세계 화석 에너지 소비에서 차지하는 비율이 감소하였다.

자료 탐구

4 국가별 1인당 에너지 소비량과 에너지 소비 구조

1차 에너지 소비량은 중국이 가장 많고 그다음으로 미국이 많음

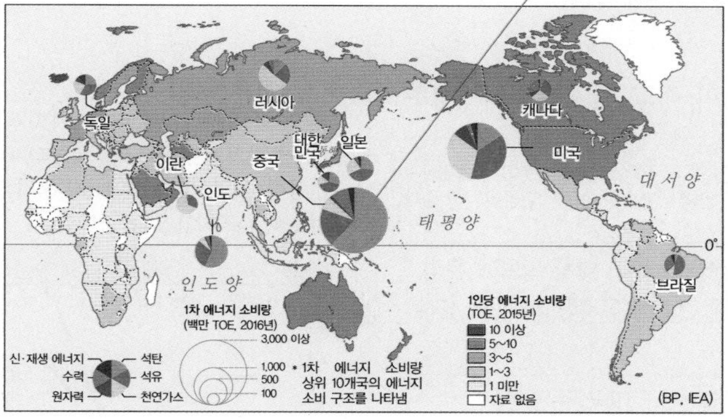

분석 | 사우디아라비아 등과 같이 자원이 풍부한 지역과 미국, 일본 등 경제 발전 수준이 높은 선진국은 1인당 에너지 소비량이 많고, 경제 발전 수준이 낮은 사하라 이남 아프리카 등의 개발 도상국은 1인당 에너지 소비량이 적다. 한편, 중국 · 인도 등은 석탄, 러시아 · 이란 등은 천연가스, 캐나다 · 브라질 등은 수력의 소비량이 상대적으로 많다.

확인학습

4 왼쪽 지도를 토대로 세계의 에너지 소비에 대한 옳은 설명만을 〈보기〉에서 고른 것은?

〈보기〉

ㄱ. 이란은 수력보다 천연가스 소비량이 많다.

ㄴ. 미국은 인도보다 1인당 에너지 소비량이 적다.

ㄷ. 중국은 러시아보다 1차 에너지 소비량이 많다.

ㄹ. 캐나다는 인도보다 1차 에너지 소비에서 석탄이 차지하는 비율이 높다.

① ㄱ, ㄴ ② ㄱ, ㄷ ③ ㄴ, ㄷ
④ ㄴ, ㄹ ⑤ ㄷ, ㄹ

정답과 해설 ▶ ㄴ. 미국은 인도보다 1인당 에너지 소비량이 많다. ㄹ. 캐나다는 인도보다 1차 에너지 소비에서 석탄이 차지하는 비율이 낮다. 답 ②

핵심 개념 정리 05

주요 에너지 자원과 국제 이동

주요 에너지 자원의 특징과 이동

(1) 석탄

특징	산업용(제철 공업용 및 발전용 등)으로 이용되는 비중이 높음, 산업 혁명기에 증기 기관의 연료로 이용되면서 소비량이 빠르게 증가하였음
분포	주로 고기 조산대에 매장되어 있음 ⓔ 미국의 애팔래치아산맥, 오스트레일리아의 그레이트디바이딩산맥, 중국의 푸순 등
이동	화석 에너지 중에서는 편재성이 적은 편이며, 생산지에서 소비되는 비율이 높아 국제 이동량이 적은 편임, 오스트레일리아 · 인도네시아 · 러시아 등이 수출, 중국 · 인도 · 일본 등이 수입

(2) 석유

특징	19세기 내연 기관의 발명과 자동차 보급이 확산되면서 소비량이 급증하였고, 수송용으로 이용되는 비중이 높음, 세계 1차 에너지 소비 구조에서 차지하는 비중이 가장 높음
분포	신생대 제3기층 배사 구조에 주로 매장되어 있음, 세계 매장량의 약 47%가 서남아시아의 페르시아만 연안 지역에 분포
이동	지역적인 편재성이 커서 국제 이동량이 많음, 서남아시아 석유 생산 국가의 수출 비중이 높음, 사우디아라비아 · 러시아 · 이라크 등이 수출, 중국 · 미국 · 인도 등이 수입

서남아시아의 수출량 비중이 높기 때문에 서남아시아의 정세 불안에 따른 가격 변동 폭이 큰 편이다.

(3) 천연가스

러시아에서 유럽으로 이어지는 육상 구간에서는 주로 파이프라인이 이용되며, 서남아시아 및 동남아시아에서 동부 아시아로 이어지는 해상 구간에서는 주로 액화 천연가스(LNG) 수송선을 이용한다.

특징	주로 산업용, 가정용으로 사용, 냉동 액화 기술의 발달로 운반과 사용이 편리해지면서 소비량이 급증, 석탄과 석유보다 대기 오염 물질 배출량이 적음
분포	신생대 제3기층 배사 구조에 석유와 함께 매장되어 있는 경우가 많음
이동	러시아 · 노르웨이 · 카타르 등이 수출, 일본 · 중국 · 독일 등이 수입

신·재생 에너지의 개발과 이용

(1) 신 · 재생 에너지의 특징: 대기 오염 물질의 배출이 적고 환경친화적, 대부분 재생 가능, 고갈될 염려가 적음

에너지 효율이 낮고 지역별로 소규모 발전이 이루어져 경제성이 낮으나, 최근 기술 발달로 인해 경제성이 높아지고 공급량이 증가하고 있다.

(2) 주요 신 · 재생 에너지의 특징

수력	연 강수량이 많은 지역(브라질)이나 높은 산지가 있어 낙차 확보에 유리하고 빙하의 침식을 받은 골짜기가 많아 댐 건설에 유리한 지역(캐나다, 노르웨이 등)에서 이용이 활발함
풍력	산지나 해안의 바람이 많이 부는 지역이 유리(중국, 미국, 독일 등)
태양광(열)	건조 기후와 같이 일사량이 많은 지역이 유리(중국, 미국, 이탈리아 등)
지열	신기 조산대, 해령과 같이 지열이 풍부한 곳이 유리(미국, 필리핀, 인도네시아 등)

◉ **산업 혁명**
18세기에 영국에서 시작된 기술 혁신과 이에 동반된 사회 · 경제 구조의 변화이다. 산업 혁명으로 석탄 소비량이 증가하면서 대기 오염 문제가 나타났다.

◉ **내연 기관**
기관 내부에서 연료의 연소가 이루어져 열에너지를 기계적 에너지로 바꾸며, 석유 · 가스 등 액체나 기체 연료를 주로 이용한다.

◉ **배사 구조**

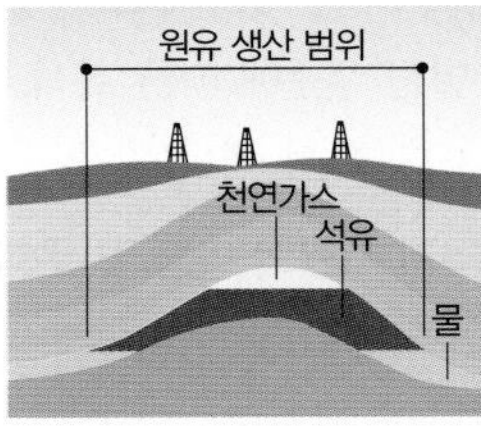

배사 구조란 볼록하게 솟아오른 습곡 지층 구조를 말한다. 석유나 천연가스는 물보다 가벼워 배사 구조의 윗부분에 분포한다.

◉ **냉동 액화 기술**
기체 상태의 천연가스를 냉각하여 액체로 응축하는 기술이다. 냉동 액화된 천연가스는 기체 상태에 비해 부피가 크게 줄어 액화 천연가스(LNG) 수송선을 이용하여 수송이 가능하다.

◉ **신 · 재생 에너지**
기존의 화석 에너지를 변환시켜 이용하는 에너지와 재생이 가능한 에너지를 말한다. 태양광(열), 수력, 풍력, 지열, 바이오 에너지 등이 있으며, 최근 소비량이 증가하고 있다.

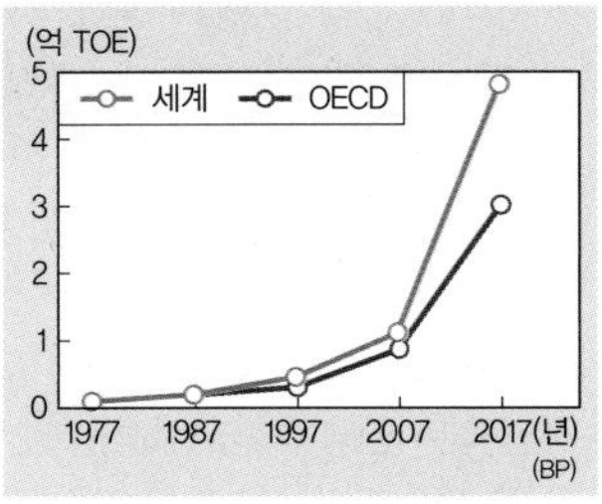

▲ 신 · 재생 에너지 소비량 변화

자료 탐구

5 주요 화석 에너지의 용도별 소비 비율과 국가별 생산 비율 및 순 수출량 비율

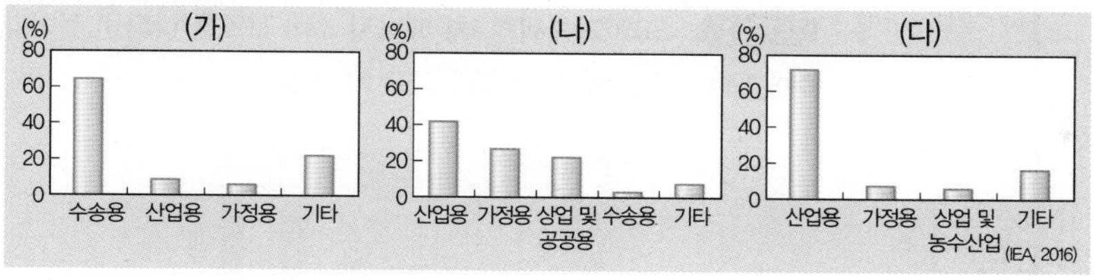

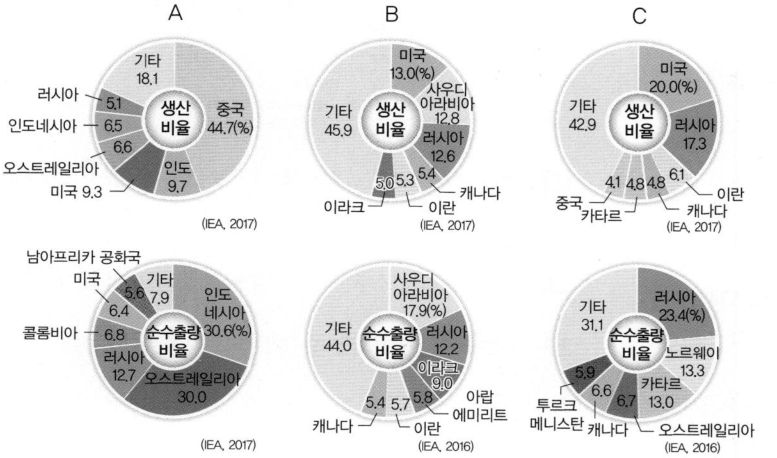

분석 | 수송용으로 주로 이용되는 (가)는 석유, 산업용과 가정용으로 많이 이용되는 (나)는 천연가스, 산업용으로 대부분 이용되는 (다)는 석탄이다. 중국의 생산 비율이 매우 높고, 인도네시아, 오스트레일리아의 순 수출량 비율이 높은 A는 석탄이다. B는 미국, 사우디아라비아의 생산 비율이 높고, 서남아시아에 있는 사우디아라비아, 이라크, 아랍 에미리트, 이란 등에서 순 수출량 비율이 높으므로 석유이다. C는 미국, 러시아의 생산 비율이 높고, 러시아, 노르웨이, 카타르의 순 수출량 비율이 높으므로 천연가스이다.

6 주요 신 · 재생 에너지의 국가별 소비(발전) 현황

여름이 고온 건조한 지중해성 기후가 나타나 풍부한 일사량을 바탕으로 태양광(열) 소비량이 많음

(가)		(나)		풍력		태양광 · 태양열	
미국	26.0(%)	중국	28.5(%)	중국	25.5(%)	중국	24.4(%)
필리핀	13.5	캐나다	9.8	미국	22.9	미국	17.6
인도네시아	13.0	브라질	9.1	독일	9.5	일본	14.1
튀르키예	7.4	미국	7.3	인도	4.7	독일	9.0
뉴질랜드	6.8	러시아	4.5	영국	4.4	이탈리아	5.7
기타	33.3	기타	40.8	기타	33.0	기타	29.2

* 풍력, 태양광 · 태양열은 소비량 기준임 (BP, 2017)

분석 | (가)는 판의 경계에 위치해 지열이 풍부한 필리핀, 인도네시아, 튀르키예, 뉴질랜드 등에서 발전량 비율이 높으므로 지열이고, 중국, 캐나다, 브라질 등에서 발전량 비율이 높은 (나)는 강수량이 많거나 큰 낙차를 얻을 수 있는 곳에서 주로 이루어지는 수력이다.

확인학습

5 다음 설명에 해당하는 화석 에너지를 쓰시오.

(1) 수송용 연료로 가장 많이 소비되는 에너지는?

(2) 순 수출량 1위 국가가 러시아인 에너지는?

(3) 순 수출량 1위 국가가 사우디아라비아인 에너지는?

(4) 중국의 생산 비중이 가장 높은 에너지는?

답 (1) 석유 (2) 천연가스 (3) 석유 (4) 석탄

6 화석 에너지에 대한 설명으로 옳은 것은?

① 천연가스의 최대 순 수출국은 인도이다.
② 석유의 최대 순 수출국은 유럽에 위치한다.
③ 석유는 가정용 연료로 가장 많이 소비된다.
④ 서남아시아는 석유보다 석탄의 수출량이 많다.
⑤ 석탄은 총생산량의 절반 이상이 아시아에서 생산된다.

정답과 해설 ▶ ① 천연가스의 최대 순 수출국은 러시아이다. ② 석유의 최대 순 수출국은 사우디아라비아로, 아시아에 위치한다. ③ 석유는 수송용으로 가장 많이 소비된다. ④ 서남아시아는 석탄보다 석유의 수출량이 많다. 답 ⑤

7 주요 신 · 재생 에너지에 대한 옳은 설명만을 〈보기〉에서 고른 것은?

보기
ㄱ. 영국은 캐나다보다 수력 발전량이 많다.
ㄴ. 수력과 풍력 모두 세계 1위 소비국은 중국이다.
ㄷ. 지열은 판의 경계 부근에서 개발 잠재력이 높다.
ㄹ. 필리핀, 인도네시아, 뉴질랜드는 모두 풍력 발전량이 많다.

① ㄱ, ㄴ ② ㄱ, ㄷ ③ ㄴ, ㄷ
④ ㄴ, ㄹ ⑤ ㄷ, ㄹ

정답과 해설 ▶ ㄱ. 캐나다가 영국보다 수력 발전량이 많다. ㄹ. 필리핀, 인도네시아, 뉴질랜드는 모두 지열 발전량이 많다. 답 ③

저절로 암기 Tip | ☐ 1회 (/) ☐ 2회 (/) ☐ 3회 (/)

01~03 빈칸에 알맞은 말을 쓰시오.

01 아시아 계절풍 기후 지역에서 주로 재배되며 인구 부양력이 높은 식량 작물은 ( )이다.

02 바이오 에탄올의 원료로 이용되면서 최근 수요가 급증한 식량 작물은 ( )이다.

03 세계 3대 식량 작물 중 국제 이동량이 가장 많은 것은 ( )이고, 가장 적은 것은 ( )이다.

04~07 다음 내용이 옳으면 ○표, 틀리면 ×표 하시오.

04 세계에서 소를 가장 많이 사육하는 국가는 중국, 돼지를 가장 많이 사육하는 국가는 브라질이다. ( )

05 양은 소보다 비교적 강수량이 많은 지역에서 사육된다. ( )

06 아시아, 아프리카에 있는 국가들은 모두 인구 대비 식량 생산량이 적은 곡물 순 수입국이다. ( )

07 이슬람교 신자의 비중이 높은 서남아시아에서 거의 사육되지 않는 가축은 돼지이다. ( )

08 에너지 자원과 주요 특징을 바르게 연결하시오.

(1) 석유 • • ㉠ 고기 조산대에 주로 매장

(2) 석탄 • • ㉡ 수송용 연료로 주로 이용

(3) 천연가스 • • ㉢ 냉동 액화 기술의 발달로 소비량 급증

09~11 그래프는 세계 1차 에너지 소비 구조를 나타낸 것이다. 이에 대한 설명으로 옳은 것에 ○표 하시오.

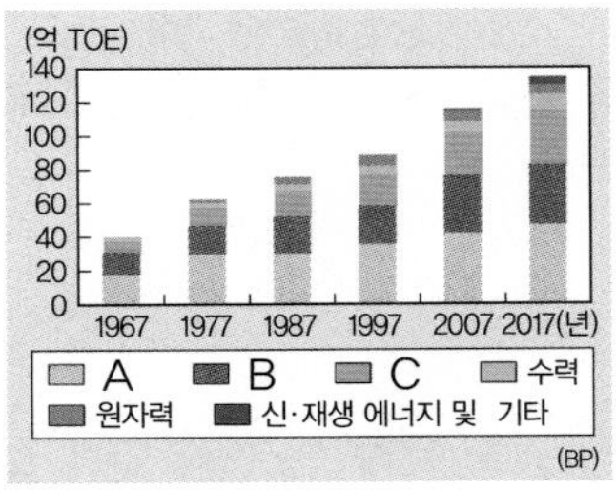

09 A는 (석유 / 석탄 / 천연가스), B는 (석유 / 석탄 / 천연가스), C는 (석유 / 석탄 / 천연가스)이다.

10 B는 C보다 연소 시 대기 오염 물질 배출량이 (많다 / 적다).

11 C는 B보다 상용화된 시기가 (이르다 / 늦다).

12~15 빈칸에 알맞은 에너지 자원을 쓰시오.

12 세계 1차 에너지 소비 구조에서 차지하는 비율이 가장 높은 자원은 ________이다.

13 연 강수량이 많은 지역이나 높은 산지가 있어 낙차 확보에 유리한 곳은 ________ 발전의 비중이 높다.

14 지각판의 경계에 위치한 필리핀, 인도네시아, 뉴질랜드 등은 ________ 발전의 비율이 높다.

15 2017년 기준 석탄의 생산량이 가장 많은 국가는 ________, 2016년 기준 석유의 순 수출량이 가장 많은 국가는 ________이다.

정답

01 쌀(벼) **02** 옥수수 **03** 밀, 쌀 **04** × **05** × **06** × **07** ○ **08** (1) ㉡, (2) ㉠, (3) ㉢ **09** 석유, 석탄, 천연가스 **10** 많다 **11** 늦다 **12** 석유 **13** 수력 **14** 지열 **15** 중국, 사우디아라비아

오답 체크 Tip

05 소가 양보다 비교적 강수량이 많은 지역에서 사육된다. **09** 세계 1차 에너지 소비 구조에서 차지하는 비율이 가장 높은 A는 석유, 두 번째로 높은 B는 석탄, 1967~2017년에 에너지 소비가 급증한 C는 천연가스이다.

▶ 20581-0120

01 그래프는 세계 3대 식량 작물의 국가별 생산량을 나타낸 것이다. (가)~(다) 작물에 대한 옳은 설명만을 〈보기〉에서 고른 것은?

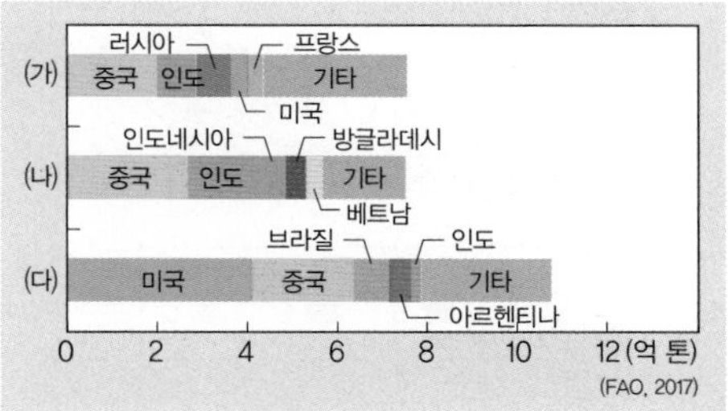

〈보기〉
ㄱ. (가)는 아시아 계절풍 기후 지역에서 주로 재배된다.
ㄴ. (가)는 (나)보다 국제 이동량이 많다.
ㄷ. (나)는 (가)보다 단위 면적당 생산량이 많다.
ㄹ. (나)는 (다)보다 바이오 에탄올의 원료로 많이 이용된다.

① ㄱ, ㄴ ② ㄱ, ㄷ ③ ㄴ, ㄷ
④ ㄴ, ㄹ ⑤ ㄷ, ㄹ

▶ 20581-0121

02 그래프는 세계 3대 식량 작물의 지역(대륙)별 생산량을 나타낸 것이다. 이에 대한 설명으로 옳은 것은? (단, A~C는 유럽, 아시아, 아메리카 중 하나임.)

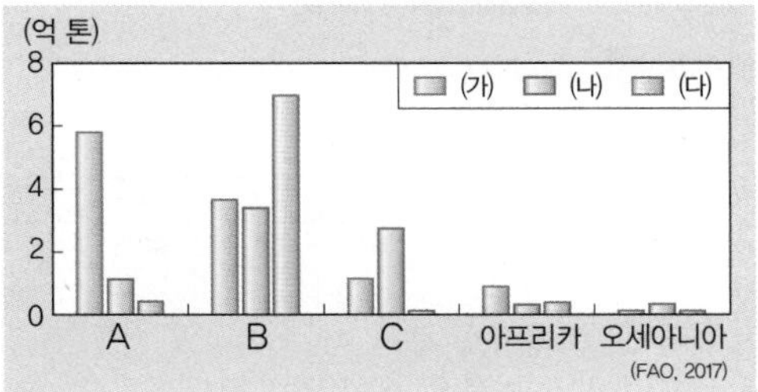

① (가)는 (나)보다 전 세계 생산량이 적다.
② (나)는 (다)보다 내한성과 내건성이 뛰어나다.
③ (가)의 기원지는 아시아, (나)의 기원지는 아메리카이다.
④ C는 곡물 수출량보다 곡물 수입량이 많다.
⑤ A는 B보다 농가당 경지 면적이 좁다.

▶ 20581-0122

03 지도는 두 식량 작물의 생산과 이동을 나타낸 것이다. (가)와 비교한 (나) 작물의 상대적 특성을 그림의 A~E에서 고른 것은? (단, (가), (나)는 쌀, 밀 중 하나임.)

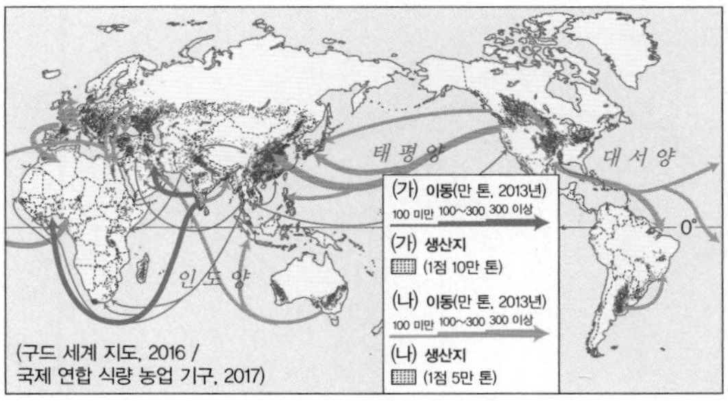

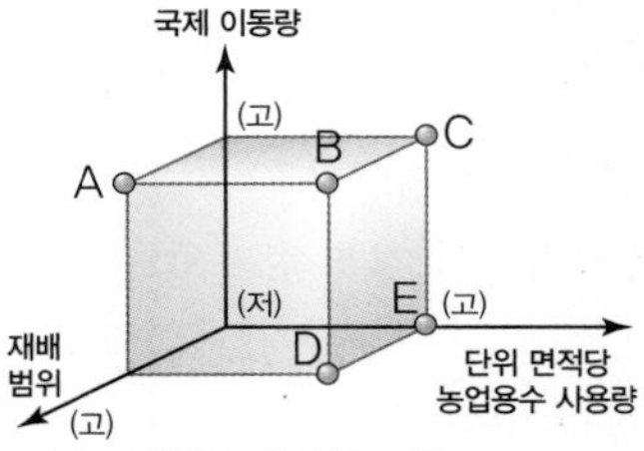

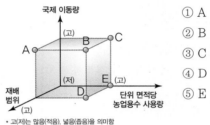

• 고(저)는 많음(적음), 넓음(좁음)을 의미함

① A
② B
③ C
④ D
⑤ E

▶ 20581-0123

04 그래프는 세계 3대 식량 작물의 재배 면적 변화를 나타낸 것이다. (가)~(다)로 옳은 것은?

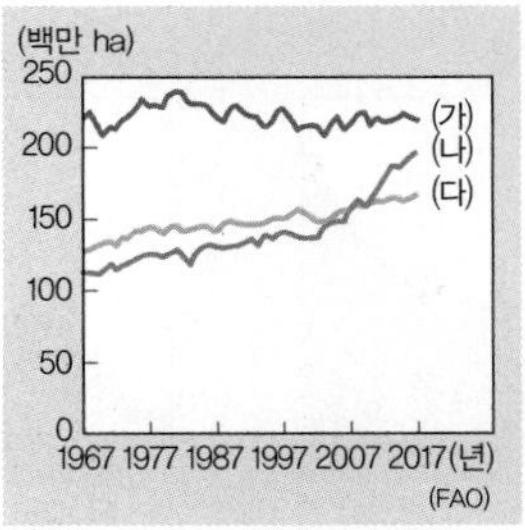

	(가)	(나)	(다)
①	밀	쌀	옥수수
②	밀	옥수수	쌀
③	쌀	옥수수	밀
④	옥수수	밀	쌀
⑤	옥수수	쌀	밀

기본 문제

▶ 20581-0124

05 지도는 A, B고기의 이동과 주요 사육지를 나타낸 것이다. 이에 대한 설명으로 옳은 것은? (단, A, B는 소, 양, 돼지 중 하나임.)

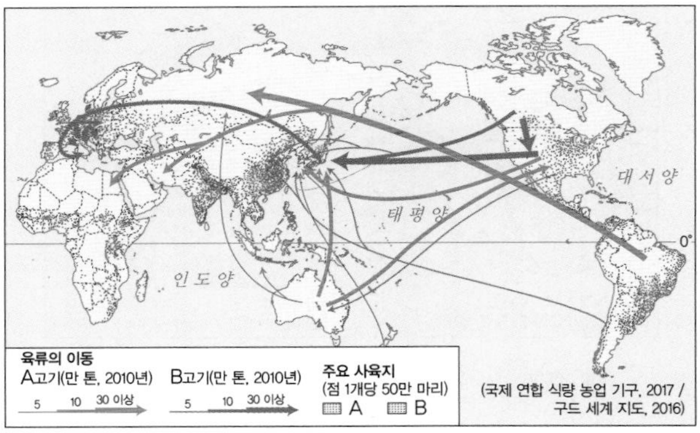

① 이슬람 신자들은 A의 식용을 금기시한다.
② A는 털에 대한 수요가 증가하면서 경제적 가치가 높아졌다.
③ B는 벼농사 지역에서 노동력 대체 효과가 크다.
④ B의 사육 두수가 가장 많은 국가는 아시아에 위치한다.
⑤ A는 B보다 아시아의 사육 두수 비율이 높다.

단답형 서술형 ▶ 20581-0125

06 그래프는 지역(대륙)별 곡물 수출입 변화를 나타낸 것이다. 이를 보고 물음에 답하시오.

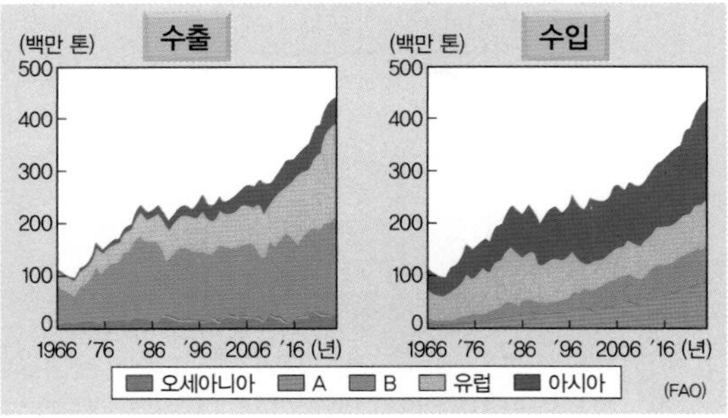

(1) A, B 지역(대륙)의 명칭을 쓰시오.

(2) 식량 자원의 국제 가격이 상승할 경우 어려움을 겪을 것으로 예상되는 두 지역(대륙)을 제시하고, 그 이유를 서술하시오.

▶ 20581-0126

07 그래프는 세계 1차 에너지원별 소비량 변화를 나타낸 것이다. A~D에 대한 옳은 설명만을 〈보기〉에서 고른 것은?

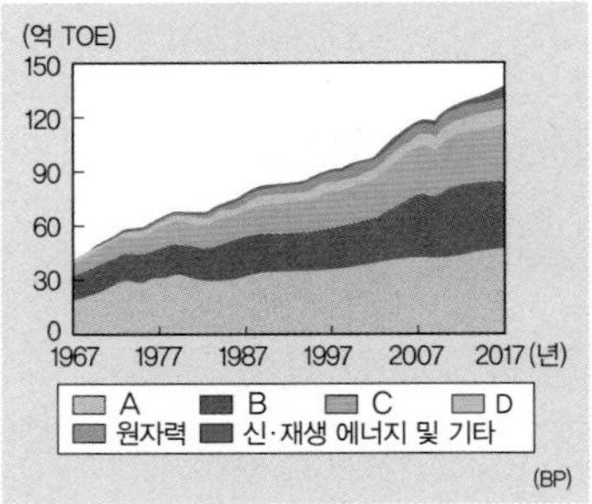

〈보기〉
ㄱ. A는 고기 조산대 주변에 주로 매장되어 있다.
ㄴ. B는 C보다 연소 시 대기 오염 물질 배출량이 많다.
ㄷ. C는 A보다 상용화된 시기가 이르다.
ㄹ. D는 B보다 고갈 가능성이 낮다.

① ㄱ, ㄴ ② ㄱ, ㄷ ③ ㄴ, ㄷ ④ ㄴ, ㄹ ⑤ ㄷ, ㄹ

▶ 20581-0127

08 그래프는 1차 에너지 소비량 상위 4개국의 에너지원별 소비 구조를 나타낸 것이다. 이에 대한 설명으로 옳은 것은? (단, (가)~(다)는 미국, 인도, 중국 중 하나이고, A~D는 석유, 석탄, 원자력, 천연가스 중 하나임.)

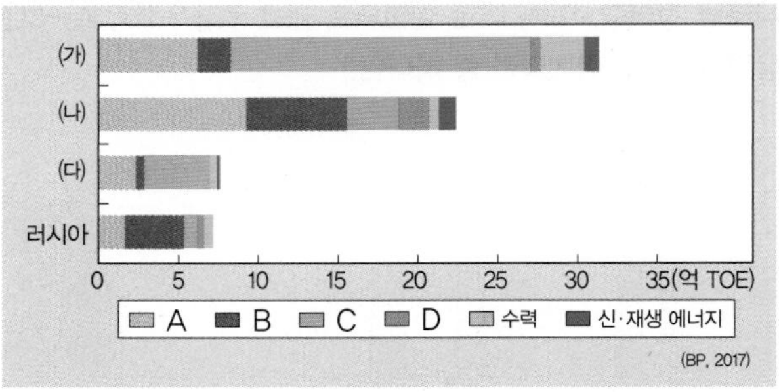

① (나)는 러시아보다 석유 소비량이 적다.
② (가)는 (나)보다 A의 생산량이 많다.
③ (나)는 (다)보다 천연가스의 생산량이 많다.
④ B는 C보다 세계 1차 에너지 소비 구조에서 차지하는 비중이 높다.
⑤ D는 C보다 상용화된 시기가 이르다.

▶ 20581-0128

09 그래프는 세 화석 에너지의 국가별 소비 비중을 나타낸 것이다. (가)~(다)로 옳은 것은?

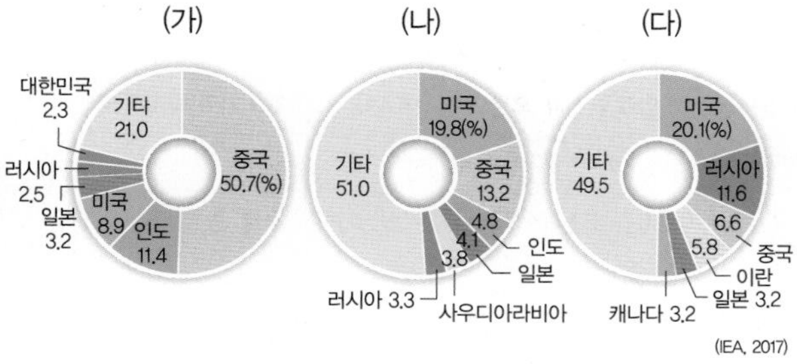

	(가)	(나)	(다)
①	석유	석탄	천연가스
②	석탄	석유	천연가스
③	석탄	천연가스	석유
④	천연가스	석유	석탄
⑤	천연가스	석탄	석유

▶ 20581-0129

10 그래프는 두 화석 에너지의 지역(대륙)별 생산 비율을 나타낸 것이다. (가), (나)에 대한 설명으로 옳은 것은?

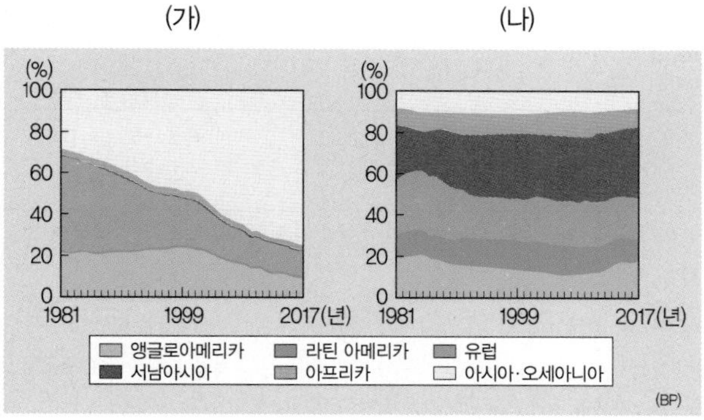

① (가)는 신생대 제3기층 배사 구조가 발달한 곳에 주로 매장되어 있다.
② (나)는 산업 혁명 시기 주요 에너지 자원이었다.
③ (가)는 (나)보다 수송용 연료로 사용되는 비중이 높다.
④ (나)는 (가)보다 국제 이동량이 많다.
⑤ (나)는 (가)보다 전 세계 발전용 연료에서 차지하는 비율이 높다.

▶ 20581-0130

11 그래프는 어느 화석 에너지의 생산과 이동을 나타낸 것이다. 이 자원에 대한 설명으로 옳은 것은?

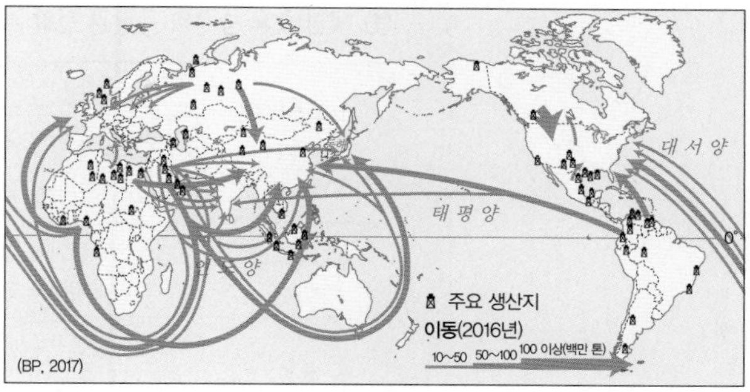

① 최대 생산국은 중국이다.
② 고기 조산대 주변에 주로 매장되어 있다.
③ 화석 연료 중 대기 오염 물질 배출량이 가장 적다.
④ 냉동 액화 기술이 개발되면서 소비량이 급증하였다.
⑤ 자동차, 항공기 등 수송 수단의 연료로 주로 이용된다.

▶ 20581-0131

12 그래프는 (가)~(다) 신·재생 에너지의 국가별 현황을 나타낸 것이다. 이에 대한 설명으로 옳은 것은? (단, (가)~(다)는 수력, 지열, 바이오 연료 중 하나임.)

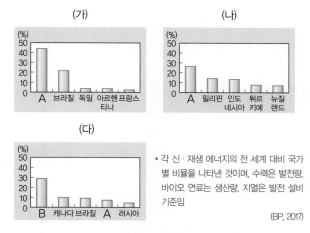

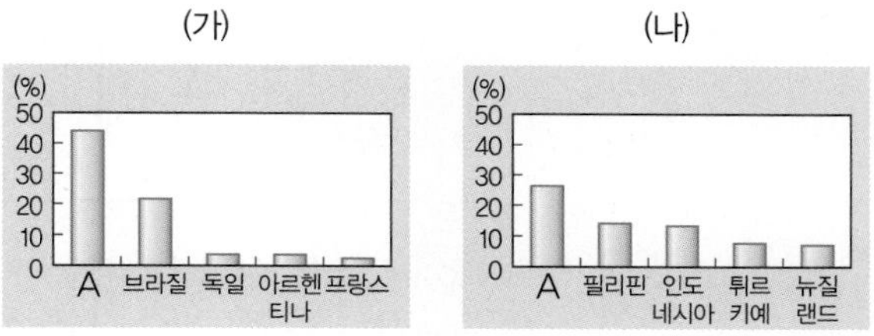

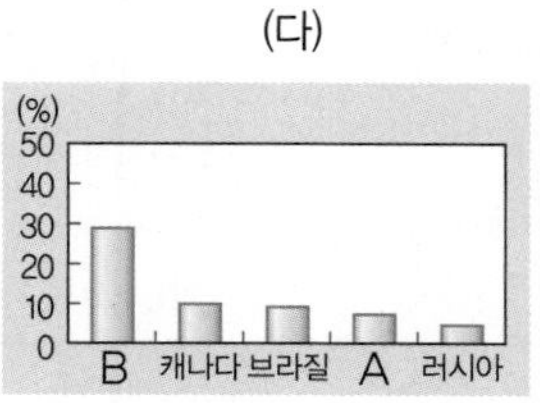

* 각 신·재생 에너지의 전 세계 대비 국가별 비율을 나타낸 것이며, 수력은 발전량, 바이오 연료는 생산량, 지열은 발전 설비 기준임

(BP, 2017)

① A는 B보다 석탄 생산량이 많다.
② (가)는 낙차가 크고 유량이 풍부한 지역이 생산에 유리하다.
③ (나)는 판의 경계 부근에서 개발 잠재력이 높다.
④ (다)의 이용 확대는 식량 부족 문제를 유발하기도 한다.
⑤ (나)는 (다)보다 발전 시 기상 조건의 영향을 많이 받는다.

대단원 마무리 정리

Self Note

→ 세계 종교는 전 인류를 포교 대상으로 삼고 교리를 전파하는 보편 종교(크리스트교, 이슬람교, 불교)와 일부 민족의 범위 내에서 교리를 전파하는 민족 종교(힌두교, 유대교 등)로 구분된다.

01 주요 종교의 전파와 종교 경관

(1) 세계 주요 종교의 특징과 전파 과정

크리스트교	특징	하나님을 유일신으로 섬기고 그의 아들 예수를 구원자로 믿으며 이웃 사랑을 실천
	전파	로마의 국교로 지정되면서 지중해 일대로 전파, 유럽의 신항로 개척 시대를 거치며 세계로 확산
①	특징	알라를 유일신으로 섬기고 쿠란을 설파한 무함마드를 성인으로 추앙
	전파	군사적 정복 활동과 상업 활동을 바탕으로 북부 아프리카와 서남아시아 전역, 동남 및 남부 아시아 일대로 급속히 전파
불교	특징	석가모니의 가르침을 전하고 실천, 개인의 깨달음을 얻기 위한 수행과 자비를 중시
	전파	개인 또는 대중 구제의 교리를 바탕으로 인도에서 발원한 이후 동남 및 동아시아 일대로 전파
②	특징	다신교로 선행과 고행을 통한 수련을 중시
	전파	브라만교를 바탕으로 고대 인도에서 발생, 민족 종교이지만 인도 주변의 일부 지역으로 전파

(2) 세계 주요 종교의 성지와 종교 경관

→ 성지는 종교의 가장 성스러운 공간으로 대체로 종교의 발원지인 경우가 많으며, 종교 경관은 각 종교와 관련된 상징적 의미를 담고 있다.

크리스트교	성지	예루살렘(크리스트교와 함께 이슬람교, 유대교의 성지임)
	경관	종탑과 십자가가 보편적이며, 십자가는 인류의 구원이라는 상징성을 지님
이슬람교	성지	③ (무함마드가 탄생한 곳), 메디나(무함마드의 묘지가 있는 곳)
	경관	아라베스크 문양, 첨탑과 중앙의 돔형 구조물이 있는 모스크
불교	성지	룸비니(석가모니가 탄생한 곳), ④ (석가모니가 깨달음을 얻은 곳)
	경관	불상을 모신 불당, 사리를 안치한 탑, 수레바퀴 문양은 윤회를 상징
힌두교	성지	바라나시(힌두교도가 신성시하는 갠지스강 주변에 있음)
	경관	다양한 신들이 조각된 힌두 사원

02 세계의 인구 변천과 인구 이주

세계의 인구 증가	산업 혁명 이후 빠르게 증가 → 의학 기술의 발달, 공공 위생 시설의 개선에 따른 사망률 감소, 생활 수준 향상에 따른 인구 부양 능력의 향상 등이 요인
세계의 인구 이주	• 이주 동기: 자발적 이동(더 나은 환경을 찾아 스스로 이동), 강제적 이동(전쟁이나 억압 때문에 발생) • 이주 원인: ⑤ 원인(개발 도상국에서 선진국으로의 취업과 더 나은 소득을 위한 이동), 종교적 원인(종교의 자유를 찾아 이동, 성지 순례를 위해 이동), 환경적 원인(자연재해 등으로 인한 이동)

→ 도시에 거주하는 인구가 증가하는 현상, 도시 수의 증가, 촌락에 도시적 생활 양식이 확대되는 현상을 말한다.

03 세계의 도시화와 세계 도시 체계

세계의 도시화	선진국은 산업 혁명 이후 점진적으로 진행, 개발 도상국은 제2차 세계 대전 이후 산업화와 함께 급속하게 진행
세계 도시와 세계 도시 체계	• ⑥ : 국가의 경계를 넘어 세계적인 중심지 역할을 하는 대도시, 세계 경제의 중심지 역할 • 세계 도시의 특징: 교통 · 통신의 중심지, 경제 · 정치의 중심지, 고차 생산자 서비스업 성장 • ⑦ : 세계 도시 간 기능적으로 연계된 체계를 의미함, 최상위 세계 도시(뉴욕, 런던, 도쿄)는 선진국에 위치

답 ① 이슬람교
② 힌두교
③ 메카
④ 부다가야
⑤ 경제적
⑥ 세계 도시
⑦ 세계 도시 체계

Self Note

04 주요 식량 자원과 국제 이동

(1) 주요 식량 자원

쌀	• 아시아 계절풍 기후 지역의 충적 평야에서 주로 재배됨 • 단위 면적당 생산량이 많아 인구 부양력이 높음 • 생산지와 소비지가 일치하여 국제 이동량이 적음
①	• 내한성 · 내건성이 높은 작물로 기온이 낮고 건조한 지역에서도 재배 → 전 세계 여러 지역에서 연중 수확됨 • 국제 이동량이 많음
옥수수	• 기후 적응력이 커서 다양한 기후 지역에서 재배됨 • 육류 소비가 늘어나면서 가축 사료용 작물로 이용, 최근 바이오 에탄올의 원료로 이용되면서 수요 급증

(2) 목축업

→ 세계 경제가 성장함에 따라 육류 소비가 증가하고 있고, 오세아니아, 아메리카 등의 목축 지역이 확대되고 있으며, 축산물의 국제 이동량 또한 증가하는 추세이다

소	고기 및 우유, 치즈, 버터 등 유제품을 제공
양	고기와 젖을 제공, 털은 공업 원료로 이용
②	유럽과 아시아에서 사육, 이슬람교 신자의 비중이 높은 지역에서는 사육 비중이 낮음

(3) 식량의 국제 교역 증가와 이동

식량 자원의 생산과 수요	지역별 식량 생산 및 수요의 차이로 식량 자원의 국제 이동 발생
식량 자원의 교역	• 주요 곡물 순 수출 지역: 아메리카, 유럽, 오세아니아 • 주요 곡물 순 수입 지역: 아시아, 아프리카

05 주요 에너지 자원과 국제 이동

(1) 주요 에너지 자원의 특징과 이동

③	• 특징: 내연 기관 발명과 자동차의 보급 확산으로 수요 급증, ④ 제3기층의 배사 구조에 주로 매장, 수송용 및 화학 공업의 원료로 이용 • 이동 : 편재성이 크고, 국제 이동량이 많음
석탄	• 특징: 산업 혁명 시기에 증기 기관의 연료로 이용됨, ⑤ 주변에 주로 매장 • 이동: 세계 여러 지역에 비교적 고르게 매장되어 있어 석유에 비해 국제 이동량이 적음
천연가스	• 특징: 냉동 액화 기술의 발달로 운반과 사용이 편리해지면서 소비량 급증, 석탄 및 석유보다 연소 시 대기 오염 물질 배출량이 적음 • 이동 : 러시아, 카타르 등에서 수출량이 많음, 일본과 독일 등으로 많이 이동

(2) 신 · 재생 에너지

⑥	연 강수량이 많거나 낙차가 큰 지역이 발전에 유리	⑦	신기 조산대, 해령과 같이 지열이 풍부한 곳이 유리
풍력	산지나 해안과 같이 바람이 많이 부는 지역이 유리	태양광(열)	강수량이 적고 일사량이 풍부한 지역이 유리

답 ① 밀
② 돼지
③ 석유
④ 신생대
⑤ 고기 조산대
⑥ 수력
⑦ 지열

01~02 **지도는 종교 분포를 나타낸 것이다. 이를 보고 물음에 답하시오.**

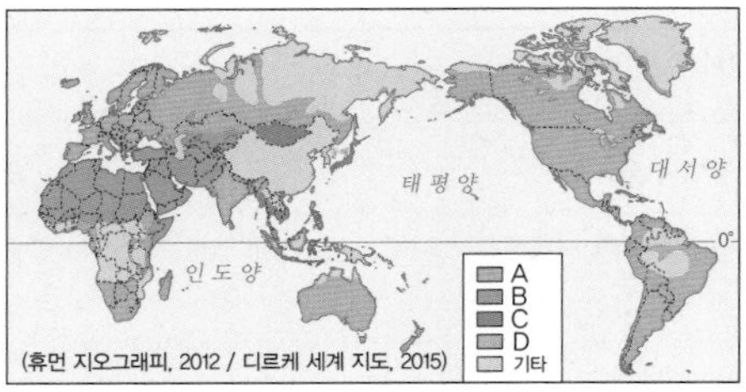

단답형

▶ 20581-0132

01 A~D 종교의 명칭을 쓰시오.

▶ 20581-0133

02 A~D 종교에 대한 설명으로 옳은 것은?

① A의 종교 경관에는 아라베스크 문양이 있는 모스크가 있다.
② B는 예수를 구원자로 믿고 이웃 사랑을 실천한다.
③ C의 신자들은 하루에 다섯 번 성지를 향해 기도한다.
④ D는 전 인류를 포교 대상으로 삼는 보편 종교이다.
⑤ 세계 신자 수는 A>B>D>C 순으로 많다.

▶ 20581-0134

03 사진은 어느 종교 경관을 나타낸 것이다. (가), (나) 종교에 대한 옳은 설명만을 〈보기〉에서 고른 것은?

(가)

▲ 메카의 카바 신전

(나)

▲ 미얀마의 쉐다곤 파고다

보기

ㄱ. (가)의 신자 수가 가장 많은 국가는 서남아시아에 위치한다.
ㄴ. (나)의 성지에는 룸비니, 부다가야 등이 있다.
ㄷ. (나)는 (가)보다 기원 시기가 이르다.
ㄹ. (가)와 (나)의 발생지는 모두 서남아시아다.

① ㄱ, ㄴ ② ㄱ, ㄷ ③ ㄴ, ㄷ ④ ㄴ, ㄹ ⑤ ㄷ, ㄹ

▶ 20581-0135

04 그래프의 (가), (나) 국가에 대한 설명으로 옳은 것은? (단, (가), (나)는 독일, 말리 중 하나임.)

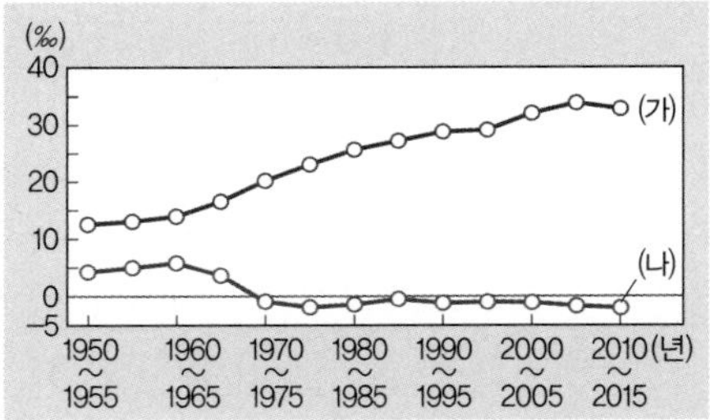

▲ 인구의 자연 증가율 변화

① (가)는 유소년층보다 노년층 인구 비율이 높다.
② (나)는 2010~2015년에 출생률이 사망률보다 높다.
③ (가)는 (나)보다 중위 연령이 높다.
④ (나)는 (가)보다 유소년 부양비가 높다.
⑤ (나)는 (가)보다 1인당 국내 총생산(GDP)이 많다.

▶ 20581-0136

05 그래프는 지역(대륙)별 유입 및 유출 인구를 나타낸 것이다. A~D 지역에 대한 설명으로 옳은 것은? (단, A~D는 유럽, 아시아, 아프리카, 앵글로아메리카 중 하나임.)

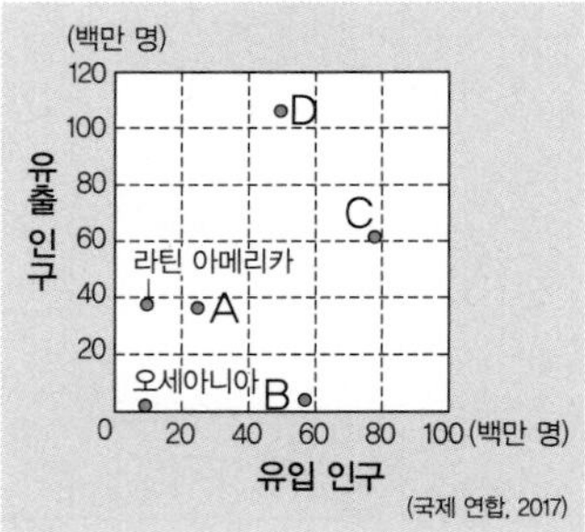

① A는 총인구가 가장 많다.
② D는 노령화 지수가 가장 높다.
③ A는 C보다 합계 출산율이 높다.
④ C는 B보다 산업화된 시기가 늦다.
⑤ D는 B보다 국가 수가 적다.

▶ 20581-0137

06 지도에 대한 옳은 설명만을 〈보기〉에서 고른 것은? (단, (가), (나)는 최상위 세계 도시와 하위 세계 도시 중 하나임.)

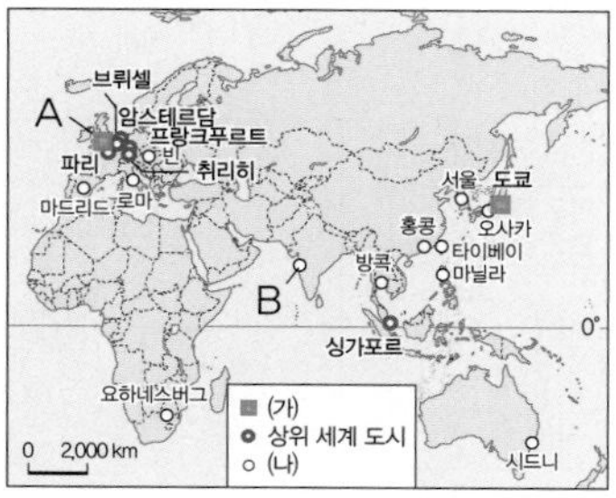

〈보기〉
ㄱ. A는 B보다 생산자 서비스업의 발달 수준이 높다.
ㄴ. B는 A보다 도시 인구의 자연 증가율이 낮다.
ㄷ. (가)는 (나)보다 동일 계층에 속하는 도시의 수가 적다.
ㄹ. (가), (나)를 구분하는 가장 중요한 기준은 인구 규모이다.

① ㄱ, ㄴ ② ㄱ, ㄷ ③ ㄴ, ㄷ
④ ㄴ, ㄹ ⑤ ㄷ, ㄹ

▶ 20581-0138

07 그래프는 세계 3대 식량 작물의 대륙(지역)별 생산 현황을 나타낸 것이다. 이에 대한 설명으로 옳은 것은? (단, A~C는 유럽, 아시아, 아메리카 중 하나임.)

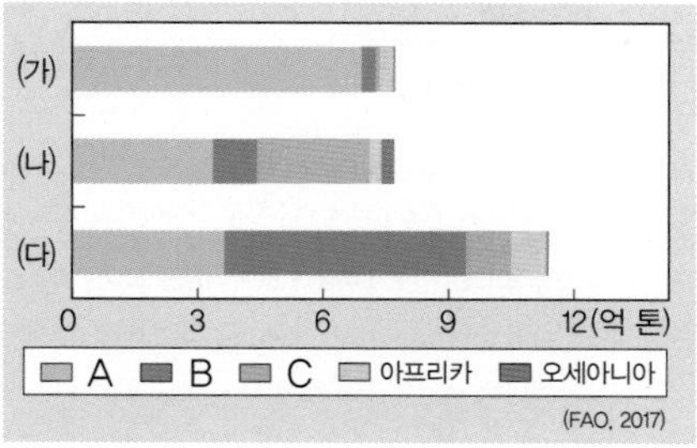

① (가)는 (나)보다 국제 이동량이 많다.
② (나)는 (다)보다 가축 사료로 많이 이용된다.
③ (가), (다)의 최대 생산국은 모두 중국이다.
④ C는 밀보다 옥수수의 생산량이 많다.
⑤ B는 A보다 식량 자원 생산량 대비 수출량이 많다.

▶ 20581-0139

08 그래프는 (가)~(다) 가축의 사육 두수 상위 3개국을 나타낸 것이다. 이에 대한 설명으로 옳은 것은?

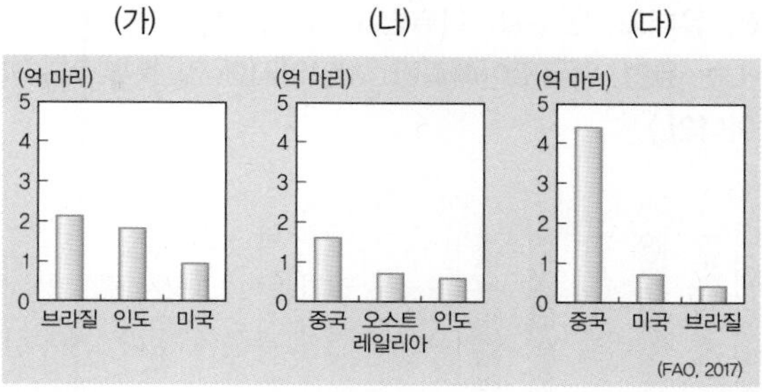

① (가)는 이슬람 문화권에서 식용을 금기시한다.
② (나)는 털에 대한 수요 증가로 경제적 가치가 높아졌다.
③ (다)는 주로 유목 형태로 사육된다.
④ 아메리카는 (가)보다 (다)의 사육 두수가 많다.
⑤ (나)는 (가)보다 강수량이 많은 곳에서 주로 사육된다.

09~10 그래프는 세 화석 에너지의 용도별 소비 비중을 나타낸 것이다. 이를 보고 물음에 답하시오. (단, (가)~(다)는 석유, 석탄, 천연가스 중 하나임.)

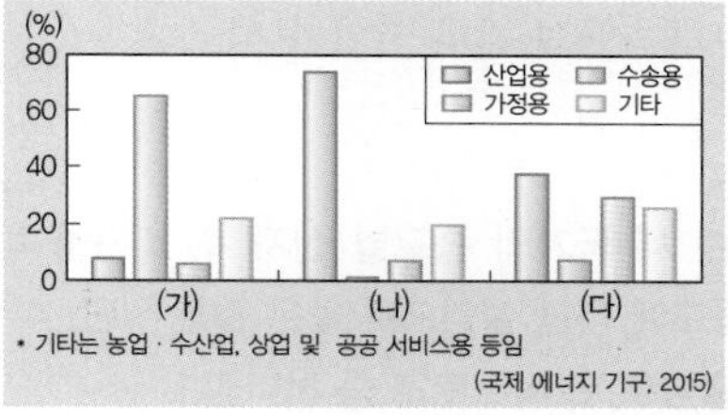

서술형

▶ 20581-0140

09 (가), (나) 에너지 자원의 명칭을 쓰고, 이 두 자원의 특징을 편재성과 국제 이동량 측면에서 서술하시오.

▶ 20581-0141

10 (가)~(다) 에너지 자원에 대한 설명으로 옳은 것은?

① (가)는 고기 조산대 주변에 주로 매장되어 있다.
② (나)는 냉동 액화 기술의 발달로 소비량이 급증하였다.
③ (다)는 세계 1차 에너지 소비에서 차지하는 비중이 가장 높다.
④ 2016년 기준 (가)의 최대 순 수출국은 인도네시아, 2017년 기준 (나)의 최대 순 수출국은 사우디아라비아이다.
⑤ (나)는 (다)보다 연소 시 대기 오염 물질 배출량이 많다.

▶ 20581-0142

1 **다음 자료에 대한 설명으로 옳은 것은? (단, (가)~(마)는 불교, 유대교, 힌두교, 이슬람교, 크리스트교 중 하나이고, A~C는 유럽, 앵글로아메리카, 서남아시아 및 북부 아프리카 중 하나임.)**

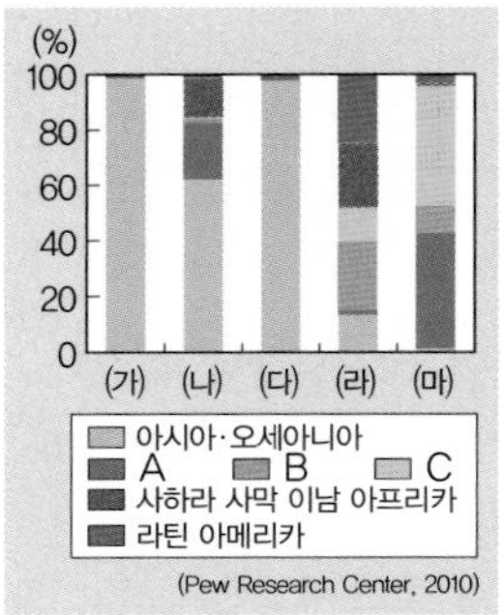

▲ 지역별 신자 수 비율

바라나시는 ___(가)___ 신자들이 신성시하는 갠지스강 부근에 있다. 예루살렘은 ___(나)___ 신자에게는 무함마드가 다녀간 곳이고, ___(라)___ 신자에게는 예수가 십자가에 못 박혀 죽은 성스러운 곳이다.

① (가)는 (나)보다 세계 신자 수가 많다.
② (다)는 (라)보다 기원 시기가 늦다.
③ (가)와 (마)는 모두 민족 종교에 해당한다.
④ (나)의 경전은 주로 C에서 사용하는 언어로 기록되었다.
⑤ C는 B보다 (라)의 전파 시기가 이르다.

▶ 20581-0143

2 **그래프는 세 국가의 종교별 신자 수 비중을 나타낸 것이다. A~D 종교에 대한 설명으로 옳은 것은? (단, A~D는 불교, 힌두교, 이슬람교, 크리스트교 중 하나임.)**

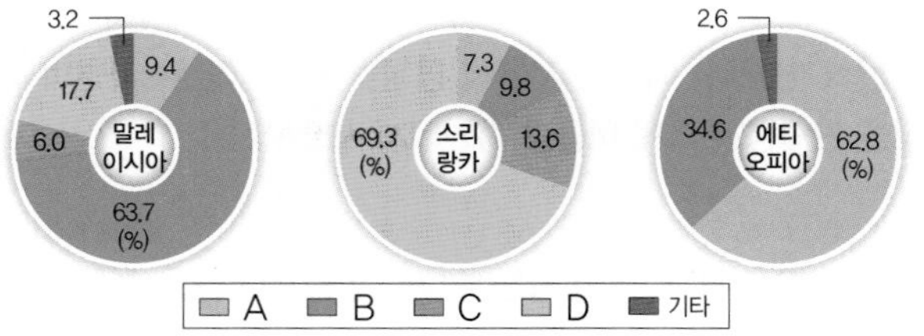

* 국가별 신자 수 비율 1% 미만인 종교는 기타에 포함함 (Pew Research Center, 2010)

① A의 신자들은 돼지고기를 금기시한다.
② B는 수많은 신을 인정하는 다신교이다.
③ C의 대표적 종교 경관에는 첨탑과 둥근 지붕이 있는 모스크가 있다.
④ D의 주요 성지로는 룸비니, 부다가야가 있다.
⑤ 세계 신자 수는 A > B > D > C 순으로 많다.

▶ 20581-0144

3 **그래프는 네 국가의 인구 특성을 나타낸 것이다. 이에 대한 설명으로 옳은 것은? (단, (가)~(라)는 지도에 표시된 네 국가 중 하나임.)**

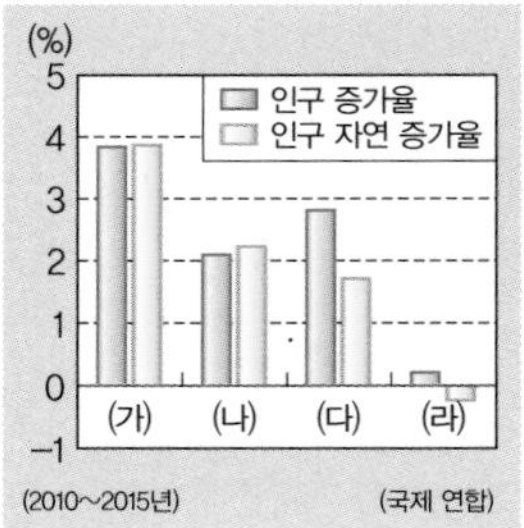

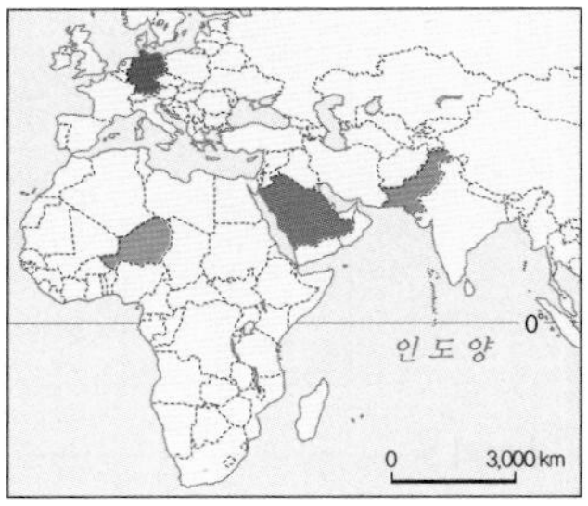

① (가)는 (라)보다 3차 산업 종사자 비율이 높다.
② (나)는 (다)보다 인구 순 유입이 많다.
③ (다)는 (라)보다 석유 수출량이 많다.
④ (라)는 (가)보다 도시화율이 낮다.
⑤ 노령화 지수는 (나)가 가장 높다.

▶ 20581-0145

4 **그래프에 대한 설명으로 옳은 것은? (단, A~C는 (가)~(다) 중 하나임.)**

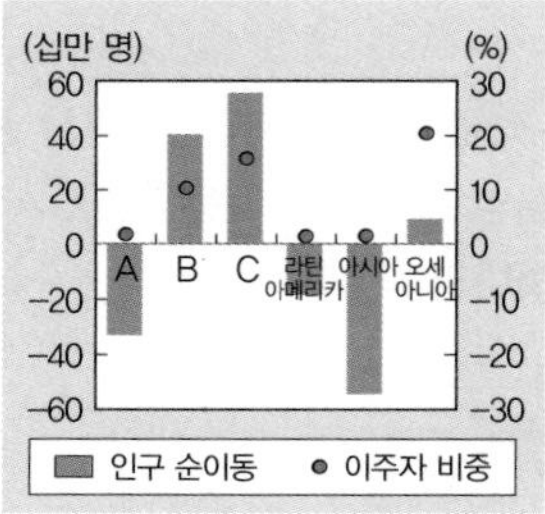

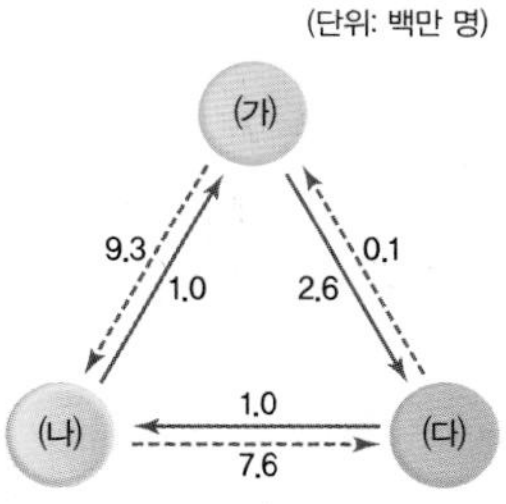

* 인구 순 이동 = 유입 인구 − 유출 인구 (국제 연합)
** 이주자 비중은 지역(대륙)별 총인구에서 이주자가 차지하는 비율을 나타낸 것이며, 아메리카는 앵글로아메리카와 라틴 아메리카로 구분함
*** 인구 순이동은 2010~2015년, 이주자 비중과 인구 이동은 2017년 자료임

▲ 지역(대륙)별 인구 순 이동과 이주자 비중 ▲ 지역(대륙) 간 인구 이동

① A는 B보다 총인구가 적다.
② C는 B보다 도시화율이 낮다.
③ A에서 B로 이동한 인구는 C에서 B로 이동한 인구보다 적다.
④ (가)는 (나)보다 인구 순 이동이 많다.
⑤ (다)는 (나)보다 이주자 비중이 높다.

▶ 20581-0146

5 그래프는 (가), (나) 국가에서 해외로 이주한 인구의 국가별 분포를 나타낸 것이다. (가), (나)에 해당하는 국가를 지도의 A~D에서 고른 것은?

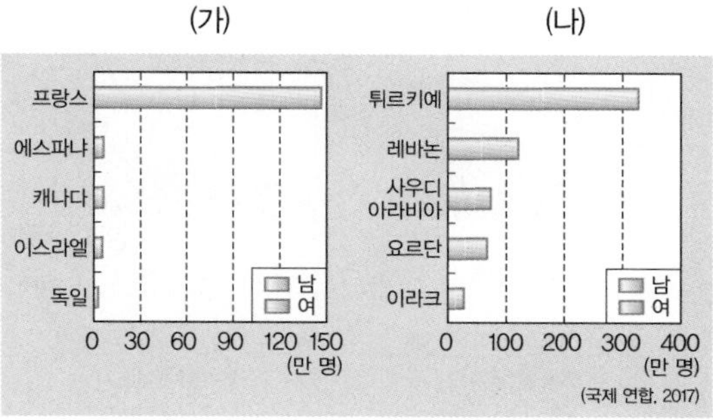

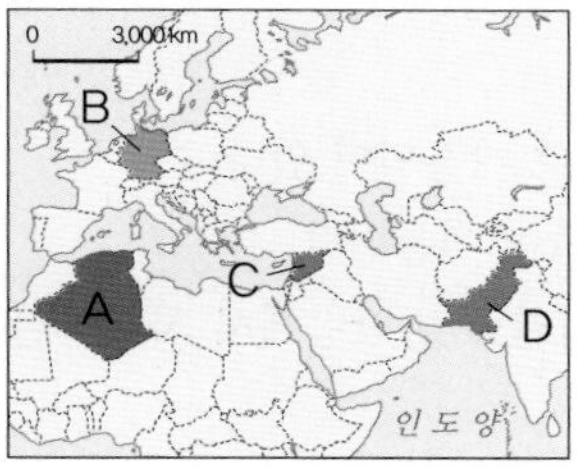

	(가)	(나)
①	A	B
②	A	C
③	B	C
④	D	A
⑤	D	B

▶ 20581-0147

6 그래프는 지역(대륙)별 촌락 인구와 도시화율 변화를 나타낸 것이다. (가)~(마) 대륙에 대한 설명으로 옳은 것은? (단, 오세아니아는 제외하였으며, 아메리카는 앵글로아메리카와 라틴 아메리카로 구분함.)

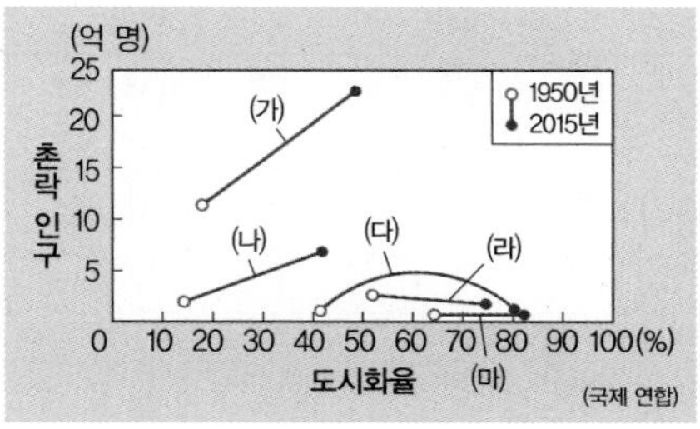

① (다)에는 최상위 계층의 세계 도시가 있다.
② (나)는 (마)보다 지역 내 국가 수가 적다.
③ (다)는 (라)보다 가톨릭교 신자 수 비율이 낮다.
④ (라)는 (가)보다 3차 산업 종사자 비율이 낮다.
⑤ (마)는 (가)보다 2015년에 도시 인구가 적다.

▶ 20581-0148

7 다음 자료는 세계 도시 체계를 나타낸 모식도이다. 이에 대한 설명으로 옳은 것은? (단, (가), (나)는 최상위 세계 도시와 하위 세계 도시 중 하나임.)

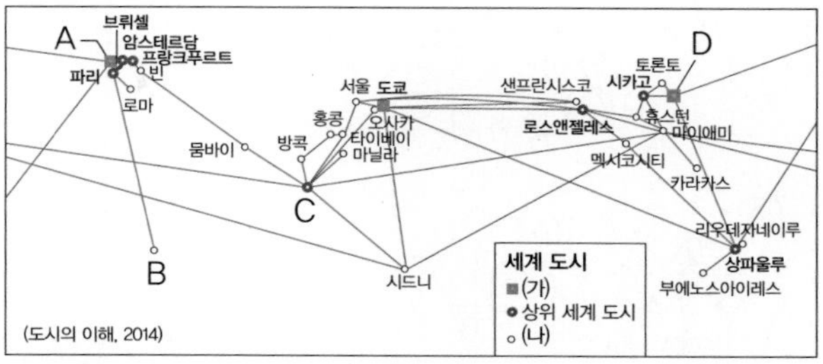

① A에는 국제 연합(UN) 본부가 있다.
② C는 아시아 허브 도시인 싱가포르이다.
③ B는 D보다 생산자 서비스업의 발달 수준이 높다.
④ (가)는 (나)보다 세계 경제에 끼치는 영향이 적다.
⑤ (나)는 (가)보다 동일 계층에 속하는 도시의 수가 적다.

▶ 20581-0149

8 그래프는 세계 3대 식량 작물의 주요 특성을 나타낸 것이다. (가)~(다) 작물로 옳은 것은?

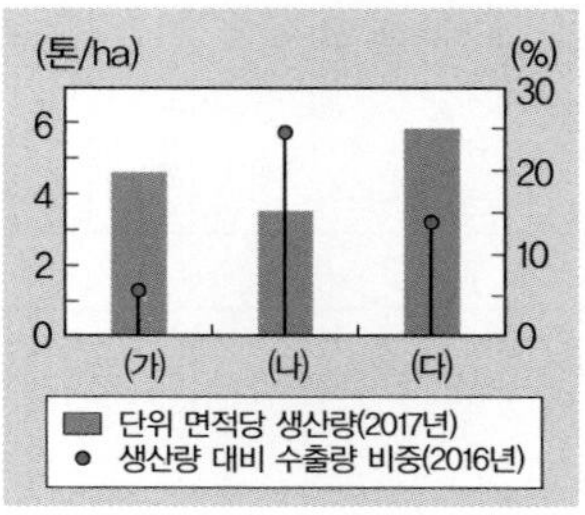

	(가)	(나)	(다)
①	밀	쌀	옥수수
②	쌀	밀	옥수수
③	쌀	옥수수	밀
④	옥수수	밀	쌀
⑤	옥수수	쌀	밀

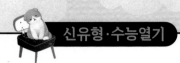

▶ 20581-0150

9 그래프는 세계 3대 식량 작물의 대륙별 생산 현황을 나타낸 것이다. 이에 대한 설명으로 옳은 것은? (단, A~D는 유럽, 아시아, 아메리카, 아프리카 중 하나임.)

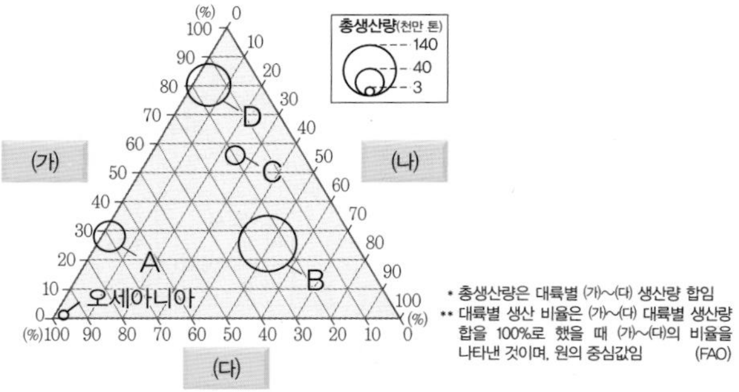

① (가)의 기원지는 아시아에 위치한다.
② (가)는 (나)보다 세계 총생산량이 많다.
③ (나)는 (다)보다 국제 이동량이 많다.
④ A는 B보다 옥수수 생산량이 많다.
⑤ D는 C보다 농가당 경지 면적이 좁다.

▶ 20581-0151

10 지도는 신 · 재생 에너지의 발전 양식별 설비 용량 상위 5개 국가를 나타낸 것이다. (가)~(다) 발전 양식에 대한 옳은 설명만을 〈보기〉에서 고른 것은? (단, (가)~(다)는 수력, 지열, 풍력 중 하나임.)

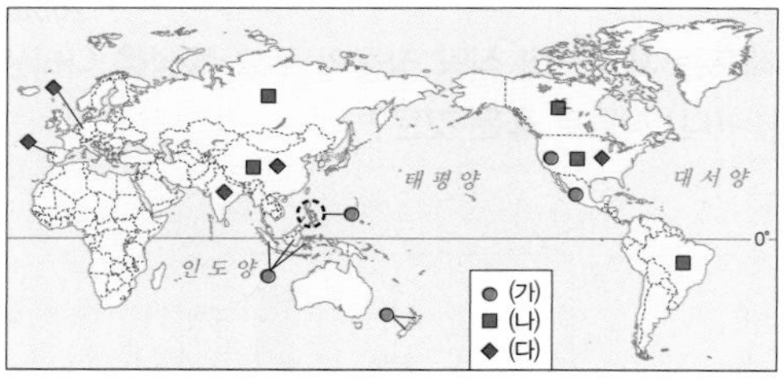

〈보기〉

ㄱ. (가)는 바람이 많이 부는 산지나 해안 지역이 생산에 유리하다.
ㄴ. (나)는 낙차가 크고 수량이 풍부한 지역이 생산에 유리하다.
ㄷ. (다)는 지각판의 경계 지역이 개발에 유리하다.
ㄹ. 세계 총에너지 공급에서 차지하는 비중은 (나)가 (다)보다 높다.

① ㄱ, ㄴ ② ㄱ, ㄷ ③ ㄴ, ㄷ ④ ㄴ, ㄹ ⑤ ㄷ, ㄹ

▶ 20581-0152

11 그래프에 대한 설명으로 옳은 것은? (단, A~D는 석유, 석탄, 수력, 천연가스 중 하나임.)

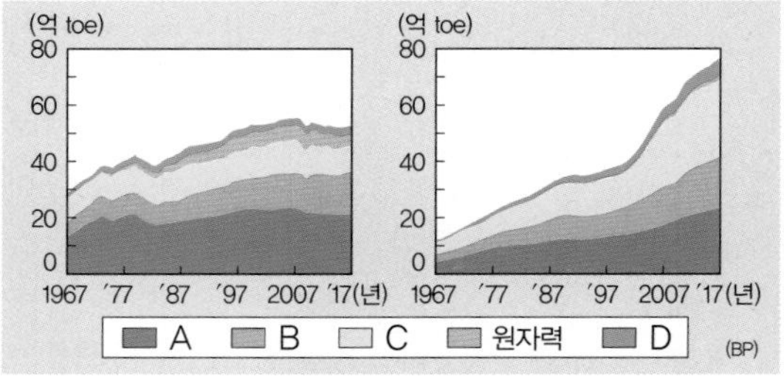

▲ OECD의 에너지원별 소비량 변화 ▲ 비OECD의 에너지원별 소비량 변화

① OECD는 비OECD보다 1967~2017년에 총에너지 소비량 증가가 많았다.
② A는 고기 조산대 주변에 주로 매장되어 있다.
③ B는 A보다 수송용 연료로 많이 이용된다.
④ C는 B보다 세계 1차 에너지원별 발전량에서 차지하는 비중이 높다.
⑤ D는 C보다 고갈 가능성이 크다.

▶ 20581-0153

12 그래프는 (가)~(다) 에너지 자원의 지역(대륙)별 생산량 비율 변화를 나타낸 것이다. 이에 대한 설명으로 옳은 것은? (단, (가)~(다)는 석유, 석탄, 천연가스 중 하나이고, A, B는 서남아시아, 앵글로아메리카 중 하나임.)

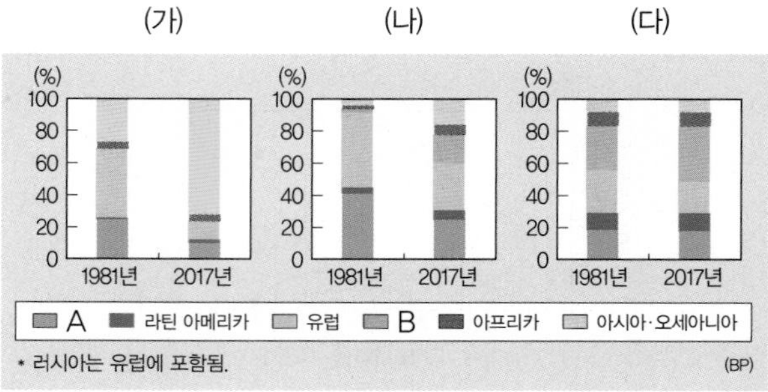

① (가)의 최대 순 수출국은 B에 위치한다.
② (나)는 (가)보다 연소 시 대기 오염 물질 배출량이 많다.
③ (나)는 (다)보다 상용화된 시기가 이르다.
④ (다)는 (가)보다 세계 총소비량이 많다.
⑤ A는 B보다 (다)의 생산량 대비 수출량이 많다.

IV 몬순 아시아와 오세아니아

대단원 한눈에 보기

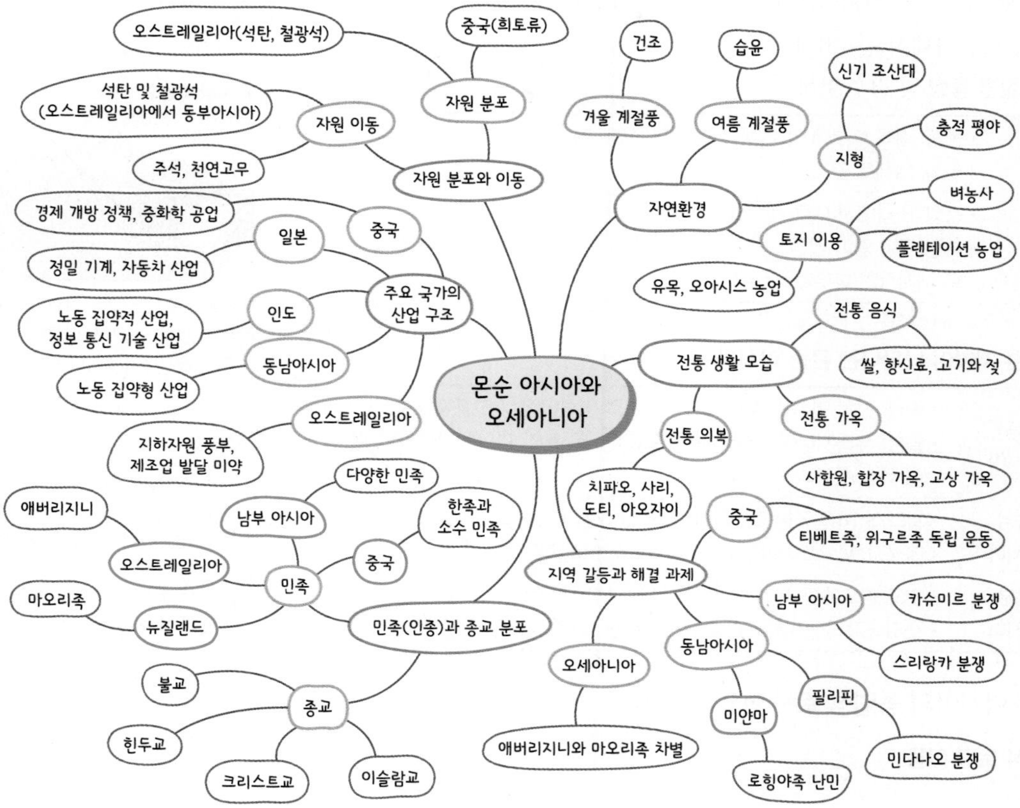

01 자연환경에 적응한 생활 모습

몬순 아시아는 공통적으로 ① □□□의 영향을 받지만 지역에 따라 위도, 지형, 수륙 분포, 해발 고도 등의 차이로 다양한 자연환경이 나타난다.

02 주요 자원의 분포 및 이동과 산업 구조

② □□이/가 풍부한 오스트레일리아와 인도네시아는 한국과 일본으로 수출을 많이 하고, ③ □□□은/는 오스트레일리아가 주요 수출국이며, 한국, 중국, 일본이 주요 수입국이다.

03 민족(인종) 및 종교적 차이

타이, 미얀마, 캄보디아의 주요 종교는 ④ □□, 파키스탄, 방글라데시, 말레이시아, 인도네시아의 주요 종교는 ⑤ □□□□□이다.

정답 | ① 계절풍 ② 석탄 ③ 철광석 ④ 불교 ⑤ 이슬람교

핵심 개념 정리 01 자연환경에 적응한 생활 모습

● 몬순 아시아의 자연환경

(대륙과 해양의 비열 차로 인해 발생)

(1) 계절풍의 영향을 받는 몬순 아시아

① 몬순 아시아의 범위: 계절풍의 영향을 받는 동부 아시아(우리나라, 중국, 일본 등), 동남아시아(타이, 베트남, 인도네시아 등), 남부 아시아(인도, 방글라데시 등) 지역

② 계절별 풍향 및 강수 특징

겨울	• 풍향: 대륙 내부에서 바다를 향하여 바람이 붊 • 특징: 대체로 건조함
여름	• 풍향: 바다에서 대륙 내부를 향하여 바람이 붊 • 특징: 강수량이 많음 → 인도의 아삼주와 메갈라야주 일대는 지형성 강수로 세계적인 다우지를 이룸

(몬순 아시아는 여름에 기온이 높고 강수량이 풍부하여 벼농사가 발달하였음)

(2) 다양한 지형이 나타나는 몬순 아시아

동부 아시아	• 중국: 전체 면적의 2/3가 고원, 산지로 이루어짐, 서고동저 지형 • 일본: 유라시아판, 태평양판, 필리핀판 등 판이 만나는 경계에 위치하여 화산 활동과 지진이 활발함
동남 아시아	• 알프스-히말라야 조산대에 속한 산맥들이 남북으로 분포 • 메콩강, 짜오프라야강, 이라와디강 주변에 충적 평야 분포
남부 아시아	• 인도 반도에는 서고츠산맥, 동고츠산맥, 히말라야산맥 분포 • 갠지스강 중·하류 지역에는 충적 평야인 힌두스탄 평원 형성

● 몬순 아시아의 농업적 토지 이용과 특색

(1) 농업적 토지 이용

① 쌀

• 생육 기간 동안 높은 기온과 많은 물이 필요함

• 하천 주변의 비옥한 충적지에서 잘 재배됨

• 인구 부양력이 높은 작물 → 경작 과정에서 많은 노동력이 필요 → 벼농사 지대는 세계적인 인구 밀집 지역

② 차: 중국의 창장강 이남, 인도 북동부, 스리랑카 등

(차는 기온이 높고 강수량이 많으며 배수가 잘되는 곳이 재배에 유리함)

③ 커피: 베트남, 인도네시아 등

④ 목화: 중국 화중 지방, 인도 데칸고원 등

(2) 지역별 농업 특색

① 동부 아시아

• 주요 농업 지역: 중국 남동부, 일본 등지에서는 벼농사 발달

• 특징: 중국 화남 지방에서는 벼의 2기작이 행해짐, 상대적으로 기온이 낮고 강수량이 적은 중국 북동부에서는 밀, 옥수수 등 밭농사 발달, 몽골 지역에서는 유목, 관개 농업 실시

◉ **몬순(monsoon)**
'계절'이라는 뜻의 아랍어 '마우심(mausim)'에서 유래한 용어로, 계절에 따라 풍향이 바뀌는 계절풍을 의미한다.

◉ **지형성 강수**

해안에서 육지로 부는 다습한 바람이 높고 험준한 산맥을 만나면 습기를 머금은 공기가 산의 경사면을 타고 올라가면서 비나 눈이 되어 내린다.

◉ **충적 평야**
충적 평야는 하천이 운반한 퇴적물이 쌓여 형성된 평야이다. 동남아시아와 남부 아시아에서는 덥고 습한 남서 계절풍이 산지에 부딪쳐 많은 비가 내린다. 이렇게 내린 많은 비는 큰 강이 되어 흐르고, 이때 하천이 범람하면서 강 주변에 퇴적물이 쌓여 충적 평야가 형성된다.

◉ **몬순 아시아의 농업적 토지 이용**

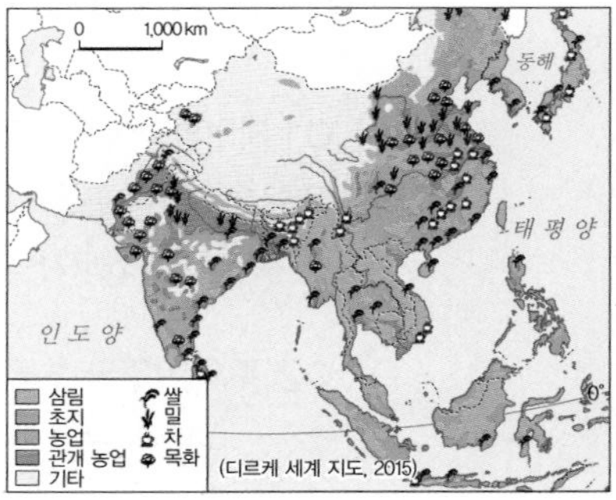

(디르케 세계 지도, 2015)

◉ **인구 부양력**
한 지역에서 주어진 자원을 이용하여 인구를 얼마나 부양할 수 있는가를 나타낸 지표이다.

자료 탐구

❶ 몬순 아시아의 계절풍

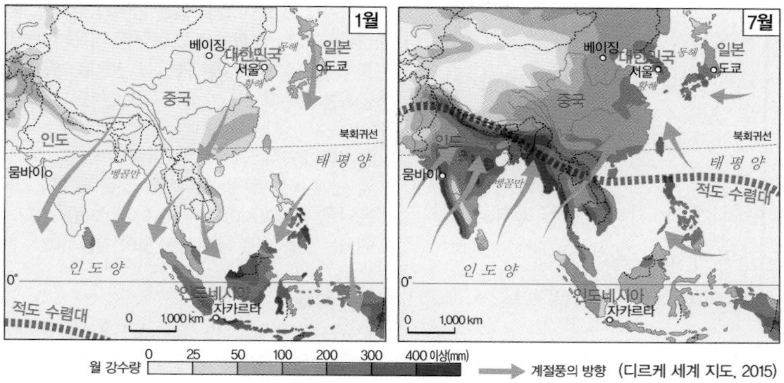

(디르케 세계 지도, 2015)

분석 | 몬순 아시아는 계절풍의 영향을 받는 동부 아시아, 동남아시아, 남부아시아를 말하는데, 1월(겨울)에는 고위도의 대륙에서 바다 쪽으로 건조한 바람이 분다. 동부 아시아에서는 시베리아 쪽에서 북서 계절풍이 강하게 불고, 남부 및 동남아시아에서는 주로 북동 계절풍이 나타나는데, 이 시기에 건기가 된다. 반면 7월(여름)에는 저위도의 바다에서 육지 쪽으로 고온 다습한 바람이 분다. 남부 및 동남아시아의 열대 계절풍 기후 지역에서는 이 시기가 우기가 되어 비가 많이 오고 습도가 높으며 벼농사가 활발하게 이루어진다.

열대 계절풍 기후: 열대 우림 기후와 사바나 기후의 중간형 기후

❷ 몬순 아시아의 지형

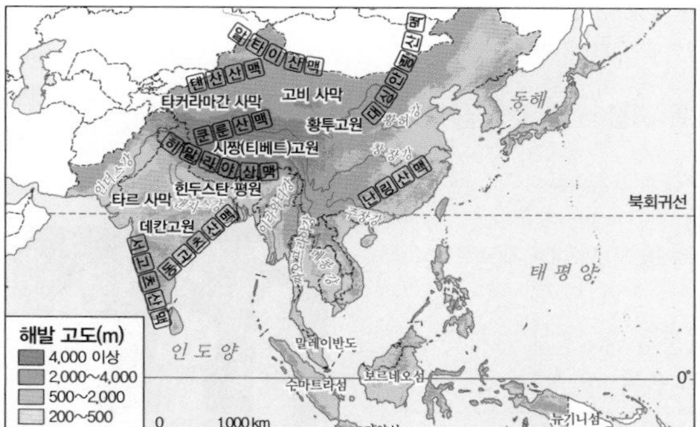

분석 | 몬순 아시아에는 해발 고도가 높은 산맥과 고원이 곳곳에 분포한다. 인도와 중국의 접경 지대에는 대규모 습곡 작용으로 형성된 히말라야산맥과 시짱(티베트)고원이 분포한다. 지각판 경계에 있는 인도네시아, 필리핀, 일본 등지에서는 화산과 지진 활동이 빈번하며 다양한 화산 지형이 나타난다. 갠지스강, 메콩강, 창장강 등의 대하천 유역에서는 여름철 홍수로 하천이 자주 범람하여 충적 평야가 발달하였다. 몬순 아시아 대륙 내부의 타커라마간(타클라마칸) 사막, 고비 사막, 몽골의 초원 지대 등에서는 건조 지형이 나타난다.

메콩강: 중국의 시짱(티베트)고원에서 발원하여 미얀마, 라오스, 타이, 캄보디아, 베트남을 거쳐 남중국해로 흐르는 국제 하천

확인학습

1 지도는 두 시기 몬순 아시아 일대의 풍향을 나타낸 것이다. (가), (나) 시기에 대한 옳은 설명만을 〈보기〉에서 고른 것은? (단, (가), (나)는 1월, 7월 중 하나임.)

(가)

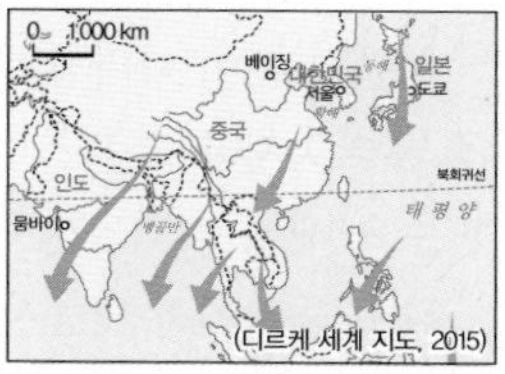

(디르케 세계 지도, 2015)

(나)

(디르케 세계 지도, 2015)

계절풍의 방향

보기
ㄱ. (가)는 7월, (나)는 1월이다.
ㄴ. (가) 시기는 (나) 시기보다 강수량이 많다.
ㄷ. (나) 시기는 (가) 시기보다 기온이 높다.
ㄹ. (가), (나) 시기의 바람은 대륙 서안보다 대륙 동안에서 잘 나타난다.

① ㄱ, ㄴ ② ㄱ, ㄷ ③ ㄴ, ㄷ
④ ㄴ, ㄹ ⑤ ㄷ, ㄹ

정답과 해설 ▶ (가)는 대륙에서 해양으로 바람이 부는 것으로 보아 1월(겨울철)이며, (나)는 해양에서 대륙으로 바람이 부는 것으로 보아 7월(여름철)이다. ㄱ. (가)는 1월, (나)는 7월이다. (×) ㄴ. (가) 1월은 겨울 계절풍의 영향을 받아 건조하다. (×) 답 ⑤

2 A 지역 일대의 주요 지형 형성 원인으로 가장 적절한 것은?

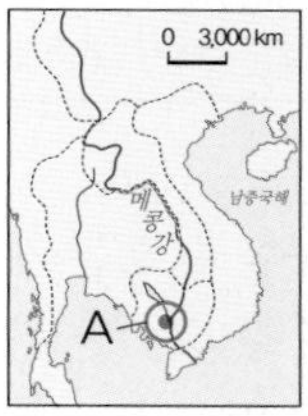

① 화산 활동
② 지반의 융기
③ 해수면 하강
④ 암석의 차별 침식
⑤ 하천에 의한 퇴적

정답과 해설 ▶ 메콩강은 동남아시아 최대의 국제 하천으로 하류 지역에는 하천에 의해 퇴적된 충적 평야가 넓게 펼쳐져 있다. 이러한 충적 평야로 인해 메콩강 주변에서는 벼농사가 발달하였다. 답 ⑤

② 동남아시아

• 주요 재배 지역: 주요 하천 주변의 충적지에서 벼농사 발달, 플랜테이션 농업 발달

• 특징: 베트남, 타이 등지는 벼의 2기작 가능, 인도네시아와 필리핀에는 계단식 논이 나타남 (필리핀은 환태평양 조산대에 위치하여 산지가 많고 경사가 급한 편임)

③ 남부 아시아

• 주요 재배 지역: 갠지스강 하류, 인도반도의 해안 지대, 방글라데시 삼각주 등지에서 벼농사 발달, 인도의 데칸고원에서는 목화 재배

• 특징: 세계 쌀 생산량의 약 30%(2017년 기준)를 차지 → 대부분 이 지역에서 소비됨

몬순 아시아의 의식주 문화

(1) 전통 음식

① 우리나라, 일본, 중국의 북동부 지역은 주로 찰기가 있는 쌀로 음식을 만듦 ㉮ 우리나라의 떡, 일본의 초밥 등

② 중국 남부, 동남 및 남부 아시아에서는 찰기가 없는 쌀과 향신료를 많이 사용함 ㉮ 베트남의 쌀국수, 인도네시아의 나시고렝, 인도의 탈리 정식, 타이의 팟타이 등

③ 산지와 고원 지역: 유목을 통해 얻은 고기와 젖을 이용한 음식 발달 ㉮ 시짱(티베트)고원 지역의 수유차 등

(2) 전통 가옥

지붕이 마치 합장하기 위해 두 손을 모은 형상과 비슷하다고 해서 합장(合掌) 가옥이라고 불림

사합원	• 중국 화북 지방의 전통 가옥 • 겨울 추위를 막기 위해 폐쇄적인 가옥 구조가 나타남
합장 가옥	• 일본 다설 지역의 전통 가옥 • 겨울철에 지붕에 쌓인 눈이 쉽게 흘러내리도록 지붕의 경사가 급하게 설계된 가옥
고상 가옥	• 동남아시아 열대 기후 지역의 전통 가옥 • 지면에서 올라오는 열기를 피하고 호우 시 침수를 방지하며 해충의 침입을 막기 위해 바닥을 지면에서 띄워서 지음 • 호우에 대비하기 위해 지붕의 경사가 급하고 통풍을 위해 창을 크게 만듦 • 호수, 하천 주변, 해안에서는 수상 가옥을 볼 수 있음

(3) 전통 의복

① 주변에서 쉽게 구할 수 있는 재료로 섬유를 만들어 의복을 제작함

② 여름에는 통풍이 잘되는 옷, 온대 계절풍 지역의 경우 겨울에는 보온이 잘되는 두꺼운 옷을 입음

③ 중국의 치파오, 인도의 사리와 도티, 베트남의 아오자이, 미얀마의 론지, 필리핀의 바롱 등

(인도의 전통 의복 → 사리는 여성 의복, 도티는 남성 의복)
(미얀마의 전통 의복으로 햇빛과 벌레를 차단하기 위해 긴치마 형태로 되어 있음)
(필리핀의 전통 의복으로 파인애플, 바나나, 마닐라삼 등에서 얻은 섬유로 만듦)

◉ **계단식 논**
신기 조산대에 속하는 인도네시아와 필리핀에는 경사가 급한 곳이 많고 넓은 평야가 적지만, 풍부한 강수량과 화산 활동으로 형성된 비옥한 화산회토를 바탕으로 경사지를 계단식 논으로 개간하여 벼농사를 짓는다.

◉ **벼의 2기작**
일 년에 벼를 두 번 재배하는 것을 말한다. 겨울이 온난한 동남아시아와 남부 아시아의 저위도 지역에서는 연중 벼를 재배하는 것이 가능하다.

◉ **수유차**
수유는 야크, 양, 소의 젖을 끓인 후 식혔을 때 생겨난 지방 덩어리를 말하며, 수유와 찻잎을 함께 넣고 끓인 것이 수유차이다.

◉ **합장 가옥**

◉ **치파오**

치파오는 만주족 여인들이 입는 옷에서 유래하였는데, 만주 지역에서는 겨울철에 한랭 건조한 계절풍의 영향으로 기온이 낮기 때문에 추위에 대비하여 두꺼운 비단을 이용하여 옷을 만들었다.

◉ **아오자이**

아오자이는 베트남의 전통 의복으로 '아오'는 '옷', '자이'는 '길다'라는 뜻이다. 아오자이는 중국의 치파오에서 유래하여 긴소매에 긴치마 형태의 옷이지만, 베트남의 기후와 풍토에 맞게 얇은 명주나 속이 비치는 나일론 같은 천으로 만들어져 통풍이 잘 되는 편이다.

자료 탐구

③ 몬순 아시아의 전통 음식

▲ 스시 (일본)

▲ 퍼(베트남)

▲ 카오팟(타이)

▲ 나시고렝(인도네시아)

분석 | '스시'(초밥)는 소금과 식초, 설탕으로 간을 한 밥 위에 얇게 저민 생선이나 김, 달걀, 채소 등을 얹거나 말아 만드는 일본의 대표적인 음식이다. 베트남의 '퍼'는 사골을 우린 국물에 쌀로 만든 국수를 넣은 요리로, 재료가 되는 고기의 종류에 따라 다양한 이름으로 불린다. '카오팟'은 타이의 전통 음식으로 '카오'는 쌀을, '팟'은 볶는 것을 의미한다. 밥에 새우, 오징어, 닭고기, 달걀 등과 여러 가지 채소를 넣어 볶은 음식이다. 나시고렝은 인도네시아의 전통 음식으로 '나시'는 밥을, '고렝'은 볶는 것을 의미한다. 한편, 동부 아시아의 우리나라, 중국, 일본에서는 점성이 강한 쌀로 지은 밥을 먹고, 동남 및 남부 아시아에서는 점성이 약한 쌀로 지은 수분이 적은 밥을 향신료와 함께 볶아 먹는 음식 문화가 발달하였다.

└ 찰기가 적은 인디카종 └ 찰기가 많은 자포니카종

④ 몬순 아시아의 전통 가옥

▲ 사합원(중국 화북 지방)

▲ 고상 가옥(말레이시아)

▲ 수상 가옥(미얀마)

분석 | 중국 화북 지방의 사합원은 'ㅁ' 형태의 폐쇄적인 가옥 구조이므로 방어에 유리하며, 겨울철 추위에 대비하여 남쪽에 문을 만든다. 동남아시아의 전통 가옥인 고상 가옥은 비가 잘 흘러내리도록 경사진 지붕을 만들며, 지면의 열기와 습기, 해충 피해를 막기 위해 지면에서 바닥을 띄워서 집을 짓는다. 한편, 호수나 하천 주변에서는 수상 가옥을 볼 수 있는데, 계절에 따른 수위 변화에 대비하여 나무 기둥을 높게 세워 집을 짓는다.

└ 대체로 황허강 이북 지방

확인학습

3 사진은 몬순 아시아 세 국가의 전통 음식이다. (가)~(다)에 해당하는 국가를 지도의 A~C에서 고른 것은?

(가)

▲ 스시

(나)

▲ 나시고렝

(다)

▲ 퍼

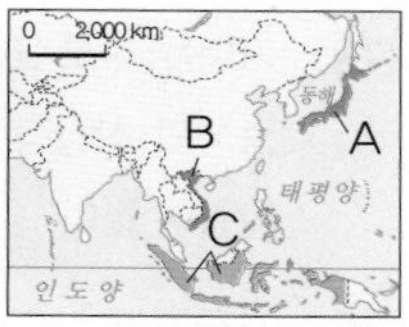

	(가)	(나)	(다)		(가)	(나)	(다)
①	A	B	C	②	A	C	B
③	B	A	C	④	B	C	A
⑤	C	A	B				

정답과 해설 ▶ 지도의 A는 일본, B는 베트남, C는 인도네시아이다. (가) 스시는 일본, (나) 나시고렝은 인도네시아, (다) 퍼는 베트남의 전통 음식이다.

답 ②

4 사진은 두 국가의 전통 가옥이다. (가), (나)에 대한 옳은 설명만을 〈보기〉에서 고른 것은?

(가)

(나)

〈보기〉
ㄱ. (가)는 주로 열대 몬순 기후에서 나타난다.
ㄴ. (나)는 지열, 습기, 해충을 막기 위해 지면에서 바닥을 띄워서 짓는다.
ㄷ. (가)는 (나)보다 개방적인 가옥 구조이다.
ㄹ. (나)는 (가)보다 저위도 지역에서 나타난다.

① ㄱ, ㄴ ② ㄱ, ㄷ ③ ㄴ, ㄷ
④ ㄴ, ㄹ ⑤ ㄷ, ㄹ

정답과 해설 ▶ (가)는 중국 화북 지방의 전통 가옥인 사합원이고, (나)는 동남아시아의 전통 가옥이다.

답 ④

개념 체크

저절로 암기 Tip | ☐ 1회 (/) ☐ 2회 (/) ☐ 3회 (/)

01~05 다음 내용이 옳으면 ○표, 틀리면 ×표 하시오.

01 몬순 아시아는 편서풍의 영향으로 강수의 계절적 차이가 크다. ( )

02 중국의 창장강, 베트남의 메콩강, 타이의 짜오프라야강, 미얀마의 이라와디강, 인도의 갠지스강 주변에는 충적 평야가 발달하였다. ( )

03 커피는 주로 고온 다습한 기후 조건에서 재배되는 작물로 중국의 창장강 이남, 인도의 북동부, 스리랑카 등에서 생산량이 많다. ( )

04 사골을 우린 국물에 쌀로 만든 국수를 넣어 만든 퍼는 베트남의 전통 음식이다. ( )

05 대체로 고위도 지역으로 갈수록 개방적인 가옥 구조가 나타난다. ( )

06~08 빈칸에 알맞은 용어를 쓰시오.

06 동부 아시아에서는 ________에 시베리아에서 불어오는 강한 북서 계절풍의 영향으로 한랭 건조한 기후가 나타난다.

07 동남 및 남부 아시아의 대부분 지역은 열대 기후가 나타나고 노동력이 풍부하여 상품 작물의 재배에 유리하다. 이를 바탕으로 일찍부터 ________ 농업이 발달하였으며, 주로 커피, 카카오, 차 등의 기호 작물을 생산한다.

08 ________ 가옥은 지면에서 올라오는 열기를 피하고 호우 시 침수를 방지하며 해충의 침입을 막기 위해 지면에서 바닥을 띄워서 짓는다.

정답

01 × 02 ○ 03 × 04 ○ 05 ×
06 겨울 07 플랜테이션 08 고상

오답 체크 Tip

01 몬순 아시아는 계절풍의 영향으로 강수의 계절적 차이가 크다.
03 커피는 우기와 건기가 뚜렷한 사바나 기후 지역에서 주로 재배된다.

기본 문제

▶ 20581-0154

01 다음 글의 (가) 지역의 특징에 대한 추론으로 가장 적절한 것은?

> (가) 지역에서는 일 년에 벼를 두세 번씩 재배하는데, 시기별 기후 특성에 따라 재배되는 벼의 품종이 다르다. 관개에 의해 재배되는 벼가 있는가 하면, 물 위에 떠서 자라는 벼도 있다. 부도(浮稻)라 불리는 이 벼는 마른 논에서 한 달 정도 자라다가 강물이 넘쳐 논에 수 미터씩 물이 차오를 때는 줄기가 물 깊이에 맞춰 하루에 최대 20~25cm까지도 자란다.

① 연중 서늘한 열대 고산 지역이다.
② 편서풍의 영향을 받는 대륙 서안이다.
③ 기온의 연교차가 큰 고위도 대륙 내부이다.
④ 연평균 기온이 높고 강수량이 많은 저위도 지역이다.
⑤ 강수량보다 증발량이 많은 아열대 고압대에 위치한다.

▶ 20581-0155

02 다음 글에서 설명하는 작물을 지도의 ㉠~㉤에서 고른 것은? (단, ㉠~㉤은 쌀, 차, 커피, 바나나, 카카오 중 하나임.)

> 영국인이 19세기 초에 발견한 이 작물은 아삼 지방과 실론에서 대량으로 재배되기 시작하였다. 이 작물의 어린잎을 이용하여 만든 음료는 세계적인 기호 식품이 되었다.

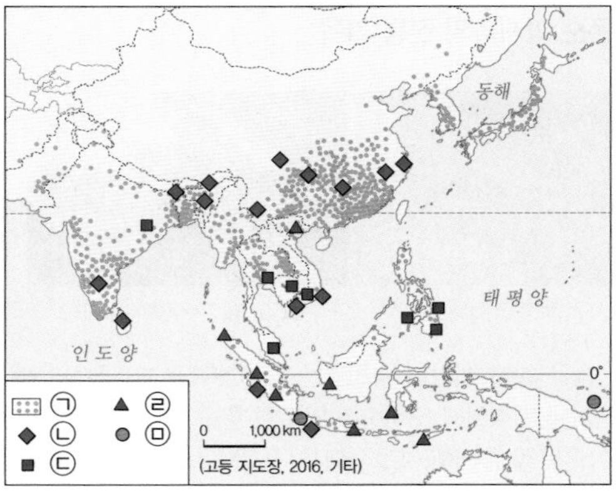

① ㉠ ② ㉡ ③ ㉢ ④ ㉣ ⑤ ㉤

▶ 20581-0156

03 다음 자료의 밑줄 친 이 음식에 대해 옳게 설명한 내용에만 ○표를 표시한 학생을 고른 것은?

이 음식은 쌀가루를 반죽해서 만든 국수를 국물에 말아서 내는 요리이다. 국물은 소뼈와 닭뼈 등을 오래 삶아서 만들고, 여기에 여러 채소와 숙주, 고기 등을 고명으로 얹는다. 이 지역에서 '퍼'라고 부르는 이 음식은 이제 세계적인 음식이 되었다.

내용 \ 학생	갑	을	병	정	무
주원료는 계절풍 기후 지역에서 주로 생산된다.	○	○		○	○
주로 유목민들이 즐겨 먹는 음식이다.	○		○		○
아메리카에서 기원한 음식이다.	○		○	○	

① 갑 ② 을 ③ 병 ④ 정 ⑤ 무

▶ 20581-0157

04 다음 글의 밑줄 친 ㉠~㉣에 대한 옳은 설명만을 〈보기〉에서 있는 대로 고른 것은?

이 지역 사람들의 생활은 ㉠ 건기와 우기에 따라 뚜렷이 구분된다. 건기에는 이 호수의 일부가 ㉡ 농사를 지을 수 있는 평야로 변한다. 우기에는 하류의 물이 역류하여 호수의 일부가 되며, ㉢ 가옥도 이 시기에 적응할 수 있는 독특한 형태로 지어진다. 특히 ㉣ 여름철 오후에는 짧은 시간 동안에 집중적인 폭우가 내리기도 한다.

〈보기〉
ㄱ. ㉠ – 주요 원인은 계절풍이다.
ㄴ. ㉡ – 주로 벼농사가 이루어진다.
ㄷ. ㉢ – 수상 가옥에 해당한다.
ㄹ. ㉣ – 지형성 강수가 대부분이다.

① ㄱ, ㄴ ② ㄱ, ㄹ ③ ㄴ, ㄷ
④ ㄱ, ㄴ, ㄷ ⑤ ㄴ, ㄷ, ㄹ

▶ 20581-0158

05 지도의 A 국가들에서 주로 볼 수 있는 생활 모습에 대한 옳은 설명만을 〈보기〉에서 고른 것은?

〈보기〉
ㄱ. 논에서 벼를 수확하는 모습
ㄴ. 이동식 가옥에서 거주하고 있는 모습
ㄷ. 사원에서 불공을 드리는 주민들의 모습
ㄹ. 낙타에 물건을 싣고 교역을 하고 있는 모습

① ㄱ, ㄴ ② ㄱ, ㄷ ③ ㄴ, ㄷ
④ ㄴ, ㄹ ⑤ ㄷ, ㄹ

▶ 20581-0159

06 다음 글의 (가), (나) 축제가 개최되는 국가를 지도의 A~D에서 고른 것은?

• (가) 국제 빙설제는 매년 1~2월 개최되는 세계적인 규모의 겨울 축제이다. 내륙에 위치하여 겨울이 매우 춥기 때문에 풍부한 얼음과 눈을 이용하는 문화가 자연스럽게 발달하였는데, 대표적인 것이 얼음 등불인 빙등이다.
• (나) 송끄란 축제는 매년 4월 이 국가의 전통적인 새해를 기념하는 축제이다. 이 시기는 농작물의 수확을 마친 건기의 끝 무렵으로 곧 다가올 우기에 비가 충분히 내려 농사가 잘 되기를 기원하며, 서로의 손이나 어깨에 물을 부어 주는 것이 주요 행사이다.

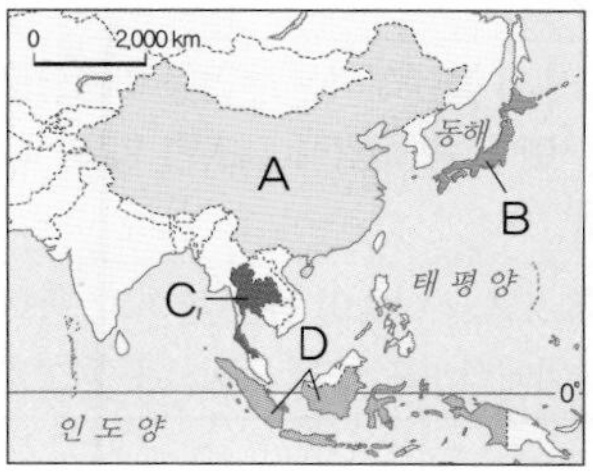

	(가)	(나)
①	A	C
②	A	D
③	B	C
④	B	D
⑤	C	D

핵심 개념 정리 02~03 주요 자원의 분포 및 이동과 산업 구조~민족(인종) 및 종교적 차이

주요 자원의 분포와 이동

(1) 주요 자원의 분포

중국	• 석탄, 석유, 천연가스 등 에너지 자원과 철광석, 구리 등의 광물 자원이 비교적 풍부하게 매장되어 있음 → 세계 최대의 석탄, 희토류 생산지 • 급격한 산업화로 수요가 증가하면서 해외 자원 개발에 적극적임
동남 및 남부 아시아	• 석유와 천연가스는 인도네시아, 브루나이 등에서 주로 생산 • 주석은 미얀마, 인도네시아, 말레이시아 등에서 주로 생산
오스트레일리아	• 철광석 및 석탄이 많이 매장되어 있으며 수출량도 세계적 수준임 • 보크사이트, 구리 등의 매장량도 풍부

북서부의 안정육괴 지대에서 많이 생산 (철광석)

동부의 그레이트디바이딩산맥 주변에서 많이 생산 (석탄)

(2) 주요 자원의 이동

석탄	• 산업용 연료로 공업이 발달한 나라에서 수요가 많음 • 오스트레일리아, 인도네시아에서 인도, 동부 아시아 지역으로 많이 수출
철광석	• '산업의 쌀'이라 불리우며, 국제 이동량이 많음 • 오스트레일리아에서 중화학 공업이 발달한 우리나라, 중국, 일본 등지로 많이 수출
기타 자원	• 주석: 통조림 용기 표면에 도금용으로 사용, 동남아시아에서 동부 아시아로 주로 이동 • 천연고무: 타이, 인도네시아에서 주로 동부 아시아로 이동

◉ **희토류**
매장량이 적고 추출이 어려운 광물 자원으로, 첨단 제품에 필수적인 요소로 사용되어 '첨단 산업의 쌀' 또는 '첨단 산업의 비타민'으로도 불린다.

◉ **몬순 아시아와 오세아니아 국가의 주요 자원 수출 비중**

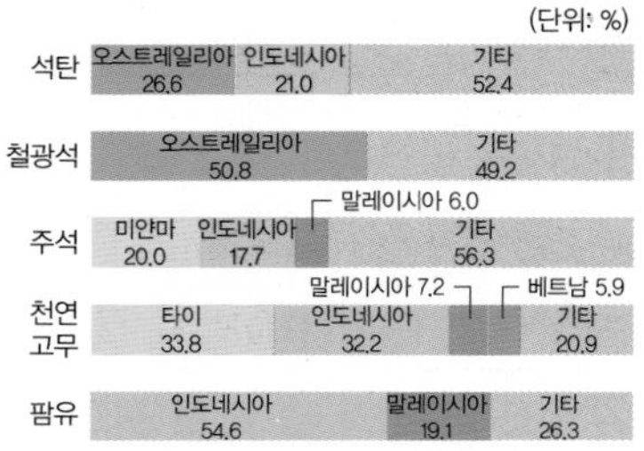

*세계 총 수출량에서 해당 국가가 차지하는 비중임
(국제 연합, 2017)

몬순 아시아와 오세아니아의 산업 구조 및 경제 협력

(1) 몬순 아시아의 산업 구조

중국	• 넓은 영토, 풍부한 지하자원과 풍부한 노동력을 바탕으로 세계적인 공업국으로 성장 • 1970년대 말부터 개혁 · 개방 정책 실시 및 동부 해안 지역에 경제특구 설치 → 외국 자본 유치, 최근 중화학 공업 발달, 첨단 산업 분야도 급속히 성장하고 있음
일본	• 자본과 기술이 풍부하나 부존자원이 부족하여 원료의 해외 의존도가 높음 → 가공 무역 발달 (가공 무역: 원자재를 수입하여 이를 가공한 후 수출하는 무역 형태) • 높은 기술력을 바탕으로 로봇, 정밀 기계 및 자동차 산업 발달
인도네시아	• 풍부한 천연자원과 플랜테이션 농업을 바탕으로 1차 산업 비중이 높음 • 2000년대에 들어 노동 집약적 제조업 발달, 최근 산업 구조의 다각화를 도모하고 있음
인도	• 노동 집약적 제조업의 비중이 높은 편이며, 중화학 공업도 성장하고 있음 • 벵갈루루와 하이데라바드 등을 중심으로 정보 통신 기술 산업(IT) 발달

◉ **인도의 정보 통신 기술 산업(IT)의 시장 규모**

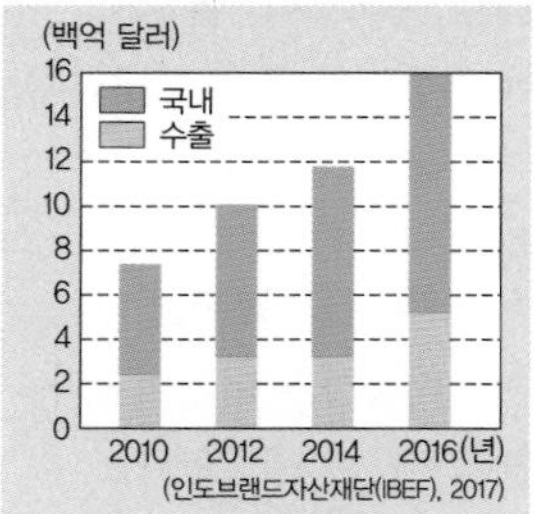

(인도브랜드자산재단(IBEF), 2017)

최근 인도에서는 정보 통신 기술 산업(IT)이 빠르게 발달하고 있다. 미국과의 시차, 고급 인력 등을 바탕으로 미국 기업의 고객 상담 업무, 기업 간 네트워크 지원 등 다양한 형태의 정보 통신 기술 산업이 성장하고 있다.

자료 탐구

1 몬순 아시아와 오세아니아의 주요 자원 분포 및 이동

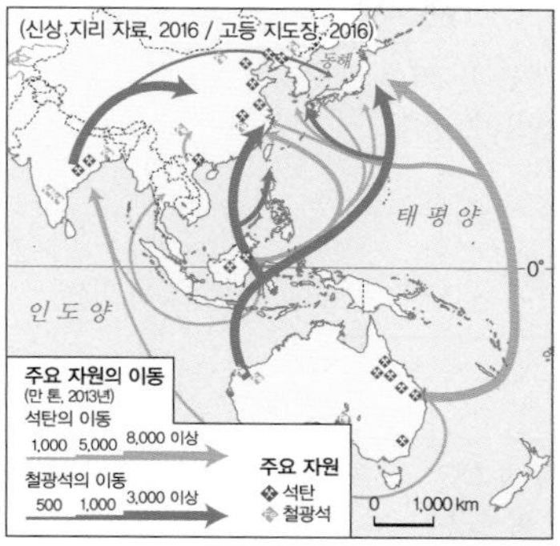

고기 습곡 산지임

분석 | 석탄은 중국 북동부, 인도 동부, 오스트레일리아의 그레이트디바이딩산맥 주변 등에 분포하고, 철광석은 중국 북동부, 오스트레일리아의 북서부 등에 분포한다. 석탄이 풍부한 오스트레일리아와 인도네시아는 수출을 많이 하고, 석탄이 부족한 우리나라와 일본은 수입을 많이 한다. 또한 철광석은 오스트레일리아가 주요 수출국이며, 우리나라, 중국, 일본은 주요 수입국이다.

한 국가 또는 지역에서 여러 종류의 산업이 어떻게 이루어져 있는가를 말함

2 몬순 아시아와 오세아니아의 주요 국가별 수출입 품목과 산업 구조

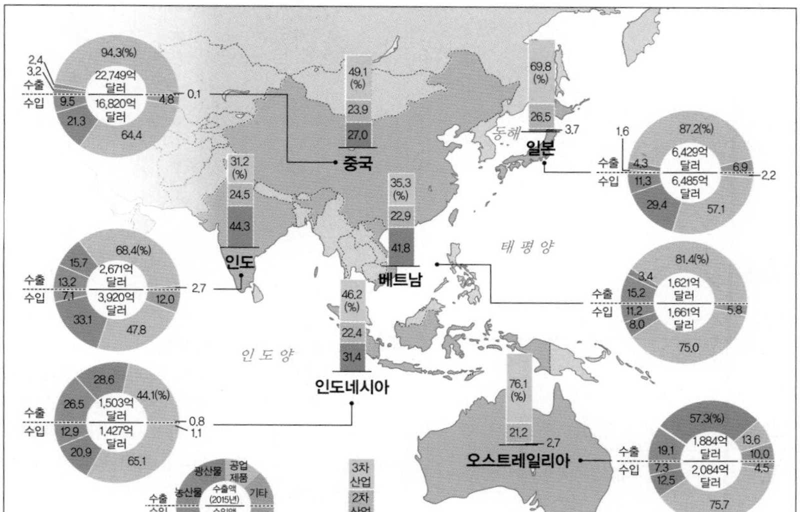

분석 | 몬순 아시아와 오세아니아에는 세계적인 선진 공업국부터 경제 발전 수준이 낮은 농업국까지 포함되어 있어 국가별로 산업 구조가 다양하다. 국가별 산업 구조는 자원 분포와 경제 발달 수준과 관련이 있는데, 경제 발전 수준이 낮은 국가는 1차 산업 종사자의 비중이 높은 편이다. 또한 자원 개발이나 제조업이 발달한 국가는 2차 산업 종사자의 비중이 높은 편이고, 탈공업화 과정을 겪었거나 관광업이 발달한 국가는 3차 산업 종사자의 비중이 높은 편이다.

2차 산업의 비중이 감소하고 3차 산업의 비중이 증가하는 현상

확인학습

1 지도의 (가), (나) 자원으로 옳은 것은?

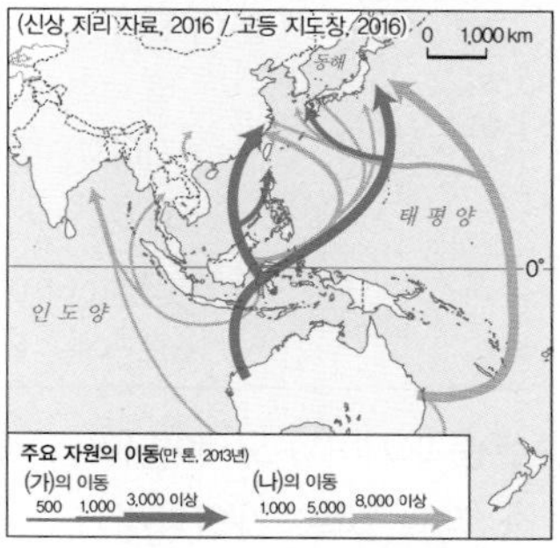

	(가)	(나)		(가)	(나)
①	석유	석탄	②	석유	철광석
③	석탄	철광석	④	철광석	석유
⑤	철광석	석탄			

정답과 해설 ▶ (가)는 오스트레일리아의 서부 지역에서 우리나라와 일본으로 이동하는 것으로 보아 철광석이다. (나)는 오스트레일리아의 동부 지역에서 우리나라, 중국, 일본으로 이동하는 것으로 보아 석탄이다. 답 ⑤

2 그래프는 세 국가의 산업 구조를 나타낸 것이다. (가)~(다) 국가를 지도의 A~C에서 고른 것은?

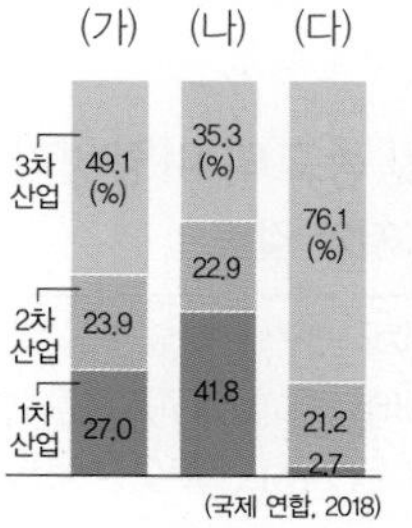

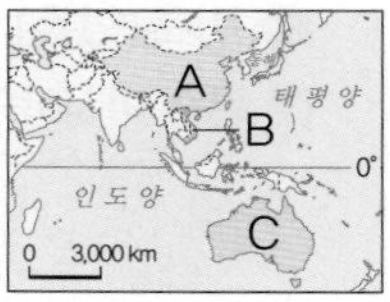

▲ 산업별 종사자 수 비중

	(가)	(나)	(다)		(가)	(나)	(다)
①	A	B	C	②	A	C	B
③	B	A	C	④	B	C	A
⑤	C	B	A				

정답과 해설 ▶ (가)는 1차 산업 비중이 (나)보다 낮고, (다)보다 높으므로 중국(A)이다. (나)는 1차 산업 비중이 가장 높으므로 베트남(B)이다. (다)는 3차 산업 비중이 가장 높으므로 오스트레일리아(C)이다. 따라서 (가)는 A, (나)는 B, (다)는 C이다. 답 ①

(2) 오세아니아의 산업 구조

오스트레일리아	• 석탄, 철광석 등 지하자원이 풍부하여 광업이 발달하였으나 노동력 부족, 국내 시장 협소 등으로 제조업의 경쟁력은 비교적 낮음 • 지하자원뿐만 아니라 밀, 소고기, 양모 등 농축산물의 수출액도 많음
뉴질랜드	• 양털이나 버터 등의 축산물을 주로 수출하며 성장 • 최근에는 목재 산업, 어업, 관광 산업 등이 발달

(3) 몬순 아시아와 오세아니아의 경제 협력을 위한 노력

① 경제 협력: 자연환경과 인문 환경의 차이로 인해 상호 보완성이 크고, 지리적으로 인접하여 교류가 활발

② 활발한 교역: 국가 간 경제 발전 수준이나 산업 구조의 차이가 크기 때문에 자원의 이동이 활발함, 몬순 아시아는 오세아니아의 지하자원을 수입하여 공업을 발달시키고 각종 공산품을 오세아니아로 수출함

③ 역내 포괄적 경제 동반자 협정(RCEP): 16개국이 협정에 참여한 거대 경제 블록, 역내 국가의 상품 무역 자유화, 서비스 및 투자 자유화를 주요 쟁점으로 다룸

└ 동남아시아 국가 연합(ASEAN) 10개국과 우리나라, 중국, 일본, 인도, 오스트레일리아, 뉴질랜드가 참여

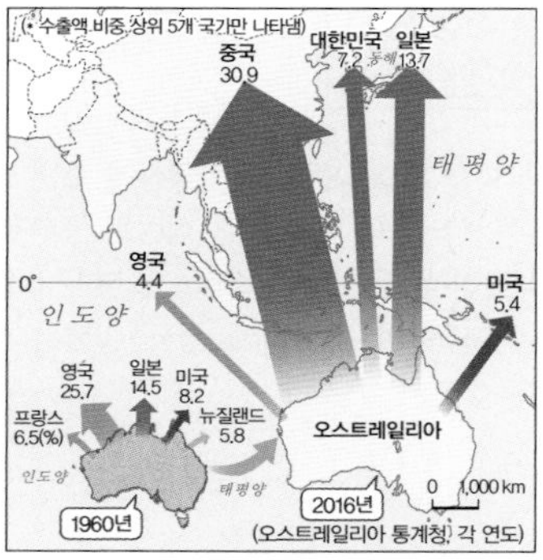

▲ 오스트레일리아의 무역 상대국 변화

오스트레일리아는 영국 연방에 속하여 문화적·정치적인 이유로 영국을 비롯한 유럽 국가들이나 미국과의 교역 비중이 높았다. 하지만 1980년대 이후 일본을 비롯한 몬순 아시아 국가들의 경제가 성장하면서 이들 국가와의 무역 비중이 점차 커지고 있다.

● 민족(인종) 및 종교의 다양성과 지역 갈등

(1) 몬순 아시아의 지역 갈등

중국	• 전체 인구의 약 92%를 차지하는 한족과 55개의 소수 민족으로 구성 • 티베트족과 위구르족은 한때 독립국이었으나 중국이 자국 영토로 편입한 뒤 자치구로 설정하면서 중국 정부와 갈등을 겪고 있음
남부 아시아	• 1947년 영국으로부터 독립하면서 힌두교의 인도, 이슬람교의 파키스탄, 불교의 스리랑카로 분열됨 • 힌두교를 믿는 인도와 이슬람교를 믿는 파키스탄은 카슈미르 지역을 놓고 여러 차례 갈등이 나타남 • 스리랑카에서는 불교를 믿는 신할리즈족과 힌두교를 믿는 타밀족 간에 갈등이 나타남
동남 아시아	• 필리핀 민다나오섬: 이슬람교도와 크리스트교도 간의 분쟁 • 미얀마: 불교 국가인 미얀마에서 이슬람교를 믿는 로힝야족을 탄압 • 소수의 화교가 갖는 정치적·경제적 영향력이 커서 원주민과 갈등 발생

└ 외국에 거주하는 중국계 주민을 말하며, 주로 동남아시아, 일본, 러시아, 오스트레일리아, 영국 등지에 분포한다.

◉ 중국의 주요 소수 민족

◉ 위구르족의 분리 독립 운동

최근 신장웨이우얼자치구의 석유와 천연가스 개발을 둘러싼 중국 중앙 정부의 간섭이 늘어나고, 한족의 이주가 늘어나고 있다. 이에 따라 지역 정체성이 훼손된다고 느낀 위구르족의 분리 독립 움직임이 커지고 있다.

◉ 티베트족의 분리 독립 운동

시짱자치구의 티베트족은 고유한 문화를 유지하고 있다. 그러나 최근 칭짱 철도의 개통으로 지역 개발이 가속화되고, 한족의 이주가 증가함에 따라 티베트족의 불안이 커져 분리 독립 요구가 일어나고 있다.

자료 탐구

③ 몬순 아시아와 오세아니아의 경제 협력

▲ 역내 포괄적 경제 동반자 협정(RCEP) 체결 예정 참여 국가

분석 | 역내 포괄적 경제 동반자 협정(RCEP)은 동남아시아 국가 연합(ASEAN) 10개국과 우리나라, 중국, 일본, 인도, 오스트레일리아, 뉴질랜드가 포함된 총 16개국의 지역 내 무역 자유화를 위한 다자간 자유 무역 협정(FTA)이다. 2012년 11월 16개국 정상이 협상 개시를 선언하였으며, 현재 타결을 목표로 관련 국가들 간의 협상이 진행되고 있다. 역내 포괄적 경제 동반자 협정(RCEP)이 체결될 경우 세계 인구의 약 48%, 세계 총 생산의 약 31%를 차지하는 거대한 경제 블록이 형성되어 역내 국가의 경제적·정치적 역량이 커질 것으로 기대된다.

2019년 11월 인도를 제외한 15개국이 협정을 체결했으며, 향후 협상이 진행될 예정임

④ 몬순 아시아의 종교 분포와 갈등

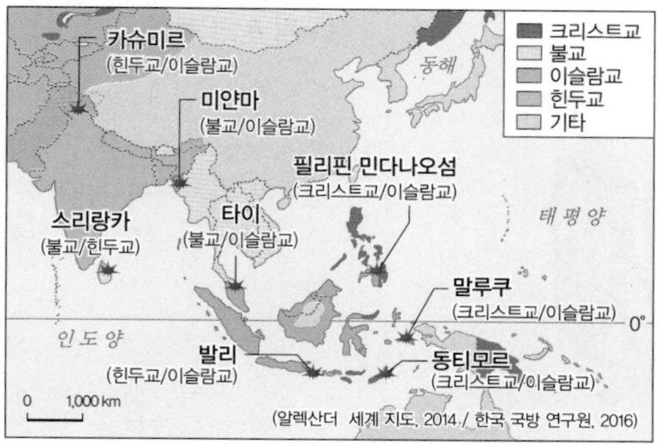

오랫동안 지리적으로 가까이 살면서 언어, 종교, 생활 양식 등에서 공통점을 지닌 인간 집단

분석 | 몬순 아시아와 오세아니아에서는 서로 다른 민족과 종교가 충돌하며 분쟁이 발생하고 있다. 카슈미르 분쟁은 1947년 영국으로부터 인도와 파키스탄이 독립하는 과정에서 이슬람교도가 많은 카슈미르 지역이 인도에 속하게 되면서 파키스탄(이슬람교)과 인도(힌두교) 간에 분쟁이 발생하였다. 국제 연합(UN)의 중재로 정전 협정이 체결되고 카슈미르의 영토가 분할되었으나 갈등은 지속되고 있다. 스리랑카 분쟁은 불교를 믿는 신할리즈족과 힌두교를 믿는 타밀족 간 갈등이다. 내전은 26년 간 지속되어 2009년에 종식되었지만, 타밀족에 대한 신할리즈족의 차별이 여전히 지속되고 있다. 미얀마는 불교 국가이지만, 로힝야족은 이슬람교를 믿는 민족이다. 미얀마 정부는 이들을 방글라데시에서 온 불법 이주자로 규정하고, 이들에 대한 배척과 탄압 정책을 시행해 왔다. 필리핀에서 두 번째로 큰 섬인 민다나오섬은 이슬람교도들이 살던 곳이었다. 하지만 필리핀이 에스파냐와 미국의 식민지를 거치며 크리스트교도들이 유입되는 과정에서 이슬람교도들이 오지로 밀려나면서 종교 갈등이 발생하였다.

확인학습

3 지도에 표시된 국가에 대한 옳은 설명만을 〈보기〉에서 고른 것은?

〈보기〉
ㄱ. 산업 구조가 모두 유사하다.
ㄴ. 모든 국가가 주로 계절풍의 영향을 받는다.
ㄷ. 역내 국가의 상품 무역 및 서비스의 자유화를 추구한다.
ㄹ. 역내 포괄적 경제 동반자 협정(RCEP) 체결 예정 국가이다.

① ㄱ, ㄴ ② ㄱ, ㄷ ③ ㄴ, ㄷ
④ ㄴ, ㄹ ⑤ ㄷ, ㄹ

정답과 해설 ▶ 지도에 표시된 국가들은 역내 포괄적 경제 동반자 협정(RCEP) 체결 예정 국가이다. ㄱ. 역내 포괄적 경제 동반자 협정(RCEP) 체결 예정 국가에는 선진국에서 개발 도상국까지 포함되어 있어 산업 구조가 다양하다. (×) ㄴ. 계절풍은 주로 몬순 아시아에서 부는 바람이다. (×) 답 ⑤

4 다음은 세계지리 노트 필기 내용이다. ㄱ~ㄹ에 대한 옳은 내용만을 있는 대로 고른 것은?

몬순 아시아의 주요 종교 분쟁
ㄱ. 카슈미르 분쟁(불교 ↔ 이슬람교)
ㄴ. 스리랑카 분쟁(불교 ↔ 힌두교)
ㄷ. 미얀마 로힝야족 분쟁(불교 ↔ 이슬람교)
ㄹ. 민다나오 분쟁(크리스트교 ↔ 이슬람교)

① ㄱ, ㄴ ② ㄱ, ㄷ ③ ㄴ, ㄹ
④ ㄱ, ㄴ, ㄷ ⑤ ㄴ, ㄷ, ㄹ

정답과 해설 ▶ 카슈미르 분쟁은 힌두교와 이슬람교 간의 갈등이다. 답 ⑤

핵심 개념 정리 02~03 주요 자원의 분포 및 이동과 산업 구조~민족(인종) 및 종교적 차이

(2) 오세아니아의 민족(인종) 갈등

① 오스트레일리아의 민족(인종) 갈등

- 원인: 유럽인들이 오스트레일리아에 진출하면서 원주민과 갈등 시작
- 경과: 유럽인은 합의나 계약 없이 무단으로 오스트레일리아 점령 → 건조하고 기온이 높은 열악한 오지로 원주민 강제 이주
- 현황: 퀸즐랜드 북부, 오스트레일리아 서부 일대에 대규모 원주민 보호 구역이 지정됨

② 뉴질랜드의 민족(인종) 갈등

- 원인: 1840년 이후 유럽인들이 정착하면서 갈등 발생
- 경과: 1870년대까지 마오리족과 유럽인 간의 전쟁 발생 → 마오리족의 거주지 대부분 상실
  (마오리족: 뉴질랜드의 원주민)
- 갈등 극복 노력: 마오리족 언어를 국가 공용어로 채택하는 등 국민 통합을 강조하는 정책 시행
  (공용어: 한 나라 안에서 공식적으로 쓰는 언어)

◉ **애버리지니**
오스트레일리아 원주민은 흔히 애버리지니(Aborigine)라고 하며, 이들은 유럽인의 이주 이전부터 오스트레일리아에 살았던 종족이다. 이들은 약 4~7만년 전에 처음 오스트레일리아에 들어온 것으로 추정되고 있다.

자료 탐구

5 인도네시아와 뉴질랜드의 국장

▲ 인도네시아 국장

▲ 뉴질랜드 국장

분석 | 국장이란 나라를 상징하는 공식적 휘장이다. 인도네시아의 국장에서는 힌두교의 비슈누신을 태우고 다니는 신화 속 상상의 새를 볼 수 있다. 세계 최대 이슬람 국가인 인도네시아 국장에 힌두교의 상징이 그려져 있는 것이다. 이는 인도네시아를 포함한 동남아시아에 끼친 인도 문화의 영향을 나타내는 하나의 사례이기도 하지만, 다름을 인정하는 포용과 화합의 정신이 인도네시아 문화의 특성임을 보여주는 것이기도 하다. 뉴질랜드 국장의 왼쪽에는 뉴질랜드의 국기를 든 백인 여성이, 오른쪽에는 창을 든 마오리족의 추장이 그려져 있다. 이러한 국장을 통해 뉴질랜드의 유럽계 백인과 원주민인 마오리족의 조화로운 삶을 엿볼 수 있다. 뉴질랜드는 영국 등 유럽 이민자들이 국민의 주류를 구성하고 있어 서구적 문화, 예술 전통과 가치관이 지배적이지만 한편으로는 원주민인 마오리족 문화 또한 잘 융화되어 있다. 마오리족은 현재 뉴질랜드에서 독특한 문화로 중요한 위치를 점하고 있다.

확인학습

5 다음 글의 밑줄 친 (가)에 해당하는 국가를 지도의 A~E에서 고른 것은?

> ___(가)___ 은/는 영국 등 유럽 이민자들이 국민의 주류를 구성하고 있어 서구적 문화와 가치관이 지배적이지만 한편으로는 원주민인 마오리족 문화 또한 잘 융화되어 있다

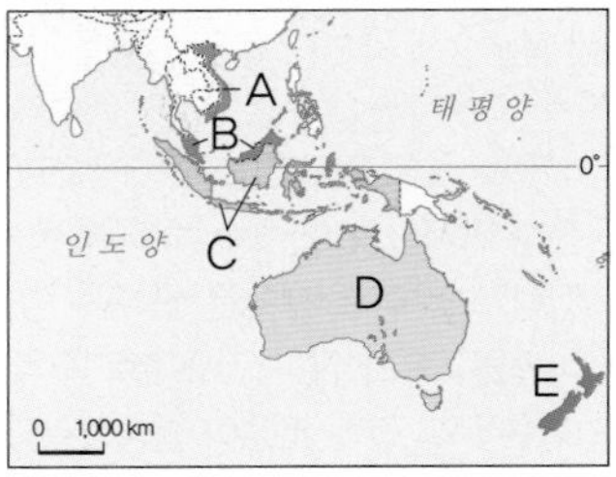

① A ② B ③ C ④ D ⑤ E

정답과 해설 ▶ (가)는 뉴질랜드이다. 뉴질랜드의 원주민인 마오리족은 유럽인의 이주가 시작되면서 토지를 빼앗기는 등 차별을 받았으나, 지금은 마오리어가 공용어로 지정되고, 마오리 전통문화도 보호받는 등 적극적인 공존의 모습이 나타나고 있다. A는 베트남, B는 말레이시아, C는 인도네시아, D는 오스트레일리아, E는 뉴질랜드이다. 답 ⑤

개념 체크

저절로 암기 Tip | ☐ 1회 (/) ☐ 2회 (/) ☐ 3회 (/)

01~09 다음 내용이 옳으면 ○표, 틀리면 ×표 하시오.

01 몬순 아시아와 오세아니아에 속한 국가들은 인구 규모, 산업화가 이루어진 시기, 발전 과정 등이 달라 산업 구조에서 차이가 난다. ( )

02 오세아니아는 몬순 아시아에서 지하자원을 주로 수입하여 공업을 발달시킨 뒤, 이를 통해 생산한 각종 공산품을 몬순 아시아로 수출하고 있다. ( )

03 최근 몬순 아시아 국가 중 오스트레일리아와의 교역액이 가장 많은 국가는 일본이다. ( )

04 인도는 본격적인 석탄 광산 개발을 통해 최근 세계적인 석탄 수출국이 되었으며, 팜유의 최대 수출국이기도 하다. ( )

05 역내 포괄적 경제 동반자 협정(RCEP)은 동남아시아 국가 연합(ASEAN) 10개국과 우리나라, 중국, 일본, 인도, 오스트레일리아, 뉴질랜드가 포함된 총 16개국의 지역 내 무역 자유화를 위한 다자간 자유 무역 협정(FTA)이다. ( )

06 신장웨이우얼자치구의 소수 민족인 티베트족은 분리 독립을 요구하고 있어 중국 정부와 갈등을 겪고 있다. ( )

07 필리핀의 주요 종교는 크리스트교이지만, 민다나오섬의 남부 지역은 15세기부터 전통적으로 이슬람 세력이 강했던 곳으로, 필리핀 정부군과 수십 년째 분쟁을 벌여 왔다. ( )

08 미얀마는 이슬람 국가이지만, 로힝야족은 불교를 믿는 민족이다. ( )

09 오스트레일리아에 가장 먼저 거주한 사람들은 원주민인 애버리지니이다. ( )

10~16 빈칸에 알맞은 용어를 쓰시오.

10 ________에서 생산된 석탄과 철광석은 제철 · 기계 · 조선 등의 중화학 공업이 발달한 중국, 일본, 대한민국 등지로 많이 수출되고 있다.

11 경제 발전 수준이 낮은 국가는 ________차 산업 종사자의 비중이 높은 반면, 탈공업화 과정을 겪었거나 관광업의 비중이 높은 국가는 ________차 산업 종사자의 비중이 높은 편이다.

12 ________은/는 1970년대 말부터 개방 정책을 통해 본격적으로 산업을 육성하였으며, 동부 해안 지역에 경제특구를 설치하여 서구의 자본과 기술을 받아들이고, 풍부한 노동력과 자원을 이용하여 세계적인 공업국으로 성장하였다.

13 일본은 원자재를 수입하여 이를 가공한 후 수출하는 ________이(가) 발달하였으며, 부품 · 소재 산업, 로봇 산업 등을 육성하고 있다.

14 인도는 최근 제조업에 대한 정부의 정책과 투자가 늘어남에 따라 2 · 3차 산업의 비중이 빠르게 증가하고 있다. 노동 집약적 제조업의 비중이 높은 편이며 벵갈루루, 하이데라바드를 중심으로 ________ 산업도 발달하고 있다.

15 남부 아시아의 ________ 지역에서는 인도의 힌두교와 파키스탄의 이슬람교도가 첨예하게 대립하고 있으며, ________에서는 힌두교도인 타밀족과 불교도인 신할리즈족 간의 갈등이 지속되고 있다.

16 뉴질랜드 원주민인 ________은/는 유럽인의 이주가 시작되면서 토지를 빼앗기는 등 차별을 받았으나, 지금은 원주민의 전통문화가 보호 받는 등 적극적인 공존의 모습이 나타나고 있다.

정답

01 ○ 02 × 03 × 04 × 05 ○ 06 × 07 ○ 08 × 09 ○ 10 오스트레일리아 11 1, 3 12 중국 13 가공 무역 14 첨단(정보 통신) 15 카슈미르, 스리랑카 16 마오리족

오답 체크 Tip

03 오스트레일리아와의 교역액이 가장 많은 국가는 중국이다. 04 팜유의 최대 수출국은 인도네시아이다. 06 신장웨이우얼자치구의 소수 민족은 위구르족이다. 08 미얀마는 불교 국가이다.

기본 문제

▶ 20581-0160

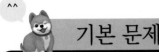

01 지도는 몬순 아시아와 오세아니아의 주요 자원 분포를 나타낸 것이다. (가)~(다) 자원에 대한 설명으로 옳은 것은? (단, (가)~(다)는 석유, 석탄, 철광석 중 하나임.)

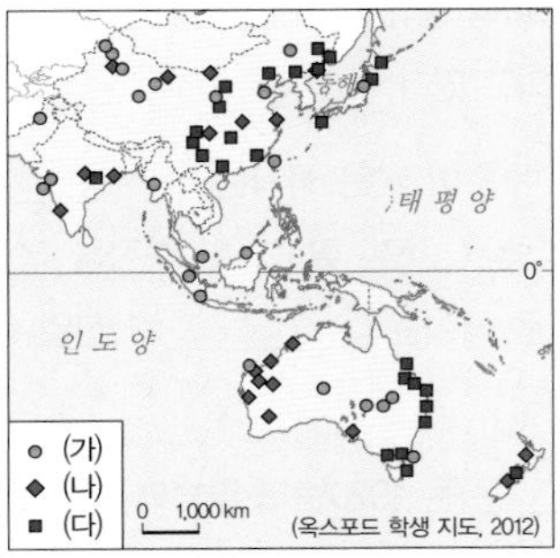

① (가)는 주로 시·원생대에 형성된 안정 지괴에 매장되어 있다.

② (나)는 기계, 자동차, 조선을 비롯한 각종 산업의 기초 원료를 제공한다.

③ (다)는 세계 에너지 소비 구조에서 차지하는 비중이 가장 높다.

④ (다)는 (가)보다 자원의 편재성이 크고, 국제 이동량이 많다.

⑤ (가)~(다) 중 오스트레일리아의 주요 수출 자원은 (가)이다.

서술형

▶ 20581-0161

02 오스트레일리아의 주요 수출입 상대국이 주로 몬순 아시아에 집중된 까닭을 서술하시오.

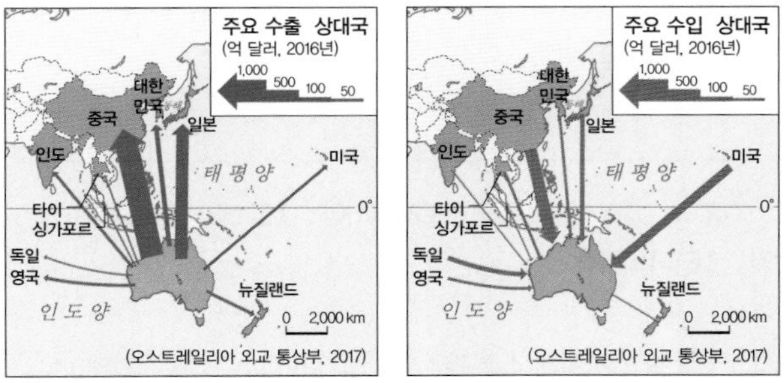

▲ 오스트레일리아의 주요 수출입 상대국과 무역 규모

▶ 20581-0162

03 그래프는 세 국가의 산업 구조를 나타낸 것이다. (가)~(다) 국가를 지도의 A~C에서 고른 것은?

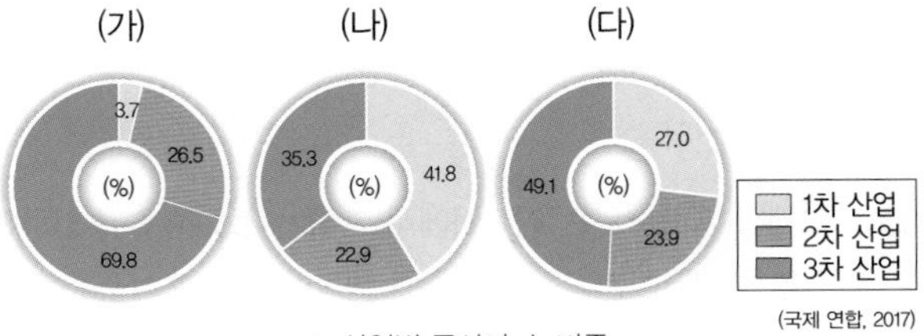

▲ 산업별 종사자 수 비중

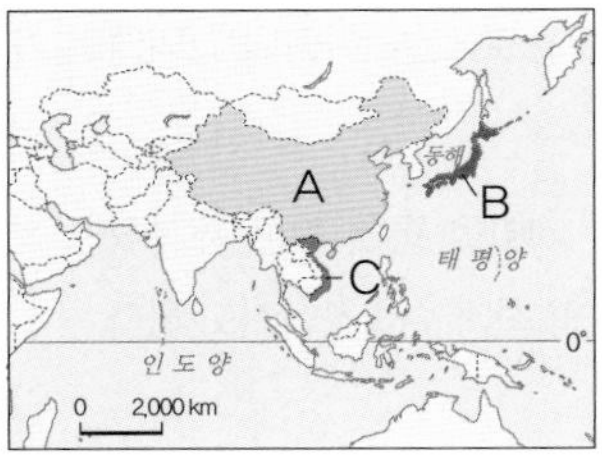

	(가)	(나)	(다)
①	A	B	C
②	A	C	B
③	B	A	C
④	B	C	A
⑤	C	B	A

▶ 20581-0163

04 그래프는 중국과 오스트레일리아의 수출입 품목 구성비를 나타낸 것이다. (가)~(다) 품목으로 옳은 것은?

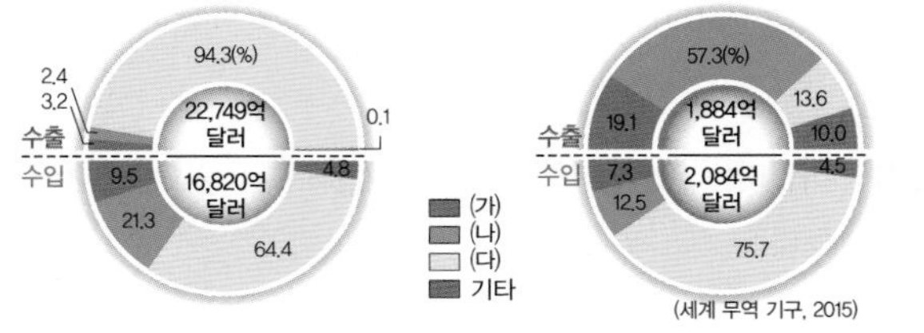

▲ 중국의 수출입 품목 구성비

▲ 오스트레일리아의 수출입 품목 구성비

	(가)	(나)	(다)
①	광산물	농산물	공업 제품
②	광산물	공업 제품	농산물
③	농산물	광산물	공업 제품
④	농산물	공업 제품	광산물
⑤	공업 제품	광산물	농산물

▶ 20581-0164

05 그래프는 동남아시아 주요 국가의 종교별 신자 수 비율을 나타낸 것이다. (가)~(다) 종교로 옳은 것은?

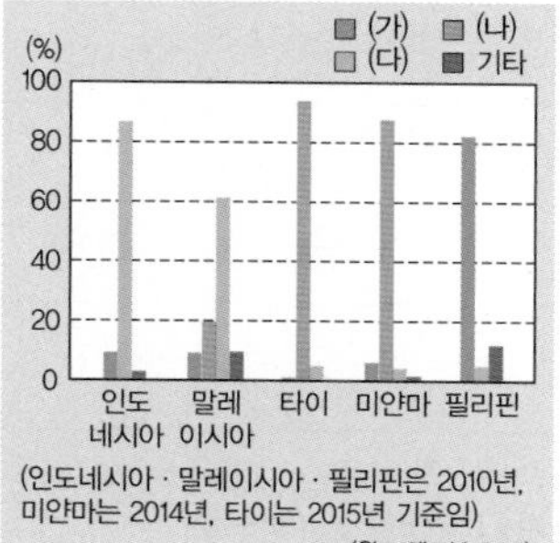

(인도네시아 · 말레이시아 · 필리핀은 2010년, 미얀마는 2014년, 타이는 2015년 기준임)
(월드 팩트북, 2017)

	(가)	(나)	(다)
①	불교	이슬람교	크리스트교
②	불교	크리스트교	이슬람교
③	이슬람교	불교	크리스트교
④	크리스트교	불교	이슬람교
⑤	크리스트교	이슬람교	불교

▶ 20581-0165

06 지도는 오스트레일리아의 어느 민족(인종)의 주요 분포를 나타낸 것이다. 이 민족(인종)에 대한 설명으로 옳은 것은?

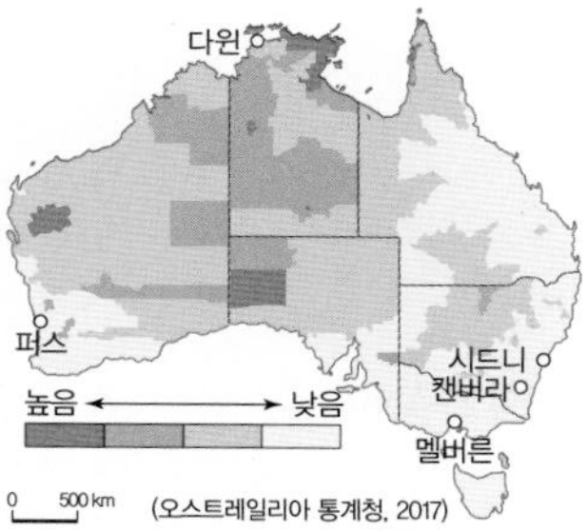

(오스트레일리아 통계청, 2017)
• 자료는 지역별 총인구 대비 상대적 비중을 나타낸 것임

① 종교적 박해를 피해 유럽에서 이주하였다.
② 과거 노예 무역으로 이주한 아프리카계 후손이다.
③ 금광 개발을 위해 아시아에서 이주해온 사람들이다.
④ 유럽인과 원주민 사이에서 태어난 이들의 후손이다.
⑤ 유럽인의 대규모 이주 전부터 거주해 온 원주민이다.

▶ 20581-0166

07 다음 자료의 소수 민족이 주로 거주하는 자치구가 있는 지역을 지도의 A~E에서 고른 것은?

우리는 투르크계로, 한(漢)족과 달라요. 우리는 위구르어를 사용하고 이슬람교를 믿는 민족으로, 중국으로부터의 독립을 원해요.

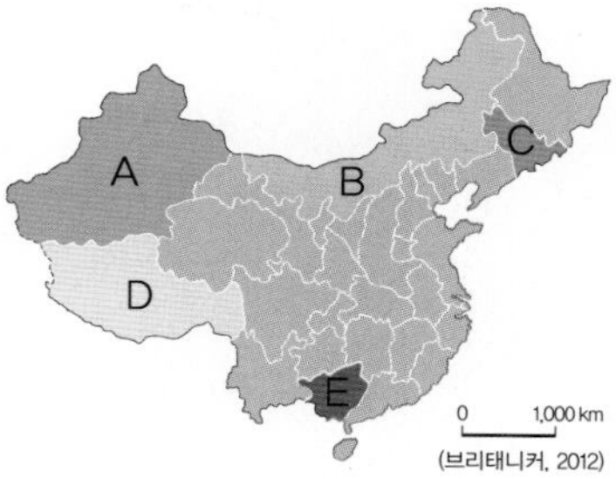

(브리태니커, 2012)

① A ② B ③ C ④ D ⑤ E

서술형

▶ 20581-0167

08 지도는 스리랑카의 민족(인종) 및 종교 분포도이다. 이 지역에서 발생한 분쟁의 특징을 민족(인종) 및 종교와 관련하여 서술하시오.

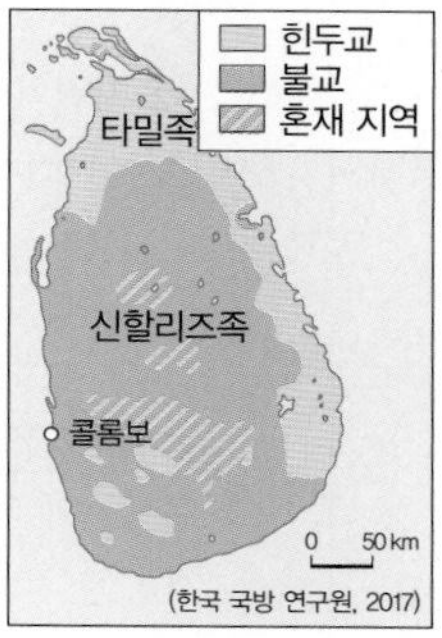

(한국 국방 연구원, 2017)

IV 단원

대단원 마무리 정리

Self Note

01 자연환경에 적응한 생활 모습

(1) 몬순 아시아의 자연환경

→ 계절풍의 영향을 받는 유라시아 대륙 동안의 동아시아, 동남아시아, 남부 아시아 지역

① 계절풍 기후

(①) 계절풍	대륙에서 해양으로 부는 북풍 계열의 바람 → 건조
(②) 계절풍	해양에서 대륙으로 부는 남풍 계열의 바람 → 잦은 홍수 발생, 벼농사 발달

② 지형

동부 아시아	• 중국: 전체 면적의 2/3가 고원, 산지로 이루어짐. 서고동저 지형 • 일본: 유라시아판, 태평양판, 필리핀판 등 판 경계에 위치하여 화산 활동과 (③) 이/가 활발함
동남아시아	• 알프스-히말라야의 조산대에 속한 산맥들이 남북으로 분포 • 메콩강, 짜오프라야강, 이라와디강 주변에는 충적 평야 분포 (→ 하천에 의해 운반된 토사가 퇴적된 평야)
남부 아시아	• 인도 반도에는 서고츠산맥, 동고츠산맥, 히말라야산맥 분포 • 갠지스강 중 · 하류 지역에는 충적 평야인 힌두스탄 평원 형성

(2) 몬순 아시아의 전통 생활 모습

토지 이용	• 큰 하천 주변의 충적 평야: 여름철 고온 다습한 계절풍의 영향으로 풍부한 강수량 → (④) 발달 • 동남 및 남부 아시아: 열대 기후, 풍부한 노동력 → (⑤) 농업 발달(커피, 카카오, 차 생산) • 건조 기후 지역과 고원 지역: 유목, 오아시스 농업, 관개 농업
전통 의복	기후 조건을 극복하기 위한 옷 → 중국의 치파오, 베트남의 아오자이 등
전통 음식	주로 (⑥) 을 이용한 음식이 발달하였으며, 기온이 높은 지역에서는 향신료를 사용한 음식이 발달
전통 가옥	중국 화북 지방의 사합원, 일본 다설 지역의 합장 가옥, 동남아시아의 고상 가옥 및 수상 가옥 등

사합원: '□' 형태의 폐쇄적인 가옥 구조
합장 가옥: 급경사 지붕이 특징임
고상 가옥: 해충, 습기 등을 방지하기 위해 가옥의 바닥을 지면에서 띄워서 지음

02 주요 자원의 분포 및 이동과 산업 구조

(1) 몬순 아시아와 오세아니아의 자원 분포와 이동

① 자원 분포: 중국(석탄, 철광석, 희토류 등), 오스트레일리아(석탄, 철광석 등)

② 자원의 이동

(⑦)	• 산업용 연료로 공업국에서 수요가 많음 • 오스트레일리아, 인도네시아에서 인도, 동부 아시아 지역으로 많이 수출
(⑧)	• '산업의 쌀'이라 불리며, 국제 이동량이 많음 • 오스트레일리아에서 중화학 공업이 발달한 대한민국, 중국, 일본 등지로 많이 수출
기타 자원	• 주석: 통조림 용기 표면에 도금용으로 사용, 동남아시아에서 동부 아시아로 주로 이동 • 천연고무: 타이, 인도네시아에서 주로 동부 아시아로 이동

답 ① 겨울
② 여름
③ 지진
④ 벼농사
⑤ 플랜테이션
⑥ 쌀
⑦ 석탄
⑧ 철광석

Self Note

(2) 몬순 아시아와 오세아니아의 산업 구조

①	경제 개방 정책 이후 빠른 경제 성장, 최근 기계 · 자동차 · 선박 등 중화학 공업 발달
②	로봇, 정밀 기계 및 자동차 산업 발달, 생산자 서비스업 발달 (→ 금융업, 보험업, 전문 서비스업 등 주로 기업의 생산 활동을 지원하는 서비스업)
③	노동 집약형 산업 발달, 정보 통신 기술 산업 성장
동남아시아	1차 산업 비중이 높음, 노동 집약형 산업 발달 → 최근 2차 산업 성장
오스트레일리아	지하자원이 풍부하지만 제조업의 발달 미약, 관광 산업 발달

(3) 몬순 아시아와 오세아니아의 경제 협력을 위한 노력

① 경제 협력: 자연환경과 인문 환경의 차이로 인해 상호 보완성이 크고, 지리적으로 인접하여 교류가 활발

② 활발한 교역

- 국가 간 경제 발전 수준이나 산업 구조의 차이가 크기 때문에 자원의 이동이 활발함
- 몬순 아시아는 오세아니아의 지하자원을 수입하여 공업을 발달시키고 각종 공산품을 오세아니아로 수출함
  → 주로 철광석과 석탄을 많이 수입함

③ 역내 포괄적 경제 동반자 협정(RCEP)

- 16개국이 참여한 거대 경제 블록
- 역내 국가의 상품 무역 자유화, 서비스 및 투자 자유화를 주요 쟁점으로 다룸
  → 동남아시아 국가 연합(ASEAN) 10개국, 우리나라, 중국, 일본, 인도, 오스트레일리아, 뉴질랜드

03 민족(인종) 및 종교적 차이

(1) 몬순 아시아와 오세아니아의 민족(인종) 및 종교 분포

민족	• 중국: 한족, 약 55개의 소수 민족 분포 • 남부 아시아: 식민 지배 경험, 활발한 인구 이동 및 문화 교류의 영향 → 다양한 민족과 언어 분포 • 오스트레일리아와 뉴질랜드: 유럽계 백인이 대다수, 애버리지니(오스트레일리아), ④ (뉴질랜드) 등 원주민 분포
종교	• ⑤ : 파키스탄, 방글라데시, 말레이시아, 인도네시아 (→ 이슬람교 신자 수가 세계 1위 국가) • ⑥ : 인도 • ⑦ : 타이, 미얀마, 캄보디아, 라오스, 베트남 • ⑧ : 필리핀, 오스트레일리아, 뉴질랜드

(2) 몬순 아시아와 오세아니아의 지역 갈등과 해결 과제

중국	중국으로부터 분리 독립을 주장하는 티베트족 및 위구르족과 중국 정부 사이의 갈등 (위구르족 → 신장웨이우얼자치구에 주로 거주함)
남부 아시아	• ⑨ : 인도(힌두교)와 파키스탄(이슬람교) 간의 영토 및 종교 분쟁 발생 • 스리랑카: 신할리즈족(불교)과 타밀족(힌두교) 간의 갈등
동남아시아	필리핀 민다나오섬: 크리스트교와 이슬람교, 미얀마: 로힝야족 난민 발생
오세아니아	원주민(애버리지니, 마오리족) 및 아시아계 이주민에 대한 차별 문제 → 최근 통합을 강조하고 차별을 금지하는 정책을 통해 인종 갈등을 극복하고자 노력함

답 ① 중국
② 일본
③ 인도
④ 마오리족
⑤ 이슬람교
⑥ 힌두교
⑦ 불교
⑧ 크리스트교
⑨ 카슈미르

▶ 20581-0168

01 다음 글의 (가)에 들어갈 내용으로 가장 적절한 것은?

여행 첫날 방문한 재래시장에는 이 나라에서 생산된 바나나, 파인애플은 물론 람부탄, 두리안, 파파야 등 생소한 과일들을 판매하는 상인들이 많았다. 한쪽에서는 이러한 과일로 만든 음료수를 판매하기도 하였다. 이 나라의 전통 음식인 (가) 을/를 파는 노점상에서 가벼운 점심을 먹은 후 이 나라 전통 의상인 아오자이를 입고 관광지를 돌아다녔다.

① 쌀로 만든 국수
② 밀로 만든 난과 커리
③ 저민 생선으로 만든 스시
④ 올리브 오일로 요리한 파스타
⑤ 치즈와 소고기를 곁들인 호밀빵

▶ 20581-0169

02 다음 자료의 밑줄 친 (가)의 주요 원인만을 〈보기〉에서 고른 것은?

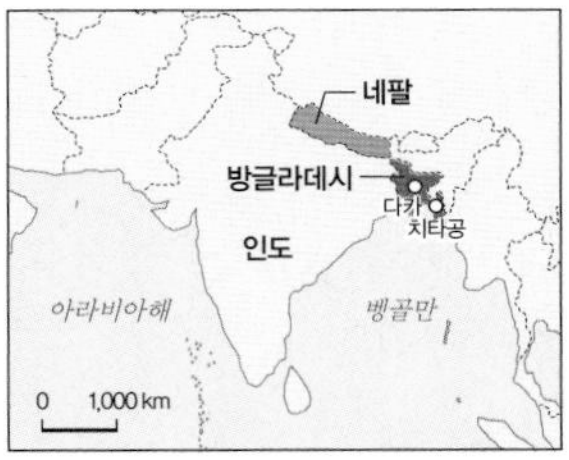

해마다 남부 아시아에는 큰 인명 피해가 발생하고 있습니다. (가) 인도 북동부와 네팔, 방글라데시를 중심으로 큰 홍수 피해가 발생하면서 도로가 잠기고 인도에선 열차 탈선 사고까지 겹쳤습니다.

– ○○ 신문, 2017. 08. 20. –

〈보기〉
ㄱ. 해류　　ㄴ. 지형
ㄷ. 편서풍　　ㄹ. 열대 저기압

① ㄱ, ㄴ　② ㄱ, ㄷ　③ ㄴ, ㄷ
④ ㄴ, ㄹ　⑤ ㄷ, ㄹ

▶ 20581-0170

03 다음 글의 (가)~(다)에 해당하는 국가를 지도의 A~F에서 고른 것은?

- (가) 은(는) 자원은 부족하나 높은 기술력을 바탕으로 전자 제품, 로봇, 정밀 기계 및 자동차 산업이 발달하였다. 또한 다국적 기업의 생산 활동을 지원하는 생산자 서비스업이 발달하였다.
- (나) 은(는) 노동 집약적 제조업의 비중이 높은 편이며, 중화학 공업도 성장하고 있다. 벵갈루루, 하이데라바드 등의 내륙 도시에서는 정보 통신 기술 산업이 발달하고 있다.
- (다) 은(는) 지하자원이 풍부하지만 국내 소비 시장의 규모가 작아 제조업은 크게 발달하지 못하였다. 최근에는 몬순 아시아의 국가들과 교류가 잦아지면서 철강, 알루미늄 공업이 점차 발달하고 있다.

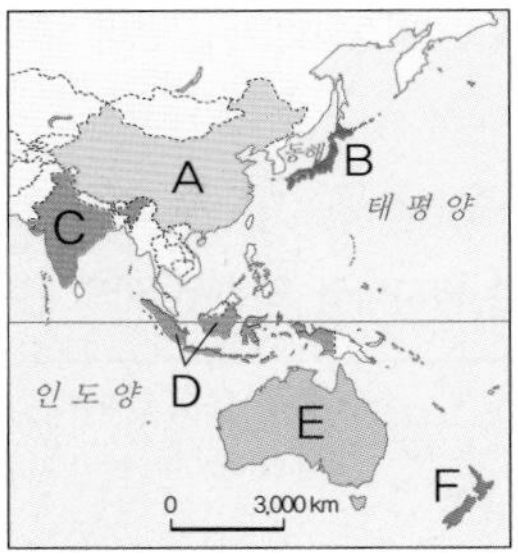

	(가)	(나)	(다)
①	A	C	E
②	A	D	F
③	B	C	E
④	B	C	F
⑤	B	D	E

단답형 ▶ 20581-0171

04 다음 글의 (가)에 들어갈 알맞은 말을 쓰시오.

(가) 은/는 동남아시아 국가 10개국과 우리나라, 중국, 일본, 인도, 오스트레일리아, 뉴질랜드가 포함된 총 16개국의 지역 내 무역 자유화를 위한 협정으로, 다자간 자유 무역 협정(FTA)이다. 2012년 11월 20일에 16개국 정상이 협상 개시를 선언하였으며, 현재 타결을 목표로 관련 국가들 간의 협상이 진행되고 있다.

▶ 20581-0172

05 **지도의 (가) 지역과 비교한 (나) 지역의 상대적인 특징을 그래프의 A~E에서 고른 것은?**

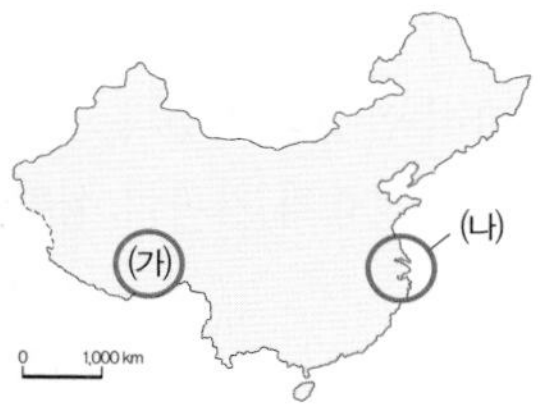

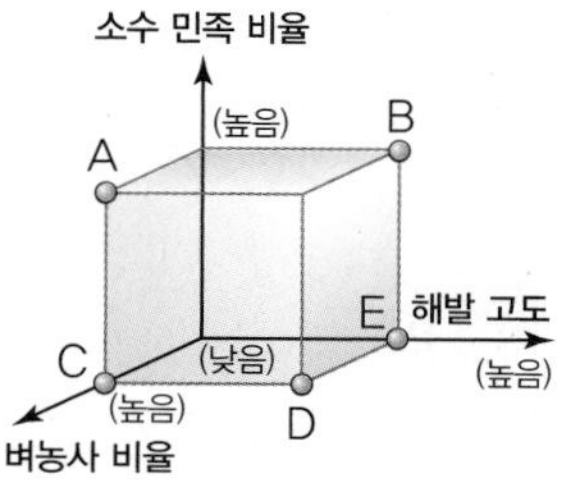

① A ② B ③ C ④ D ⑤ E

▶ 20581-0173

06 **다음 자료는 (가), (나) 지역의 대표적인 전통 음식을 소개한 것이다. 두 지역의 공통된 특색으로 옳은 것은?**

(가)
기름에 볶아 만든 쌀국수로 고기, 채소, 각종 향신료가 어울려 독특한 맛을 느낄 수 있어. 왕실이 주도하는 민족주의 정책의 영향으로 음식 이름에 국가 명칭이 포함되어 있다고 해.

(나)
나시는 '쌀이나 밥'을, 고렝은 '튀기다, 볶다'라는 뜻이야. 해산물이나 고기와 야채를 넣고 특유의 향신료로 양념하여 센 불에 볶은 음식이야.

① 연중 기온이 높은 지역이다.
② 강수량이 적은 건조 지역이다.
③ 해발 고도가 높은 고산 지역이다.
④ 겨울에 눈이 많이 내리는 다설 지역이다.
⑤ 기온의 연교차가 일교차보다 큰 지역이다.

▶ 20581-0174

07 **지도의 A, B 지역 주민들이 공통으로 믿는 종교에 대한 설명으로 옳은 것은?**

(가)

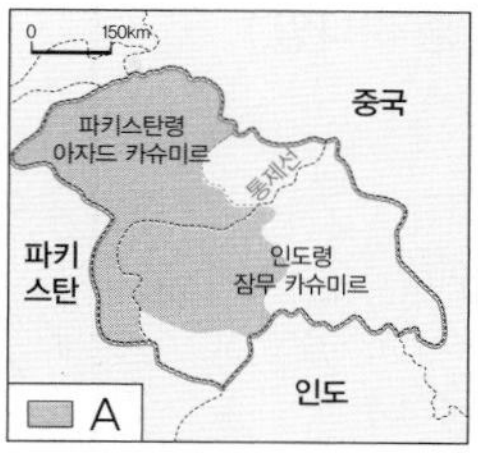

(나)

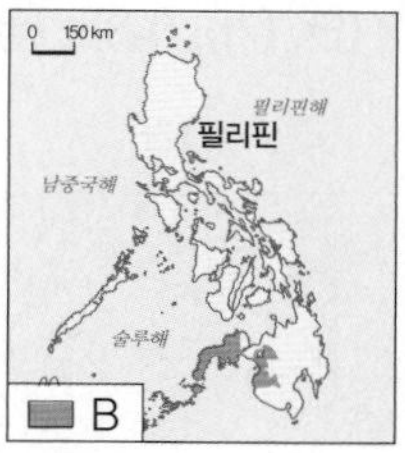

① 대표적인 종교 경관은 불상과 불탑이다.
② 세계에서 신자 수가 가장 많으며, 유일신을 신봉한다.
③ 둥근 돔형의 지붕과 첨탑이 있는 모스크를 쉽게 볼 수 있다.
④ 소고기 먹는 것을 금기시하며 채식을 선호하는 주민들이 많다.
⑤ 집안 곳곳에 다양한 신들의 조각상을 세워 놓은 가정들이 많다.

서술형

▶ 20581-0175

08 **다음 자료를 참조하여 뉴질랜드에서 유럽계 이주민과 원주민인 마오리족의 관계에 대해 서술하시오.**

▲ 뉴질랜드 국장

뉴질랜드 국장에는 중앙에 방패가 그려져 있는데, 방패 왼쪽 위의 별은 남십자성을, 오른쪽 위의 양모는 축산업을, 왼쪽 밑의 밀 다발은 농업을, 오른쪽 아래의 망치는 광업과 공업을 가리킨다. 방패 왼쪽에는 뉴질랜드의 국기를 든 백인 여성이, 오른쪽에는 창을 든 마오리족 추장이 그려져 있다.

▶ 20581-0176

1 지도는 (가), (나) 시기 몬순 아시아의 주요 풍향을 나타낸 것이다. 이에 대한 옳은 설명만을 〈보기〉에서 있는 대로 고른 것은? (단, (가), (나)는 1월과 7월 중 하나임.)

(가)

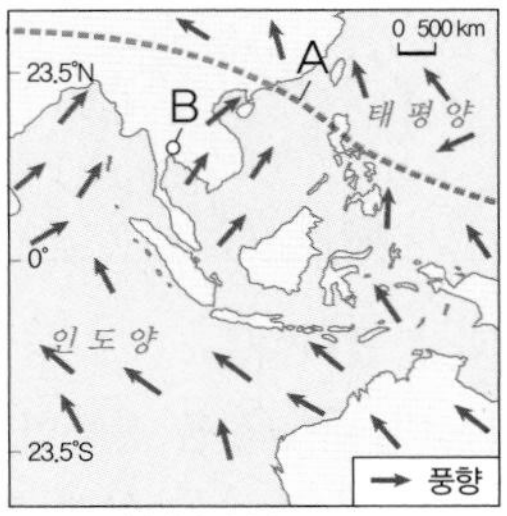

(나)

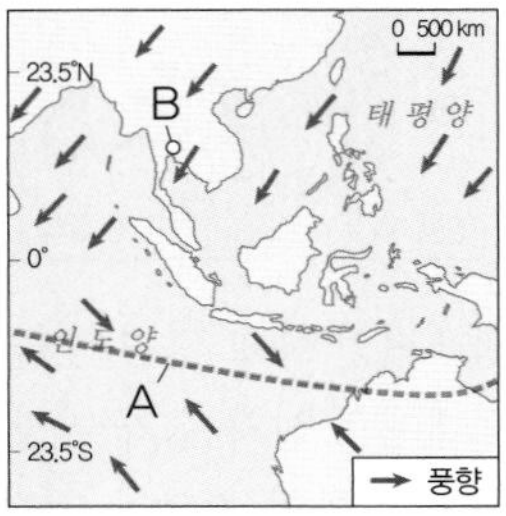

• A는 적도(열대) 수렴대임

보기

ㄱ. 북반구에서는 (가) 시기가 (나) 시기보다 기온이 높다.
ㄴ. (나) 시기는 (가) 시기보다 벼농사 발달에 큰 영향을 끼친다.
ㄷ. A의 영향을 받는 지역은 날씨가 맑고 강수가 적다.
ㄹ. B 지역에서는 (가) 시기가 (나) 시기보다 강수량이 많다.

① ㄱ, ㄷ ② ㄱ, ㄹ ③ ㄴ, ㄹ
④ ㄱ, ㄴ, ㄹ ⑤ ㄴ, ㄷ, ㄹ

▶ 20581-0177

2 그래프의 (가)~(다)에 해당하는 국가를 지도의 A~C에서 고른 것은?

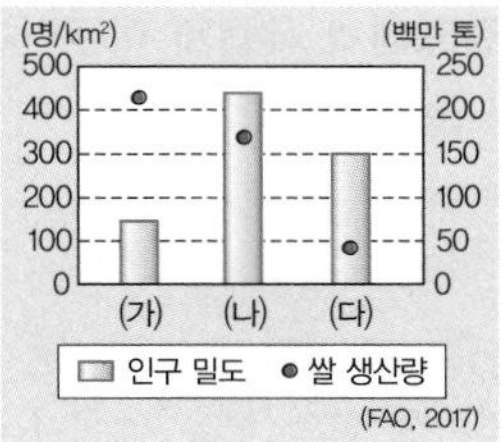

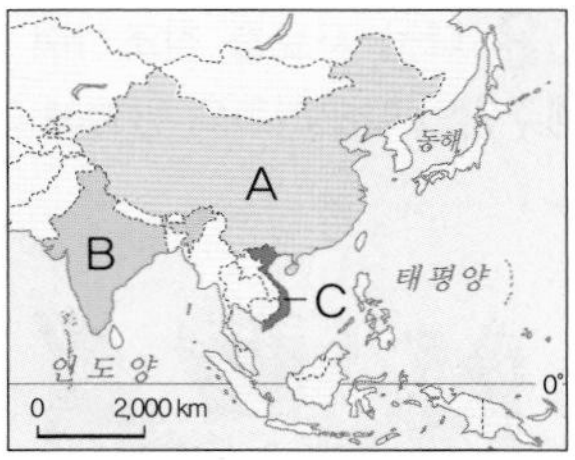

	(가)	(나)	(다)
①	A	B	C
②	A	C	B
③	B	A	C
④	B	C	A
⑤	C	B	A

▶ 20581-0178

3 지도의 A~C 지형에 대한 설명으로 옳은 것은?

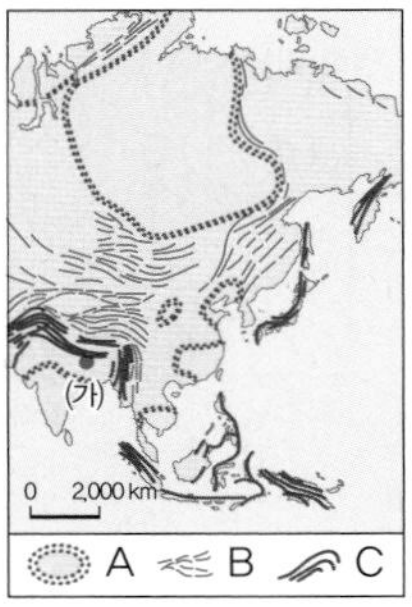

① A는 용암 분출로 형성되었다.
② B는 지진이 활발하다.
③ C는 지반이 안정되어 있다.
④ A는 B보다 지표의 기복이 심하다.
⑤ B는 C보다 조산 운동 시기가 이르다.

▶ 20581-0179

4 다음 자료는 두 지역의 음식을 설명한 것이다. (가) 지역과 비교한 (나) 지역의 상대적 특징을 그림의 A~E에서 고른 것은?

(가) 지역에서는 기름에 볶는 조리법을 많이 사용한다. 그 중에서 파인애플 볶음밥은 쌀과 파인애플, 새우 등의 재료를 각종 향신료와 함께 센 불에 볶은 다음 속을 파낸 파인애플 껍질에 담는 것이 특징이다.

(나) 지역의 요리는 육류의 비중이 높고 채소의 사용은 비교적 적다. 특히 '뗀뚝'이라고 불리는 음식은 우리나라의 수제비와 비슷한데 야크 고기를 말린 육포를 넣는 것이 특징이다.

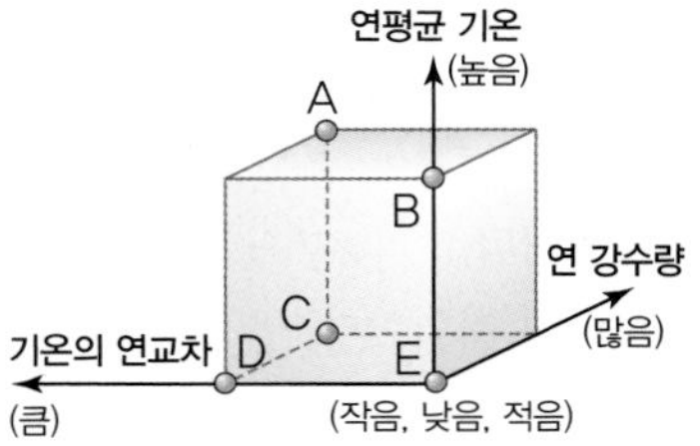

① A
② B
③ C
④ D
⑤ E

▶ 20581-0180

5 그래프는 세 국가의 산업 구조를 나타낸 것이다. (가)~(다) 국가에 대한 적절한 추론만을 〈보기〉에서 있는 대로 고른 것은? (단, (가)~(다)는 인도, 중국, 오스트레일리아 중 하나임.)

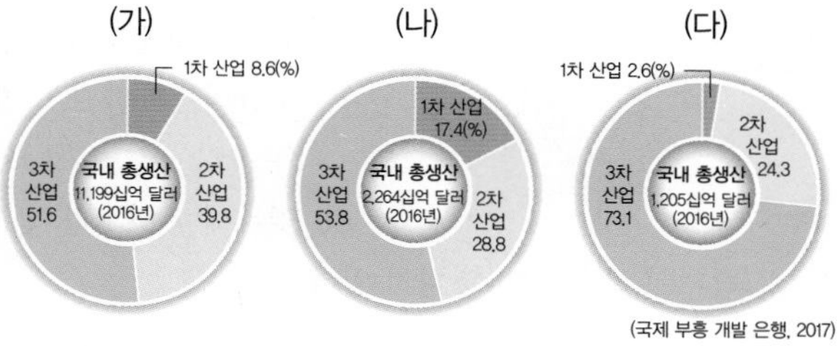

(국제 부흥 개발 은행, 2017)

보기

ㄱ. (가)는 (나)보다 1차 산업 생산액이 많을 것이다.
ㄴ. (나)는 (다)보다 석탄 수출이 많을 것이다.
ㄷ. (다)는 (가)보다 공업 제품 수출 비중이 높을 것이다.
ㄹ. (가)~(다) 중 1인당 국내 총생산은 (다)가 가장 많을 것이다.

① ㄱ, ㄴ ② ㄱ, ㄹ ③ ㄴ, ㄷ
④ ㄱ, ㄷ, ㄹ ⑤ ㄴ, ㄷ, ㄹ

▶ 20581-0181

6 다음 자료의 (가)에 들어갈 알맞은 말을 〈보기〉에서 고른 것은?

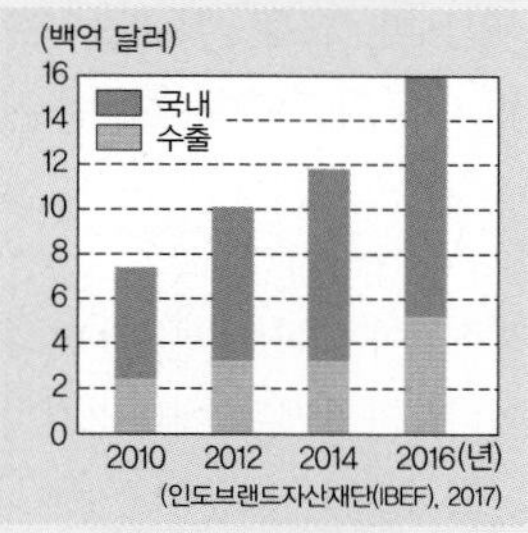

▲ 인도의 정보 통신 기술 산업(IT)의 규모

인도의 정보 통신 기술 산업(IT) 규모는 꾸준히 증가하고 있다. 뉴델리, 뭄바이 등 주요 도시에는 인도 및 해외 기업이 밀집해 대규모 정보 기술 클러스터로 발전하고 있다. 인도의 정보 통신 기술 산업(IT)이 성장한 배경은 (가) 때문이다.

보기

ㄱ. 풍부한 동력 및 지하자원
ㄴ. 영어 사용이 가능한 전문 기술 인력
ㄷ. 내륙 수로를 이용한 물류 비용 절감
ㄹ. 시차를 이용한 실리콘밸리와의 편리한 업무 연계

① ㄱ, ㄴ ② ㄱ, ㄷ ③ ㄴ, ㄷ ④ ㄴ, ㄹ ⑤ ㄷ, ㄹ

▶ 20581-0182

7 그래프는 몬순 아시아와 오세아니아의 여러 국가의 수출 구조를 나타낸 것이다. (가)~(마) 국가에 대한 설명으로 옳은 것은? (단, 지도는 그래프의 (가)~(마) 국가를 표시한 것임.)

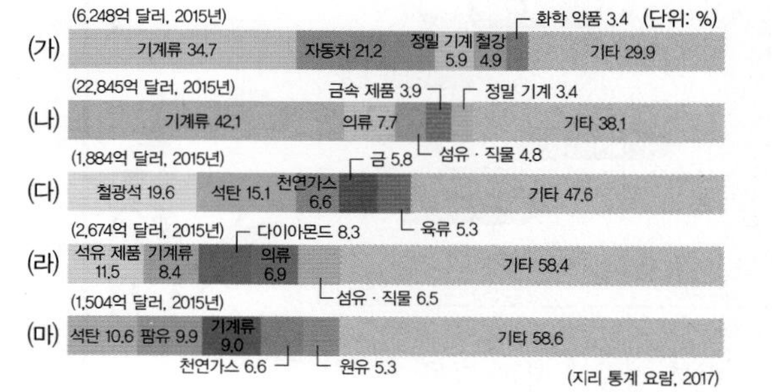

(지리 통계 요람, 2017)

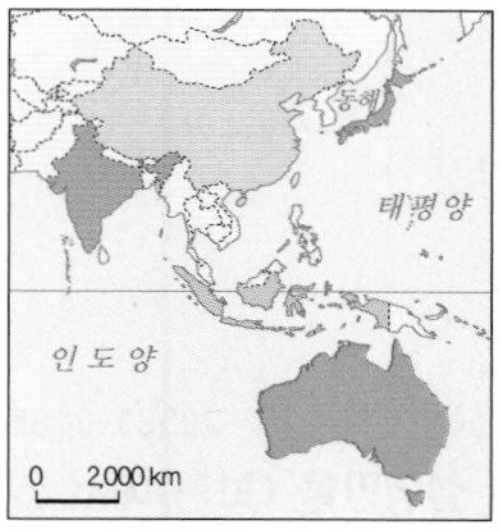

① (가)는 (나)보다 쌀 생산량이 많다.
② (나)는 (다)보다 3차 산업 종사자 비율이 높다.
③ (다)는 (라)보다 총인구가 많다.
④ (라)는 (마)보다 이슬람교 신자 수가 많다.
⑤ (가)~(마) 중 국토 면적이 가장 넓은 국가는 (나)이다.

▶ 20581-0183

8 그래프는 오스트레일리아의 시기별 주요 무역 상대국을 나타낸 것이다. (가) 국가에 대한 (나) 국가의 상대적인 특징을 그림의 A~E에서 고른 것은? (단, (가), (나)는 영국, 중국 중 하나임.)

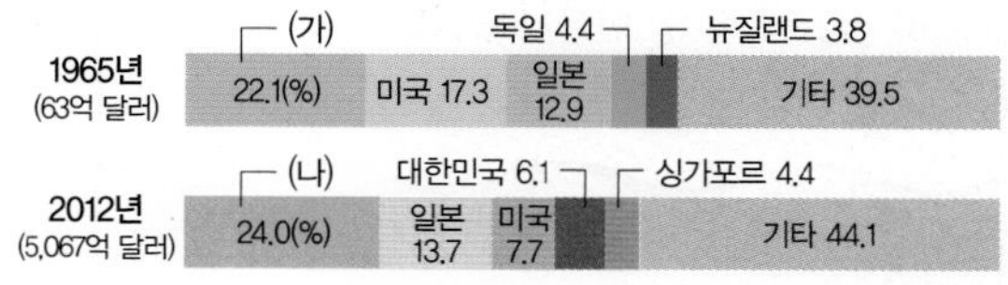

(신상 지리 자료, 2016)

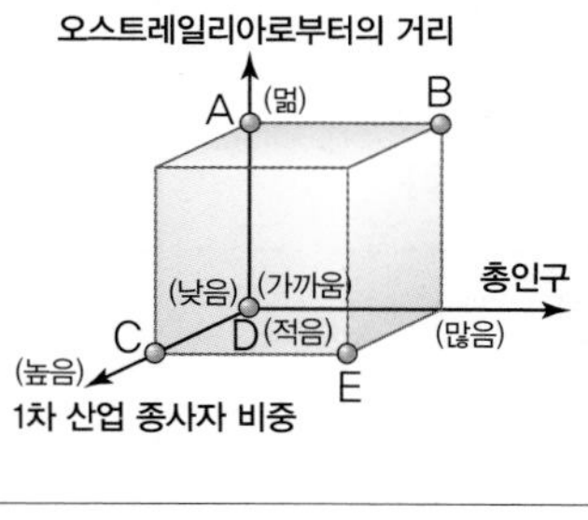

① A
② B
③ C
④ D
⑤ E

▶ 20581-0184

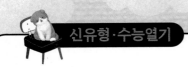

9 **다음은 세계지리 수업 장면이다. (가)에 들어갈 내용으로 가장 적절한 것은?**

① 빈부 격차에 따른 갈등
② 언어 차이에 따른 갈등
③ 서로 다른 종교 간의 갈등
④ 유럽계 민족(인종)과의 갈등
⑤ 석유의 개발과 이용을 둘러싼 갈등

▶ 20581-0185

10 **다음 글의 ㉠~㉤에 대한 옳은 설명만을 〈보기〉에서 있는 대로 고른 것은?**

> **동남 및 남부 아시아의 민족(인종) 및 종교로 인한 갈등**
>
> 대부분의 국가들이 유럽의 식민 지배를 겪었던 동남 및 남부 아시아 지역은 민족(인종)과 종교가 다양하다. 타이, 미얀마 등은 불교, 인도네시아와 말레이시아는 이슬람교, ㉠ 은/는 가톨릭교, 인도는 힌두교 신자가 많다. 이러한 종교적 차이로 인한 갈등으로 ㉡ 카슈미르 분쟁이 계속되어 왔고, 그 밖에 민족 문제와 결부된 로힝야족 분쟁, ㉢ 스리랑카 내전, ㉣ 민다나오 모로족 분리 운동, ㉤ 동티모르 분리 독립 운동 등이 있었다.

〈보기〉

ㄱ. ㉠에는 '필리핀'이 들어갈 수 있다.
ㄴ. ㉡은 종교 및 영토와 관련된 분쟁이다.
ㄷ. ㉣은 ㉠ 국가에서 발생한 분쟁이다.
ㄹ. ㉡~㉤ 모두 이슬람교와 관련 있다.

① ㄱ, ㄴ　② ㄱ, ㄷ　③ ㄷ, ㄹ
④ ㄱ, ㄴ, ㄷ　⑤ ㄴ, ㄷ, ㄹ

▶ 20581-0186

11 **지도의 A, B 지역에 대한 설명으로 옳은 것은?**

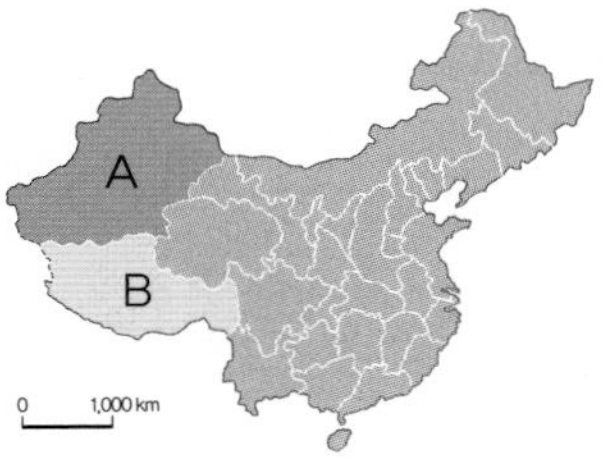

① A는 온대 기후 지역이다.
② A에는 티베트족이 거주하며, 라마교 신도가 많다.
③ B는 해발 고도가 낮으며, 넓은 충적 평야가 펼쳐져 있다.
④ B에는 위구르족이 거주하며, 이슬람교 신도가 많다.
⑤ A, B 지역에서는 독립을 둘러싼 갈등이 발생하고 있다.

▶ 20581-0187

12 **다음 글의 (가), (나) 국가를 지도의 A~D에서 고른 것은?**

> **다큐멘터리 '민족(인종) 및 종교적 차이로 인한 갈등을 찾아서' 방송 안내**
>
> • 제1부(방송 일정: ○월 ○일)
> 로힝야족은 불교 국가인 (가) 라카인주에 거주하며 주로 이슬람교를 신봉한다. (가) 정부는 그들을 불법 이민자로 규정하고 있으며, 교육 · 복지 · 의료 등의 기본적인 혜택과 거주지 이동의 자유도 허락하지 않고 있다.
>
> • 제2부(방송 일정: △월 △일)
> 애버리지니는 수만 년 전에 아시아에서 건너와 (나) 에 정착한 원주민이다. 과거에는 애버리지니에 대해 인종 차별적 정책을 펼쳤으나, 최근 (나) 정부는 그들을 존중하고 포용하는 정책을 실시하고 있다.

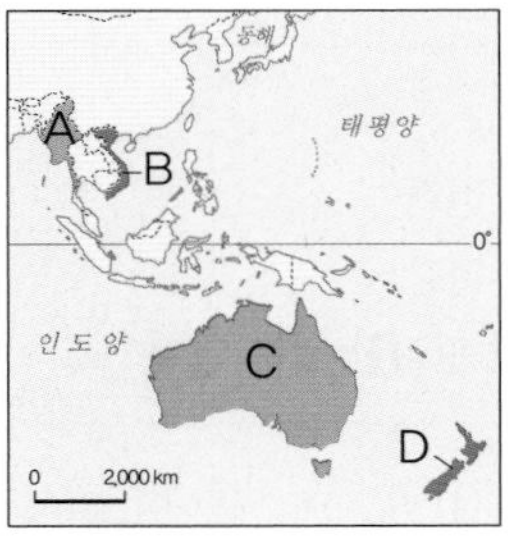

	(가)	(나)
①	A	B
②	A	C
③	B	C
④	B	D
⑤	C	D

V 건조 아시아와 북부 아프리카

대단원 한눈에 보기

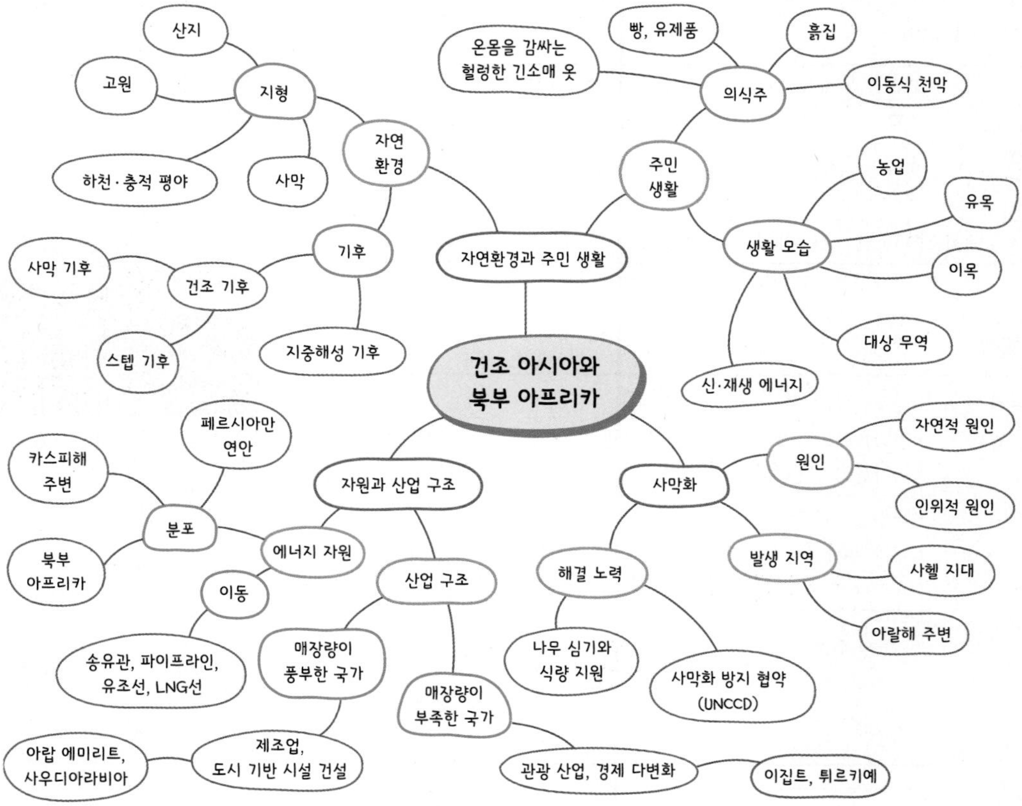

01 자연환경에 적응한 생활 모습

건조 아시아와 북부 아프리카는 ① □□□보다 ② □□□이/가 커서 인간 생활에 불리하다.

02 주요 자원의 분포 및 이동과 산업 구조

건조 아시아와 북부 아프리카는 세계적인 ③ □□ 및 ④ □□□□ 생산 지역이다.

03 사막화의 진행

건조 아시아와 북부 아프리카의 반건조 지역에서는 빠른 속도로 ⑤ □□□이/가 진행 중이다. 대표적인 사례 지역으로는 아프리카의 ⑥ □□ 지대가 있다.

정답 | ① 강수량 ② 증발량 ③ 석유 ④ 천연가스 ⑤ 사막화 ⑥ 사헬

자연환경에 적응한 생활 모습

자연환경 특성

(1) 기후 특성

① 건조 아시아와 북부 아프리카는 대부분 건조 기후(강수량 < 증발량)에 속함 → 아열대 고압대의 중심부에 위치하여 연중 하강 기류를 받아 건조함 → 인간의 거주에 불리한 환경 조건을 지님

└ 상층에서 아래쪽으로 기류가 형성될 때는 맑은 날씨가 나타남

② 주요 기후 지역

건조 기후	사막 기후	북부 아프리카, 아라비아반도, 이란고원, 중앙아시아 일대 → 연 강수량이 250㎜ 미만으로 매우 건조함
	스텝 기후	사막의 주변부에서 나타나는 경향이 높음 → 초원이 형성됨 예 카자흐 초원 등
지중해성 기후		지중해와 흑해 연안에서 나타남

건조 지역에서 물 공급이 지속적으로 이루어지는 지역으로, 오아시스의 대부분은 지하수 중 일부가 지표 가까이 드러난 지역임

하천의 하구에 발달하는 퇴적 지형으로, 하천으로부터 점토나 모래 등 퇴적 물질의 공급이 원활할 때 잘 형성됨

(2) 지형 특성

산지	아틀라스산맥, 알타이산맥, 톈산산맥
고원	• 아나톨리아고원(튀르키예), 이란고원 → 신기 조산대, 지진 빈번 • 아나톨리아고원에서 티그리스 · 유프라테스강이 발원함
하천 충적 평야	• 나일강: 주기적인 범람으로 하구에 비옥한 삼각주 형성 • 티그리스 · 유프라테스강: 중 · 하류에 메소포타미아 평원 발달 • 인구 집중 지역: 물을 얻을 수 있는 곳, 오아시스 주변

하천 주변	예 나일강 하구, 티그리스 · 유프라테스강 주변 → 이집트 및 메소포타미아 문명 발상지
지형성 강수	예 아틀라스산맥 북쪽 지역 → 편서풍의 바람받이 사면 → 강수량이 비교적 풍부함

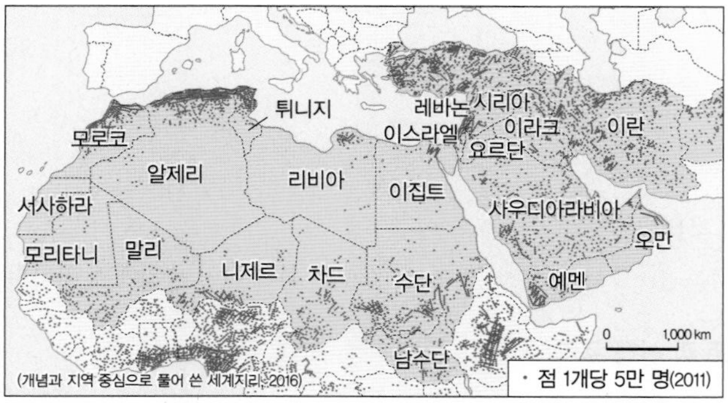

▲ 건조 아시아와 북부 아프리카의 인구 밀도

사막	사하라 사막(아프리카 대륙 면적의 약 30%), 리비아 사막(북부 아프리카), 룹알할리 사막(아라비아반도)
해안 평야	지중해와 흑해 연안에 부분적으로 발달함

◉ 위도대별 강수량과 증발량

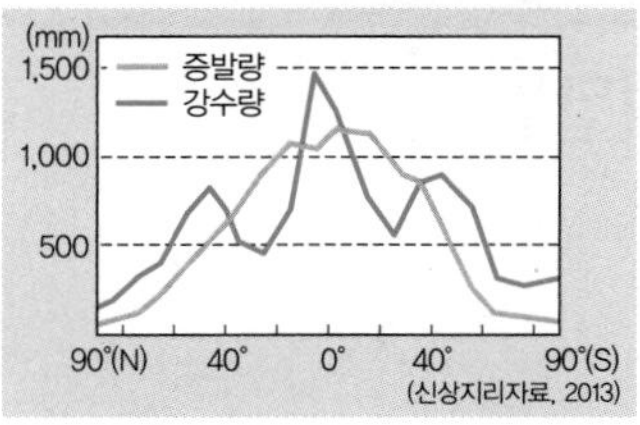

남 · 북위 10°~40° 내외의 지역에서는 하강 기류가 탁월한 아열대 고압대의 영향으로 강수량보다 증발량이 많다.

◉ 카자흐 초원

카자흐스탄 면적의 약 30%를 차지하는 광대한 초원으로, 유목이 활발하다.

◉ 4대 문명의 발상지

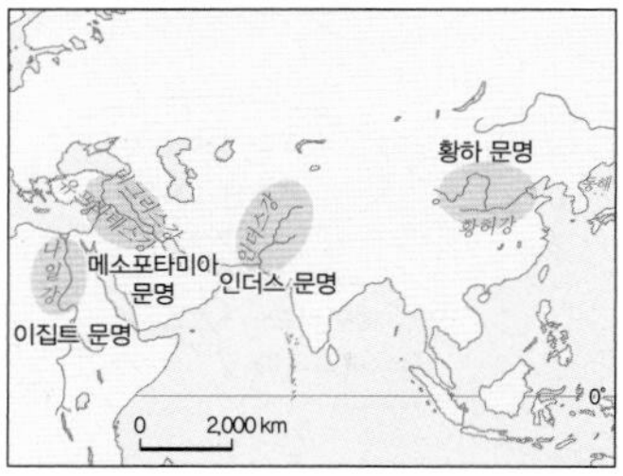

건조 아시아 및 북부 아프리카 일대에서는 4대 문명 중 이집트 문명과 메소포타미아 문명이 탄생했다. 메소포타미아는 '두 강 사이의 땅'이라는 뜻이다.

◉ 아틀라스산맥

신기 조산대에 속하며 대서양 및 지중해와 접해 있다. 모로코, 알제리, 튀니지에 걸쳐 동서 방향으로 길게 뻗어 있으며, 최고봉은 해발 4,167m의 투브칼 산이다.

자료 탐구

① 건조 아시아와 북부 아프리카의 기후 특성

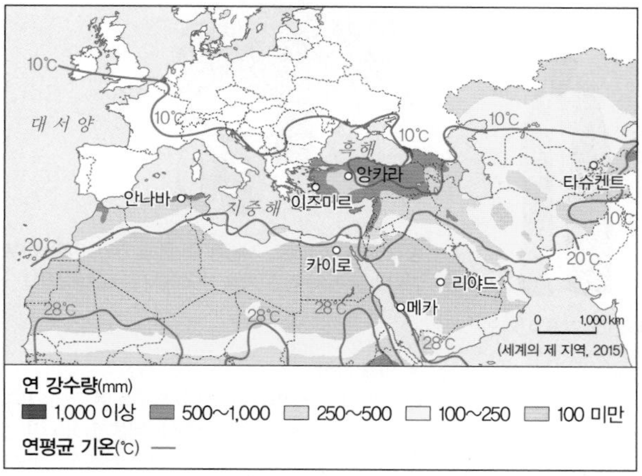

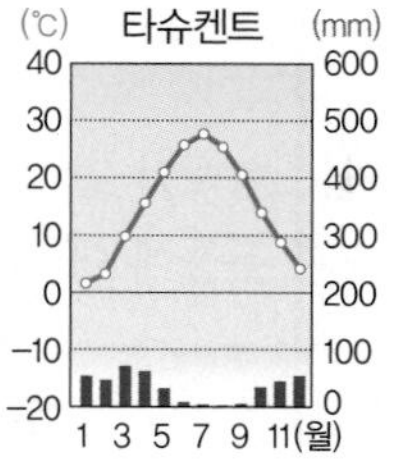

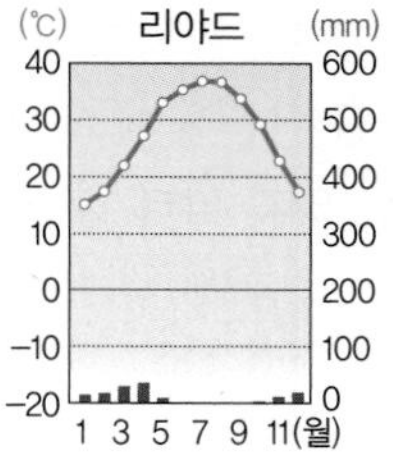

분석 | 사하라 사막은 연중 아열대 고압대의 영향으로 사막 기후가, 지중해와 인접한 곳에서는 지중해성 기후, 아라비아반도 이북 지역은 대체로 스텝 기후가 나타난다. 연평균 10℃의 등온선이 영국 일대에서 고위도로 올라가는 이유는 편서풍과 북대서양 난류의 영향으로 겨울 기온이 높기 때문이다.

멕시코만 일대에서 발원하여 북대서양을 거쳐 흐르는 난류

② 건조 아시아와 북부 아프리카의 지형 특성

대기 대순환의 아열대 고압대의 영향으로 형성됨

분석 | 건조 아시아와 북부 아프리카에는 산지와 고원, 하천과 사막 등 다양한 지형이 나타난다. 아틀라스산맥, 자그로스산맥, 이란고원 등은 판의 경계와 가까워 지각이 불안정하고 지진이 잦은 편이다. 지중해는 유라시아판과 아프리카판의 경계부, 홍해는 아프리카판과 아라비아판의 경계부에 위치한다. 이곳에서 동서로 긴 골짜기가 형성된 후 바닷물이 유입한 곳은 지중해가 되었고, 연장선에서 남북 방향으로 좁고 긴 골짜기는 홍해가 되었다. 특히 홍해와 페르시아만은 각각 물류와 천연자원의 이동로로서 지정학적으로 교통의 요지이다.

확인학습

1 (가), (나) 기후가 나타나는 지역에 대한 옳은 설명만을 〈보기〉에서 고른 것은?

(가)

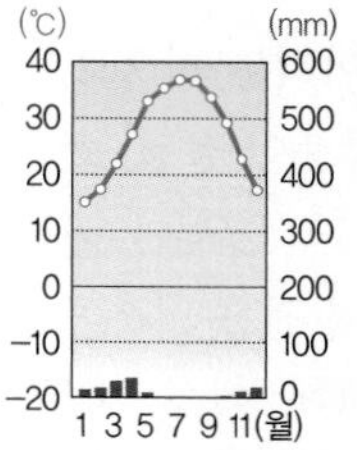

(나)

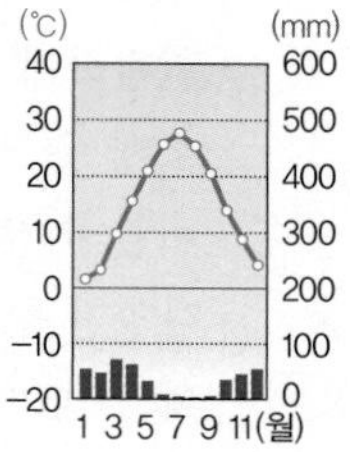

〈보기〉
ㄱ. (가)는 (나)보다 기온의 연교차가 크다.
ㄴ. (나)는 (가)보다 지표를 덮고 있는 식생의 밀도가 높다.
ㄷ. (가)는 사막, (나)는 스텝 기후이다.
ㄹ. (가), (나) 모두 플랜테이션 농업이 주를 이룬다.

① ㄱ, ㄴ ② ㄱ, ㄷ ③ ㄴ, ㄷ
④ ㄴ, ㄹ ⑤ ㄷ, ㄹ

정답과 해설 ▶ (가)는 사막 기후인 리야드, (나)는 스텝 기후인 타슈켄트의 기후 그래프이다. 사막에서는 주로 오아시스 농업, 스텝에서는 유목이 발달하며, 초원이 형성되는 스텝이 사막에 비해 식생의 밀도가 높다. 답 ③

2 건조 아시아와 북부 아프리카의 지형 특성에 대한 옳은 설명만을 〈보기〉에서 고른 것은?

〈보기〉
ㄱ. 나일강은 북에서 남으로 흐른다.
ㄴ. 아틀라스산맥은 고기 습곡 산지이다.
ㄷ. 티그리스 · 유프라테스강은 고대 문명의 발상지이다.
ㄹ. 사하라 사막은 아열대 고압대의 영향으로 형성되었다.

① ㄱ, ㄴ ② ㄱ, ㄷ ③ ㄴ, ㄷ
④ ㄴ, ㄹ ⑤ ㄷ, ㄹ

정답과 해설 ▶ 나일강은 남부 습윤 지역에서 발원하여 북부 지중해로 흘러든다. 아틀라스산맥은 판의 경계와 가까운 신기 습곡 산지이며, 티그리스 · 유프라테스강 유역에서는 메소포타미아 문명이 탄생하였다. 사하라 사막은 세계 최대의 사막으로, 연중 하강 기류가 탁월한 아열대 고압대의 영향으로 형성되었다. 답 ⑤

핵심 개념 정리 01

자연환경에 적응한 생활 모습

전통적인 생활 모습

(1) 의식주

① 의복

- 헐렁하게 늘어지는 천으로 온몸을 감싸는 형태의 긴 소매 옷 → 통풍이 잘됨, 큰 일교차와 모래 폭풍에 대비할 수 있음
- 다양한 형태의 전통 의복이 발달함
  예 남성: 케피에, 여성: 히잡, 차도르, 부르카 등

(케피에: 아라비아 사람이나 베두인 사람이 머리에 쓰는 천)
(히잡: 이슬람의 여성들이 머리와 목 등을 가리기 위해 쓰는 두건)

▲ 건조 기후 지역의 전통 의복

② 음식

- 빵: 건조 기후에서도 재배가 가능한 밀을 이용해 제조
- 고기와 유제품: 건조 기후에 잘 견디는 양과 낙타 등에서 얻음 예 튀르키예의 케밥

③ 가옥

- 사막 기후 지역의 흙집: 창문이 작고 벽이 두꺼움 → 큰 일교차에 유리함
- 스텝 기후 지역의 이동식 천막: 유목을 주로 하는 중앙아시아에서 발달 예 몽골의 게르(유르트)

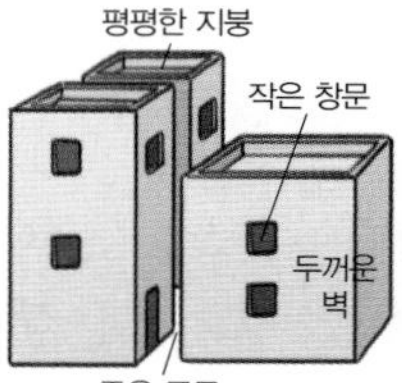

▲ 흙집

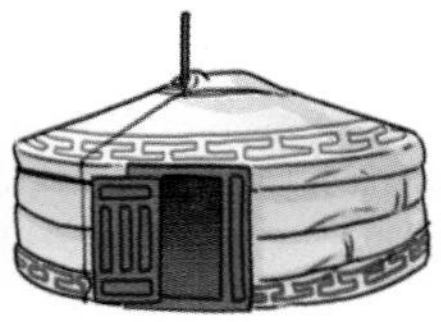
▲ 이동식 천막

(2) 다양한 생활 모습

농업		• 일사량이 풍부하여 물을 얻을 수 있다면 농업에 유리함 • 생산된 곡물은 대부분 지역에서 소비하지만, 무화과나 대추야자 등의 일부는 유럽 및 북아메리카로 수출함
	오아시스	외래 하천이나 오아시스를 이용 → 밀, 보리, 대추야자 재배
	관개	외래 하천이나 지하수를 이용 → 스프링클러를 이용한 원형 경작지
유목		• 주로 관개 농업을 할 수 없는 지역에서 실시 • 건조 지역에서 가장 오래된 자급 자족적 생활 방식 • 계절에 따라 규칙적으로 이동함 → 물과 풀을 찾아 이동함 • 초원의 환경을 이용하여 양, 염소, 낙타 등을 키움 예 베두인족의 유목
이목		• 아틀라스산맥, 아나톨리아고원 등에서 발달 • 수직적 이동 패턴 → 여름에는 고지대, 겨울에는 저지대로 이동함
대상 무역		• 건조 지역에서 떼를 지어 이동하며 상품을 교역함 • 도시의 시장에서 가축과 유제품을 거래하여 문화 교류의 역할을 함 → 국경의 설정, 도시화로 인한 정착 등으로 쇠퇴함
재생 에너지		비가 적게 내리고 중위도 이남 지역에 주로 위치하여 일사량이 풍부함 → 태양광(열) 발전소 활발 예 모로코의 와르자자트 발전소

(대추야자: 건조 지역의 주민과 여행자가 식량으로 활용할 수 있을 정도로 당도가 높은 것이 특징임)
(스프링클러: 일정한 거리의 공간에 적당한 양의 물을 공급할 수 있는 시설임)
(베두인족: 아랍의 유목민으로, 아랍어로 '사막에 사는 자들'이라는 뜻이다. 시리아, 이란, 아라비아반도 등에 거주한다. 대부분 유목이 주요 생업임)

◉ 대추야자

종려나무의 열매로, 지중해 및 홍해 연안, 이란, 아프가니스탄 등의 건조 기후 지역에서 주로 재배된다.

◉ 외래 하천

대체로 습윤한 기후 지역에서 발원하여 건조 기후 지역을 통과해 흐르는 하천이다. 예를 들어 나일강은 발원지 중 하나인 빅토리아호와 에티오피아(아비시니아)고원 일대가 습윤 기후여서 주기적으로 범람하는 외래 하천이다.

◉ 유목민의 대표 음식, 케밥

케밥은 '꼬챙이에 끼워 불에 구운 고기'라는 뜻이다. 사막과 초원에 살던 유목민들은 조리 도구와 땔감이 마땅치 않아 쉽고 간편한 조리법을 이용하여 고기를 조리하여 먹었다. 이것이 고기를 얇게 썰어 구워 먹는 케밥의 기원이다.

◉ 유목민의 계절적 이동

◉ 스프링클러 농업과 태양열 발전소

▲ 스프링클러 농업 (사우디아라비아)

▲ 태양열 발전소 (모로코의 와르자자트)

자료 탐구

❸ 건조 아시아와 북부 아프리카의 토지 이용과 작물별 경지 이용

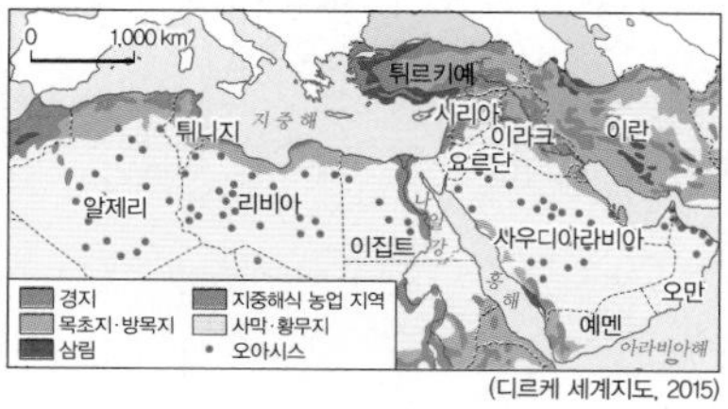

▲ 토지 이용

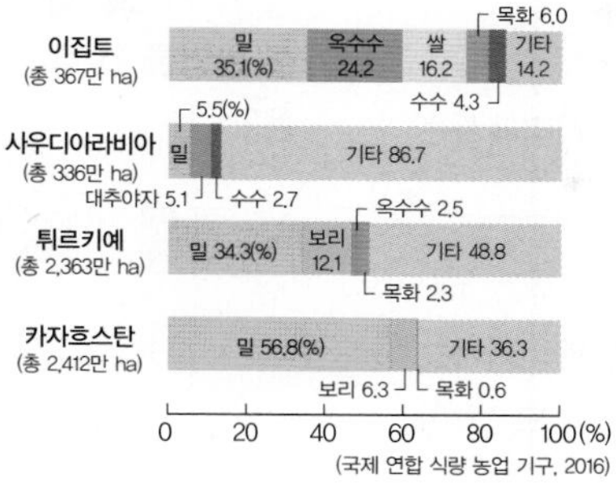

▲ 주요 국가의 작물별 경지 이용

분석 | 사막에서는 오아시스나 관개 시설을 활용하여 농사를 짓고, 그 외 지역에서는 기후 조건에 맞는 작물을 재배한다. 지중해와 인접한 곳에서는 부분적으로 지중해식 농업이 이루어지며, 대하천을 끼고 있는 나일강 유역과 메소포타미아 지역에서는 상품성이 있는 대추야자와 목화를 집중적으로 재배하고 있다. 이들 작물은 대부분 건조 기후에 잘 견디는 특성이 있다. 다수의 지역에서는 내한 · 내건성의 밀을 재배하여 빵을 만들어 먹는다. 밀로 만든 빵은 저장과 운반이 편리하고 식기도 필요 없어 이동식 생활을 하는 유목민에게 요긴하였다. 나일강을 통한 물 공급이 원활한 이집트는 다른 국가에 비해 옥수수와 쌀 재배 면적이 넓은 것이 특징이다.

메소포타미아: 세계 4대 문명 발상지 중 하나로, 티그리스강과 유프라테스강 사이의 비옥한 지역을 말함

대수층: 지하수가 있는 지층으로, 물이 가득차 있어 개발 시 상당한 양의 물을 확보할 수 있음

❹ 이란의 카나트와 바드기르

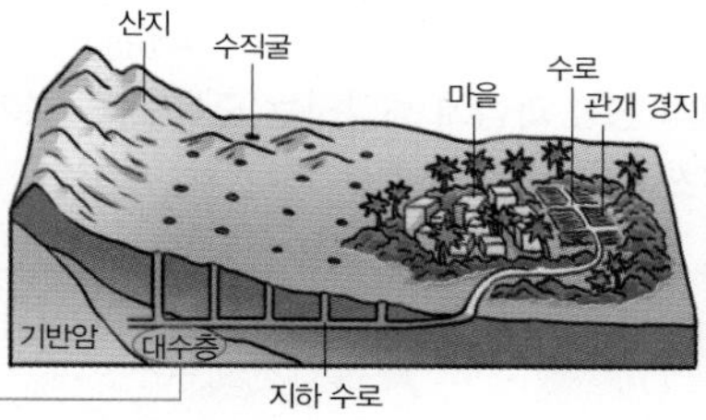

▲ 이란의 카나트

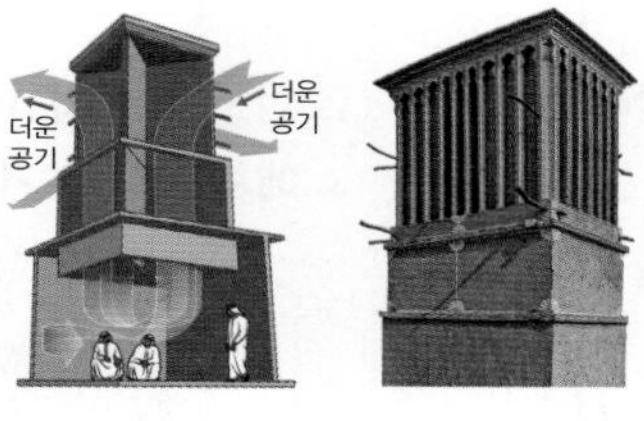

▲ 이란의 바드기르

분석 | 카나트는 산지에 내린 강수가 형성한 지하수층에 수직으로 굴을 판 후 지하 수로를 활용하여 농업과 생활용수로 사용하는 방식이다. 사막 기후 중 지하수가 보존되어 있는 지역에서는 이를 활용한 원형 관개 농업이 이루어지기도 한다. 한편, 바드기르는 일사량이 풍부해 기온이 높은 여름철에 자연 바람을 활용하여 실내의 공기를 냉각시키고자 고안한 시설이다. 탑을 통해 내려간 공기가 관상수나 분수 또는 카나트의 지하수에 의해 냉각되고, 상대적으로 더워진 공기는 밖으로 배출되면서 실내 온도가 낮아지는 원리이다.

확인학습

3 지도의 A~C에 대한 옳은 설명만을 〈보기〉에서 고른 것은? (단, A~C는 지중해식 농업 지역, 목초지 · 방목지, 오아시스 중 하나임.)

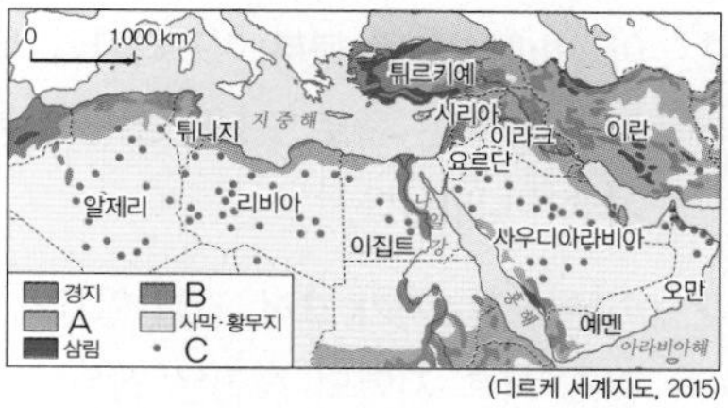

〈보기〉
ㄱ. A는 대부분 지역이 열대 기후 지역에 속한다.
ㄴ. B에서는 대규모 플랜테이션 농업이 발달하였다.
ㄷ. C의 일부는 사막 지역에서 대상 무역의 거점 역할을 하였다.
ㄹ. B는 C보다 수목 농업이 활발하다.

① ㄱ, ㄴ ② ㄱ, ㄷ ③ ㄴ, ㄷ
④ ㄴ, ㄹ ⑤ ㄷ, ㄹ

정답과 해설 ▶ A는 목초지 · 방목지, B는 지중해식 농업 지역, C는 오아시스이다. A는 대체로 스텝 기후, B는 지중해성 기후, C는 사막 기후가 나타난다. 따라서 A에서는 초원을 이용한 유목이 발달하고, B에서는 수목 농업, C에서는 오아시스 주변에서 관개 시설을 이용한 대추야자 재배가 활발하다.

답 ⑤

4 이란의 카나트에 대한 옳은 설명만을 〈보기〉에서 고른 것은?

〈보기〉
ㄱ. 배후 산지의 온천수를 이용한다.
ㄴ. 물의 증발을 최소화하기 위한 시설이다.
ㄷ. 주로 건조 기후 지역에서 볼 수 있는 시설이다.
ㄹ. 카나트를 이용하여 확보한 물은 주로 벼농사에 이용한다.

① ㄱ, ㄴ ② ㄱ, ㄷ ③ ㄴ, ㄷ
④ ㄴ, ㄹ ⑤ ㄷ, ㄹ

정답과 해설 ▶ 카나트는 배후의 높은 산지에서 내려오는 지하수를 이용하기 위한 수로이다. 답 ③

개념 체크

저절로 암기 Tip | ▢ 1회 (/   ) ▢ 2회 (/   ) ▢ 3회 (/   )

01~03 **빈칸에 알맞은 용어를 쓰시오.**

01 아라비아반도와 북부 아프리카의 사막 주변 지역에서는 주로 키 작은 풀로 구성된 초원이 형성되는 __________ 기후가 나타난다.

02 기온의 일교차가 크며, 강한 일사와 모래바람이 나타나는 건조 기후 지역의 흙집은 창문이 __________고, 벽이 __________.

03 사막 기후 지역에서는 외래 하천 주변이나 __________ 을/를 중심으로 마을이 발달한다.

04~06 **다음 내용이 옳으면 ○표, 틀리면 ×표 하시오.**

04 건조 기후 지역에서는 외래 하천이나 지하수를 이용한 관개 농업이 발달하였다. (   )

05 높은 산지를 끼고 있는 건조 기후 지역에서는 지하 관개 수로(카나트)를 만들기도 한다. (   )

06 사막에서는 더위에 대비하기 위해 주로 짧은 소매의 옷을 입는다. (   )

07~09 **괄호에 들어갈 알맞은 말을 고르시오.**

07 (㉠ 나일강, ㉡ 티그리스 · 유프라테스강) 유역의 충적 평야는 메소포타미아 문명의 발상지이다.

08 건조 기후 지역의 관개 수로 주변에는 스프링클러를 이용하여 주로 (㉠ 밀, ㉡ 쌀)을 재배한다.

09 건조 기후 지역은 많은 일사량을 바탕으로 (㉠ 지열, ㉡ 태양광) 발전을 하고 있다.

정답

01 스텝 02 작, 두껍다 03 오아시스
04 ○ 05 ○ 06 × 07 ㉡ 08 ㉠
09 ㉡

오답 체크 Tip

06 사막에서는 큰 일교차와 강한 일사량에 대비하여 긴 소매의 헐렁한 의복을 주로 입는다.

기본 문제

▶ 20581-0188

01 지도는 건조 아시아와 북부 아프리카 지역의 어느 지표를 반영한 것이다. 지도 작성에 사용된 지표로 가장 적절한 것은?

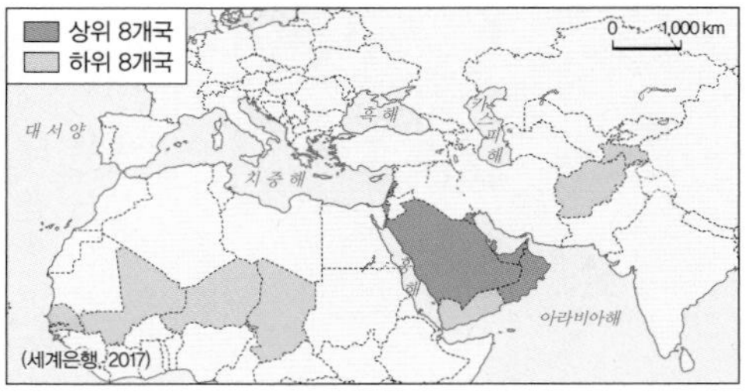

① 인구 밀도 ② 합계 출산율
③ 1인당 국내 총생산 ④ 1차 산업 종사자 비중
⑤ 단위 면적당 수목의 밀도

02~03 **지도를 보고 물음에 답하시오.**

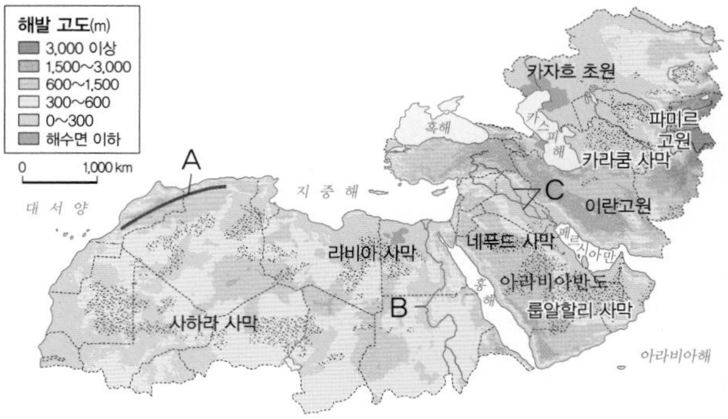

단답형 ▶ 20581-0189

02 지도의 A 산맥의 형성 과정에 해당하는 모식도를 〈보기〉에서 골라 그 기호를 쓰시오.

〈보기〉

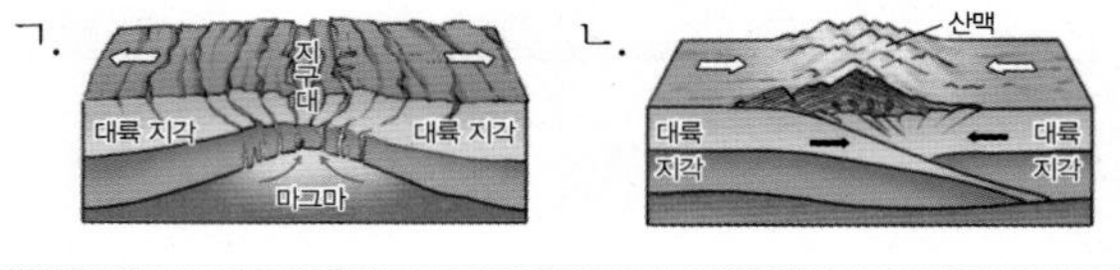

서술형 ▶ 20581-0190

03 지도의 B, C 하천의 이름을 쓰고, B, C 하천의 공통점을 4대 고대 문명 및 하천 유역의 기후와 관련하여 서술하시오.

▶ 20581-0191

04 그래프는 네 국가의 경지 면적과 작물의 재배 면적 비중을 나타낸 것이다. 이에 대한 옳은 설명만을 〈보기〉에서 있는 대로 고른 것은?

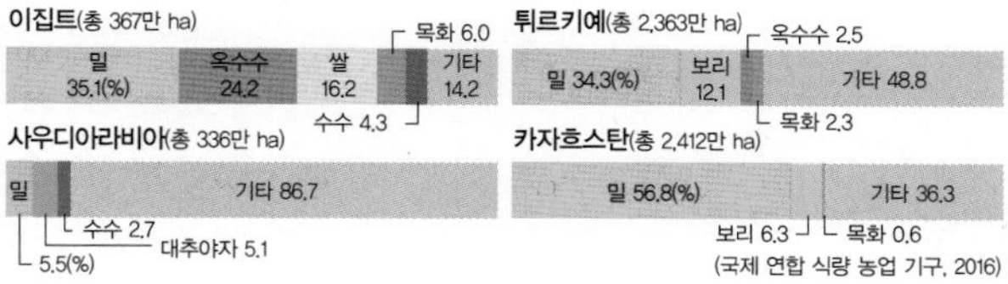

(국제 연합 식량 농업 기구, 2016)

보기

ㄱ. 이집트는 튀르키예보다 옥수수의 재배 면적이 넓다.
ㄴ. 카자흐스탄의 밀 재배 면적은 다른 국가의 합보다 작다.
ㄷ. 대추야자는 사우디아라비아에서 식량 대용으로 이용하기도 한다.
ㄹ. 총경지 면적 대비 쌀의 재배 면적 비중이 가장 큰 나라는 이집트이다.

① ㄱ, ㄴ ② ㄱ, ㄹ ③ ㄴ, ㄷ
④ ㄱ, ㄷ, ㄹ ⑤ ㄴ, ㄷ, ㄹ

▶ 20581-0192

05 사진은 지도에 표시된 요르단의 농업 경관이다. 이에 대한 옳은 설명만을 〈보기〉에서 고른 것은?

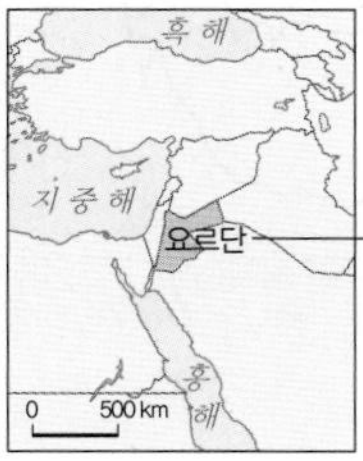

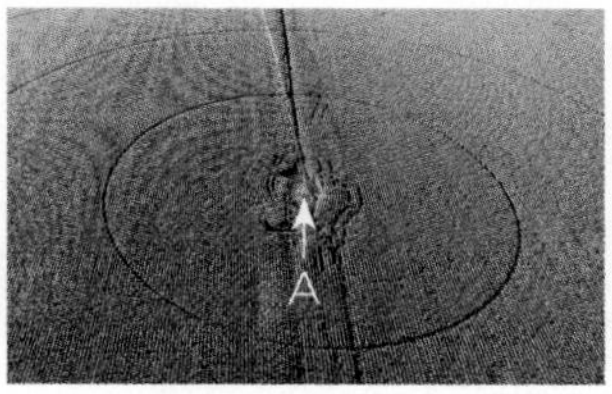

▲ 원형 경작지

보기

ㄱ. A는 주로 지표수를 모으는 집수 시설이다.
ㄴ. 원형의 경작지에서는 주로 쌀을 재배한다.
ㄷ. 이란에서는 A와 같은 시설을 카나트라고 부른다.
ㄹ. 경작지가 원형인 이유는 스프링클러를 이용하기 때문이다.

① ㄱ, ㄴ ② ㄱ, ㄷ ③ ㄴ, ㄷ
④ ㄴ, ㄹ ⑤ ㄷ, ㄹ

▶ 20581-0193

06 다음 글의 ㉠~㉤에 대한 설명으로 옳지 않은 것은?

건조 아시아와 북부 아프리카의 의식주

건조 아시아와 북부 아프리카 일대에서는 ㉠ 헐렁하게 늘어지는 천으로 온몸을 감싸는 옷을 입는다. 주식은 ㉡ 빵이며 때에 따라 ㉢ 가축의 고기와 유제품을 먹기도 한다. 집은 대체로 ㉣ 벽이 두꺼우며, 지역에 따라서는 ㉤ 이동식 천막에서 생활하기도 한다.

① ㉠ – 강한 일사와 모래바람에 대비할 수 있다.
② ㉡ – 주재료는 밀이다.
③ ㉢ – 돼지의 사육이 매우 활발하다.
④ ㉣ – 낮과 밤의 기온 차에 대비하기 위한 설계이다.
⑤ ㉤ – 나무로 뼈대를 만들고 가축의 가죽이나 털로 만든 천으로 덮어 만든다.

▶ 20581-0194

07 다음 자료는 어느 지역의 전통 가옥에 설치된 시설에 관한 것이다. 이 지역의 기후에 대한 옳은 설명만을 〈보기〉에서 고른 것은?

▲ 바드기르

'최초의 에어컨'이라 불리는 바드기르는 '바람잡이'라는 뜻이다. 지나가는 바람을 집 안으로 끌어들이면 대류 현상이 발생하여 집 안의 더운 공기가 바깥으로 빠져나가게 된다. 여름철에 지하실이 시원한 것도 이와 같은 이유 때문이다.

보기

ㄱ. 대체로 기온의 일교차가 크다.
ㄴ. 대체로 증발량이 강수량보다 많다.
ㄷ. 겨울철 편서풍의 영향으로 온난 습윤하다.
ㄹ. 여름철 적도 수렴대의 영향을 받아 습하다.

① ㄱ, ㄴ ② ㄱ, ㄷ ③ ㄴ, ㄷ
④ ㄴ, ㄹ ⑤ ㄷ, ㄹ

핵심 개념 정리 02 주요 자원의 분포 및 이동과 산업 구조

● 주요 자원의 분포와 이동

(1) 에너지의 분포 지역

페르시아만 연안	석유와 천연가스 매장량이 풍부함
카스피해 주변	석유와 천연가스가 풍부하여 제2의 페르시아만으로 불림
북부 아프리카	알제리, 리비아에 풍부하게 매장되어 있음

(2) 화석 에너지 자원의 개발과 영향

① 건조 아시아와 북부 아프리카의 산유국들은 대부분 석유 수출국 기구(OPEC)의 회원국임 → 1970년대 석유 파동 이후 자원 민족주의 대두

> 자원 민족주의: 석유나 희토류 등 천연자원을 보유한 국가들이 자원에 대한 지배권을 강화하려는 경향을 뜻함

② 사회 간접 자본 확충 → 국가 발전에 필요한 기초 시설 건설에 주력

(3) 화석 에너지의 이동

① 주로 송유관(파이프라인)과 유조선을 통해 운반함

② 유조선과 LNG(액화 천연가스)선을 이용하여 유럽과 북아메리카, 동아시아 등으로 수출 → 예 알제리(파이프라인으로 액화 천연가스를 유럽으로 수출), 카타르(액화 천연가스 수출)

> 액화 천연가스: 가스전에서 채취한 천연가스를 정제하여 얻은 메탄을 영하 162℃로 냉각하여 액체로 만든 것임

● 주요 국가의 산업 구조

(1) 성장 배경과 산업 구조의 특징

① 성장 배경: 세계 에너지 수요의 증가 → 화석 에너지 자원 대국의 경제 발전 기회로 작용

② 자원 매장량에 따른 발전 양상

매장량이 풍부한 국가	• 자본을 화학 및 소재 관련 제조업에 투자 → 2차 산업 발달 • 도시 기반 시설 건설에 투자하여 도시화가 빠르게 이루어짐 예 아랍 에미리트의 두바이, 사우디아라비아의 제다 등 • 최근 유전이 개발된 국가는 빠른 경제 성장이 이루어짐 예 카자흐스탄
매장량이 부족한 국가	• 관광 산업 육성을 통한 성장 기반 마련 예 이집트 • 다양한 산업 육성을 통한 경제 다변화 추구 예 튀르키예, 이스라엘

(2) 지역 발전을 위한 노력

① 화석 에너지 중심의 경제 구조 탈피 → 장기간의 채굴로 인한 생산량 감소 우려, 급속한 인구 증가로 인한 고용 산업 육성의 필요성 대두, 비전통 석유의 생산 증가 및 각종 신·재생 에너지의 상용화 → 국제 정세에 따른 가격 변동에 대비할 수 있는 경제 구조 마련

> 비전통 석유: 기술의 발달로 사용할 수 있게 된 석유이며, 오일 샌드, 석탄 액화 연료, 셰일 오일, 가스 액화 연료 등이 있음

② 경제 구조의 다변화

• 정부의 재정 수입원 다변화 모색 예 아랍 에미리트의 두바이 관광 비전

• 제조업 육성 및 비석유 부문 투자 확대 예 사우디아라비아의 제조업 육성 정책

◉ 지역별 원유 매장량과 생산량

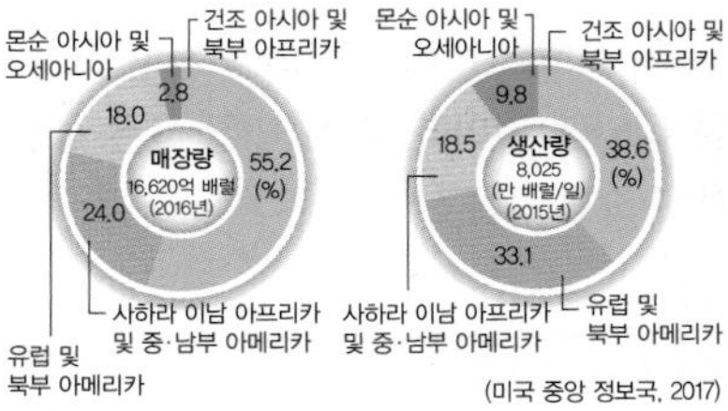

(미국 중앙 정보국, 2017)

◉ 지역별 석유와 천연가스 생산량(2015년)

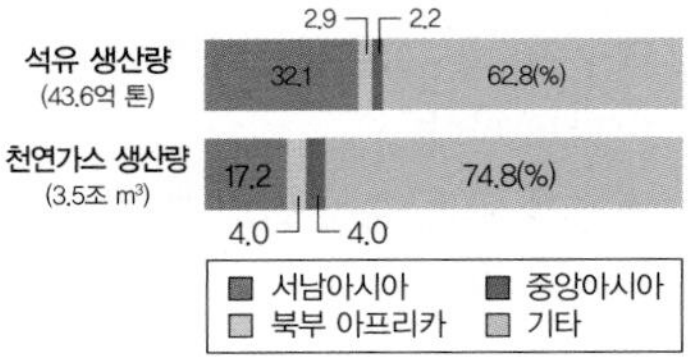

(BP, 2016)

◉ 사우디아라비아의 석유 생산량과 국내 총생산

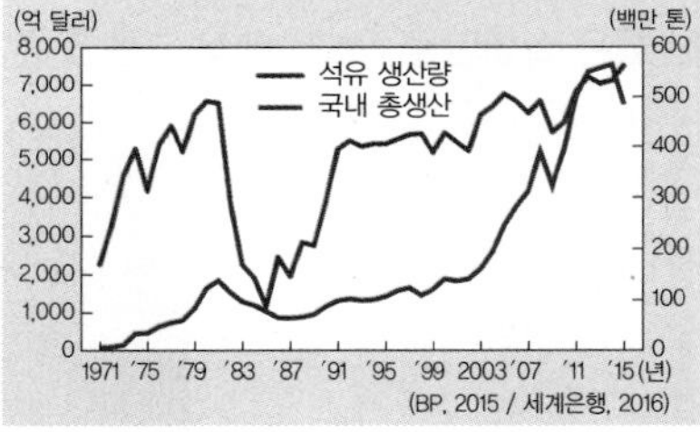

(BP, 2015 / 세계은행, 2016)

◉ 주요 국가의 산업 구조 다변화 정책

아랍 에미리트는 두바이의 관광 산업 육성을 기치로 초대형 관광 레저 프로젝트를 진행 중이다. 사우디아라비아는 원유 정제 시설을 늘려 석유 화학 제품을 직접 제조하여 수출하는 것을 목표로 노력하고 있다. 이집트를 비롯한 사막을 보유한 국가들은 태양광 발전소와 같은 신·재생 에너지 확충을 위해 노력하고 있다.

자료 탐구

① 건조 아시아와 북부 아프리카의 석유와 천연가스의 분포

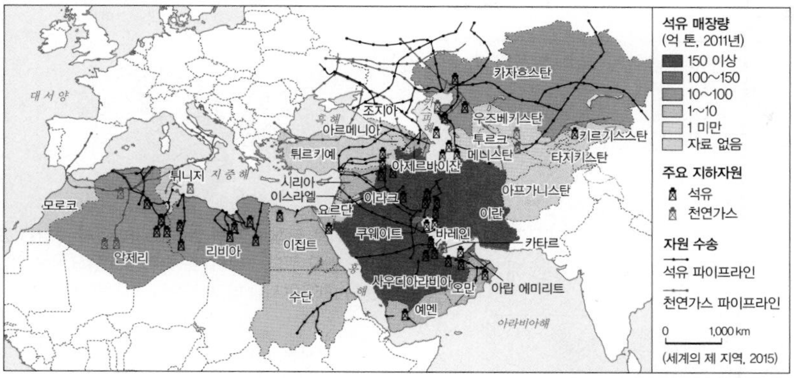

(세계의 제 지역, 2015)

분석 | 건조 아시아와 북부 아프리카는 석유와 천연가스의 보고이다. 페르시아만 연안, 카스피해, 북부 아프리카 일대의 주요 산유국은 세계적인 자원 수출국이다. 이들 지역에서는 수출을 위해 대규모 항만과 파이프라인을 건설하였다. 파이프라인의 상당수는 유럽과 아시아로의 수출을 위해 지중해 연안 및 페르시아만 일대에 건설되어 있다.

└ 파이프라인: 원유 및 정제된 석유 연료를 운송하기 위해 설치된 구조물임

② 건조 아시아와 북부 아프리카 주요 국가의 산업 구조

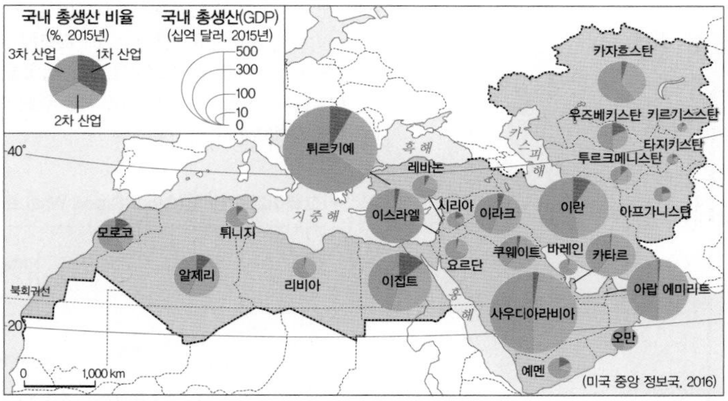

(미국 중앙 정보국, 2016)

분석 | 건조 아시아와 북부 아프리카의 산업 구조는 석유, 천연가스의 매장 여부와 관련이 깊다. 대체로 자원이 풍부한 국가는 2차 산업, 자원이 부족한 국가는 1차 산업과 3차 산업이 발달하였다. 예를 들어 자원의 매장량과 수출량이 많은 카자흐스탄은 2차 산업이 발달하였고, 자원이 상대적으로 부족한 이집트와 튀르키예 등은 1차 산업의 비중이 상대적으로 높은 편이다. 특히, 튀르키예는 유럽과의 지리적 인접성, 풍부한 노동력과 저렴한 인건비를 바탕으로 자동차 공업 등이 발달하여 공산품의 수출액이 많은 편이다.

└ 공산품: 원료를 인력이나 기계력으로 가공하여 만들어내는 물품을 뜻함

확인학습

1 왼쪽에 있는 건조 아시아와 북부 아프리카의 석유와 천연가스 분포를 나타낸 지도에 대한 옳은 분석만을 〈보기〉에서 고른 것은?

〈보기〉
ㄱ. 석유는 지중해 연안에 집중적으로 분포한다.
ㄴ. 석유 수출항은 홍해와 흑해 연안에 집중해 있다.
ㄷ. 건조 아시아는 북부 아프리카보다 석유 매장량이 많다.
ㄹ. 카스피해 연안은 흑해 연안보다 화석 연료의 매장량이 많다.

① ㄱ, ㄴ ② ㄱ, ㄷ ③ ㄴ, ㄷ
④ ㄴ, ㄹ ⑤ ㄷ, ㄹ

정답과 해설 ▶ 석유 수출항은 가장 많은 석유를 보유한 페르시아만과 유럽으로의 수출에 유리한 지중해 연안에 집중해 있다. 답 ⑤

2 그래프는 건조 아시아와 북부 아프리카의 주요 국가별 산업 구조를 나타낸 것이다. 이에 대한 옳은 분석만을 〈보기〉에서 고른 것은?

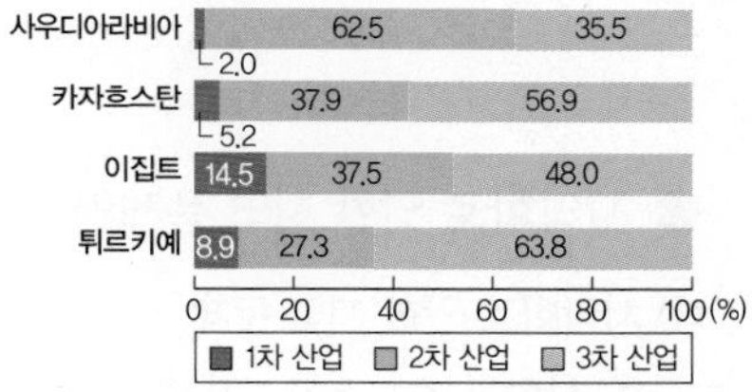

(미국 중앙 정보국, 2016)

〈보기〉
ㄱ. 1차 산업의 비중은 모든 국가에서 가장 낮다.
ㄴ. 2차 산업의 비중은 사우디아라비아가 가장 높다.
ㄷ. 3차 산업은 모든 국가에서 가장 높은 비중을 보인다.
ㄹ. 2차 산업 대비 3차 산업의 비중이 가장 높은 국가는 카자흐스탄이다.

① ㄱ, ㄴ ② ㄱ, ㄷ ③ ㄴ, ㄷ
④ ㄴ, ㄹ ⑤ ㄷ, ㄹ

정답과 해설 ▶ 화석 에너지 자원이 풍부한 국가는 원유를 바탕으로 한 2차 산업의 비중이 높은 편이다. 하지만 자원 보유량이 적은 튀르키예는 관광 산업이 발달하여 3차 산업의 비중이 높다. 답 ①

핵심 개념 정리 03 사막화의 진행

● 사막화의 원인과 발생 지역

(1) 원인

땅속의 지하수를 과도하게 관개할 경우 토양 내에 담수의 공급이 충분하지 않아 염분 축적이 이루어짐

자연적 요인	장기간의 가뭄과 지구 온난화 → 지구 온난화의 심화로 인해 이상 기후가 증가하여 가뭄이 극심해짐
인위적 요인	• 인구 증가에 따른 경작지와 방목지의 과잉 확대 • 무분별한 벌목: 목재 판매 및 가옥 건설 • 토양 염류화: 지나친 관개 농업이 주요 원인(지하수 고갈)

(2) 발생 지역: 반건조 지역에서 빠른 속도로 진행 ㉎ 사헬 지대, 아랄해 연안

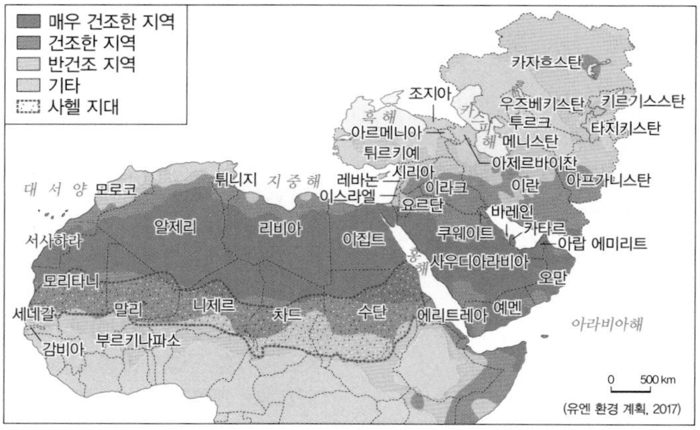

▲ 건조 아시아와 북부 아프리카의 사막화

● 사막화로 인한 지역 문제와 해결 노력

(1) 사막화로 인한 지역 문제

반건조 지역이나 건조 지역에서 발생하는 강력한 모래바람이다. 큰 일교차 때문에 밤에 기온이 내려가면 낮 동안 뜨거워졌던 공기가 대류 현상에 의해 미세한 모래 입자나 먼지와 함께 대기로 올라가면서 나타남

① 삼림과 초지 훼손: 생태계 파괴에 따른 생물 종 감소

② 토양 침식의 가속화: 모래 폭풍의 발생 빈도 증가 → 인접국 영향

③ 경지 황폐화: 토양의 식량 생산 능력 저하 → 기근 발생

④ 전염병 발생: 모래 먼지의 증가로 수막염 병원균이 증식하거나 물 부족으로 인한 오염된 물 사용으로 수인성 콜레라 증가 ㉎ 부르키나파소, 나이지리아

⑤ 기후(환경) 난민 발생: 물 부족과 기근으로 식량 확보를 둘러싼 분쟁 발생 ㉎ 다르푸르 내전

(2) 사막화를 해결하기 위한 노력

사막화의 인위적인 요인을 줄이고, 피해를 겪는 개발 도상국을 지원하기 위해 1994년에 체결하였음

① 국제 협력: 사막화 방지 협약(UNCCD), 사막화 방지의 날(매년 6월 17일) → 사막화가 진행 중인 개발 도상국 지원

② 정부와 기업의 협력: 사막화가 진행 중인 국가와 지역에 나무 및 식량 지원, 사헬 지대의 그레이트 그린 월 프로젝트

◉ 사헬 지대 주변국의 수막염 발생

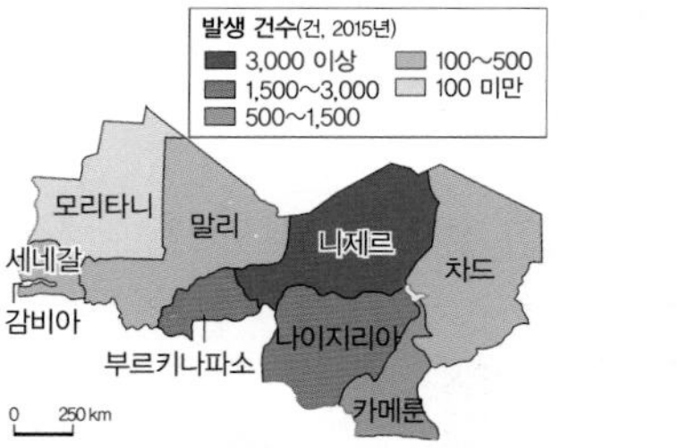

사막화로 모래 먼지의 양이 증가하면서 수막염 환자도 늘고 있다. 그 이유는 수막염을 일으키는 병원균이 모래 먼지를 타고 이동하기 때문이다.

◉ 기후(환경) 난민

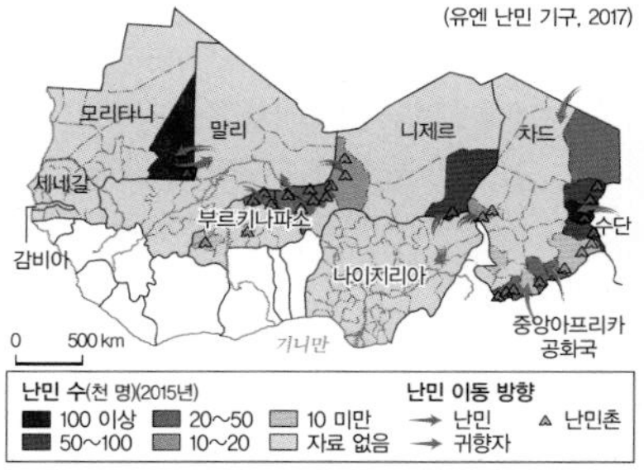

▲ 사헬 지대 주변국의 난민

▲ 기후(환경) 난민(소말리아)

사막화의 진행으로 극심한 모래 폭풍에 시달리며 삶터를 잃는 사람이 증가하고 있다. 삶터를 떠난 사람들은 주변 국가로 유입되어 기존 주민과 갈등을 일으키기도 한다.

◉ 그레이트 그린 월(Great Green Wall) 프로젝트

극심한 사막화를 겪고 있는 사헬 지역의 주요 국가들은 사막의 남쪽 지역에 마치 벽처럼 나무를 심고 있다. 이를 통해 토양의 질 향상, 식량 재배지 증가, 일자리 창출 등의 효과를 기대하고 있다.

3 사막화로 인한 사헬 지대의 형성과 문제점

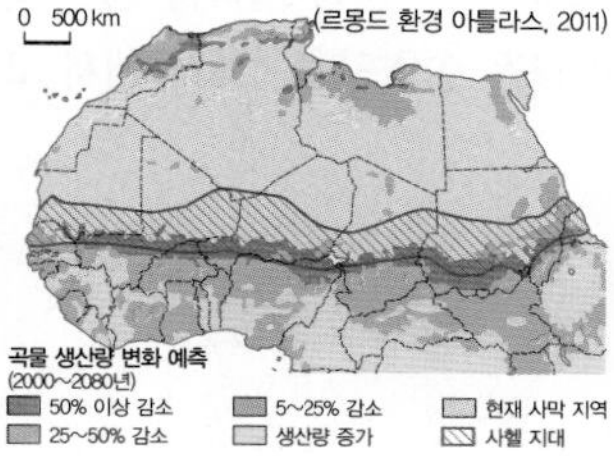

▲ 북부 아프리카의 곡물 생산량 변화

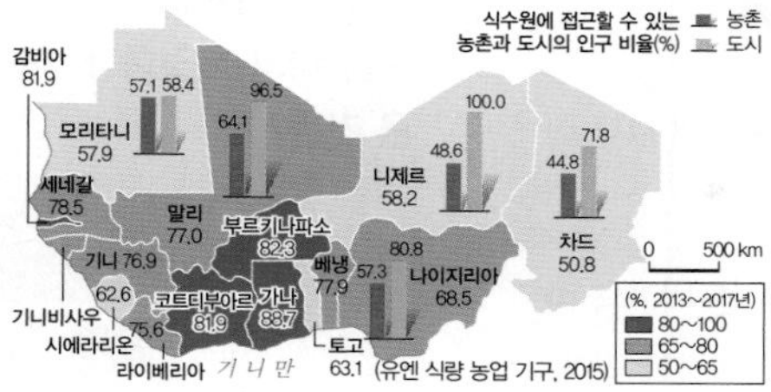

▲ 사헬 지대 주변국의 식수원 접근도

(사헬: 아랍어로 '변두리'라는 뜻임)

분석 | 사헬 지대는 사하라 이남 아프리카와 사바나 기후 지역의 경계에 해당한다. 동서 약 6,400㎞에 달하는 사헬 지대는 본래 스텝 또는 사바나 기후 지역이었지만, 과도한 목축 및 관개로 급속한 사막화를 겪고 있다. 이러한 변화는 토양 황폐화 및 염류화에 따른 곡물 생산량의 저하로 이어졌다. 또한 사헬 지대의 지나친 관개는 물 부족을 유발하여 지역의 주민들은 식수 확보에 어려움을 겪고 있다.

4 사막화로 인한 중앙아시아 아랄해의 변화

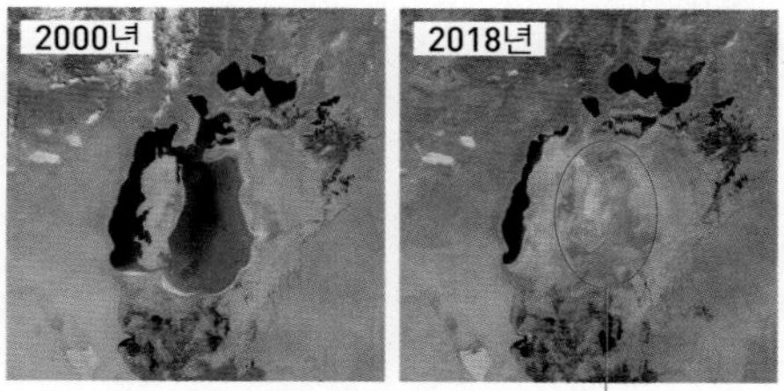

▲ 아랄해의 면적 변화

호수의 말라버린 지역에서는 토양 염류화가 빠르게 진행 중임

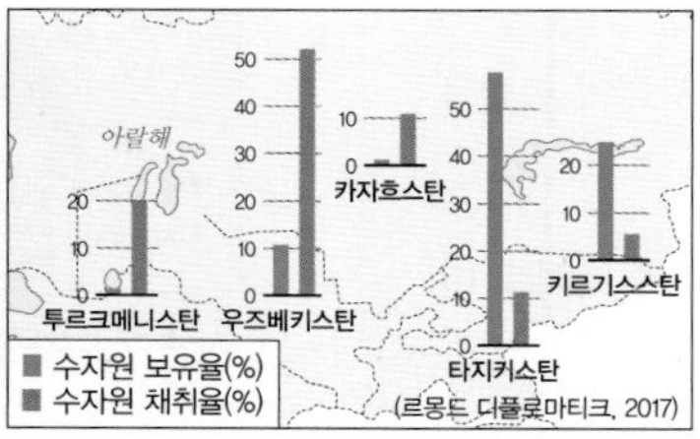

▲ 아무다리야강, 시르다리야강 유역 국가의 수자원 채취 현황

분석 | 중앙아시아의 아랄해 주변 지역은 인접한 국가들의 과도한 관개로 극심한 사막화가 나타나는 지역이다. 아랄해는 세계에서 네 번째로 큰 호수였지만, 목화 재배 및 목축을 위한 관개 시설의 증가로 주요 물 공급처였던 아무다리야강과 시르다리야강의 유량이 급격히 감소하였다. 주변의 투르크메니스탄, 카자흐스탄, 우즈베키스탄은 수자원의 보유량보다 채취량이 많아서 수자원 확보를 위한 다양한 노력이 필요한 시점이다. 최근에는 아랄해의 토양 염류화가 빠르게 진행되면서 과거 호수였던 지역이 거대한 소금밭으로 변하기도 하였다. 아랄해의 토양 염류화로 인해 생겨난 소금은 바람을 타고 인근 경작지로 이동하여 2차 피해를 주고 있다.

확인학습

3 왼쪽에 있는 북부 아프리카의 곡물 생산량 변화를 나타낸 지도에 대한 옳은 분석만을 〈보기〉에서 고른 것은?

〈보기〉

ㄱ. 곡물 생산량의 감소율은 사헬 북부보다 남부가 크다.
ㄴ. 지중해에 가까운 지역에서는 사막화가 발생하지 않았다.
ㄷ. 열대 우림 기후 지역은 대체로 곡물 생산량이 증가할 것이다.
ㄹ. 열대 기후는 건조 기후보다 사막화가 발생하는 빈도가 높다.

① ㄱ, ㄴ ② ㄱ, ㄷ ③ ㄴ, ㄷ
④ ㄴ, ㄹ ⑤ ㄷ, ㄹ

정답과 해설 ▶ 사막화로 인해 곡물 생산량이 감소하였다. 사막화가 진행 중인 곳은 대체로 사막 주변의 스텝 또는 건조 사바나 기후 지역이다. 지중해에 가까운 북부 아프리카 지역도 지나친 관개로 인해 사막화가 진행 중이다. 답 ②

4 2000~2018년에 나타난 중앙아시아 아랄해의 면적 변화에 대한 옳은 설명만을 〈보기〉에서 고른 것은?

〈보기〉

ㄱ. 아랄해 일대는 사막화가 진행 중이다.
ㄴ. 아랄해의 면적 축소는 벼농사와 관련이 깊다.
ㄷ. 아랄해 일대는 연중 아열대 고압대의 영향을 받아 건조하다.
ㄹ. 아랄해 일대는 토양 염류화가 진행되어 피해를 입게 될 것이다.

① ㄱ, ㄴ ② ㄱ, ㄹ ③ ㄴ, ㄷ
④ ㄴ, ㄹ ⑤ ㄷ, ㄹ

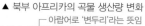

정답과 해설 ▶ 중앙아시아의 아랄해는 지나친 관개 농업으로 인해 사막화를 겪게 되었다. 인근의 목화 재배 및 도시화로 호수로 유입되던 아무다리야강과 시르다리야강의 유량이 급격히 줄었기 때문이다. 그리고 호수의 염류화로 소금에 의한 2차 피해 가능성도 높다. 답 ②

개념 체크

저절로 암기 Tip ☐ 1회 (/) ☐ 2회 (/) ☐ 3회 (/)

01~04 **빈칸에 알맞은 용어를 쓰시오.**

01 건조 아시아와 북부 아프리카는 __________ 및 천연가스의 세계적인 매장 지역이다.

02 건조 아시아와 북부 아프리카의 주요 국가는 자원 의존의 한계를 인식하고, 산업 구조의 __________을/를 꾀하고 있다.

03 __________ 연안은 석유와 천연가스 매장량이 풍부하여 제2의 페르시아만으로 불린다.

04 화석 에너지의 매장량과 수출량이 많은 사우디아라비아는 주변국에 비해 __________ 산업의 비중이 높게 나타난다.

05~07 **다음 내용이 옳으면 ○표, 틀리면 ×표 하시오.**

05 1960년대 이후 주요 산유국은 경제적 자립을 위해 자원 민족주의를 내세웠다. ( )

06 자원 매장량이 부족한 국가는 경제 발전을 위해 전략적으로 관광 산업을 육성하기도 한다. ( )

07 석유나 천연가스의 대부분은 항구와 정유소까지 기차를 통해 운반된다. ( )

08~10 **다음 설명에 해당하는 용어를 쓰시오.**

08 사하라 사막의 경계를 뜻하는 말로, 1960년대 이후 가뭄이 지속하면서 사막화가 진행 중인 곳이다.

09 국제 연합(UN)이 사막화 방지를 위한 국제 사회의 협력을 도모하기 위해 맺은 협약(1994년)을 말한다.

10 기후 및 환경의 급속한 악화로 삶터를 잃고 다른 나라로 이주한 사람들을 일컫는 말이다.

정답

01 석유 **02** 다변화 **03** 카스피해 **04** 2차 **05** ○ **06** ○ **07** × **08** 사헬 지대 **09** 사막화 방지 협약(UNCCD) **10** 기후(환경) 난민

오답 체크 Tip

06 자원 매장량이 부족한 국가는 관광 자원을 활용하거나 고부가 가치의 산업을 전략적으로 육성하여 변화를 꾀하고 있다.

기본 문제

▶ 20581-0195

01 **그래프는 (가), (나) 화석 에너지 자원의 지역별 생산 비중을 나타낸 것이다. 이에 대한 옳은 설명만을 〈보기〉에서 고른 것은?**

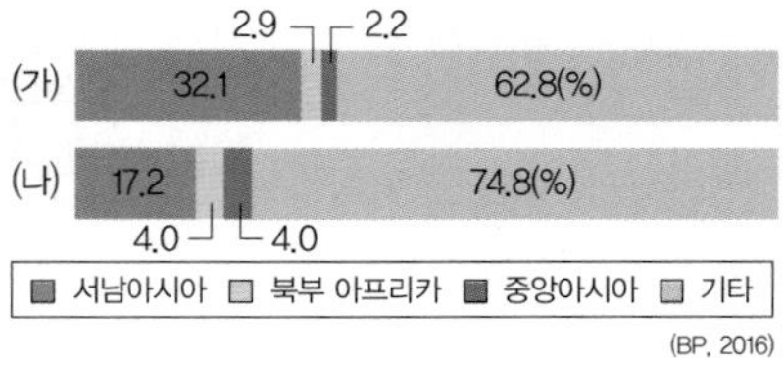

〈보기〉

ㄱ. (가)는 석유, (나)는 천연가스이다.
ㄴ. (나)는 (가)보다 국제 이동량이 많다.
ㄷ. 자연 상태에서 (가)는 (나)보다 운반이 쉽다.
ㄹ. (가), (나)는 주로 고생대 지층에 매장되어 있다.

① ㄱ, ㄴ ② ㄱ, ㄷ ③ ㄴ, ㄷ ④ ㄴ, ㄹ ⑤ ㄷ, ㄹ

▶ 20581-0196

02 **다음 자료의 ㉠~㉣에 대한 옳은 설명만을 〈보기〉에서 고른 것은?**

▲ 모로코의 지역별 일사량

㉠ 모로코의 주요 도시는 ㉡ 기후 조건의 이점으로 인해 태양광 발전의 잠재력이 매우 큰 것으로 평가된다. ㉢ 태양광 시설은 산간 및 사막 지역을 시작으로 ㉣ 꾸준히 확산 보급될 예정이다.

〈보기〉

ㄱ. ㉠ – 마라케시보다 라바트가 태양광 발전에 유리하다.
ㄴ. ㉡ – 겨울철 편서풍의 영향으로 일사량이 풍부하기 때문이다.
ㄷ. ㉢ – 마을 단위의 독립적인 설치가 가능하다.
ㄹ. ㉣ – 화석 에너지 자원의 고갈에 대응하기 위함이다.

① ㄱ, ㄴ ② ㄱ, ㄷ ③ ㄴ, ㄷ ④ ㄴ, ㄹ ⑤ ㄷ, ㄹ

▶ 20581-0197

03 다음 글의 ㉠ 환경 문제가 일으킬 수 있는 변화에 대한 예측으로 옳지 않은 것은?

> ___㉠___ 문제를 해결하기 위해서는 한 방울의 물이라도 아껴 쓰려는 노력이 필요하다. 이를 위해 기존에 농사를 위해 대량으로 물을 소비하던 방식에서 벗어나 적은 양의 물로 농사를 짓는 방법을 모색해야 한다.

① 지력이 저하되어 농업 생산성이 떨어질 것이다.
② 주변 지역과 물 확보를 위한 갈등이 확대될 것이다.
③ 생태계 파괴에 따른 생물 종 감소가 나타날 것이다.
④ 토양 침식이 가속화되어 모래 폭풍이 증가할 것이다.
⑤ 자외선 투과량이 증가하여 피부암 발병률이 증가할 것이다.

▶ 20581-0198

04 지도는 페르시아만 연안의 인구 이동을 나타낸 것이다. 이에 대한 옳은 해석만을 〈보기〉에서 고른 것은?

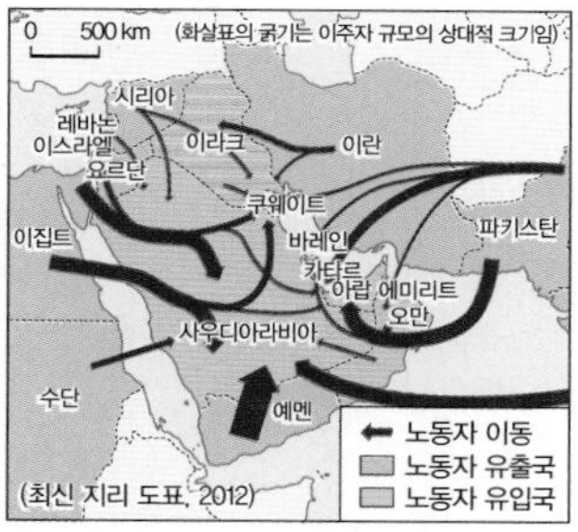

(최신 지리 도표, 2012)

〈보기〉
ㄱ. 인구 유입 지역은 기간 산업에 대한 투자가 활발할 것이다.
ㄴ. 인구 유입 지역으로 이동하는 사람은 주로 여성일 것이다.
ㄷ. 사우디아라비아는 석유 수출에 따른 자본이 풍부할 것이다.
ㄹ. 인구가 이동하는 근본적인 원인은 인접국의 분쟁일 것이다.

① ㄱ, ㄴ ② ㄱ, ㄷ ③ ㄴ, ㄷ
④ ㄴ, ㄹ ⑤ ㄷ, ㄹ

▶ 20581-0199

05 다음 자료의 (가)~(라) 국가를 지도의 A~D에서 고른 것은?

(가)	세계적인 산유국으로 2차 산업이 국내 총생산(GDP)의 절반가량을 차지할 정도로 에너지 수출 의존도가 높음
(나)	지중해와 흑해 연안국으로 농업, 제조업, 관광 산업 등이 고르게 발달하였고, 목화, 담배 등을 수출하고 있음
(다)	카스피해 연안국으로 최근 대규모 유전이 발견되면서 석유 및 천연가스 관련 산업과 광물 채굴 및 가공 위주의 산업이 발달함
(라)	고대 문명의 유적을 바탕으로 관광 산업이 발달하였고, 기초적인 생필품은 자국에서 생산하고 있음

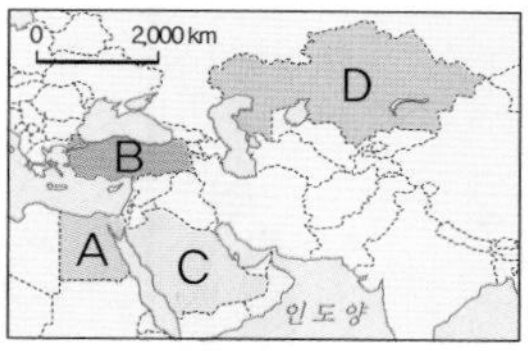

	(가)	(나)	(다)	(라)
①	A	B	D	C
②	A	C	B	D
③	B	A	C	D
④	B	D	C	A
⑤	C	B	D	A

▶ 20581-0200

06 지도의 (가) 지역에 대한 옳은 설명만을 〈보기〉에서 고른 것은?

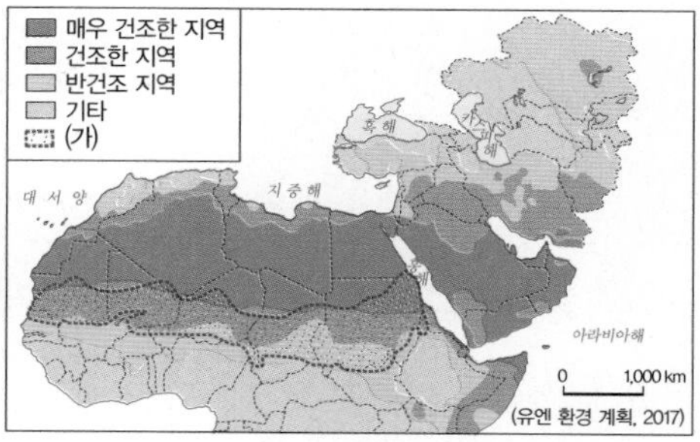

(유엔 환경 계획, 2017)

〈보기〉
ㄱ. 사바나 기후 지역의 범위와 대략 일치한다.
ㄴ. 대체로 대규모 플랜테이션 농업이 활발하다.
ㄷ. 최근 모래 폭풍의 증가로 수막염 발생이 증가하고 있다.
ㄹ. 깨끗한 물 공급이 어려워 수인성 콜레라의 위험이 높은 지역이다.

① ㄱ, ㄴ ② ㄱ, ㄷ ③ ㄴ, ㄷ
④ ㄴ, ㄹ ⑤ ㄷ, ㄹ

대단원 마무리 정리

Self Note

01 자연환경에 적응한 생활 모습

(1) 자연환경 특성

기후	• 강수량 < 증발량 → ① [　　] 의 하강 기류 • 건조 사막: 매우 건조함 예 사하라 사막 • 건조 스텝: 초원이 형성됨 예 카자흐 초원 • ② [　　] 기후: 지중해 및 흑해 연안
지형	• 산지: 아틀라스산맥, 알타이산맥, 톈산산맥 • 고원: 아나톨리아고원(신기 조산대 주변) • 하천: 나일강 → 주기적인 범람, 하구에 ③ [　　] 형성, 티그리스·유프라테스강 → ④ [　　] 문명, 지형성 강수: 아틀라스산맥 북쪽 지역 • 사막: 사하라 사막, 리비아 사막, 룹알할리 사막 등 • 해안 평야: 지중해와 흑해 연안 발달

(2) 전통적인 생활 모습

의식주	• 의: 헐렁한 천으로 감싸는 긴소매 옷 (→ 강한 일사량과 모래 폭풍에 대비하기 위해서임) • 식: 밀을 이용한 빵, 고기, 유제품 등 • 주: 흙집, 이동식 가옥(유목민)
농업	• 풍부한 일사량 → 물을 얻을 수 있는 곳이라면 농업에 유리 • 오아시스 농업(⑤ [　　] 하천 이용, 밀, 보리, 대추야자) • 관개 농업(지하수 이용, 원형 경작지)
유목	오래된 자급 자족적 생활 방식, 계절에 따라 규칙적으로 이동 → 양, 염소, 낙타 등을 키움 예 베두인족 (→ 북부 아프리카 일대의 전통적인 유목 민족임)
이목	여름엔 고지대, 겨울엔 저지대로 수직적 이동
대상 무역	건조 지역의 정착민을 대상으로 활동, 도시의 시장과 문화 교류의 역할을 함 → 최근 국경의 설정 등으로 쇠퇴하고 있음
재생 에너지	건조하고 일사량 풍부 → ⑥ [　　] 발전에 유리 → 모로코, 이집트, 알제리 등

▲ 의복

▲ 대추야자

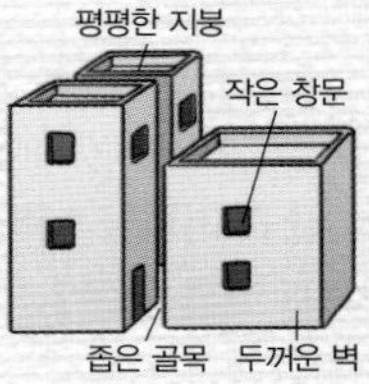

▲ 흙집

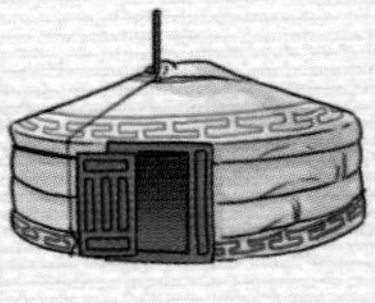
▲ 이동식 가옥

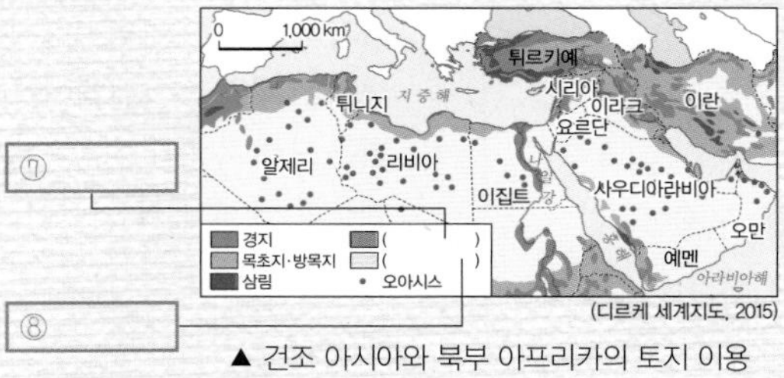

(디르케 세계지도, 2015)

▲ 건조 아시아와 북부 아프리카의 토지 이용

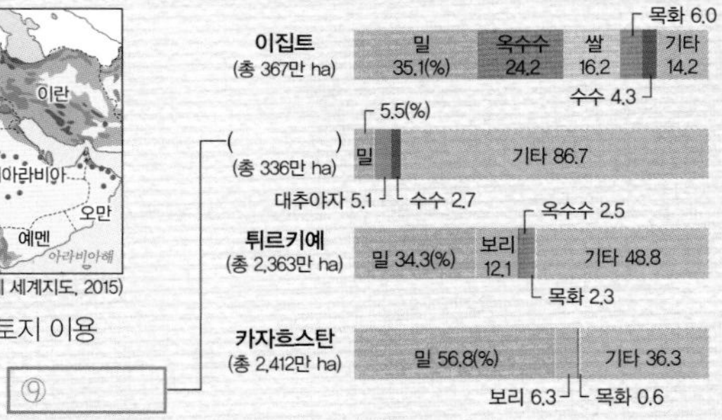

▲ 건조 아시아와 북부 아프리카 주요 국가의 작물별 경지 이용

답 ① 아열대 고압대
② 지중해성
③ 삼각주
④ 메소포타미아
⑤ 외래
⑥ 태양광(열)
⑦ 지중해식 농업 지역
⑧ 사막 · 황무지
⑨ 사우디아라비아

Self Note

02 주요 자원의 분포 및 이동과 산업 구조

(1) 주요 자원의 분포와 이동

→ 알제리는 아프리카에서 손꼽히는 천연가스 생산국임

분포	• 페르시아만(석유, 천연가스 풍부), ① (제2의 페르시아만으로 불림) • 북부 아프리카(알제리, 리비아 등에 천연가스 매장)
이동	송유관(파이프라인), 유조선과 LNG(액화 석유가스)선을 이용해 수출
영향	② 결성 → 자원 민족주의 대두

→ 세계적으로 수요가 많은 자원을 보유한 국가는 자원을 무기화하려는 경향이 강함

(2) 주요 국가의 산업 구조와 노력

자원 매장이 많은 지역	자본을 제조업에 투자 → 2차 산업 발달, 도시화 진전 → 자본을 도시 기반 시설에 투자, 최근 유전 개발국 → 급속한 성장 진행 중 → 도시로 인구가 집중하고 거주민이 도시적인 생활 양식을 갖는 현상
자원 매장이 적은 지역	관광 산업 육성, 1차 산업 중심에서 산업의 다각화 노력
노력	• 장기간의 채굴로 인한 생산량 급감, 인구 증가로 인한 산업 육성의 필요성 대두 • 석유의 생산 증가 및 신·재생 에너지 상용화 → 원유 가격 변동 및 국제 정세에 대비할 수 있는 경제 구조 마련 → 신에너지와 재생 에너지를 뜻함

03 사막화의 진행

(1) 사막화

원인	• 자연적 원인: 장기간의 가뭄과 지구 온난화 • 인위적 요인: 인구 증가에 따른 경작지 확대
지역	반건조 지역에서 빠른 속도로 진행, ③ 지대, 아랄해 연안
문제	삼림과 초지 훼손, 토양 침식의 가속화, 전염병 발생, ④ 난민 발생 → 내전

→ 전쟁이나 재난을 피해 외국이나 다른 지방으로 탈출하는 사람들을 일컫는 말

(2) 사막화의 해결 노력

① 국제 협력: 사막화 방지 협약(UNCCD) 및 사막화 방지의 날

② 정부와 기업: 나무 심기 및 식량 지원 예 사헬 지대의 그레이트 그린 월 프로젝트

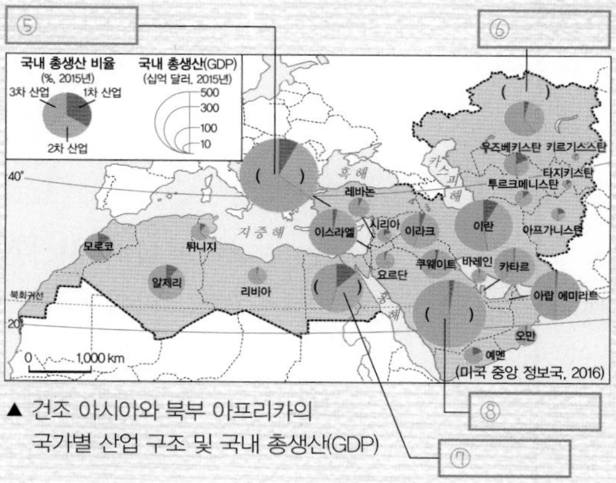

▲ 건조 아시아와 북부 아프리카의 국가별 산업 구조 및 국내 총생산(GDP)

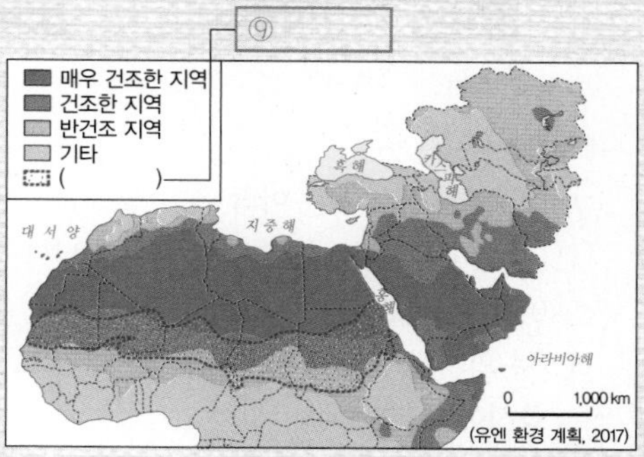

▲ 건조 아시아와 북부 아프리카의 사막화

답 ① 카스피해
② 석유 수출국 기구(OPEC)
③ 사헬
④ 기후(환경)
⑤ 튀르키예
⑥ 카자흐스탄
⑦ 이집트
⑧ 사우디아라비아
⑨ 사헬 지대

대단원 종합 문제

▸ 20581-0201

01 지도의 (가), (나) 기후 지역에 대한 옳은 설명만을 〈보기〉에서 고른 것은?

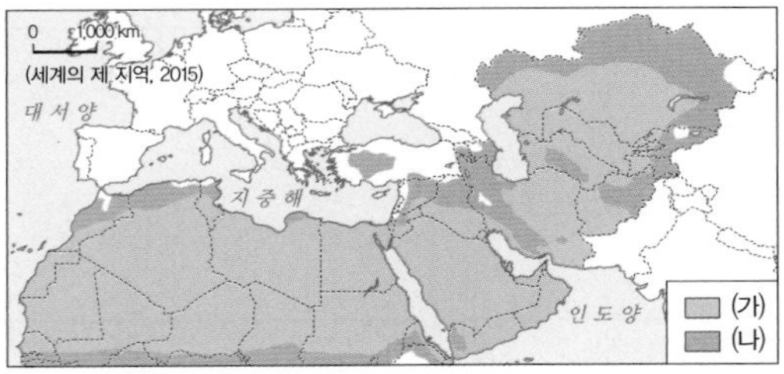

보기

ㄱ. (가)는 (나)보다 상대 습도가 높다.
ㄴ. (가)는 (나)보다 토양 내 유기물의 함량 비율이 높다.
ㄷ. (나)는 (가)보다 단위 면적당 식생의 밀도가 높다.
ㄹ. (나)는 (가)보다 단위 면적당 가축 사육 두수가 많다.

① ㄱ, ㄴ ② ㄱ, ㄷ ③ ㄴ, ㄷ ④ ㄴ, ㄹ ⑤ ㄷ, ㄹ

▸ 20581-0202

02 그래프는 지도에 표시된 두 국가의 인구 그래프이다. (가), (나) 국가에 대한 옳은 분석만을 〈보기〉에서 고른 것은?

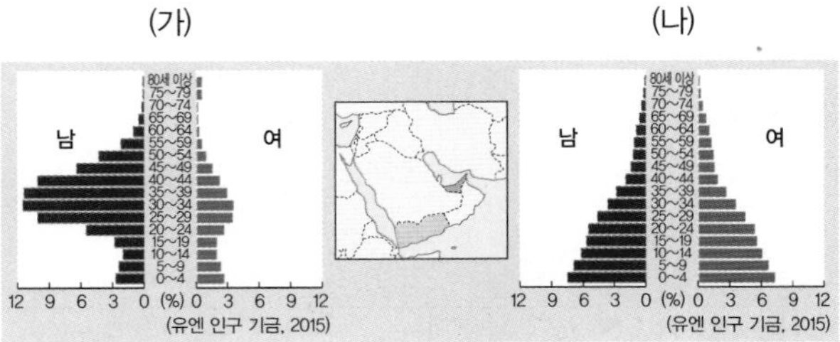

보기

ㄱ. (가)는 예멘, (나)는 아랍 에미리트이다.
ㄴ. (가)는 (나)보다 청장년층의 성비가 낮다.
ㄷ. (나)는 (가)보다 경제 발전 수준이 낮다.
ㄹ. (나)의 청장년층은 일자리를 찾아 (가)로 이동하는 경향성이 나타난다.

① ㄱ, ㄴ ② ㄱ, ㄷ ③ ㄴ, ㄷ ④ ㄴ, ㄹ ⑤ ㄷ, ㄹ

▸ 20581-0203

03 다음 자료는 베두인족의 의식주와 관련된 것이다. 밑줄 친 ㉠~㉤에 대한 설명으로 옳은 것은?

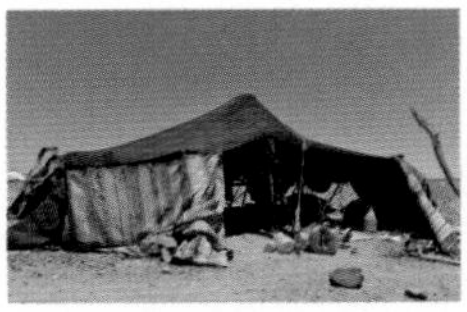

㉠ 유목 생활을 주로 하므로 대부분 이동식 가옥에서 생활한다. 베두인족은 '㉡ 오아시스를 찾아다니는 우아한 부족'이라 불리기도 한다.

발효된 ㉢ 밀가루 반죽을 구워낸 간편식 빵을 주로 먹는다. 정착 생활을 하는 사람과는 달리 유목민들은 이동과 조리에 편리한 빵을 고안해 냈다.

전통 복장인 ㉣ 디슈다샤 차림으로 생활한다. 유목에 필요한 양, 염소, ㉤ 낙타 등을 사육하며, 가축을 다루는 데 능숙하다.

① ㉠ – 계절에 따라 높은 산지를 오르내린다.
② ㉡ – 대규모의 벼농사에 이용된다.
③ ㉢ – 주로 고온 다습한 계절풍 지역에서 재배한다.
④ ㉣ – 습기를 차단하기 위해 고안되었다.
⑤ ㉤ – 전통적으로 대상 무역에 활용되어 왔다.

▸ 20581-0204

04 지도의 (가)~(마) 국가의 관광 자원을 홍보하는 내용으로 적절하지 <u>않은</u> 것은?

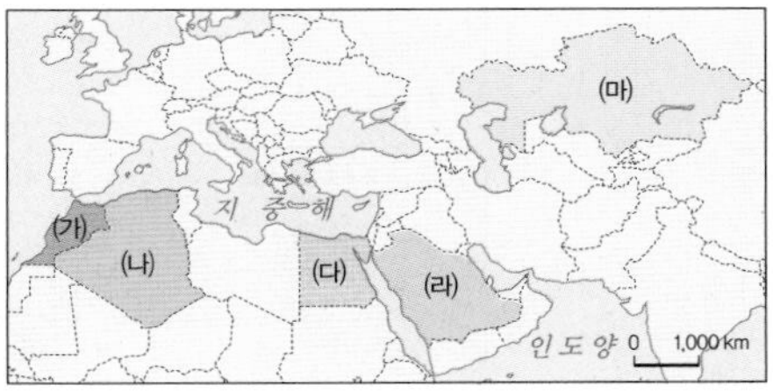

① (가) – 낙타와 함께 사막 종단, 사구에서 보드 타기
② (나) – 고대 로마의 유적과 모스크 견학
③ (다) – 고대 문명의 유적지, 웅장한 파라오의 무덤
④ (라) – 크리스트교의 성지, 예루살렘 둘러보기
⑤ (마) – 실크로드의 여정을 따라가는 걷기 여행

▶ 20581-0205

05 그래프는 건조 아시아와 북부 아프리카 주요 국가의 무역 구조를 나타낸 것이다. 이에 대한 옳은 분석만을 〈보기〉에서 고른 것은? (단, ㉠, ㉡은 농산물, 연료 및 광물 중 하나임)

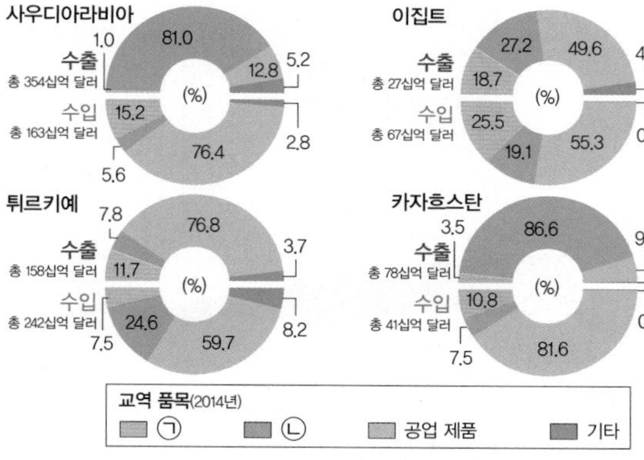

(세계 무역 기구(WTO) 무역 프로파일, 2015)

〈보기〉

ㄱ. 이집트의 ㉠ 수출액은 튀르키예의 ㉠ 수입액보다 많다.
ㄴ. 사우디아라비아는 네 국가 중 ㉡의 수출액이 가장 많다.
ㄷ. ㉠은 연료 및 광물, ㉡은 농산물이다.
ㄹ. 튀르키예의 공업 제품 수출액은 카자흐스탄의 공업 제품 수입액보다 많다.

① ㄱ, ㄴ ② ㄱ, ㄷ ③ ㄴ, ㄷ ④ ㄴ, ㄹ ⑤ ㄷ, ㄹ

▶ 20581-0206

06 지도에 표시된 (가) 국가군에 대한 (나) 국가군의 상대적 특징을 그림의 ㄱ~ㅁ에서 고른 것은?

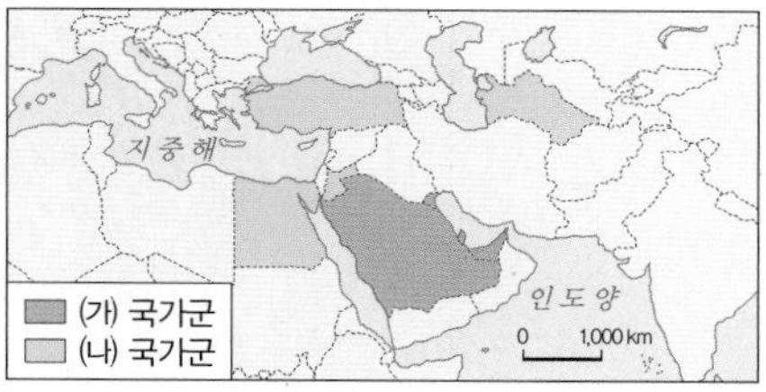

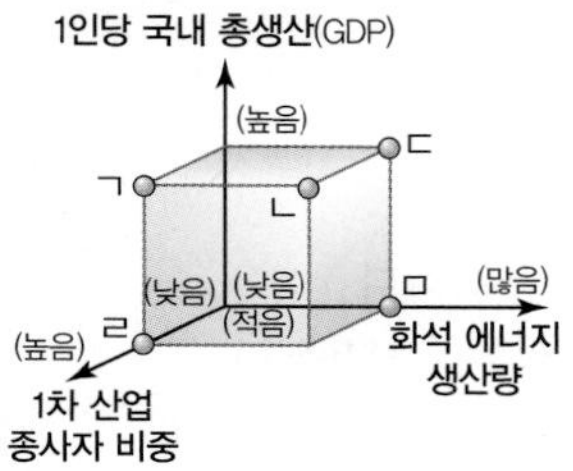

① ㄱ
② ㄴ
③ ㄷ
④ ㄹ
⑤ ㅁ

▶ 20581-0207

07 다음 자료는 인간의 경제 활동에 따른 환경 문제를 나타낸 모식도이다. ㉠~㉣에 대한 옳은 설명만을 〈보기〉에서 고른 것은?

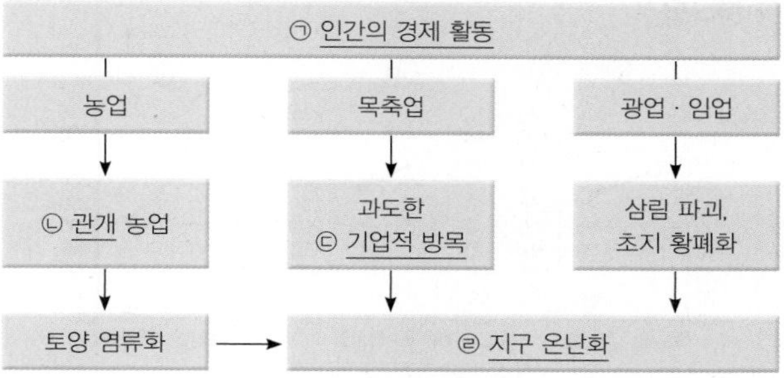

〈보기〉

ㄱ. ㉠ – 환경의 수용 범위를 넘어서는 경우가 많다.
ㄴ. ㉡ – 농경지에 인위적으로 물을 공급하는 행위이다.
ㄷ. ㉢ – 가축과 함께 계절에 따라 주기적으로 이동한다.
ㄹ. ㉣ – ㉢이 활발할수록 진행 속도가 느려진다.

① ㄱ, ㄴ ② ㄱ, ㄷ ③ ㄴ, ㄷ
④ ㄴ, ㄹ ⑤ ㄷ, ㄹ

▶ 20581-0208

08 다음 자료에서 설명하는 국가를 지도의 A~E에서 고른 것은?

핵심 도시인 두바이는 석유 수출로 벌어들인 막대한 자금력을 바탕으로 금융과 물류의 중심 도시로 탈바꿈함에 따라 마천루가 즐비한 스카이라인을 갖게 되었다.

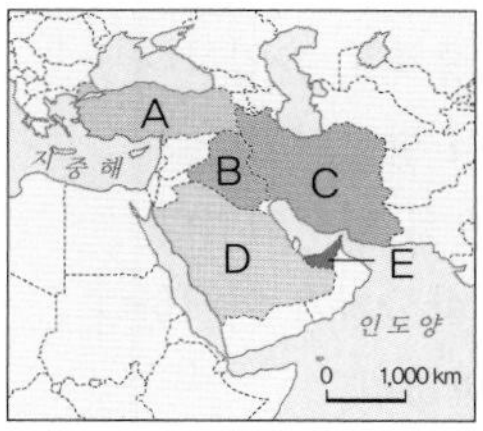

① A
② B
③ C
④ D
⑤ E

▶ 20581-0209

1 A~C 기후 그래프가 나타나는 지역을 지도의 ㄱ~ㄷ에서 고른 것은? (단, A~C는 사막 기후, 스텝 기후, 지중해성 기후 중 하나임.)

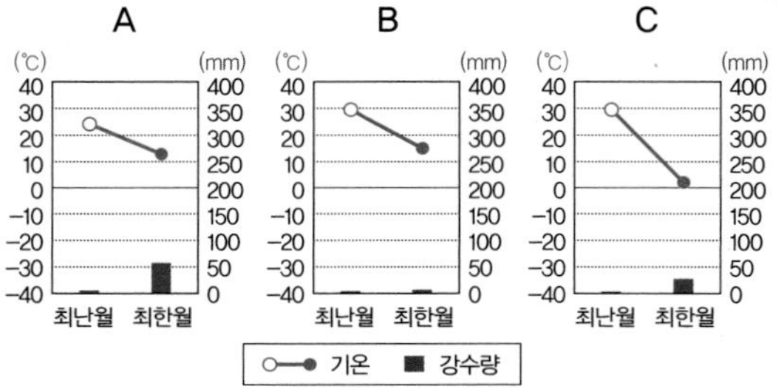

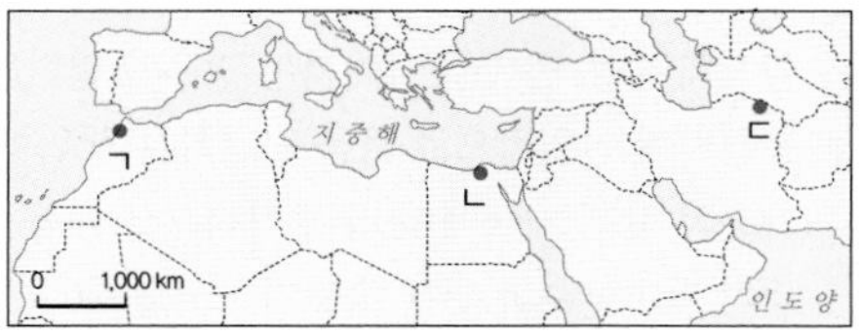

	A	B	C
①	ㄱ	ㄴ	ㄷ
②	ㄴ	ㄱ	ㄷ
③	ㄴ	ㄷ	ㄱ
④	ㄷ	ㄱ	ㄴ
⑤	ㄷ	ㄴ	ㄱ

▶ 20581-0210

2 지도의 A~E에 대한 설명으로 옳지 않은 것은?

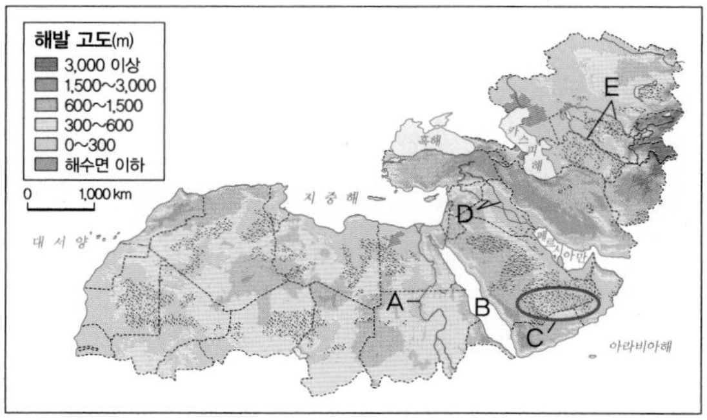

① A 하천은 남에서 북으로 흘러 지중해로 유입한다.
② B 바다는 두 지각판이 갈라지면서 형성되었다.
③ C 사막은 아열대 고압대의 영향으로 형성되었다.
④ D 하천의 유역에는 고대 문명의 발상지가 위치한다.
⑤ E 하천의 하구에는 벼농사가 활발하다.

▶ 20581-0211

3 다음은 A-B의 지형 단면 모식도이다. 이에 대한 옳은 설명만을 〈보기〉에서 있는 대로 고른 것은?

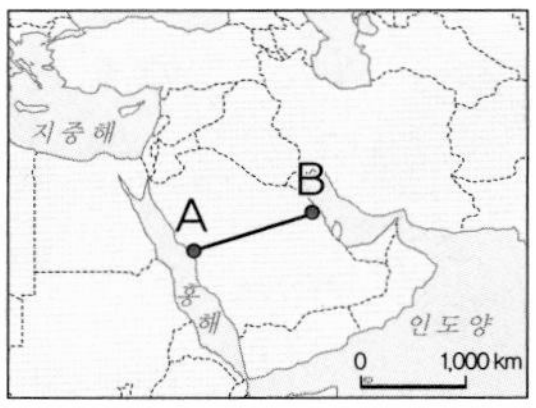

〈보기〉
ㄱ. A-B 일대에는 와디와 사구(바르한)가 발달한다.
ㄴ. A에서 B로 갈수록 대체로 평균 해발 고도가 높아진다.
ㄷ. B에서 A로 갈수록 판의 경계부와 가까워진다.
ㄹ. A와 인접한 바다 일대는 B와 인접한 바다 일대보다 석유의 생산량이 많다.

① ㄱ, ㄴ ② ㄱ, ㄷ ③ ㄴ, ㄹ
④ ㄱ, ㄷ, ㄹ ⑤ ㄴ, ㄷ, ㄹ

▶ 20581-0212

4 지도에 표시된 지역에 대한 설명으로 옳지 않은 것은?

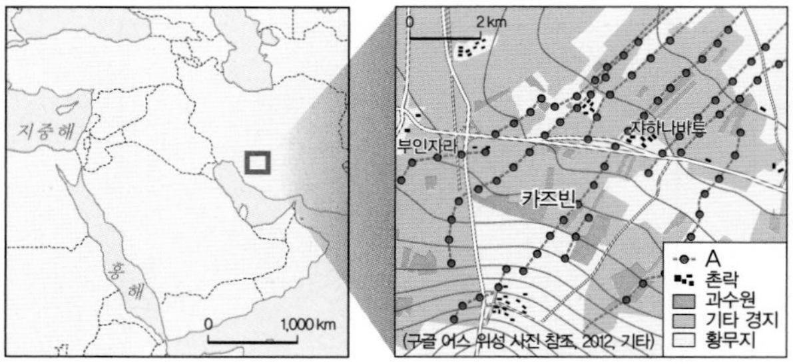

① A는 오아시스이다.
② 강수량보다 증발량이 많다.
③ 대부분의 지역에서 지표수가 부족하다.
④ A의 물은 주로 농업 및 생활용수로 사용된다.
⑤ 장기적으로 토양 염류화의 우려가 높은 지역이다.

▶ 20581-0213

5 (가)~(라)는 지도에 표시된 A 국가의 박물관에서 찍은 사진이다. (가)~(라)에 대한 추론으로 옳지 않은 것은?

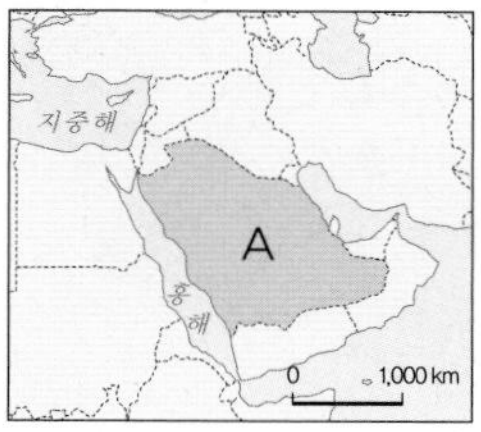

(가)

▲ 왕의 의복

(나)

▲ 대추야자 모양 항아리

(다)

▲ 진흙으로 빚은 토기

(라)

▲ 낙타 모양의 조형물

① (가)는 큰 기온의 일교차에 대비하기 위해 고안되었다.
② (나)에 묘사된 작물은 전통적으로 플라야 주변에서 재배하였다.
③ (다)의 재료는 A 국가의 전통 가옥을 짓는 데도 이용되었다.
④ (라)의 가축은 대상 무역에 이용되었다.
⑤ (가)~(라)를 통해 A 국가가 건조 기후 지역임을 알 수 있다.

▶ 20581-0214

6 지도의 (가), (나) 화석 에너지 자원으로 옳은 것은?

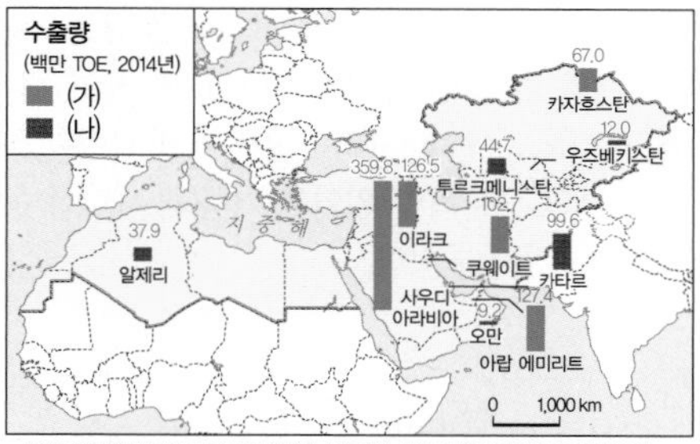

* 건조 아시아와 북부 아프리카의 (가), (나) 자원 수출 상위 5개국을 표현한 것임

	(가)	(나)		(가)	(나)
①	석탄	석유	②	석유	석탄
③	석유	천연가스	④	천연가스	석탄
⑤	천연가스	석유			

▶ 20581-0215

7 그래프의 (가)~(다)에 해당하는 국가를 지도의 A~C에서 고른 것은?

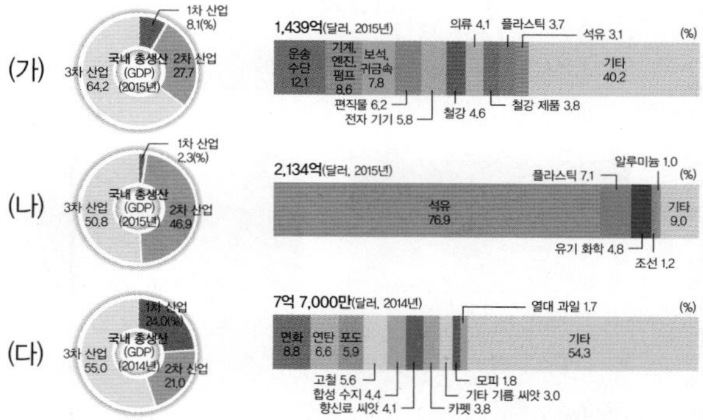

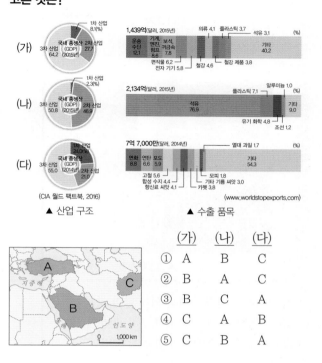

(CIA 월드 팩트북, 2016)

(www.worldstopexports.com)

▲ 산업 구조 ▲ 수출 품목

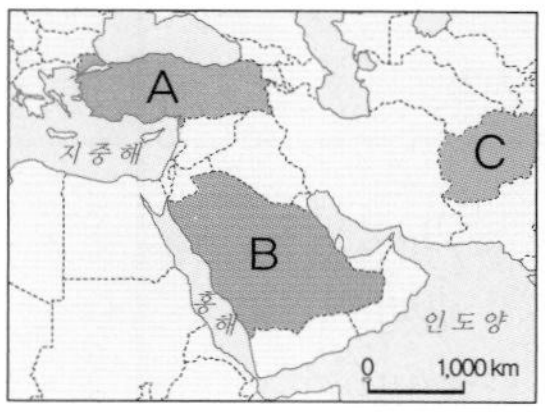

	(가)	(나)	(다)
①	A	B	C
②	B	A	C
③	B	C	A
④	C	A	B
⑤	C	B	A

▶ 20581-0216

8 다음 자료의 A 작물에 대한 옳은 설명만을 〈보기〉에서 고른 것은?

(국제 연합 식량 농업 기구, 2015)

▲ A 작물의 국가별 생산 비중

▲ 이집트 벽화

〈보기〉

ㄱ. 주로 잎을 가공하여 음료로 마신다.
ㄴ. 염분이 있는 토양에서도 비교적 잘 자란다.
ㄷ. 주로 대규모 플랜테이션 방식으로 재배한다.
ㄹ. 연 강수량 500mm 미만 지역에서 주로 재배한다.

① ㄱ, ㄴ ② ㄱ, ㄷ ③ ㄴ, ㄷ ④ ㄴ, ㄹ ⑤ ㄷ, ㄹ

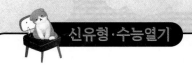

▶ 20581-0217

9 다음 자료의 ㉠에 들어갈 내용으로 가장 적절한 것은?

지리 조사 계획

1. 조사 목적: ______㉠______
2. 사례

▲ 모래 방지 벽

▲ 녹색 숲 사업

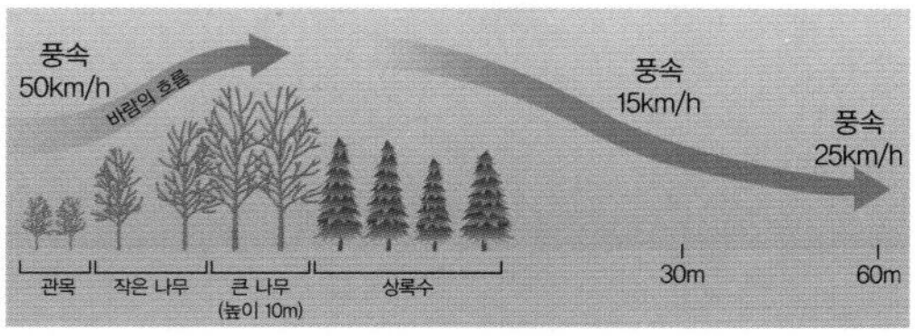

▲ 방풍림 사업

① 건조 기후 지역의 사막화 억제 방법
② 화산 토양에 필요한 목초지 조성 방법
③ 습윤한 기후 지역에서의 지력 보호 방법
④ 조수 간만의 차가 큰 해안 지역의 경작지 조성 방법
⑤ 지역 내 상품 작물의 수확량을 높일 수 있는 신기술

▶ 20581-0218

10 지도는 건조 아시아와 북부 아프리카의 농업적 토지 이용을 나타낸 것이다. (가)에 대한 (나)의 상대적 특징을 그림의 ㄱ~ㅁ에서 고른 것은? (단, (가), (나)는 지중해식 농업 지역과 오아시스 농업 지역 중 하나임.)

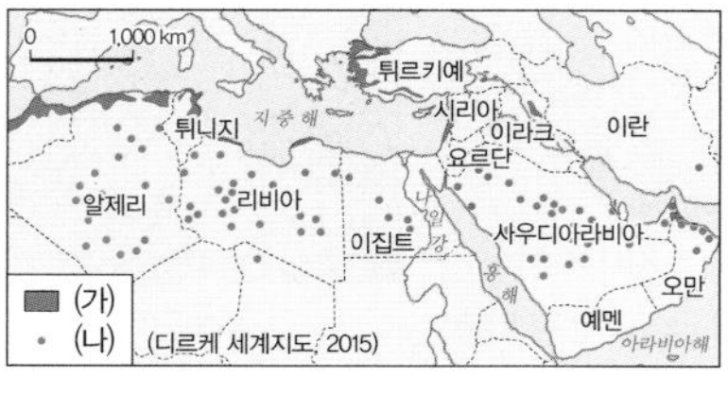

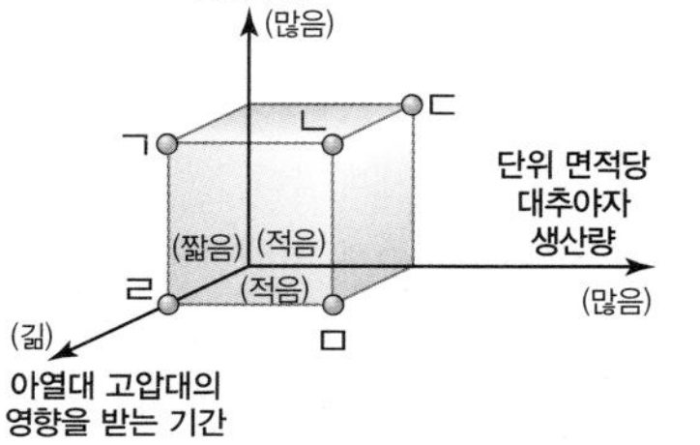

① ㄱ
② ㄴ
③ ㄷ
④ ㄹ
⑤ ㅁ

▶ 20581-0219

11 지도의 A~E에 대한 설명으로 옳지 않은 것은?

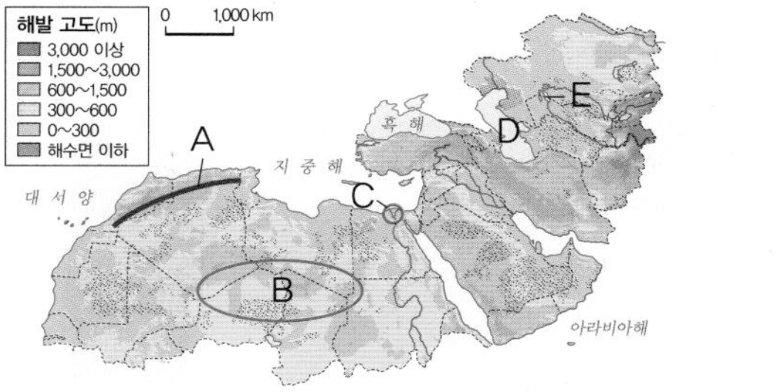

① A 산맥은 지중해 쪽 사면이 반대쪽 사면보다 강수량이 많다.
② B 기후 지역은 일교차가 크고 강수량보다 증발량이 많다.
③ C 퇴적 지형은 조수 간만의 차가 큰 지역에서 잘 발달한다.
④ D 호수의 주변에는 화석 에너지 자원이 많이 매장되어 있어 제2의 페르시아만으로 불린다.
⑤ E 호수의 주변 지역에서는 토양 염류화로 인한 피해 가능성이 높다.

▶ 20581-0220

12 다음 자료의 ㉠~㉣에 대한 옳은 설명만을 〈보기〉에서 고른 것은?

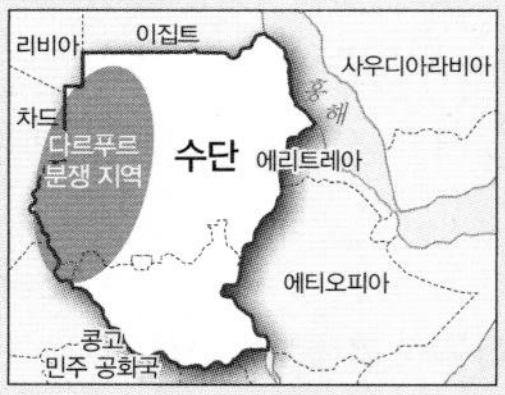

㉠ 북부 사막 지대와 ㉡ 남부 초원 지대로 이루어진 다르푸르 지역은 1980년대 기계화 영농을 시작한 이후, ㉢ 기후 변화에 따른 극심한 가뭄의 피해와 사막화를 경험하였다. 이후 유목민은 물을 찾아 가축을 남쪽으로 이동시켰고, 기존의 정착 농경민과 갈등이 발생하였다. 이러한 갈등이 심화되면서 내전과 ㉣ 난민이 발생했다. 따라서 다르푸르 내전의 근본적인 원인을 가뭄과 사막화 등의 기후 변화로 보는 견해도 있다.

보기
ㄱ. ㉠은 ㉡보다 연 강수량이 많다.
ㄴ. ㉡은 ㉠보다 평균 식생의 밀도가 낮다.
ㄷ. ㉢으로 볼 때 해당 지역은 사헬 지대에 포함된다.
ㄹ. 기후 변화는 ㉣의 주요 원인 중 하나이다.

① ㄱ, ㄴ ② ㄱ, ㄷ ③ ㄴ, ㄷ ④ ㄴ, ㄹ ⑤ ㄷ, ㄹ

VI

유럽과 북부 아메리카

대단원 한눈에 보기

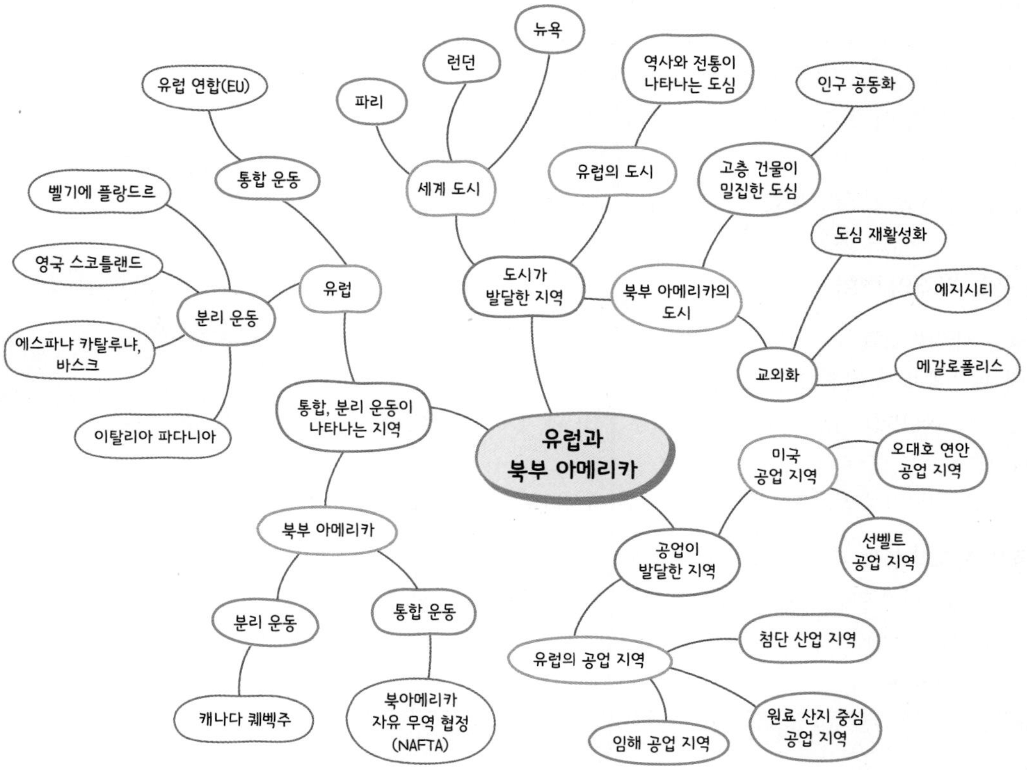

01 주요 공업 지역의 형성과 최근 변화

오대호 연안 공업 지역은 동아시아 신흥 공업국의 성장, 시설 노후화 등으로 인해 쇠퇴하였고, 미국 남부 지역, 태평양 연안의 ① ☐☐☐ 지역을 중심으로 첨단 산업이 발달하고 있다.

02 현대 도시의 내부 구조와 특징

일부 도시에서는 낙후된 도심 지역을 주거, 여가 · 문화 공간으로 재개발하면서 고소득층 인구가 도심으로 유입하는 등 ② ☐☐ ☐☐☐☐(gentrification) 현상이 나타나기도 한다.

03 지역의 통합과 분리 운동

북아메리카의 단일 경제권 형성을 통해 세계 시장에서 경쟁력을 확보하기 위해 미국, 캐나다, 멕시코는 ③ ☐☐☐☐☐ ☐☐ ☐☐ ☐☐(NAFTA)을 체결하였다.

정답 | ① 선벨트 ② 도심 재활성화 ③ 북아메리카 자유 무역 협정

핵심 개념 정리 01

주요 공업 지역의 형성과 최근 변화

유럽의 전통 공업 지역

(1) 전통 공업 지역의 형성 시기: 18세기 후반 영국에서 석탄 산지를 중심으로 산업 혁명 시작 ― 철강은 목탄을 연료로 생산하였으나, 삼림의 고갈에 따른 목탄 가격의 상승으로 연료가 석탄으로 대체되었음

(2) 전통 공업 지역

① 원료 산지를 중심으로 중화학 공업 발달: 석탄, 철광석 등의 원료를 공장까지 옮기는 데 드는 운송비를 최소화할 수 있음

㉠ 영국 페나인산맥 부근 랭커셔 · 요크셔, 독일의 루르 · 자르 지방, 폴란드 슐레지엔 지방(석탄 산지), 프랑스 로렌 지방(철광석 산지)

② 계절별 유량 변동이 작은 하천: 공업 발달에 중요한 교통로 역할 담당

㉠ 라인강, 다뉴브강 등

유럽 공업 지역의 변화

(1) 전통 공업 지역의 쇠퇴

① 오랜 채굴에 따른 자원 고갈 및 채광 시설의 노후화

② 에너지 자원의 변화: 제2차 세계 대전 이후 주요 에너지원이 석탄에서 석유로 대체

③ 값싼 해외 원료의 수입: 자원 운반용 선박의 대형화로 값싼 철광석 수입

(2) 임해 공업 지역의 성장 ― 바다(海)를 가까이 마주하는(臨) 지역에 위치한 공업 지역 → 대량의 화물 운송에 유리한 선박을 활용할 수 있음

① 새로운 공업 지역 형성: 원료 수입 및 제품 수출에 유리한 항구 도시 또는 내륙 수로 연안

② 공업 지역의 이동

구분	이동 방향	주요 공업 도시
영국	내륙 → 해안으로 이동	카디프, 미들즈브러 등
독일	루르 지역 → 라인강 연안 및 북해 연안	쾰른, 로테르담(네덜란드) 등
프랑스	로렌 지역 → 북해 연안 및 지중해 연안	됭케르크, 르아브르, 마르세유 등

(3) 첨단 산업의 발달

① 원인: 1960년대 이후 아시아 등 신흥 공업국의 중화학 공업 성장 → 부가 가치가 높은 첨단 산업 중심으로 공업 구조 재편

② 첨단 산업의 입지

- 자본 및 연구 개발에 필요한 고급 기술 인력이 풍부한 지역
- 관련 업종 간 정보 교류가 활발하며 기술 혁신에 유리한 지역 → 산업 클러스터 형성 → 대학, 연구소, 기업, 정부 기관 등의 유기적 연계가 활발

㉠ 케임브리지 사이언스 파크(영국), 소피아 앙티폴리스(프랑스), 시스타 사이언스 시티(스웨덴), 오울루 테크노폴리스(핀란드) 등

◉ **계절별 유량 변동**

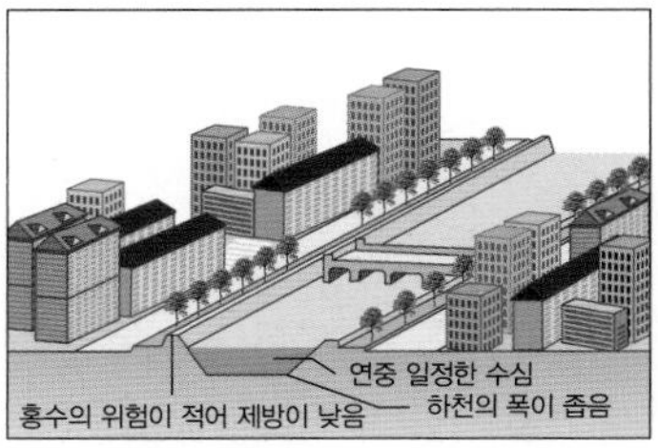

강수량의 계절별 차이가 적은 서안 해양성 기후가 주로 나타나는 유럽 지역의 하천은 유량 변동이 작아 공업 발달에 중요한 교통로의 역할을 하였다.

◉ **첨단 산업**

기술 집약도가 높아 관련 산업에 기술 파급 효과가 크고 부가 가치가 높으며, 에너지 절약형 산업으로 산업 구조의 고도화에 기여할 수 있는 산업을 말한다.

◉ **클러스터**

연관이 있는 산업의 기업과 연구소, 대학, 정부 기관 등이 지리적으로 집적하고 서로 긴밀하게 연계하여 경쟁력을 확보하는 산업 단지를 말한다.

자료 탐구

❶ 유럽의 공업 입지 변화

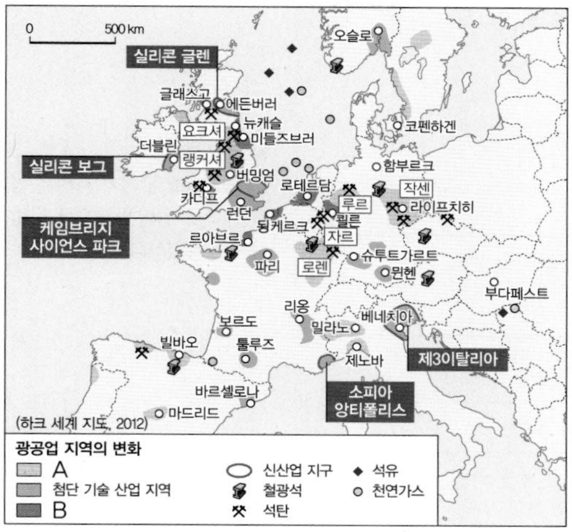

(하크 세계 지도, 2012)

분석 | A 공업 지역은 유럽의 산업 혁명을 이끌었던 지역으로 철광석, 석탄 산지를 중심으로 발달하였다. B 공업 지역은 원료의 수입과 제품의 수출에 유리한 지역으로 영국의 카디프, 미들즈브러, 독일의 쾰른, 프랑스의 됭케르크, 르아브르 등 해안 또는 하안을 중심으로 발달하였다. B 공업 지역이 새롭게 성장하면서 A 공업 지역은 쇠퇴하고 있다.

❷ 유럽의 혁신 클러스터 발달

(가) 프랑스 남부에 위치한 소피아 앙티폴리스는 자연환경이 뛰어나며 국제공항이 인접해 있고 칸, 니스 등 세계적 문화 및 휴양 도시와도 가깝다. 이곳은 현재 유럽의 정보 통신 기술의 중심지, 세계적 수준의 과학 단지로 성장하고 있다.

(나) 소피아 앙티폴리스에는 프랑스의 국 · 공립 연구소, 대학 연구소가 입지하여 우수 연구 인력을 쉽게 확보할 수 있다. 이러한 조건을 바탕으로 다국적 기업의 입주가 증가하고, 전문 인력이 꾸준히 유입되고 있다.

분석 | (가)는 소피아 앙티폴리스가 쾌적한 환경, 다양한 문화 시설 등 전문 기술 인력 확보에 유리한 조건을 갖추고 있음을 설명하고 있다. (나)에서는 (가)와 같은 이유로 인해 이곳에 연구소, 대학, 기업이 입지하였음을 설명하고 있다. (가), (나)의 이유로 인하여 이곳은 현재 대학, 기업, 연구소가 지리적으로 모이고 서로 연계하여 협력하는 클러스터로서 성장하고 있다.

확인학습

1 다음 공업 지역의 공통된 특징으로 옳은 것은?

- 영국: 카디프, 미들즈브러 공업 지역
- 프랑스: 됭케르크, 르아브르 공업 지역
- 네덜란드: 로테르담 공업 지역

① 산·학·연의 클러스터가 형성된 지역이다.

산업계와 학계 및 연구 분야를 아울러 이르는 말

② 석탄 산지를 중심으로 발달한 공업 지역이다.

③ 기술 집약적인 첨단 산업이 발달한 지역이다.

④ 유럽의 산업 혁명이 처음으로 시작된 지역이다.

⑤ 원료 수입과 제품 수출에 유리한 해안 지역이다.

정답과 해설 ▶ 제시된 공업 지역은 대서양, 북해에 인접한 지역으로 원료 및 제품의 대량 수송에 적합한 선박을 이용하기에 유리한 지역이다. 이와 같은 공업 지역의 성장은 석탄 자원의 고갈, 해외에서 수입되는 석유의 이용 증가 등과 관련이 있다. 답 ⑤

2 지도의 A 공업 지역에 대한 옳은 설명만을 〈보기〉에서 고른 것은?

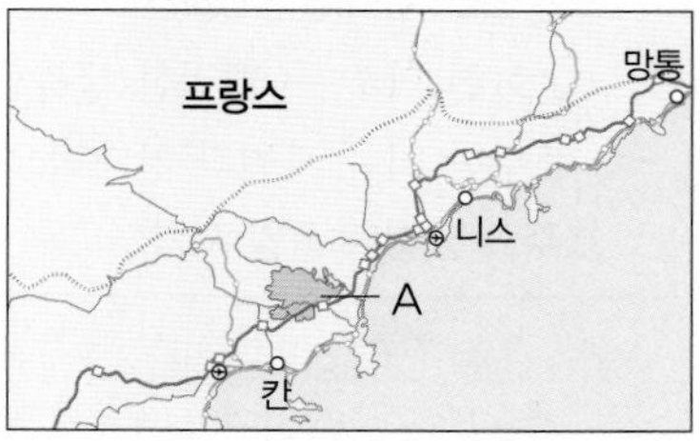

보기

ㄱ. 중화학 공업이 발달하였다.
ㄴ. 우수 연구 인력이 집중되어 있다.
ㄷ. 석탄 산지를 중심으로 발달하였다.
ㄹ. 대학, 기업, 연구소가 집적되어 있다.

① ㄱ, ㄴ ② ㄱ, ㄷ ③ ㄴ, ㄷ
④ ㄴ, ㄹ ⑤ ㄷ, ㄹ

정답과 해설 ▶ 지도의 A 공업 지역은 프랑스의 소피아 앙티폴리스로, 기술 집약적 첨단 산업이 발달한 산업 클러스터이다. 답 ④

핵심 개념 정리 01

주요 공업 지역의 형성과 최근 변화

북아메리카의 전통 공업 지역

(1) 전통 공업 지역의 입지: 석탄 및 철광석 산지를 중심으로 성장

(2) 전통 공업 지역

① 주요 공업 지역: 미국 북동부 지역에 분포

• 북대서양 연안: 소비재 경공업 발달(뉴욕, 필라델피아 등)

• 오대호 연안: 주로 중화학 공업 발달

미국	자동차, 제철 공업 발달(시카고, 디트로이트, 피츠버그 등)
캐나다	자동차, 제련, 제지 공업 발달(몬트리올, 토론토 등)

② 입지 조건

풍부한 자원	오대호 연안의 철광석, 애팔래치아 탄전의 석탄
편리한 교통	오대호, 세인트로렌스강 → 원료 · 제품 수송에 편리한 수운 제공
넓은 소비 시장	미국 북동부에 위치한 대도시

공업 지역의 이전

(1) 전통 공업 지역의 쇠퇴

① 오랜 채굴에 따른 고품질의 철광석 고갈, 값싼 해외 자원의 수입 증가

② 임금 상승, 환경 오염 및 시설 노후화

③ 동아시아 신흥 공업 국가들의 제조업 성장 → 미국의 공업 중심인 북동부 및 중서부 지역이 러스트 벨트로 전락

└ 과거 미국의 대표적인 공업 지대로 번창했다가 제조업 쇠퇴로 몰락한 공업 지역 → 디트로이트(자동차), 피츠버그(철강) 등이 대표적임

(2) 공업 중심의 이동

① 멕시코만 및 태평양 연안 지역(선벨트, sun belt)으로 공업 중심 이동

② 선벨트 지역(sun belt)

• 온화한 기후 → 쾌적한 생활환경, 넓은 토지 및 각종 세금 혜택

• 풍부한 석유 자원과 상대적으로 저렴한 노동력 확보 가능

③ 주요 선벨트 공업 지역

구분	주요 도시(발달 산업)
태평양 연안 지역	• 로스앤젤레스(항공, 컴퓨터 산업) • 샌프란시스코(반도체, 정보 통신 기술 산업)
멕시코만 연안 지역	• 휴스턴(항공 · 우주 산업) • 텍사스(석유 화학 공업)

(3) 기존 공업 지역의 변화

① 기존 산업과 연관된 신산업 및 지식 기반 산업 육성

예) 자동차 공업이 발달한 시카고 → 자율 주행 차 등 벤처 기업 육성

② 과거 산업 시설의 리모델링 및 관광 문화 산업 육성

예) 철강 산업이 발달한 피츠버그 → 다운타운 문화 지구 조성

◉ **경공업**
부피에 비해 무게가 가벼운 섬유, 식품 등의 공업으로 대체로 일상생활에서 직접 소비하는 제품을 생산하는 공업이다.

◉ **선벨트**
북위 37° 이남의 미국 남부 및 서부 지역을 가리킨다. 북동부의 추운 겨울과 대비되는 온화한 기후를 가진 것에서 명칭이 유래되었다. 온화한 기후, 풍부한 노동력 등의 요인들이 결합하여 1980년대부터 첨단 산업이 크게 성장하였다.

자료 탐구

확인학습

③ 북아메리카의 전통 공업 지역

북아메리카의 공업 지역은 공업화 초기에는 유럽과 가깝고 노동력이 풍부한 북대서양 연안을 중심으로 형성되었으며, 이 지역에서는 소비재 경공업이 발달하였다. 이후 축적된 자본과 기술을 바탕으로 중화학 공업이 발달하면서 ㉠ 주변의 풍부한 자원 및 노동력, ㉡ 편리한 수상 교통, ㉢ 배후의 넓은 소비 시장 등을 갖춘 미국 북동부 오대호 연안을 중심으로 주요 공업 지역이 형성되었다.

분석 | 미국 오대호 연안을 중심으로 한 공업 지역은 오대호 연안의 철광석과 애팔래치아 탄전의 석탄이 공업 발달의 기초가 되었으며(㉠), 미국과 캐나다의 국경 역할을 하는 세인트로렌스강과 오대호가 원료와 제품 수송을 위한 편리한 수운을 제공해 주었다(㉡). 또한 뉴욕, 필라델피아와 같은 미국 북동부의 대도시들이 넓은 소비 시장의 역할을 하였다(㉢).

④ 미국의 공업 지역 변화

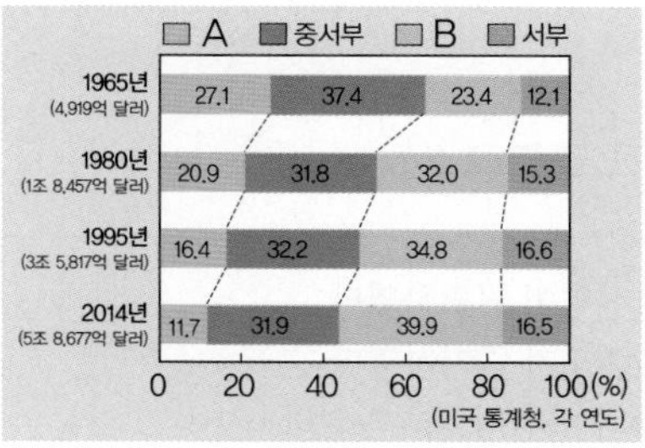

▲ 미국의 제조업 출하액 비중 변화

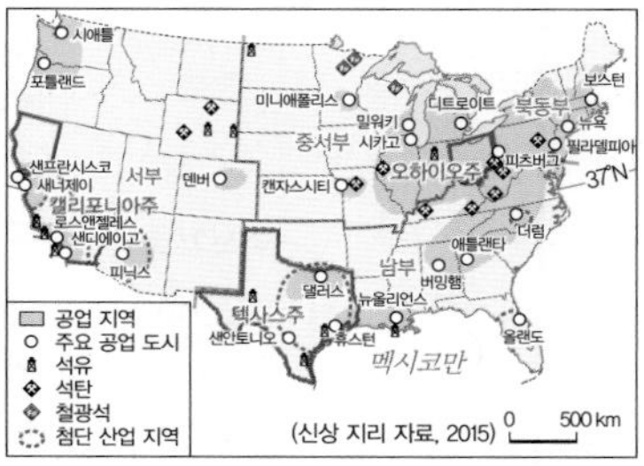

▲ 미국의 공업 지역

분석 | A는 1965년에 비해 2014년 기준 15.4%p 제조업 출하액 비율이 감소하였으며 B는 같은 기간 동안 16.5%p 제조업 출하액 비율이 증가하였다. 오른쪽 지도에서 중서부와 서부를 제외한 지역은 북동부와 남부 지역이다. 따라서 A는 러스트 벨트 지역인 북동부 지역이며, B는 멕시코만 연안의 선벨트 지역인 남부 지역이다.

③ 지도의 B 공업 지역에 대한 A 공업 지역의 상대적 특징으로 그 내용이 옳으면 ○표, 틀리면 ×표 하시오.

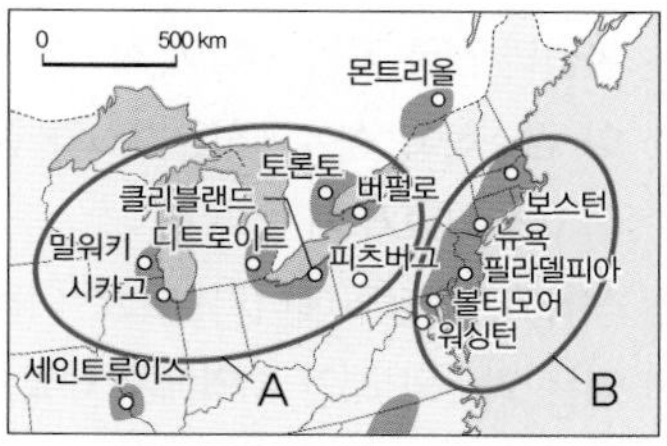

(1) 공업 발달의 역사가 길다. (○, ×)

(2) 소비재 공업의 비율이 높다. (○, ×)

(3) 주요 공업에서 생산된 최종 제품의 단위당 무게가 무겁다. (○, ×)

답 (1) × (2) × (3) ○

A는 철강, 기계, 금속 공업이 발달한 오대호 연안 공업 지역, B는 섬유 산업이 발달한 대서양 연안 공업 지역이다.

④ (가), (나)에 해당하는 지역을 지도의 A~D에서 고른 것은?

(가) 항공기, 컴퓨터 관련 산업이 발달하고 있으며, 실리콘 밸리를 중심으로 첨단 산업 단지가 조성되었다.

(나) 미국 항공 우주국(NASA) 관제 센터가 있으며, 석유 화학 공업이 발달하였다.

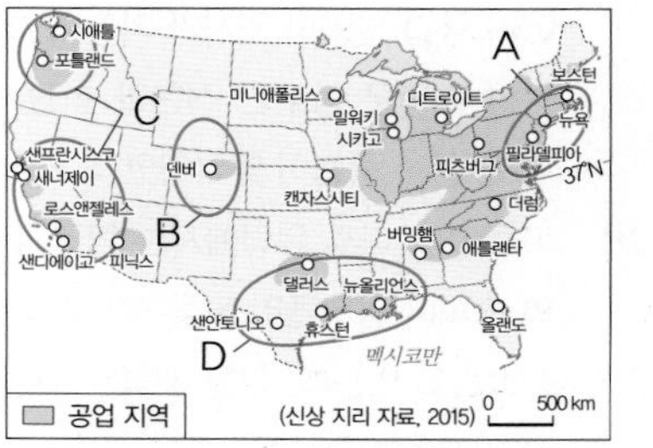

	(가)	(나)		(가)	(나)
①	A	B	②	A	C
③	B	C	④	B	D
⑤	C	D			

정답과 해설 ▶ (가), (나)는 기술 집약적인 첨단 산업이 발달하고 있는 지역인 것으로 보아 선벨트 지역인 서부 및 남부 지역에 해당한다. 실리콘 밸리가 있는 샌프란시스코는 서부 지역에, 석유 화학 공업이 발달한 텍사스주는 남부 지역에 위치한다. 답 ⑤

개념 체크

저절로 암기 Tip | ☐ 1회 (/) ☐ 2회 (/) ☐ 3회 (/)

01~06 **다음 내용이 옳으면 ○표, 틀리면 ×표 하시오.**

01 유럽의 전통 공업 지역이 쇠퇴한 이유는 석탄의 사용 비중이 감소하고 석유 · 천연가스와 같은 새로운 에너지 자원이 이용되었기 때문이다. ( )

02 석유가 공업의 에너지원으로 이용되면서 유럽의 공업 지역은 기존의 해안 지역에서 내륙의 원료 산지를 중심으로 발달하기 시작하였다. ( )

03 북아메리카에서 가장 먼저 공업이 발달한 지역은 오대호 연안 공업 지역이다. ( )

04 과도한 공업의 집적, 해외 자원의 수입 증가, 동아시아 신흥 공업 국가의 성장 등으로 인해 오대호 연안 공업 지역은 러스트 벨트로 전락하였다. ( )

05 미국 북동부 공업 지역은 기술 집약적 첨단 산업의 중심이며 최근 미국 내 제조업 출하액에서의 비중이 증가하고 있다. ( )

06 제2차 세계 대전 이후 미국의 공업 지역은 그 중심이 대서양 · 오대호 연안에서 태평양 · 멕시코만 연안으로 이동하였다. ( )

07~08 **빈칸에 알맞은 말을 쓰시오.**

07 보스턴을 중심으로 하는 뉴잉글랜드 공업 지역은 미국 내에서 공업 발달의 역사가 가장 오래되었으며, ________ 공업 지역은 풍부한 석탄과 철광석 등을 바탕으로 철강, 기계, 금속 공업이 발달하였다.

08 1960년대 이후 유럽에서는 영국의 사이언스 파크, 프랑스의 소피아 앙티폴리스 등 고부가 가치의 첨단 산업 지역이 성장하고 있는데, 이들 지역은 기업, 대학, 연구소 등이 근접 입지하여 협력하는 ________을/를 형성하고 있다.

정답

01 ○ **02** × **03** × **04** ○ **05** ×
06 ○ **07** 오대호 연안 **08** 산업 클러스터

오답 체크 Tip

02 석유는 주로 해외에서 수입되었기 때문에 공업 지역이 내륙의 석탄 산지에서 해안의 항구 지역으로 이동하였다.

기본 문제

▸ 20581-0221

01 **지도에 표시된 지역에서 일찍이 공업이 발달할 수 있었던 공통 요인으로 가장 적절한 것은?**

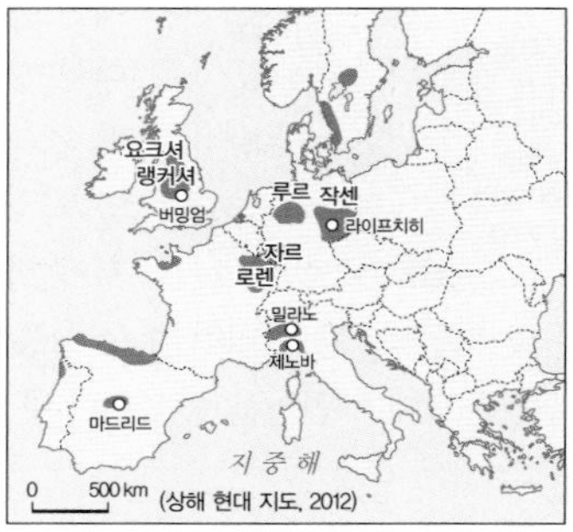

① 기업 · 대학 · 연구소가 근접해 있었다.
② 제품을 수출하기에 유리한 항구와 인접하였다.
③ 공업에 필요한 원료가 주변에 매장되어 있었다.
④ 공업 생산을 위한 고숙련 노동력이 풍부하였다.
⑤ 연구 개발에 필요한 고급 기술 인력이 풍부하였다.

▸ 20581-0222

02 **지도에 표시된 공업 지역이 성장하게 된 공통적인 배경으로 옳은 설명만을 〈보기〉에서 고른 것은?**

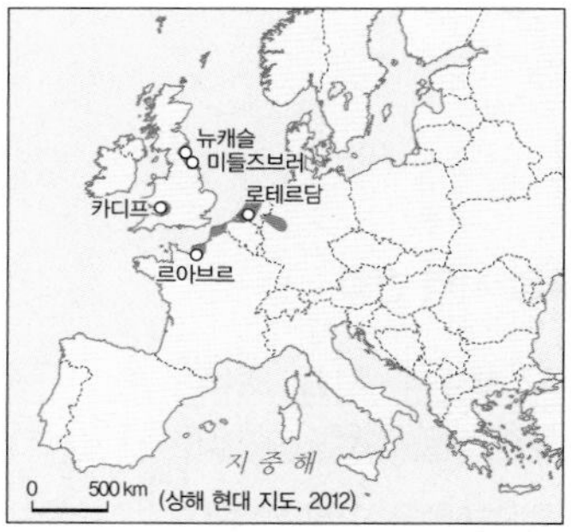

보기

ㄱ. 에너지 절약형 산업이 발달하였다.
ㄴ. 원료의 해외 의존도가 증가하였다.
ㄷ. 생산 공장의 해외 이전이 증가하였다.
ㄹ. 공업의 주요 에너지원이 석유로 대체되었다.

① ㄱ, ㄴ ② ㄱ, ㄷ ③ ㄴ, ㄷ
④ ㄴ, ㄹ ⑤ ㄷ, ㄹ

▶ 20581-0223

03 **지도는 유럽의 공업 발달 지역을 나타낸 것이다. A, B 지역에 대한 옳은 설명만을 〈보기〉에서 고른 것은?**

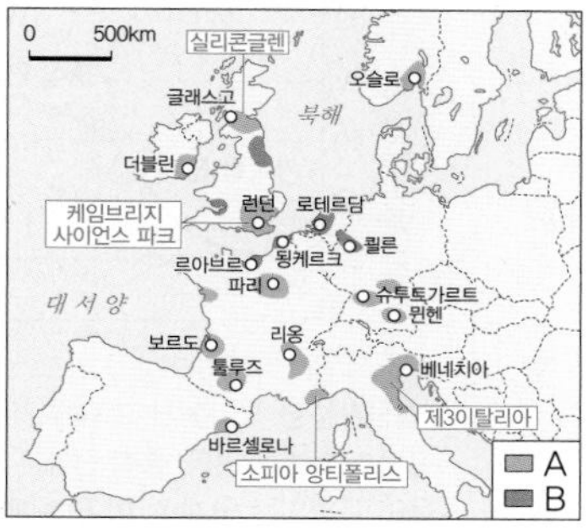

보기

ㄱ. A는 고부가 가치의 첨단 산업이 발달하였다.
ㄴ. B는 원료 산지 중심으로 발달한 공업 지역이다.
ㄷ. A는 B보다 공업 발달의 역사가 짧다.
ㄹ. B는 A보다 대기 오염 물질 배출량이 적다.

① ㄱ, ㄴ ② ㄱ, ㄷ ③ ㄴ, ㄷ
④ ㄴ, ㄹ ⑤ ㄷ, ㄹ

▶ 20581-0224

04 **다음 글의 ㉠~㉤에 대한 설명으로 옳지 <u>않은</u> 것은?**

북부 아메리카에서 가장 먼저 공업이 발달한 지역은 보스턴을 중심으로 한 ㉠ 뉴잉글랜드 지방이었다. 이후 시카고, 디트로이트 등을 중심으로 ㉡ 오대호 연안 공업 지역이 성장하였다. 그러나 오대호 연안 공업 지역은 제2차 세계 대전 이후 동아시아 신흥 공업 국가들의 성장으로 제조업이 쇠퇴하면서 [㉢](으)로 전락하였다. 최근에는 미국 남서부의 ㉣ 태평양 연안 공업 지역, ㉤ 멕시코만 연안 공업 지역으로 공업 중심지가 이동하였다.

① ㉠의 공업 발달은 유럽과의 인접성이 바탕이 되었다.
② ㉡은 풍부한 지하자원을 바탕으로 중화학 공업이 발달하였다.
③ ㉢에는 러스트 벨트가 들어갈 수 있다.
④ ㉣은 선벨트 지역에 해당한다.
⑤ ㉤에는 실리콘 밸리가 위치해 있다.

▶ 20581-0225

05 **다음 글에서 설명하는 공업 지역을 지도의 A~E에서 고른 것은?**

주변에 매장되어 있는 철광석과 석탄이 공업 발달의 기초가 되었으며, 원료와 제품 수송에 편리한 수운을 제공해 주는 하천의 도움도 컸다. 인근 대도시들은 넓은 배후지와 소비 시장이 되어 1920년대 미국을 세계 제1의 공업 국가로 만들어 주는 바탕이 되었다. 이 지역의 대표적인 공업 도시로는 철강 산업이 발달한 ○○, 자동차 공업이 발달한 △△ 등이 있다.

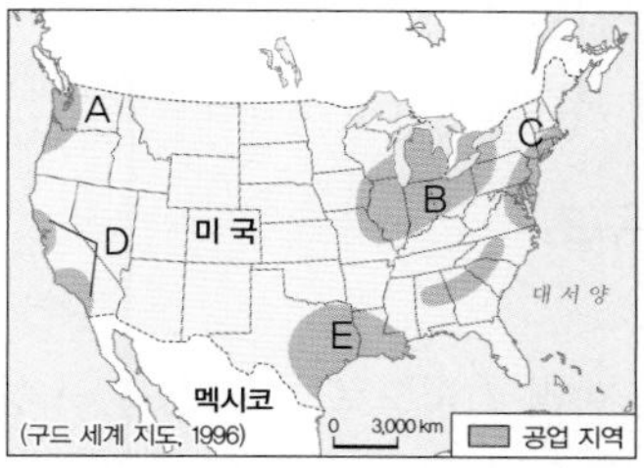

① A
② B
③ C
④ D
⑤ E

▶ 20581-0226

06 **다음 자료의 A에 들어갈 내용으로 옳지 <u>않은</u> 것은?**

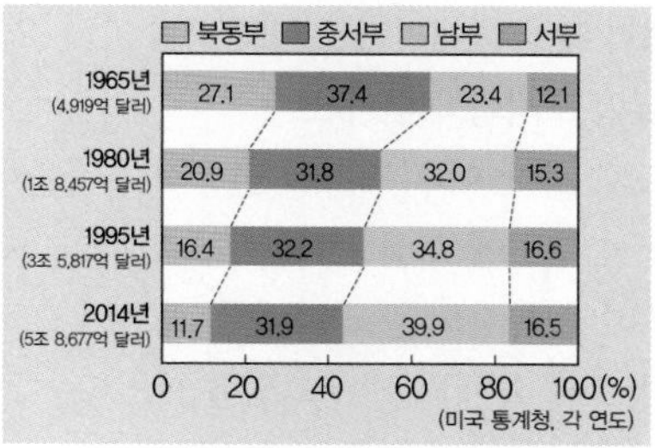

▲ 미국의 지역별 제조업 출하액 비중 변화

• 교사: 남부와 서부의 제조업 출하액 비중이 증가한 원인은 무엇일까요?
• 학생: A

① 컴퓨터, 항공 등 첨단 산업이 성장했기 때문입니다.
② 자동차, 화학, 철강 산업의 경쟁력 약화 때문입니다.
③ 러스트 벨트 중심의 공업 지역이 쇠퇴했기 때문입니다.
④ 오대호 중심의 산업 클러스터가 형성되었기 때문입니다.
⑤ 태평양 연안과 멕시코만 연안 중심의 공업 발달 때문입니다.

핵심 개념 정리 02 현대 도시의 내부 구조와 특징

유럽과 북부 아메리카의 도시 특성

(1) 도시 발달의 역사

① 유럽 및 북부 아메리카 국가의 대부분은 도시화 종착 단계에 해당

② 도시 발달 역사가 길어 도시 내 여러 기능의 공간적 분화가 뚜렷한 편

③ 경제 · 문화 · 정치적 영향력이 큰 세계 도시 분포 → 런던, 뉴욕

(2) 대도시권의 형성

① 통근 · 통학권, 상권 등의 확대로 중심 도시와 기능적으로 연결된 넓은 도시 세력권 형성

② 대도시권의 형성 원인: 대중 교통망의 발달, 승용차 이용 등의 보편화 등으로 인한 대도시의 광역화 현상

③ 거대 도시들의 도시권이 서로 연속되는 거대 도시권(메갈로폴리스)을 형성하기도 함 예 보스턴～뉴욕～필라델피아～볼티모어～워싱턴 등

현대 도시의 내부 구조

(1) 도시 내부 구조

① 도시 내 기능들이 여러 지역으로 분산 분포 → 상업 · 공업 · 주거 지역

② 도심: 중심 업무 지구(CBD) 형성(런던, 뉴욕의 중심 업무 지구는 세계적 영향력 발휘)

③ 도시 재생: 낙후된 구도심의 환경 개선을 위한 재개발 사업 진행(젠트리피케이션)

(2) 유럽과 북부 아메리카 도시의 비교

① 유럽 도시의 내부 구조

- 도심: 중세 이후 건축된 전통적 건축물이 도심의 랜드마크를 이루고 있음
- 도심 주변에 고급 주택 지구가 나타나는 경우가 많음
- 도시가 확장되는 과정에서 과거의 도시 내부 구조를 유지하면서 평면적인 도시 확대가 진행되었음

② 북부 아메리카 도시의 내부 구조

- 도심: 고층 빌딩이 가득한 도심 경관 → 인구 공동화 현상(└ 교외화로 도심 내 상주인구 감소), 도심에서 외곽으로 가면서 건물 높이가 크게 낮아짐
- 교외화: 도시 외곽에 고급 주택 지구 분포
- 교외 업무 지구: 교통이 편리한 교외 지역에 에지시티 형성
- 거주지 분리: 이주민의 비율이 높아 민족별 거주지 분리 현상이 나타남

③ 유럽과 북부 아메리카 도시의 상대적 특성

구분	유럽	북부 아메리카
도시화의 역사	길	짧음
도심과 주변 지역의 건물 높이 차이	작음	큼
도심과 고급 주택 지구의 평균 거리	가까움	멂

◉ **도시화 단계**

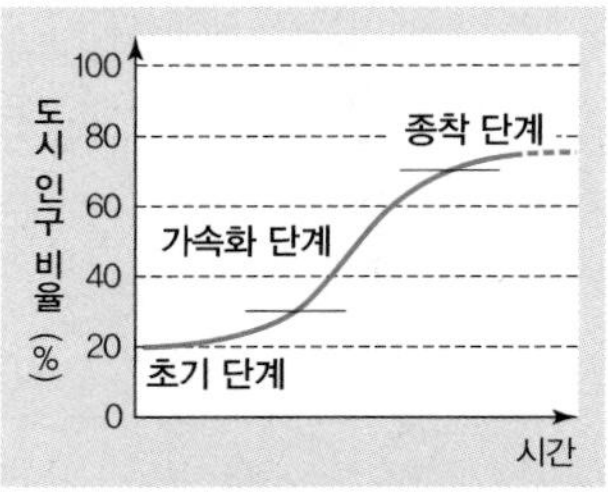

그래프는 한 국가에서 도시에 거주하는 인구의 비율을 나타낸 것이다. 종착 단계는 도시의 인구 증가율이 둔화되는 단계로, 이 단계에서는 거주지의 교외화 현상, 역도시화 현상이 발생한다.

◉ **젠트리피케이션**

쇠퇴한 공업 지역이나 저소득층이 거주하던 낙후된 지역을 고급 주택 단지나 상업 시설, 문화 · 예술 시설 등으로 새롭게 개발하는 것을 말한다.

◉ **랜드마크**

어떤 지역을 구별하거나 떠올리는 것을 돕는 사물로서 주위 경관 중에 두드러지게 눈에 띄는 특성을 가진 표지물을 의미한다. 런던의 빅 벤, 파리의 개선문 등의 건축물은 도시의 문화 아이콘으로서 랜드마크의 역할을 한다.

◉ **에지시티(주변 도시)**

교통이 편리한 교외 지역에 인구가 집중하고 오피스 빌딩과 쇼핑센터 등이 건설되면서 형성된 새로운 교외 중심 지역을 말한다.

자료 탐구

❶ 북부 아메리카 도시의 주거지 분리 현상

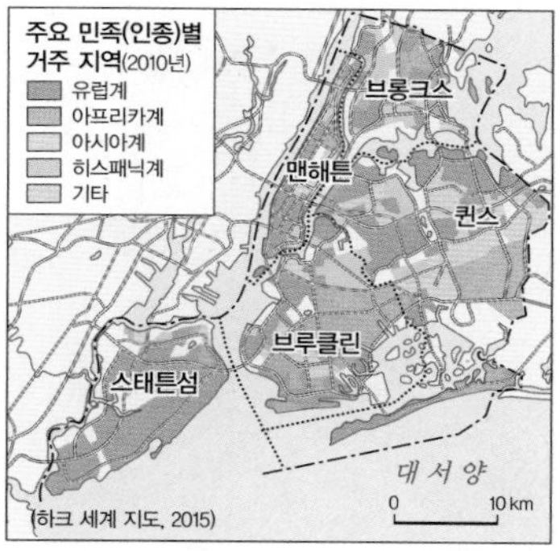

▲ 뉴욕의 민족(인종)별 거주 지역

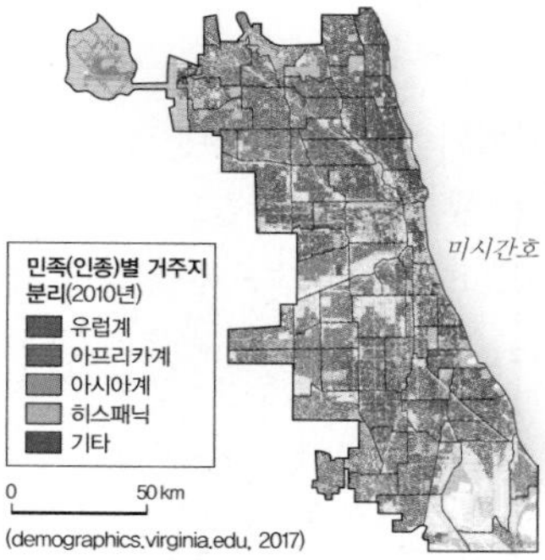

▲ 시카고의 민족(인종)별 거주지 분리

분석 | 이민자의 비율이 높은 북부 아메리카 도시 내부의 주거 지역은 경제적 수준, 민족 등에 따라 분리되는 경향이 있다. 유럽계 주민들이 주로 거주하는 고급 주택지가 도시 외곽에 형성되면서 기존 도심 주변의 노후화된 주거지에는 저소득층 이민자들이 유입되었다. 저소득층이 주로 거주하는 슬럼 지역은 범죄 발생률 증가, 실업률 증가 등 각종 도시 문제가 심각한 곳으로 도심 재활성화의 대상 지역이기도 하다.

과거 도심 주변에 거주했던 유럽계 주민들이 교통 발달 등의 이유로 교외 지역으로 이동했기 때문이다.

❷ 유럽과 북부 아메리카의 도시 구조의 차이

▲ A 지역의 도시 구조

▲ B 지역의 도시 구조

분석 | A는 도심에 전통 건축물들이 보존되어 있으며 도심과 주변 지역과의 건물 고도의 차이가 적은 것으로 보아 유럽의 도시 구조이다. B는 도심에 고층 건물들이 밀집되어 있으며 주변의 주거 지역과의 건물 고도의 차이가 큰 것으로 보아 북부 아메리카의 도시 구조이다. 유럽의 도시는 북부 아메리카의 도시에 비해 토지 이용의 차이가 비교적 명확하지 않은 편이다.

확인학습

1 다음 글의 밑줄 친 지역에 대한 설명으로 옳지 않은 것은?

> 이 지역은 맨해튼 북부의 대규모 흑인 인구 밀집 지역이다. 1930년대부터 주로 흑인들이 이곳으로 이주해 왔고, 1980년대 이후 히스패닉과 아시아계 주민의 유입도 증가하였다.

① 인구 공동화 현상이 나타난다.
② 도심 재활성화의 요구가 높은 곳이다.
③ 다양한 아프리카 문화를 즐길 수 있다.
④ 도시 외곽의 주거 지역에 비해 범죄 발생률이 높은 편이다.
⑤ 도시 외곽의 주거 지역에 비해 경제적 수준이 낮은 편이다.

정답과 해설 ▶ 맨해튼은 중심 업무 지구(CBD)에 해당한다. 그 주변의 주거 지역은 과거 백인 중산층의 거주 구역이었으나, 교외화로 인구가 도시 외곽으로 빠져나가고 현재는 아프리카계 인구와 히스패닉, 아시아계 주민이 거주하는 노후화된 주거 지역이다. 인구 공동화 현상은 주거 지역에서 나타나는 특징이 아니라 중심 업무 지구에서 나타나는 현상이다. 답 ①

2 유럽의 도시와 비교한 북부 아메리카 도시의 상대적 특징으로 옳은 설명만을 〈보기〉에서 고른 것은?

> 보기
> ㄱ. 도시화의 역사가 길다.
> ㄴ. 토지 이용의 차이가 명확하다.
> ㄷ. 시가지의 범위가 좁은 편이다.
> ㄹ. 도심과 주변 건물과의 고도 차이가 크다.

① ㄱ, ㄴ ② ㄱ, ㄷ ③ ㄴ, ㄷ ④ ㄴ, ㄹ ⑤ ㄷ, ㄹ

정답과 해설 ▶ 북부 아메리카의 도시는 유럽에 비해 도시화의 역사가 짧아 토지 이용의 차이가 명확하게 나타나는 편이다. 북부 아메리카의 도시는 도심에 높은 고층 빌딩이 발달해 있으므로 도심과 주변 건물과의 고도 차이가 크다. 답 ④

핵심 개념 정리 03

지역의 통합과 분리 운동

유럽의 통합과 분리 운동

(1) 유럽의 통합 과정

① 유럽 통합의 배경
- 제2차 세계 대전 이후 자원의 공동 이용과 평화에 대한 공감대 형성
- 새로운 강대국들의 부상과 경제의 세계화 진행 → 통합의 필요성 제기

② 유럽 통합의 과정: 유럽 석탄 철강 공동체(ECSC, 1951) → 유럽 경제 공동체(EEC, 1957), 유럽 원자력 공동체(Euratom, 1957) → 유럽 공동체(EC, 1967) → 유럽 연합(EU, 1993)

(2) 유럽 연합(EU)의 성격

① 정치적 통합: 회원국 국민의 권리와 이익 보호, 공동 외교 안보 정책 → 솅겐 조약(회원국 국민은 유럽 연합 시민으로서 자유로운 이동 가능)

② 경제적 통합
- 유럽 내 단일 시장 형성 및 단일 화폐(Euro) 사용
- 유럽 연합(EU) 회원국 중 유로화 비사용 국가(2023): 덴마크, 스웨덴, 폴란드, 체코, 헝가리, 루마니아, 불가리아

(국가 통화로 유로를 도입해 사용하는 국가나 지역을 유로존(Eurozone)이라고 한다.)

③ 유럽 통합의 변화: 국가 간 경제 · 문화적 갈등, 영국의 유럽 연합 탈퇴 결정(브렉시트, 2016) → 2020년 1월 영국의 탈퇴로 유럽 연합 회원국은 27개국이 됨(2023)

(3) 유럽의 분리 운동 지역

① 분리 운동의 원인: 언어, 민족, 문화, 경제적 배경의 차이 등

② 주요 분리 운동 지역: 영국의 스코틀랜드, 벨기에의 플랑드르, 에스파냐의 카탈루냐, 이탈리아의 파다니아 등

북부 아메리카의 통합과 분리 운동

(1) 북아메리카 자유 무역 협정(NAFTA)

① 미국, 캐나다, 멕시코의 단일 경제권 형성: 미국의 기술 · 자본, 캐나다의 천연자원, 멕시코의 저렴한 노동력 활용

② 긍정적 영향: 역내 교역 증가, 세계 시장에서의 경쟁력 확보

③ 부정적 영향: 일부 산업 분야에 치중된 투자, 경제적 양극화 심화 등

※ 멕시코 북부 미국과의 접경지대에 마킬라도라 산업 발달 → 멕시코 북부 지역 도시의 급속한 성장(긍정적 영향), 멕시코 생산 공장 주변의 환경 오염(부정적 영향)

(2) 분리 독립 운동 지역

① 캐나다는 영국의 식민 지배 영향으로 대부분 지역에서 영어를 사용

② 퀘벡주는 프랑스의 식민 지배 영향으로 주민 대부분이 프랑스어 사용

③ 문화적 차이를 배경으로 퀘벡주는 캐나다로부터 분리 독립 주장

◉ 유럽 연합(EU) 회원국(2023년 현재 27개국)

◉ **브렉시트(BREXIT)**

브렉시트(Brexit)는 영국이 유럽 연합(EU)을 탈퇴한다는 의미로, 영국(Britain)과 탈퇴(exit)가 합쳐져 만들어진 용어이다. 영국의 유럽 연합(EU) 분담금 증가, 영국 내 이주민 증가에 대한 반대, 영국 금융 산업에 대한 유럽 연합(EU)의 지속적인 감독 등이 브렉시트의 원인이 되었다.

◉ **마킬라도라**

멕시코 북부의 미국 접경지대에 위치하며 수출을 중심으로 하는 조립 가공업체를 의미한다. 1990년대 북아메리카 자유 무역 협정(NAFTA)의 시행 이후 급속하게 성장하였다.

자료 탐구

③ 유럽에서 분리 독립 운동이 나타나는 지역

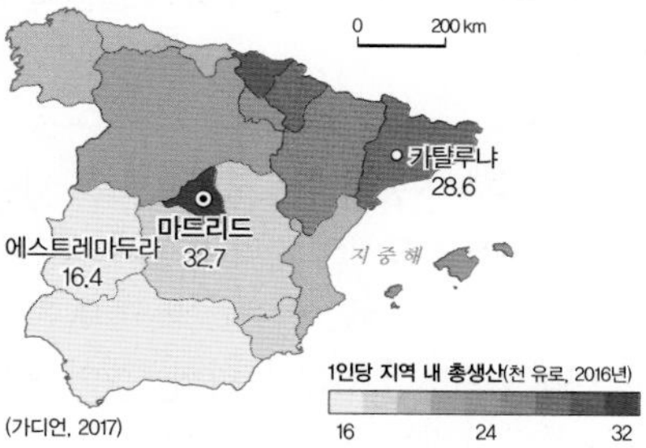

▲ 에스파냐의 지역 격차

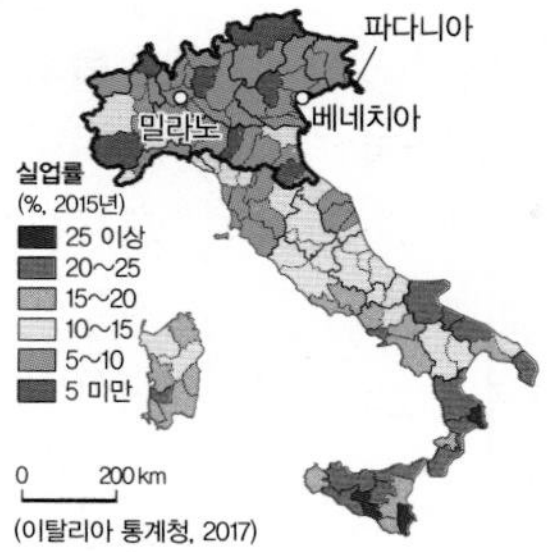

▲ 이탈리아의 지역별 실업률 분포

분석 | 에스파냐 북동부 카탈루냐는 에스파냐 전체 면적의 10%에 불과하지만, 에스파냐 국내 총생산(GDP)에서 차지하는 비율이 28.6%로 높다. 카탈루냐 지역은 독자적인 언어를 사용하며, 문화와 역사적인 측면에서도 다른 지역과 차별성을 갖고 있다. 이탈리아의 파다니아는 알프스산맥 이남의 북부 평원 일대로 이탈리아 국내 총생산(GDP)의 30% 이상을 담당하고 있다. 이 지역 주민들은 자신들이 낸 세금이 가난한 남부 지역의 개발에 쓰인다며 불만이 높다.

에스파냐의 공용어는 에스파냐어이지만, 카탈루냐주에서는 카탈루냐어를 사용하는 인구가 많다.

④ 북아메리카 자유 무역 협정(NAFTA)의 영향

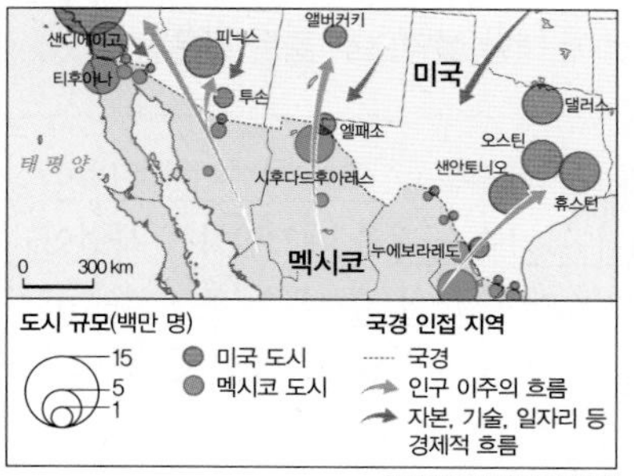

(오디세이 지오그래피, 2010)

▲ 미국과 멕시코 국경 인접 지역의 성장

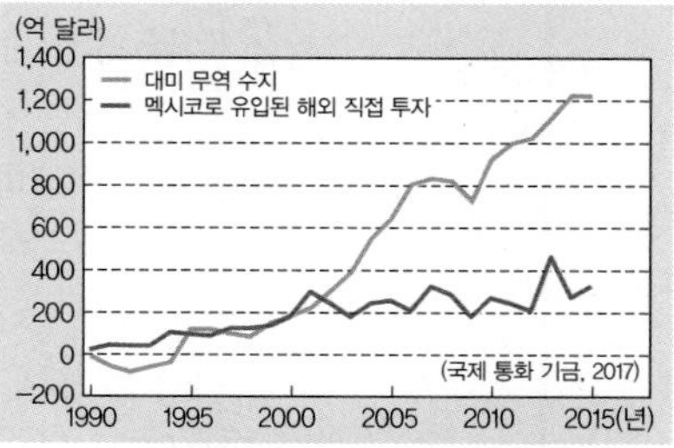

* 무역 수지: 수출입 거래로 발생한 수출 대금과 수입 대금의 차이
** 해외 직접 투자: 외국에 직접 공장을 짓거나 회사 운용에 참여하기 위한 투자 활동

▲ 멕시코의 대미 무역 수지 및 해외 직접 투자 변화

분석 | 북아메리카 자유 무역 협정(NAFTA)으로 미국, 캐나다, 멕시코 세 나라 간 관세와 투자 장벽이 철폐되었다. 멕시코의 북부 국경 지대에는 미국의 해외 직접 투자로 공장들이 들어서게 되면서 멕시코 국경 지대의 도시가 크게 성장하였다. 생산된 제품을 미국으로 수출하면서 멕시코의 대미 무역 수지에서 흑자가 증가하였다. 한편 다량의 미국산 옥수수가 멕시코로 수입되면서 농촌에서 떠밀린 농민들이 도시로 대거 유입되었다. 이러한 멕시코 국경 공업 도시로의 인구 유입은 공장 노동자의 임금 하락으로 이어졌다.

일정 기간 동안 수출입 과정을 통해 발생한 수지 타산을 계산한 것으로, 상품의 수출액과 수입액의 차액을 말한다.

확인학습

3 다음 두 지역에서 나타나는 분리 독립 운동의 공통된 원인으로 가장 적절한 것은?

> • 에스파냐 북동부 카탈루냐 지방
> • 이탈리아 북부 파다니아 지방

① 독자적인 언어
② 서로 다른 민족
③ 서로 다른 정치 체제
④ 신봉하는 종교의 차이
⑤ 다른 지역과의 경제적 격차

정답과 해설 ▶ 카탈루냐 지방과 파다니아 지방은 국가 내 다른 지역에 비해 경제적 수준이 높은 지역이므로 분리 독립에 대한 열망이 더욱 크다. 카탈루냐 지방은 독자적인 언어(카탈루냐어)와 문화를 가진 독립 국가였으나, 파다니아는 독자적인 언어를 가진 지역이 아니다. 에스파냐는 입헌 군주제, 이탈리아는 의회를 기반으로 한 입헌 공화국이며 국가 내에서 해당 지역의 정치 체제가 다르지 않으며 신봉하는 종교의 차이는 존재하지 않는다. 답 ⑤

4 다음 글의 A에 해당하는 경제 협정의 체결 이후 멕시코에서 나타난 변화로 옳지 않은 것은?

> 북부 아메리카는 경제적으로 발달하고 자원이 풍부한 미국과 캐나다, 노동력이 풍부한 멕시코로 구성되어 있으며, 문화와 무역으로 상호 연계되어 도움을 주고받고 있다. 1994년 캐나다, 미국, 멕시코 간에는 [A]이(가) 발효되어 세 나라 간에 관세를 없애 재화와 서비스의 자유로운 이동이 가능해졌다.

① 대미 무역 수지가 증가했다.
② 도시로의 인구 이동이 증가했다.
③ 도시와 농촌 간 발전 격차가 감소했다.
④ 미국과의 접경 지역에 도시가 발달했다.
⑤ 일자리가 창출되어 국민 소득이 높아졌다.

정답과 해설 ▶ A에 들어갈 경제 블록은 북아메리카 자유 무역 협정(NAFTA)이다. 이 협정을 통해 멕시코의 대미 무역 수지가 증가하였고 국경 지역의 공업 도시가 성장하면서 농촌 인구가 대거 이동하였다. 이 과정에서 도시와 농촌 간의 발전 격차가 증가하였다. 답 ③

개념 체크

저절로 암기 Tip | ☐ 1회 (/) ☐ 2회 (/) ☐ 3회 (/)

01~08 다음 내용이 옳으면 ○표, 틀리면 ×표 하시오.

01 유럽 및 북부 아메리카 지역은 도시 내 여러 기능의 공간적 분화가 다른 지역에 비해 뚜렷한 편이다. ( )

02 도심에는 고층 건물이 밀집해 있고, 백화점, 금융 및 대기업의 본사 등 중추 관리 기능이 집중된 중심 업무 지구(CBD)가 형성되어 있다. ( )

03 북부 아메리카의 도시는 유럽의 도시에 비해 전통적인 도심의 구시가지가 그대로 유지되는 경향이 있으며 도심과 주변 지역의 건물 고도 차이가 크지 않다. ( )

04 유럽과 북부 아메리카에는 전 세계에 경제적 · 문화적 · 정치적 영향력을 행사하는 세계 도시가 분포한다. ( )

05 마스트리흐트 조약에 따라 탄생한 유럽 연합(EU)의 모든 국가들은 단일 화폐를 사용한다. ( )

06 언어의 차이는 벨기에 플랑드르 지역, 캐나다 퀘벡주의 분리 독립 운동의 한 원인 중 하나이다. ( )

07 북아메리카 자유 무역 협정(NAFTA) 체결 이후 멕시코의 대미 무역 수지는 지속적으로 감소하는 추세이다. ( )

08 유럽에서 분리 독립 움직임이 나타나는 지역으로는 영국의 스코틀랜드, 에스파냐의 카탈루냐, 벨기에의 플랑드르, 이탈리아의 파다니아 등이 있다. ( )

09~10 빈칸에 알맞은 말을 쓰시오.

09 마스트리흐트 조약에 따라 탄생한 ________은/는 경제 협력을 넘어 정치 통합을 이룬 유럽의 지역 통합 사례이다.

10 ________의 체결로 미국의 자본과 기술, 캐나다의 자본과 자원, 멕시코의 노동력과 자원이 결합되어 국제 시장에서 막강한 경쟁력을 갖추게 되었다.

정답

01 ○ 02 ○ 03 × 04 ○ 05 ×
06 ○ 07 × 08 ○ 09 유럽 연합(EU)
10 북아메리카 자유 무역 협정(NAFTA)

오답 체크 Tip

05 모든 유럽 연합(EU) 회원국이 단일 화폐인 유로화를 사용하는 것은 아니다. 영국, 스웨덴, 덴마크 등은 자국의 통화를 사용한다.

기본 문제

▶ 20581-0227

01 다음 글의 밑줄친 부분에 해당하는 지역의 일반적 특징으로 옳지 않은 것은?

> 도시가 발달하면서 유사한 기능끼리는 모이고 서로 다른 기능끼리는 분리되는 현상을 도시의 지역 분화라고 한다. 도시 내부의 지역 분화가 일어나는 이유는 도시 내부 각 지역의 접근성과 지대가 다르기 때문이다. <u>접근성이 좋은 도시의 중심부</u>나 교통의 요지는 토지에 대한 수요가 크다.

① 저층의 주거용 건물이 주로 분포한다.
② 업무용 고층 빌딩이 밀집되어 있는 경우가 많다.
③ 지대가 높아 토지 이용이 집약적으로 이루어진다.
④ 도시의 상주인구가 빠져나가 인구 공동화 현상이 나타난다.
⑤ 대기업의 본사, 언론, 행정 등 중추 관리 기능이 입지한다.

▶ 20581-0228

02 다음 글의 ㉠~㉢에 대한 설명으로 옳은 것은?

> 최근 북부 아메리카 도시에서는 ㉠ <u>도심 가까이에 위치하지만, 인구가 빠져나간 거주 공간</u>을 재개발하는 사업이 활기를 띠고 있다. 이렇게 ㉡ <u>도심 근처의 낙후 지역</u>에 고급 상업 및 주거 지역이 새로 형성되는 현상을 ㉢ <u>젠트리피케이션</u>이라고 한다.

① ㉠ – 중심 업무 지구(CBD)에 해당한다.
② ㉠ – 도시 내 지대와 접근성이 가장 높다.
③ ㉡ – 유럽계 백인이 주로 거주한다.
④ ㉡ – 저급 주택과 공장이 섞여 있다.
⑤ ㉢ – 교외화 현상이 더욱 심화될 수 있다.

▸ 20581-0229

03 그림은 유럽의 도시 구조 특징을 모식적으로 나타낸 것이다. 이에 대한 옳은 설명만을 〈보기〉에서 고른 것은?

주거 지역　신흥 업무 지역　오래된 도심　근대 도시 구역　공업 지역

보기

ㄱ. 고소득층 주민의 거주지는 주로 외곽에 분포한다.
ㄴ. 북부 아메리카 도시에 비해 도로망이 규칙적이다.
ㄷ. 전통적인 도심의 구시가지가 대체로 잘 유지되어 있다.
ㄹ. 북부 아메리카 도시에 비해 도심과 주변 간 건물의 높이 차이가 작다.

① ㄱ, ㄴ　② ㄱ, ㄷ　③ ㄴ, ㄷ
④ ㄴ, ㄹ　⑤ ㄷ, ㄹ

▸ 20581-0230

04 지도에 표시된 A, B 경제 협력체에 대한 옳은 설명만을 〈보기〉에서 고른 것은?

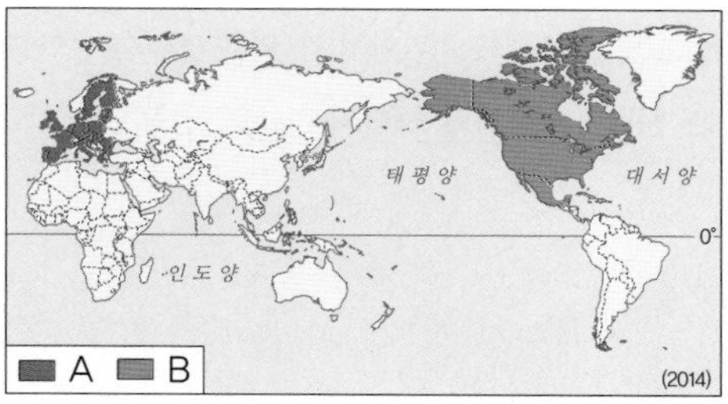

보기

ㄱ. A는 경제 · 정치적 통합을 추구한다.
ㄴ. B에서는 국가 간 노동력의 자유로운 이동이 보장된다.
ㄷ. A는 B보다 경제 협력의 역사가 깊다.
ㄹ. A, B 모두 역내에서 사용되는 공동 화폐가 존재한다.

① ㄱ, ㄴ　② ㄱ, ㄷ　③ ㄴ, ㄷ
④ ㄴ, ㄹ　⑤ ㄷ, ㄹ

▸ 20581-0231

05 지도의 A 지역에 대한 보고서 제목으로 가장 적절한 것은?

① 아시아계 이주민과의 문화적 갈등
② 급속한 도시화로 인한 도시 시설 부족
③ 무분별한 자원 개발로 인한 환경 파괴
④ 지구 온난화에 따른 산지 빙하의 감소
⑤ 경제 · 문화적 차이로 인한 지역 분리 운동

▸ 20581-0232

06 (가), (나)에 해당하는 지역 경제 협력체를 지도의 A~D에서 고른 것은?

(가) 각국의 자본, 자원, 노동력을 활용하여 경쟁력을 확보하고자 자유 무역 협정을 체결하였다. 그 결과 3개국 간 역내 관세와 무역 장벽이 완화되었으며 자유 무역권이 형성되었다.
(나) 독자적 법령 체계와 입법, 사법, 행정 체계를 갖추고 경제적으로 통상, 산업 등에 대한 주요 정책을 결정하며 정치 · 사회 분야에 이르기까지 공동 정책을 확대하고 있다.

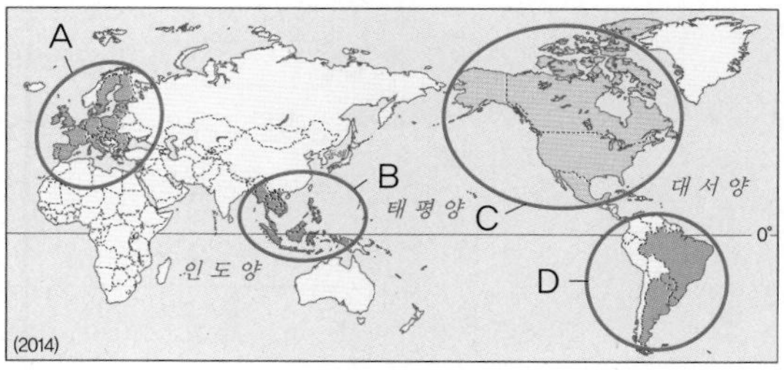

	(가)	(나)		(가)	(나)		(가)	(나)
①	A	C	②	A	D	③	B	C
④	B	D	⑤	C	A			

VI 단원

대단원 마무리 정리

Self Note

01 유럽 공업 지역의 형성과 변화

(1) 전통 공업 지역의 형성

① 영국의 석탄 산지를 중심으로 산업 혁명 시작

② [①] 중심 공업 발달: 석탄, 철광석 등의 원료 운송비를 최소화 예 독일 루르, 프랑스 로렌 등

(2) 전통 공업 지역의 쇠퇴와 임해 공업 지역 성장

원인	• 오랜 채굴에 따른 자원 고갈 및 채광 시설 노후화 • 공업의 주요 에너지원이 석탄에서 석유로 대체 • 값싼 해외 원료의 수입
공업 지역의 이동	• 원료 산지 중심 공업 지역(석탄, 철광석 등 원료 산지) 예 랭커셔(영국), 로렌(프랑스), 루르(독일) 등 • 원료 수입 및 제품 수출에 유리한 [②] 공업 지역 예 카디프(영국), 로테르담(네덜란드), 뒹케르크(프랑스) 등

(3) 첨단 산업의 발달

① 자본 및 연구 개발에 필요한 고급 인력이 풍부하며 업종 간 정보 교류가 활발한 지역 중심

② [③] 형성: 대학, 연구소, 기업, 정부 기관의 연계 활발 예 케임브리지 사이언스 파크, 소피아 앙티폴리스 등

02 북부 아메리카 공업 지역의 형성과 변화

(1) 전통 공업 지역의 형성

→ 대표적인 공업 도시로는 시카고, 디트로이트, 피츠버그 등이 있다.

① 석탄 및 철광석 산지를 중심으로 성장 예 오대호 연안 공업 지역(풍부한 자원, 편리한 교통, 넓은 소비 시장)

② 전통 공업 지역의 쇠퇴: 오랜 채굴로 인한 철광석 고갈, 값싼 해외 자원의 수입, 임금 상승, 공업의 지나친 집적 등 → 미국의 공업 중심이었던 북동부 및 중서부 지역이 러스트 벨트(Rust Belt)로 전락

(2) 공업 중심의 이동

① 멕시코만 및 태평양 연안 지역으로 공업 중심이 이동

② [④] 공업 지역의 유리한 입지 조건

• 온화한 기후와 쾌적한 생활 환경, 넓은 토지 및 정부의 각종 세금 혜택

• 풍부한 석유 자원, 상대적으로 저렴한 노동력 풍부

③ 주요 공업 도시

구분	주요 도시(발달 산업)
태평양 연안 지역	• 로스앤젤레스(항공, 컴퓨터 산업) • [⑤] (반도체, 정보 통신 기술 산업)
멕시코만 연안 지역	• 휴스턴(항공 · 우주 산업) • 텍사스(석유 화학 공업)

답 ① 원료 산지
② 임해
③ 산업 클러스터
④ 선벨트
⑤ 샌프란시스코

Self Note

03 현대 도시의 내부 구조와 특징

(1) 유럽과 북아메리카의 도시 특성

→ 현재 유럽과 북부 아메리카의 대부분 지역은 전체 인구의 80% 이상이 도시에 거주하고 있다.

① 오랜 도시 발달의 역사: 도시화 종착 단계에 해당, 도시 내 지역 분화가 뚜렷함, 세계 도시가 분포

② 대도시권 형성: 대중 교통망 발달, 승용차 이용 보편화 → 대도시의 광역화 현상 → 연속된 대도시권(메갈로폴리스) 형성

(2) 현대 도시의 내부 구조

도시 내부 구조	• 도시의 지역 분화: 접근성과 지대의 차이가 원인 • 도심: 중심 업무 지구(CBD), 중추 관리 기능 분포, 토지의 집약적 이용(고층 건물), 런던, 파리, 뉴욕 등 세계 도시의 도심은 세계적 영향력 발휘 • 교통의 발달 → 거주지 교외화 진행 → 도심 주변 저소득층 거주지 형성(각종 도시 문제 발생) → ① : 도심 근처의 낙후 지역을 고급 상업 및 주거 지역으로 개발
유럽의 도시 내부 구조	• 도심: 역사와 전통을 간직한 오래된 건축물이 도심의 랜드마크를 이룸 • 가로망이 불규칙적이며, 도심 주변에 고급 주택 지구가 분포하는 경우가 많음 • 평면적인 도시 구조: 도심과 주변 지역 간 건물의 높이 차이가 크지 않음
북부 아메리카의 도시 내부 구조	• 입체적인 도시 구조: 도심과 주변 지역 간 건물의 높이 차이가 큼 • 도심: 상업 · 업무 기능을 담당하는 고층 건물이 밀도 높게 분포, 교외화로 인한 상주 인구의 감소 → ② 현상 발생 → 야간에는 인구가 도심의 직장에서 교외의 주거지로 이동하여 도심이 텅 비는 현상이 나타난다. • 가로망이 규칙적이며 도시 외곽에 고급 주택 지구가 분포하는 경우가 많음

04 지역의 통합과 분리 운동

(1) 유럽의 통합과 분리 운동

① 유럽 연합(EU): 경제 및 정치 공동체의 성격을 지님

구분	주요 내용
정치적 통합	• 유럽 시민권 제도 도입: 회원국 국민의 권리와 이익 보호 • 공동 외교 안보 정책 이행: 국제 사회에서 유럽의 정치적 영향력 증대
경제적 통합	• 단일 시장의 구축 및 단일 화폐(Euro) 사용 → 유럽 연합(EU)의 모든 회원국이 유로화를 사용하는 것은 아니다. • 역내 노동력, 자본, 상품, 서비스 등의 자유로운 이동

② 유럽 연합(EU)의 과제: 유럽으로의 이주민 증가 → 크리스트교 · 이슬람교 문화 간 갈등, 유럽 연합(EU) 탈퇴 움직임 발생(Brexit) → 2020년 영국 탈퇴

③ 유럽의 지역 분리 운동: 언어 · 민족 · 문화 · 경제적 배경 차이가 원인 예 스코틀랜드, 플랑드르, 카탈루냐 등

→ 분리 독립을 원하는 지역은 국가 내에서 경제적으로 부유한 경우가 많다.

(2) 북부 아메리카의 통합과 분리 운동

① ③ : 미국, 캐나다, 멕시코 3국의 단일 경제권 형성

• 긍정적 영향: 역내 교역 증가, 세계 시장에서의 경쟁력 확보

• 부정적 영향: 미국 내 생산 공장의 이전으로 미국 내 일자리 감소, 멕시코의 도시와 농촌 간 경제적 양극화 심화

② 북부 아메리카의 분리 운동: 캐나다의 퀘벡주(프랑스어를 사용하는 프랑스 문화권)

답 ① 도심 재활성화(젠트리피케이션)
② 인구 공동화
③ 북아메리카 자유 무역 협정(NAFTA)

01~02 지도를 보고 물음에 답하시오.

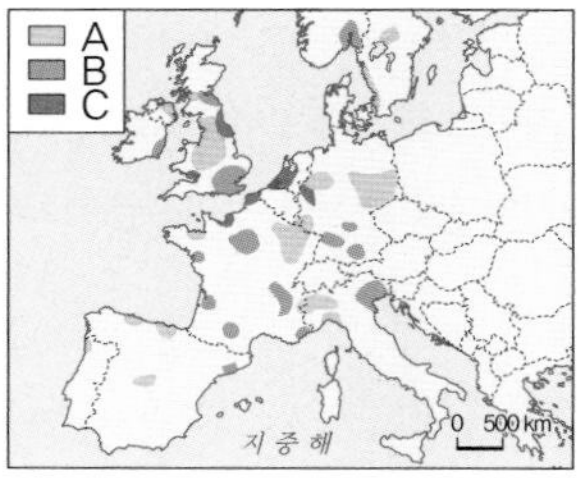

▶ 20581-0233

01 A 공업 지역이 쇠퇴하고 C 공업 지역이 성장하게 된 원인으로 옳은 내용만을 〈보기〉에서 있는 대로 고른 것은?

〈보기〉
ㄱ. 값싼 해외 자원의 수입량이 증가하였다.
ㄴ. 원료 운송에 대한 철도 교통 의존도가 증가했다.
ㄷ. 석탄 자원이 고갈되면서 채탄 비용이 증가했다.
ㄹ. 석유가 공업의 주요한 원료로 이용되기 시작했다.

① ㄱ, ㄴ ② ㄴ, ㄷ ③ ㄱ, ㄴ, ㄷ
④ ㄱ, ㄷ, ㄹ ⑤ ㄴ, ㄷ, ㄹ

▶ 20581-0234

02 B 공업 지역의 입지 조건 중 중요도가 가장 낮은 것은?

① 고급 기술 인력이 풍부하다.
② 주거 · 생활 환경이 쾌적하다.
③ 대량의 화물 수송이 용이하다.
④ 관련 업종이 밀집하여 분포한다.
⑤ 대학교, 연구소 등과의 협력이 용이하다.

단답형

▶ 20581-0235

03 다음 글의 A에 알맞은 용어를 쓰시오.

> 1960년대 이후에는 고부가 가치의 첨단 산업 지역이 성장하고 있는데, 영국의 케임브리지 사이언스 파크, 프랑스의 소피아 앙티폴리스 등이 대표적이다. 이들 지역은 기업, 대학, 연구소 등이 근접하여 협력하는 [A]을/를 형성하였으며 새로운 지식과 기술 창출을 통해 첨단 산업의 경쟁력을 강화하고 있다.

▶ 20581-0236

04 다음 자료는 북부 아메리카 공업에 대한 보고서이다. 밑줄 친 (가)에 영향을 준 요인으로 적절하지 않은 것은?

▲ 피츠버그의 위치

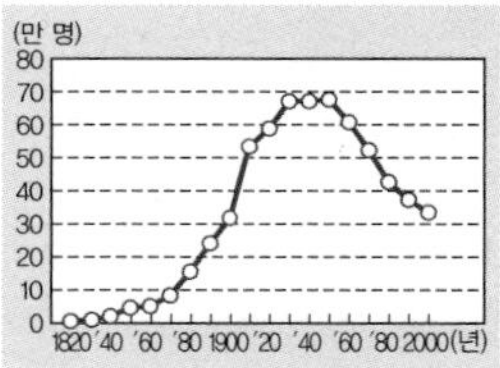

▲ 피츠버그의 인구 변화

- 1820~1950년: 피츠버그는 1800년대 중반 45,000여 명이던 인구가 1800년대 후반 수천 명의 노동자들이 주변 도시와 유럽 등지에서 유입되면서 급성장하였다. 1870~1900년에 이르러서는 인구가 30만 명 이상으로 증가했다.
- 1950년 이후: (가) 철강 산업의 쇠퇴로 젊은 층이 일자리를 찾아 빠져나가면서 피츠버그의 인구가 계속 감소하였으며, 2000년 현재는 미국 내 인구 규모 50위권 도시로 전락하였다.

① 노동자의 임금 상승 ② 생산 설비의 노후화
③ 관광 문화 산업의 육성 ④ 해외 생산 철강의 수입 증가
⑤ 철강 업체들의 가격 경쟁력 저하

▶ 20581-0237

05 지도의 A 공업 지역과 비교한 B 공업 지역의 상대적 특성을 그림의 A~E에서 고른 것은?

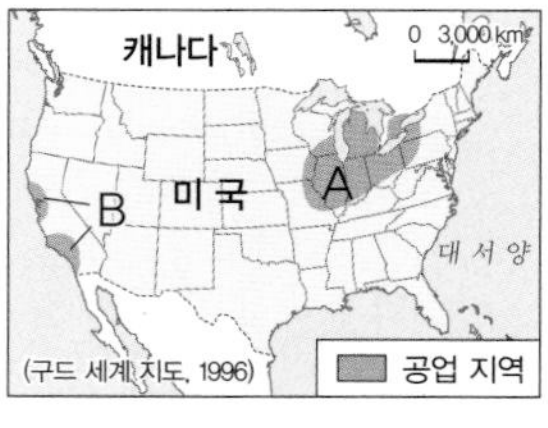

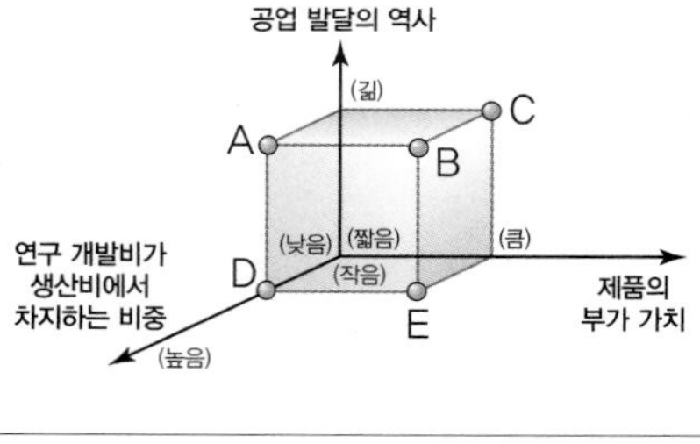

① A
② B
③ C
④ D
⑤ E

▶ 20581-0238

06 다음 글의 A, B 지역에 대한 옳은 설명만을 〈보기〉에서 고른 것은? (단, A, B는 북부 아메리카, 유럽 중 하나임.)

> [A]에서는 전통적인 도심의 구시가지가 그대로 유지되면서 도시 외곽에 새로운 중심지가 만들어지는 경우가 많다. 이에 비해 [B]은/는 상대적으로 도시 형성의 역사가 오래되지 않아 지역에 따른 토지 이용의 차이가 비교적 명확하게 드러나는 편이다.

보기

ㄱ. A는 B보다 공업 발달의 역사가 길다.
ㄴ. A는 B보다 도심 주변의 도로 폭이 넓다.
ㄷ. B는 A보다 도심과 주변 간 건물 높이차가 크다.
ㄹ. B는 A보다 도심과 고급 주택 지구 간 거리가 가깝다.

① ㄱ, ㄴ ② ㄱ, ㄷ ③ ㄴ, ㄷ
④ ㄴ, ㄹ ⑤ ㄷ, ㄹ

단답형

▶ 20581-0239

07 다음 글의 A, B에 알맞은 용어를 각각 쓰시오.

> 도심에는 고층 건물이 밀집해 있고, 백화점, 금융 및 대기업의 본사, 언론, 행정 등 중추 관리 기능이 집중된 [A]이/가 형성된다. 이로 인해 도심에서는 주거 기능이 상업 기능에 밀려나면서 도심의 상주인구가 외곽으로 빠져나가 [B] 현상이 나타나기도 한다.

▶ 20581-0240

08 지도에 표시된 지역의 공통점으로 옳은 것은?

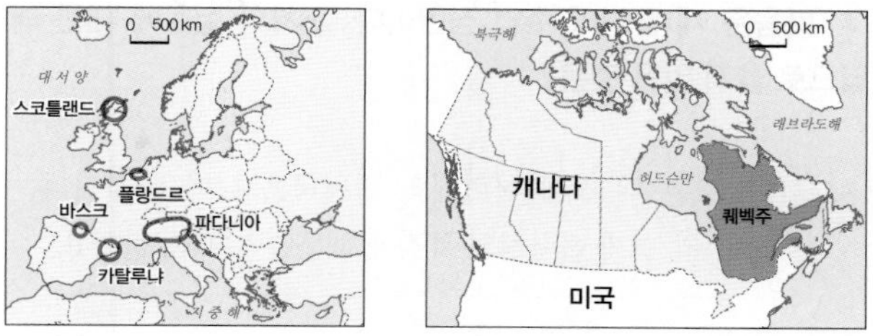

① 원료 산지를 중심으로 공업이 발달하였다.
② 수도를 중심으로 형성된 대도시권에 해당한다.
③ 다국적 기업의 생산 공장이 밀집하여 분포한다.
④ 해당 국가에서 분리 독립하려는 움직임이 보인다.
⑤ 해당 국가에서 경제적 수준이 낮은 지역에 해당한다.

▶ 20581-0241

09 그래프는 북아메리카 자유 무역 협정(NAFTA) 체결 전후의 역내 무역액 변화를 나타낸 것이다. A~C에 해당하는 국가로 옳은 것은?

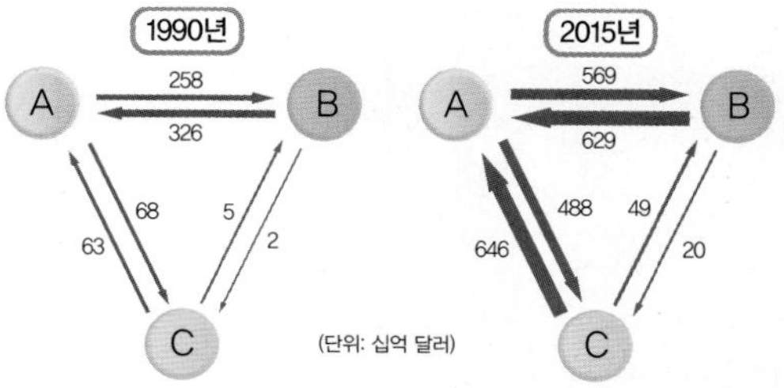

(국제 연합 경제 사회국, 2017)

	A	B	C
①	미국	캐나다	멕시코
②	미국	멕시코	캐나다
③	멕시코	미국	캐나다
④	멕시코	캐나다	미국
⑤	캐나다	미국	멕시코

▶ 20581-0242

1 다음은 세계 지리 수업 장면이다. 교사의 질문에 대한 대답으로 옳지 않은 것은?

교사: 지도는 두 경제 협력체의 회원국을 나타낸 것입니다. 각 경제 협력체의 특징에 대해서 발표해 볼까요?

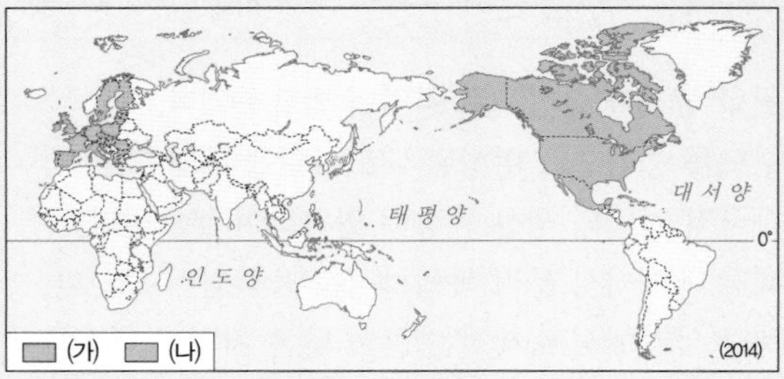

① 갑 – (가) 회원국 국민은 회원국 간 이동이 자유롭습니다.
② 을 – (가)는 모든 회원국이 단일 통화를 사용하고 있습니다.
③ 병 – (나)는 멕시코 북부 접경 지역의 공업 발달에 영향을 미쳤습니다.
④ 정 – (가)는 (나)보다 통합의 수준이 높습니다.
⑤ 무 – (나)는 (가)보다 통합 노력의 역사가 늦습니다.

▶ 20581-0243

2 지도의 (가), (나) 공업 지역의 공통적 특징으로 옳은 설명만을 〈보기〉에서 고른 것은?

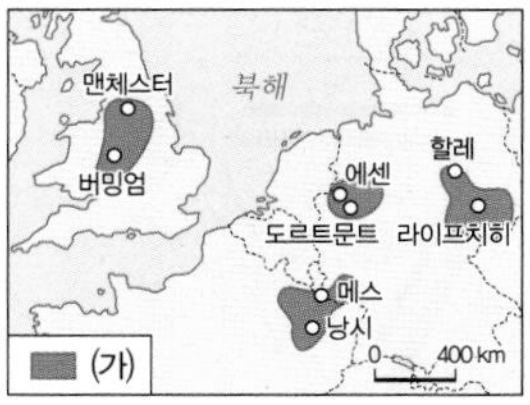

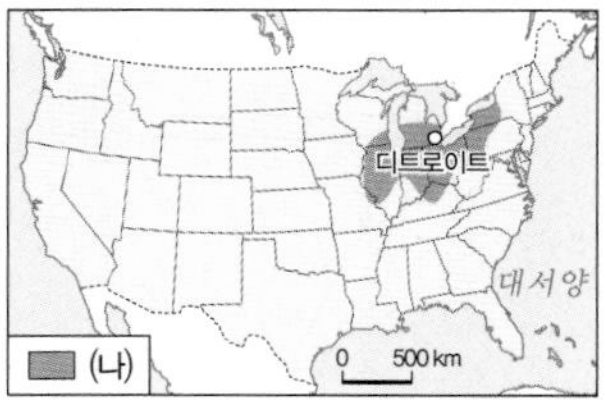

보기

ㄱ. 풍부한 지하자원이 공업 발달의 바탕이 되었다.
ㄴ. 시설 설비의 노후화, 자원의 고갈로 쇠퇴하였다.
ㄷ. 연구소 · 대학 · 기업이 근접 입지하여 서로 협력한다.
ㄹ. 저렴한 노동력이 풍부하여 외국 기업의 생산 공장이 주로 분포한다.

① ㄱ, ㄴ ② ㄱ, ㄷ ③ ㄴ, ㄷ ④ ㄴ, ㄹ ⑤ ㄷ, ㄹ

▶ 20581-0244

3 다음은 북부 아메리카의 어느 지역 주민과의 인터뷰이다. (가), (나) 지역을 지도의 A~D에서 고른 것은?

(가) 1960년대 남편은 이곳의 철강 회사에서 근무했어요. 그 시절 이곳의 모습은 지금과 많이 달랐어요. 주변에 철광석이 많았고 동네 사람들은 대부분 철강회사를 다녔어요. 그때는 하늘이 희뿌연 모습이었죠.
(나) 제 주변에는 IT 기업의 본사에서 일하는 사람들이 많습니다. 아시아, 유럽에서 온 엔지니어들이죠. 저는 바이오 산업에 종사하고 있습니다. 수입은 적지 않지만, 주택 임대료 부담이 큽니다. 하지만 날씨가 좋은 곳에 살 수 있어 행복합니다.

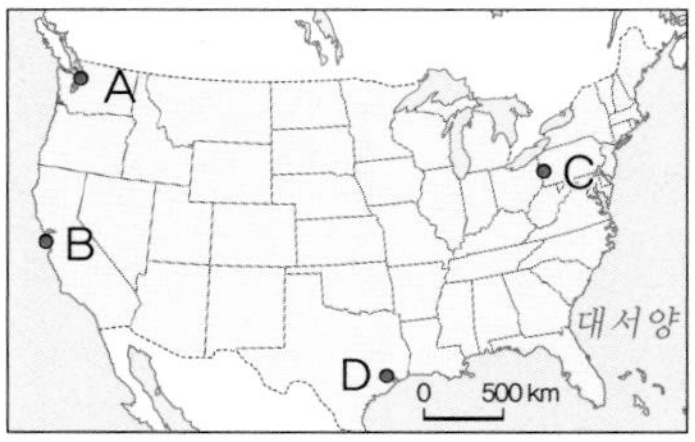

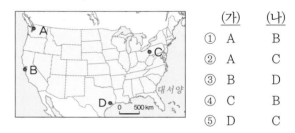

	(가)	(나)
①	A	B
②	A	C
③	B	D
④	C	B
⑤	D	C

▶ 20581-0245

4 지도의 (가)~(라) 공업 지역에 대한 설명으로 옳지 않은 것은?

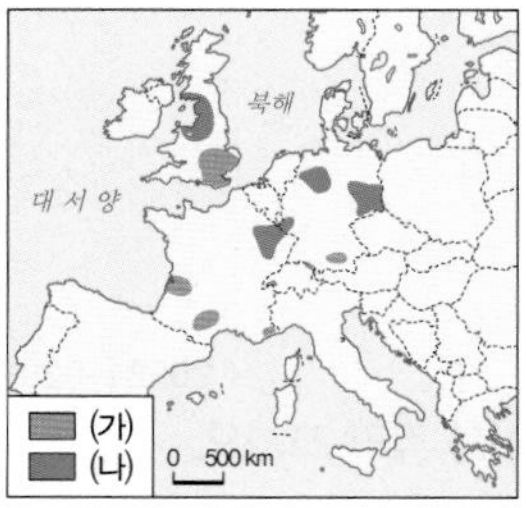

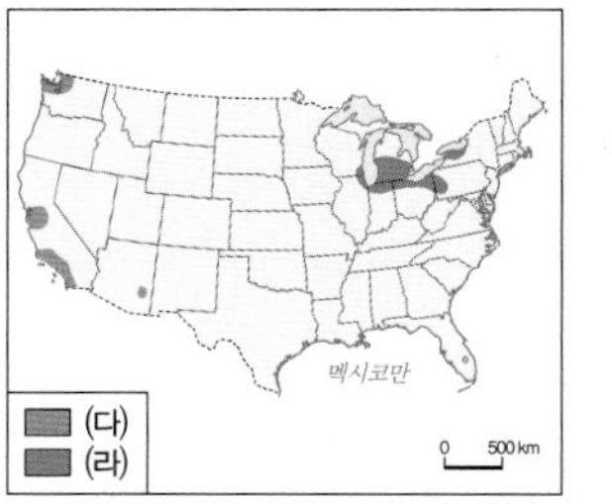

① (가)는 관련 산업이 집적되어 연구 개발 정보 교류가 활발하다.
② (나)는 풍부한 지하자원을 기반으로 성장하였다.
③ (다)에는 첨단 산업이 집적한 실리콘 밸리가 있다.
④ (라)는 미국 내에서 공업 발달 역사가 가장 오래되었다.
⑤ (나)는 (가)보다, (라)는 (다)보다 먼저 공업이 발달했다.

▶ 20581-0246

5 **(가) 도시군에 대한 (나) 도시군의 상대적 특징을 그림의 A~E에서 고른 것은? (단, (가), (나)는 서로 다른 대륙에 위치한 도시임.)**

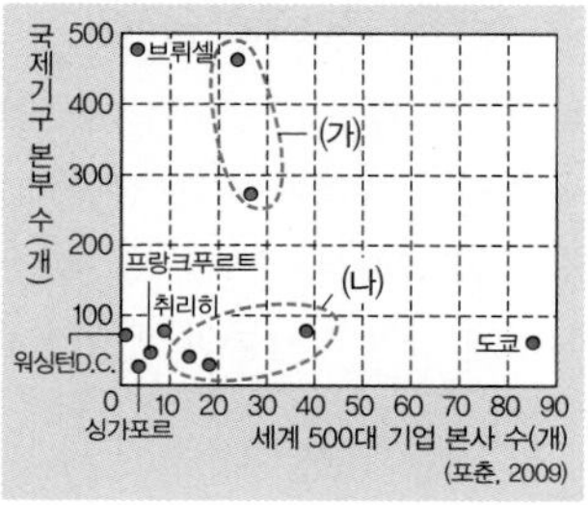

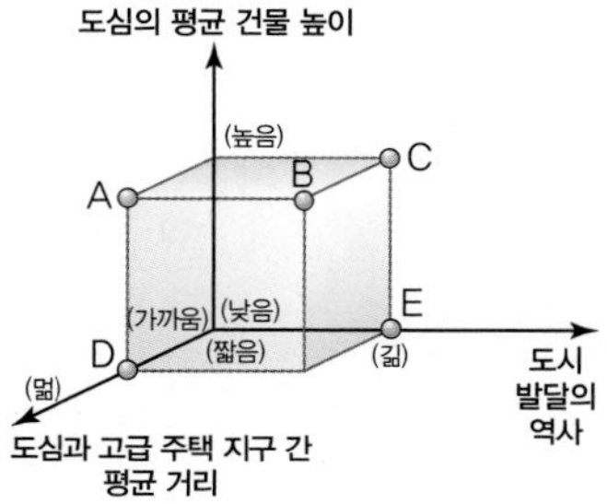

① A
② B
③ C
④ D
⑤ E

▶ 20581-0247

6 **다음 글의 ㉠, ㉡에 대한 설명으로 옳은 것은?**

> ㉠ 의 도시들은 도심과 주변 지역 간 건물의 높이 차이가 작은 편이다. 높이가 낮은 건물들 사이로는 좁고 복잡한 도로와 작은 시장들이 나타나는 경우가 많다. ○○시의 경우 도시 계획으로 도로의 폭에 따라 건물의 높이를 규제하여 도시의 스카이라인이 단조로운 것이 특징이다. 반면 ㉡ 의 도시들은 도심에 고층 건물이 즐비하다. 고층 건물은 토지를 효율적으로 이용할 수 있다는 장점이 있어 도시의 성장과 산업화에 도움을 주었다. 주거지의 경우 저급 주택지는 주로 도심 주변부에 위치하고, 고급 주택지는 쾌적한 주거 환경을 위해 도시 외곽에 주로 형성되었다.

① ㉠에서는 지역 경제 협력체 구성 이후 국가 내 분리 독립의 움직임이 사라졌다.
② ㉠은 북부 아메리카, ㉡은 유럽이다.
③ ㉠은 ㉡보다 산업 혁명이 시작된 시기가 늦다.
④ ㉡은 ㉠보다 먼저 지역 경제 협력체를 구성하였다.
⑤ ㉠, ㉡은 공업 발달 초기에 석탄 매장지 주변에 공업 지역이 형성되었다.

▶ 20581-0248

7 **다음 자료는 뉴욕의 도시 내부 구조와 맨해튼의 인구 변화를 나타낸 것이다. 이 지역에 대한 옳은 설명만을 〈보기〉에서 고른 것은?**

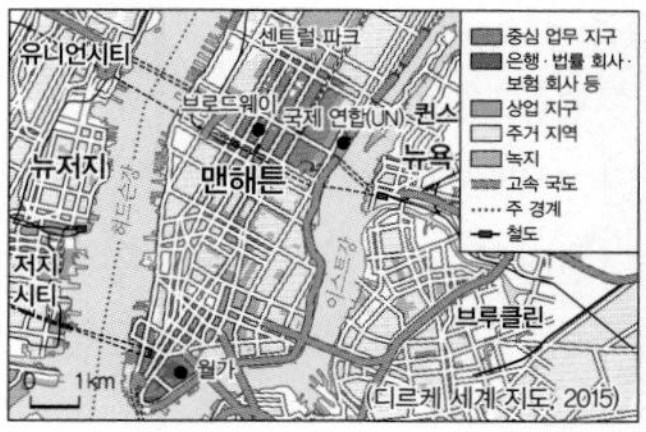

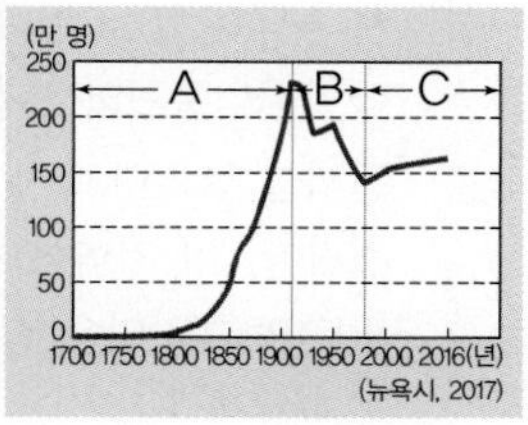

보기

ㄱ. 중세의 역사적 건축물이 잘 보존되어 있다.
ㄴ. A 시기에 인구 공동화 현상이 나타났다.
ㄷ. B 시기의 인구 변화는 주거지의 교외화 때문이다.
ㄹ. C 시기에는 도심 재활성화 사업이 시행되었다.

① ㄱ, ㄴ　② ㄱ, ㄷ　③ ㄴ, ㄷ
④ ㄴ, ㄹ　⑤ ㄷ, ㄹ

▶ 20581-0249

8 **다음은 세계지리 수행평가 보고서 중 일부이다. A에 들어갈 보고서의 주제로 알맞은 것은?**

> **주제:** A
>
> 이곳은 과거 공장 지대였고 대표적인 빈민가였다. 유대계 빈민층이 게토를 형성해 살던 곳에 외국인 이민자와 저소득 계층이 주로 거주하였고, 집단 폭행과 강도 사건이 들끓던 곳이기도 하다. 최근 대중교통이 발달하여 도심과 30분 정도 거리로 가까워지면서 공장을 개조한 카페와 레스토랑이 생겨나고, 고급 고층 아파트가 신축되고 있어 주목받고 있다.

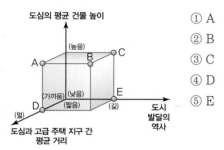

① 도심의 인구 공동화 문제
② 도심 재활성화와 주거 환경의 개선
③ 교외화와 도시 외곽 주거 지역의 형성
④ 역사와 전통을 간직한 유럽의 도시 구조
⑤ 대중교통의 발달과 메갈로폴리스의 형성

▶ 20581-0250

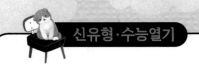

9 다음 글의 (가), (나) 지역이 속한 국가를 지도의 A~C에서 고른 것은?

(가) 이 지역은 2014년 독립을 시도했지만 좌절을 맛보았다. 분리 독립과 유럽 연합(EU)의 잔류라는 두 마리 토끼를 잡으려고 했지만 브렉시트를 계기로 제동이 걸렸다. 이 지역이 독립된다고 하더라도 유럽 연합(EU)의 재가입은 회원국 전체의 만장일치가 필요하기 때문이다.

(나) 주민의 80%가 프랑스어를 사용하는 이 지역은 1980년에 처음 분리 독립을 위한 주민 투표를 실시하여 부결되었지만, 1995년에 분리 독립을 위한 주민 투표를 재차 시도한 바 있다. 주민 투표 결과 찬성 49.4%, 반대 50.5%로 독립이 부결되었지만, 그 표차는 매우 작았다.

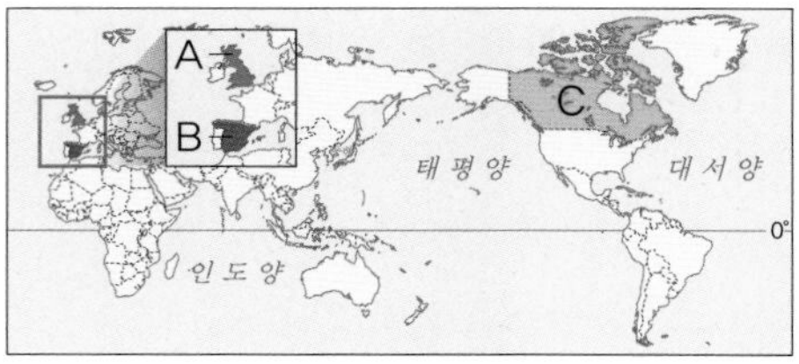

	(가)	(나)		(가)	(나)		(가)	(나)
①	A	B	②	A	C	③	B	A
④	C	A	⑤	C	B			

▶ 20581-0251

10 지도의 (가), (나) 지역 경제 협력체에 대한 설명으로 옳지 않은 것은?

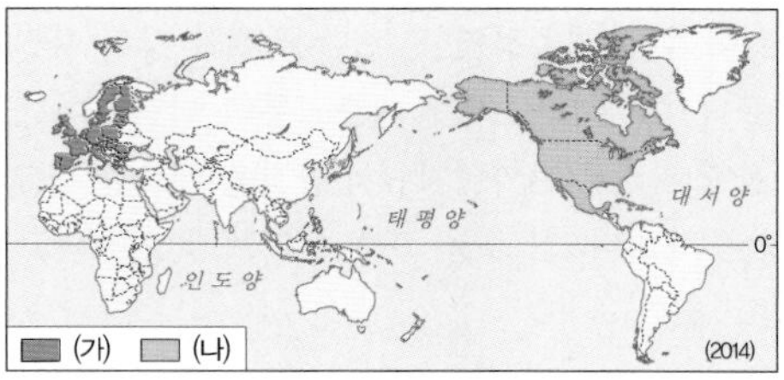

① (가)는 초국가적 기구를 설치 · 운영하고 있다.
② (가)는 다수의 국가에서 단일 통화가 사용된다.
③ (나)는 노동력의 자유로운 이동이 가능하다.
④ (나)는 역외국에 대한 관세율이 회원국마다 다르다.
⑤ (가)는 (나)보다 정치 · 경제적 통합의 수준이 높다.

▶ 20581-0252

11 다음과 같은 주제로 다큐멘터리를 만들려고 한다. 촬영 지역으로 적합하지 않은 지역을 지도의 A~E에서 고른 것은?

유럽의 분리 독립 움직임

유럽 통합의 노력에도 불구하고 유럽 내 개별 국가에서는 문화적 차이와 경제적 상황에 따른 갈등이 남아 있으며, 분리 독립의 움직임도 나타나고 있다. 유럽에서 분리 독립을 원하는 지역에 사는 사람들의 생생한 목소리를 찾아 떠나 보자.

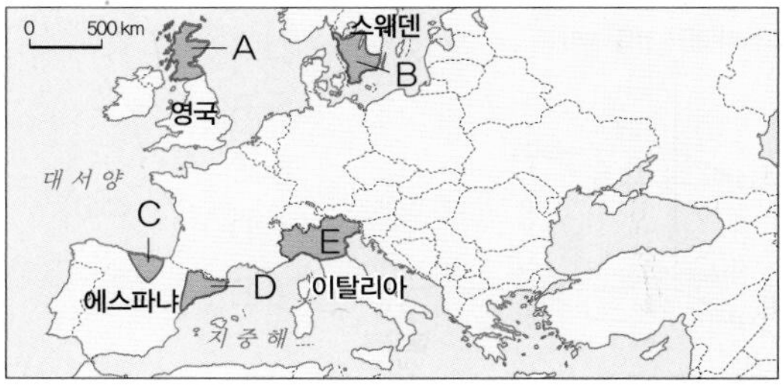

① A ② B ③ C ④ D ⑤ E

▶ 20581-0253

12 지도의 A~C 국가군에 대한 설명으로 옳지 않은 것은?

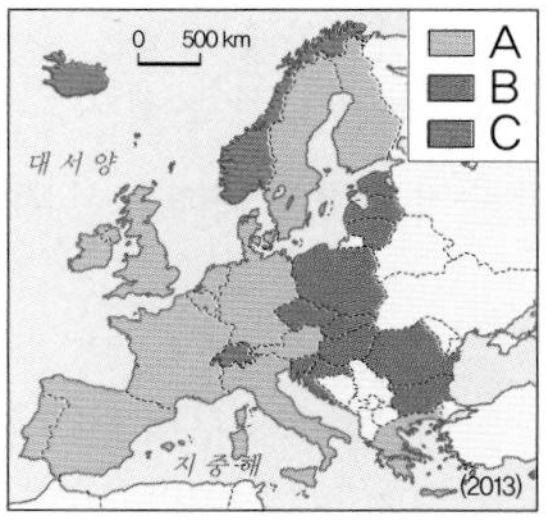

① A에는 유럽 연합(EU)을 탈퇴한 국가가 있다.
② C는 현재 유럽 연합(EU)의 비회원국에 해당한다.
③ A는 B보다 유럽 연합(EU)에 먼저 가입하였다.
④ B는 A보다 경제적 수준이 낮다.
⑤ A, B 국가는 모두 단일 통화로 유로화를 사용한다.

VII 사하라 이남 아프리카와 중·남부 아메리카

대단원 한눈에 보기

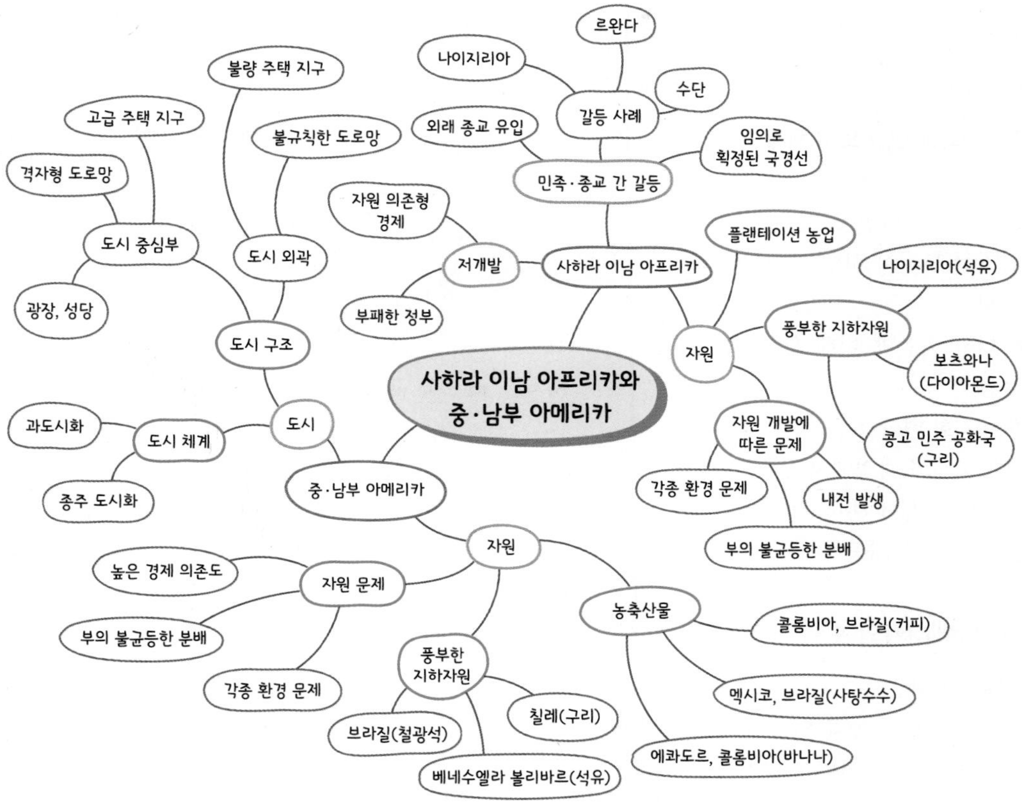

01 도시 구조에 나타난 도시화 과정의 특징

중 · 남부 아메리카는 수도, 식민 도시 중심의 급격한 도시화로 수위 도시의 인구가 2위 도시 인구의 2배 이상인 ① □□ □□□ 현상이 나타나고 있다.

02 다양한 지역 분쟁과 저개발 문제

사하라 이남 아프리카에서는 다양한 민족(인종), 언어를 가진 부족 공동체가 존재하고 있다. 식민 지배 이후 유럽 열강에 의한 인위적인 ② □□□ 설정은 이 지역에서 분쟁의 주요한 원인이 되었다.

03 자원 개발을 둘러싼 과제

사하라 이남 아프리카와 중 · 남부 아메리카의 자원 개발은 기술력과 자본을 가진 ③ □□□ 기업이 주도하기 때문에 자원 개발로 발생한 부가 외국으로 유출될 수 있다.

정답 | ① 종주 도시화 ② 국경선 ③ 다국적

핵심 개념 정리 01 도시 구조에 나타난 도시화 과정의 특징

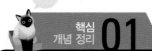

● 중·남부 아메리카의 도시화 과정

(1) 유럽의 식민 지배와 도시화

① 원주민은 잉카, 아스테카 문명을 발달시켰으며 고산 도시를 조성함
예) 잉카(쿠스코), 아스테카(테노치티틀란)

② 유럽의 식민 지배: 식민 통치, 자원 수탈에 유리한 곳에 식민 도시 건설 (해안 도시 발달: 항구가 발달하여 식민지의 자원을 유럽으로 이동하기에 유리하였음)

③ 아프리카계 흑인 노예 이주: 원주민, 유럽계, 아프리카계 간 혼혈이 이루어짐

(2) 급격한 도시화로 인한 도시 체계

① 급격한 도시화 진행

- 대도시(수도, 식민 도시)를 중심으로 한 급격한 도시화 진행 → 공간적 불균형 발생
- 경제 발전 수준에 비해 도시화율이 매우 높음

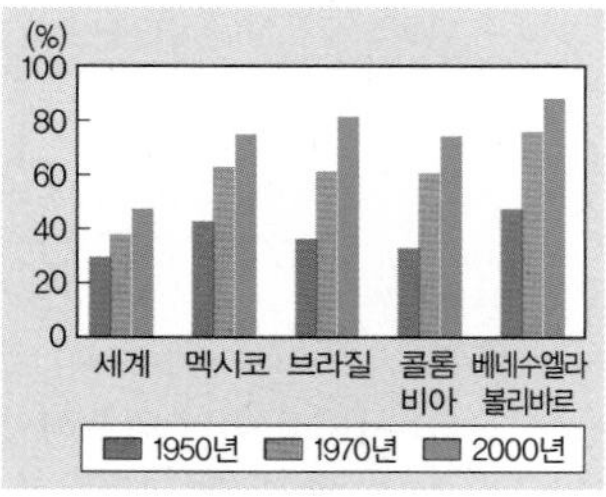

▲ 중 · 남부 아메리카 주요 국가의 도시화율

② 종주 도시화 현상

- 급격한 도시화 과정에서 수위 도시의 과대 성장
- 도시 기반 시설에 비해 지나치게 많은 인구의 도시 집중 → 도시 일자리 부족 문제 발생(비공식 부문 종사자 증가)
  └ 공식 부문과는 달리 정부의 공식적인 보호를 받지 못하는 일자리 → 노점상, 건설 일용직, 폐지 수집인, 가사도우미 등이 해당됨

● 중·남부 아메리카의 도시 구조

(1) 식민 지배의 영향

① 효율적인 식민 지배를 위한 도시 구조가 나타남

② 도시 내부 지역 분화가 불완전함

③ 유럽에서 전파된 문화 경관이 주로 도심부를 중심으로 나타남
→ 도시 중심부의 광장 주변에 관공서 및 상업 시설 집중, 격자형 도로망 발달

(2) 민족(인종) 및 계층에 따른 거주지 분리 현상

① 다양한 민족(인종) 간에 형성된 사회적 계층이 도시 구조에 반영됨 → 유럽계는 상류층, 원주민과 아프리카계는 하류층에 해당됨

② 역전된 동심원 구조

도시 내부	• 상류층(유럽계 백인), 중류층(혼혈인)이 거주하는 지역 • 규칙적인 격자형 가로망이 나타남 • 도심과 그 주변 지역 또는 환경이 쾌적한 곳을 따라 고급 주택 지구 형성
도시 외곽	• 하류층(원주민, 아프리카계) 거주 • 도시로 몰려든 가난한 농민들이 형성한 불량 주택 지역(슬럼) • 불규칙한 가로망, 주거 · 상업 기능이 혼재되어 있음 • 도로, 전기, 수도 등 기반 시설이 열악함

국가별로 부르는 명칭이 다름 → 파벨라(브라질), 바리오(베네수엘라 볼리바르) 등

◉ 고산 도시

열대 기후가 나타나는 저위도 지역의 산지에서는 연중 서늘하고 온화한 기후가 나타나는데 이를 고산 기후라고 한다. 안데스 산지의 고대 문명 발상지는 이와 같은 고산 기후가 나타나는 지역에 해당한다.

◉ 수위(首位) 도시
국가 내에서 가장 인구가 많으며, 교통 등에서 중심 역할을 하는 도시를 말한다. 멕시코의 멕시코시티, 브라질의 상파울루 등이 이에 해당한다.

◉ 동심원 구조
북부 아메리카 도시 구조에 대한 모델 중 하나이다. 중심 업무 지구(CBD)를 중심으로 도심부 주변의 저급 주택 지구에서 교외의 고급 주택 지구로 도시 구조가 동심원의 형태로 형성되는 경향이 나타난다는 것이다.

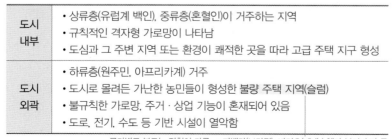

❶ 중 · 남부 아메리카의 국가별 민족(인종) 분포

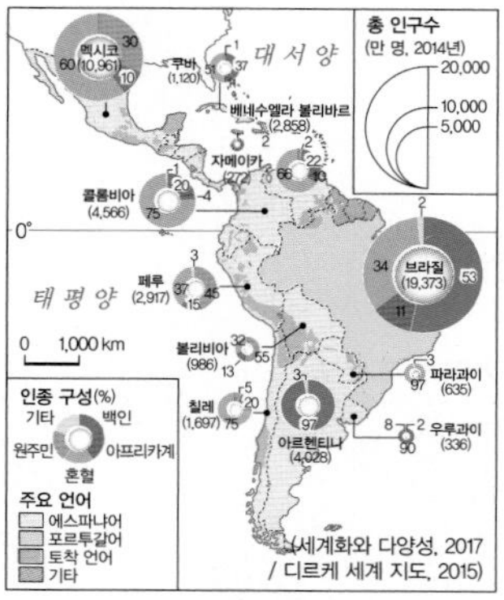

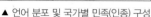

▲ 언어 분포 및 국가별 민족(인종) 구성

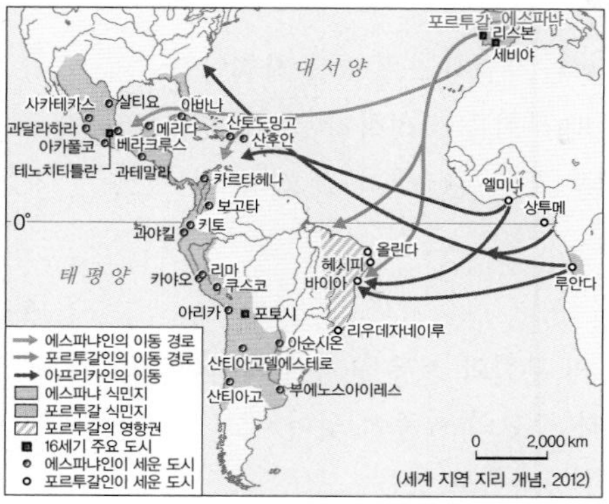

▲ 유럽인과 아프리카인의 이동 경로

분석 | 중 · 남부 아메리카는 식민 지배의 영향으로 에스파냐어(브라질은 포르투갈어)를 사용하고 가톨릭교를 주로 믿는다. 유럽인들이 플랜테이션에 필요한 노동력을 충당하기 위해 아프리카계 사람들을 강제 이주시키면서 혼혈 인구가 증가하였다.

국가별 민족(인종) 특성은 아르헨티나의 경우 유럽계의 비율이 높고, 멕시코, 콜롬비아, 칠레는 혼혈의 비율이 높게 나타난다.

이외에도 우루과이, 브라질 등이 유럽계의 비중이 높다. 한편 볼리비아, 페루는 원주민의 비중이 높으며, 카리브해 연안 국가(자메이카, 쿠바 등)는 아프리카계의 비중이 높다.

확인학습

1 중 · 남부 아메리카 지역에 대한 설명으로 옳은 것은?

① 대부분 국가에서는 개신교를 믿는다.
② 멕시코는 유럽계 인구 비율이 가장 높다.
③ 아르헨티나는 혼혈의 비율이 가장 높다.
④ 대부분 국가에서는 포르투갈어를 사용한다.
⑤ 페루, 볼리비아는 원주민 비율이 가장 높다.

정답과 해설 ▶ ① 중 · 남부 아메리카 대부분의 국가에서는 가톨릭교를 믿는다. ② 멕시코는 혼혈의 비율이 가장 높다. ③ 아르헨티나는 유럽계 인구 비율이 가장 높다. ④ 포르투갈어를 사용하는 브라질을 제외한 대부분 국가에서는 에스파냐어를 사용한다. 답 ⑤

❷ 멕시코시티의 종주 도시화

(가)

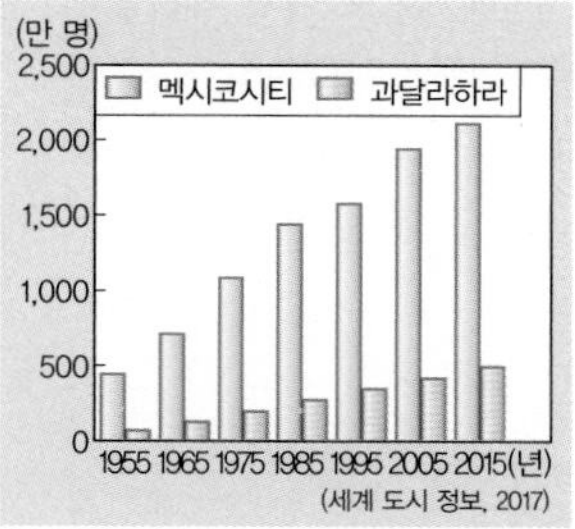

▲ 멕시코시티와 과달라하라의 인구 변화

(나)

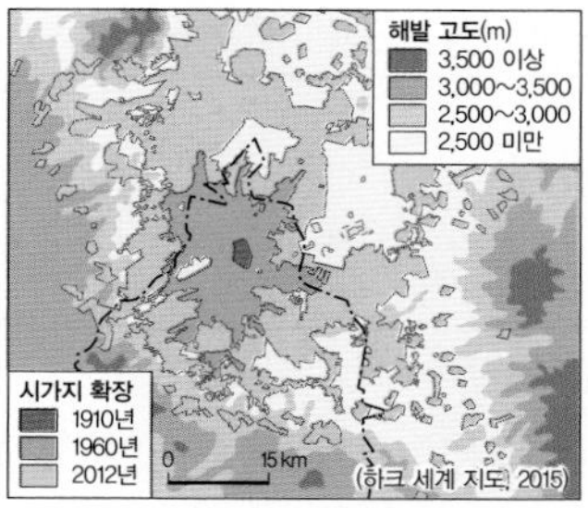

▲ 멕시코시티의 시가지 확장

분석 | (가)는 멕시코의 인구 규모 1위 도시 멕시코시티와 인구 규모 2위 도시 과달라하라의 인구 변화를 나타낸 것이다. 멕시코시티를 중심으로 농촌 인구가 유입되면서 종주 도시화 현상이 더욱 심화되고 있다. 도시의 산업 · 경제 수준을 넘어선 빠른 인구 유입은 과도시화로 인한 여러 도시 문제를 발생시킨다. (나)는 멕시코시티의 시가지 확장을 나타낸 것이다. 유입된 농촌 인구가 주로 기존 시가지 외곽에 정착하여 불량 주거 지역을 형성하였다. 따라서 도시 외곽의 주거 지역은 시가지 형성 역사가 짧으며, 저소득층 인구가 주로 거주한다.

인구 규모 1위 도시의 인구가 2위 도시의 인구보다 2배 이상이며 두 도시 간 인구 격차가 점점 커지고 있다.

2 다음 글에서 설명하는 도시에 대한 설명으로 옳은 것만을 〈보기〉에서 고른 것은?

> 멕시코 고원에 위치해 있는 이 도시는 멕시코에서 인구가 가장 많은 수위 도시이다. 이 도시는 과거 아스테카 제국 시대에는 테노치티틀란이라는 도시였다.

〈보기〉
ㄱ. 빈민층은 주로 도시 중심에 거주한다.
ㄴ. 인구 규모 2위 도시보다 인구가 2배 이상 많다.
ㄷ. 농촌에서 유입한 인구는 주로 도시 중심에 정착하였다.
ㄹ. 기반 시설에 비해 많은 인구가 집중하여 과도시화 현상이 나타난다.

① ㄱ, ㄴ ② ㄱ, ㄷ ③ ㄴ, ㄷ ④ ㄴ, ㄹ ⑤ ㄷ, ㄹ

정답과 해설 ▶ 멕시코시티는 과달라하라와의 인구 규모 격차가 큰 대표적인 종주 도시이다. 멕시코시티는 산업 및 경제 발달의 수준에 비해 지나치게 많은 농촌 인구의 유입으로 여러 가지 도시 문제가 발생하고 있다. 답 ④

핵심 개념 정리 02 다양한 지역 분쟁과 저개발 문제

● 사하라 이남 아프리카의 식민지 경험과 갈등

(1) 유럽의 식민 지배

① **유럽인의 아프리카 진출**: 식민지로 수많은 자원과 노동력을 착취당함

② **유럽 열강의 식민지 분할**: 지역의 민족과 문화를 고려하지 않고 열강들의 이익에 따라 국경선 설정 → 독립 이후 부족 간, 국가 간 갈등 및 내전의 원인이 됨

(2) 민족(인종) 및 종교 간 갈등

① **다양한 언어와 종교**: 많은 부족이 고유의 문화와 전통을 가진 지역이었음

② **외래 종교의 유입**: 20세기에 들어 토착 종교의 비중이 낮아지고 크리스트교, 이슬람교를 믿는 인구의 비중이 증가하고 있음

북부 지역	이슬람교를 믿는 사람들의 비중이 높음
중 · 남부 지역	크리스트교를 믿는 사람들의 비중이 높음

③ **임의로 획정된 국경선**: 하나의 국가에 여러 민족(인종), 종교 분포

④ **주요 갈등 사례**

르완다	• 르완다를 식민 지배하던 벨기에가 투치족을 중심으로 통치 • 후투족이 특혜를 누리는 투치족에게 반감을 가지며 갈등이 일어남
나이지리아	• 남북 간 종교의 차이: 크리스트교(남부), 이슬람교(북부) • 남북 간 경제적 격차: 각종 사회 기반 시설, 유전 등이 남부에 집중
수단	• 남북 간 종교의 차이: 이슬람교(북부), 크리스트교 · 토착 종교(남부)가 다수 • 2011년 남부 지역이 남수단으로 독립하였으나, 석유 자원 배분, 국경선 획정을 둘러싼 갈등 지속
남아프리카 공화국	• 인종 차별 정책인 아파르트헤이트 시행 • 현재 아파르트헤이트는 폐지되었으나 인종 차별에 대한 논쟁 지속

● 사하라 이남 아프리카의 저개발 요인과 과제

(1) 저개발의 요인

└ 분쟁은 난민 발생, 노동 인구 감소, 사회 기반 시설 파괴와 연결되므로 빈곤과 저개발의 원인이 됨

정치 · 사회적 측면	• 민주적 정치 체계 미비, 행정 시스템의 비효율성 • 사회 내부의 신뢰 부재
산업 구조의 측면	• 원유, 광산물, 농작물 등 1차 생산품에 의존하는 경제 구조 (┌ 국제 원자재 시장의 영향이 커서 경제적으로 불안정함) • 자원을 개발하기 위한 기술과 자본 부족 → 선진국의 투자에 의존
사회 간접 자본의 측면	도로, 철도, 상하수도, 의료, 교육 등 사회 기반 시설이 미비

(2) 저개발 해결을 위한 노력

① 국제 사회의 공적 개발 원조(ODA) 제공, 비정부 기구(NGO) 등이 지원

② **아프리카 연합(AU) 결성**: 아프리카 공동 이익 추구, 통합 및 발전 촉진

◉ 아프리카의 종교 분포

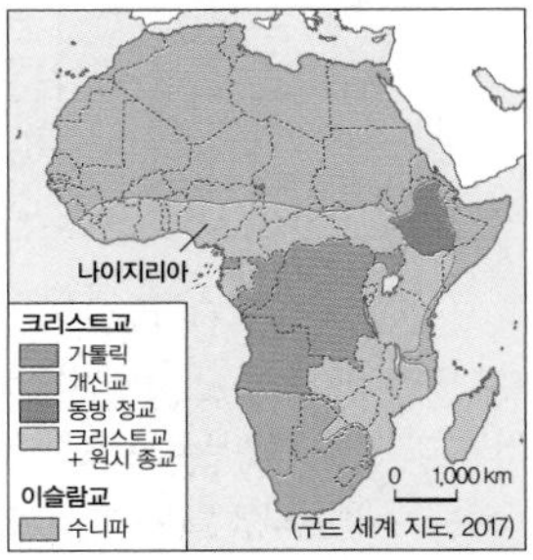

사하라 사막의 북부 지역은 이슬람교를 주로 믿으며, 중 · 남부 지역은 크리스트교 및 토착 종교가 주로 분포한다.

◉ 아파르트헤이트

분리, 격리를 뜻하는 단어로 남아프리카 공화국의 인종 차별 정책을 의미한다.

◉ 공적 개발 원조(ODA)

한 국가의 정부 등 공공기관이 개발 도상국의 경제 개발과 복지 향상을 위해 제공하는 자금을 말한다.

자료 탐구

③ 사하라 이남 아프리카의 종교 분포

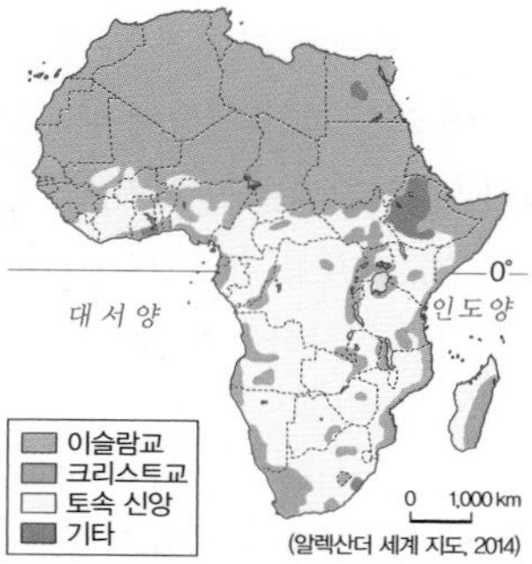

▲ 아프리카의 종교 분포

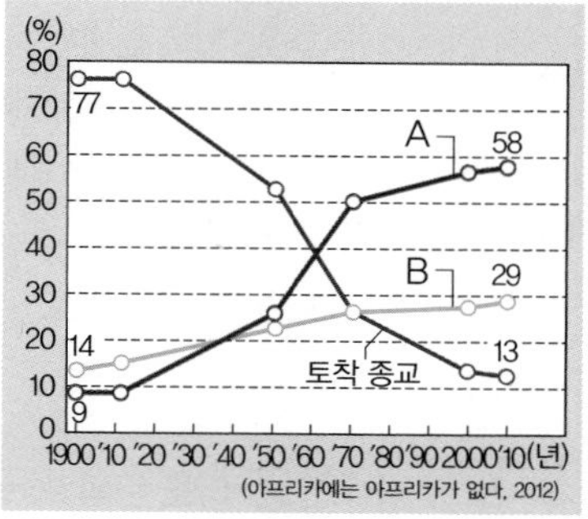

▲ 사하라 이남 아프리카의 종교 비중 변화

지난 100년간 사하라 이남 아프리카에서 크리스트교는 눈부신 성장을 거듭했다. 100년 전만 해도 아프리카인들의 절대 다수를 차지하던 토착 종교를 믿는 인구의 비중은 13%로 떨어지고 크리스트교를 믿는 인구 비중이 증가하였다. 이처럼 크리스트교도의 비중이 증가하였으므로 유럽인들이 그토록 기대했던 아프리카의 문명화가 성과를 거둔 듯하다. – 아프리카에는 아프리카가 없다, 2012 –

분석 | 크리스트교는 아프리카 중 · 남부 지역에 분포하며, 이슬람교는 아프리카의 북부 지역에 주로 분포한다. 위 그래프에 따르면 사하라 이남 아프리카는 토착 종교가 크리스트교와 이슬람교로 대체되었다. 위 글에서 절대 다수를 차지하던 토착 종교를 믿는 인구의 비중은 감소하고, 크리스트교를 믿는 인구의 비중은 증가하였으므로 A는 크리스트교이다. 따라서 B는 이슬람교이다.

④ 수단, 나이지리아에서 발생한 갈등

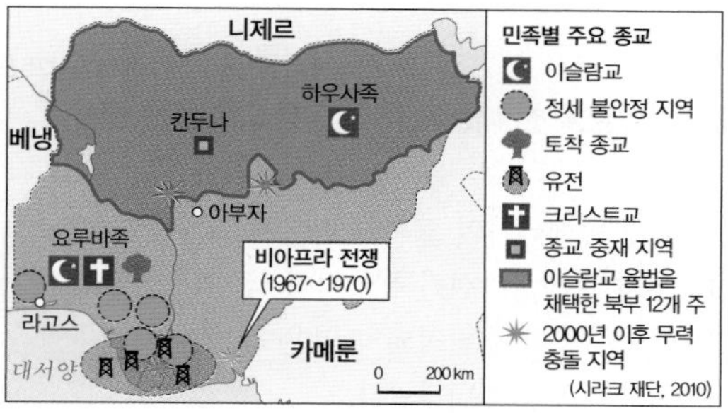

▲ 나이지리아의 갈등

▲ 수단의 갈등

분석 | 지도는 사하라 이남 아프리카에서 민족 · 부족 갈등과 종교 분쟁이 자주 발생하는 대표적 국가인 나이지리아와 수단을 나타낸 것이다. 두 나라는 다민족 국가이며, 이슬람교와 크리스트교가 접하는 경계에 위치한다. 두 국가 모두 북부에는 이슬람교를 믿는 아랍계 주민들의 비중이 높고 남부에는 크리스트교를 믿는 주민들의 비중이 높다. 또한 나이지리아는 남부 지역이, 수단은 북부 지역이 상대적으로 경제 수준이 높아 갈등이 심하다. 수단은 2011년 남부 지역이 남수단으로 독립하였으나 석유 자원 배분과 국경선 획정을 둘러싼 갈등은 지속되고 있다.

원유는 주로 남수단에서 생산되지만, 북부 지역인 수단의 수송관을 거쳐 홍해에 인접한 항구를 통해 수출되기 때문에 발생한 문제이다.

확인학습

③ 나이지리아의 A 종교에 대한 설명이 옳으면 ○표, 틀리면 ×표 하시오.

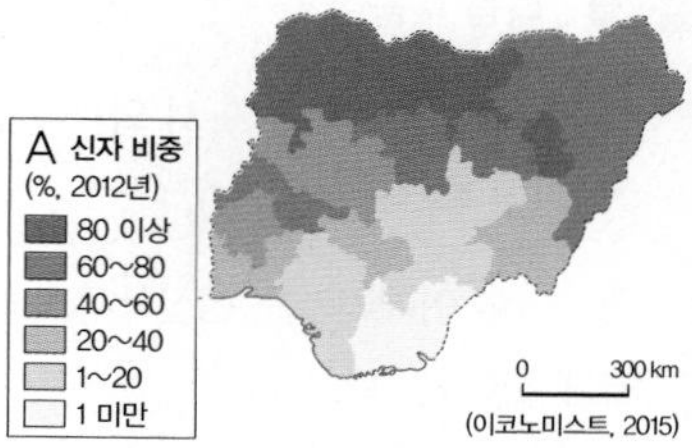

(1) 사하라 이남 아프리카에서 신자 수가 가장 많은 종교이다. (○, ×)

(2) 유럽의 식민 지배 과정에서 전파되었다. (○, ×)

(3) 아프리카의 북부 지역에 주로 분포한다. (○, ×)

답 (1) × (2) × (3) ○

④ 지도에 표시된 국가에서 발생한 분쟁의 공통점으로 옳은 설명만을 〈보기〉에서 고른 것은?

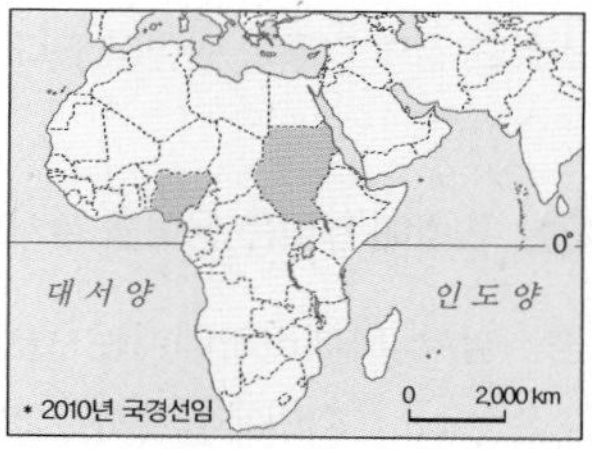

보기

ㄱ. 인종 차별 정책에 의한 갈등이다.
ㄴ. 남북 간 사회 · 경제적 격차가 크다.
ㄷ. 분쟁 발생 이후 두 나라로 분리되었다.
ㄹ. 이슬람교, 크리스트교 사이의 갈등이다.

① ㄱ, ㄴ ② ㄱ, ㄷ ③ ㄴ, ㄷ
④ ㄴ, ㄹ ⑤ ㄷ, ㄹ

정답과 해설 ▶ 인종 차별 정책은 남아프리카 공화국의 아파르트헤이트에 대한 설명이다. 분쟁 이후 두 나라로 분리된 국가는 수단이며, 수단의 남부 지역이 남수단으로 분리되었다. 답 ④

개념 체크

저절로 암기 Tip | ☐ 1회 (/) ☐ 2회 (/) ☐ 3회 (/)

01~08 다음 내용이 옳으면 ○표, 틀리면 ×표 하시오.

01 중 · 남부 아메리카는 도시 외곽에 대규모의 고급 주택 지구가 나타난다 ( )

02 중 · 남부 아메리카는 선진국에 비해 도시화가 단기간에 빠르게 진행되었다. ( )

03 중 · 남부 아메리카는 수위 도시로 인구가 집중하는 종주 도시화 현상이 나타나는 국가가 많다. ( )

04 중 · 남부 아메리카는 식민 지배의 영향으로 유럽과의 교역에 유리한 항구 지역에 새롭게 식민 도시가 건설되었다. ( )

05 중 · 남부 아메리카 도시의 도심 지역에는 빈곤층이, 외곽 지역에는 상류층이 주로 거주한다. ( )

06 사하라 이남 아프리카의 북부 지역은 크리스트교를 주로 신봉하고 중 · 남부 지역은 이슬람교를 주로 신봉한다. ( )

07 사하라 이남 아프리카에 식민지를 건설한 유럽 강대국은 민족 · 부족의 고려 없이 식민지를 분할하였다. ( )

08 수단과 나이지리아의 분쟁은 공통적으로 이슬람교와 크리스트교 간의 갈등과 관련이 있다. ( )

09~10 빈칸에 알맞은 용어를 쓰시오.

09 중 · 남부 아메리카에서는 슬럼이나 저급 주택 지구가 ________ 지역에 분포하는 경우가 많다.

10 부족 중심의 공동체 기반으로 생활해 왔던 사하라 이남 아프리카에서는 유럽 열강이 임의대로 ________을/를 획정함에 따라 부족 간 갈등이 심화되었다.

정답

01 × 02 ○ 03 ○ 04 ○ 05 ×
06 × 07 ○ 08 ○ 09 도시 외곽
10 국경선

오답 체크 Tip

01 중 · 남부 아메리카의 도시 외곽에는 불량 주택 지구(슬럼)가 나타난다.

기본 문제

▶ 20581-0254

01 중 · 남부 아메리카 도시의 특징으로 옳지 않은 것은?

① 안데스 산지의 고도가 높은 지역에 도시가 발달했다.
② 도시화가 빠르게 진행되어 과도시화 현상이 나타난다.
③ 유럽과의 교역에 유리한 해안 지역에 도시가 발달했다.
④ 식민 지배의 영향으로 성당, 격자형 가로망이 나타난다.
⑤ 농촌 인구가 도심 주변 지역에 정착하여 슬럼을 형성했다.

▶ 20581-0255

02 다음 글의 ㉠~㉣에 대한 설명으로 옳지 않은 것은?

> ㉠ 라틴계 유럽인은 이곳의 원주민 문명을 파괴하고 자원을 수탈했으며, 부족한 노동력을 보충하기 위해 아프리카에서 많은 ㉡ 아프리카계 노예를 이주시켰다. 이러한 과정을 거치면서 ㉢ 원주민, 유럽인, 아프리카계 간의 ㉣ 혼혈이 이루어졌으며, 그 결과 원주민 문화와 외래문화가 혼합되어 다양성이 공존하는 중 · 남부 아메리카 특유의 문화가 형성되었다.

① ㉠ – 주로 에스파냐, 포르투갈 출신이다.
② ㉡ – 플랜테이션에 필요한 노동력을 제공하였다.
③ ㉢ – ㉡과 함께 사회적으로 하류층에 해당한다.
④ ㉣ – 아르헨티나에서 가장 높은 비중을 차지한다.
⑤ 도심부 주변에는 ㉠의 거주 비중이 높다.

▶ 20581-0256

03 다음 글의 밑줄 친 내용에 대한 설명으로 옳은 것은?

> 최근 중 · 남부 아메리카의 도시화 진행 속도는 다른 대륙보다 매우 빠른 편으로, 선진국에 비해 국가의 경제 발전이나 기술 혁신 등이 뒷받침되지 않은 상태에서 인구만 도시로 집중하는 양상이 나타난다.

① 종주 도시화에 대한 설명이다.
② 유입 인구는 대체로 도심 주변에 정착한다.
③ 비공식 부문 경제 인구 비중 증가의 원인이다.
④ 계획적이고 체계적인 시가지 확장을 유발한다.
⑤ 경제 성장을 유도하여 국가 균형 발전에 기여한다.

▶ 20581-0257

04 그래프는 국가별 인구 비중이 높은 상위 2개 도시를 나타낸 것이다. 1순위와 2순위 도시 간 격차가 나타나게 된 원인으로 옳은 설명만을 〈보기〉에서 고른 것은?

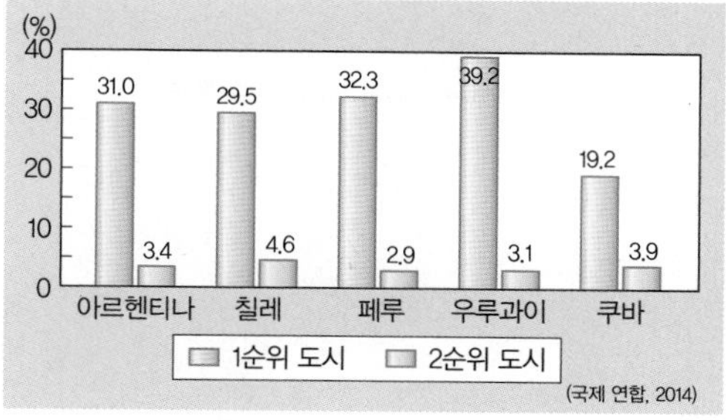

(국제 연합, 2014)

보기

ㄱ. 경제 발전에 따른 사망률 감소
ㄴ. 특정 도시에 집중된 산업 시설
ㄷ. 도시 외곽 지역으로의 주거지 확대
ㄹ. 농촌 지역에서 수위 도시로의 인구 집중

① ㄱ, ㄴ ② ㄱ, ㄷ ③ ㄴ, ㄷ
④ ㄴ, ㄹ ⑤ ㄷ, ㄹ

▶ 20581-0258

05 지도는 멕시코시티의 일부분을 나타낸 것이다. 이 지역에 대한 옳은 설명만을 〈보기〉에서 고른 것은?

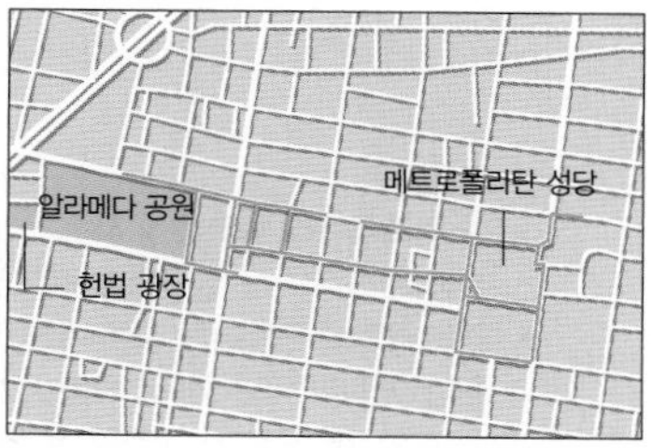

보기

ㄱ. 거주 환경이 열악한 불량 주택 지구이다.
ㄴ. 주거 환경이 쾌적하여 상류층이 거주한다.
ㄷ. 규칙적이고 근대화된 도시 경관이 나타난다.
ㄹ. 원주민이나 아프리카계 주민이 주로 거주한다.

① ㄱ, ㄴ ② ㄱ, ㄷ ③ ㄴ, ㄷ
④ ㄴ, ㄹ ⑤ ㄷ, ㄹ

▶ 20581-0259

06 다음 글은 사하라 이남 아프리카의 분쟁을 정리한 것이다. A에 들어갈 말로 가장 적절한 것은?

• 원인 A
– 오랫동안 문화와 역사를 공유하던 부족들이 분리됨
– 한 국가 내 이질적인 문화의 부족들이 섞여 살게 됨
• 결과
– 이웃 국가 간, 국내 부족 간 분쟁을 유발하였음
– 독립 이후 오늘날까지도 사회 불안의 주요 원인이 됨

① 플랜테이션 농업의 발달
② 자원 개발에 따른 문제점
③ 유럽 열강의 식민지 분할
④ 지역 내 크리스트교의 전파
⑤ 유럽 열강의 부족 간 차별 정책

▶ 20581-0260

07 다음 자료는 사하라 이남 아프리카의 저개발을 정리한 것이다. (가)에 들어갈 말로 적절하지 않은 것은?

사하라 이남 아프리카의 저개발과 빈곤

역사적 요인	식민지 경험이 초래한 잦은 분쟁
정치적 요인	독재 정권 및 부패한 정부
경제적 요인	(가)

→ 절대 빈곤층이 많으며 기대 수명이 낮음

① 플랜테이션 작물 생산 집중
② 공업 제품 위주의 수출 정책
③ 자원 개발을 위한 기술과 자본 부족
④ 도로, 철도 등 사회 기반 시설 부족
⑤ 광물, 에너지 자원에 의존한 경제 구조

핵심 개념 정리 03

자원 개발을 둘러싼 과제

사하라 이남 아프리카의 자원

(1) 플랜테이션 농업 발달

① 열대 기후가 나타나는 지역이 널리 분포하여 기호 작물 재배에 유리

② 상품 작물 재배와 관련하여 유럽, 미국 등의 다국적 기업이 많이 진출해 있음

(2) 풍부한 광물, 에너지 자원

① 백금, 코발트, 다이아몬드 등 광물 자원은 세계 매장량의 절반 이상 차지

② 광물 자원이 풍부하여 광물 자원과 에너지 자원을 많이 수출함

자원	주요 수출 국가
석유	나이지리아
구리, 코발트	잠비아~콩고 민주 공화국(코퍼 벨트)
석탄	남아프리카 공화국

(3) 성장 잠재력이 높은 기회의 땅

① 기술과 자본이 부족하여 제조업 기반이 상대적으로 약한 편

② 자원 개발, 해외 투자 유치, 기술 개발을 통해 앞으로의 성장이 기대되는 지역

◉ 아프리카의 지하자원 분포

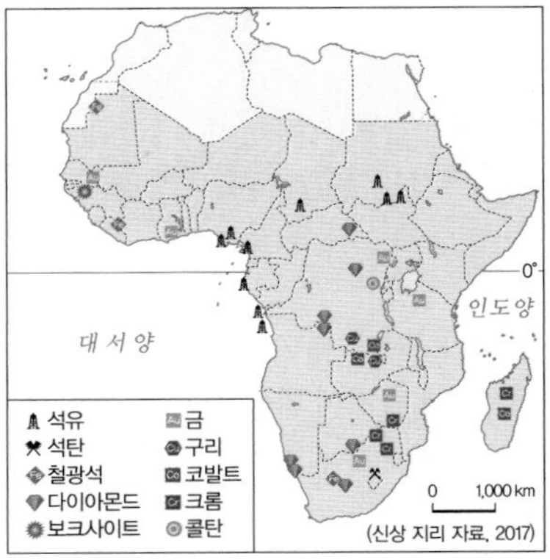

사하라 이남 아프리카의 대표적인 자원은 석유, 석탄, 금, 다이아몬드, 구리, 코발트 등이며 에너지 자원보다는 광물 자원이 풍부한 편이다.

자원 개발에 따른 문제점

(1) 정치적 불안정의 심화

① 자원 개발을 통해 얻은 이익으로 무기 구입 → 내전의 장기화

② 정부군 또는 무장 단체가 자원 개발을 위해 강제 노동 강요, 아동 인권 문제 발생

무장 단체가 현지인을 강제로 동원하여 다이아몬드 채취

㉠ 블러드 다이아몬드(시에라리온), 피의 휴대폰(콩고 민주 공화국)

휴대 전화 부품의 원료인 콜탄은 반군의 내전 자금으로 사용됨

(2) 다국적 기업의 이윤 추구

① 다국적 기업이 국가의 소수 권력자와 결탁: 국가의 부패가 심각함
→ 열악한 근로 조건을 강요, 주민의 삶의 질 저하

② 플랜테이션 작물 재배를 위해 대규모 토지 임대
→ 주민들의 삶의 터전 상실 문제 발생

(3) 각종 환경 문제 발생

① 플랜테이션을 위한 대규모 농장 조성, 작물을 운송하기 위한 교통로 개발, 수확량을 늘리기 위한 비료와 살충제 살포 → 열대 우림의 생태계 파괴

② 대규모 광산 개발: 폐광 방치로 인한 수질 오염, 석유 유출 사고 발생

㉠ 콜탄 광산 개발(콩고 민주 공화국)로 인한 수질 오염, 나이저강 삼각주(나이지리아) 원유 유출 사고 등

◉ 아프리카의 부패 인식 지수

부패 인식 지수는 공무원과 정치인 사이에 부패가 어느 정도로 존재하는 지에 대한 인식의 정도를 말한다. 사하라 이남 아프리카는 세계에서 가장 부패가 심한 지역으로 소수 권력자로의 부의 집중이 심각하다.

자료 탐구

❶ 사하라 이남 아프리카 국가의 1위 수출품 비중

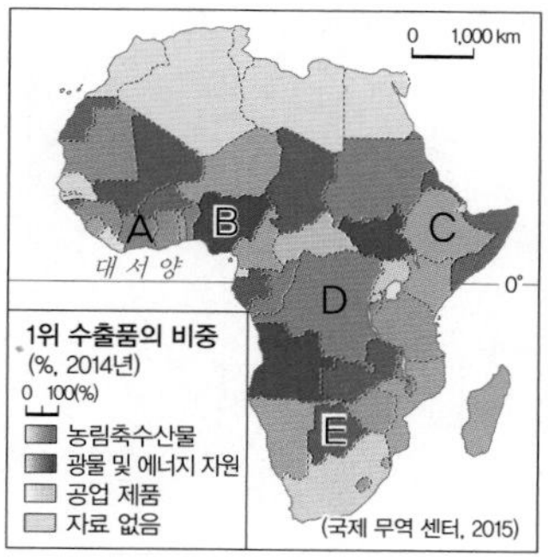

사하라 이남 아프리카는 백금, 크롬, 망간, 코발트, 금, 다이아몬드와 같은 광물 자원이 풍부하며, 일부 지역에서는 석유 매장량도 많은 편이다. 특히 백금, 코발트, 다이아몬드 등은 세계 매장량의 절반 이상을 차지하고 있다. 또한 사하라 이남 아프리카는 열대 기후가 나타나는 지역이 널리 분포하여 카카오, 커피 등 기호 작물 재배에 유리하다.

분석 | 사하라 이남 아프리카는 산업이 발달하지 못하여 국가의 1위 수출품은 대체로 농산물 또는 광물 및 에너지 자원이며 전체 수출에서 차지하는 비중도 큰 편이다. 농산물을 수출하는 국가는 플랜테이션 농업에 의한 기호 작물을 생산하는 경우가 많은데 코트디부아르(A)는 카카오, 에티오피아(C)는 커피가 1위 수출품이다. 한편 나이지리아(B)는 석유, 콩고 민주 공화국(D)은 구리, 보츠와나(E)는 다이아몬드가 1위 수출품이다.

❷ 자원 개발로 인한 문제

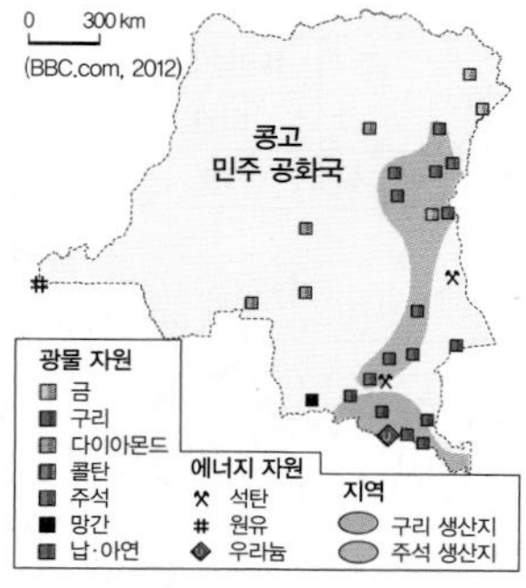

▲ 콩고 민주 공화국의 지하자원 분포

콩고 민주 공화국은 금, 구리, 주석, 코발트, 콜탄 등 광물 자원이 풍부하지만 1인당 국내 총생산(GDP)은 세계 최하위권이다. 내전은 종식되었지만, 우간다 및 르완다와 인접한 북동부 지역에서는 여전히 반군 세력이 콜탄, 금, 다이아몬드 등의 자원을 르완다와 우간다에 넘기고 무기를 공급받고 있다. 주민들은 반군에게 끌려가 노예처럼 광산에서 일하고 있다.

분석 | 아프리카에는 다이아몬드, 금, 크롬, 백금, 코발트 등 다양한 광물 자원이 풍부하게 매장되어 있다. 하지만 대부분의 국가에서 자원을 팔아 벌어들인 돈이 주민들의 복지와 경제 개발에 쓰이지 않고, 오히려 분쟁과 빈곤을 초래하고 있다.

상류의 기득권층이 자원 개발 혜택을 독점하기 때문이다. 이처럼 자원이 풍부한 국가가 낮은 수준의 경제 성장을 보이는 것을 '자원의 저주'라고 한다.

확인학습

1 그래프는 사하라 이남 아프리카 국가의 수출 구조를 나타낸 것이다. (가), (나) 국가를 지도의 A~E에서 골라 쓰시오.

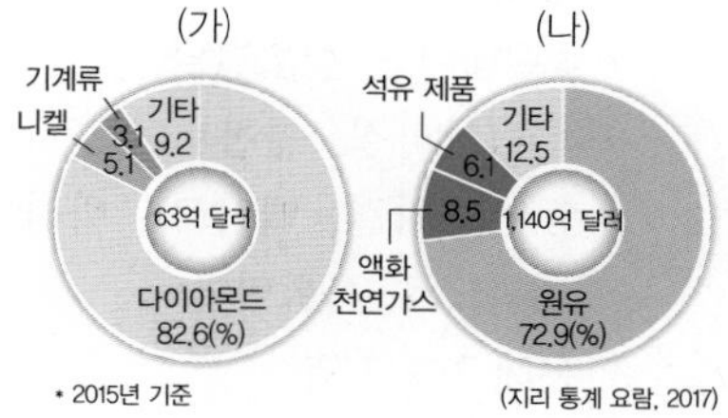

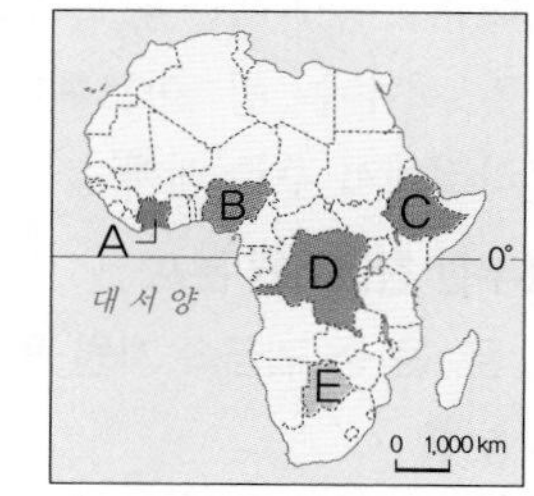

정답과 해설 ▶ 보츠와나(E)는 교역의 대부분을 다이아몬드에 의존하고 있다. 나이지리아(B)는 수출에서 원유가 차지하는 비중이 높다. 답 (가) E, (나) B

2 다음 글은 사하라 이남 아프리카에서 밑줄 친 부분과 같은 현상이 나타나는 이유를 정리한 것이다. 설명이 옳으면 ○표, 틀리면 ×표 하시오.

> 자국 내에 자원이 풍부한 국가의 경제 성장률이 오히려 자원이 부족한 국가보다 상대적으로 저조한 현상을 '자원의 저주'라고 한다.

(1) 다국적 기업이 자원 개발에 주도적으로 참여하고 있기 때문이다. (○, ×)

(2) 독재 정권, 소수의 특권층이 자원 개발 이익을 독점하고 있기 때문이다. (○, ×)

(3) 자원 개발 이익이 내전에 필요한 무기를 사들이는 데 쓰이기 때문이다. (○, ×)

(4) 국가가 주도하여 자원을 개발하고, 이익이 주민들에게 공평히 분배되기 때문이다. (○, ×)

정답과 해설 ▶ 자원 개발의 이익이 주민들에게 분배되지 못하는 상황이다.

답 (1) ○ (2) ○ (3) ○ (4) ×

핵심 개념 정리 03 자원 개발을 둘러싼 과제

중·남부 아메리카의 자원

(1) 세계적 농·축산물의 산지

① 열대 기후 지역
- 플랜테이션 농업 발달
- 커피(브라질, 콜롬비아), 사탕수수(브라질, 멕시코), 바나나(에콰도르, 콜롬비아)

② 온대 기후 지역
- 대규모 곡물 생산 및 목축업 발달
- 밀, 옥수수, 콩: 아르헨티나, 브라질에서 주로 재배

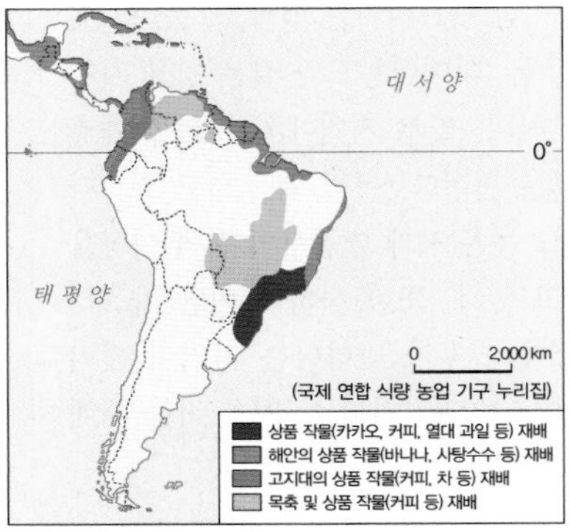

▲ 중·남부 아메리카의 농작물 재배

(2) 풍부한 천연자원 분포

① **금, 은 등 귀금속 자원 풍부**: 아메리카 대륙 발견 이후 유럽인들이 대량 반출

② 석유, 천연가스, 구리, 주석, 철광석 등 천연자원 풍부

철광석	브라질	은	멕시코
구리	칠레	주석	볼리비아
석유, 천연가스	브라질, 베네수엘라 볼리바르, 멕시코 등		

③ 세계 경제 발전에 따른 자원 수요 증가: 투자 증가 및 경제 협력 추진

자원 개발에 따른 문제점과 대책

(1) 자원 개발의 문제점

식민지 시대의 전통이 계승된 토지 소유 제도 → 소수의 지주가 대규모의 농원을 차지하고 대다수 주민은 생계가 어려운 영세농으로 전락하였음

① **대토지 소유제**: 일부 특권층이 토지의 대부분을 소유하여 소득 격차 심함

② 특정 자원에 대한 경제 의존도가 높아 국제 가격 변동에 취약함
예) 칠레(구리), 베네수엘라 볼리바르(석유)

③ **다국적 기업에 의한 개발**: 기업 이윤 창출을 우선하며, 지역 주민의 소득 증대에 기여하지 않음

④ 천연자원 수출 이익이 독재 정권이나 일부 세력에 집중

⑤ **환경 문제 발생**: 광산 개발, 경지 및 목장 조성을 위해 아마존 개발
→ 생태계 파괴, 기후 변화 등의 문제 발생

(2) 대책

특정 자원의 수출에 의존하는 경제 구조는 국제 가격 변화에 취약 → 2·3차 산업의 육성 필요

① 정치적 불안정 해소, 정부의 부패 척결 및 투명성 강화

② 지속적인 자본 투자와 기술 개발을 통한 산업 구조 다각화

③ **자원 국유화 정책**: 천연자원에 대한 국가의 주권을 찾는 노력 필요
→ 자원 개발로 생긴 이익의 유출을 막고 국가 경제 발전을 위한 재원으로 활용

정부의 부패 등으로 인해 소수 독재자들로 자원 개발의 이익이 집중되는 경우 빈부 격차는 더욱 심화될 수 있음

◉ 중·남부 아메리카의 자원 분포

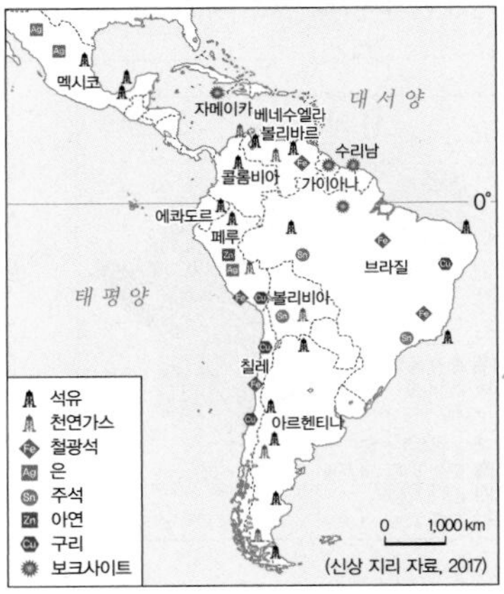

철광석은 브라질 순상지에 주로 매장되어 있고 은, 구리, 주석 등은 화산 활동이 활발한 안데스 산지 주변에 분포하고 있다. 보크사이트는 자메이카와 가이아나 일대에 많이 매장되어 있다. 석유는 멕시코만 일대, 베네수엘라 볼리바르에 많이 매장되어 있다.

◉ **칠레의 구리 수출 비중과 국제 구리 가격 변화**

표는 칠레의 주요 수출품별 비중을 나타낸 것이다. 칠레의 1위 수출품은 구리이며 2017년 기준 총수출액의 약 45%를 차지하고 있다. 따라서 구리의 국제 가격 변동은 칠레의 경제에 큰 영향을 줄 수 있다.

품목	비율(%)	품목	비율(%)
구리(원광)	23.7	황산염 펄프	3.8
구리(제련)	21.2	와인	3.2
생선살(fillet)	4.1	포도	2.3

(OEC, 2017)

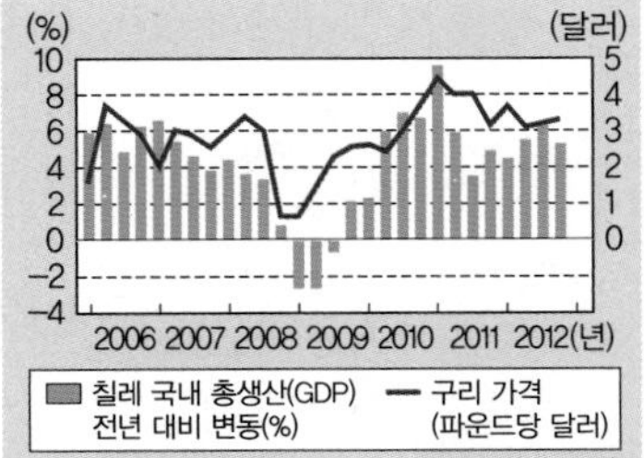

(이코노미스트, 2013)

▲ 칠레의 국내 총생산(GDP)과 구리 가격의 변화

자료 탐구

③ 천연자원의 분포와 수출 구조

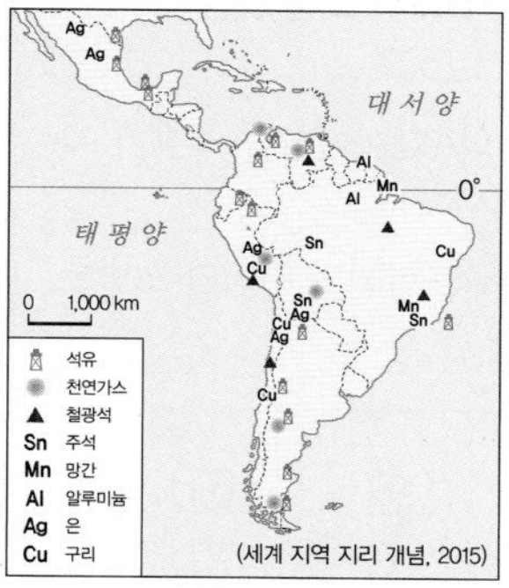

▲ 중 · 남부 아메리카의 자원 분포

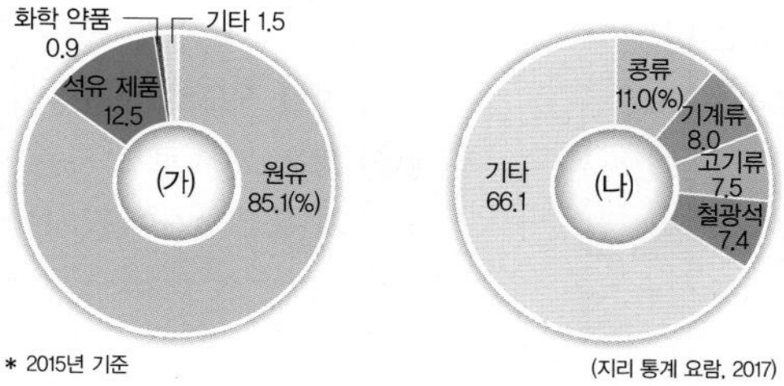

▲ 중 · 남부 아메리카 주요 국가의 수출 구조

분석 | 철광석은 순상지인 브라질에 많이 매장되어 있으며, 은, 구리, 주석 등은 안데스 산지를 따라서 분포하고 있다. 석유는 브라질, 베네수엘라 볼리바르, 멕시코 등에 매장되어 있다. 중 · 남부 아메리카 국가들은 특정 자원의 수출 비중이 매우 높다. 특히 베네수엘라 볼리바르는 석유 자원에 대한 수출 의존도가 매우 높은 편이다. 따라서 (가)는 베네수엘라 볼리바르이다. 한편 브라질은 아마존 열대 우림을 개발하여 가축을 사육하고 사료 작물을 재배하고 있으므로 (나)는 브라질이다.

세계 최대의 원유 매장국으로, 수출의 많은 부분을 석유에 의존하고 있다.

확인학습

③ 그래프는 중 · 남부 아메리카 주요 국가별 1차 산업 생산품 수출 비중을 나타낸 것이다. (가) 국가와 이 국가의 주요 자원을 쓰시오.

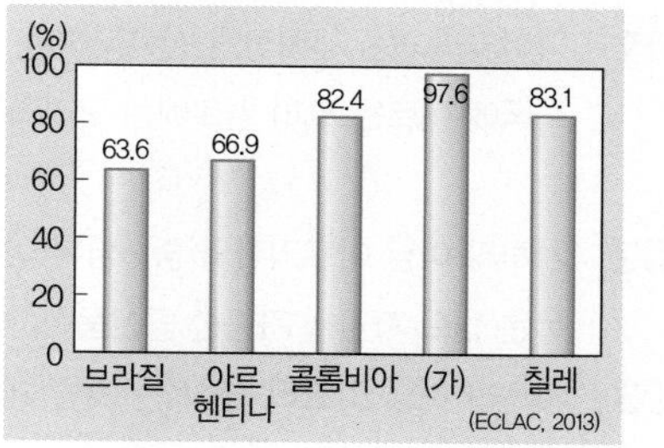

(1) (가) 국가: ____________

(2) (가) 국가의 수출 비율이 가장 높은 자원: ____________

정답과 해설 ▶ 베네수엘라 볼리바르는 석유 자원의 수출 의존도가 매우 높다.

답 (1) 베네수엘라 볼리바르 (2) 석유

④ 자원 개발로 인한 환경 파괴 문제

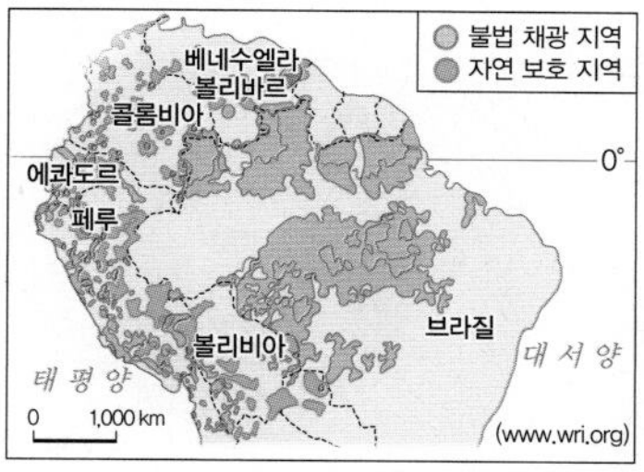

▲ 불법 광산 개발 지역

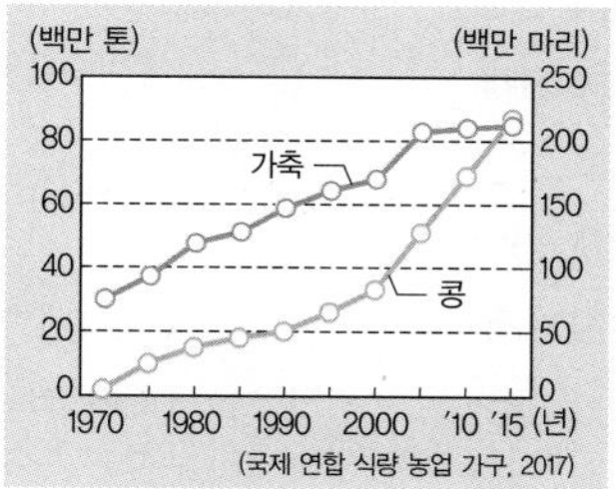

▲ 브라질의 콩과 가축 생산 변화

분석 | 지도는 아마존의 불법 광산 개발이 광범위하게 일어나고 있다는 것을 보여준다. 아마존 열대림의 불법적인 광산 개발은 열대림 파괴는 물론 주변 지역의 수질 오염의 원인이 되어 생태계에 악영향을 미치고 있다. 그래프는 브라질의 가축과 콩 생산량이 점차 증가하는 것을 보여준다. 세계적으로 육류 소비가 늘어나면서 열대림 분포 지역이 가축을 사육하는 목장으로 바뀌거나 콩과 같이 가축의 사료로 사용하는 작물을 재배하는 농경지로 바뀌고 있기 때문이다. 이처럼 지구의 허파인 열대림이 감소하면서 이곳을 무대로 살아가는 야생 동물의 서식지가 위협 받고 있으며, 지구 온난화로 인한 기후 변화 문제가 심화되고 있다.

④ 그래프는 아마존 보호 구역 내 삼림 면적 감소를 나타낸 것이다. 이와 같은 변화 원인으로 적절하지 않은 것은?

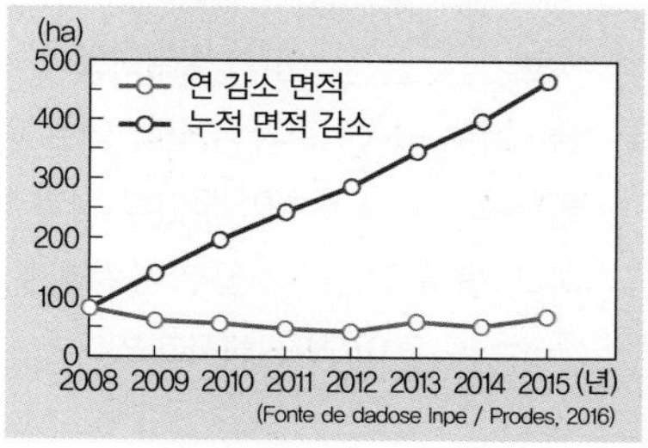

① 목재 확보를 위한 벌목 증가
② 가축 사육을 위한 목장 건설
③ 아마존 열대 우림 보호법 제정
④ 광범위한 불법 광산 개발 증가
⑤ 사료 작물을 재배하는 농경지 확대

정답과 해설 ▶ 아마존 열대 우림 보호법은 아마존의 삼림 면적 감소를 막기 위한 것이다. 답 ③

개념 체크

저절로 암기 Tip | ☐ 1회 (/) ☐ 2회 (/) ☐ 3회 (/)

01~07 **다음 내용이 옳으면 ○표, 틀리면 ×표 하시오.**

01 나이지리아는 세계적인 산유국이며, 잠비아~콩고 민주 공화국에 이르는 코퍼 벨트에는 구리와 코발트가 풍부하다. ( )

02 사하라 이남 아프리카와 중 · 남부 아메리카의 주요 수출 품목은 원료 자원을 가공한 공산품이다. ( )

03 사하라 이남 아프리카에서는 자원 개발을 통해 얻은 이익이 내전을 장기화하는 등 정치적 불안정을 심화시키기도 한다. ( )

04 다국적 기업이 소수의 권력자와 협력하는 경우 국가 경제의 빠른 성장과 주민의 삶의 질 개선을 기대할 수 있다. ( )

05 브라질은 철광석이 풍부하며, 베네수엘라 볼리바르는 석유가 풍부하게 매장되어 있다. ( )

06 중 · 남부 아메리카에서 구리, 주석과 같은 광물은 화산 활동이 활발한 안데스 산지 주변에 매장되어 있다. ( )

07 칠레는 석유, 베네수엘라 볼리바르는 구리 자원에 대한 경제 의존도가 높아 가격 변동에 취약하다. ( )

08~10 **빈칸에 알맞은 용어를 쓰시오.**

08 사하라 이남 아프리카는 농산물과 __________을/를 선진국으로 수출하고, 선진국에서 자본재와 공산품을 수입한다.

09 중 · 남부 아메리카의 열대 지역은 원주민의 노동력과 선진국의 자본 및 기술을 결합하여 상품 작물을 대규모로 재배하는 __________이/가 발달하였다.

10 중 · 남부 아메리카와 사하라 이남 아프리카는 천연자원이 풍부하지만 그 수익이 국민의 삶의 질 향상에 사용되지 못하고, 독재 정권이나 일부 세력에게 돌아가는 경우가 많아 __________이/가 심해지고 있다.

정답

01 ○ **02** × **03** ○ **04** × **05** ○ **06** ○ **07** × **08** 광물 자원 **09** 플랜테이션 **10** 소득 불평등(빈부 격차)

오답 체크 Tip

02 사하라 이남 아프리카와 중 · 남부 아메리카의 주요 수출 품목은 지하자원, 농산물 등이다.

기본 문제

▶ 20581-0261

01 **(가), (나) 국가를 지도의 A~D에서 고른 것은?**

(가) 세계적인 산유국으로 수출의 90% 이상을 석유가 차지할 정도로 생산량이 많다.
(나) '코퍼 벨트'로 불리는 지역에 포함되며 구리와 코발트가 풍부하게 매장되어 있다.

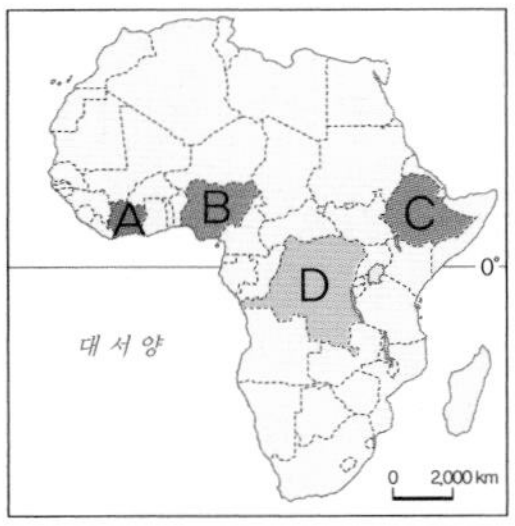

	(가)	(나)
①	A	C
②	B	A
③	B	D
④	C	A
⑤	D	B

▶ 20581-0262

02 **그래프의 (가) 자원에 대한 설명으로 옳은 것은?**

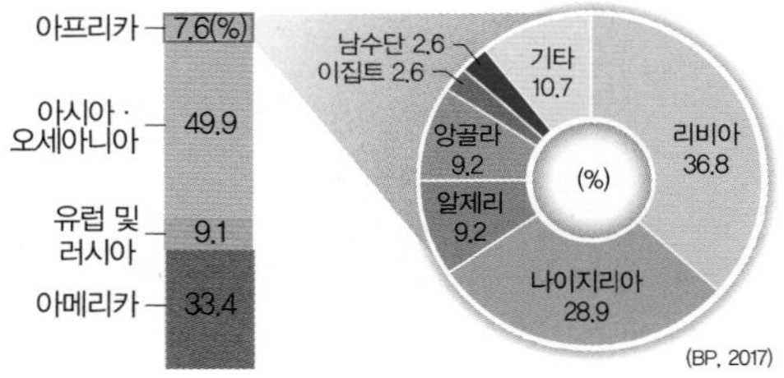

▲ (가) 자원의 대륙별 매장량 비중(2016)　▲ (가) 자원의 아프리카 국가별 매장량 비중(2016)

① 칠레는 (가)의 경제 의존도가 높다.
② 코퍼 벨트를 중심으로 (가)의 매장량이 많다.
③ (가)는 '피의 휴대폰'과 관련이 깊은 자원이다.
④ 수단에서는 (가)의 분배로 인한 갈등이 나타났다.
⑤ 베네수엘라 볼리바르는 세계 최대의 (가) 생산국이다.

▶ 20581-0263

03 다음 자료는 사하라 이남 아프리카와 중 · 남부 아메리카의 자원 개발에 따른 문제점과 대책을 정리한 것이다. (가)에 들어갈 말로 적절하지 않은 것은?

> **자원 개발에 따른 문제점과 대책**
>
> [문제점]
> - 특정 자원이 국가의 경제 구조에서 차지하는 비중이 높음
> - 소수의 권력자에게 자원 개발의 이익이 집중됨
> - 부가 가치가 낮은 1차 산업 위주의 경제 구조
> - 자원 개발 과정에서 나타나는 심각한 환경 파괴
>
> [대책]
>
> (가)

① 지속 가능한 발전을 위한 노력
② 제조업 및 사회 간접 자본에 대한 투자
③ 민주적인 정치 제도 정착 및 부패 척결
④ 국가별 특화 자원 생산만을 위한 투자 증대
⑤ 자원 개발의 이익을 국민 생활 개선에 사용

▶ 20581-0264

04 다음 글은 중 · 남부 아메리카의 자원 분포에 대한 내용이다. (가)~(다)에 알맞은 국가를 고른 것은?

> 중 · 남부 아메리카의 자원 분포는 지역에 따라 차이가 있다. 순상지가 넓게 분포하는 (가) 은/는 철광석의 주요 산지이고, 화산 분출 지역이 넓은 (나) (이)나 안데스 산지 국가에서는 은, 구리, 주석 등의 광물 자원이 많이 생산된다. (다) 은/는 세계적인 석유의 생산국으로 석유가 수출에 차지하는 비중이 90%를 넘는다.

	(가)	(나)	(다)
①	멕시코	브라질	베네수엘라 볼리바르
②	브라질	멕시코	베네수엘라 볼리바르
③	브라질	베네수엘라 볼리바르	멕시코
④	베네수엘라 볼리바르	멕시코	브라질
⑤	베네수엘라 볼리바르	브라질	멕시코

▶ 20581-0265

05 다음은 세계지리 수업 장면이다. 교사의 질문에 대한 학생의 답으로 가장 적절한 것은?

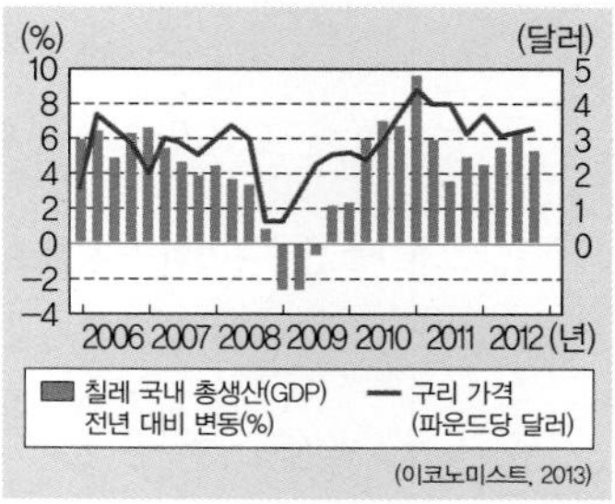

▲ 칠레의 국내 총생산(GDP)과 구리 가격 변화

- 교사: 위 그래프를 사용하여 중 · 남부 아메리카의 자원 개발에 따른 문제점을 말해 보세요.
- 학생: A

① 자원 개발의 이익을 특정 계층이 독점하고 있어요.
② 특정 자원의 의존도가 높아 국가 경제의 안정성이 낮아요.
③ 다국적 기업이 자원 개발의 이익 대부분을 가져가고 있어요.
④ 토양 침식, 생태계 파괴 등의 환경 문제가 발생하고 있어요.
⑤ 플랜테이션 농업의 발달로 원주민의 삶터가 위협 받고 있어요.

▶ 20581-0266

06 다음 글에 나타난 (가), (나) 지역 주민의 삶의 질 저하 문제가 나타나게 된 공통적인 원인으로 옳지 않은 것은?

> (가) 사하라 이남 아프리카: 자원의 가치가 높아지면서 자원 개발을 둘러싼 많은 문제가 발생하고 있으며 오히려 주민들의 삶은 더욱 피폐해졌다.
> (나) 중 · 남부 아메리카: 자원이 풍부하지만 주민의 대다수가 가난에서 벗어나지 못하고 있다.

① 유럽의 식민지 경험
② 독재 정치와 부패한 정부
③ 1차 산업 중심의 경제 구조
④ 다국적 기업에 의한 자원 개발
⑤ 대토지 소유제로 인한 소득 격차

VII 단원

대단원 마무리 정리

Self Note

01 도시 구조에 나타난 도시화 과정의 특징

(1) 중 · 남부 아메리카의 도시화 과정

① 식민 지배 이전: 잉카, 아스테카 문명 발달(상춘 기후가 나타나는 고산 지역에 도시 형성)

② 식민 지배 이후: 식민 통치에 유리한 곳, 자원 수탈에 유리한 지역에 [①] 건설

(2) 급격한 도시화로 인한 도시 체계

① 대도시 중심으로 급격한 도시화 진행 → 공간적 불균형 발생

② 수위 도시의 과대 성장 → [②] 현상(1위 도시 인구가 2위 도시 인구보다 2배 이상 많음)

③ 도시 기반 시설 대비 많은 인구의 도시 집중 → 도시 일자리 부족 문제 발생

└→ 과도시화라고 하며 각종 도시 문제 발생의 원인이 된다.

(3) 중 · 남부 아메리카의 도시 구조: 역전된 [③] 구조가 나타남

구분	특징
도시 내부 및 주변	• 광장, 격자형 도로망, 주요 행정 · 상업 기능이 분포 • 상류층(유럽계), 중류층(혼혈인)이 거주하는 지역
도시 외곽	• 불규칙한 도로망, 주거 · 상업 기능이 혼재되어 있음 • 하류층(원주민, 아프리카계) 거주, 불량 주택 지역(슬럼) 형성 • 도로, 전기, 수도 등 기반 시설이 열악

02 다양한 지역 분쟁과 저개발 문제

(1) 사하라 이남 아프리카의 식민지 경험

① 유럽의 식민지로 수많은 자원과 노동력을 착취 당함

② 식민지 분할: 지역의 민족과 문화의 고려 없이 임의로 [④] 설정 → 독립 이후 부족, 국가 간 갈등의 원인

(2) 민족(인종) 간 갈등

① 주요 갈등 사례

구분	특징
르완다	• 벨기에 식민 지배의 영향, 소수의 투치족과 다수의 후투족 사이의 갈등
[⑤]	• 석유 자원 배분과 관련된 북부(이슬람교)와 남부(크리스트교) 사이의 갈등 • 2011년 남부 지역이 별도의 국가로 독립
남아프리카 공화국	• 인종 차별 정책인 [⑥] 시행 → 유럽계 주민의 인종 차별에 저항

② 영향: 난민 발생, 노동 인구 감소, 사회 기반 시설 파괴 → 빈곤과 저개발의 원인 제공

(3) 사하라 이남 아프리카의 저개발 요인과 과제

→ 경제적 불안정: 국제 자원 가격 변화에 국내 경제가 민감하게 반응

① 저개발의 요인: 민주적 정치 체계 미비, 행정 시스템의 비효율성, 1차 생산품에 의존하는 경제 구조 등

② 저개발 해결을 위한 노력: 국제 사회의 공적 개발 원조(ODA), 아프리카 연합(AU) 결성

답 ① 식민 도시
② 종주 도시화
③ 동심원
④ 국경선
⑤ 수단
⑥ 아파르트헤이트

Self Note

03 사하라 이남 아프리카의 자원 개발과 문제점

(1) 사하라 이남 아프리카의 자원

① 플랜테이션 농업: 기호 작물 재배에 유리(열대 기후), 유럽, 미국 등 다국적 기업이 많이 진출해 있음

② 풍부한 광물 및 에너지 자원: [①](나이지리아), 석탄(남아프리카 공화국) 구리 · 코발트(코퍼벨트)

잠비아에서 콩고 민주 공화국에 걸친 구리 광산 지역이다.

③ 높은 성장 잠재력: 자원 개발, 해외 투자 유치, 기술 개발을 통해 앞으로의 성장이 기대되는 지역

(2) 자원 개발에 따른 문제점

정치적 불안정 심화	• 자원 개발을 통해 얻은 이익으로 무기 구입 → 내전의 장기화 • 자원 개발을 위해 주민들에게 강제 노동 강요, 아동 인권 문제 발생 예 피의 휴대폰(콩고 민주 공화국), 블러드 [②](시에라리온)
[③]의 이윤 추구	• 국가 소수 권력자와 다국적 기업 사이의 결탁 → 열악한 근로 조건 강요, 주민 삶의 질 저하 • 자원 개발로 얻은 이익: 해외로 유출되거나 소수의 권력자에게 집중
환경 문제 발생	• 플랜테이션을 위한 대규모 농장 조성 → 열대 우림 생태계의 파괴 • 대규모 광산 개발: 폐광 방치로 인한 수질 오염, 석유 유출 사고 발생

04 중·남부 아메리카의 자원 개발과 문제점

(1) 중 · 남부 아메리카의 자원

① [④] 농업 발달(열대 기후 지역), 곡물 생산 및 목축업 발달(온대 기후 지역)

② 풍부한 광물 및 에너지 자원: 구리, 주석 등은 안데스 산지 주변에, 철광석은 브라질 순상지에 주로 분포

자원	주요 생산 국가	자원	주요 생산 국가
철광석	브라질	은	멕시코
구리	칠레	주석	볼리비아
석유	브라질, 베네수엘라 볼리바르, 멕시코 등		

(2) 자원 개발에 따른 문제점과 대책

① [⑤]: 일부 특권층이 토지의 대부분을 소유하고 있어 소득 격차가 심함

② 특정 자원에 대한 경제 의존도가 높아 국제 가격 변동에 취약함 예 칠레(구리), 베네수엘라 볼리바르(석유)

③ 다국적 기업 주도로 개발이 이루어지며 그 이익은 독재 정권이나 소수의 권력자에 집중

④ 광산 개발, 경지 및 목장 조성을 위한 아마존 개발: 생태계 파괴, 기후 변화 등의 환경 문제

답 ① 석유
② 다이아몬드
③ 다국적 기업
④ 플랜테이션
⑤ 대토지 소유제

대단원 종합 문제

▸ 20581-0267

01 다음 글의 (가)~(다)에 해당하는 민족(인종)을 지도의 A~C에서 고른 것은?

> 현재 중 · 남부 아메리카는 식민지 시기의 계층 구조, 부의 불균등한 분배 등으로 대부분 국가에서 [(가)]들이 상류층, [(나)]들이 중간 계층, 플랜테이션에 필요한 노동력으로 이주해 온 [(다)]와/과 원주민들이 하류층을 이루는 편이다.

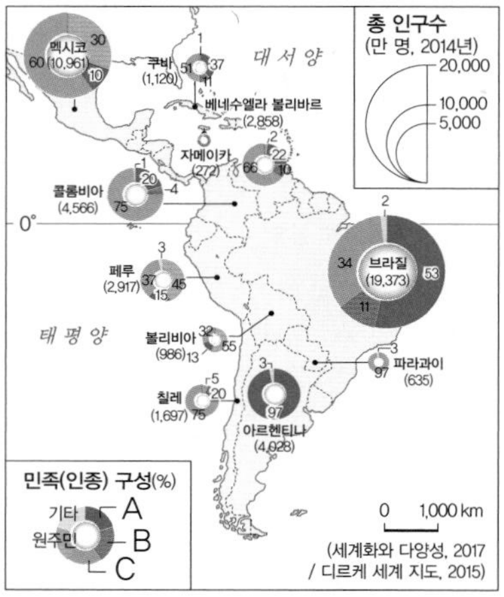

	(가)	(나)	(다)		(가)	(나)	(다)
①	A	B	C	②	A	C	B
③	B	A	C	④	B	C	A
⑤	C	A	B				

▸ 20581-0268

02 중 · 남부 아메리카의 도시 특징에 대한 옳은 설명만을 〈보기〉에서 고른 것은?

> **보기**
> ㄱ. 소수 대도시에 도시 기능이 집중하는 경향이 나타난다.
> ㄴ. 아마존 분지 내부를 중심으로 주요 대도시가 분포한다.
> ㄷ. 이촌 향도에 의한 인구 증가로 과도시화 현상이 나타난다.
> ㄹ. 안데스 산지 중심으로 포르투갈 식민 도시가 건설되었다.

① ㄱ, ㄴ ② ㄱ, ㄷ ③ ㄴ, ㄷ ④ ㄴ, ㄹ ⑤ ㄷ, ㄹ

▸ 20581-0269

03 다음 글은 중 · 남부 아메리카의 도시 구조에 대한 설명이다. 이에 대한 설명으로 옳은 것은?

> 중 · 남부 아메리카의 도시에서는 ㉠ 사회적 신분에 따라 거주지가 결정되었다. 도시 건설 초기부터 ㉡ 관공서와 상업 시설이 밀집된 도심의 광장 주변에 사회적 지위가 높은 [(가)]이/가 모여 살았고, ㉢ 도심에서 떨어진 도시 외곽 지역에 [(나)]들이 거주하도록 하였다. 이와 같은 거주지 분리 현상은 오늘날까지 영향을 미치고 있다. 이는 도심 주변에 거주 환경이 열악한 불량 주거 지역이 발달하는 북부 아메리카의 도시 구조와는 다른 모습이다.

① ㉠은 대체로 민족(인종)에 따라서 구별된다.
② ㉡의 도로망은 대체로 자연 발생적으로 만들어진 것이다.
③ ㉢의 주거지는 ㉡이 개발되기 이전에 형성되었다.
④ (가)에는 원주민이 들어갈 수 있다.
⑤ (나)에는 유럽계 백인이 들어갈 수 있다.

▸ 20581-0270

04 다음 자료의 민요 속 화자가 소망하는 공간(지역)에 대한 설명으로 옳지 않은 것은?

> 오 하늘의 주인이신 전능한 콘도르여 / 우리를 안데스산맥의 고향으로 데려가 주오. / 잉카 동포들과 함께 살던 곳으로 돌아가고 싶소. / 그것이 나의 가장 간절한 바람이오. / 전능하신 콘도르여, 잉카의 쿠스코 광장에서 나를 기다려 주오. / 우리가 함께 마추픽추와 와이나픽추를 거닐 수 있게 해 주오. – 안데스의 전통 민요, 「콘도르는 날아가고」 –

① 해발 고도가 높은 고산 지역에 해당한다.
② 연중 기온이 온화한 상춘 기후가 나타난다.
③ 드넓은 카카오 플랜테이션 농장을 볼 수 있다.
④ 현재 크리스트교와 관련한 종교 경관을 볼 수 있다.
⑤ 원주민의 고대 문명을 확인할 수 있는 유적이 분포한다.

▶ 20581-0271

05 다음은 세계지리 수업 장면이다. 교사의 질문에 옳지 않은 답을 한 학생은?

(경계에서 권역을 보다, 2015)

- 교사: 왜 국가 경계와 민족(종족) 경계가 다르게 나타날까요?
- 갑: 유럽 열강들이 자국의 이익에 따라 국경선을 결정했기 때문입니다.
- 을: 민족을 고려하지 않았기 때문에 한 국가 내에 여러 민족이 분포하는 문제가 발생했어요.
- 병: 마찬가지로 한 민족이 여러 국가로 나뉘는 경우도 문제가 될 수 있어요.
- 정: 남아프리카 공화국은 한 민족이 여러 국가로 나뉘어 분쟁이 발생한 대표적인 사례입니다.
- 무: 이러한 국경선은 독립 이후 부족 간, 국가 간 갈등, 내전의 원인이 되었어요.

① 갑 ② 을 ③ 병 ④ 정 ⑤ 무

단답형

▶ 20581-0272

06 다음 글은 나이지리아의 종교 분쟁에 대한 것이다. (가), (나)에 알맞은 종교를 각각 쓰시오.

나이지리아의 (가) 인구는 영국의 식민 통치자를 따라온 선교사들의 활동으로 남부 지역을 중심으로 증가하였고, (나) 인구는 10~19세기에 걸쳐 사하라 사막을 넘어와 나이지리아 북부 지방에 정착하였다. 현재 나이지리아 인구 중 (가) 은/는 40%, (나) 은/는 50% 정도를 차지하고 있지만 (나) 을/를 믿는 사람들은 선거권 등에서 차별을 받고 있다. 또한 선교사들이 건설한 각종 사회 기반 시설과 유전 등이 남부 지역에 집중되어 남부 지역과 북부 지역의 경제적 격차가 (가) 와/과 (나) 간 갈등을 심화시켰다.

▶ 20581-0273

07 (가), (나) 지역에서 나타난 갈등에 대한 옳은 설명만을 〈보기〉에서 고른 것은?

(가)

(나)

〈보기〉

ㄱ. (가)는 이슬람교도가 많은 남부 지역이 북부 지역에 비해 경제적 수준이 낮다.
ㄴ. (나)는 분쟁으로 2개의 국가로 분리되었다.
ㄷ. (가), (나) 분쟁 모두 석유 자원과 관련이 있다.
ㄹ. (가), (나) 모두 북부의 크리스트교와 남부의 이슬람교 사이의 갈등이다.

① ㄱ, ㄴ ② ㄱ, ㄷ ③ ㄴ, ㄷ
④ ㄴ, ㄹ ⑤ ㄷ, ㄹ

▶ 20581-0274

08 지도에 표시된 지역의 공통점에 대한 지역 조사 주제로 적절하지 않은 것은?

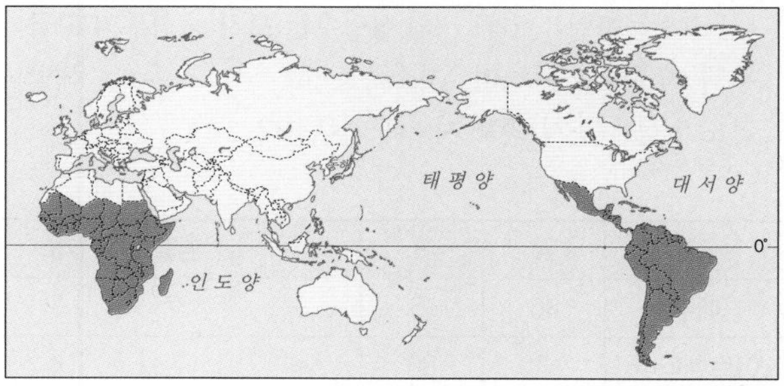

① 서로 다른 종교 간의 갈등 문제
② 기후를 활용한 플랜테이션 농업의 발달
③ 자원의 개발이 국가 경제에 미치는 영향
④ 자원의 개발에 따른 열대림 파괴의 문제
⑤ 유럽 열강의 식민 지배가 지역에 미친 영향

신유형·수능열기

정답과 해설 60쪽

▶ 20581-0275

1 그래프는 중 · 남부 아메리카의 도시 발달에 관한 것이다. 이에 대한 설명으로 옳지 않은 것은?

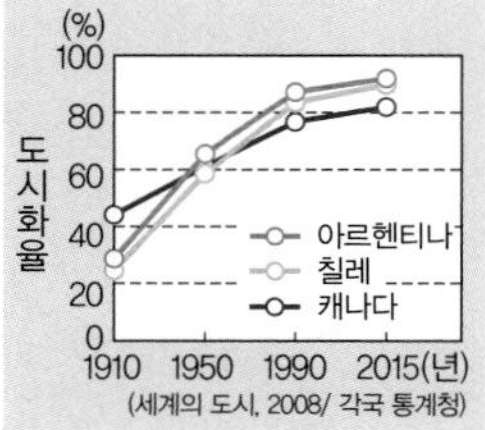

(세계의 도시, 2008/ 각국 통계청)

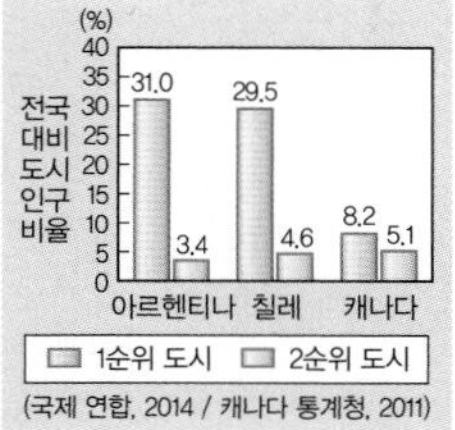

(국제 연합, 2014 / 캐나다 통계청, 2011)

① 선진국에 비해 본격적인 도시화 시기가 늦다.
② 과도한 인구 유입으로 과도시화 현상이 나타난다.
③ 수위 도시로 인구가 집중하는 종주 도시화가 나타난다.
④ 수위 도시에서는 비공식 부문 경제 활동 인구 비중이 높다.
⑤ 인구 유입으로 도시 외곽에는 고급 주택 지구가 형성되었다.

▶ 20581-0276

2 (가), (나)에 해당하는 민족(인종)을 A~C에서 고른 것은?

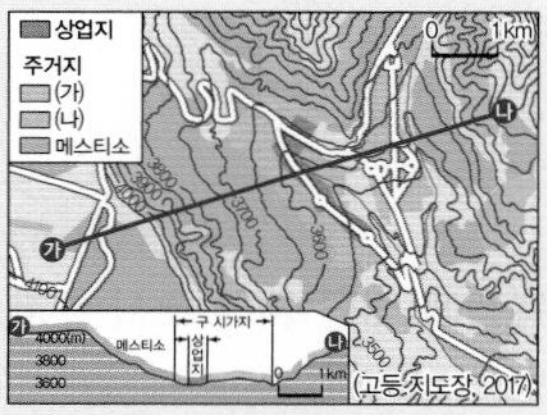

(고등 지도장, 2017)

라파스는 해발 고도가 낮은 광장을 중심으로 성당과 정부 청사 등이 도시 중심부에 있으며, 해발 고도가 높은 외곽 능선 지역으로 도시가 확대되고 있다. 고소득층인 (가) 의 상당수는 도시 중심부의 고급 주택 지구에 거주하며, 저소득층인 (나) 은/는 해발 고도가 높은 도시 외곽 지역에 거주한다.

구분	A	B	C	혼혈	기타
페루	45	15	–	37	–
아르헨티나	3	86	–	7	4
브라질	–	54	6	39	–

(단위: %) (신상 지리 자료, 2017)

	(가)	(나)
①	A	B
②	A	C
③	B	A
④	B	C
⑤	C	A

▶ 20581-0277

3 다음 자료는 중 · 남부 아메리카 도시에 대한 지식 검색 결과이다. ㉠~㉤ 중 옳지 않은 것은?

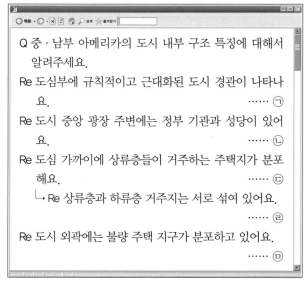

Q 중 · 남부 아메리카의 도시 내부 구조 특징에 대해서 알려주세요.

Re 도심부에 규칙적이고 근대화된 도시 경관이 나타나요. …… ㉠

Re 도시 중앙 광장 주변에는 정부 기관과 성당이 있어요. …… ㉡

Re 도심 가까이에 상류층들이 거주하는 주택지가 분포해요. …… ㉢

└ Re 상류층과 하류층 거주지는 서로 섞여 있어요. …… ㉣

Re 도시 외곽에는 불량 주택 지구가 분포하고 있어요. …… ㉤

① ㉠ ② ㉡ ③ ㉢ ④ ㉣ ⑤ ㉤

▶ 20581-0278

4 다음 글의 (가)~(다)에 해당하는 종교를 그래프의 A~C에서 고른 것은?

나이지리아와 수단은 다민족 국가이며, (가) 와/과 (나) 이/가 접하는 경계에 위치한다. 수단은 (가) 을/를 믿는 아랍계 주민이, 남수단은 (나) 혹은 (다) 을/를 믿는 토착민이 다수를 차지하고 있다.

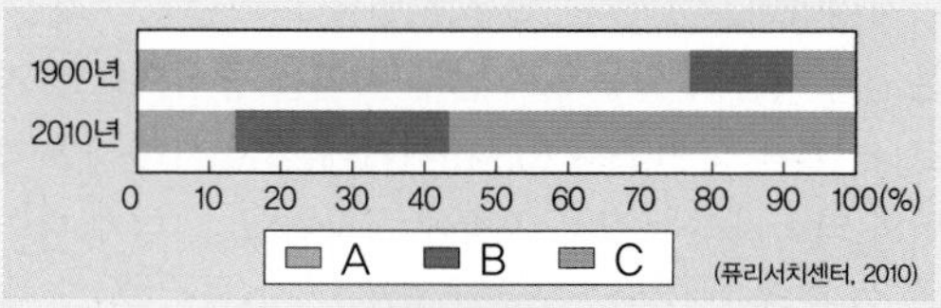

(퓨리서치센터, 2010)

▲ 사하라 이남 아프리카의 종교 비중 변화

	(가)	(나)	(다)
①	A	B	C
②	A	C	B
③	B	A	C
④	B	C	A
⑤	C	A	B

▶ 20581-0279

5 그래프는 사하라 이남 아프리카 국가의 수출 구조를 나타낸 것이다. (가), (나)에 해당하는 국가를 A~C에서 고른 것은?

(가) 북부의 이슬람교를 믿는 민족과 남부의 크리스트교를 믿는 민족 간에 종교 분쟁이 발생하였다. 이 분쟁은 남부와 북부의 경제적 격차로 더욱 심화되었다.

(나) 이 국가를 식민 지배하던 벨기에는 투치족을 중심으로 통치하였고, 후투족이 식민 정권의 특혜를 누리는 투치족에게 반감을 갖게 되면서 갈등이 일어났다.

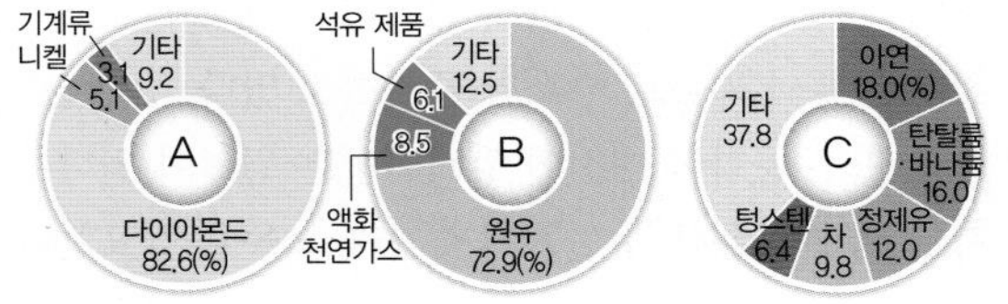

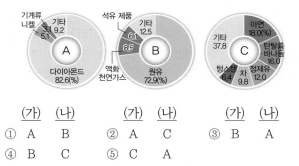

	(가)	(나)		(가)	(나)		(가)	(나)
①	A	B	②	A	C	③	B	A
④	B	C	⑤	C	A			

▶ 20581-0280

6 다음 자료의 ㉠에 대한 원인으로 적절하지 않은 것은?

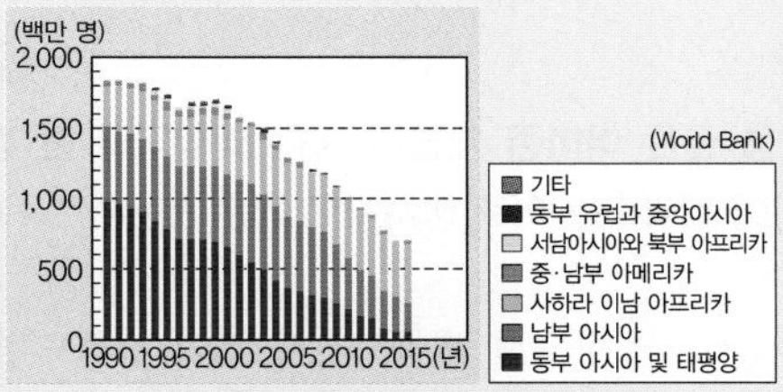

▲ 대륙별 절대 빈곤층 수

세계은행은 2015년 기준 하루 1.9달러 또는 연 694달러 이하의 비용으로 생활하는 이들을 절대 빈곤층으로 분류한다. 중국과 동남아시아 국가들의 경제 성장에 따라 이들 지역의 빈곤 인구는 크게 줄어들고 있지만, ㉠ 사하라 이남 아프리카 나라들의 빈곤은 좀처럼 개선되지 않고 있다.

① 정권 유지를 위한 독재와 부정부패 때문이다.
② 민족, 종교 간 분쟁이 자주 일어나기 때문이다.
③ 자원 개발에 필요한 노동력이 부족하기 때문이다.
④ 플랜테이션에 대한 경제적 의존도가 높기 때문이다.
⑤ 도로, 철도 등 사회 기반 시설이 미비하기 때문이다.

▶ 20581-0281

7 다음 자료의 다큐멘터리를 제작하기 위해 방문할 국가를 지도에서 순서대로 고른 것은?

작품명: 아프리카의 내일을 가다.

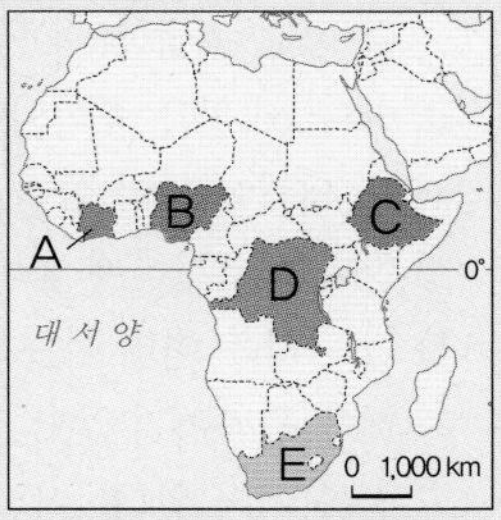

- 첫 번째 방문국: 세계 최대의 카카오 생산·수출국, 이곳의 농장은 대개 가족농 형태이다. 아이들을 학교에 보내지 않고 농사철에 일을 시켜 '아동 노동'이라는 악명을 얻었다.
- 두 번째 방문국: 이 나라 외화 수입의 약 95%, 국가 재정의 약 80%가 석유에서 나온다. 남부 나이저강 삼각주 유전 지대에서는 석유 채굴 이익을 되찾기 위한 원주민들의 봉기가 끊이지 않는다.
- 세 번째 방문국: 이곳은 커피의 원산지! 고급 커피로 유명한 시다모 지역 농장에서 어린이들이 커피를 주워 담고 있다. 공정 무역이 추진되면서 이들 대부분이 학교에 다니게 되었다.

① A−B−C ② C−D−A ③ C−E−B
④ D−E−C ⑤ D−A−E

▶ 20581-0282

8 다음 자료는 세계지리 수행평가를 위해 검색한 신문의 머리기사이다. (가)에 들어갈 말로 적절하지 않은 것은?

주제: 사하라 이남 아프리카의 저개발 요인과 대책
신문 머리기사 내용
- *쉬운 외화벌이: 국가는 '자원의 덫', 국민은 '빈곤의 늪'*
- *플랜테이션 농산물·광물 자원 수출 의존 절대적*
- *힘 있는 자만 '오일 달러', 다수 농민은 '생존 위협'*
- *자원의 저주: 자원이 가져온 강제 노동과 전쟁*

저개발의 대책: ______(가)______

① 특정 자원 중심의 산업 의존도를 높인다.
② 정치적 불안정 및 부정부패 문제를 해결한다.
③ 부의 정의로운 분배를 실현하기 위해 노력한다.
④ 산업 다각화를 위해 사회 간접 자본에 투자한다.
⑤ 자원 개발의 이익을 주민 복지 향상을 위해 사용한다.

▶ 20581-0283

9 다음 글의 (가), (나) 국가를 지도의 A~D에서 고른 것은?

(가) 세계에서 11번째로 국토 면적이 넓은 국가로 금, 구리, 주석, 코발트, 콜탄 등 광물 자원이 풍부하나 1인당 국내 총생산(GDP)은 세계에서 최하위권으로 가난하다. 내전은 종식되었지만 북동부 지역은 여전히 반군 세력이 남아 콜탄, 금, 다이아몬드 등의 자원을 르완다와 우간다에 넘기고 무기를 공급받고 있다.

(나) 이 나라는 여러 아프리카 국가들과 달리 종족 갈등 문제에 휩싸이지 않고 정치적 혼란 없이 꾸준히 경제 성장을 이어 왔다. 이 나라의 경제 성장 원동력은 다이아몬드 광산의 개발이라 할 수 있다. 외국 기업에만 의존하지 않고 정부가 외국 자본과 합작하여 만든 회사에서 다이아몬드의 채굴과 생산을 책임지고 있다.

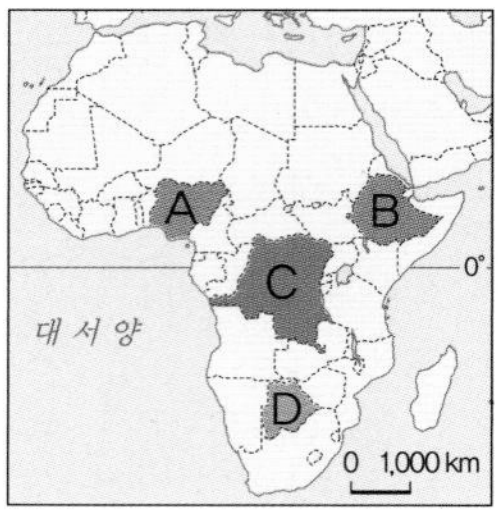

	(가)	(나)
①	A	B
②	A	C
③	B	C
④	C	D
⑤	D	A

▶ 20581-0284

10 지도에 표시된 두 국가의 정치적 불안정과 관계 깊은 자원으로 옳은 것은?

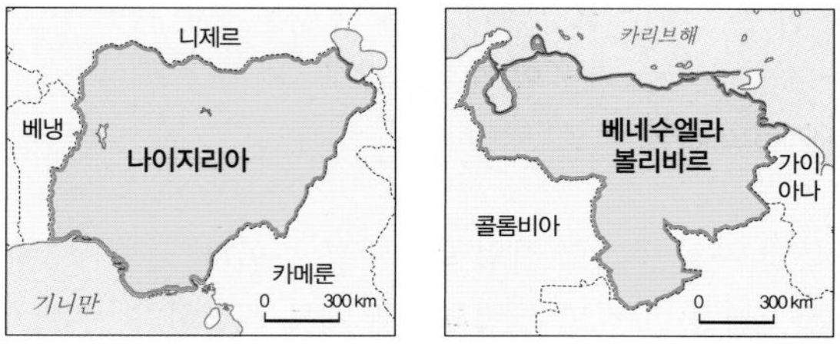

① 석유 ② 콜탄 ③ 구리 ④ 천연가스 ⑤ 다이아몬드

▶ 20581-0285

11 그래프는 어떤 자원의 생산 비중을 나타낸 것이다. 이 자원과 관련된 설명으로 옳지 않은 것은?

(미국 지질 조사국, 2017)

① 열대림 파괴와 수질 오염의 원인이 된다.
② 전자 부품의 원료로 수요가 증가하고 있다.
③ 콩고 민주 공화국 내전이 장기화하는 원인이 된다.
④ 자원 개발을 위해 주민들에게 강제 노동을 강요한다.
⑤ 보석으로 가공되는 자원으로 내전의 원인을 제공하였다.

▶ 20581-0286

12 다음 글은 아마존 개발에 대한 역할극의 한 장면이다. (가), (나)에 해당하는 이해 당사자로 옳은 것은?

- 정부 관계자: 도시를 개발하고 도로가 건설되면 경제가 발전하고, 주민의 삶의 질이 좋아질 수 있습니다.
- (가): 열대 우림의 파괴는 지구 온난화를 유발하여 지구 곳곳에 기상 이변이 발생하고 있습니다.
- (나): 밀림이 파괴되면서 사냥할 동물들이 사라지고 식량이 부족해집니다.

	(가)	(나)
①	개발업자	환경 운동 단체
②	개발업자	원주민
③	환경 운동 단체	원주민
④	환경 운동 단체	개발 업자
⑤	원주민	환경 운동 단체

VIII 평화와 공존의 세계

대단원 한눈에 보기

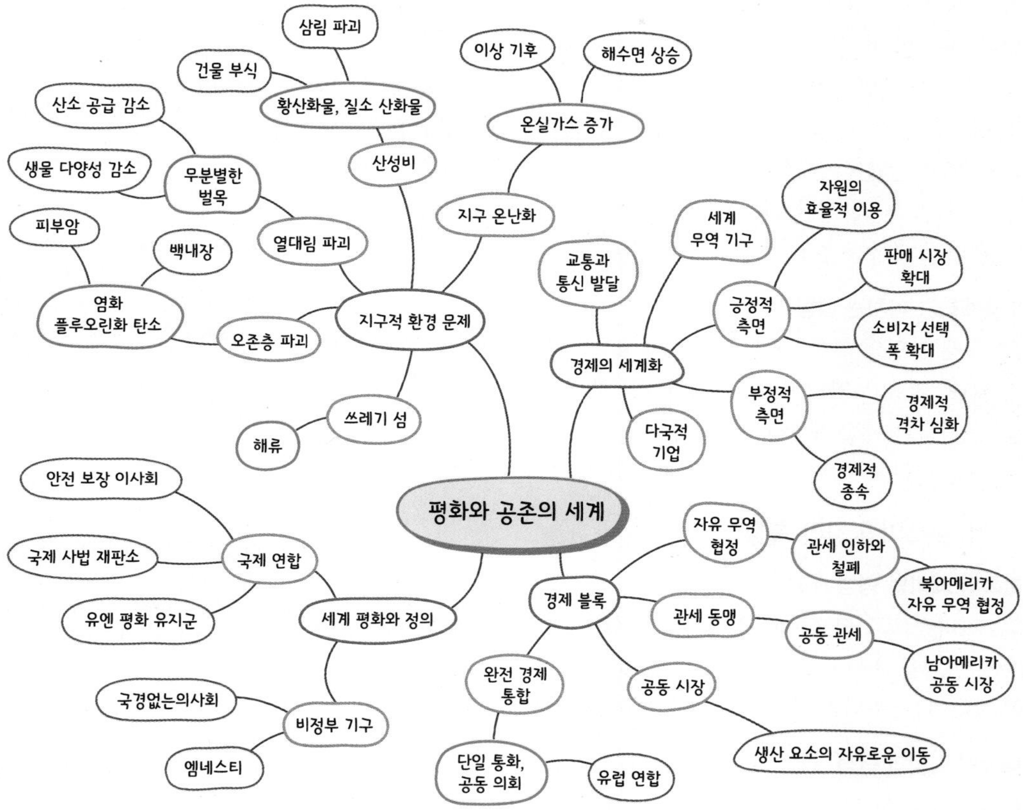

01 경제의 세계화와 경제 블록

① □□ □□은/는 지리적으로 인접해 있고, 경제적 상호 의존도가 높은 국가들이 공동의 이익을 위해 구성하는 경제 협력체이다.

02 지구적 환경 문제와 국제 협력

지구 온난화를 해결하기 위해 국제 사회는 온실가스의 배출량을 규제하는 내용을 담은 교토 의정서를 체결하였고, ② □□ □□을/를 통해 온실가스 감축 의무 대상국을 협약 당사국 모두로 확대하였다.

03 세계 평화와 정의를 위한 지구촌의 노력들

③ □□ □□은/는 국제 사회의 분쟁 해결을 위해 개입하고 법적 근거를 마련하기 위해 조직된 국제기구로, 세계의 평화 유지를 위해 활동하고 있으며, 본부는 뉴욕에 위치하고 있다.

정답 | ① 경제 블록 ② 파리 협정 ③ 국제 연합(UN)

핵심 개념 정리 01 경제의 세계화와 경제 블록

경제의 세계화와 경제 블록의 형성

(1) 경제의 세계화

① 의미: 교통과 통신이 발달하고 국가 간의 인적 · 물적 교류가 활발해지면서 경제적으로 상호 의존성이 커지고 국가의 경계를 넘어 하나로 통합되어 가는 현상

② 특징: 국가 간 무역 장벽이 완화되고 세계가 단일 시장으로 통합되어 가는 과정으로 유통, 금융 등 다양한 측면에서 경제의 세계화가 진행됨

③ 다국적 기업의 공간적 분업: 노동, 자본, 경영 등 생산 요소를 고려하여 기업의 관리, 연구, 생산 기능을 분리 배치함 → 경영의 효율성을 높이고 이윤의 극대화를 추구

기업의 기획 및 관리, 연구, 생산, 판매 기능이 세계적인 범위에서 공간적으로 분리되는 현상

(2) 경제의 세계화가 미치는 영향

① 장점: 국제 분업의 확산 → 자원 이용의 효율성 향상, 기업의 제품 판매 시장 확대, 자유 무역의 확대 → 소비자의 상품 선택 기회 증가 등

② 단점: 선진국과 개발 도상국 간의 경제적 격차 확대, 개발 도상국의 경제적 종속 심화 → 경쟁력이 약한 산업은 고용과 생산량 감소

주요 경제 블록의 형성과 특징

(1) 경제 블록의 의미와 형성 배경

① 의미: 지리적으로 인접하고 경제적으로 상호 의존도가 높은 국가들이 공동의 이익을 위해 구성하는 배타적인 경제 협력체

② 형성 배경: 다자주의를 표방하는 세계 무역 기구(WTO)의 단점 보완

(2) 경제 블록의 장점과 단점

① 장점: 회원국 간의 무역 증가, 국가 간 경제 교류 활성화로 생산비 절감 효과 발생, 자원의 효율적 이용 가능 등

② 단점: 비회원국에 대한 차별과 이로 인한 국가 간 무역 분쟁이 발생할 수 있음, 무역 대상국에 대하여 경쟁력이 취약한 산업의 경우 쇠퇴할 수 있음

(3) 주요 경제 블록

북아메리카 자유 무역 협정(NAFTA)	캐나다 · 미국 · 멕시코 간의 자유 무역 협정 (멕시코에 외국 기업의 투자가 증가하는 배경이 됨)
동남아시아 국가 연합(ASEAN)	동남아시아 국가 간의 기술 및 자본 교류와 자원 공동 개발 추진
남아메리카 공동 시장(MERCOSUR)	브라질 · 아르헨티나 · 우루과이 · 파라과이 · 베네수엘라 볼리바르로 구성 (베네수엘라: 2016년 자격 정지 되었음)
유럽 연합(EU)	회원국 간의 상품 · 자본 · 노동력의 이동을 보장, 단일 화폐 사용 — 모든 회원국이 유로화를 단일 화폐로 사용하지는 않음

◉ **무역 장벽**
국가 간의 경쟁에서 자국 상품을 보호하고 교역 조건을 유리하게 하며 국제 수지를 개선하기 위하여 정부가 인위적으로 취하는 법적 · 제도적 조치를 말한다.

◉ **다국적 기업**
국경을 넘어 세계적으로 생산과 판매 활동을 하는 기업이다.

◉ **세계 무역 기구(WTO)**
관세 및 무역에 관한 일반 협정(GATT) 체제 이후 우루과이 라운드 합의 사항에 대한 이행을 감시하기 위해 1995년에 출범하였다. 공산품과 더불어 농산물과 서비스업에서도 자유 무역을 추진하기 위해 설립된 기구로, 무역 분쟁 조정 및 해결을 위한 법적 권한과 구속력의 행사가 가능하다.

◉ **다자주의**
다수의 국가가 참여하여 공동의 원칙을 수립하는 제도 및 방법이다. 세계 무역 기구(WTO)는 회원국 수가 증가하면서 모든 회원국의 입장을 조율하는 것이 현실적으로 어려워지고 있다.

◉ **관세**
수출되거나 수입되는 물품에 대하여 부과되는 세금을 의미한다.

◉ **미국 · 멕시코 · 캐나다 협정(USMCA)**
북아메리카 자유 무역 협정(NAFTA)이 세 국가 간의 재협상을 통해 2020년 미국 · 멕시코 · 캐나다 협정(USMCA)으로 개정되어 발효되었다.

◉ **주요 경제 블록의 무역액**

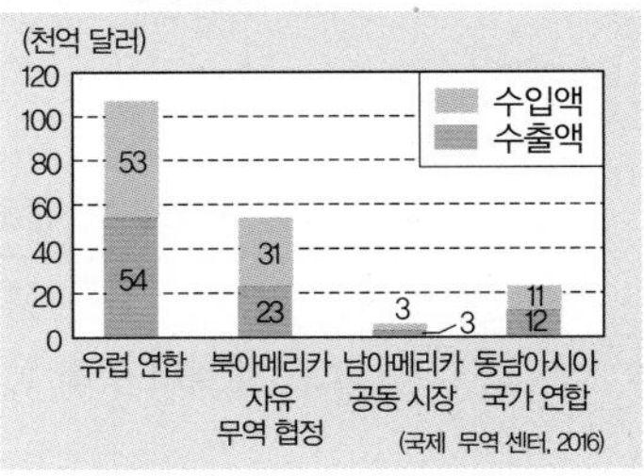

자료 탐구

❶ 통합 단계에 따른 경제 블록의 유형

▲ 지역 경제 통합의 유형과 포괄 범위

분석 | 오늘날 지역 경제 통합은 다양한 유형으로 이루어지고 있다. 첫째, 자유 무역 협정(FTA)은 회원국 간 무역 장벽을 해소하고 관세 축소를 통한 자유 무역을 추구한다. 대표적인 예로 북아메리카 자유 무역 협정(NAFTA)이 있다. 둘째, 관세 동맹은 회원국 간에는 관세를 낮추거나 무관세이지만 비회원국에는 공통의 수입 관세를 부과한다. 대표적인 예로 남아메리카 공동 시장(MERCOSUR)이 있다. 셋째, 공동 시장은 관세 동맹에 더하여 자본·노동 등 생산 요소의 자유로운 이동을 보장한다. 넷째, 완전 경제 통합은 단일 통화 및 회원국의 공동 의회 설치와 같은 정치·경제적 통합을 추구하는 단계로 유럽 연합(EU)이 대표적인 사례이다.

❷ 주요 경제 블록의 특징

필리핀, 싱가포르, 인도네시아, 타이 등 동남아시아에 위치한 10개국 간의 기술 및 자본 교류와 자원의 공동 개발 추진을 위해 결성된 지역 경제 협력체

태평양 연안 국가들의 지역 경제 협력 강화를 목적으로 결성된 지역 경제 협력체

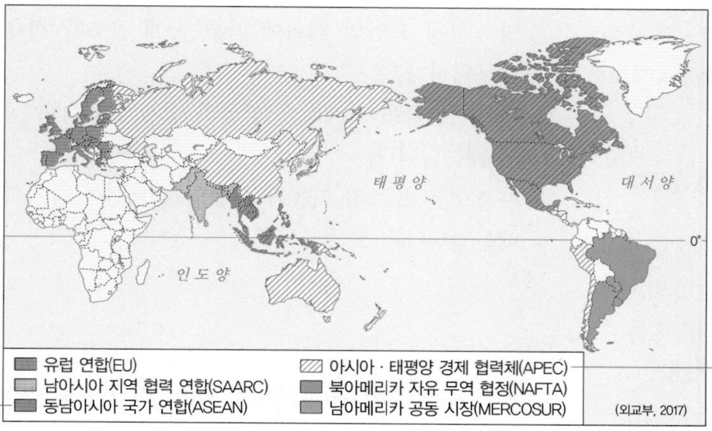

분석 | 경제 블록은 지리적으로 인접하고 경제적으로 상호 의존도가 높은 국가들이 공동의 이익을 위해 구성하는 배타적인 경제 협력체로 유럽 연합(EU), 동남아시아 국가 연합(ASEAN), 북아메리카 자유 무역 협정(NAFTA) 등이 있다. 유럽 연합(EU)은 독자적인 입법부, 사법부, 행정부를 두고 외교·안보 분야 등에서 공동의 정책을 추진하는 등 경제적 통합을 넘어 정치적 통합을 위한 노력을 기울이고 있다. 하지만 2016년 영국이 유럽 연합(EU) 탈퇴를 선언함으로써 변화를 겪고 있다. 동남아시아 국가 연합(ASEAN)은 역내 관세 철폐, 자본 및 노동력의 자유로운 이동, 통일된 경제 기준 등을 통해 단일 시장을 구축하고자 한다. 북아메리카 자유 무역 협정(NAFTA)은 지역 내 풍부한 자원, 미국과 캐나다의 높은 기술 수준과 풍부한 자본, 멕시코의 풍부한 노동력이 상호 보완적으로 결합하여 지역의 경제 성장을 위한 기반을 마련하고 있다. 남아메리카 공동 시장(MERCOSUR)은 외부 시장에 대해서는 동일한 관세를 적용하고 있으며, 회원국 간에는 약 90%의 품목에 대해 무관세 무역을 시행하고 있다.

확인학습

1 표는 주요 경제 블록의 사례에 따른 범위를 나타낸 것이다. (가)~(다)에 들어갈 표기로 옳은 것은?

구분	역내 관세 철폐	역외 공동 관세 부과	역내 생산 요소 자유 이동
북아메리카 자유 무역 협정	(가)	×	×
남아메리카 공동 시장	○	(나)	×
유럽 연합	○	○	(다)

	(가)	(나)	(다)
①	○	○	○
②	○	○	×
③	×	○	○
④	×	×	○
⑤	×	×	×

정답과 해설 ▶ 북아메리카 자유 무역 협정(NAFTA)은 자유 무역 협정으로 역내 관세 철폐, 남아메리카 공동 시장(MERCOSUR)은 역외 공동 관세 부과, 유럽 연합(EU)은 역내 생산 요소의 자유 이동이 가능한 경제 블록이다. 답 ①

2 다음과 같은 특징을 가진 경제 블록으로 옳은 것은?

- 1967년 설립
- 2019년 현재 10개 회원국으로 구성
- 저렴한 노동력, 큰 시장 규모, 풍부한 자원, 편리한 해상 교통 등의 장점 보유

① 유럽 연합(EU)
② 동남아시아 국가 연합(ASEAN)
③ 아시아·태평양 경제 협력체(APEC)
④ 남아메리카 공동 시장(MERCOSUR)
⑤ 북아메리카 자유 무역 협정(NAFTA)

정답과 해설 ▶ 동남아시아 국가 연합(ASEAN)은 동남아시아 국가들의 경제 성장과 안보 및 지역 안정을 도모하기 위한 정치·경제 기구이다. 답 ②

개념 체크

저절로 암기 Tip | ☐ 1회 (/) ☐ 2회 (/) ☐ 3회 (/)

01~08 다음 내용이 옳으면 ○표, 틀리면 ×표 하시오.

01 경제적 세계화의 본격적인 확대는 1995년 우루과이 라운드에서 무역 협상이 타결되어 세계 무역 기구(WTO)가 출범하면서 시작되었다. (　　)

02 세계 무역 기구(WTO)는 양자주의를 표방하기 때문에 자유 무역을 위한 합의가 효과적으로 이루어진다. (　　)

03 다국적 기업은 관리, 연구, 생산 기능을 두 개 이상의 국가에 분리 배치함으로써 시장을 확대하고 이윤을 극대화하고자 하는데, 이를 공간적 분업이라고 한다. (　　)

04 회원국 간 무역 장벽 해소와 관세 축소를 통해 자유 무역을 추구하는 양자 간 혹은 다자 간 협정을 자유 무역 협정(FTA)이라고 한다. (　　)

05 경제 블록 유형 중에서 가장 낮은 단계로 역내 관세를 철폐하는 단계는 관세 동맹이다. (　　)

06 유럽 연합(EU)의 회원국은 모두 유로화를 단일 화폐로 사용하고 있다. (　　)

07 북아메리카 자유 무역 협정(NAFTA)은 유럽 연합(EU)보다 경제 통합 수준이 높은 경제 블록이다. (　　)

08 경제 블록의 형성으로 회원국 간에는 자원의 효율적인 이용 및 역내 무역 창출, 국제적 영향력 증대 등의 효과를 얻을 수 있지만, 비회원국에 대해서는 차별적인 대우를 취한다. (　　)

정답

01 ○ 02 × 03 ○ 04 ○ 05 ×
06 × 07 × 08 ○

오답 체크 Tip

02 세계 무역 기구(WTO)는 다자주의를 표방하기 때문에 자유 무역을 위한 합의가 효과적으로 이루어지지 않는다.
06 유럽 연합(EU)의 일부 회원국은 유로화를 단일 화폐로 사용하지 않는다.

기본 문제

▶ 20581-0287

01 **다음은 세계지리 수업 장면이다. 교사의 질문에 옳게 대답한 학생을 고른 것은?**

• 교사: 그래프와 같은 변화가 나타나게 된 원인을 이야기해 볼까요?

연도별 지역 무역 협정(RTA) 발효 현황

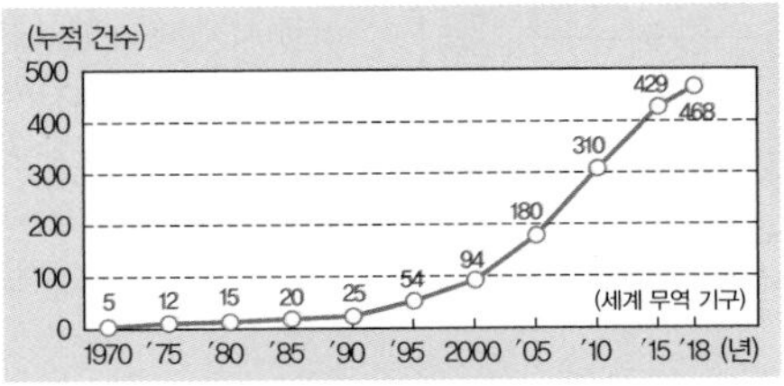

* 지역 무역 협정은 국가 간에 배타적인 무역 특혜를 부여하는 것을 말하며, 경제 블록과 같이 사용됨

① 갑 – 보호 무역의 강화로 무역량이 줄어들었기 때문입니다.
② 을 – 무역에서 운송비가 차지하는 비중이 증가했기 때문입니다.
③ 병 – 환경 오염의 심화에 따른 국제 공조가 필요했기 때문입니다.
④ 정 – 선진국보다 개발 도상국의 경제적 위상이 상승했기 때문입니다.
⑤ 무 – 생산 요소의 이동과 분업의 중요성이 증가하였기 때문입니다.

단답형 ▶ 20581-0288

02 **다음은 세계지리 수업의 한 장면이다. (가)에 알맞은 용어를 쓰시오.**

정답과 해설 63쪽

▶ 20581-0289

03 **다음 글의 밑줄 친 (가)에 대한 설명으로 옳은 것은?**

> 자유 무역을 추구하는 세계화 경향 속에서 일부 지역은 인접한 지역이나 주요 국가들과 (가) 자유 무역 협정(FTA)을 체결하여 경제 블록을 형성하고 있다. 경제 블록은 국가 간 관세 및 무역 장벽을 없애거나 완화함으로써 회원국 간의 상호 의존성을 높이고, 무역을 증대할 수 있다.

① 생산 요소의 자유로운 이동이 보장된다.
② 다른 국가에 대해 공동 관세를 부과한다.
③ 정치 및 군사적 공동체로의 발전을 기대한다.
④ 단일 통화를 사용하여 경제적 통합을 추구한다.
⑤ 협정 체결 국가 간 관세 장벽이 낮아져 교역이 확대된다.

▶ 20581-0290

04 **지도는 어느 세계 경제 기구의 회원국 현황을 나타낸 것이다. 이에 대한 옳은 설명만을 〈보기〉에서 있는 대로 고른 것은?**

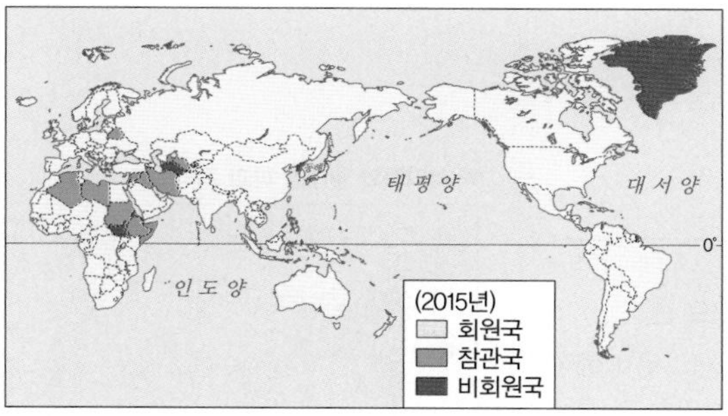

보기

ㄱ. 자유 무역의 확산을 목적으로 한 기구이다.
ㄴ. 농산물과 공산품 이외에 서비스 부문까지도 협상 대상에 포함된다.
ㄷ. 국가 간 무역에서 발생하는 분쟁 조정 및 해결을 위한 강제 구속력이 있다.
ㄹ. 자국의 산업을 보호하기 위해 관세 부과, 수입 할당제와 같은 정책을 장려한다.

① ㄱ, ㄴ ② ㄱ, ㄷ ③ ㄷ, ㄹ
④ ㄱ, ㄴ, ㄷ ⑤ ㄴ, ㄷ, ㄹ

05~06 **그림은 통합 단계에 따른 경제 블록의 유형을 나타낸 것이다. 이를 보고 물음에 답하시오.**

▶ 20581-0291

05 **(가)~(다)에 들어갈 내용으로 옳은 것은?**

	(가)	(나)	(다)
①	관세 동맹	완전 경제 통합	자유 무역 협정
②	관세 동맹	자유 무역 협정	완전 경제 통합
③	완전 경제 통합	관세 동맹	자유 무역 협정
④	자유 무역 협정	관세 동맹	완전 경제 통합
⑤	자유 무역 협정	완전 경제 통합	관세 동맹

▶ 20581-0292

06 **(가)~(다)에 해당하는 경제 블록을 지도의 A~D에서 고른 것은?**

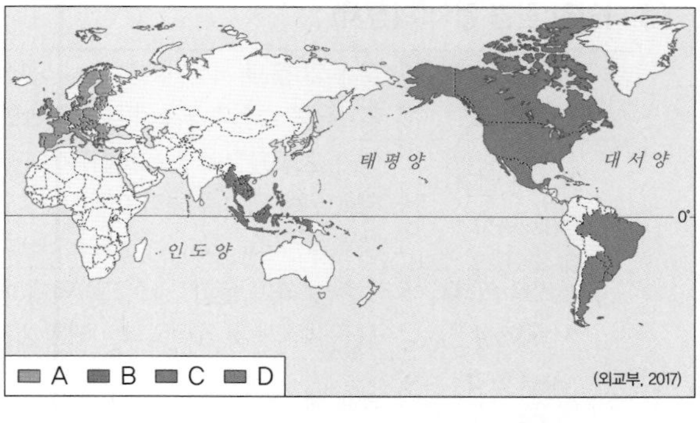

	(가)	(나)	(다)
①	A	B	C
②	C	A	B
③	C	D	A
④	D	B	A
⑤	D	B	C

핵심 개념 정리 **02~03** 지구적 환경 문제와 국제 협력~세계 평화와 정의를 위한 지구촌의 노력들

지구적 환경 문제

(1) 지구 온난화: 화석 연료 사용의 증가로 대기 중 온실가스가 증가, 방목지 확대와 경지 개간으로 인한 삼림 면적 감소 → 극지방의 빙하 축소, 해수면 상승에 따른 해안 저지대 침수, 기상 이변에 따른 가뭄, 홍수, 폭염, 한파로 인한 피해 증가, 가뭄 지수에도 영향을 줌

└ 삼림 면적이 감소하면 이산화 탄소 흡수 능력이 약화됨

(2) 오존층 파괴: 염화 플루오린화 탄소(CFCs)의 사용량 증가로 성층권의 오존층이 감소되는 현상 → 자외선 투과량의 증가로 인한 피부암 · 백내장 발병률 증가 등

(3) 사막화: 기후 변화로 인한 장기간의 가뭄, 과도한 방목 및 개간, 삼림 벌채, 관개 농업 확대에 따른 토양 염류화 현상 등이 원인 → 사막 주변 지역의 토양 황폐화 등

└ 주로 건조 기후 지역에서 나타남

(4) 산성비: 공장 · 자동차 · 발전소 등에서 나오는 황산화물과 질소 산화물 등의 대기 오염 물질이 수증기나 비와 만나 형성 → 삼림 파괴, 호수의 산성화, 건축물 부식 등

(5) 열대림 파괴: 무분별한 벌목과 농경지 확대, 자원 개발 등 → 지구 대기로의 산소 공급량 감소, 삼림 자원 감소 및 동식물의 서식지 파괴 등

(6) 쓰레기 섬: 해양으로 유입된 쓰레기가 해류를 따라 이동하면서 거대한 쓰레기 섬을 만들기도 함 → 대부분 플라스틱이나 비닐로 구성 → 해양 환경을 파괴

지구적 환경 문제에 대처하는 국제 사회의 노력

(1) 다양한 환경 협약(의정서)

람사르 협약 (1971년)	철새 및 물새 서식지로서 특히 국제적으로 중요한 습지에 관한 협약으로 습지의 보호와 지속 가능한 이용을 목적으로 함
제네바 협약 (1979년)	대기 오염 물질의 장거리 이동에 관한 협약으로 산성비 문제 해결을 위해 국경을 넘어 이동하는 대기 오염 물질의 감축 및 통제를 목적으로 함
몬트리올 의정서 (1987년)	오존층 파괴 물질의 배출을 억제하여 오존층을 보호함으로써 지구 생태계 및 동식물의 피해를 방지하기 위함
바젤 협약 (1989년)	유해 폐기물의 국가 간 이동에 관한 규제를 목적으로 함
사막화 방지 협약 (1994년)	국제적 노력을 통해 사막화를 방지하고, 사막화를 겪고 있는 개발 도상국을 재정적 · 기술적으로 지원하는 것을 목적으로 함
교토 의정서 (1997년)	미국, 유럽, 일본 등 선진 38개국의 온실가스 감축 목표를 구체적으로 제시하고 탄소 배출권 거래제를 도입함
파리 협정 (2015년)	선진국과 개발 도상국 모두 온실가스 감축을 포함한 포괄적인 대응에 동참하도록 규정함

┌ 염화 플루오린화 탄소(CFCs)의 사용 규제를 명시함 (몬트리올 의정서)

└ 2020년 만료되는 교토 의정서를 대체하는 협정 (파리 협정)

◉ **온실 가스**
이산화 탄소, 메테인 등 지구 복사 에너지를 흡수하여 대기의 온도를 높이는 역할을 하는 기체이다.

◉ **가뭄 지수**
강수량, 기온, 일조 시간 등을 고려하여 가뭄의 정도를 판단하도록 만든 지수이다.

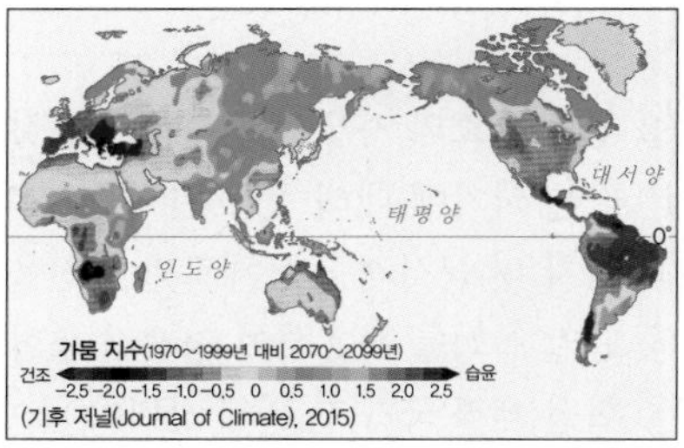

▲ 파머 가뭄 지수

◉ **염화 플루오린화 탄소(CFCs)**
오존층을 파괴하는 주요 원인 물질 중 하나이다. 주로 냉장고나 에어컨의 냉매제로 사용되었다.

◉ **사막화와 열대림 파괴 지역**

사막 주변 지역 곳곳에서 사막화가 진행되고 있으며, 열대 우림 지역에서는 경지 확대, 자원 개발 등으로 인해 열대림이 파괴되고 있다.

◉ **탄소 배출권 거래제**
국가나 기업 간에 탄소 배출 허용량을 거래할 수 있는 제도이다. 국가나 기업마다 배출할 수 있는 탄소의 총량을 규정한 후 사용하지 않은 분량은 초과 배출한 국가나 기업에 판매할 수 있다.

❶ 기후 변화에 따른 세계 여러 지역의 피해

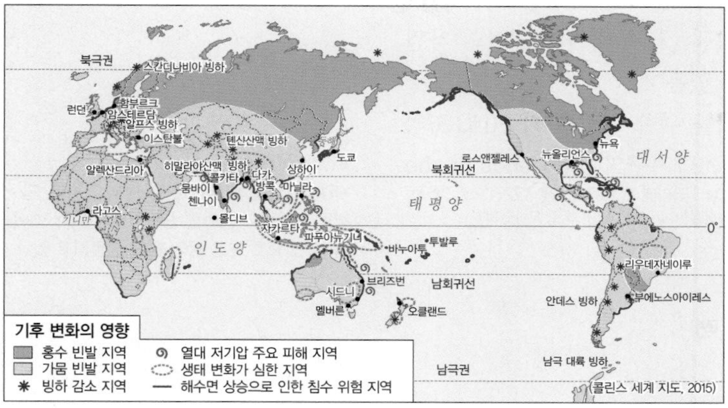

분석 | 산업 혁명 이후 산업화와 도시화가 급속하게 진행되면서 화석 연료 사용이 급증하고 자원 개발과 농경지 확대로 삼림 파괴가 증가하였다. 이로 인해 대기 중의 온실가스 배출량이 급격히 증가하여 지구의 평균 기온이 높아지는 지구 온난화 현상이 가속화되고 있다. 지구 온난화로 극지방의 빙하가 녹아 해수면이 상승하면서 일부 해안 저지대나 섬 지역에서는 생활 터전이 침수되는 피해가 발생하고 있다. 또한 동식물의 서식 환경 변화로 일부 동식물은 멸종 위기에 처하기도 하였다. 이외에 기상 이변으로 세계 곳곳에서 가뭄과 홍수, 폭염, 한파 등으로 인한 피해가 증가하고 있다.

화석 연료: 오래전부터 지구상에 살았던 생물의 잔해에 의해 생성된 석유, 석탄, 천연가스 등의 자원

확인학습

1 그래프와 같은 변화의 추세가 지속될 경우 나타날 수 있는 현상으로 옳지 않은 것은?

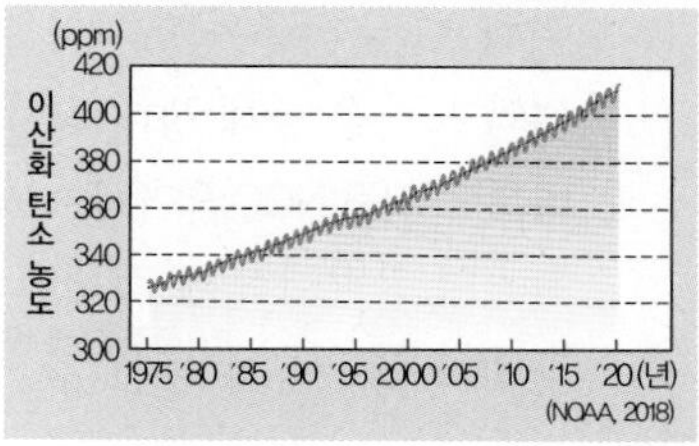

① 고산 지대의 만년설이 줄어들 것이다.
② 지구촌 곳곳에서 기상 이변이 나타날 것이다.
③ 해수면 상승으로 해안 저지대가 침수될 것이다.
④ 고산 식물 서식지의 분포 고도가 높아질 것이다.
⑤ 시베리아의 타이가 지대는 툰드라 지대로 변할 것이다.

정답과 해설 ▶ 지구의 평균 기온이 높아지면 툰드라 지대는 타이가 지대로 변화할 것이다. 답 ⑤

❷ 주요 국제 환경 협약

분석 | 국가 간 주요 환경 협약으로는 온실가스 배출권 거래제를 도입한 교토 의정서, 선진국과 개발 도상국 모두 온실가스 감축 의무에 동참하도록 규정한 파리 협정 등이 있다. 이외에 국제 사회는 해양 오염을 막기 위한 런던 협약, 습지 보호 및 습지의 지속 가능한 이용을 위한 람사르 협약, 오존층 파괴를 막기 위해 염화 플루오린화 탄소(CFCs)의 사용을 규제한 몬트리올 의정서 등 다양한 환경 협약을 통해 지구의 환경 문제를 전 지구적 차원에서 해결하려고 노력하고 있다.

오존층: 태양에서 방출되는 자외선을 흡수하여 지상에 도달되는 것을 막아줌

2 다음 글의 (가)에 해당하는 환경 협약(의정서)을 지도의 A~E에서 고른 것은?

> 교토 의정서를 대체하는 협정으로, 교토 의정서에서는 선진국만 온실가스 감축 의무가 있었지만, ___(가)___에서는 모든 당사국이 감축 목표를 지켜야 한다.

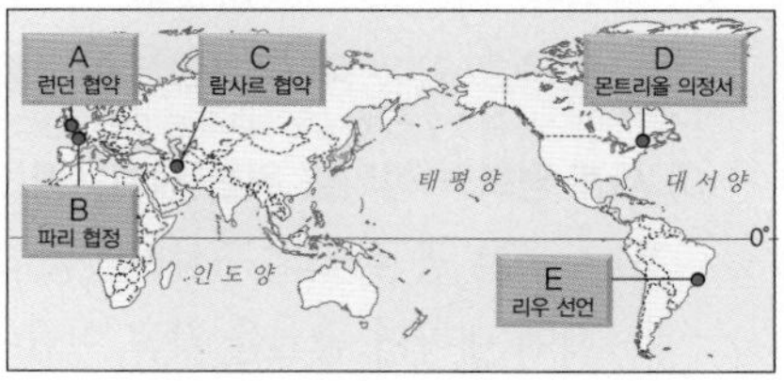

① A ② B ③ C ④ D ⑤ E

정답과 해설 ▶ 파리 협정(B)은 선진국과 개발 도상국 모두 온실가스 감축 의무에 동참하도록 규정한 협정이다. 답 ②

(2) 환경 문제 해결을 위한 노력

① **생태 발자국**: 사람이 사는 동안 사용하는 모든 자원을 생산 · 처리하기 위해 드는 비용을 토지의 면적으로 나타낸 것 → 국가와 개인의 자원 절약 노력을 통해 생태 발자국을 줄일 수 있음

② **비정부 기구(NGO)의 등장**: 세계적인 연대를 위한 비정부 기구(NGO)의 활동이 활발해짐 예 그린피스(Greenpeace), 지구의 벗(Friends of the Earth) 등

(비정부 기구(NGO)의 등장: 환경 문제 발생 지역의 범위가 여러 국가에 걸쳐 있고, 전 지구적으로 영향을 끼치면서 한 국가의 노력만으로 해결할 수 없게 되면서 등장하였음)

◉ **그린피스**
1971년에 설립된 국제 환경 보호 단체로, 지구의 환경을 보존하고 평화를 증진시키기 위해 핵 실험 반대, 자연 보호 운동 등의 활동을 펼치고 있다.

● 세계 평화와 정의를 위한 국제 사회의 노력

(1) 세계의 분쟁

① **분쟁의 주요 원인**: 영역, 자원, 문화적 차이 등 다양한 이유로 발생 → 난민, 기아 문제 발생

② **다양한 분쟁 지역**

- 영토 분쟁 지역: 아프리카 여러 국가의 분쟁, 쿠르드족 분리 독립 운동, 카슈미르 분쟁 등
- 자원을 둘러싼 분쟁 지역: 쿠릴 열도, 센카쿠 열도, 난사 군도, 시사 군도, 카스피해, 북극해 등
- 민족 및 종교 차이로 인한 분쟁: 팔레스타인 분쟁, 필리핀 모로족의 분리 독립 분쟁, 스리랑카 분쟁, 티베트인의 독립 운동 등

◉ **국제 연합(UN) 평화 유지군의 활동**

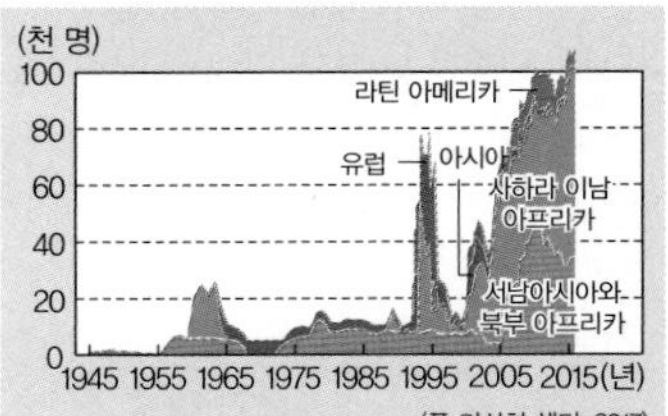

(퓨 리서치 센터, 2017)

2000년대 들어 국제 연합(UN) 평화 유지군의 활동이 활발해졌다.

(2) 평화를 위한 노력

① **국제 연합(UN)의 노력**: 국제 사법 재판소, 평화 유지군, 유엔 난민 기구 등을 통해 무력 분쟁 및 갈등, 난민 문제에 적극적으로 대응하고 있음

- 국제 사법 재판소: 국가 간 분쟁을 법적으로 해결하는 유일한 국제기구
- 국제 연합(UN) 평화 유지군: 분쟁 지역의 무력 충돌 감시와 주민 보호(건설 · 의료 지원)
- 안전 보장 이사회: 국제 평화와 안전을 유지하기 위한 권한과 책임 행사 (5개의 상임 이사국과 10개의 비상임 이사국으로 구성)

② **비정부 기구(NGO)의 노력**: 인류의 존엄과 공공의 이익을 추구하는 시민들이 자발적으로 비정부 기구(NGO)를 조직하여 세계 평화를 위해 노력하고 있음 예 국경없는의사회, 엠네스티 등

(국경없는의사회: 전쟁이나 자연재해로 피해를 당한 사람들 혹은 의료나 보건 지원이 필요한 사람들을 도와주는 의료 구호 단체)
(엠네스티: 언론 및 종교 탄압 행위를 비판하고 인권 보호에 힘씀)

◉ **주요 국제 난민 발생국**

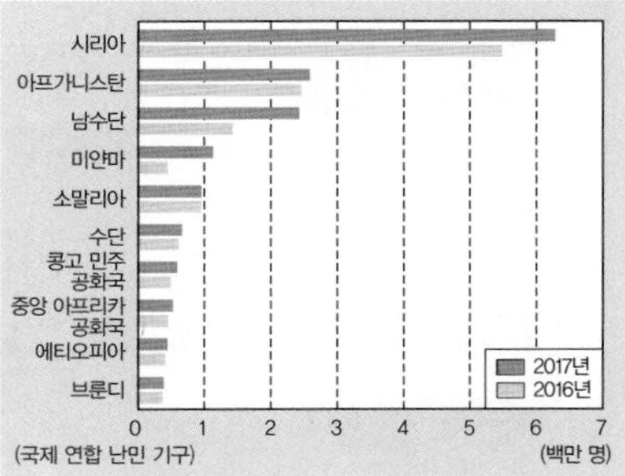

국제 사회는 난민의 신체적 안전과 개인의 기본권을 보장하기 위해 유엔 난민 기구(UNHCR)를 만들어 난민 문제에 대처하고 있다. 아프가니스탄, 수단, 소말리아, 콩고 민주 공화국 등에서 발발한 전쟁으로 발생한 난민은 인접 국가로 이동하는 경향이 있다. 최근에는 극단주의 무장 단체인 IS(이슬람 국가)와 관련하여 시리아의 난민 수가 크게 증가하고 있다.

(3) 세계 평화와 정의를 위한 세계 시민으로서의 가치와 태도

① 지구촌 공동체의 구성원임을 인식하고, 세계에서 발생하는 다양한 문제에 대하여 관심을 갖고 이를 해결하려는 실천 의지를 지녀야 함

② 국제 평화를 추구하고 보편적인 인권 존중 의식을 함양해야 함

③ 국제 사회의 개선과 발전을 위해 고민하며, 이를 지역적 수준에서 실현할 수 있는 세계 시민의 안목을 가져야 함

자료 탐구

③ 점점 더 커지는 생태 발자국

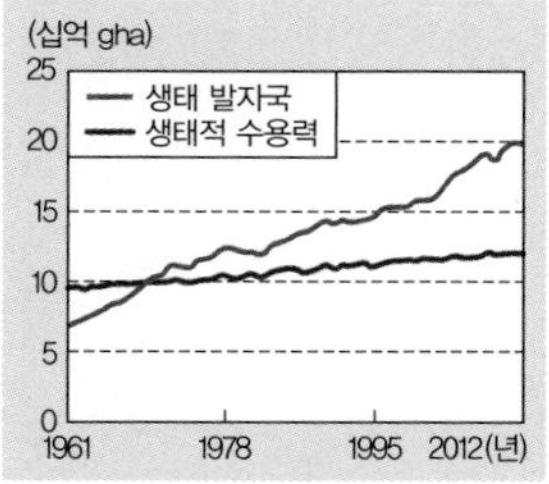

▲ 지구 생태 발자국 변화 추이

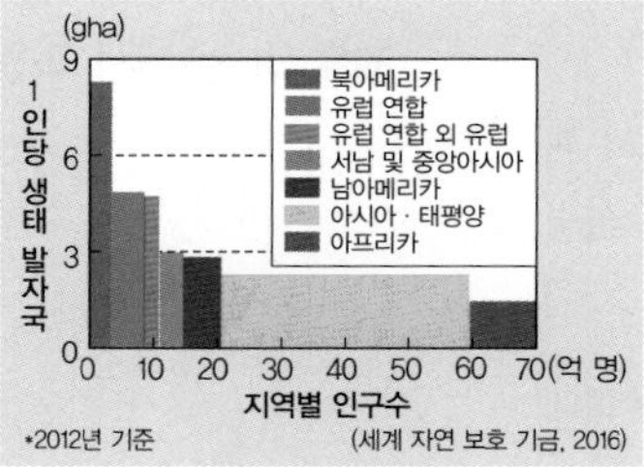

▲ 지역별 인구와 1인당 생태 발자국

분석 | 생태 발자국은 지구에서 사람이 살아가는 동안에 필요한 자원의 생산과 폐기에 드는 비용을 토지의 면적으로 환산한 것이다. 생태 발자국은 수치가 클수록 피해를 많이 준다는 뜻이다. 생태 발자국은 지속적으로 커지고 있는데 지속 가능한 발전을 위해서는 생태 발자국이 생태적 수용력과 같거나 작아야 한다. 그러나 인구 증가와 산업 발달로 생산과 소비가 증가함에 따라 지구의 생태 발자국 수치는 빠르게 커지고 있다. 특히 소득 수준이 높은 지역일수록 1인당 생태 발자국 수치가 높게 나타난다.

지속 가능한 발전: 미래 세대가 그들의 필요를 충족시킬 수 있는 가능성을 손상시키지 않는 범위 내에서 현재 세대의 필요를 충족시키는 발전

④ 세계의 분쟁 지역과 난민 발생

쿠르드족: 독자적인 국가를 가지고 있지 않은 민족 중에서 세계에서 인구가 가장 많으며, 쿠르드어를 사용함

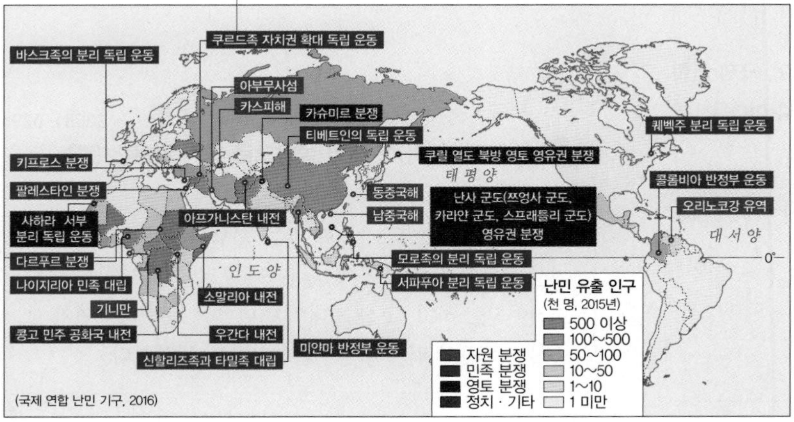

분석 | 오늘날 세계 여러 지역은 영토, 자원, 종교, 민족, 언어 등 여러 가지 이유로 갈등을 겪고 있다. 영토 분쟁의 대부분은 영토 내 자원 확보를 둘러싸고 발생하는데, 쿠릴 열도 북방 영토 영유권 분쟁, 난사 군도 영유권 분쟁 등이 대표적이다. 종교 분쟁은 다른 종교 간 갈등이나 같은 종교 내의 교파 간 갈등으로 발생한다. 자원 분쟁은 석유, 수자원 등 경제 가치가 있는 자원의 확보를 위해 발생한다. 이 밖에도 민족의 차이로 국가 간, 또는 국가 내 분쟁이 발생하기도 하는데 팔레스타인 분쟁, 신할리즈족과 타밀족의 대립, 모로족의 분리 독립 운동, 티베트인의 독립 운동 등은 대표적인 민족 분쟁에 해당한다.

확인학습

3 그래프는 지역별 인구와 1인당 생태 발자국을 나타낸 것이다. (가)~(다)의 지역(대륙)으로 옳은 것은?

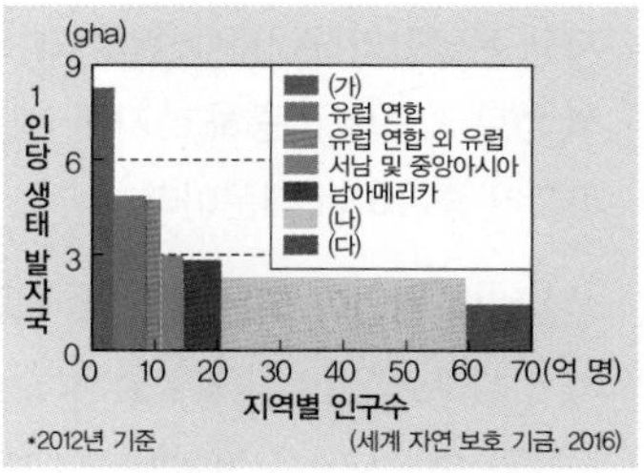

	(가)	(나)	(다)
①	아프리카	북아메리카	아시아 · 태평양
②	북아메리카	아프리카	아시아 · 태평양
③	북아메리카	아시아 · 태평양	아프리카
④	아시아 · 태평양	아프리카	북아메리카
⑤	아시아 · 태평양	북아메리카	아프리카

정답과 해설 ▶ 북아메리카, 유럽 등 선진국일수록 1인당 생태 발자국 수치가 높게 나타나는 반면 아프리카는 수치가 가장 낮게 나타난다. 아시아 · 태평양은 1인당 생태 발자국 수치가 낮지만 지역별 인구수가 많아 가장 큰 규모를 차지한다. 따라서 (가)는 북아메리카, (나)는 아시아 · 태평양, (다)는 아프리카이다. 답 ③

4 다음 지역에서 나타나는 분쟁의 공통적인 요인으로 가장 적절한 것은?

- 기니만
- 카스피해
- 아부무사섬
- 오리노코강 유역
- 동중국해 및 남중국해

① 물 분쟁 ② 민족 분쟁
③ 종교 분쟁 ④ 언어 분쟁
⑤ 자원 분쟁

정답과 해설 ▶ 제시된 지역에서는 석유 자원으로 인해 분쟁이 발생하고 있다. 답 ⑤

개념 체크

저절로 암기 Tip | ☐ 1회 (　/　) ☐ 2회 (　/　) ☐ 3회 (　/　)

01~08 **다음 내용이 옳으면 ○표, 틀리면 ×표 하시오.**

01 지구 온난화의 원인은 산업화와 도시화가 진행되면서 화석 연료 사용이 급증하고 자원 개발과 농경지 확대로 삼림 파괴가 증가하기 때문이다. (　　)

02 산성비의 원인이 되는 물질의 배출량이 적은 북부 유럽에서 산성비로 인한 피해가 발생하는 것은 서부 유럽의 공업 지대와 대도시에서 발생한 산성비 원인 물질이 편서풍을 타고 북부 유럽으로 이동하기 때문이다. (　　)

03 선진국과 개발 도상국 모두 온실가스 감축을 포함한 포괄적인 대응에 동참하도록 규정한 국제 환경 협약은 교토 의정서이다. (　　)

04 국제 사회는 해양 오염을 막기 위해 런던 협약, 습지 보호 및 습지의 지속 가능한 이용을 위해 람사르 협약을 체결하였다. (　　)

05 2017년 세계에서 난민이 가장 많이 발생한 국가는 중국이다. (　　)

06 국가 간 분쟁을 법적으로 해결하는 유일한 국제기구는 안전 보장 이사회이다. (　　)

07 국제 사법 재판소, 국제 연합 난민 기구(UNHCR), 국제 연합 교육 과학 문화 기구(UNESCO) 등은 비정부 기구이다. (　　)

08 생태 발자국은 수치가 클수록 인간 활동이 지구에 피해를 많이 준다는 뜻이다. (　　)

정답

01 ○　02 ○　03 ×　04 ○　05 ×　06 ×　07 ×　08 ○

오답 체크 Tip

03 파리 협정에서는 온실가스 감축 의무를 모든 당사국에 부과하였다.

06 국가 간 분쟁을 법적으로 해결하는 유일한 국제기구는 국제 사법 재판소이다.

기본 문제

▶ 20581-0293

01 **지도에 표시된 지역의 환경 문제에 대한 적절한 탐구 주제를 〈보기〉에서 고른 것은?**

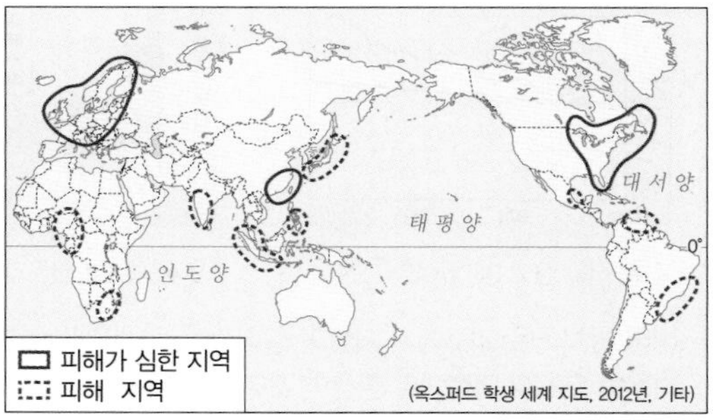

(옥스퍼드 학생 세계 지도, 2012년, 기타)

〈보기〉

ㄱ. 오염 물질의 지역 간 · 국가 간 확산
ㄴ. 물 자원 이용을 둘러싼 국가 간의 갈등
ㄷ. 공업의 발달 과정에서 파생한 환경 문제
ㄹ. 인구 증가에 따른 방목 및 경작 확대가 가져온 환경 문제

① ㄱ, ㄴ　② ㄱ, ㄷ　③ ㄴ, ㄷ
④ ㄴ, ㄹ　⑤ ㄷ, ㄹ

▶ 20581-0294

02 **다음 글의 (가)에 대한 설명으로 옳지 않은 것은?**

(가) 현상으로 가뭄과 홍수, 불볕더위와 한파와 같은 기상 재해가 세계 곳곳에서 나타난다. 북극과 남극의 빙하 면적이 감소하고, 고산 지대의 만년설이 녹아 해수면이 상승하면서 해안 저지대에서 침수 피해가 발생한다.

① 화석 연료의 소비량 증가가 주요 원인이다.
② 삼림 면적이 축소되면 이 현상이 심화된다.
③ 파리 협정은 이 현상의 완화를 위한 협약이다.
④ 백내장 및 피부암 증가는 이 현상의 대표적인 피해 사례이다.
⑤ 우리나라에서 사과, 귤 등 농작물의 재배 지역이 북상하는 것도 이 현상과 관련 있다.

단답형 ▶ 20581-0295

03 그림은 어떤 환경 문제의 발생 원인을 나타낸 것이다. (가)에 알맞은 환경 문제를 쓰시오.

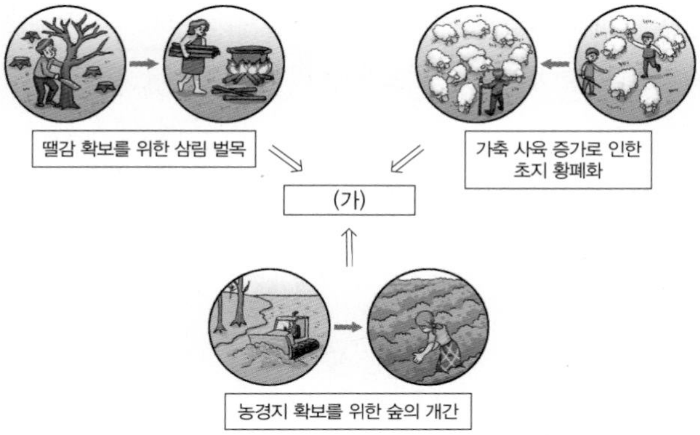

▶ 20581-0296

04 다음 자료와 같은 현상이 심화될 경우 나타나게 될 변화를 그래프의 ㄱ~ㅁ에서 고른 것은?

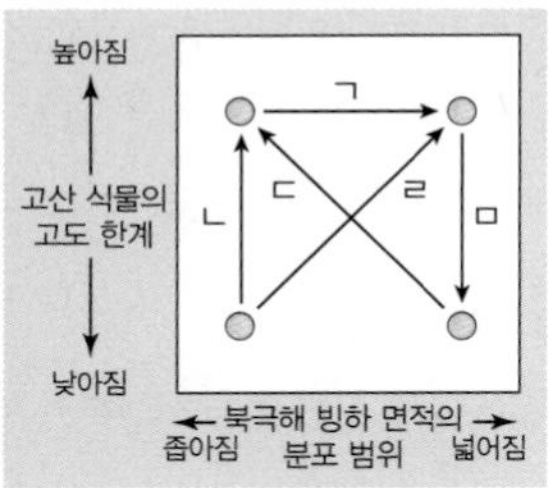

① ㄱ ② ㄴ ③ ㄷ ④ ㄹ ⑤ ㅁ

▶ 20581-0297

05 다음은 세계지리 보고서 중 일부이다. (가)에 들어갈 내용과 관련 있는 신문 기사의 제목으로 가장 적절한 것은?

(가) 문제를 해결하기 위한 캠페인의 사례

매년 3월 25일 오후 8시 30분부터 오후 9시 30분까지 한 시간 동안 세계 주요 명소의 전등이 동시에 꺼진다. 이 캠페인은 '지구의 시간'이라고 불리는 행사로, 2007년부터 시작되었다. '지구의 시간(Earth Hour, 지구촌 전등 끄기)'은 1시간 동안 각 가정과 기업이 전등을 끄는 행사이다.

① 문화재 부식, 갈수록 늘고 있다.
② 해양 쓰레기 섬, 이제는 막을 수 있다.
③ 해수면 상승 이제 그만! 모두 동참합시다.
④ 미세 먼지를 줄이기 위한 노력! 이제 시작이다.
⑤ 오존층 파괴, 세계 모든 사람들의 노력이 중요하다.

▶ 20581-0298

06 다음은 세계지리 수업 장면이다. (가)에 들어갈 내용으로 적절한 것은?

① 난민 ② 노동자 ③ 외국인
④ 유학생 ⑤ 결혼 이민자

VIII 단원

대단원 마무리 정리

Self Note

01 경제의 세계화와 경제 블록의 형성

(1) 경제의 세계화

① 경제의 세계화: 교통과 통신이 급속도로 발달하면서 인적 · 물적 교류가 활발해지는 현상, [①]의 출범에 따른 자유 무역 확대 및 국제 거래 증가, 다국적 기업의 공간적 분업 활발

→ 본사, 연구소, 생산 공장, 판매 지점 등이 공간적으로 분리되는 현상

② 영향

긍정적 측면	자원의 효율적 이용, 기업의 제품 판매 시장 확대, 소비자 선택의 폭 확대 등
부정적 측면	선진국과 개발 도상국의 경제적 격차 심화, 경쟁력이 약한 산업은 고용과 생산량 감소 등

(2) 경제 블록의 형성과 특징

① 경제 블록: 지리적으로 인접한 국가 간에 형성되는 배타적인 경제 공동체

② 경제 블록의 유형

→ 수출, 수입되는 물품에 부과되는 세금

자유 무역 협정	회원국 간 관세 인하와 철폐 예 북아메리카 자유 무역 협정(NAFTA)
관세 동맹	역외국에 대한 공동 관세율 적용 예 남아메리카 공동 시장(MERCOSUR)
공동 시장	회원국 간 생산 요소의 자유로운 이동 보장
완전 경제 통합	단일 통화, 공동 의회 설치, 정치 · 경제 통합 예 유럽 연합(EU)

→ 경제 블록 유형 중 가장 낮은 단계

02 지구적 환경 문제와 국제 협력

(1) 지구적 환경 문제

[②]	화석 연료의 사용량 증가, 삼림 파괴 등 → 해수면 상승, 이상 기후 발생 등
산성비	공장이나 자동차에서 발생하는 오염 물질 → 삼림 파괴, 건축물 부식
[③]	계속되는 가뭄, 과도한 방목과 개간 → 토양 황폐화, 난민, 기아 발생
열대림 파괴	무분별한 벌목 → 지구 산소 공급과 생물 다양성 감소
[④] 파괴	염화 플루오린화 탄소(CFCs)의 사용량 증가 → 피부암 · 백내장 발병률 증가 등
해양 쓰레기 섬	해양으로 유입된 쓰레기가 해류를 따라 이동하면서 거대한 쓰레기 섬을 만듦

→ 주로 냉장고와 에어컨의 냉매제로 사용

(2) 지구적 환경 문제에 대처하는 국제 사회의 노력

① 국제기구 및 국제 협약: 환경 문제를 다루기 위한 국제적 협력과 규제가 강조됨

② 비정부 기구(NGO)의 활동: 환경 문제의 심각성을 알리고 국제기구, 국가 등을 감시하는 역할을 함

03 세계 평화와 정의를 위한 국제적 노력

(1) [⑤]의 활동: 국제 평화 유지, 군비 축소, 국제 협력 등을 시행하기 위한 목적으로 국제 연합(UN) 설립

(2) [⑥]의 활동: 앰네스티, 국경없는의사회 등 다양한 비정부 기구(NGO)의 구호 및 지원 활동

(3) 국제 사회의 문제에 관심을 가지고 적극적으로 해결하려는 세계 시민 의식이 중요함

답 ① 세계 무역 기구(WTO)
② 지구 온난화
③ 사막화
④ 오존층
⑤ 국제기구
⑥ 비정부 기구(NGO)

01~02 지도를 보고 물음에 답하시오.

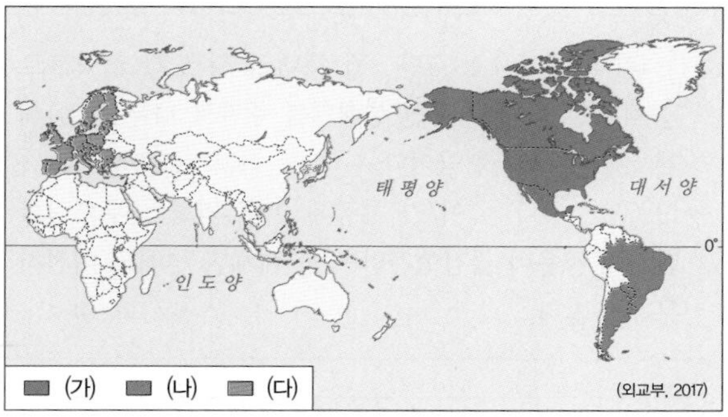

▶ 20581-0299

01 지도의 (가)~(다)에 해당하는 경제 블록의 특징을 그림의 A~D에서 고른 것은?

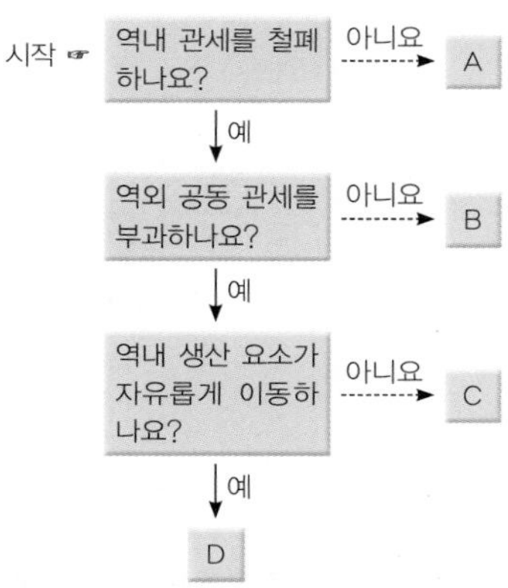

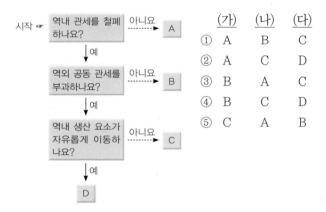

	(가)	(나)	(다)
①	A	B	C
②	A	C	D
③	B	A	C
④	B	C	D
⑤	C	A	B

▶ 20581-0300

02 (가) 경제 블록에 비교한 (나) 경제 블록의 상대적 특징을 그림의 A~E에서 고른 것은?

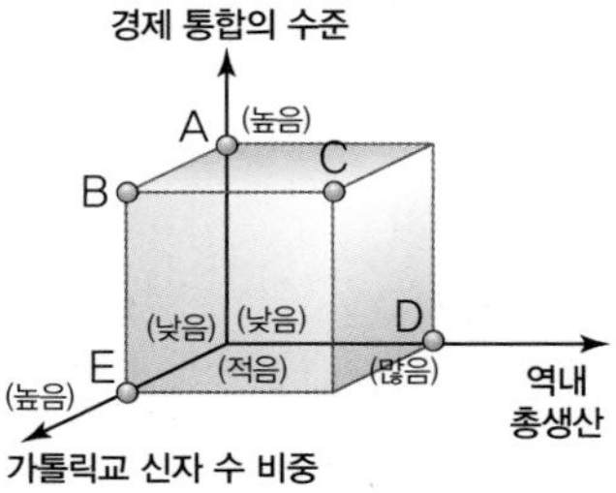

① A
② B
③ C
④ D
⑤ E

▶ 20581-0301

03 다음 글의 밑줄 친 ㉠~㉤에 대한 설명으로 옳은 것은?

> ㉠ 세계 무역 기구(WTO)는 ㉡ 다자주의를 표방하기 때문에 합의가 효과적으로 이루어지지 않는다. 이를 보완하기 위해 각 국가는 특정한 국가나 지역 단위로 ㉢ 자유 무역을 위한 여건을 적극적으로 조성하고 있는데, 그중 하나가 경제 블록이다. ㉣ 경제 블록은 지리적으로 인접하고 경제적으로 상호 의존도가 높은 국가들이 공동의 이익을 위해 구성하는 배타적인 경제 협력체로 ㉤ 유럽 연합(EU), 북아메리카 자유 무역 협정(NAFTA), 동남아시아 국가 연합(ASEAN) 등이 있다.

① ㉠ – 출범 이후 선진국과 개발 도상국 간의 경제적 차이가 감소하였다.
② ㉡ – 두 국가의 협상을 통해 무역의 자유화를 추구한다.
③ ㉢ – 관세 부과, 수입 할당제 등과 같은 정책을 장려한다.
④ ㉣ – 역내 국가와는 자유 무역을 추구한다.
⑤ ㉤ – 지역 경제 통합의 정도가 가장 높은 것은 북아메리카 자유 무역 협정(NAFTA)이다.

서술형

▶ 20581-0302

04 지도를 보고 현지 생산 공장이 위치한 지역은 어떤 특징이 있는지 서술하시오.

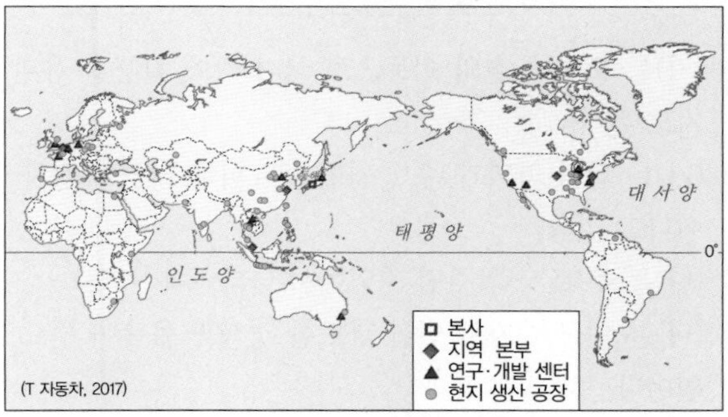

▲ T 자동차 회사의 기능별 입지

단답형

▶ 20581-0303

05 그림은 어느 환경 협약(의정서)의 핵심 사항을 나타낸 것이다. 그림에 해당하는 환경 협약(의정서)을 쓰시오.

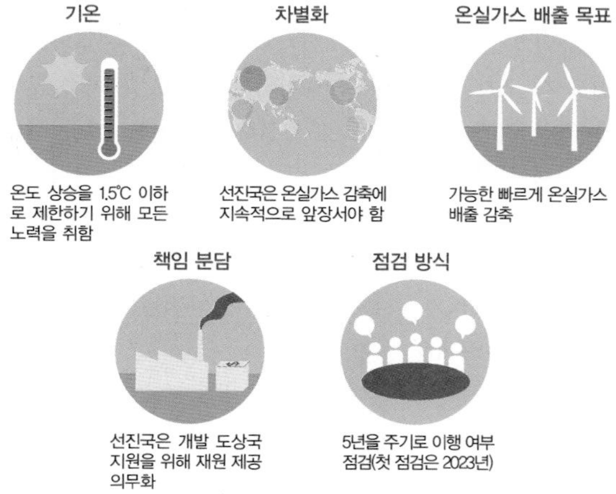

▶ 20581-0304

06 지도는 어떤 환경 문제가 특히 심하게 나타나는 지역을 나타낸 것이다. (가), (나) 환경 문제에 대한 설명으로 옳지 않은 것은?

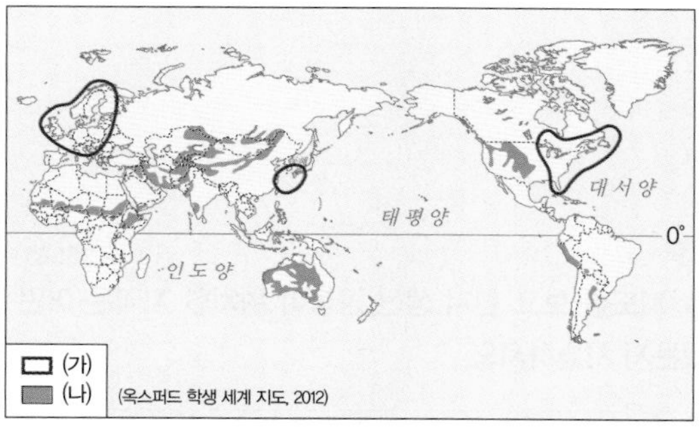

① (가)는 오염 물질의 이동으로 국가 간에 갈등을 유발하기도 한다.
② (가)는 삼림 파괴가 주요 원인으로 피해 지역이 점차 늘어나고 있다.
③ (나)는 주로 사막 주변 지역에서 나타난다.
④ (나)는 인구 증가로 인한 과도한 경작과 목축이 주요 원인이다.
⑤ (가), (나) 모두 국가 간 공조를 통해 피해를 줄일 수 있다.

▶ 20581-0305

07 다음 글의 (가), (나)와 관련 있는 환경 협약(의정서)을 지도의 A~E에서 고른 것은?

> • [(가)]은(는) 1971년 2월 채택된 정부 간 협약으로 '습지'라는 하나의 자연 생태계를 주제로 다루는 전 세계 유일의 국제 협약이다. - ○○ 신문, 2019. 05. 02. -
> • 1987년 [(나)]이/가 체결된 이후 염화 플루오린화 탄소의 사용이 급감했지만 이를 대체한 냉매도 여전히 문제가 많다. - △△ 신문, 2019. 04. 02. -

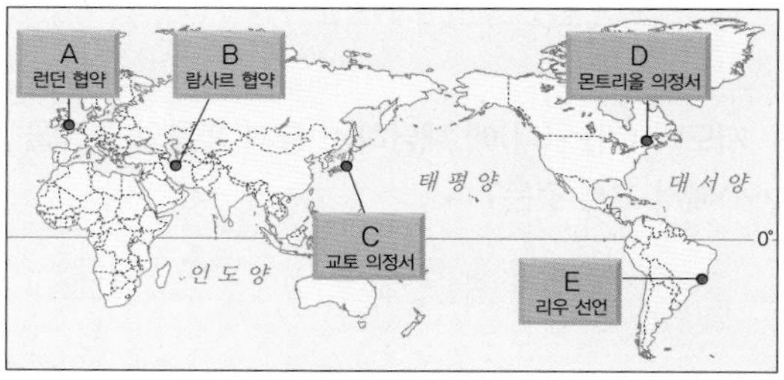

	(가)	(나)		(가)	(나)		(가)	(나)
①	A	D	②	A	E	③	B	C
④	B	D	⑤	C	E			

▶ 20581-0306

08 지도에 나타난 인구 이동의 공통된 원인으로 가장 적절한 것은?

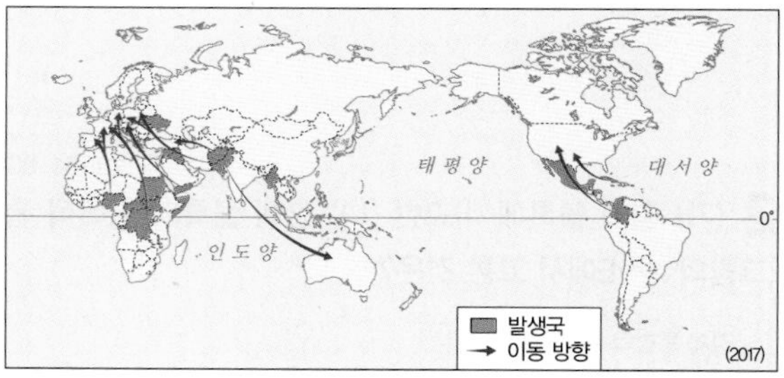

① 종교적 자유를 찾기 위한 이동이다.
② 지하자원을 개발하기 위한 이동이다.
③ 정치적 요인에 의한 난민의 이동이다.
④ 여가를 즐기기 위한 관광객의 이동이다.
⑤ 경제적 요인에 의한 노동력의 이동이다.

신유형·수능열기

정답과 해설 66쪽

▶ 20581-0307

1 **지도는 두 경제 협력체의 회원국을 나타낸 것이다. (가) 경제 블록과 비교한 (나) 경제 블록의 상대적 특징을 그림의 A~E에서 고른 것은?**

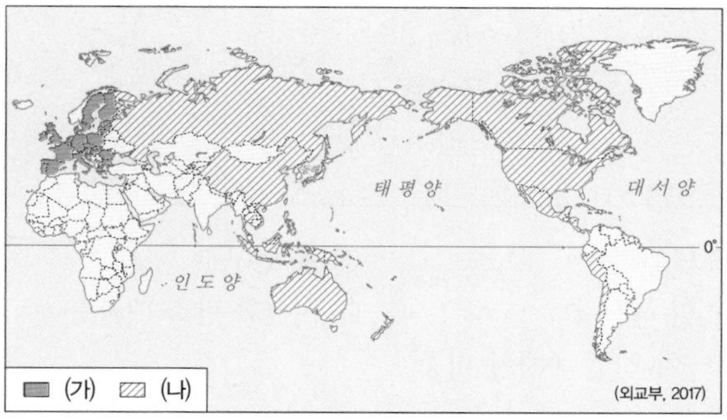

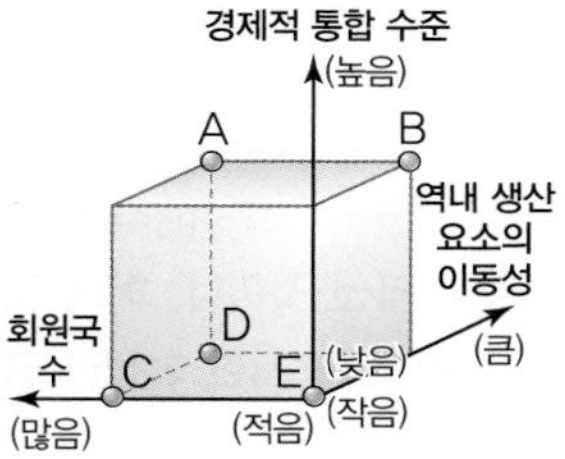

① A
② B
③ C
④ D
⑤ E

▶ 20581-0308

2 **지도는 어느 기업의 공간적 분업의 현황을 나타낸 것이다. 이와 관련된 옳은 설명만을 〈보기〉에서 있는 대로 고른 것은?**

보기

ㄱ. 국경을 초월한 다국적 기업이다.
ㄴ. 교통과 통신의 발달로 기업의 입지 범위가 확대된다.
ㄷ. 생산 공장은 대체로 저임금 노동력을 고용하기 유리한 곳에 많다.
ㄹ. 기업의 관리 기능은 생산 · 판매 기능에 비해 공간적으로 분산되어 있다.

① ㄱ, ㄴ　② ㄴ, ㄷ　③ ㄷ, ㄹ
④ ㄱ, ㄴ, ㄷ　⑤ ㄴ, ㄷ, ㄹ

▶ 20581-0309

3 **그래프는 (가)~(다) 경제 블록에 가입한 회원국의 수출액과 수입액을 나타낸 것이다. 이에 대한 설명으로 옳은 것은? (단, (가)~(다)는 동남아시아 국가 연합(ASEAN), 북아메리카 자유 무역 협정(NAFTA), 유럽 연합(EU) 중 하나임.)**

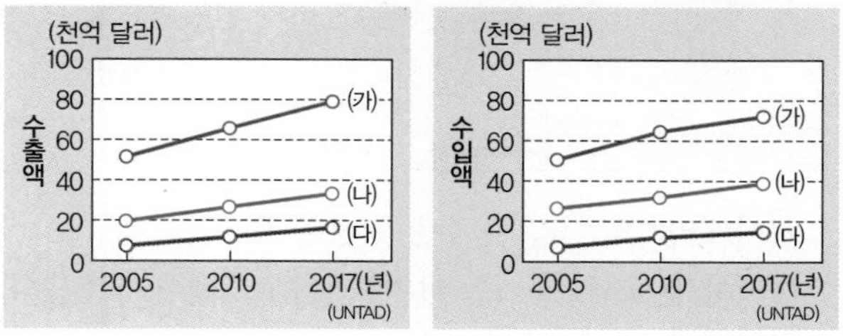

① (가)는 회원국 모두 유로화를 공식 화폐로 사용하고 있다.
② (나)는 역외 공동 관세를 부과하고 있다.
③ (나)는 회원국 간에 생산 요소가 자유롭게 이동하고 있다.
④ (가)는 (나)보다 총 무역액에서 역내 무역액이 차지하는 비중이 높다.
⑤ (나)는 (다)보다 회원 가입국이 많다.

▶ 20581-0310

4 **다음 글의 (가), (나) 경제 블록을 지도의 A~E에서 고른 것은?**

(가) 1989년 출범하여 1993년부터 매년 정상 회의를 개최하고 있다. 개방적 지역주의를 고수하며 아직까지는 자유 무역 협정(FTA) 단계에 도달하지 못하였다.
(나) 1967년 설립되어 현재 10개국이 참여하고 있다. 회원국들의 경제 성장과 안보 및 지역 안정을 도모하기 위한 정치 · 경제 기구이다.

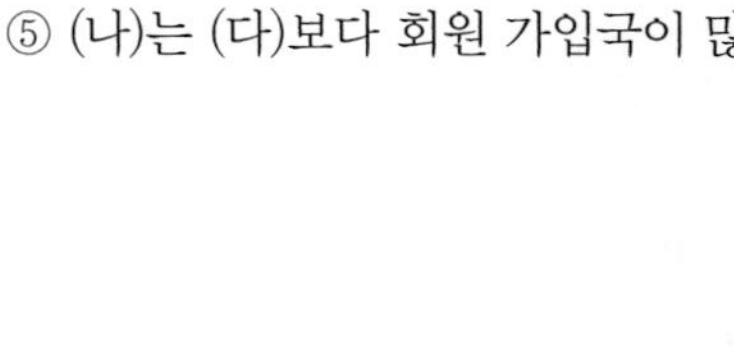

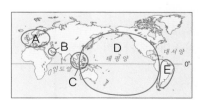

	(가)	(나)
①	A	B
②	A	E
③	B	E
④	C	D
⑤	D	C

▶ 20581-0311

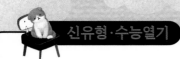

5 **지도는 세계의 교역 현황을 나타낸 것이다. 이를 분석한 내용으로 옳은 것은?**

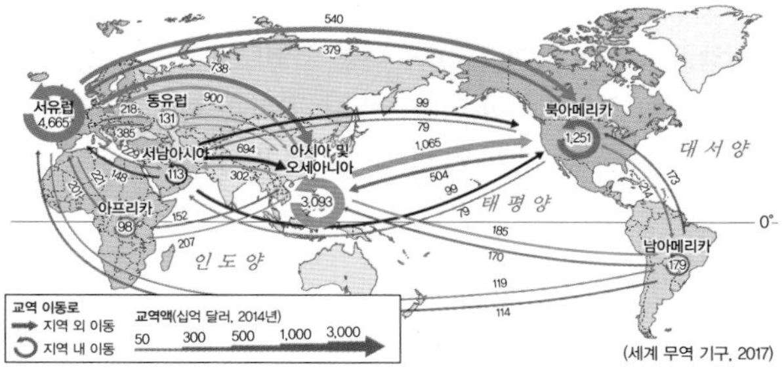

(세계 무역 기구, 2017)

① 북아메리카의 가장 큰 수출 시장은 서유럽이다.
② 아시아 및 오세아니아는 서유럽과의 교역액이 가장 많다.
③ 남아메리카는 북아메리카와의 무역에서 흑자를 기록하고 있다.
④ 서유럽은 지역 외 교역액이 차지하는 비중이 지역 내보다 높다.
⑤ 아프리카의 지역 내 교역액은 동유럽의 지역 내 교역액보다 많다.

▶ 20581-0312

6 **지도는 가뭄 지수를 나타낸 것이다. 이에 대한 옳은 설명만을 〈보기〉에서 고른 것은?**

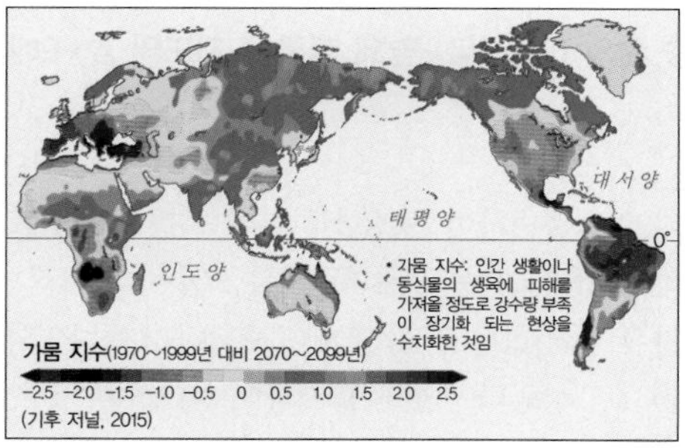

(기후 저널, 2015)

보기

ㄱ. 고위도로 갈수록 가뭄이 심화될 것이다.
ㄴ. 유럽은 아시아보다 가뭄이 심화될 것이다.
ㄷ. 수치가 클수록 가뭄 정도가 심한 지역이다.
ㄹ. 지중해성 기후 지역은 대체로 가뭄이 심화될 것이다.

① ㄱ, ㄴ ② ㄱ, ㄷ ③ ㄴ, ㄷ
④ ㄴ, ㄹ ⑤ ㄷ, ㄹ

▶ 20581-0313

7 **지도는 어떤 지표의 상위 10개국만 표시한 것이다. 이 지표로 옳은 것은?**

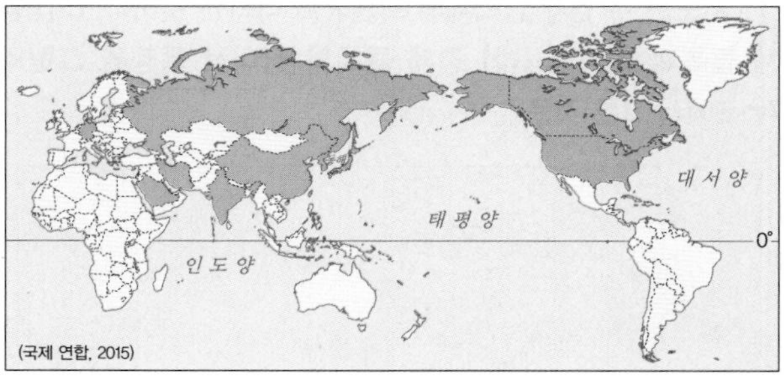

(국제 연합, 2015)

① 난민 수 ② 총 인구수
③ 밀 생산량 ④ 이산화 탄소 배출량
⑤ 3차 산업 종사자 비중

▶ 20581-0314

8 **그래프는 난민 수 상위 10개국을 나타낸 것이다. 이에 대해 옳게 설명한 내용만을 골라 있는 대로 ○ 표시한 학생을 고른 것은?**

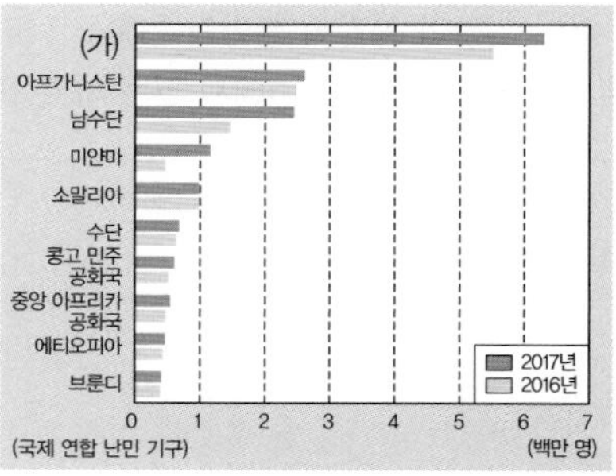

(국제 연합 난민 기구)

내용 \ 학생	갑	을	병	정	무
(가) 국가는 시리아이다.	○	○		○	
미얀마 난민은 로힝야족과 관련 있다.	○	○	○	○	
난민 수 상위 10개국은 모두 아시아와 아프리카에 위치한다.	○			○	○
상위 10개국의 난민 수는 아시아가 아프리카보다 많다.	○	○	○		○

① 갑 ② 을 ③ 병 ④ 정 ⑤ 무

2015 개정 교육과정

EBS

특별부록

개념완성

사회탐구영역

중간고사 · 기말고사 대비 4회분

범위별 비법 노트 + 모의 중간/기말고사 + 꼼꼼해설

세계지리

1 중국의 세계 지도와 세계관

중국의 세계 지도에 반영된 세계관과 지도에 표현된 지역의 범위를 묻는 문항이 자주 출제돼.

(가)는 대명혼일도로, 중국 중심의 중화사상이 반영되어 있으며, 한반도, 인도, 서남아시아, 유럽, 아프리카 등이 표현되어 있다.

(나)는 곤여만국전도로, 경도와 위도를 사용하였고 아메리카 · 아시아 · 유럽 · 아프리카 등이 표현될 만큼 세계 인식 범위가 넓어졌다.

(가)

(나)

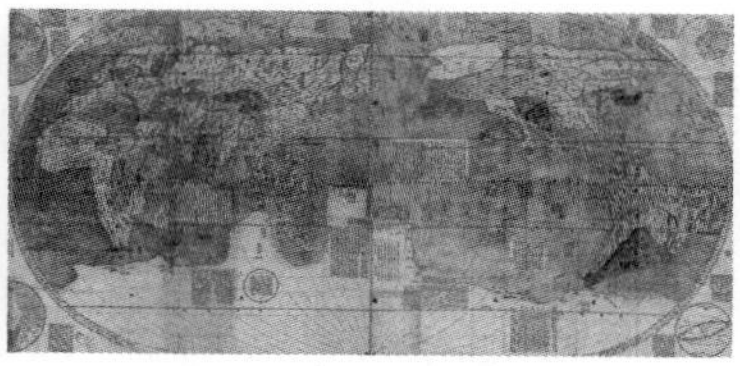

요것만은 꼭 체크!

대명혼일도는 중국 중심의 세계관인 ①□□사상이 반영되어 있다.

정답 | ① 중화

2 우리나라의 세계 지도와 세계관

우리나라 고지도에 나타난 세계관과 지도에 표현된 지역의 범위 등을 묻는 문항이 자주 나오니까, 중국과 서양의 세계 지도와도 비교하여 정리해 두는 것이 필요해.

(가)는 조선 전기에 제작된 혼일강리역대국도지도이다. 이 지도는 중화사상이 반영되어 있으며, 아프리카, 유럽 등도 표현되어 있다.

(나)는 조선 후기 실학자 최한기, 김정호가 제작한 목판본 지도인 지구전후도로, 경위선망을 사용하였으며 중국도 세계의 일부라는 인식이 확산되는 계기가 되었다.

(가)

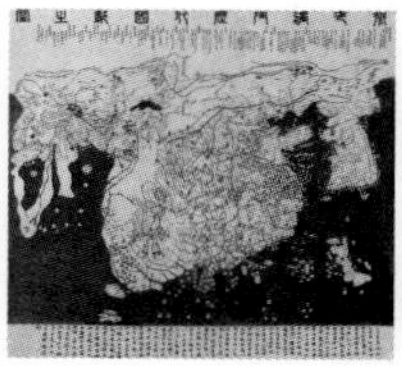

(나)

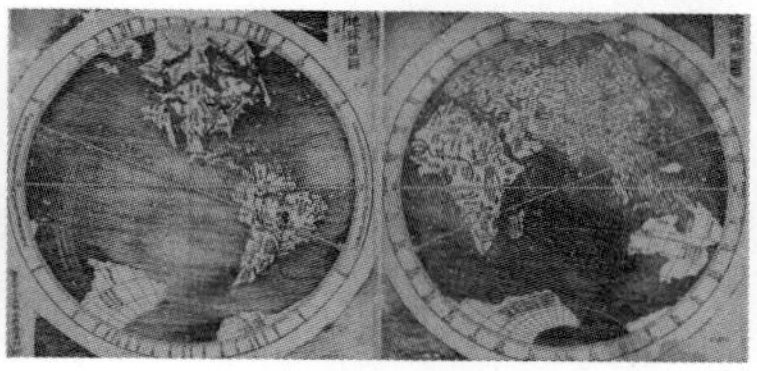

요것만은 꼭 체크!

조선 후기 최한기, 김정호가 제작한 ①□□□□□에는 경위선망이 표시되어 있으며, 아메리카 대륙이 표현되어 있다.

정답 | ① 지구전후도

3 서양의 세계 지도와 세계관

서양 고지도에 반영된 세계관과 표현된 지표상의 범위, 지도의 방위 등을 묻는 문항이 자주 출제되고 있어.

(가)는 티오(TO) 지도이고, (나)는 알 이드리시의 세계 지도이다.

(가)

지도의 위쪽이 동쪽

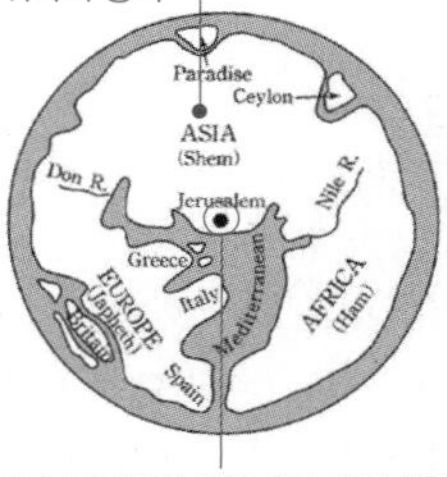

크리스트교 세계관이 반영되어 예루살렘이 지도의 중심에 표현되어 있다.

(나)

지도의 위쪽이 남쪽

이슬람교 세계관이 반영되어 아라비아 반도가 지도의 중심에 표현되어 있다.

요것만은 꼭 체크!

티오(TO) 지도는 ①□□□□□의 세계관을, 알 이드리시의 세계 지도는 ②□□□□의 세계관을 반영하고 있다.

정답 | ① 크리스트교 ② 이슬람교

4 메르카토르의 세계 지도

아메리카 대륙이 표현되어 있는 메르카토르 세계 지도의 특징을 묻는 문항이 자주 출제되고 있어.

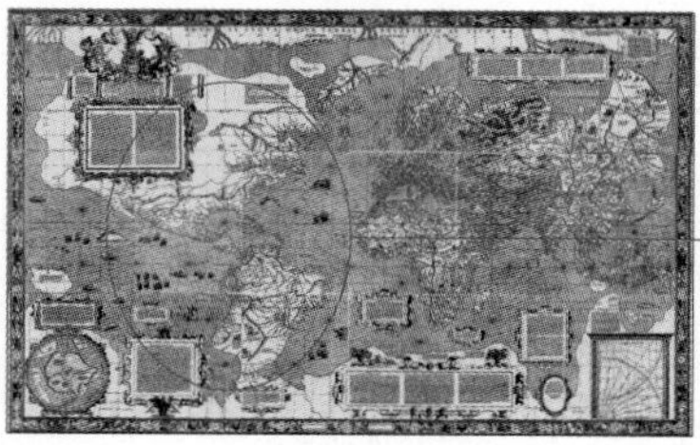

지리상의 발견 시대 이후 제작된 지도로 아메리카 대륙이 표현되어 있다.

메르카토르의 세계 지도에는 경선과 위선이 직선으로 그려져 있으며, 수직으로 교차한다. 어느 지점에서든 정확한 각도를 파악할 수 있어, 나침반을 이용한 항해에 편리하다. 저위도 지역은 비교적 정확하게 표현되어 있지만, 고위도 지역으로 갈수록 면적이 지나치게 확대되는 단점이 있다.

요것만은 꼭 체크!

메르카토르의 세계 지도는 저위도 지역에서 고위도 지역으로 갈수록 면적이 ①(확대/축소)된다.

정답 | ① 확대

5 계절의 변화

1월과 7월의 지역별 낮과 밤의 길이를 묻는 문항이 자주 나와. 하지, 동지 때 지역별 태양 남중 고도, 낮과 밤 길이의 차이를 잘 정리해 두어야 해.

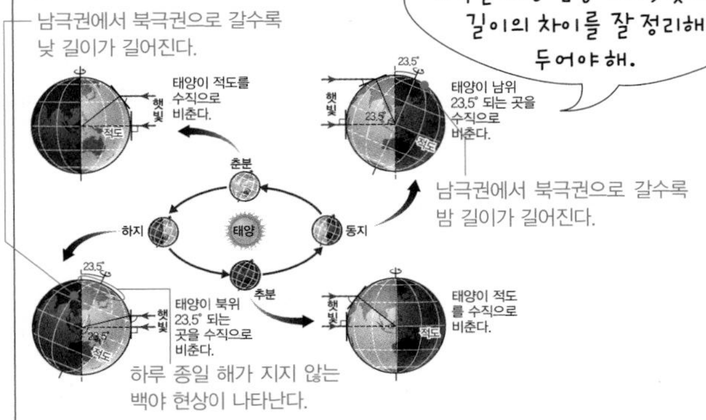

지구는 자전축이 23.5° 기울어진 채로 태양 주위를 공전하기 때문에 위치에 따라 태양의 고도와 밤낮 길이가 달라진다. 한편, 적도 부근은 낮과 밤의 길이가 12시간 정도로 일정하다.

요것만은 꼭 체크!

7월에는 북극권에서 남극권으로 갈수록 밤 길이가 ①(길어/짧아)진다.

정답 | ① 길어

6 세계의 기후

세계 기후의 특징과 분포를 묻는 문항이 자주 출제돼. 지도에서 기후 분포를 구분할 수 있도록 잘 정리해.

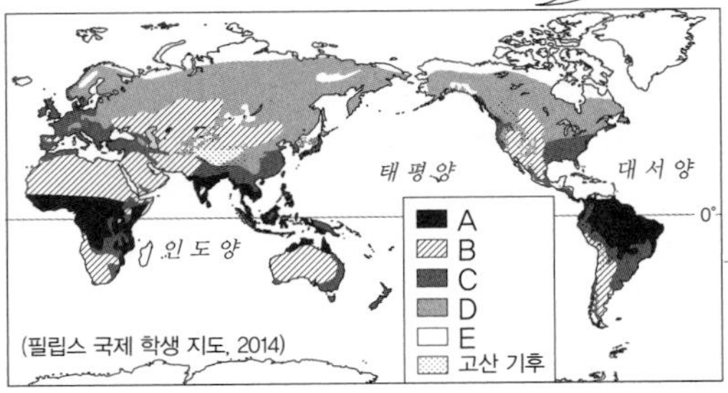

A, C, D는 수목 기후, B, E는 무수목 기후이다. A는 최한월 평균 기온이 18℃ 이상인 열대 기후, B는 연 강수량이 500mm 미만인 건조 기후이다. C는 최한월 평균 기온이 −3℃ 이상, 18℃ 미만인 온대 기후, D는 최한월 평균 기온이 −3℃ 미만이고, 최난월 평균 기온은 10℃ 이상인 냉대 기후이다. E는 최난월 평균 기온이 10℃ 미만인 한대 기후이다.

적도에서 고위도로 갈수록 알파벳 순서로 A, B, C, D, E 기후가 분포한다고 기억하면 쉽지!

요것만은 꼭 체크!

열대 · 온대 · 냉대 기후는 ①□□ 기후, 건조 · 한대 기후는 ②□□□ 기후이다.

정답 | ① 수목 ② 무수목

7 열대 기후 지역 기후 그래프

기후 그래프를 통해 기후 지역을 구분할 수 있는지를 묻는 문항이 자주 출제돼. 기온 및 강수 분포를 통해 기후를 구분할 수 있도록 잘 정리해 두어야 해.

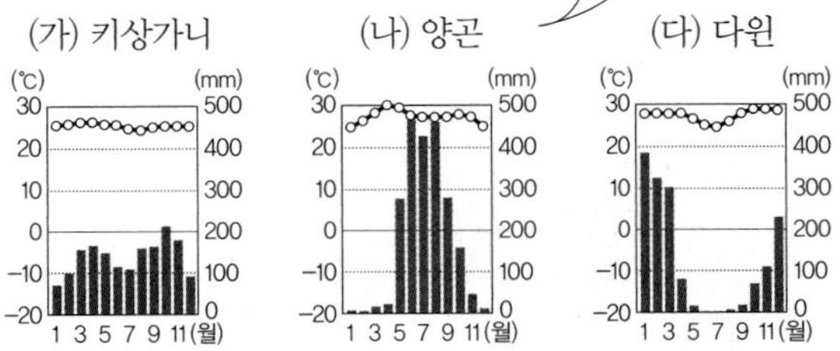

(가)~(다) 모두 최한월 평균 기온이 18℃ 이상인데, (가)는 연중 열대 수렴대의 영향을 받아 월 강수량이 모두 60mm 이상인 열대 우림 기후이다. (나)는 계절풍의 영향을 받아 긴 우기와 짧은 건기가 나타나는 열대 몬순 기후이고, (다)는 건기에는 아열대 고압대의 영향, 우기에는 열대 수렴대의 영향을 받는 사바나 기후이다.

요것만은 꼭 체크!

사바나 기후는 건기에는 ①□□□ □□□, 우기에는 ②□□ □□의 영향을 주로 받는다.

정답 | ① 아열대 고압대, ② 열대 수렴대

8 열대 고산 기후

열대 고산 기후가 나타나는 남아메리카의 안데스산맥과 아프리카의 아비시니아고원의 위치를 파악할 수 있도록 해야 해.

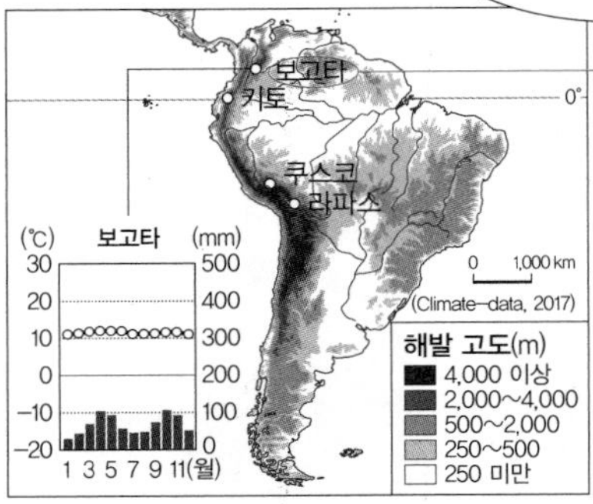

안데스산맥에 위치한 보고타는 월평균 기온이 연중 12℃ 내외의 열대 고산 기후가 나타난다.

해발 고도가 높아질수록 기온이 낮아지는 현상 때문에 저위도의 고산 지역에서는 연중 우리나라 봄의 기후와 비슷한 열대 고산 기후가 나타난다.

요것만은 꼭 체크!

보고타와 키토는 적도 부근에 위치하지만 ①□□ □□이/가 높아 열대 고산 기후가 나타난다.

정답 | ① 해발 고도

9 대륙 서안과 대륙 동안의 바람 차이

온대 기후에서 대륙 서안과 대륙 동안의 기후 특성을 묻는 문제가 자주 출제되므로 이를 비교해서 잘 정리해 두어야 해.

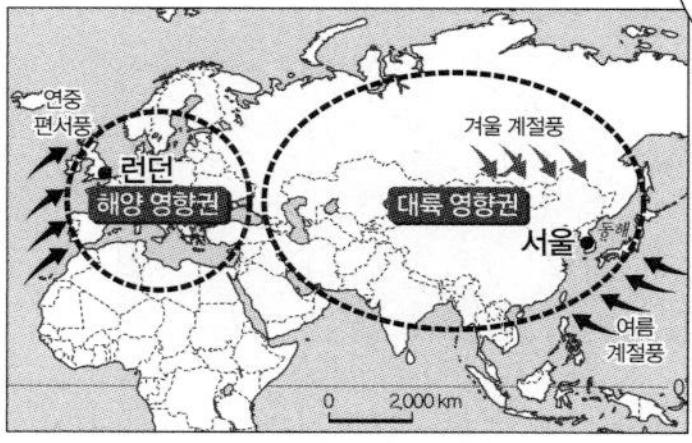

대륙 서안은 바다에서 불어오는 편서풍의 영향을 주로 받아 기온의 연교차가 대륙 동안보다 작다. 대륙 동안은 비열이 작은 대륙의 영향으로 인해 기온의 연교차가 큰 편이다. 대륙 동안은 계절풍의 영향을 받아 여름에는 다습하고 겨울에는 건조한 편이다.

요것만은 꼭 체크!

대륙 서안은 주로 해양에서 불어오는 ①□□□의 영향으로 대륙 동안보다 기온의 연교차가 ②(크/작)다.

정답 | ① 편서풍 ② 작

10 온대 기후 지역

서안 해양성 기후 지역과 지중해성 기후 지역, 온대 겨울 건조 기후 지역의 특징을 비교하는 문항이 자주 출제돼. 기후 지역의 분포를 기본적으로 잘 정리해 두어야 해.

(가)는 위도 40°~60° 부근의 대륙 서안 지역에 나타나는 서안 해양성 기후이다.

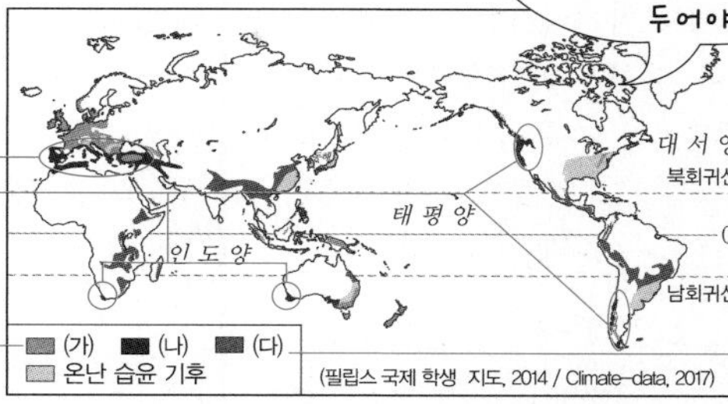

(필립스 국제 학생 지도, 2014 / Climate-data, 2017)

(나)는 위도 30°~40° 부근의 대륙 서안 지역에 나타나는 지중해성 기후이다.

(다)는 대륙 동안에 나타나는 온대 겨울 건조 기후로, 비슷한 위도의 대륙 서안에 비해 기온의 연교차와 강수의 계절 차가 크다.

요것만은 꼭 체크!

지중해 연안, 미국 캘리포니아 일대, 칠레 중부, 오스트레일리아 남서부, 아프리카 남단은 모두 ①□□□□ 기후가 나타난다.

정답 | ① 지중해성

11 온대 기후 지역 기후 그래프

서안 해양성 기후, 지중해성 기후, 온대 겨울 건조 기후 지역을 기후 그래프를 통해 구분할 수 있는지를 묻는 문항이 자주 출제되므로 이를 잘 분석할 수 있도록 해야 해.

(가)~(다) 모두 최한월 평균 기온이 −3~18℃이므로 온대 기후이다.

(가) 칭다오 (나) 런던 (다) 로마

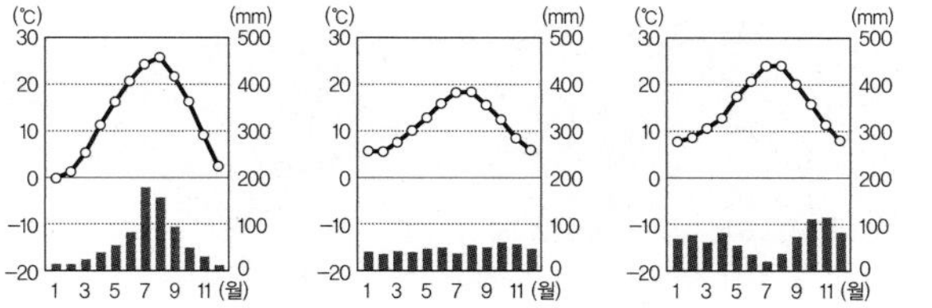

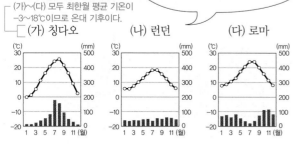

(가)는 기온의 연교차가 가장 크고 강수가 여름에 집중되므로 온대 겨울 건조 기후이다. (나)는 연중 고른 강수 분포가 나타나므로 서안 해양성 기후 지역이다. (다)는 여름에 아열대 고압대의 영향을 받아 고온 건조하고, 겨울은 편서풍과 전선대의 영향으로 온난 습윤하므로 지중해성 기후 지역이다.

요것만은 꼭 체크!

온대 겨울 건조 기후는 서안 해양성 기후 지역보다 여름 강수 집중률이 ①(높/낮)다.

정답 | ① 높

12 유럽의 농업 지역

유럽의 농업 지역과 관련해 낙농업, 혼합 농업, 수목 농업이 이루어지는 지역의 특징을 비교해 알아두어야 해.

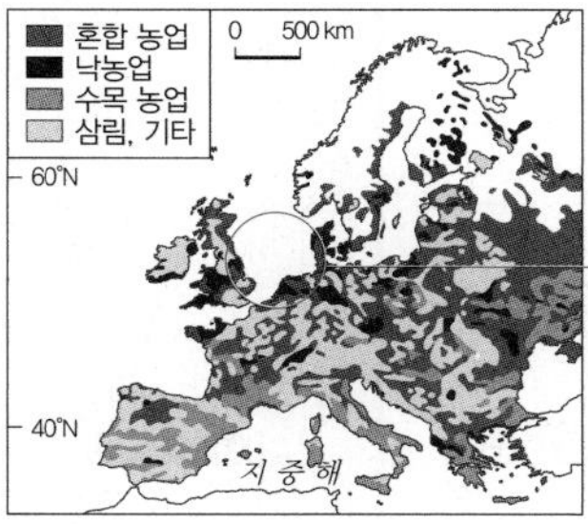

서안 해양성 기후가 나타나는 북해 연안은 낙농업과 혼합 농업이 발달하였다.

서안 해양성 기후 지역은 서늘한 여름 기후로 목초지 조성에 유리하여 가축 사육과 식량 작물 및 사료용 작물 재배가 함께 이루어지는 혼합 농업이 발달하였다. 지중해성 기후 지역에서는 여름에는 올리브, 포도 등을 재배하는 수목 농업이 주로 이루어진다.

요것만은 꼭 체크!

지중해성 기후 지역은 고온 건조한 여름에 ①□□ 농업, 온난 습윤한 겨울에 ②□□ 농업이 주로 이루어진다.

정답 | ① 수목 ② 곡물

13 사막의 분포와 형성 원인

사막이 분포하는 지역과 형성 원인을 묻는 문항이 자주 출제돼. 특히 한류의 영향으로 형성된 사막의 위치를 꼭 기억해 두어야 해.

(가)는 중위도 대륙 내부에 위치한 고비 사막과 타커라마간(타클라마칸) 사막이다. 이곳은 바다와 거리가 멀어 습윤한 공기가 도달하지 못해 사막이 형성되었다.

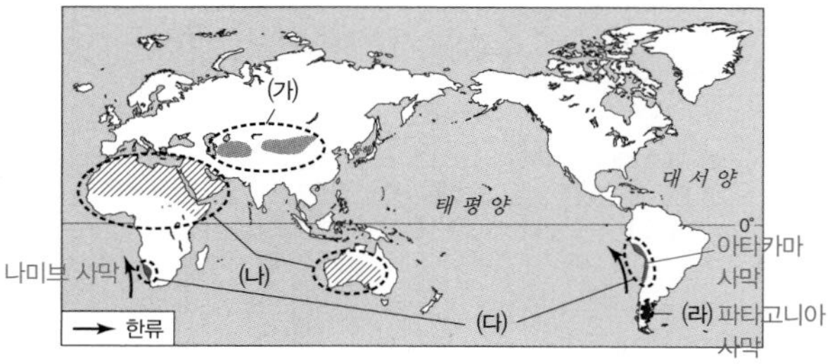

(나)는 사하라 사막과 그레이트빅토리아 사막 등으로, 아열대 고압대의 영향으로 연중 하강 기류가 발생해 사막이 형성되었다. (다)는 한류의 영향으로, (라)는 지형과 관련해 비 그늘에 위치해 사막이 형성되었다.

요것만은 꼭 체크!

나미브 사막과 아타카마 사막은 모두 ①□□의 영향으로 대기가 안정되어 형성된 사막이다.

정답 | ① 한류

14 건조 기후 지역의 지형

건조 기후 지형의 특징과 지형 형성 작용을 묻는 문항이 자주 출제돼. 바람과 유수 등에 의해 형성된 지형을 잘 정리해 두어야 해.

삼릉석과 버섯바위는 바람에 날린 모래 등의 침식 작용으로 형성된 지형이고, 메사와 뷰트는 경암과 연암의 차별 풍화와 침식에 따라 형성된 것이다.

요것만은 꼭 체크!

건조 기후 지형은 ①(물리적/화학적) 풍화 작용이 활발하고, 사구는 ②□□의 퇴적 작용으로 형성된 지형이다.

정답 | ① 물리적 ② 바람

15 냉 · 한대 기후 지역의 기후 그래프

냉대 및 한대 기후 지역을 기후 그래프를 통해 구분할 수 있어야 해.

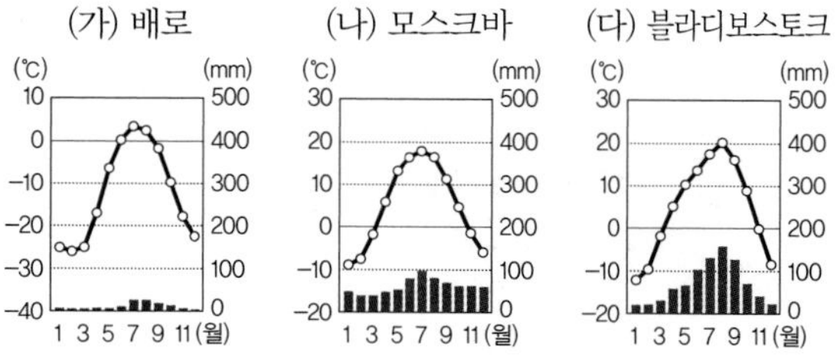

(가)는 최난월 평균 기온이 0~10℃이므로 툰드라 기후이다. (나), (다)는 최한월 평균 기온이 −3℃ 미만이고, 최난월 평균 기온이 10℃ 이상이므로 냉대 기후이다. (나)는 연중 강수가 고른 편이므로 냉대 습윤 기후, (다)는 강수가 주로 여름에 집중되는 냉대 겨울 건조 기후이다.

요것만은 꼭 체크!

①□□□ 기후 지역은 최난월 평균 기온이 0~10℃이며, 짧은 여름에 지의류와 같은 식생이 자란다.

정답 | ① 툰드라

16 빙하 침식 지형과 퇴적 지형

빙하 지형은 신생대 제4기 빙기 때 빙하로 덮여 있었던 중·고위도 지역 및 해발 고도가 높은 고산 지역 등에서 주로 볼 수 있어.

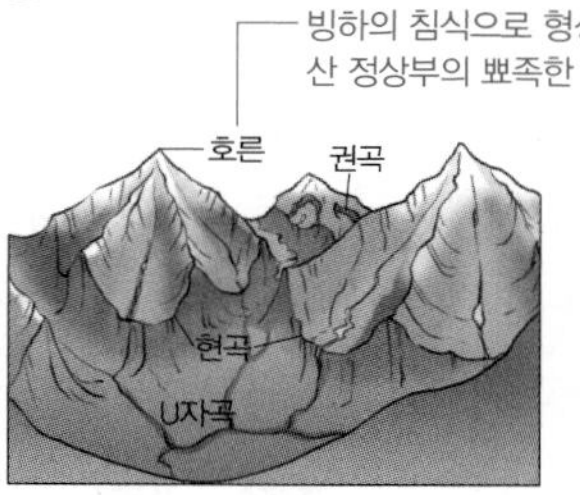

▲ 빙하 침식 지형

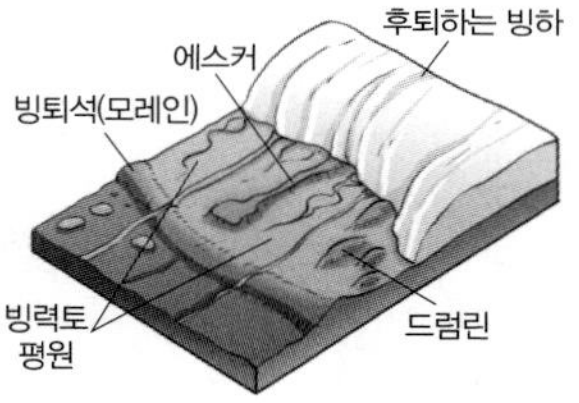

▲ 빙하 퇴적 지형

현곡은 본류 빙식곡으로 합류하는 지류 빙식곡으로 폭포가 발달하기도 한다. 에스커는 융빙수에 의해 형성된 제방 모양의 퇴적 지형으로 빙퇴석(모레인)보다 퇴적물의 분급이 양호하다. 드럼린은 숟가락을 엎어놓은 것과 비슷한 언덕 모양의 지형이다.

요것만은 꼭 체크!

호른, 권곡, 현곡 등은 모두 ①□□의 침식 작용으로 형성된 지형이다.

정답 | ① 빙하

고사구분	1학기 중간	세계지리	학년	

1. (가), (나) 지도에 대한 옳은 설명만을 〈보기〉에서 고른 것은?

(가)

(나)

〈보기〉

ㄱ. (가)는 지도의 위쪽이 남쪽이다.
ㄴ. (가)는 크리스트교의 세계관이 반영되어 있다.
ㄷ. (나)에는 아메리카 대륙이 표현되어 있다.
ㄹ. (가), (나) 모두 지구를 구체로 인식하였다.

① ㄱ, ㄴ ② ㄱ, ㄷ ③ ㄴ, ㄷ
④ ㄴ, ㄹ ⑤ ㄷ, ㄹ

2. (가), (나) 지도에 대한 설명으로 옳지 않은 것은? (단, (가), (나)는 프톨레마이오스의 세계 지도, 메르카토르의 세계 지도 중 하나임.)

(가)

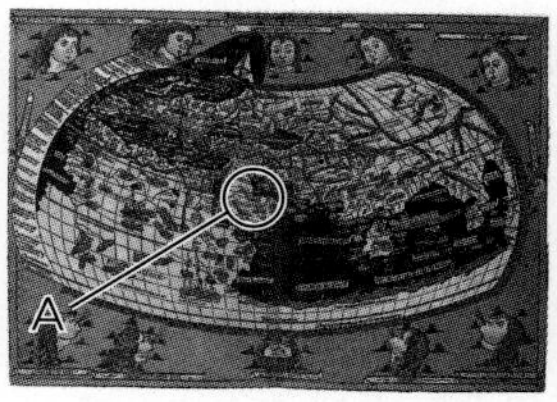

(나)

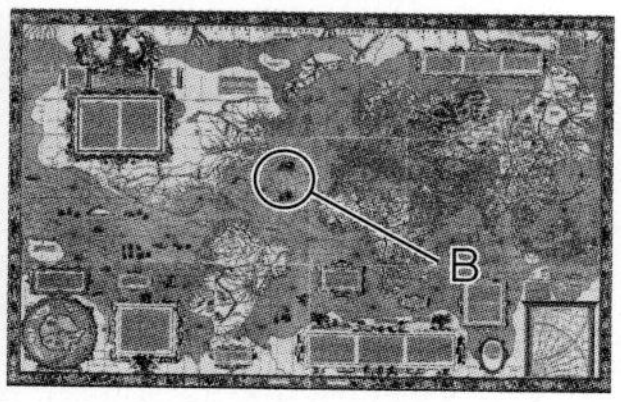

① A에는 현재 사우디아라비아가 위치해 있다.
② A의 남동쪽은 인도양, B는 대서양이다.
③ (나)는 저위도에서 고위도로 갈수록 면적이 확대 · 왜곡된다.
④ (가)는 (나)보다 나침반을 이용한 항해에 유리하다.
⑤ (나)는 (가)보다 그려진 실제의 지역 범위가 넓다.

3. 다음 글의 ㉠~㉣에 대한 설명으로 옳지 않은 것은?

> [㉠]은/는 인간의 활동 공간이 지리적으로 확대되고 국제적인 상호 연계성이 증대되는 현상이다. 오늘날 ㉡ 교통수단과 통신 기술의 발달로 국가 간에 사람, 물자, 정보의 이동이 증가하면서 [㉠]이/가 빠르게 진행되고 있다. [㉢]은/는 각 지역이 세계적 차원에서 독자적인 가치를 지니게 되는 현상이다. 세계의 여러 나라는 [㉢]을/를 성공적으로 이끌기 위해 ㉣ 다양한 전략을 추진하고 있다.

① ㉠으로 국제 협력과 국제 분업이 확대되었다.
② ㉠으로 지역 간 경제적 · 사회적 불평등이 완화되고 있다.
③ ㉡은 시간 거리를 단축시켰다.
④ ㉢은 지역화이다.
⑤ ㉣에는 지리적 표시제, 장소 마케팅 등이 있다.

4. 다음 〈조건〉을 고려하여 다국적 기업의 신규 영업 지점을 설립하려고 한다. A~E 중 가장 적합한 국가를 고른 것은?

〈조건〉 각 평가 항목 점수의 합이 가장 큰 지역에 입지한다.

총인구 (백만 명)	점수
30 이상	3
20~30	2
20 미만	1

청장년층 인구 비중(%)	점수
55 이상	3
50~55	2
50 미만	1

1인당 국내 총생산 (GDP) (달러)	점수
1,000 이상	3
500~1,000	2
500 미만	1

(국제 연합, 세계 은행)

국가	총인구 (백만 명)	청장년층 인구 비중(%)	1인당 국내 총생산 (GDP) (달러)
가나	27.6	57.8	1,641.5
차드	14.0	50.0	669.9
이집트	93.8	61.8	2,412.7
모잠비크	28.0	51.7	415.7
마다가스카르	24.2	55.5	449.7

* 총인구와 청장년층 인구 비중은 2015년, 1인당 국내 총생산(GDP)은 2017년 값임.

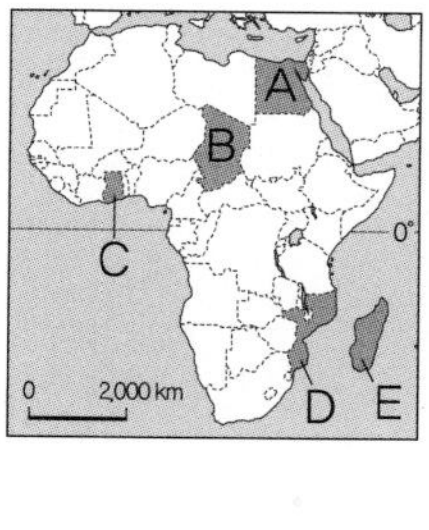

① A
② B
③ C
④ D
⑤ E

5. 그래프는 세계의 대륙별 기후 분포를 나타낸 것이다. 이에 대한 설명으로 옳은 것은? (단, (가)~(마)는 건조, 냉대, 열대, 온대, 한대 기후 중 하나이고, A, B는 북아메리카와 남아메리카 중 하나임.)

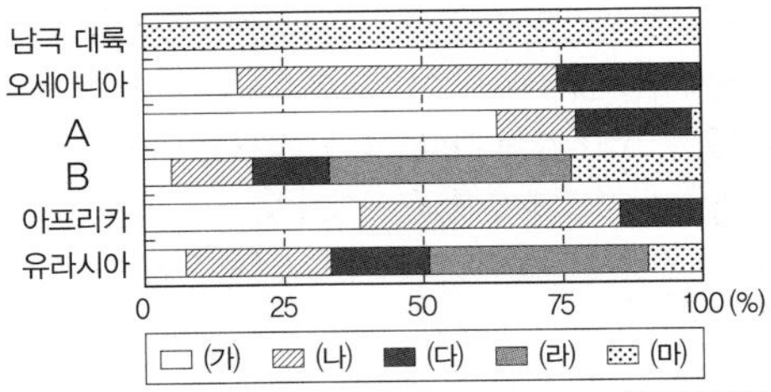

(세계 각국 요람)

① (가) 지역은 (나) 지역보다 수목 밀도가 높다.
② (나) 지역은 (다) 지역보다 연 강수량이 많다.
③ (다) 지역은 (마) 지역보다 인구 밀도가 낮다.
④ (라) 지역은 (가) 지역보다 플랜테이션 농업 발달에 유리하다.
⑤ A는 북아메리카, B는 남아메리카이다.

6. 다음 사진은 (가), (나) 기후 지역의 전통 가옥이다. (가)와 비교한 (나) 기후 지역의 상대적 특성을 그림의 A~E에서 고른 것은?

(가)

동물의 가죽이나 천을 활용해 설치와 해체가 쉬운 이동식 가옥을 짓는다.

(나)

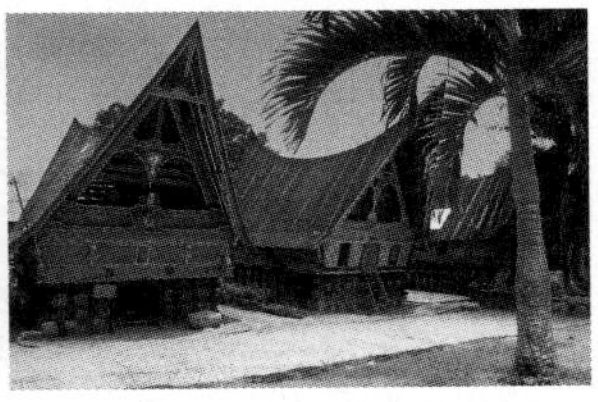

지붕의 경사를 급하게 하며, 바닥을 지면으로부터 띄워서 집을 짓는다.

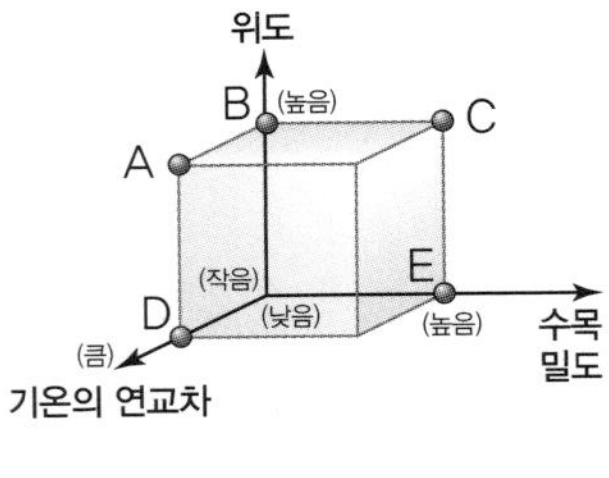

① A
② B
③ C
④ D
⑤ E

7. 그래프는 세 지역의 기후 특성을 나타낸 것이다. (가)~(다) 지역에 대한 설명으로 옳은 것은?

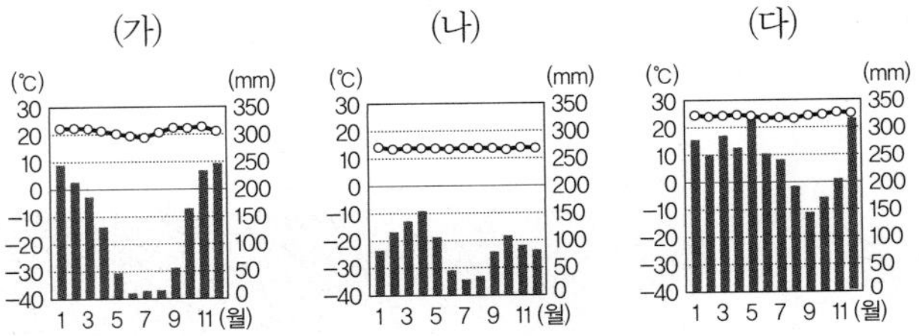

① (가)는 북반구에 위치한다.
② (나)에는 상록 활엽수의 밀림이 나타난다.
③ (가)는 (나)보다 해발 고도가 높은 곳에 위치한다.
④ (나)는 (다)보다 연 강수량이 많다.
⑤ (다)는 (가)보다 일 년 중 열대 수렴대의 영향을 받는 기간이 길다.

8. 지도는 (가) 시기 강수량 분포를 나타낸 것이고, 그래프는 지도에 표시된 네 지역의 (가), (나) 시기 평균 기온 분포와 (나) 시기 강수 집중률을 나타낸 것이다. 이에 대한 설명으로 옳은 것은? (단, (가), (나) 시기는 12~2월, 6~8월 중 하나임.)

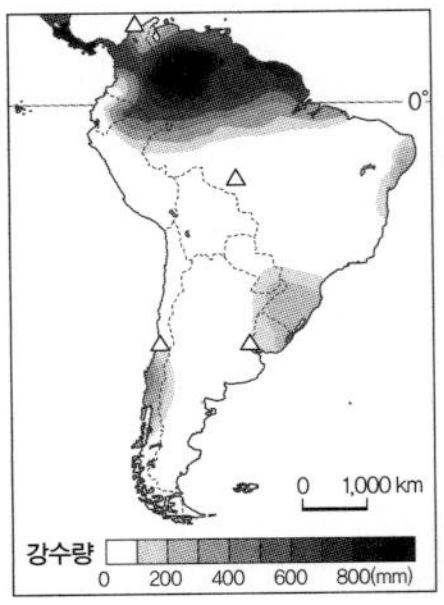

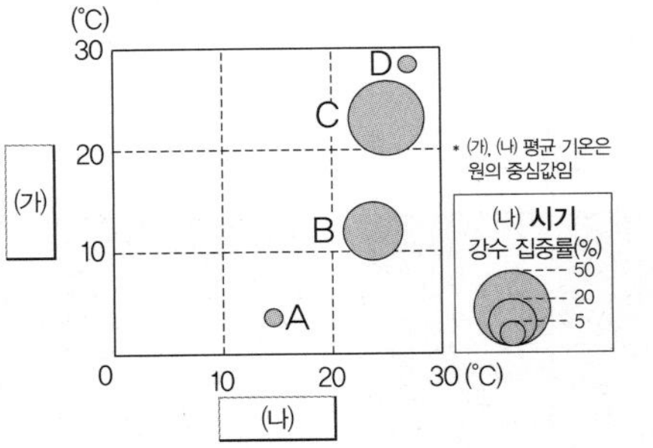

① A는 연중 편서풍의 영향을 받으며 낙농업이 발달하였다.
② A는 태평양, D는 대서양에 접해 있다.
③ B는 C보다 저위도에 위치한다.
④ C는 (가) 시기 열대 수렴대, (나) 시기 아열대 고압대의 영향을 주로 받는다.
⑤ (나) 시기의 D는 A보다 밤 길이가 짧다.

9. 그래프는 지도에 표시된 세 지역의 월 강수 편차를 나타낸 것이다. (가)~(다) 지역에 대한 설명으로 옳은 것은?

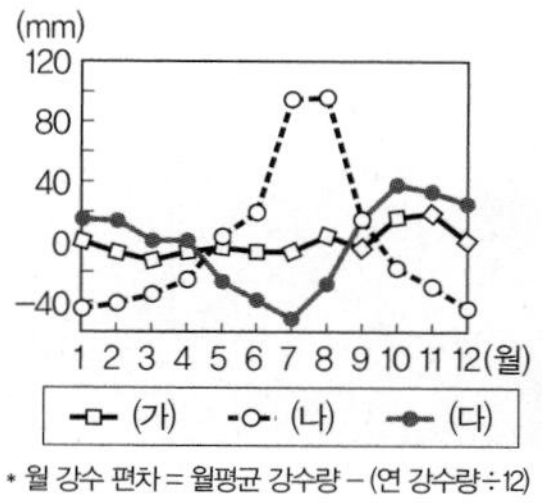

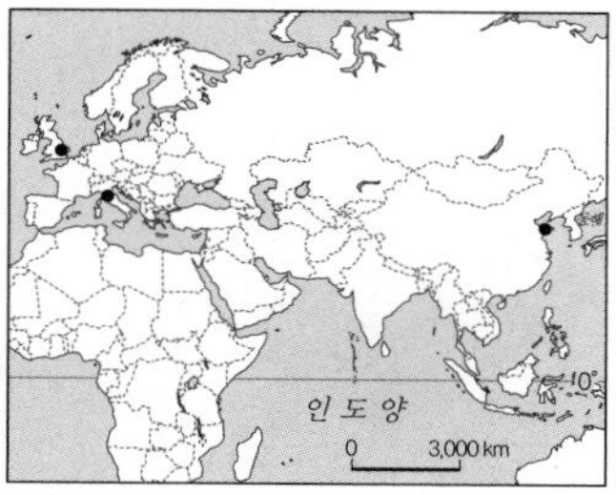

① (가)는 여름 계절풍을 이용한 벼농사가 발달하였다.
② (나)는 연중 편서풍의 영향을 받아 기온의 연교차가 작다.
③ (다)는 여름보다 겨울 강수량이 많다.
④ (가)는 (다)보다 저위도에 위치한다.
⑤ (나)는 (가)보다 하천의 계절별 유량 변동이 작다.

10. 표는 지도에 표시된 세 지역의 낮 길이와 강수량을 나타낸 것이다. A~C 지역에 대한 설명으로 옳은 것은? (단, (가), (나)는 1월과 7월 중 하나임.)

구분	(가) 시기 낮 길이	(나) 시기 강수량
A	14시간 06분	91.5mm
B	9시간 58분	3mm
C	8시간 26분	46.8mm

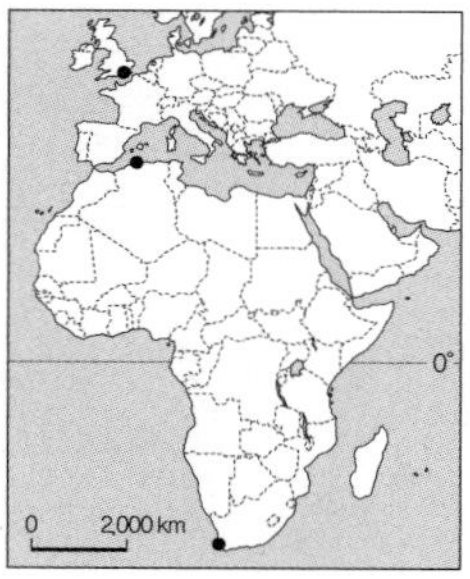

① (가) 시기 A는 곡물 농업이 주로 이루어진다.
② (나) 시기 B는 편서풍과 전선대의 영향을 주로 받는다.
③ (나) 시기 낮 길이가 가장 짧은 곳은 A이다.
④ A는 C보다 여름 강수 집중률이 높다.
⑤ B는 C보다 연평균 기온이 낮다.

11. 그래프는 지도에 표시된 네 지역의 1월 및 7월 평균 기온을 나타낸 것이다. (가)~(라) 지역에 대한 설명으로 옳은 것은?

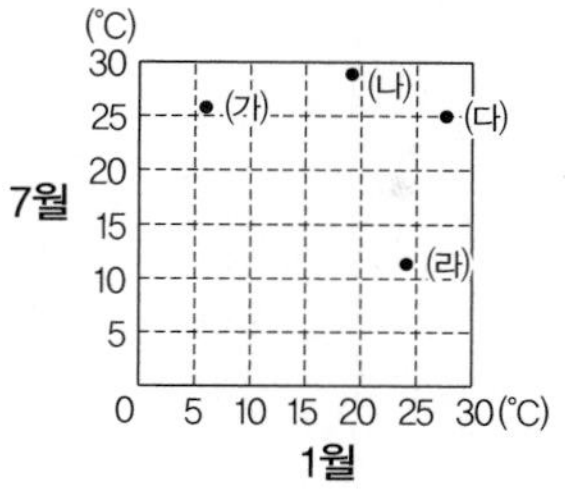

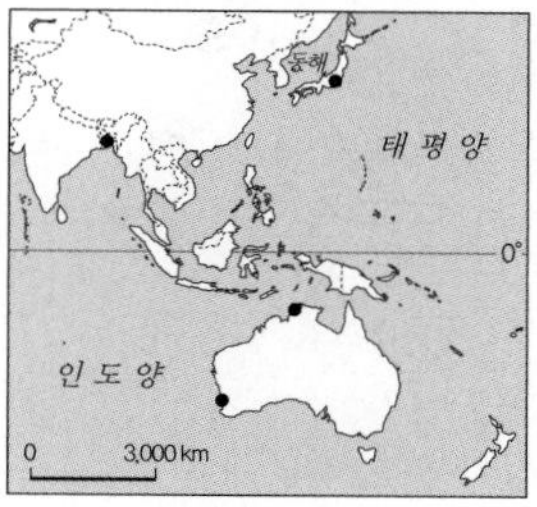

① (가)와 (라)는 열대 기후이다.
② (가)는 (라)보다 7월의 밤 길이가 길다.
③ (나)는 (다)보다 1월 강수량이 많다.
④ (나)와 (다)는 기온의 일교차보다 기온의 연교차가 크다.
⑤ 1월에 (다)는 열대 수렴대, (라)는 아열대 고압대의 영향을 주로 받는다.

12. 지도는 두 시기 주요 풍향을 나타낸 것이다. 이에 대한 설명으로 옳은 것은? (단, (가), (나)는 1월, 7월 중 하나임.)

(가) (나)

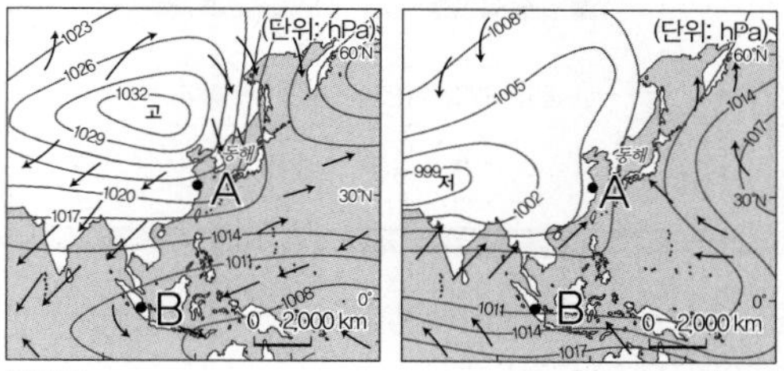

(기후학) (2007)

① (가)는 1월, (나)는 7월이다.
② (가) 시기 A는 계절풍을 이용한 벼농사가 발달하였다.
③ A는 B보다 무역풍의 영향을 크게 받는다.
④ B는 A보다 연 강수량이 적다.
⑤ A는 (가)보다 (나) 시기에 밤 길이가 길다.

13. 지도의 A~E 지역에 대한 설명으로 옳지 않은 것은?

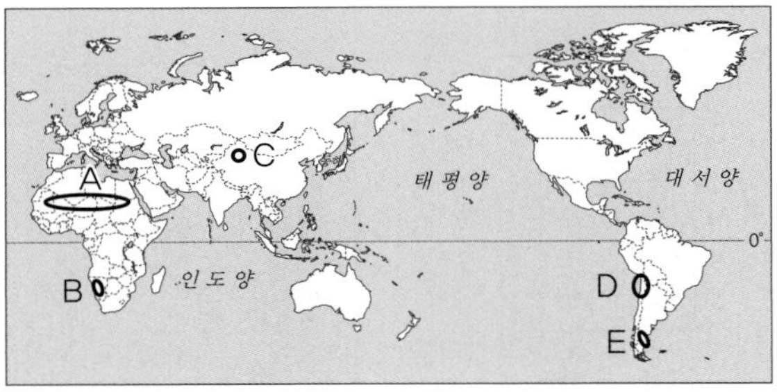

① A – 연중 아열대 고압대의 영향으로 매우 건조하다.
② B – 삼릉석, 버섯바위 등의 지형을 관찰할 수 있다.
③ C – 지하 관개 수로를 이용한 관개 농업이 행해진다.
④ D– 그물에 맺힌 물방울을 모아 식수 등으로 이용한다.
⑤ E – 물리적 풍화 작용보다 화학적 풍화 작용이 활발하다.

14. 다음 자료는 휴대 전화를 이용한 대화 내용이다. (가) 기후 지역에 대한 옳은 설명만을 〈보기〉에서 고른 것은?

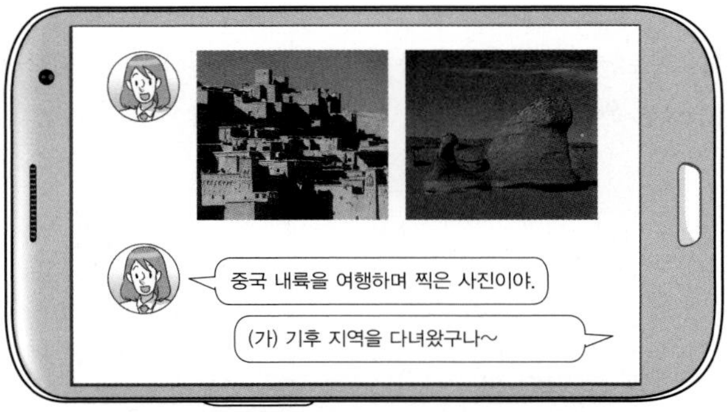

중국 내륙을 여행하며 찍은 사진이야.
(가) 기후 지역을 다녀왔구나~

〈보기〉

ㄱ. 강수량보다 증발량이 많다.
ㄴ. 드럼린, 에스커 등의 지형이 발달해 있다.
ㄷ. 화학적 풍화보다 물리적 풍화 작용이 활발하다.
ㄹ. 우리나라의 봄철과 같은 날씨가 연중 지속된다.

① ㄱ, ㄴ ② ㄱ, ㄷ ③ ㄴ, ㄷ
④ ㄴ, ㄹ ⑤ ㄷ, ㄹ

15. 그림은 빙하 지형을 모식적으로 나타낸 것이다. A~E 지형에 대한 설명으로 옳은 것은? (단, A~E는 호른, 현곡, 드럼린, 에스커, 빙퇴석(모레인) 중 하나임.)

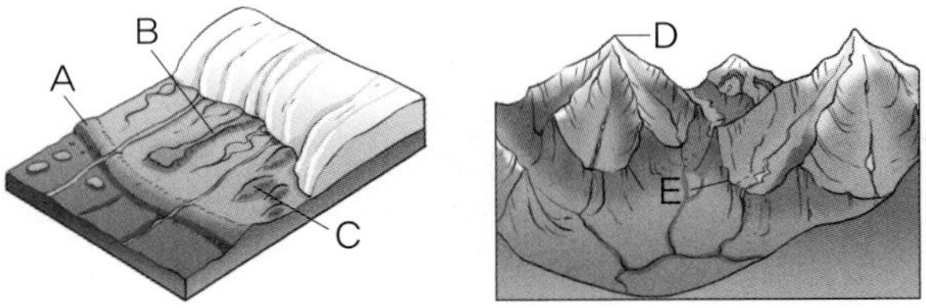

① A에는 유기물이 풍부한 토양이 분포한다.
② C와 D는 빙하의 침식 작용으로 형성된다.
③ E에서는 폭포가 잘 발달한다.
④ D에서는 빙하에 의한 퇴적 작용이 활발하다.
⑤ B는 A보다 퇴적 물질 크기의 분급이 불량하다.

16. 그래프 A~D는 지도에 표시된 (가)~(라) 지역의 기온과 누적 강수량을 나타낸 것이다. 이에 대한 설명으로 옳지 않은 것은? (단, A~D는 각각 (가)~(라) 지점 중의 하나임.)

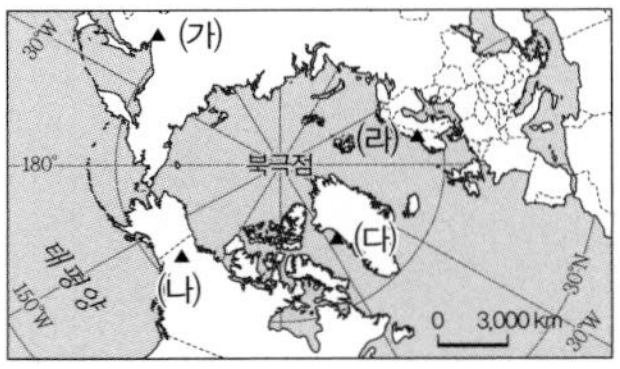

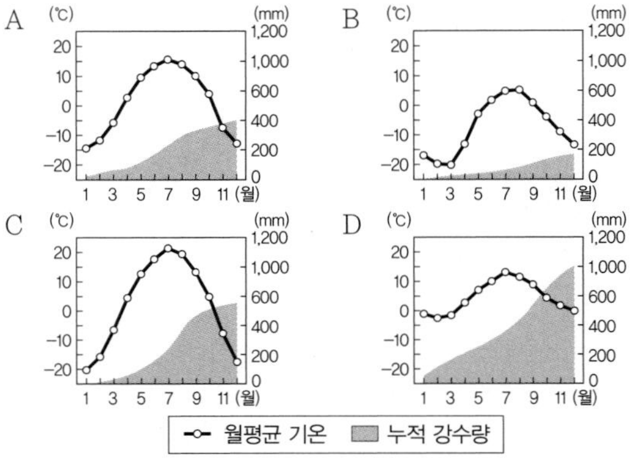

① (가)는 (나)보다 기온의 연교차가 크다.
② (다)는 (라)보다 연 강수량이 적다.
③ B에서는 7월에 솔리플럭션 현상을 관찰할 수 있다.
④ D에는 리아스 해안이 발달해 있다.
⑤ A는 북아메리카, C는 아시아에 위치한다.

서술형

17. (가)~(다) 지도의 명칭을 쓰고, (나), (다) 지도에 반영된 세계관을 서술하시오.

(가) (나) (다)

정답

18. 그래프는 지도에 표시된 세 지점의 월평균 기온과 누적 강수량을 나타낸 것이다. 이를 보고 물음에 답하시오.

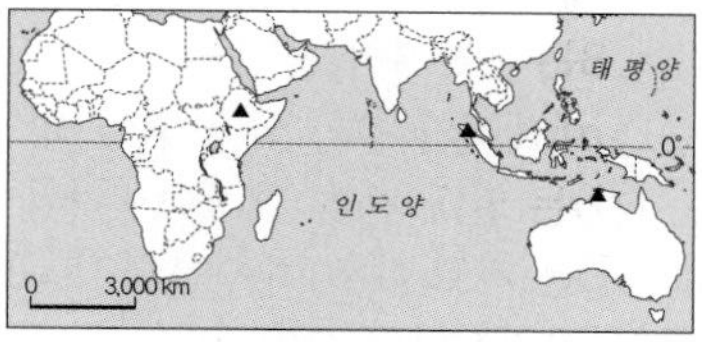

(가) (나) (다)

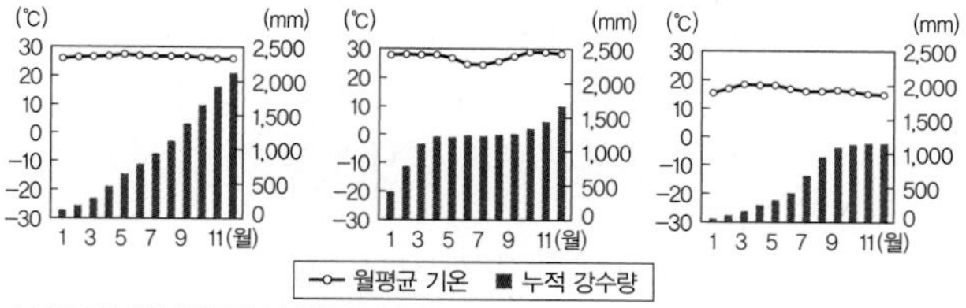

• 누적 강수량: 1월부터 해당 월까지의 월 강수량을 합한 값

단답형

(1) (가)~(다) 지역에 나타나는 기후 명칭을 각각 쓰시오.

정답

서술형

(2) (가), (나) 지역의 기후 특징을 아래의 용어를 모두 사용해 서술하시오.

• 기온의 연교차	• 기온의 일교차	• 아열대 고압대
• 열대 수렴대	• 우기	• 건기

정답

서술형

19. 그림은 (가) 시기의 태양 고도를 나타낸 것이다. 아래 용어를 모두 사용하여 (가) 시기 A, B 지역의 특징을 서술하시오. (단, (가) 시기는 1월과 7월 중 하나임.)

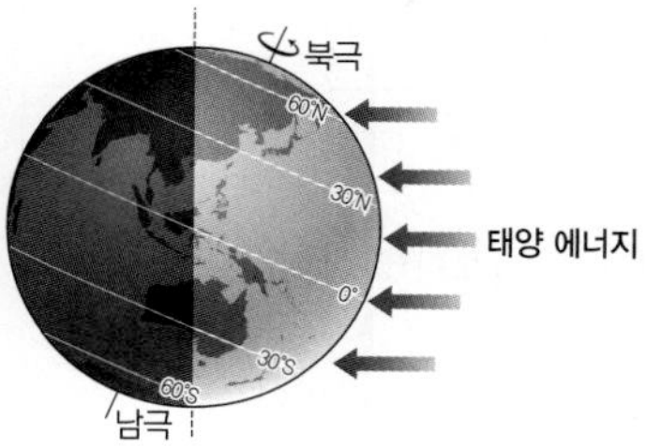

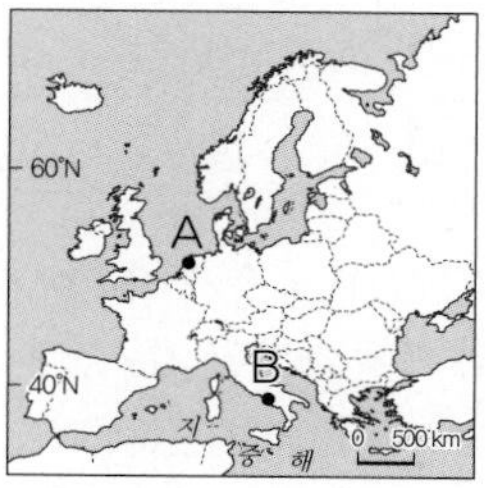

• 서안 해양성 기후	• 지중해성 기후	• 고온 건조
• 아열대 고압대	• 편서풍	• 수목 농업

정답

서술형

20. 다음 자료는 건조 지형에 대한 것이다. (가)~(다) 질문에 해당하는 답변을 각각 서술하시오.

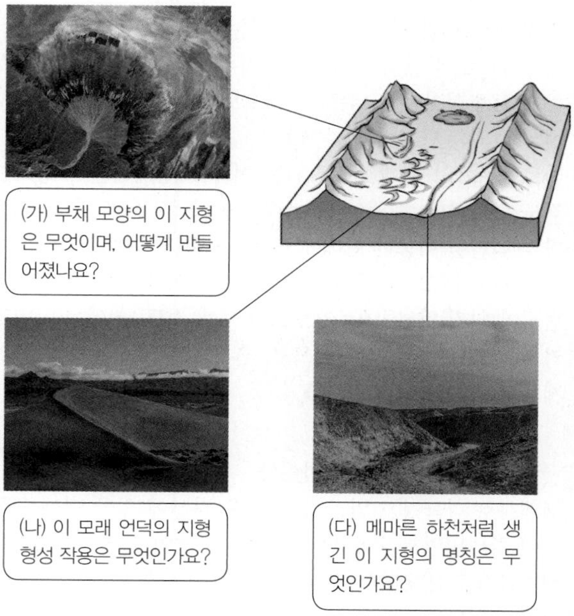

(가) 부채 모양의 이 지형은 무엇이며, 어떻게 만들어졌나요?
(나) 이 모래 언덕의 지형 형성 작용은 무엇인가요?
(다) 메마른 하천처럼 생긴 이 지형의 명칭은 무엇인가요?

정답

1학기 중간고사

1. ③	2. ④	3. ②	4. ①	5. ①	6. ⑤
7. ⑤	8. ②	9. ③	10. ③	11. ⑤	12. ①
13. ⑤	14. ②	15. ③	16. ④	17~20. 해설 참조	

1. (가)는 중세 유럽에서 제작된 티오(TO) 지도, (나)는 조선 후기에 제작된 지구전후도이다.
ㄱ. 티오(TO) 지도(가)는 지도의 위쪽이 동쪽이다. ✕
ㄴ. 티오(TO) 지도(가)는 지도의 중심에 예루살렘이 있어 크리스트교의 세계관이 반영되어 있음을 알 수 있다. ○
ㄷ. 지구전도와 지구후도로 구성되어 있는 지구전후도(나)에는 아메리카 대륙이 표현되어 있다. ○
ㄹ. 티오(TO) 지도(가)는 지구를 평평한 원으로 인식하였고, 지구전후도(나)는 경위선이 사용된 것으로 보아 지구를 구체로 인식하였다. ✕

2. (가)는 150년경 로마 시대에 제작된 프톨레마이오스의 세계 지도, (나)는 1569년에 제작된 메르카토르의 세계 지도이다.
① A는 아라비아반도로, 이곳에는 현재 사우디아라비아가 위치해 있다. ○
② 아라비아반도(A)의 남동쪽은 인도양, 아메리카 대륙과 유럽 및 아프리카 사이에 위치한 B는 대서양이다. ○
③ 메르카토르의 세계 지도(나)는 저위도 지역은 비교적 정확하게 표현되지만, 고위도 지역으로 갈수록 면적이 지나치게 확대되는 단점이 있다. ○
④ 메르카토르의 세계 지도(나)는 어느 지점에서든지 정확한 각도를 파악할 수 있어, 프톨레마이오스의 세계 지도(가)보다 나침반을 이용한 항해에 이용하기 편리하다. ✕
⑤ 프톨레마이오스의 세계 지도(가)에는 아메리카 대륙이 표현되어 있지 않고, 메르카토르의 세계 지도(나)에는 아메리카 대륙이 표현되어 있으므로, (나)가 (가)보다 그려진 실제의 지역 범위가 넓다. ○

3. ㉠은 세계화, ㉢은 지역화이다.
① 세계화로 다국적 기업과 국제 금융 자본에 의한 생산 활동 등이 확대되면서 국제 협력과 국제 분업이 확대되었다. ○
② 세계화가 확대되면서 지역 간 경제적 · 사회적 불평등이 심화되고 있다. ✕
③ 새로운 교통수단과 통신 기술의 발달로 물리적 거리의 제약이 감소하면서 시간 거리가 단축되었다. ○
④ ㉢은 지역의 생활양식이나 사회 · 문화 · 경제 활동 등이 세계적 차원에서 가치를 지니게 되는 지역화 현상이다. ○
⑤ 지역의 경쟁력을 강화하기 위한 지역화 전략에는 지리적 표시제, 장소 마케팅 등이 있다. ○

4. 지도의 A는 이집트, B는 차드, C는 가나, D는 모잠비크, E는 마다가스카르이다.
① 합계 점수가 가장 높은 곳은 이집트(A)이다. ○

국가	총인구	청장년층 인구 비중	1인당 국내 총생산 (GDP)	합계
가나	2점	3점	3점	8점
차드	1점	2점	2점	5점
이집트	3점	3점	3점	9점
모잠비크	2점	2점	1점	5점
마다가스카르	2점	3점	1점	6점

5. 남극 대륙의 대부분을 구성하는 (마)는 한대 기후, 한대 기후가 나타나는 B는 북아메리카, 열대 기후의 비율이 상대적으로 높은 A는 남아메리카이다. 남아메리카와 아프리카에서 넓게 나타나는 (가)는 열대 기후, 오세아니아와 아프리카에서 넓게 나타나는 (나)는 건조 기후, 대부분의 대륙에서 나타나는 (다)는 온대 기후, 유라시아와 북아메리카에서 넓게 나타나는 (라)는 냉대 기후이다.
① 열대 기후(가)는 건조 기후(나)보다 수목 밀도가 높다. ○
② 건조 기후(나)는 온대 기후(다)보다 연 강수량이 적다. ✕
③ 온대 기후(다)는 한대 기후(마)보다 인간 거주에 유리해 인구 밀도가 높다. ✕
④ 열대 기후(가)가 냉대 기후(라)보다 기온이 높고 강수량이 많아 플랜테이션 농업 발달에 유리하다. ✕
⑤ A는 남아메리카, B는 북아메리카이다. ✕

6. (가)는 건조 기후, (나)는 열대 기후 지역의 전통 가옥이다.
⑤ 열대 기후(나) 지역은 건조 기후(가) 지역보다 위도가 낮고, 수목 밀도가 높으며, 기온의 연교차가 작다. 따라서 (가)와 비교한 (나)의 상대적 특성은 그림의 E에 해당한다. ○

7. (가), (다) 모두 최한월 평균 기온이 18℃ 이상인데 (가)는 건기와 우기의 구분이 뚜렷한 남반구의 사바나 기후 지역, (다)는 연중 고온 다습한 열대 우림 기후 지역이다. (나)는 연중 15℃ 내외의 봄과 같은 기후가 나타나므로 열대 고산 기후 지역이다.
① (가)는 1월에 우기, 7월에 건기가 나타나므로 남반구에 위

치한다. ✕

② 상록 활엽수의 밀림은 (다)의 열대 우림 기후 지역에 주로 나타난다. ✕

③ 열대 고산 기후가 나타나는 (나)가 사바나 기후가 나타나는 (가)보다 해발 고도가 높은 곳에 위치한다. ✕

④ (다)가 (나)보다 연 강수량이 많다. ✕

⑤ 열대 우림 기후가 나타나는 (다)가 사바나 기후가 나타나는 (가)보다 일 년 중 열대 수렴대의 영향을 받는 기간이 길다. ○

8. 적도를 기준으로 북반구 지역의 강수량이 많으므로 (가)는 6~8월이고, (나)는 12~2월이다. C, D는 12~2월, 6~8월 모두 평균 기온이 18℃ 이상인데, 12~2월(나) 강수 집중률이 높은 C는 남반구 사바나 기후 지역, 12~2월 강수 집중률이 낮은 D는 북반구 사바나 기후 지역이다. A와 B는 6~8월보다 12~2월 평균 기온이 높고, A는 12~2월 강수 집중률이 매우 낮으므로 A는 남반구 지중해성 기후 지역이고, B는 남반구 온난 습윤 기후 지역이다.

① 지중해성 기후는 여름에는 아열대 고압대, 겨울에는 편서풍의 영향을 주로 받는다. ✕

② A는 태평양, D는 대서양에 접해 있다. ○

③ 남반구 사바나 기후 지역인 C가 온난 습윤 기후인 B보다 저위도에 위치한다. ✕

④ 남반구 사바나 기후 지역인 C는 6~8월(가)에 아열대 고압대의 영향으로 건기가 나타나고, 12~2월(나)에는 열대 수렴대의 영향으로 우기가 나타난다. ✕

⑤ 12~2월(나)에 밤 길이는 남극권에서 북극권으로 갈수록 길어지므로, D가 A보다 밤 길이가 길다. ✕

9. 지도에 표시된 지역은 서안 해양성 기후가 나타나는 런던, 지중해성 기후가 나타나는 로마, 대륙 동안에 위치해 여름 강수 집중률이 높은 칭다오이다. (가)는 월 강수 편차의 월별 차이가 작으므로 연중 고른 강수가 나타나는 런던, (나)는 여름에 강수가 집중되므로 칭다오, (다)는 여름이 건조한 로마이다.

① 계절풍의 영향을 받는 대륙 동안에 위치한 칭다오(나)와 관련된 설명이다. ✕

② 서안 해양성 기후가 나타나는 런던(가)과 관련된 설명이다. ✕

③ 지중해성 기후가 나타나는 로마(다)는 여름보다 겨울 강수량이 많다. ○

④ 런던(가)은 로마(다)보다 고위도에 위치한다. ✕

⑤ 강수가 여름에 집중하는 칭다오(나)는 연중 고른 강수가 나타나는 런던(가)보다 하천의 계절별 유량 변동이 크다. ✕

10. 지도에 표시된 지역은 런던, 알제, 케이프타운이다. 북반구에 두 곳이 위치하고 남반구에 한 곳이 있는데, B와 C의 낮 길이가 짧으므로 (가)는 1월이고, A는 케이프타운이다. 따라서 (나)는 7월이며, 7월의 강수가 적은 B는 알제, C는 런던이다.

① 남반구 지중해성 기후가 나타나는 케이프타운(A)은 1월(가)이 고온 건조해 수목 농업이 주로 이루어진다. ✕

② 7월(나)에 북반구 지중해성 기후가 나타나는 알제(B)는 아열대 고압대의 영향으로 고온 건조하다. ✕

③ 7월(나)에 낮 길이는 북극권에서 남극권으로 갈수록 짧아지므로, 케이프타운(A)이 가장 짧다. ○

④ 여름이 고온 건조한 케이프타운(A)은 연중 습윤한 런던(C)보다 여름 강수 집중률이 낮다. ✕

⑤ 알제(B)는 런던(C)보다 저위도에 위치하므로 연평균 기온이 높다. ✕

11. 지도에 표시된 지역은 도쿄, 다카, 다윈, 퍼스이다. (나), (다)는 1, 7월 평균 기온이 모두 18℃ 이상인데, (나)는 7월, (다)는 1월 평균 기온이 높다. 따라서 (나)는 북반구의 열대 몬순 기후가 나타나는 다카, (다)는 남반구 사바나 기후가 나타나는 다윈이다. (가)는 7월이 1월보다 평균 기온이 높으므로 도쿄, (라)는 지중해성 기후가 나타나는 퍼스이다.

① (가), (라)는 모두 온대 기후이다. ✕

② (가)는 (라)보다 7월의 밤 길이가 짧다. ✕

③ (나)는 (다)보다 1월 강수량이 적다. ✕

④ (나), (다)는 모두 열대 기후이므로 기온의 일교차가 기온의 연교차보다 크다. ✕

⑤ 1월에 남반구 사바나 기후가 나타나는 다윈(다)은 열대 수렴대의 영향으로 우기이고, 남반구 지중해성 기후가 나타나는 퍼스(라)는 아열대 고압대의 영향으로 건조하다. ○

12. (가)는 대륙 내부에 고기압이 형성되어 있으므로 1월, (나)는 대륙에 저기압이 형성되어 있으므로 7월이다.

① (가)는 1월, (나)는 7월이다. ○

② A가 계절풍을 이용해 벼농사가 발달한 시기는 7월(나)이다. ✕

③ 적도 부근에 위치한 B가 무역풍의 영향을 주로 받고, 중위도에 위치한 A는 편서풍의 영향을 주로 받는다. ✕

④ 열대 우림 기후인 B가 온대 기후인 A보다 연 강수량이 많다. ✕

⑤ A는 1월(가)보다 7월(나)에 밤 길이가 짧다. ✕

13. A는 아열대 고압대의 영향으로 형성된 사하라 사막, B는 한류의 영향으로 형성된 나미브 사막, C는 중위도 대륙 내부에 위치해 형성된 타커라마간(타클라마칸) 사막, D는 한류

의 영향으로 형성된 아타카마 사막, E는 탁월풍이 부는 산지의 비 그늘(바람의지)에 위치해 형성된 파타고니아 사막의 일부이다.

① A는 연중 아열대 고압대의 영향으로 하강 기류가 발생해 매우 건조하다. ○

② 사막 기후가 나타나는 B에는 바람에 날린 모래의 침식을 받아 형성된 삼릉석, 버섯바위 등의 지형을 관찰할 수 있다. ○

③ 타커라마칸(타클라마칸) 사막에서는 지하 관개 수로를 이용한 관개 농업의 모습을 관찰할 수 있다. ○

④ 아타카마 사막에서는 한류의 영향으로 안개가 자주 발생해, 이곳 사람들은 해안에 그물을 설치하고 그물망에 걸리는 수분으로 식수를 얻는다. ○

⑤ 파타고니아 사막 일대는 화학적 풍화 작용보다 물리적 풍화 작용이 활발하다. ✕

14. (가) 기후 지역은 지붕이 평평한 가옥과 버섯바위 등을 볼 수 있는 곳이므로 건조 기후 지역이다.

ㄱ. 건조 기후 지역은 강수량보다 증발량이 많다. ○

ㄴ. 드럼린, 에스커는 빙하 지형이다. ✕

ㄷ. 건조 기후 지역은 강수량이 적고 기온의 일교차가 커서 화학적 풍화 작용에 비해 물리적 풍화 작용이 우세하다. ○

ㄹ. 우리나라의 봄철과 같은 날씨가 연중 지속되는 곳은 열대 고산 기후 지역이다. ✕

15. A는 빙퇴석(모레인), B는 에스커, C는 드럼린, D는 호른, E는 현곡이다.

① 빙퇴석(모레인)(A)은 빙하의 퇴적 작용으로 형성된 지형으로 토양이 척박하다. ✕

② 드럼린(C)은 빙하에 의한 퇴적 작용으로 형성되었고, 호른(D)은 빙하의 침식 작용으로 형성되었다. ✕

③ 현곡(E)은 본류 빙식곡으로 합류하는 지류 빙식곡으로 폭포가 잘 발달한다. ○

④ 호른(D)에서는 빙하에 의한 퇴적 작용이 활발하지 않다. ✕

⑤ 융빙수에 의해 형성된 제방 모양의 지형인 에스커(B)는 빙하에 의해 운반된 모래와 자갈 등이 쌓인 빙퇴석(모레인)(A)보다 퇴적 물질 크기의 분급이 양호하다. ✕

16. A, C는 최한월 평균 기온이 −3℃ 미만이고, 최난월은 10℃ 이상이므로 냉대 기후가 나타나는 곳인데, 기온의 연교차가 큰 C는 대륙 동안에 위치한 (가), 상대적으로 기온의 연교차가 작은 A는 (나)이다. B는 최난월 평균 기온이 0~10℃이므로 툰드라 기후가 나타나는 (다)이다. D는 최한월 평균 기온이 −3~18℃이고 12월의 누적 강수량인 연 강수량이 가장 많으므로 편서풍의 바람받이 사면에 위치한 (라)이다.

① (가)의 C는 (나)의 A보다 최난월 평균 기온과 최한월 평균 기온의 차이인 기온의 연교차가 크다. ○

② (다)의 B는 (라)의 D보다 12월의 누적 강수량인 연 강수량이 적다. ○

③ 툰드라 기후가 나타나는 (다)의 B에서는 7월에 활동층이 녹아서 흘러내리는 솔리플럭션 현상을 관찰할 수 있다. ○

④ 노르웨이 해안에 위치한 (라)의 D에는 U자곡이 침수된 피오르 해안이 발달해 있다. ✕

⑤ A의 (나)는 북아메리카, C의 (가)는 아시아에 위치한다. ○

주관식

17.

서술형

(가) 바빌로니아의 점토판 지도, (나) 알 이드리시의 세계 지도, (다) 천하도

(나)는 지도의 중심에 아라비아반도가 표현되어 있어 이슬람교의 세계관, (다)는 지도의 중심에 중국이 표현되어 있어 중국 중심의 중화사상이 반영되어 있음을 알 수 있다.

18.

단답형

(1) (가) 열대 우림 기후, (나) 사바나 기후, (다) 열대 고산 기후

서술형

(2) (가), (나)는 모두 기온의 일교차가 기온의 연교차보다 큰데, (가)는 연중 열대 수렴대의 영향을 받아 고온 다습하다. (나)는 아열대 고압대의 영향을 받는 시기에는 건기, 열대 수렴대의 영향을 받는 시기에는 우기가 된다.

19.

서술형

태양이 북회귀선 부근을 남중하고 있으므로 (가)는 7월이다. 이 시기에 서안 해양성 기후가 나타나는 A는 편서풍의 영향을 주로 받고, 지중해성 기후가 나타나는 B는 아열대 고압대의 영향을 주로 받아 고온 건조하며, 수목 농업이 주로 이루어진다.

20.

서술형

(가)는 선상지로, 골짜기 입구에서 유수의 운반 물질이 부채 모양으로 쌓여 형성된다. (나)의 모래 언덕은 사구(바르한)로 이는 바람에 날려 온 모래가 쌓여 형성된다. (다)는 와디로 비가 올 때만 일시적으로 흐르는 건천이다.

1 판의 경계와 주요 화산 활동 지역

판의 경계 유형을 묻는 문항이 자주 출제되므로 이를 잘 정리해 두는 것이 필요해.

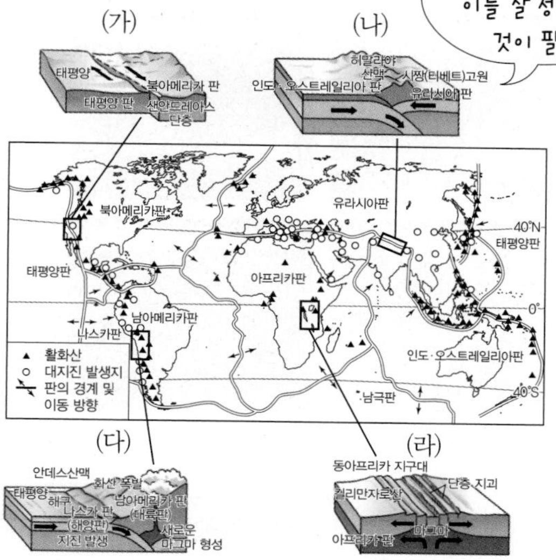

판의 경계는 (가)와 같이 두 개의 판이 어긋나서 미끄러지는 경계 유형, (라)와 같이 두 개의 판이 서로 갈라지는 경계 유형으로 나뉜다. 또한 (나)와 (다) 같이 두 판이 서로 충돌하는 경계 유형이 있는데, (나)는 두 개의 대륙판이, (다)는 해양판과 대륙판이 서로 만나는 경계 유형이다.

요것만은 꼭 체크!

동아프리카 지구대는 판이 ①(분리/충돌), 안데스산맥은 판이 ②(분리/충돌)하는 경계이다.

정답 | ① 분리 ② 충돌

2 세계의 대지형

안정육괴, 고기 습곡 산지, 신기 습곡 산지의 형성 시기, 분포, 자원 등과 관련된 문제가 자주 출제돼.

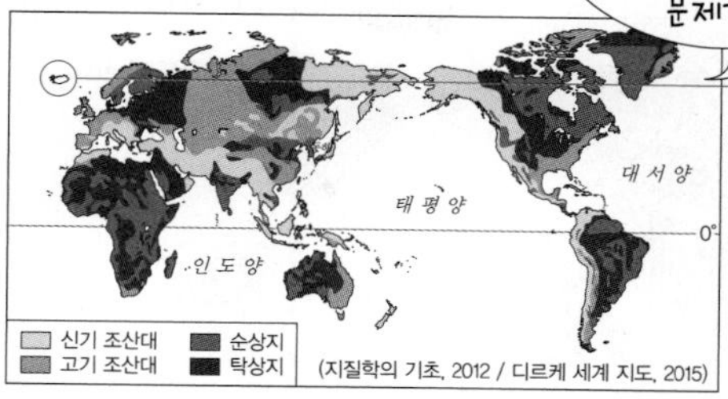

아이슬란드는 대서양 중앙 해령의 일부가 해수면 위로 드러난 섬으로, 지진과 화산 활동이 활발하다.

순상지와 탁상지로 이루어진 안정육괴는 시·원생대에 형성된 이후 평탄해진 지형으로, 세계적인 철광석 매장지가 분포한다. 고생대 조산 운동으로 형성된 고기 습곡 산지에는 석탄이 주로 매장되어 있다. 신기 습곡 산지에는 석유와 천연가스 등의 지하자원이 많이 매장되어 있으며, 화산과 지진 활동이 활발하다.

요것만은 꼭 체크!

안정육괴에는 ①(석탄/철광석), 고기 습곡 산지에는 ②(석탄/철광석)이 주로 매장되어 있다.

정답 | ① 철광석 ② 석탄

3 카르스트 지형

석회암이 용식 작용(화학적 풍화)을 받아 형성된 다양한 카르스트 지형을 잘 정리해 두어야 해.

석회암이 빗물이나 지하수의 용식 작용을 받아 형성된 와지 — 돌리네

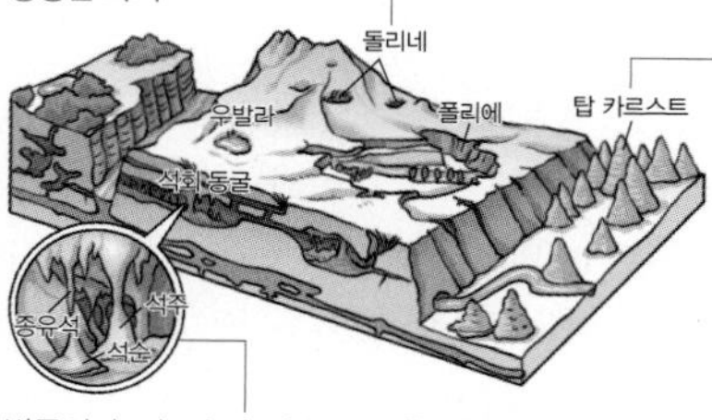

탑 카르스트: 주로 고온 다습한 지역에서 석회암이 빗물, 하천, 해수의 차별적인 용식 및 침식 작용을 받아 형성된 탑 모양의 지형

석회 동굴: 빗물이나 지표수가 땅속으로 흘러들면서 석회암층이 용식되어 만들어진 동굴

요것만은 꼭 체크!

돌리네, 폴리에, 탑 카르스트 모두 ①□□□이/가 용식 작용을 받아 형성된 지형이다.

정답 | ① 석회암

4 해안 지형

곶에서 발달하는 암석 해안, 만에서 발달하는 모래 해안과 갯벌의 지형 형성 과정 및 특징을 묻는 문항이 자주 출제되고 있어.

암석 해안으로, 파랑 에너지가 집중되는 곶에서 주로 형성되고, 해식애, 파식대, 시 스택 등의 지형을 볼 수 있다.

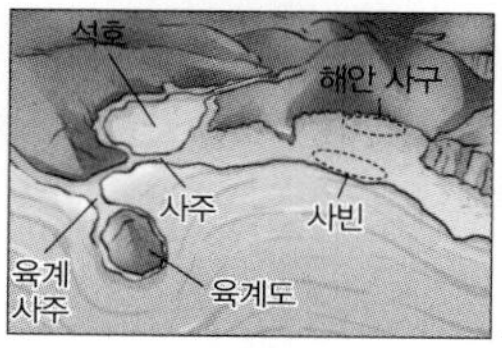

모래 해안으로, 파랑 에너지가 분산되는 만에서 주로 형성되며, 사빈, 사주, 석호, 해안 사구 등의 지형을 볼 수 있다.

요것만은 꼭 체크!

해식애가 후퇴하면서 해식애 앞쪽에 발달한 평탄면은 ①□□□이고, ②□□은/는 후빙기 해수면 상승으로 형성된 만의 입구에 사주가 발달하여 형성된 호수이다.

정답 | ① 파식대 ② 석호

5 세계 주요 종교의 분포

세계 주요 종교 분포와 특징을 묻는 문항이 자주 출제돼. 종교별 분포 지역과 종교가 주민 생활에 끼친 영향 등을 함께 정리해 두어야 해.

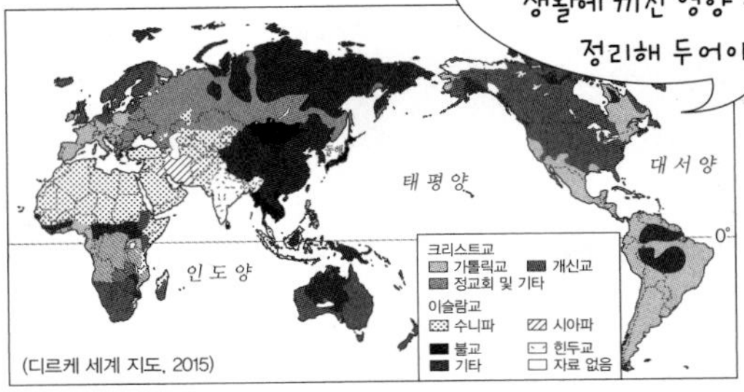

(디르케 세계 지도, 2015)

크리스트교는 유럽, 아메리카, 오세아니아, 아프리카 중 · 남부 등에 주로 분포하고, 이슬람교는 북부 아프리카와 서남 · 중앙 · 동남아시아에 주로 분포한다. 불교는 남부 아시아와 동남 및 동아시아를 중심으로 분포하고, 힌두교는 남부 아시아(인도, 네팔)에 주로 분포한다.

요것만은 꼭 체크!

서남아시아와 북부 아프리카에 주로 분포하는 종교는 ①□□□□, 아메리카에 주로 분포하는 종교는 ②□□□□□이다.

정답 | ① 이슬람교 ② 크리스트교

6 주요 종교의 경관

종교별 성지와 종교 경관을 묻는 문항이 자주 출제돼. 종교별로 특징적인 종교 경관에는 어떠한 것이 있는지 잘 정리해 두도록 해.

이슬람교는 중앙의 돔형 구조물과 주변의 첨탑이 어우러진 모스크, 크리스트교는 종탑과 십자가가 보편적으로 나타난다. 불교는 불상을 모시는 불당과 사리를 안치한 탑, 힌두교는 다양한 신들이 조각된 사원이 대표적 종교 경관이다.

요것만은 꼭 체크!

이슬람 사원인 ①□□□에서는 꽃, 나무, 덩굴, 문자 등을 기하학적으로 배치한 ②□□□□□ 문양을 볼 수 있다.

정답 | ① 모스크 ② 아라베스크

7 지역(대륙)별 인구 변화

지역(대륙)별 인구 분포 특성을 묻는 문항이 자주 출제돼. 개발 도상국이 많은 지역(대륙)과 선진국이 많은 지역(대륙)의 특징을 비교해 알아두어야 해.

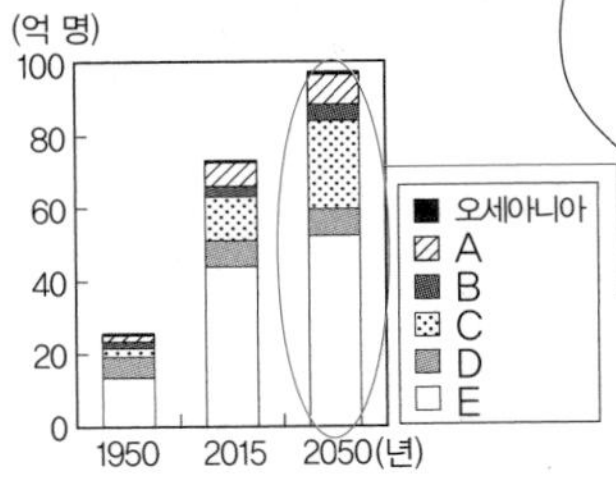

* 2050년은 추정치임 (국제 연합)

최근 세계의 인구 성장은 개발 도상국이 주도하고 있다. 선진국이 많이 위치한 지역(대륙)은 인구의 자연 증가율이 낮고, 개발 도상국이 많은 지역(대륙)은 상대적으로 인구의 자연 증가율이 높다.

인구가 가장 많은 E는 아시아, 인구가 많이 증가할 것으로 예상되는 C는 아프리카, 아프리카 다음으로 인구 증가율이 높은 A는 라틴 아메리카이다. B는 D보다 인구가 적은 앵글로아메리카, D는 B보다 인구 증가율이 낮은 유럽이다.

요것만은 꼭 체크!

2015~2050년에 인구가 가장 많이 증가할 것으로 예상되는 지역(대륙)은 ①□□□□이다.

정답 | ① 아프리카

8 인구 유입과 인구 유출 지역

국가 및 지역(대륙)별 인구 순 유입과 순 유출 지역을 묻는 문항이 자주 출제돼. 대체로 선진국은 인구 순 유입, 인구 자연 증가율이 높고 개발 도상국은 인구 순 유출이 나타남을 알고 있어야 해.

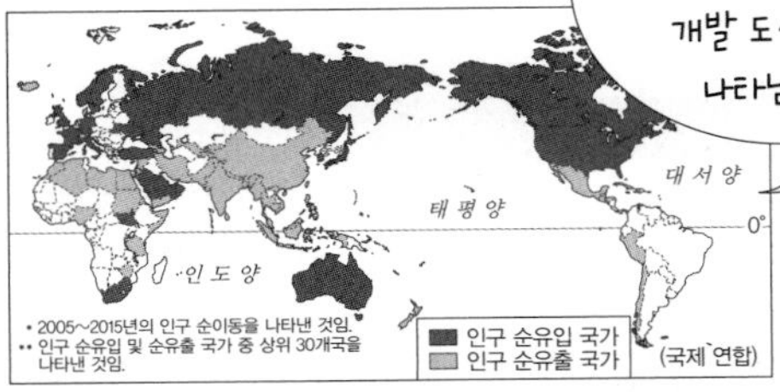

* 2005~2015년의 인구 순이동을 나타낸 것임.
** 인구 순유입 및 순유출 국가 중 상위 30개국을 나타낸 것임.
(국제 연합)

인구 순 유입이 많은 국가는 미국, 사우디아라비아, 독일, 캐나다, 오스트레일리아 등으로 유럽과 앵글로아메리카의 선진국이 많다. 반면 인구 순 유출이 많은 국가는 멕시코, 인도, 중국, 방글라데시 등으로 라틴 아메리카와 아시아에 위치한 개발 도상국이 많다.

요것만은 꼭 체크!

앵글로아메리카는 인구 ①(순 유입/순 유출), 아프리카는 ②(순 유입/순 유출)이 나타난다.

정답 | ① 순 유입 ② 순 유출

9 지역(대륙)별 도시화율 변화

지역(대륙)별 도시화 특성을 묻는 문항이 자주 출제돼. 지역(대륙)별 도시화율 순위를 잘 정리해 두어야 해.

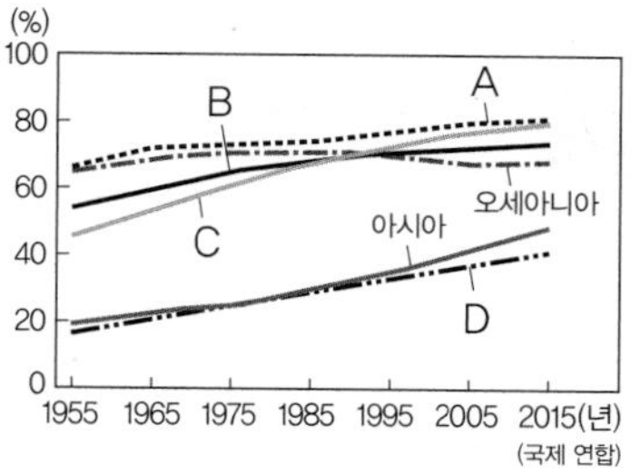

(국제 연합)

2015년 도시화율이 가장 높은 A는 미국, 캐나다 등이 위치한 앵글로아메리카, 도시화율이 가장 낮은 D는 개발 도상국이 대부분인 아프리카이다. C는 B보다 1955년에 도시화율이 낮으므로 라틴 아메리카, 1955~2015년의 도시화율 증가가 C보다 낮은 B는 유럽이다.

요것만은 꼭 체크!

2015년 앵글로아메리카는 아시아보다 도시화율이 ①(높/낮)고, 도시화율이 가장 낮은 지역(대륙)은 ②□□□□이다.

정답 | ① 높 ② 아프리카

10 세계 도시 체계

최상위 세계 도시와 하위 세계 도시의 특징을 비교하는 문제가 출제돼. 계층별 도시의 수, 생산자 서비스업의 발달 정도 등을 비교해 두어야 해.

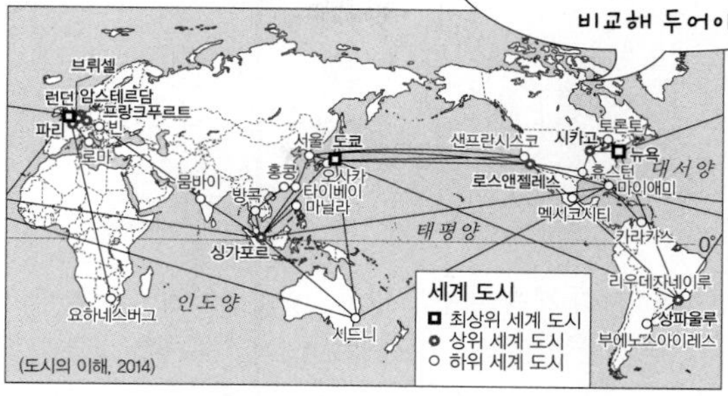

(도시의 이해, 2014)

뉴욕, 런던, 도쿄는 전 세계에 영향을 끼치고 있는 최상위 세계 도시이며, 이들 도시에는 전 세계적인 관리 · 통제 · 중추 기능이 집중되어 있다. 그다음의 상위 세계 도시에는 파리, 로스앤젤레스, 브뤼셀 등이 있으며, 하위 세계 도시에는 서울, 토론토, 시드니 등이 있다.

요것만은 꼭 체크!

최상위 세계 도시는 하위 세계 도시보다 생산자 서비스업의 집중도가 ①(높/낮)고, 도시당 다국적 기업의 본사 수가 ②(많/적)다.

정답 | ① 높 ② 많

11 주요 식량 작물의 생산 특징

쌀, 밀, 옥수수의 국가별 생산량, 수출량 등을 파악할 수 있고, 작물별 주요 특성을 이해하고 있는지를 묻는 문항이 자주 출제돼.

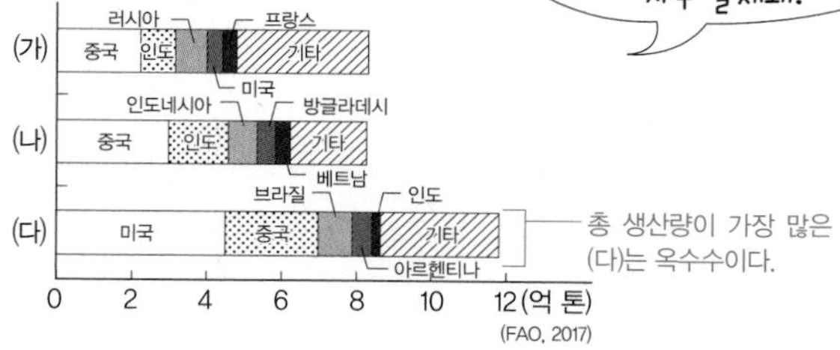

(FAO, 2017)

(가)는 중국, 인도, 러시아 등에서 생산량이 많고, 기타 국가들의 생산량이 상대적으로 많다. 따라서 (가)는 기후적 제약이 작아 전 세계적으로 재배되는 밀이다. (나)는 아시아 국가의 생산 비중이 매우 높으므로 쌀, (다)는 총생산량이 가장 많고, 미국, 브라질 등의 아메리카에서 생산량이 많은 옥수수이다.

요것만은 꼭 체크!

아시아 계절풍 기후 지역에서 주로 생산되는 식량 작물은 ①□이고, 세계 총생산량이 가장 많은 식량 작물은 ②□□□이다.

정답 | ① 쌀 ② 옥수수

12 쌀과 밀의 생산과 이동

쌀과 밀의 재배 지역과 국제 이동, 단위 면적당 생산량 등을 묻는 문항이 자주 출제돼.

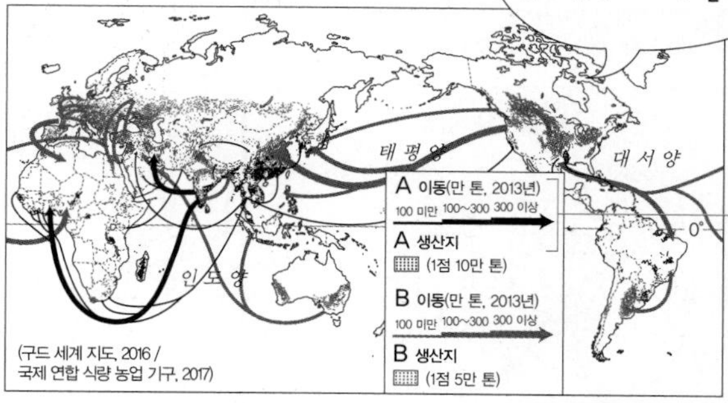

(구드 세계 지도, 2016 / 국제 연합 식량 농업 기구, 2017)

A는 아시아 계절풍 기후 지역에서 주로 생산되고 B보다 국제 이동량이 적으므로 쌀이다. B는 기후 적응력이 커서 비교적 기온이 낮고 건조한 기후 조건에서도 잘 자라는 밀이다. 밀은 쌀보다 재배 범위가 넓다.

아시아 계절풍 기후 지역에서 주로 재배되는 A는 쌀이다.

요것만은 꼭 체크!

쌀은 밀보다 국제 이동량이 ①(많/적)고, 단위 면적당 생산량이 ②(많/적)다.

정답 | ① 적 ② 많

13 주요 가축의 사육 현황

소, 양, 돼지의 국가별 사육 현황 및 주요 특징을 묻는 문항이 출제돼.

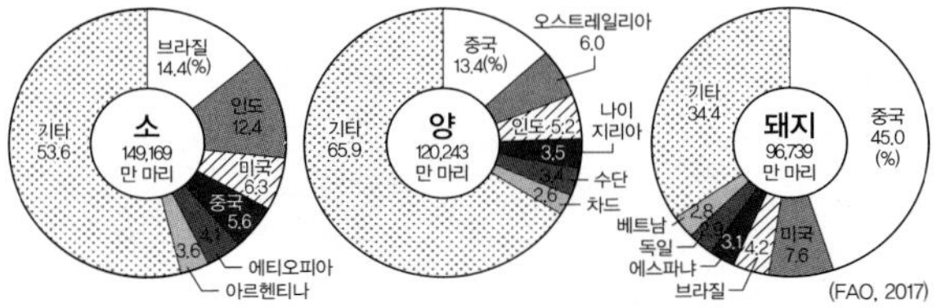

(FAO, 2017)

소는 양, 돼지보다 사육 두수가 많고, 농경 사회에서 노동력을 대신하는 동물로 일찍부터 가축화하였으며, 고기를 비롯하여 우유, 치즈, 버터 등과 같은 유제품을 제공한다. 양은 양털의 수요가 증가하면서 공업 원료로서의 가치도 높아졌다. 돼지는 돼지고기를 금기시하는 이슬람교 신자의 비중이 높은 서남아시아와 북부 아프리카 지역에서는 거의 사육되지 않는다.

요것만은 꼭 체크!

브라질, 인도에서 많이 사육되는 가축은 ①□이고, 양은 소보다 강수량이 ②(많/적)은 지역에서 주로 사육된다. 정답 | ① 소 ② 적

14 세계 1차 에너지 소비 구조

세계 1차 에너지 소비 구조의 변화와 에너지 자원별 주요 특징을 비교하는 문항이 자주 출제돼. 석유, 석탄, 천연가스의 특징을 잘 정리해 두어야 해.

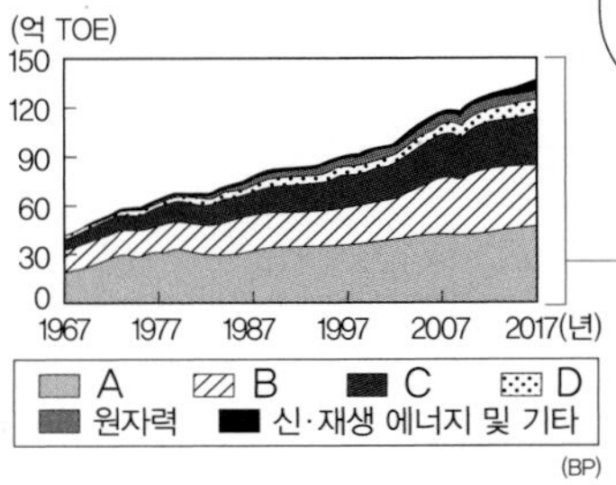

(BP)

세계 1차 에너지 소비량은 인구 증가, 산업 발달 등으로 꾸준하게 증가하고 있는데, 특히 화석 에너지 소비량이 빠르게 증가하고 있다.

세계 1차 에너지 소비량은 지속적으로 증가하고 있는데, 소비량이 가장 많은 A는 석유, 그다음으로 소비량이 많은 B는 석탄이다. C는 최근 소비량 증가가 많은 천연가스이다. 상대적으로 소비량이 적은 D는 수력이다.

요것만은 꼭 체크!

세계 1차 에너지 자원 소비량을 많은 순서대로 나열하면 (①) > (②) > (③) > 수력이다.

정답 | ① 석유 ② 석탄 ③ 천연가스

15 석유의 생산과 이동

주요 에너지 자원의 생산과 이동을 묻는 문항이 자주 출제돼. 특히 석유, 석탄, 천연가스의 생산과 이동 특징을 정리해 두어야 해.

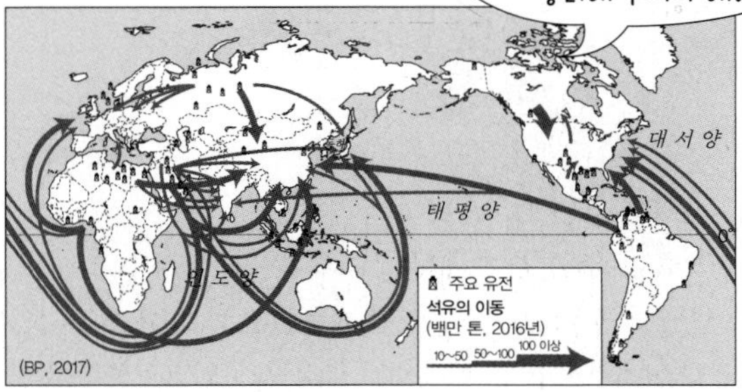

(BP, 2017)

석유는 서남아시아의 사우디아라비아, 이라크, 아랍 에미리트 등의 수출량이 많고, 중국, 미국, 인도, 일본 등에서 주로 수입한다.

요것만은 꼭 체크!

석유는 석탄보다 지역적인 편재성이 ①(커/작)(아)서, 국제 이동량이 ②(많/적)다. 정답 | ① 커 ② 많

16 화석 에너지의 지역별 생산

석유, 석탄, 천연가스의 지역별 생산 및 소비 현황 등을 파악할 수 있는지를 묻는 문항이 출제돼.

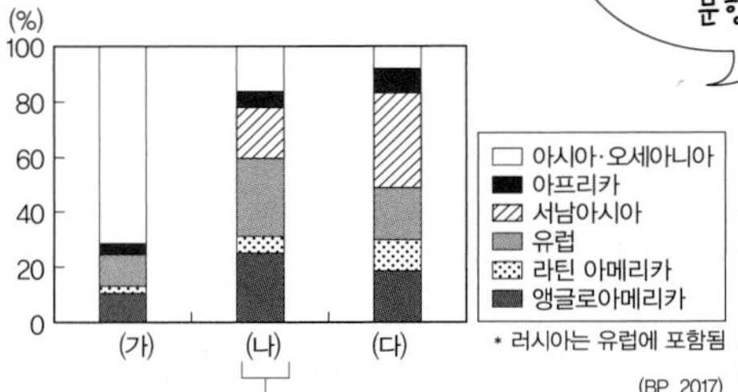

(BP, 2017)

유럽과 앵글로아메리카에서 생산 및 소비 비중이 상대적으로 높은 자원은 천연가스이다.

아시아 · 오세아니아의 생산 비중이 매우 높은 (가)는 석탄이고, 유럽, 앵글로아메리카에서 상대적으로 생산 비율이 높은 (나)는 천연가스이다. 서남아시아의 생산 비율이 가장 높은 (다)는 석유이다.

요것만은 꼭 체크!

중국이 생산량 1위인 화석 에너지 자원은 ①(석유/석탄)이고, 사우디아라비아가 순 수출량 1위인 화석 에너지 자원은 ②(석유/천연가스)이다. 정답 | ① 석탄 ② 석유

고사구분	1학기 기말	세계지리	학년	

1. 지도의 A~E에 대한 설명으로 옳은 것은?

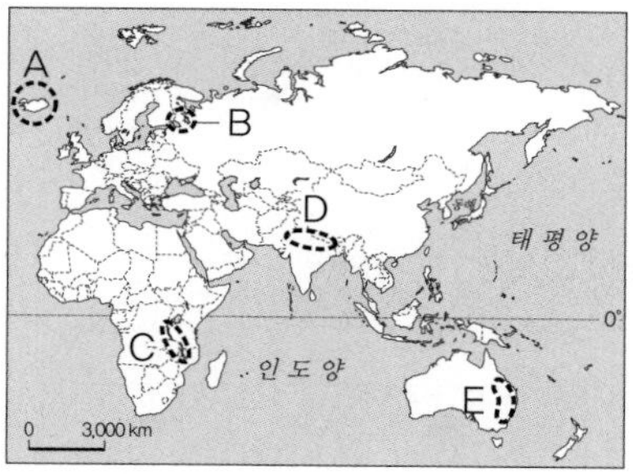

① A는 지각판이 미끄러지는 경계에 위치한다.
② B의 호수는 단층호, C의 호수는 빙하호이다.
③ D는 판과 판이 충돌하는 경계로 화산 활동이 활발하다.
④ D는 E보다 산지의 평균 해발 고도가 낮다.
⑤ E는 D보다 산지의 형성 시기가 이르다.

2. (가), (나)와 같은 판의 경계 유형과 관련된 사례 지역을 지도의 A~C에서 고른 것은?

(가) (나)

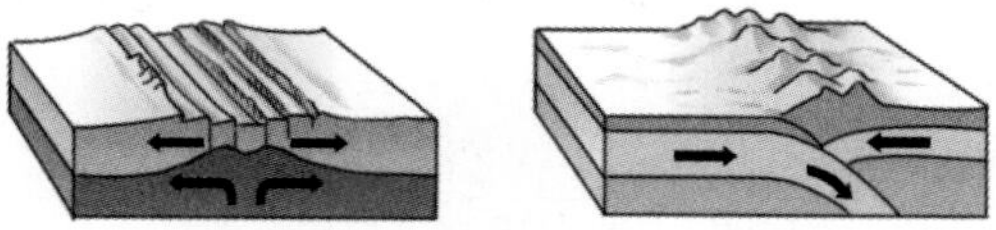

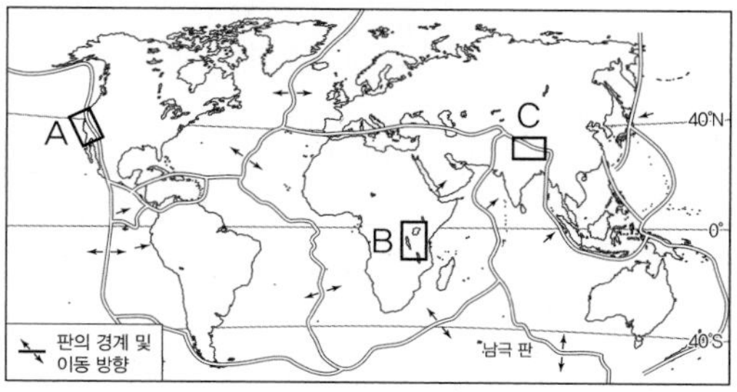

	(가)	(나)		(가)	(나)
①	A	B	②	A	C
③	B	A	④	B	C
⑤	C	B			

3. 그림은 카르스트 지형의 모식도이다. A~C 지형에 대한 옳은 설명만을 〈보기〉에서 있는 대로 고른 것은?

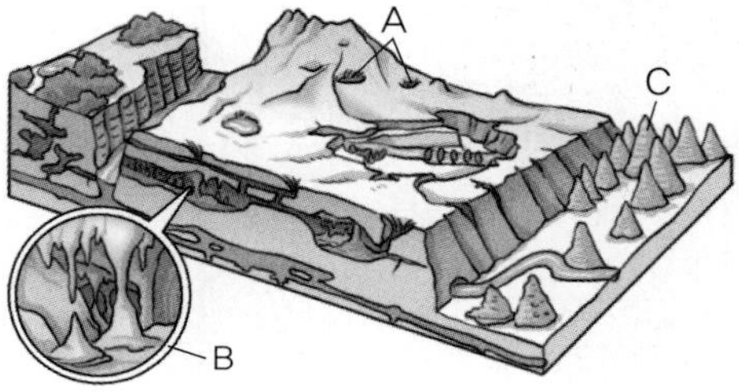

〈보기〉

ㄱ. A는 화구의 함몰로 형성되었다.
ㄴ. A 주변의 토양은 붉은색을 띠며, 주로 밭으로 이용된다.
ㄷ. B에는 종유석, 석순, 석주 등의 지형이 나타난다.
ㄹ. C와 같은 지형은 베트남의 할롱 베이에서 볼 수 있다.

① ㄱ, ㄴ　② ㄱ, ㄷ　③ ㄷ, ㄹ
④ ㄱ, ㄴ, ㄹ　⑤ ㄴ, ㄷ, ㄹ

4. 지도의 A~C에 대한 옳은 설명만을 〈보기〉에서 고른 것은? (단, A~C는 사주, 석호, 피오르 해안 중 하나임.)

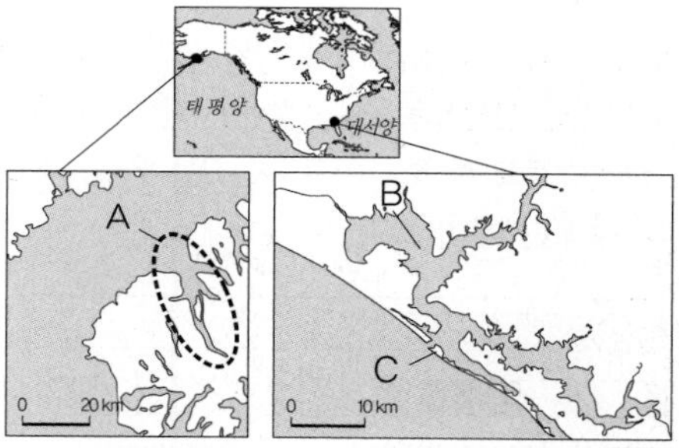

〈보기〉

ㄱ. A는 빙하의 침식 작용으로 골짜기가 형성되어 수심이 깊다.
ㄴ. B 호수는 현재의 해수면 높이와 토사 공급이 유지되면 면적이 점차 축소된다.
ㄷ. C 지형은 퇴적 작용보다 침식 작용이 우세한 해안에서 잘 발달한다.
ㄹ. A, B는 모두 최종 빙기 때 형성되었다.

① ㄱ, ㄴ　② ㄱ, ㄷ　③ ㄴ, ㄷ
④ ㄴ, ㄹ　⑤ ㄷ, ㄹ

5. 지도는 세 종교의 발원지와 전파 경로 일부를 나타낸 것이다. (가)~(다) 종교에 대한 설명으로 옳은 것은?

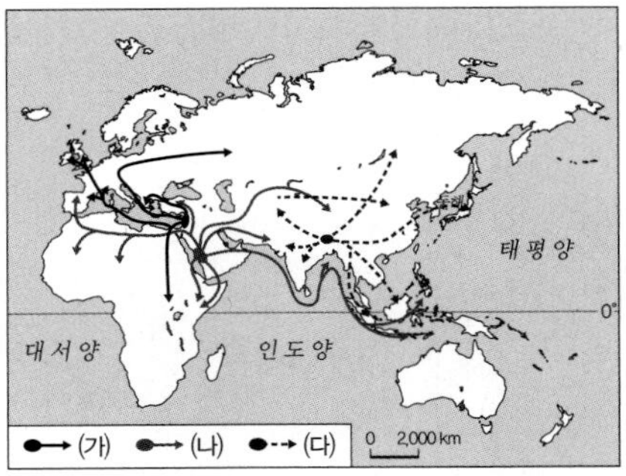

① (가)의 신자들은 하루 다섯 차례 성지를 향해 기도한다.
② (나)의 신자들은 교리에 따라 소고기 섭취를 금기시한다.
③ (다)의 사원에는 기하학적인 아라베스크 문양이 많다.
④ (가)는 (나)보다 세계 신자 수가 많다.
⑤ (나)는 (다)보다 발생 시기가 이르다.

6. 그래프는 주요 종교의 지역(대륙)별 신자 수 비율을 나타낸 것이다. 이에 대한 설명으로 옳은 것은? (단, (가)~(다)는 불교, 이슬람교, 크리스트교 중 하나이고, A~C는 유럽, 앵글로아메리카, 서남아시아 및 북부 아프리카 중 하나임.)

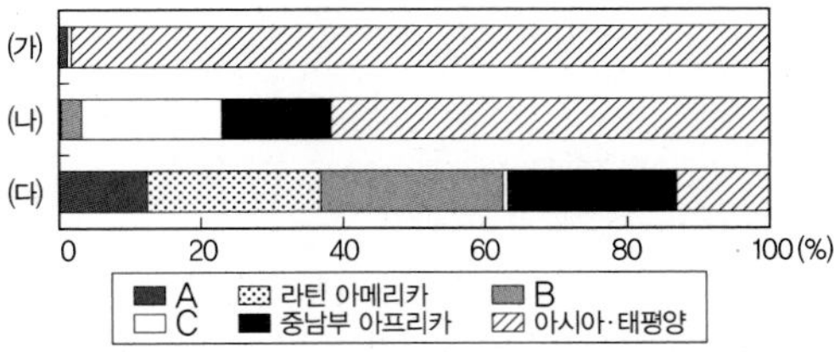

(Pew Research Center, 2010)

① (가)는 유일신교로 예수를 구원자로 믿는다.
② (나)의 성지로는 룸비니와 부다가야가 있다.
③ (다)의 여성들은 외출 시 베일로 얼굴이나 몸을 가리는 경우가 많다.
④ (나)의 신자 수가 가장 많은 국가는 C에 위치한다.
⑤ (다)는 A보다 B로 전파된 시기가 이르다.

7. 그래프는 네 국가의 인구 특성을 나타낸 것이다. (가)~(라) 국가를 지도의 A~D에서 고른 것은?

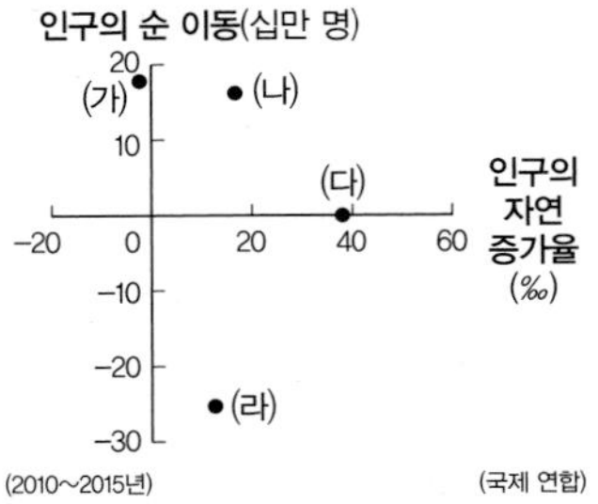

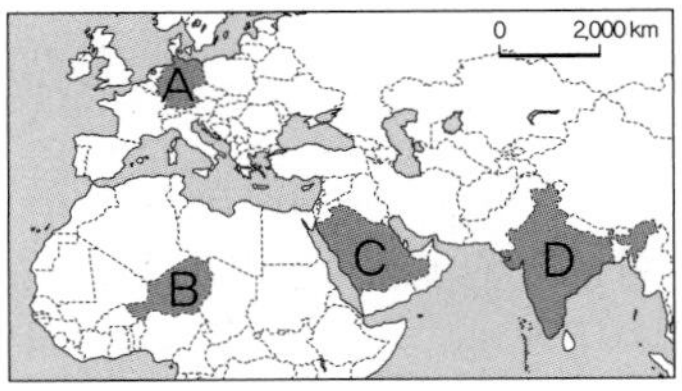

	(가)	(나)	(다)	(라)
①	A	B	C	D
②	A	C	B	D
③	C	A	D	B
④	C	D	B	A
⑤	D	C	A	B

8. 그래프는 지역(대륙)별 인구 특성을 나타낸 것이다. (가)~(마)에 대한 설명으로 옳은 것은? (단, 아메리카는 앵글로아메리카와 라틴 아메리카로 구분함.)

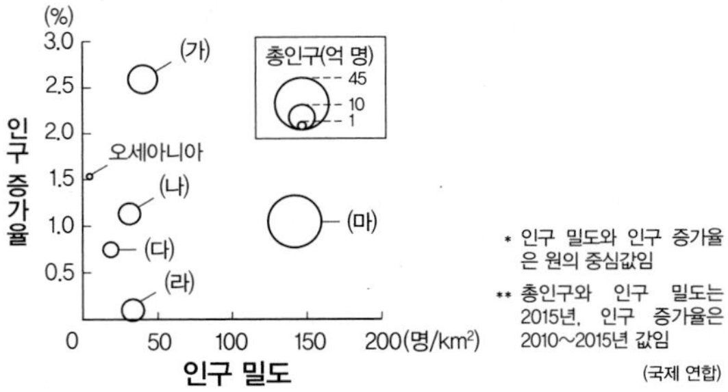

① (가)는 (라)보다 합계 출산율이 낮다.
② (다)는 (마)보다 지역(대륙) 내 국가 수가 많다.
③ (라)는 (나)보다 노령화 지수가 낮다.
④ (마)는 (다)보다 유입 인구 대비 유출 인구 비율이 낮다.
⑤ (나)는 (라)보다 (다)로의 경제적 요인에 의한 이주자가 많다.

9. 다음은 두 국가의 인구 구조를 나타낸 것이다. (가)와 비교한 (나) 국가의 상대적 특성에 대한 옳은 설명만을 〈보기〉에서 고른 것은? (단, (가), (나)는 독일, 니제르 중 하나임.)

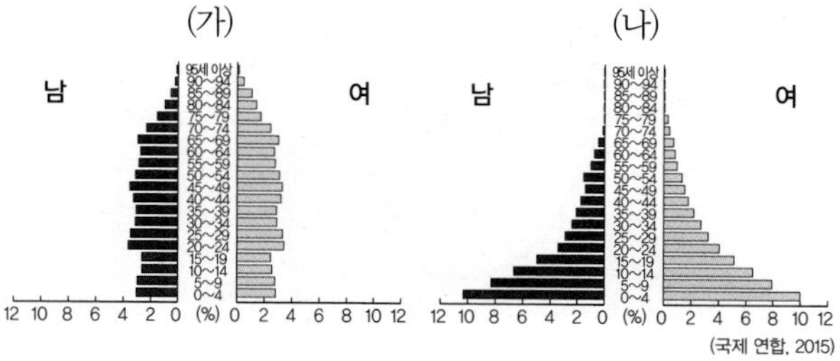

(국제 연합, 2015)

〈보기〉

ㄱ. 도시화율이 높다.
ㄴ. 유소년 부양비가 높다.
ㄷ. 1차 산업 종사자 비율이 높다.
ㄹ. 1인당 국내 총생산(GDP)이 많다.

① ㄱ, ㄴ ② ㄱ, ㄷ ③ ㄴ, ㄷ
④ ㄴ, ㄹ ⑤ ㄷ, ㄹ

10. 그래프의 (가)~(라) 지역(대륙)에 대한 설명으로 옳은 것은?

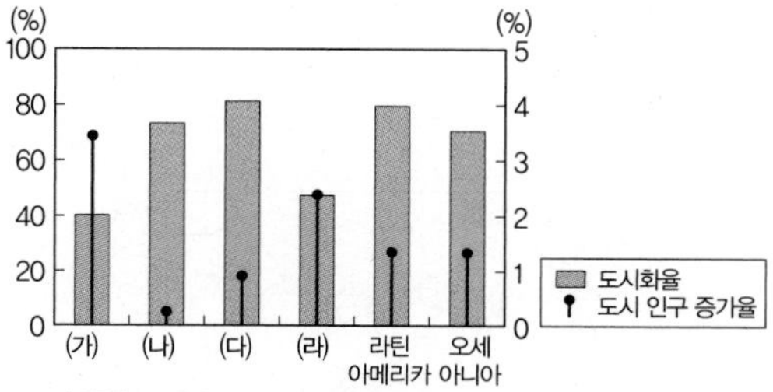

* 도시화율은 2015년 기준, 도시 인구 증가율은 2010~2015년 기준임

(국제 연합)

① (가)에는 최상위 세계 도시가 위치한다.
② (나)는 (라)보다 산업화가 시작된 시기가 이르다.
③ (다)는 (가)보다 촌락 인구가 많다.
④ 중위 연령은 (다)가 가장 높고, (라)가 가장 낮다.
⑤ (라)는 (나)보다 총인구가 적다.

11. 지도는 세계 도시 체계를 나타낸 것이다. A~C 도시에 대한 옳은 설명만을 〈보기〉에서 고른 것은? (단, A~C는 상위 세계 도시, 하위 세계 도시, 최상위 세계 도시 중 하나임.)

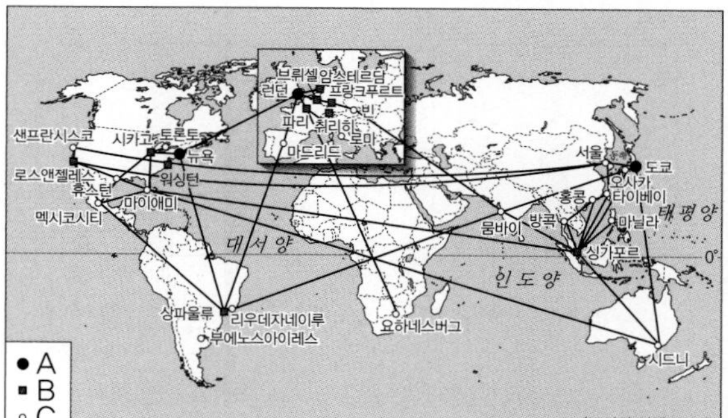

(도시의 이해, 2012)

〈보기〉

ㄱ. A는 B보다 동일 계층 도시 수가 많다.
ㄴ. B는 C보다 도시당 항공 노선 수가 많다.
ㄷ. C는 A보다 도시당 일 평균 외화 거래액이 많다.
ㄹ. 생산자 서비스업의 종사자 비율은 A > B > C 순으로 높다.

① ㄱ, ㄴ ② ㄱ, ㄷ ③ ㄴ, ㄷ
④ ㄴ, ㄹ ⑤ ㄷ, ㄹ

12. 그래프는 지역(대륙)별 곡물 자원의 수출 및 수입량을 나타낸 것이다. (가)~(다)로 옳은 것은?

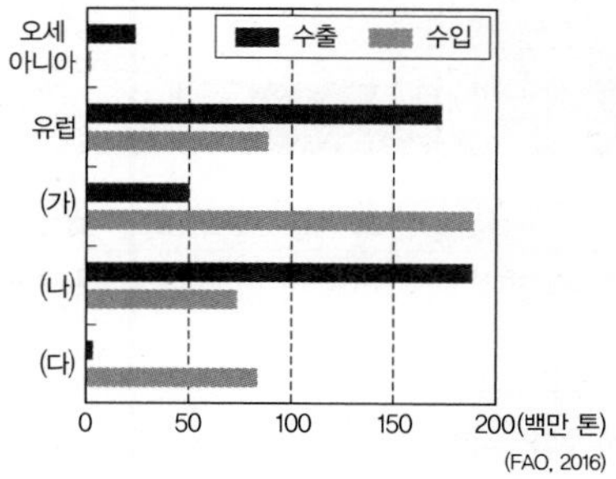

(FAO, 2016)

	(가)	(나)	(다)
①	아시아	아메리카	아프리카
②	아시아	아프리카	아메리카
③	아메리카	아시아	아프리카
④	아프리카	아시아	아메리카
⑤	아프리카	아메리카	아시아

13. 그래프는 세계 3대 식량 작물의 특성을 나타낸 것이다. 이에 대한 설명으로 옳은 것은? (단, A~C는 유럽, 아시아, 아메리카 중 하나임.)

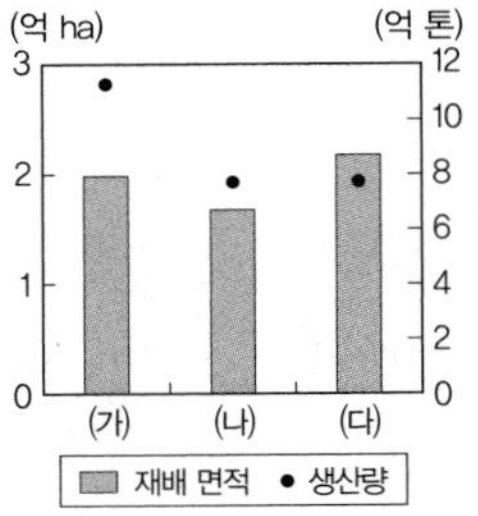

▲ 세계의 재배 면적 및 생산량

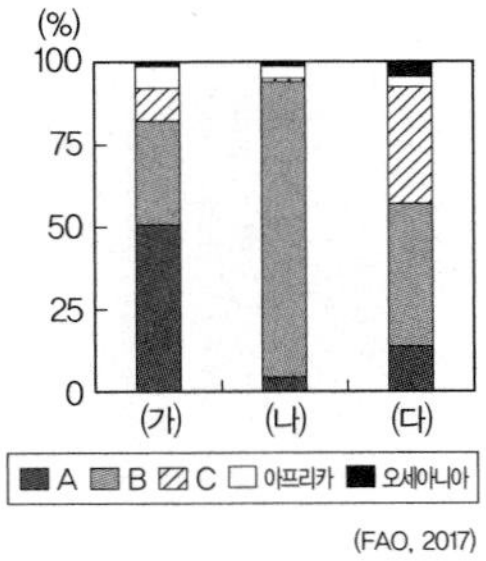

▲ 대륙별 생산 현황

① 밀은 옥수수보다 세계 생산량이 많다.
② 쌀은 밀보다 재배 면적당 생산량이 많다.
③ (나)는 (가)보다 바이오 에너지 생산에 많이 이용된다.
④ (다)는 (나)보다 국제 이동량이 적다.
⑤ A는 유럽, B는 아시아, C는 아메리카이다.

14. 그래프는 대륙별 가축 사육 두수 비율을 나타낸 것이다. (가)~(다)에 대한 옳은 설명만을 〈보기〉에서 고른 것은? (단, (가)~(다)는 소, 양, 돼지 중 하나임.)

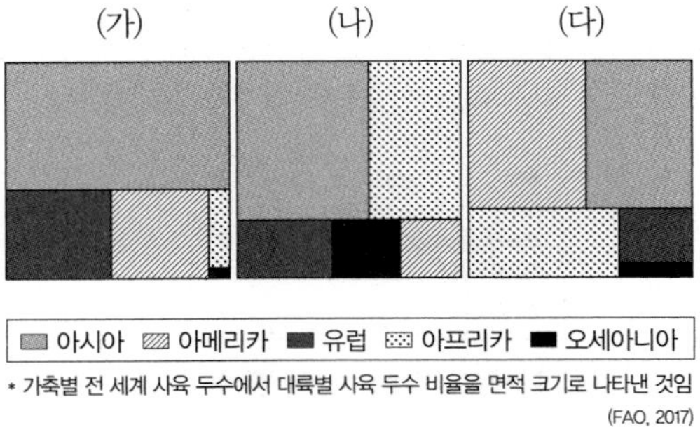

〈보기〉

ㄱ. (가)는 이슬람 문화권에서 식용을 금기시한다.
ㄴ. (다)는 치즈, 버터 등과 같은 유제품을 제공해 준다.
ㄷ. (가)는 (나)보다 털을 공업의 원료로 이용하는 비율이 높다.
ㄹ. (나)의 주요 사육 지역은 (다)의 주요 사육 지역보다 대체로 연 강수량이 많다.

① ㄱ, ㄴ ② ㄱ, ㄷ ③ ㄴ, ㄷ
④ ㄴ, ㄹ ⑤ ㄷ, ㄹ

15. 지도는 어느 화석 에너지 자원의 주요 생산지와 이동을 나타낸 것이다. 이 자원에 대한 설명으로 옳은 것은?

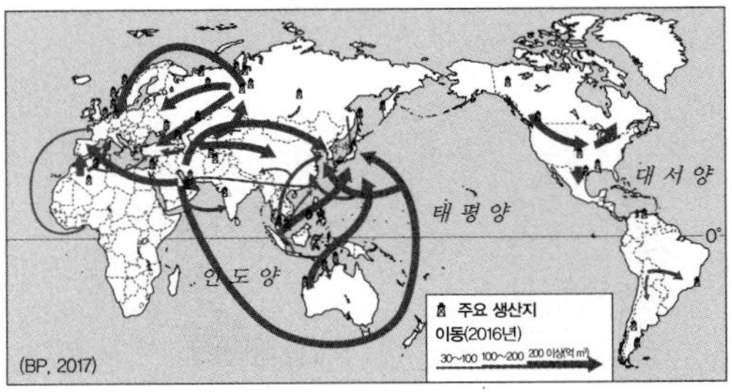

① 수송용 연료로 가장 많이 이용된다.
② 고기 조산대 주변에 주로 매장되어 있다.
③ 화석 연료 중 상용화된 시기가 가장 이르다.
④ 냉동 액화 기술의 발달로 소비량이 급증하였다.
⑤ 세계 1차 에너지원별 소비 구조에서 차지하는 비중이 가장 높다.

16. 그래프는 세 국가의 1차 에너지원별 소비 구조를 나타낸 것이다. (가)~(다) 국가를 지도의 A~C에서 고른 것은?

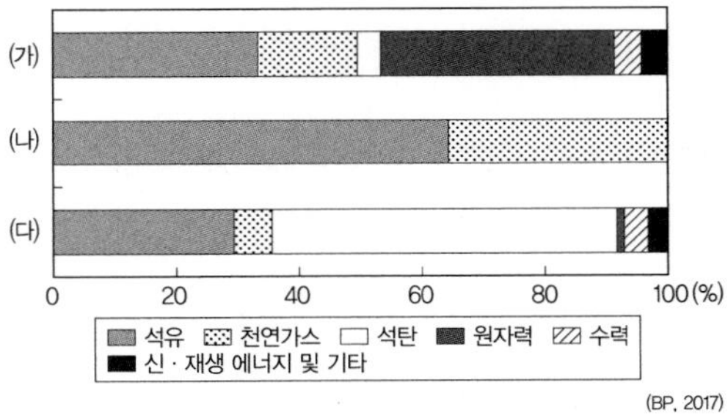

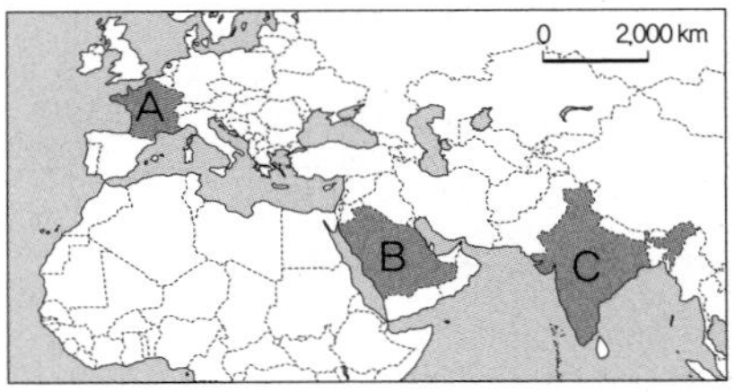

	(가)	(나)	(다)
①	A	B	C
②	A	C	B
③	B	A	C
④	C	A	B
⑤	C	B	A

서술형

17. 지도의 (가) 산지와 비교한 (나) 산지의 상대적 특성을 아래 용어를 모두 사용하여 서술하시오.

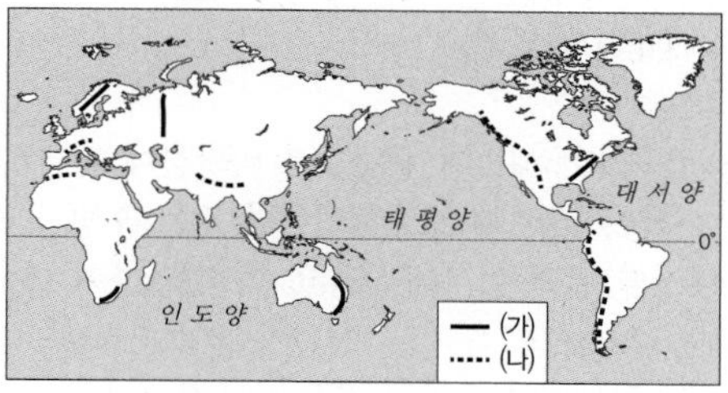

• 형성 시기	• 산지의 평균 해발 고도	• 지진 발생 빈도

정답

서술형

18. 그래프는 세계 종교별 신자 수 비율을 나타낸 것이다. (가), (나)의 종교 구분과 A~C 종교의 명칭을 쓰고, A~C 종교의 주요 종교 경관의 특징을 서술하시오.

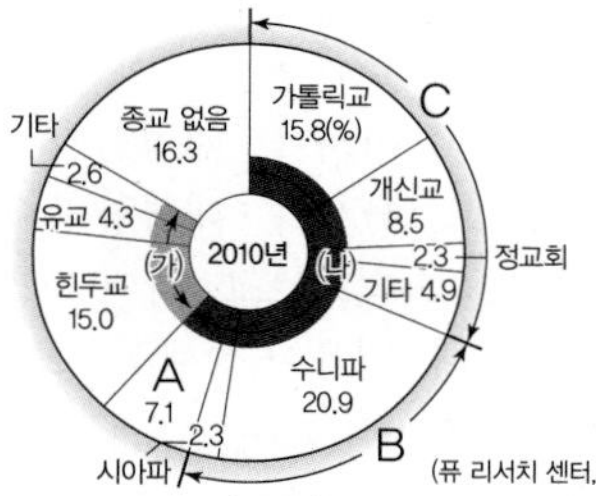

(퓨 리서치 센터, 2014)

정답

19. 그래프는 인구 변천 모형이다. 이를 보고 물음에 답하시오.

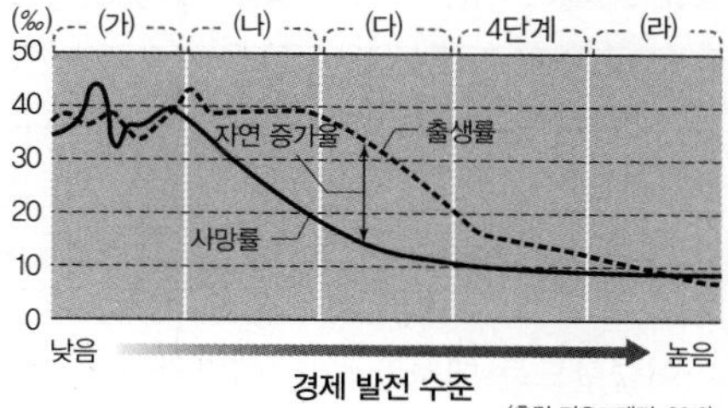

(휴먼 지오그래피, 2012)

서술형

(1) (나), (다) 단계의 인구 변화 원인을 각각 서술하시오.

정답

서술형

(2) (가) 단계에 속하는 국가와 비교한 (라) 단계에 속한 국가의 상대적 특성을 아래 용어를 모두 사용하여 서술하시오.

• 경제 발전 수준	• 합계 출산율	• 노령화 지수

정답

단답형

20. 그래프는 지역(대륙)별 도시화율의 변화를 나타낸 것이다. A~D 지역(대륙)을 각각 쓰시오.

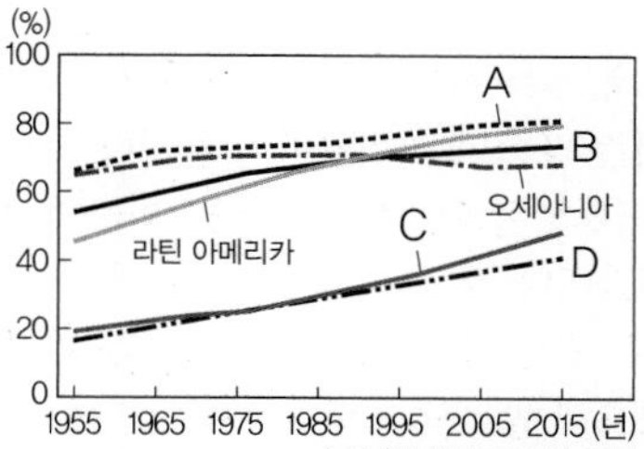

(국제 연합 세계 도시 전망, 2018)

정답

1학기 기말고사

1. ⑤	2. ④	3. ⑤	4. ①	5. ④	6. ⑤
7. ②	8. ⑤	9. ③	10. ②	11. ④	12. ①
13. ②	14. ①	15. ④	16. ①	17~20. 해설 참조	

1. ① A 아이슬란드는 대서양 중앙 해령의 일부가 수면 위로 드러난 섬으로, 이곳은 지각판이 갈라지는 경계이다. 한편, 지각판이 미끄러지는 경계는 태평양판과 북아메리카판 사이의 샌안드레아스 단층이 대표적이다. ✕

② B의 호수는 과거 대륙 빙하로 덮여 있던 곳에 형성된 빙하호, C의 호수는 동아프리카 지구대에 있는 단층호이다. ✕

③ D 히말라야산맥은 대륙판과 대륙판이 충돌하는 곳으로, 이곳은 지진이 활발하며 두꺼운 대륙판의 영향으로 화산 활동은 활발하지 않다. ✕

④ 신기 습곡 산지인 히말라야산맥(D)은 고기 습곡 산지인 그레이트디바이딩산맥(E)보다 산지의 평균 해발 고도가 높다. ✕

⑤ 고생대 조산 운동으로 형성된 그레이트디바이딩산맥(E)은 주로 신생대에 조산 운동을 받은 히말라야산맥(D)보다 산지의 형성 시기가 이르다. ○

2. 판의 경계는 판이 상대적으로 움직인 방향에 따라 두 개의 판이 어긋나서 미끄러지는 경계 유형, 두 판이 서로 갈라지는 경계 유형, 두 판이 서로 충돌하는 경계 유형으로 구분된다.

④ (가)는 대륙의 내부에서 판이 갈라지는 것으로, 이는 동아프리카 지구대(B)가 대표적이다. (나)는 대륙판과 대륙판이 충돌하는 것으로, 이는 히말라야산맥(C)이 대표적이다. 한편, A는 두 개의 판이 어긋나서 미끄러지는 경계 유형이다. ○

3. A는 돌리네, B는 석회 동굴, C는 탑 카르스트이다.

ㄱ. 돌리네(A)는 땅속의 석회암이 빗물이나 지하수의 용식 작용에 의해 형성된 와지이다. 한편, 화구의 함몰로 형성된 것은 칼데라이다. ✕

ㄴ. A 주변에는 붉은색의 석회암 풍화토가 나타나며, 이곳은 배수가 양호해 밭농사가 주로 이루어진다. ○

ㄷ. 석회 동굴(B)은 빗물이나 지표수가 땅속으로 흘러들면서 석회암층이 용식되어 만들어진 동굴로, 석회 동굴 내부에는 종유석, 석순, 석주 등의 다양한 지형이 발달한다. ○

ㄹ. 탑 카르스트(C)는 주로 고온 다습한 지역에서 석회암이 빗물, 하천, 해수의 차별적인 용식 및 침식 작용을 받는 과정에서 남게 된 탑 모양의 봉우리로, 베트남의 할롱 베이가 대표적이다. ○

4. A는 빙식곡이 해수면 상승으로 바닷물에 잠겨 형성된 좁고 길며 수심이 깊은 피오르 해안이다. B는 후빙기 해수면 상승으로 형성된 만의 입구에 사주(C)가 발달하여 형성된 석호이다.

ㄱ. 피오르(A)는 빙하의 침식 작용으로 형성된 빙식곡이 침수된 것이므로 수심이 깊다. ○

ㄴ. 석호(B)는 현재의 해수면 높이와 토사 공급이 유지되면 시간이 지나면서 하천의 퇴적 작용으로 그 크기가 점차 축소된다. ○

ㄷ. 사주(C)는 파랑이나 연안류에 의한 퇴적 작용으로 형성되므로, 침식 작용보다 퇴적 작용이 우세한 해안에서 잘 발달한다. ✕

ㄹ. 피오르(A)와 석호(B)는 모두 후빙기 해수면 상승 과정에서 형성되었다. ✕

5. (가)는 서남아시아의 팔레스타인 지방에서 발생하여 유럽 등으로 전파된 크리스트교이다. (나)는 서남아시아의 메카에서 발생하여 아시아 및 북부 아프리카 등으로 전파된 이슬람교이다. (다)는 인도 북부에서 발생해 동남 및 동아시아 일대로 전파된 불교이다.

① 신자들이 하루 다섯 차례 성지를 향해 기도하는 종교는 이슬람교(나)이다. ✕

② 소고기 섭취를 금기시하는 것은 힌두교와 관련 있다. ✕

③ 아라베스크 문양은 이슬람교(나)의 사원에서 주로 볼 수 있다. ✕

④ 크리스트교(가)는 이슬람교(나)보다 세계 신자 수가 많다. ○

⑤ 기원후 7세기경에 발생한 이슬람교(나)는 기원전 6세기경에 발생한 불교(가)보다 발생 시기가 늦다. ✕

6. (가)는 (나), (다)보다 아시아 · 태평양의 신자 수 비율이 매우 높으므로 불교이고, 아시아 · 태평양의 신자 수 비율이 상대적으로 낮은 (다)는 크리스트교, 나머지 (나)는 이슬람교이다. 이슬람교의 신자 수 비율이 상대적으로 높은 C는 서남아시아 및 북부 아프리카이다. B는 A보다 이슬람교 신자 수 비율이 높은 유럽이며, A는 앵글로아메리카이다. 유럽은 서남아시아 및 북부 아프리카로부터의 인구 유입으로 앵글로아메리카보다 이슬람교 신자 비율이 높다.

① 유일신교로 예수를 구원자로 믿는 종교는 크리스트교(다)이다. ✕
② 룸비니와 부다가야가 성지인 종교는 불교(가)이다. 룸비니는 석가모니의 탄생지이고, 부다가야는 석가모니가 깨달음을 얻은 곳이다. ✕
③ 이슬람교(나)와 관련된 내용이다. ✕
④ 이슬람교(나)의 신자 수가 가장 많은 국가는 인도네시아로, 인도네시아는 아시아에 위치한다. ✕
⑤ 크리스트교(다)는 앵글로아메리카(A)보다 유럽(B)으로 전파된 시기가 이르다. ○

7. 지도의 A는 인구의 자연 증가율이 낮은 독일, B는 인구의 자연 증가율이 가장 높은 니제르, C는 석유 개발로 인한 사회 간접 자본 투자로 건설 노동자의 유입이 활발한 사우디아라비아, D는 인구의 사회적 유출이 많은 인도이다.
② (가)는 출생률보다 사망률이 높아 인구의 자연 증가율이 '−'이고, 인구의 사회적 증가가 많으므로 지도의 A에 위치한 독일이다. (나)는 독일과 함께 인구의 사회적 증가가 많으므로 지도의 C에 위치한 사우디아라비아이다. (다)는 인구의 자연 증가율이 가장 높으므로 경제 발전 수준이 상대적으로 낮은 니제르(B)이다. (라)는 유출 인구가 유입 인구보다 많아 인구 순 이동이 '−'이고, 그 규모가 가장 크므로 지도의 D에 위치한 인도이다. ○

8. (가)는 인구 증가율이 가장 높고, (마) 다음으로 총인구가 많은 아프리카이다. 총인구가 가장 많고 인구 밀도가 높은 (마)는 아시아이다. (라)는 인구 증가율이 가장 낮은 유럽이고, (나)는 (다)보다 총인구가 많고 인구 증가율이 높은 라틴 아메리카, (다)는 앵글로아메리카이다.
① 아프리카(가)는 유럽(라)보다 인구 증가율이 높으므로 합계 출산율이 높다. ✕
② 앵글로아메리카(다)는 아시아(마)보다 지역(대륙) 내 국가 수가 적다. ✕
③ 유럽(라)은 라틴 아메리카(나)보다 유소년층 인구에 대한 노년층 인구의 비율인 노령화 지수가 높다. ✕
④ 인구 순 유출이 나타나는 아시아(마)는 인구 순 유입이 나타나는 앵글로아메리카(다)보다 유입 인구 대비 유출 인구 비율이 높다. ✕
⑤ 라틴 아메리카(나)는 유럽(라)보다 앵글로아메리카(다)로의 경제적 요인에 의한 이주자가 많다. ○

9. (가)는 (나)보다 노년층 인구 비율이 높고 유소년층 인구 비율은 낮다. 따라서 (가)는 독일, (나)는 니제르이다.
ㄱ. 니제르는 독일보다 도시화율이 낮다. ✕
ㄴ. 니제르는 독일보다 청장년층 인구에 대한 유소년층 인구의 비율이 높으므로 유소년 부양비가 높다. ○
ㄷ. 니제르는 독일보다 1차 산업 종사자 비율이 높다. ○
ㄹ. 경제 발전 수준이 낮은 니제르는 선진국인 독일보다 1인당 국내 총생산(GDP)이 적다. ✕

10. (가)는 도시 인구 증가율이 가장 높고 도시화율이 가장 낮은 아프리카이다. (나)는 도시 인구 증가율이 가장 낮으므로 도시화의 역사가 오래된 유럽, (다)는 도시화율이 가장 높은 앵글로아메리카, (라)는 도시 인구 증가율이 아프리카 다음으로 높고, 도시화율은 아프리카 다음으로 낮은 아시아이다.
① 아프리카(가)에는 최상위 세계 도시가 없다. 최상위 세계 도시는 뉴욕, 런던, 도쿄이다. ✕
② 유럽(나)은 아시아(라)보다 산업화가 시작된 시기가 이르다. ○
③ 앵글로아메리카(다)는 아프리카(가)보다 도시화율이 높고 총인구가 적으므로 촌락 인구가 적다. ✕
④ 중위 연령은 유럽(나)이 가장 높고, 아프리카(가)가 가장 낮다. 중위 연령은 총인구를 연령순으로 나열할 때 정중앙에 있는 사람의 연령을 의미한다. ✕
⑤ 아시아(라)는 유럽(나)보다 총인구가 많다. ✕

11. A는 최상위 세계 도시, B는 상위 세계 도시, C는 하위 세계 도시이다.
ㄱ. 최상위 세계 도시(A)는 상위 세계 도시(B)보다 동일 계층 도시 수가 적다. ✕
ㄴ. 상위 세계 도시(B)는 하위 세계 도시(C)보다 도시당 항공 노선 수가 많다. ○
ㄷ. 하위 세계 도시(C)는 최상위 세계 도시(A)보다 도시당 일평균 외화 거래액이 적다. ✕
ㄹ. 생산자 서비스업의 종사자 비율은 최상위 세계 도시(A)가 가장 높고, 하위 세계 도시(C)가 가장 낮다. ○

12. ① (가)와 (다)는 곡물 수출 대비 곡물 수입이 많으므로, 개발 도상국이 많은 아시아와 아프리카 중 하나인데, 곡물 수출과 수입량이 상대적으로 많은 (가)가 아시아, 곡물 수출량이 가장 적은 (다)가 아프리카이다. (나)는 곡물 수출량이 가장 많은 아메리카이다. ○

13. (가)는 세계 생산량이 가장 많으므로 옥수수, (나)는 (다)보다 재배 면적이 좁으므로 쌀, (다)는 오세아니아의 생산 비중이 상대적으로 높으므로 밀이다.
① 밀(다)은 옥수수(가)보다 세계 생산량이 적다. ✕

② 쌀(나)은 밀(다)보다 재배 면적 대비 생산량이 많다. ○
③ 옥수수(가)가 쌀(나)보다 바이오 에너지 생산에 많이 이용된다. ✕
④ 밀(다)은 쌀(나)보다 국제 이동량이 많다. 쌀은 생산지에서 대부분 소비되어 국제 이동량이 적다. ✕
⑤ A는 옥수수(가)의 생산 비중이 가장 높은 아메리카, B는 쌀(나)의 생산 비중이 가장 높은 아시아, C는 밀(다)의 생산 비중이 상대적으로 높은 유럽이다. ✕

14. (가)는 아시아의 사육 비중이 가장 높은 돼지, 오세아니아의 사육 비중이 상대적으로 높은 (나)는 양, 아메리카의 사육 비중이 높은 (다)는 소이다.
ㄱ. 이슬람 문화권에서 식용을 금기시하는 것은 돼지(가)고기이다. ○
ㄴ. 소(다)는 치즈, 버터 등과 같은 유제품을 제공해 준다. ○
ㄷ. 양(나)이 돼지(가)보다 털을 공업의 원료로 이용하는 비율이 높다. ✕
ㄹ. 양(나)의 주요 사육 지역은 소(다)의 주요 사육 지역보다 대체로 연 강수량이 적다. ✕

15. 지도는 러시아, 카타르, 인도네시아 등에서 주로 수출하고, 일본, 중국, 독일 등에서 주로 수입하는 천연가스의 생산지와 이동을 나타낸 것이다.
① 수송용 연료로 가장 많이 이용되는 에너지 자원은 석유이다. ✕
② 고기 조산대 주변에 주로 매장되어 있는 자원은 석탄이다. ✕
③ 화석 연료 중 상용화된 시기가 가장 이른 자원은 석탄이다. ✕
④ 냉동 액화 기술의 발달로 운반과 사용이 편리해지면서 소비량이 급증한 자원은 천연가스이다. ○
⑤ 세계 1차 에너지원별 소비 구조에서 차지하는 비중이 가장 높은 것은 석유이다. ✕

16. 지도의 A는 프랑스, B는 사우디아라비아, C는 인도이다.
① (가)는 원자력의 소비 비중이 가장 높은 프랑스(A)이다. (나)는 석유, 천연가스의 소비 비중이 주를 이루는 사우디아라비아(B)이다. (다)는 석탄의 소비 비중이 가장 높은 인도(C)이다. ○

주관식

17.
서술형
(가)는 고기 습곡 산지, (나)는 신기 습곡 산지이다. (나)는 (가)보다 형성 시기가 늦고, 산지의 평균 해발 고도가 높으며, 지각이 불안정하여 지진 발생 빈도가 높다.

18.
서술형
(가)는 민족 종교, (나)는 보편 종교(세계 종교)이고 A는 불교, B는 이슬람교, C는 크리스트교이다. 불교의 대표적 종교 경관에는 불상과 탑이 있고, 이슬람교는 중앙의 돔형 지붕과 주변에 첨탑이 있는 모스크가 대표적이다. 크리스트교의 대표적 종교 경관에는 십자가와 종탑 등이 있다.

19.
서술형
(1) (나)는 의학 발달과 생활 환경 개선 등으로 사망률이 빠르게 감소하면서 인구가 급증하는 단계이고, (다)는 여성의 사회 활동 증가, 산아 제한 정책 등으로 출생률이 감소하여 인구 증가율이 둔화하는 단계이다.
서술형
(2) (라) 단계는 (가) 단계보다 경제 발전 수준이 높고, 합계 출산율은 낮으며, 노령화 지수는 높다.

20.
단답형
A－앵글로아메리카, B－유럽, C－아시아, D－아프리카

1 몬순 아시아의 토지 이용

쌀, 밀, 차의 주요 재배지 분포와 국가별 생산량을 기후 및 지형과 관련시켜 알아 두어야 해.

몬순 아시아는 여름철의 고온 다습한 기후를 활용하여 벼농사가 발달하였다.

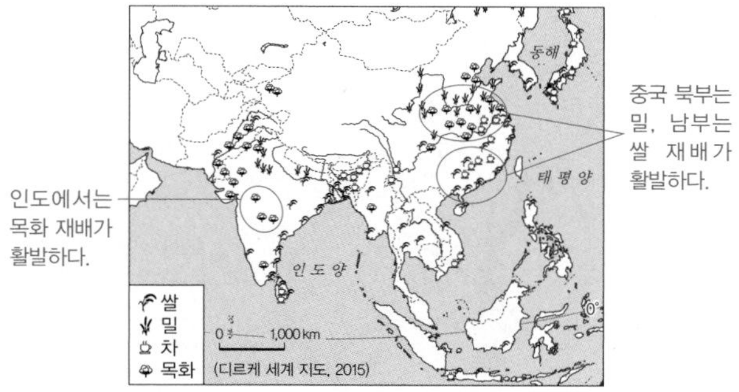

요것만은 꼭 체크!

몬순 아시아에서는 쌀, 밀의 생산량 모두 중국이 가장 많다. 중국에서 ①☐은 상대적으로 따뜻하고 비가 많은 남부에서, ②☐은 겨울이 춥고 강수량이 비교적 적은 북부 지역에서 주로 재배된다.

정답 | ① 쌀 ② 밀

2 몬순 아시아와 오세아니아 주요 국가의 무역 구조

인도, 중국, 일본, 오스트레일리아의 수출, 수입 구조에 대하여 알아 두어야 해.

인도, 중국, 일본, 오스트레일리아는 산업 구조에 차이가 있다.

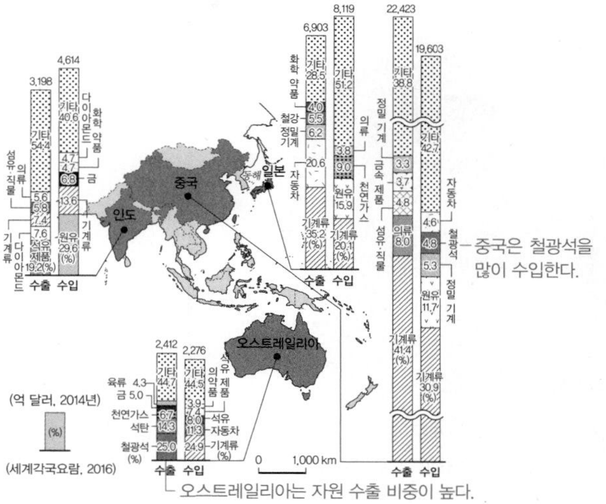

요것만은 꼭 체크!

그래프의 국가 중에서 무역액이 가장 많은 국가는 ①☐☐, 에너지 자원 및 광물 자원의 수출액 비중이 가장 높은 국가는 ②☐☐☐☐☐☐☐이다.

정답 | ① 중국 ② 오스트레일리아

3 몬순 아시아와 오세아니아의 종교 분포

각 국가의 주민들이 주로 믿는 종교를 알아 두어야 해.

몬순 아시아와 오세아니아에는 세계 4대 종교가 고루 분포한다.

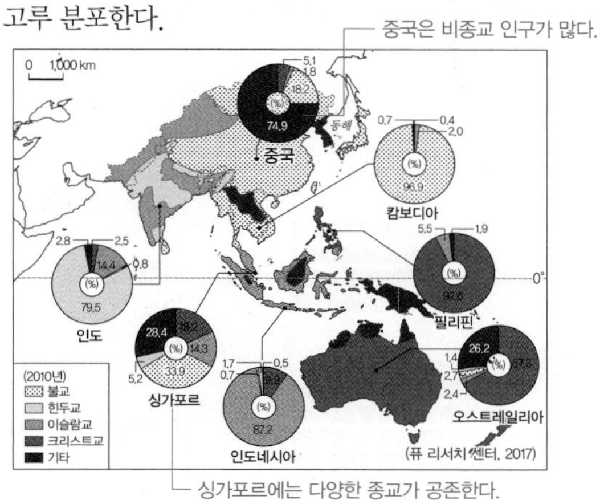

요것만은 꼭 체크!

사회주의 국가인 중국은 비종교인 인구가 많다. 각 국가에서 신자 수 비중이 가장 높은 종교를 살펴보면 인도는 ①☐☐☐, 캄보디아는 ②☐☐, 필리핀, 오스트레일리아는 ③☐☐☐☐☐, 인도네시아는 ④☐☐☐☐이다. ⑤☐☐☐☐은/는 불교의 신자 수 비중이 가장 높지만 다른 국가에 비해 다양한 종교가 고르게 분포한다.

정답 | ① 힌두교 ② 불교 ③ 크리스트교 ④ 이슬람교 ⑤ 싱가포르

4 건조 아시아와 북부 아프리카의 에너지 자원 분포

석유와 천연가스의 주요 생산 지역을 지도를 보고 알 수 있도록 학습해 두어야 해.

건조 아시아와 북부 아프리카는 세계적인 석유 매장지 및 생산지이다.

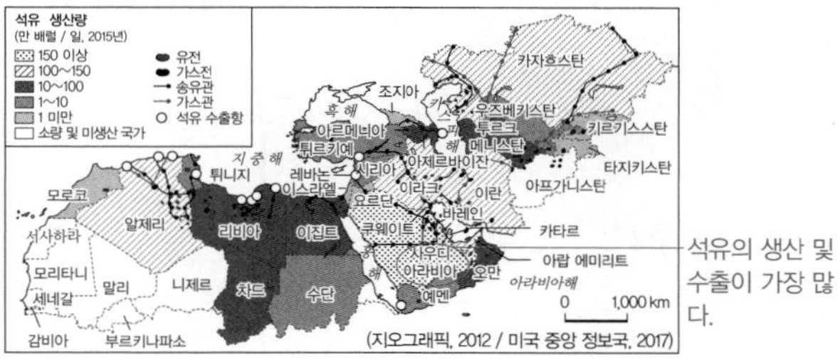

▲ 건조 아시아와 북부 아프리카의 석유 및 천연가스 분포

요것만은 꼭 체크!

건조 아시아 및 북부 아프리카에서 석유 생산량이 가장 많은 국가는 ①☐☐☐☐☐☐☐☐이다.

정답 | ① 사우디아라비아

5 몬순 아시아의 지형

주요 산맥 및 하천의 위치와 특징을 알아 두어야 해.

신기 조산대에 속하는 히말라야산맥은 중국과 인도의 경계이고, 환태평양 조산대에 속하는 일본, 타이완, 필리핀 등지에서는 지진과 화산 활동이 활발하다.

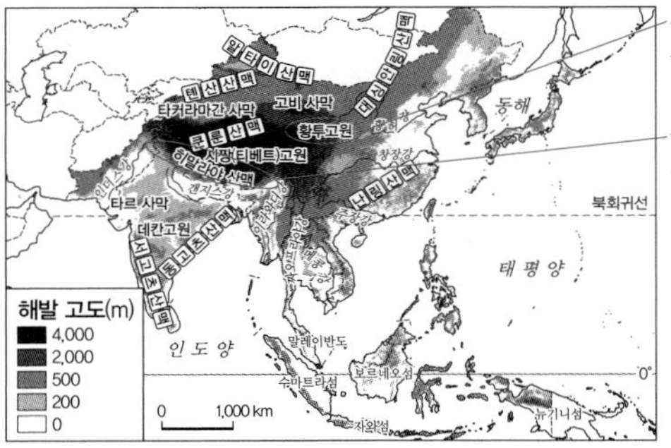

요것만은 꼭 체크!

중국과 인도의 경계부에 위치하는 신기 습곡 산지는 ①□□□□ 산맥이다. 시짱(티베트)고원에서 발원하여 동남아시아 여러 국가를 가로질러 흐르고 하구가 베트남에 위치한 국제 하천은 ②□□□이다. 일본, 타이완, 필리핀은 ③□□□□ 조산대, 인도네시아는 주로 ④□□□-□□□□ 조산대에 위치한다.

정답 | ① 히말라야 ② 메콩강 ③ 환태평양 ④ 알프스-히말라야

6 오스트레일리아의 자원 수출

오스트레일리아의 석탄과 철광석의 주요 생산지가 어디인지 알아 두어야 해.

오스트레일리아는 석탄, 철광석의 세계적인 수출국이고 동아시아의 우리나라, 중국, 일본은 오스트레일리아로부터 철광석, 석탄 등을 수입한다.

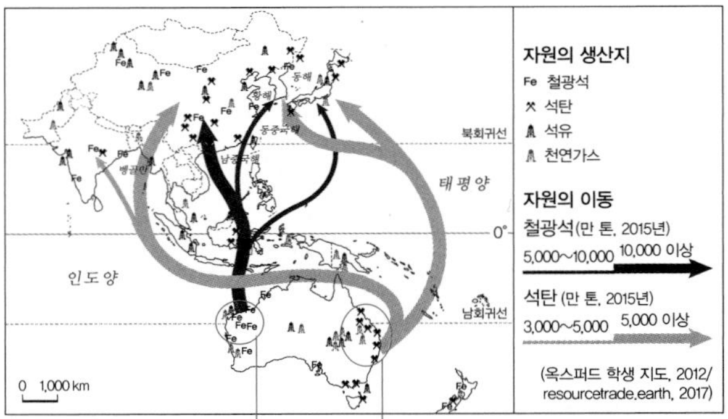

요것만은 꼭 체크!

오스트레일리아 동부에서 생산량이 많고, 우리나라, 중국, 일본 등으로 수출되는 에너지 자원은 ①□□이다. 오스트레일리아 서부에서 생산량이 많고 제철 공업에 이용되며 우리나라, 중국, 일본으로의 수출량이 많은 자원은 ②□□□이다.

정답 | ① 석탄 ② 철광석

7 사헬 지대의 사막화 원인

사헬 지대의 위치를 파악하고, 인구와 가축 사육 측면에서 사막화 원인을 파악해 두어야 해.

사하라 사막 남쪽 가장자리인 사헬 지대에서는 사막화 문제가 심각하게 발생하고 있다.

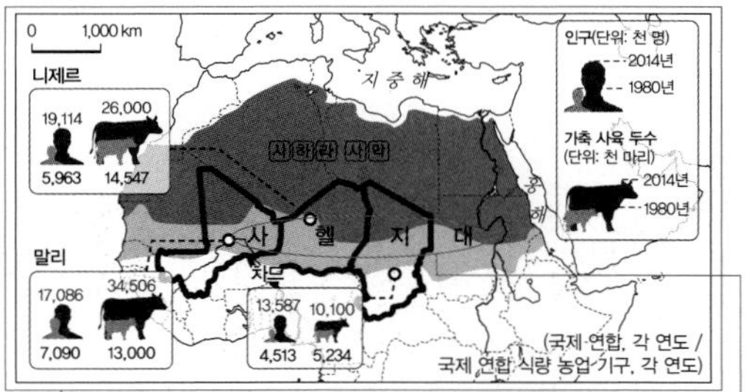

▲ 사헬 지대의 인구와 가축 사육 두수 변화

인구와 가축 사육 두수가 늘면 사막화가 심해진다.

'사하라 사막의 가장자리'라는 의미이다.

요것만은 꼭 체크!

사하라 사막 남쪽의 가장자리에 해당하는 ①□□ 지대에서는 인구 증가, 가축 사육 두수 증가 등의 영향으로 ②□□□ 문제가 발생하고 있다.

정답 | ① 사헬 ② 사막화

8 건조 아시아 및 북부 아프리카 주요 국가의 산업 구조

건조 아시아 및 북부 아프리카에서 에너지 자원의 생산량이 많은 국가와 적은 국가의 산업 구조와 무역 구조를 알아 두어야 해.

건조 아시아 및 북부 아프리카에서 에너지 자원의 생산량은 산업 구조와 무역 구조에 큰 영향을 미친다.

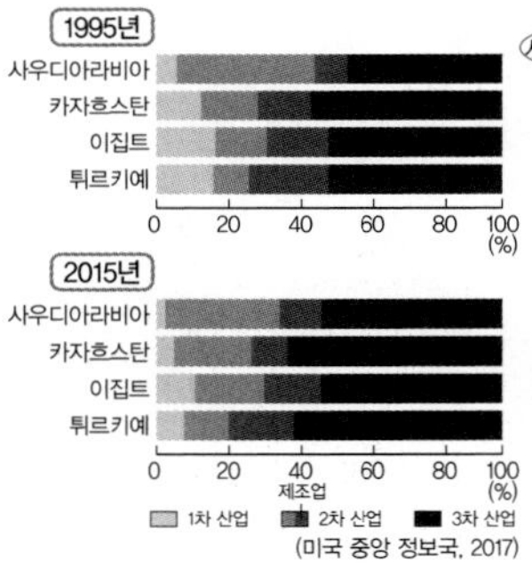

▲ 산업 구조

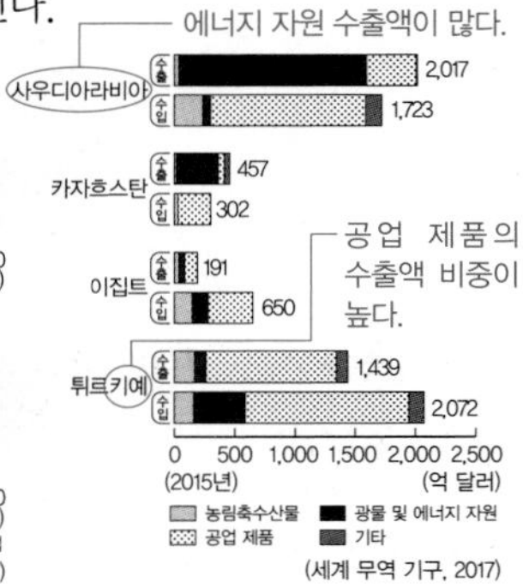

▲ 무역액

요것만은 꼭 체크!

에너지 자원이 풍부한 사우디아라비아, 아랍 에미리트, 카타르 등은 산업 구조에서 ①□□ 비중이 높고, 무역액에서 석유나 천연가스의 수출액 비중이 높다.

정답 | ① 광업

9 서남아시아의 에너지 생산과 호르무즈 해협

호르무즈 해협의 지정학적 특징을 알아 두어야 해.

서남아시아는 세계 석유 생산량의 30% 이상을 생산하여 그중 많은 양을 수출한다. 서남아시아의 페르시아만에서 석유를 싣고 세계 여러 나라로 이동하는 선박은 대부분 호르무즈 해협을 지난다.

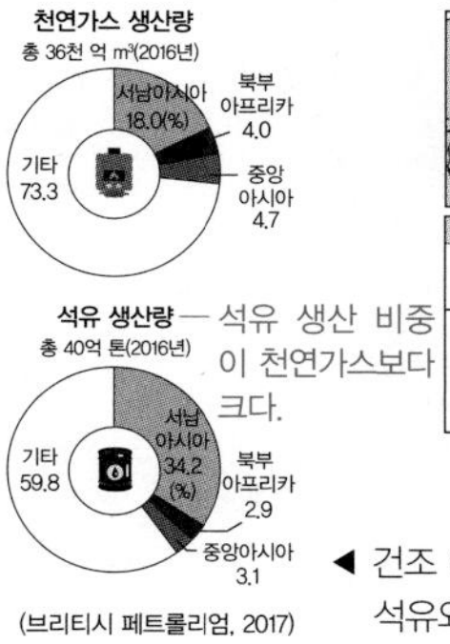

석유 생산 비중이 천연가스보다 크다.

◀ 건조 아시아 및 북부 아프리카의 석유와 천연가스 생산

정세에 따라 석유의 수출 안전성이 변한다.

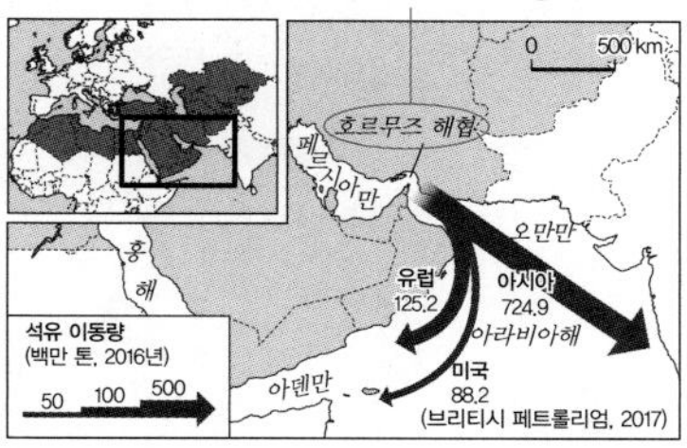

▲ 호르무즈 해협의 석유 이동량

요것만은 꼭 체크!

서남아시아는 천연가스 생산량 비중보다 ①□□ 생산량 비중이 높으며, 페르시아만에서 선박을 통해 수출되는 석유는 대부분 ②□□□□ 해협을 지난다.

정답 | ① 석유 ② 호르무즈

10 유럽의 공업 지역

유럽의 전통 공업 지역과 신흥 공업 지역의 특징을 알아 두어야 해.

유럽의 전통 공업 지역은 상대적으로 에너지 소비량이 많으며 공업 발달의 역사가 오래되었다. 반면 신흥 공업 지역은 첨단 산업 중심의 공업 지역으로 공업 발달 역사가 비교적 짧다.

전통 공업 지역은 내륙의 자원 산지 근처에 많다.

요것만은 꼭 체크!

신흥 공업 지역은 전통 공업 지역에 비해 지역 내에서 생산되는 자원에 대한 의존도가 ①(높 / 낮)고, 첨단 산업의 생산액 비중이 ②(높 / 낮)으며, 공업이 발달하기 시작한 시기가 ③(이르 / 늦)다.

정답 | ① 낮 ② 높 ③ 늦

11 북아메리카의 공업 지역

공업 지역별로 주로 발달한 공업의 특징을 알아 두어야 해.

오대호 연안 공업 지역과 멕시코만 연안 공업 지역은 지역 내에서 생산되는 자원을 활용한 중화학 공업이 발달하였다.

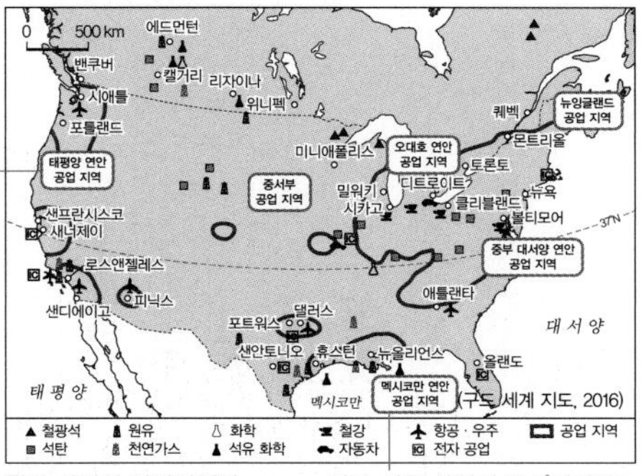

첨단 산업이 발달하였다.

미국 석유 산업의 중심지이다.

요것만은 꼭 체크!

자동차 공업, 철강 공업이 발달한 곳은 ①□□□ 연안 공업 지역, 석유 화학 공업이 발달한 곳은 ②□□□□ 연안 공업 지역, 항공·우주, 전자 산업이 발달한 곳은 ③□□□ 연안 공업 지역이다.

정답 | ① 오대호 ② 멕시코만 ③ 태평양

12 유럽과 북부 아메리카에서 나타나는 분리 독립 운동

분리 독립을 요구하는 지역의 위치를 파악하고 그러한 움직임이 발생하게 된 배경을 이해해야 해.

유럽과 북부 아메리카에서는 국가 간 통합 노력도 있지만, 국가 내에서 분리 독립을 요구하는 지역도 있다.

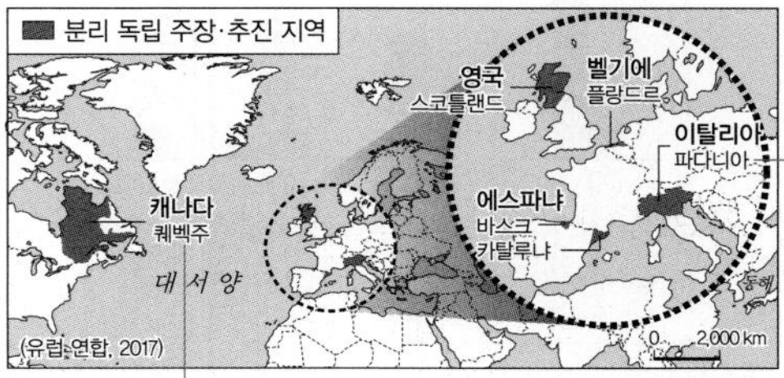

프랑스어를 사용하고 주로 가톨릭교를 믿는다.

경제적으로 부유하다.

요것만은 꼭 체크!

벨기에의 플랑드르 지역과 캐나다의 퀘벡주 등은 ①□□의 차이가 분리 독립 운동의 한 원인이며, 이탈리아의 파다니아 지방은 남부 지방과의 ②□□ 수준 차이가 분리 독립 운동의 배경이다.

정답 | ① 언어 ② 경제

1. 지도는 어느 시기 몬순 아시아의 강수량 분포를 나타낸 것이다. 이 시기 A~D 지역의 모습으로 옳은 내용만을 〈보기〉에서 고른 것은? (단, 1월과 7월만 고려함.)

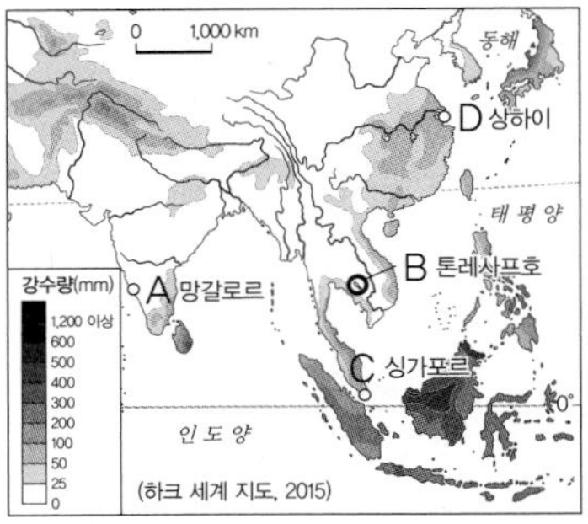

〈보기〉

ㄱ. A – 남서 계절풍이 불어와 기온이 높고 비가 자주 내린다.
ㄴ. B – 호수로 유입되는 유량이 감소하여 호수의 수위가 낮다.
ㄷ. C – 오랫동안 비가 오지 않아 땅이 메말라 있다.
ㄹ. D – 북서 계절풍이 불어와 추운 날씨가 나타난다.

① ㄱ, ㄴ ② ㄱ, ㄷ ③ ㄴ, ㄷ
④ ㄴ, ㄹ ⑤ ㄷ, ㄹ

2. 그래프의 (가)~(다)에 해당하는 국가를 지도의 A~C에서 고른 것은?

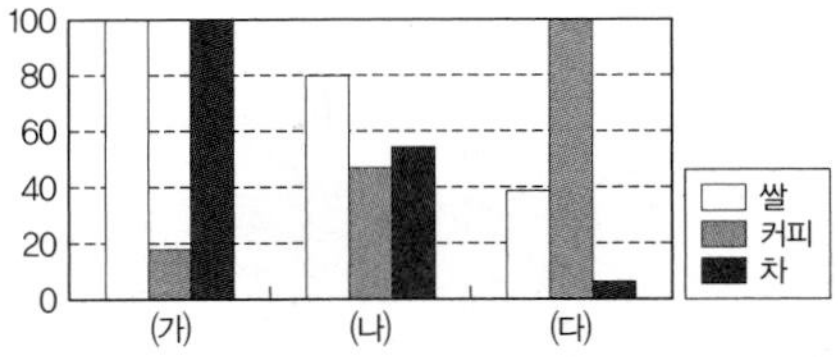

* 생산량이 최대인 국가의 값을 100으로 한 상대값임 (FAO, 2017)

▲ (가)~(다) 국가의 주요 작물 생산량 비교

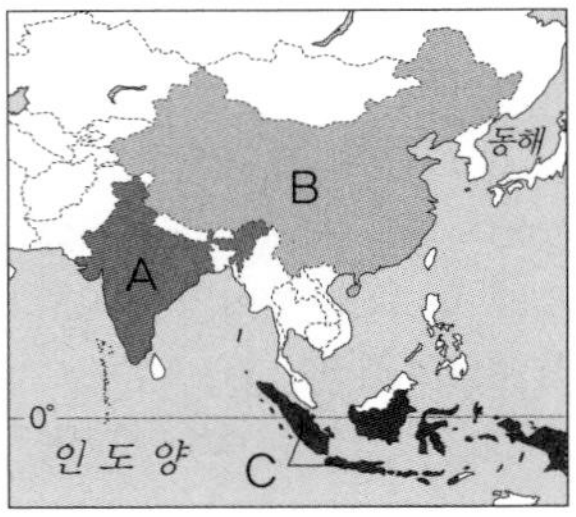

	(가)	(나)	(다)
①	A	B	C
②	A	C	B
③	B	A	C
④	B	C	A
⑤	C	A	B

3. 지도의 A 산맥과 B, C 하천에 대한 설명으로 옳지 않은 것은?

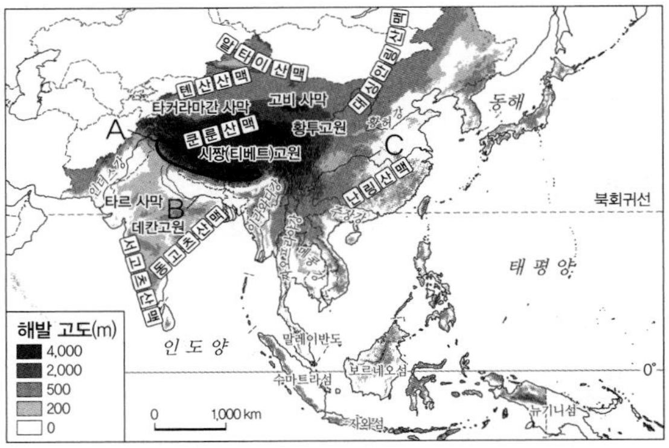

① A는 판의 충돌로 형성된 신기 습곡 산지이다.
② A의 빙하가 녹은 물은 B 하천의 주요 수원(水源)이다.
③ A는 남부 아시아 문화권과 동아시아 문화권의 경계를 이룬다.
④ B 하천의 하류부에서는 벼의 2기작이 가능하다.
⑤ B, C 하천 모두 상류부가 하류부보다 연 강수량이 많다.

4. 그래프는 ○○ 작물의 국가별 생산량 비중을 나타낸 것이다. 이 작물의 특징으로 옳지 않은 것은? (단, 세계 3대 식량 작물만 고려함.)

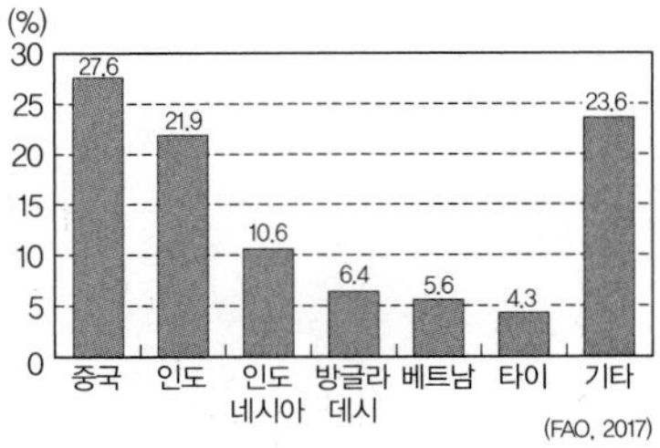

▲ ○○ 작물의 국가별 생산량 비중

① 인구 부양력이 낮은 작물이다.
② 스시, 퍼, 나시고렝 음식의 주요 재료이다.
③ 열대 몬순 기후 지역에서는 2기작이 가능하다.
④ 하천 주변의 비옥한 충적지에서 많이 재배된다.
⑤ 생육 기간 동안 높은 기온과 많은 물이 필요하다.

5. (가)~(다) 국가에 대한 설명으로 옳은 것은?

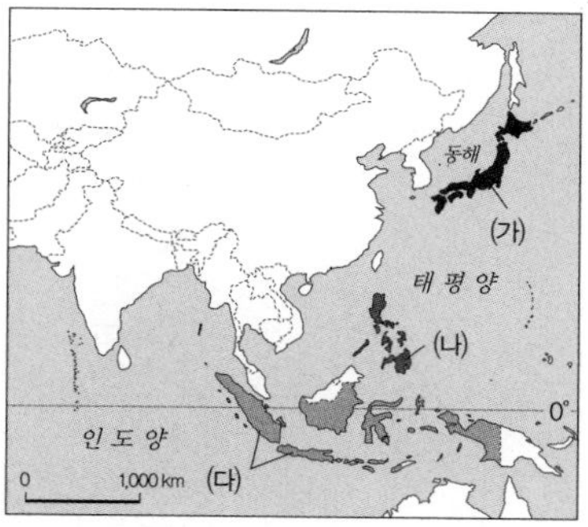

① (나)의 전통 음식인 나시고렝에는 향신료가 거의 사용되지 않는다.
② (다)의 전통 의복인 바롱은 파인애플, 바나나, 마닐라삼 등에서 얻은 섬유로 만든다.
③ (가)는 (다)보다 벼의 2기작이 활발하다.
④ (다)는 (나)보다 크리스트교 신자 비율이 높다.
⑤ (가)~(다) 모두 판의 경계부에 위치하여 지각이 불안정하다.

6. 다음 글은 세 지역의 전통 가옥에 대한 것이다. (가)~(다) 가옥에 대한 설명으로 옳은 것은?

> (가) 지붕의 경사가 급하고 벽이 얇으며 창문이 커 통풍에 유리하다. 가옥의 바닥이 지면과 떨어져 있다.
> (나) 중국 화북 지방에 분포하며 □ 형태의 폐쇄적인 가옥 구조로 방어에 유리하다. 문은 주로 남쪽을 향하도록 만들었다.
> (다) 주로 겨울철에 발생하는 기상 현상에 대비하여 지붕을 삼각형 형태로 급경사로 만들었고 가옥 내부에는 난방 시설이 있다.

① (가)는 (나)보다 겨울 추위에 대비한 시설이 발달하였다.
② (가)는 (다)보다 기온의 연교차가 큰 지역에 분포한다.
③ (나)는 (가)보다 대류성 강수가 자주 내리는 지역에 분포한다.
④ (다)는 (가)보다 최한월 평균 기온이 높은 지역에 분포한다.
⑤ (다)는 (나)보다 눈이 많이 내리는 것에 대비한 시설이 발달하였다.

7. 지도는 몬순 아시아와 오세아니아에서 생산되는 세 자원의 주요 생산지를 나타낸 것이다. (가)~(다) 자원으로 옳은 것은?

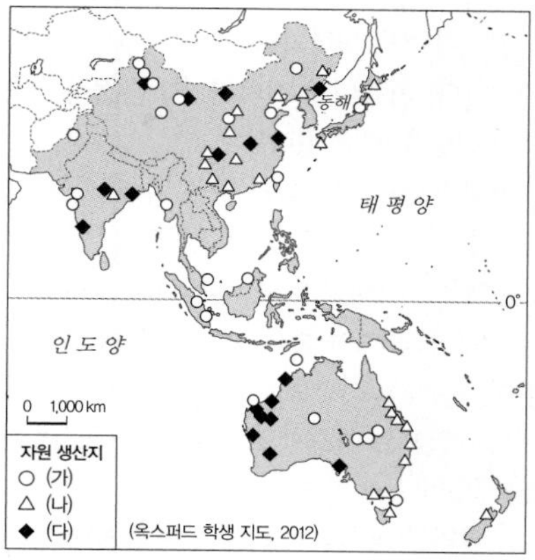

	(가)	(나)	(다)
①	석유	석탄	철광석
②	석유	철광석	석탄
③	석탄	석유	철광석
④	석탄	철광석	석유
⑤	철광석	석유	석탄

8. 그래프는 세 국가의 산업 구조와 국내 총생산을 나타낸 것이다. (가)~(다) 국가에 대한 설명으로 옳은 것은? (단, (가)~(다)는 오스트레일리아, 일본, 중국 중 하나임.)

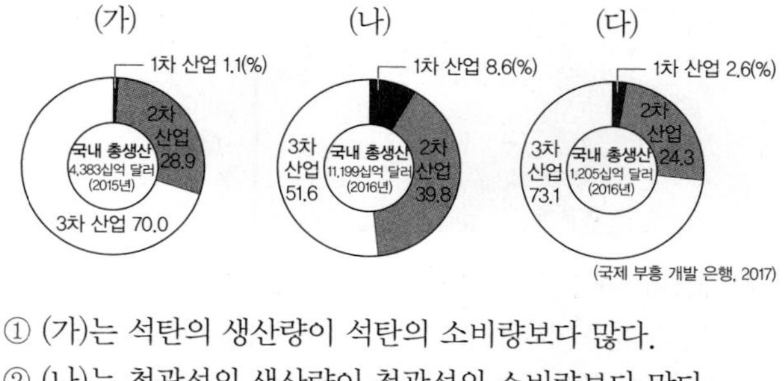

(국제 부흥 개발 은행, 2017)

① (가)는 석탄의 생산량이 석탄의 소비량보다 많다.
② (나)는 철광석의 생산량이 철광석의 소비량보다 많다.
③ (다)는 지하자원이 풍부하나 제조업의 경쟁력은 낮은 편이다.
④ (가)는 (나)보다 1인당 국내 총생산(GDP)이 적다.
⑤ (나)는 (다)보다 밀의 순 수출량이 많다.

9. 다음 글의 (가)~(다) 국가를 지도의 A~C에서 고른 것은?

> (가) 신자 규모가 세계 최대인 민족 종교와 보편 종교인 불교의 발상지이며 이슬람 세력의 침략과 지배를 받아 종교 및 문화가 복잡하다. 카슈미르 지역의 영유권을 둘러싸고 파키스탄과 오랜 갈등을 겪고 있다.
> (나) 소수 민족의 전통을 보호하기 위해 자치구를 설정하여 민족의 고유성을 인정하는 정책을 실행하고 있으나 소수 민족의 독립과 분쟁을 억제하고 있다. 티베트족, 위구르족의 주요 거주지에서는 이들 민족을 중심으로 분리 독립 운동이 일어났다.
> (다) 주민의 대다수가 크리스트교를 믿고 있지만 남부 지역에 위치한 민다나오섬은 이슬람교도 비율이 높으며 이들을 중심으로 분리 독립 운동이 일어났다. 과거 미국의 지배를 받은 영향으로 필리핀어(필리피노어)와 함께 영어가 공용어로 사용되고 있다.

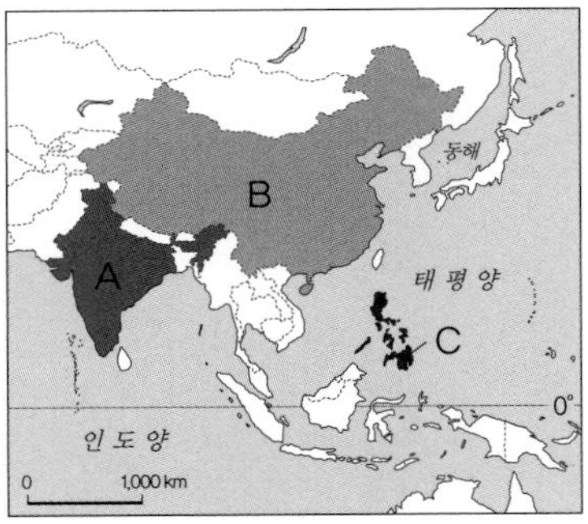

	(가)	(나)	(다)
①	A	B	C
②	A	C	B
③	B	A	C
④	B	C	A
⑤	C	A	B

10. 지도는 건조 아시아와 북부 아프리카의 주요 지형을 나타낸 것이다. 이에 대한 설명으로 옳지 않은 것은?

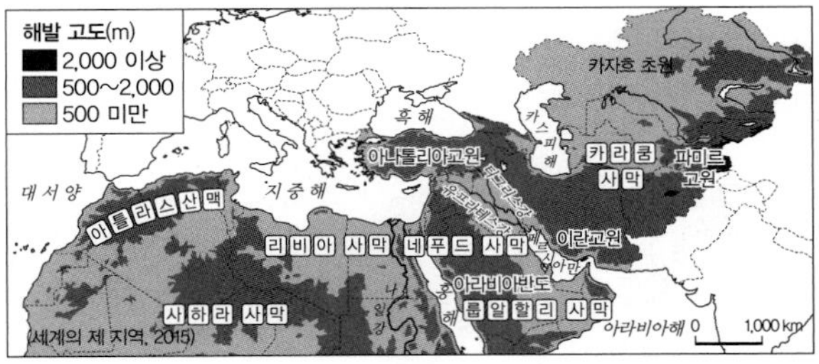

① 아나톨리아고원, 이란고원은 지각이 불안정하다.
② 나일강의 하구에는 대규모 삼각주가 형성되어 있다.
③ 아틀라스산맥의 남동쪽은 북서쪽보다 연 강수량이 많다.
④ 건조 아시아 및 북부 아프리카에는 사막이 넓게 분포한다.
⑤ 티그리스 · 유프라테스강 유역에서 상류 지역은 하류 지역보다 연 강수량이 많다.

11. 지도는 몬순 아시아의 주요 작물 재배지를 나타낸 것이다. (가)~(다) 작물로 옳은 것은?

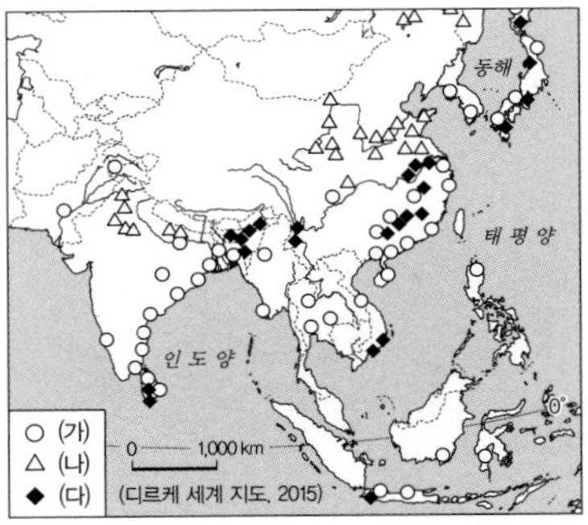

	(가)	(나)	(다)
①	밀	쌀	차
②	밀	차	쌀
③	쌀	밀	차
④	쌀	차	밀
⑤	차	쌀	밀

12. 지도의 (가), (나) 농업 지역에 대한 옳은 설명만을 〈보기〉에서 고른 것은? (단, (가), (나)는 관개 농업 지역, 지중해식 농업 지역 중 하나임.)

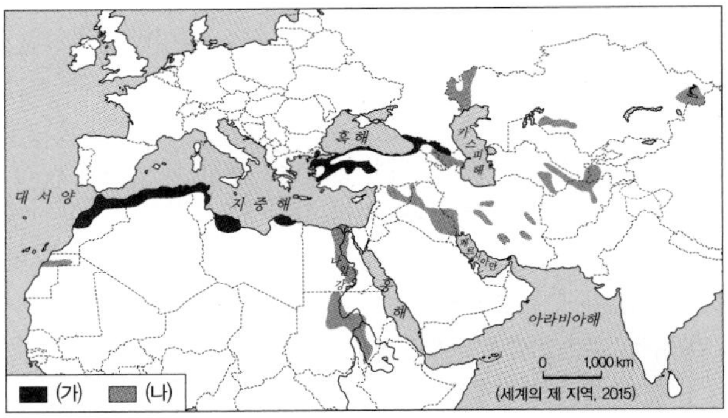

〈보기〉

ㄱ. (가)에서는 오렌지, 포도 재배가 활발하다.
ㄴ. (가) 지역은 여름철 강수량이 겨울철 강수량보다 많다.
ㄷ. (나)는 주로 하천이나 오아시스 주변에 위치한다.
ㄹ. (나) 지역은 (가) 지역보다 대체로 연 강수량이 많다.

① ㄱ, ㄴ ② ㄱ, ㄷ ③ ㄴ, ㄷ
④ ㄴ, ㄹ ⑤ ㄷ, ㄹ

13. 그래프는 건조 아시아와 북부 아프리카 국가가 세계 에너지 생산에서 차지하는 비중을 나타낸 것이다. (가), (나) 자원으로 옳은 것은?

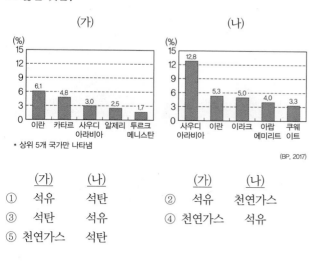

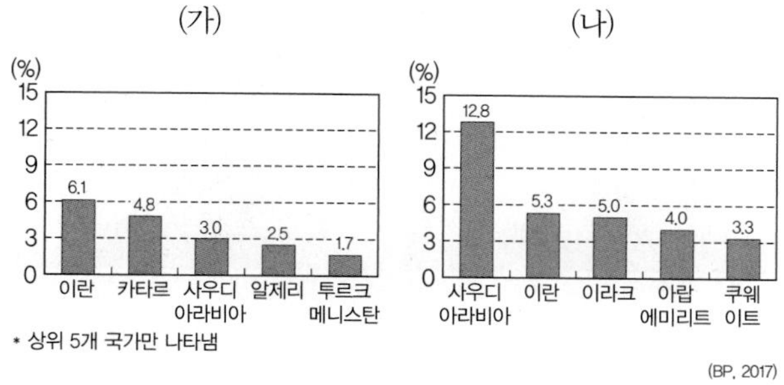

	(가)	(나)		(가)	(나)
①	석유	석탄	②	석유	천연가스
③	석탄	석유	④	천연가스	석유
⑤	천연가스	석탄			

14. 다음 자료의 밑줄 친 '그레이트 그린 월'의 시행에 따른 영향으로 적절하지 않은 것은?

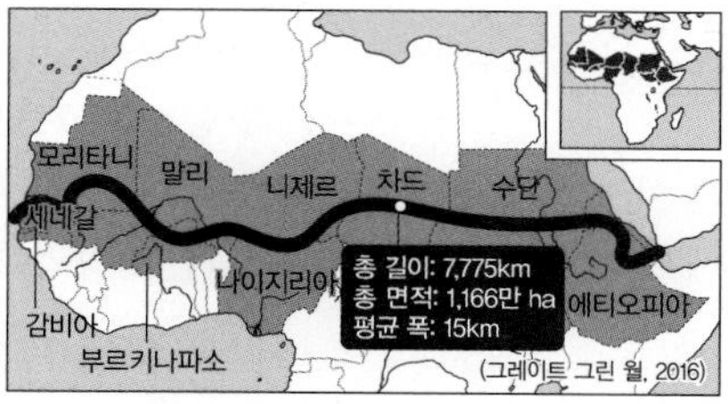

▲ 그레이트 그린 월 설치 지역

> 사헬 지대에서는 사막화를 막기 위해 아프리카를 가로지르는 거대한 숲을 만드는 그레이트 그린 월(Great Green Wall) 프로젝트를 시행하고 있다.

① 일자리가 증가할 것이다.
② 삼림 면적이 증가할 것이다.
③ 사막화 현상이 완화될 것이다.
④ 곡물 생산량이 감소할 것이다.
⑤ 기후 난민 발생이 줄어들 것이다.

15. 그래프는 세 국가의 산업 구조와 무역 구조를 나타낸 것이다. (가)~(다) 국가를 지도의 A~C에서 고른 것은?

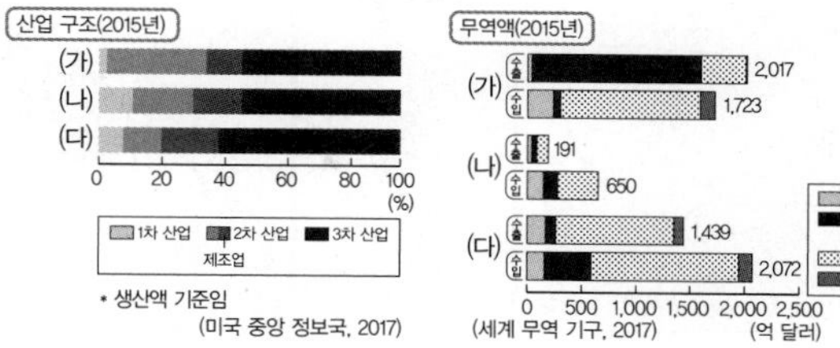

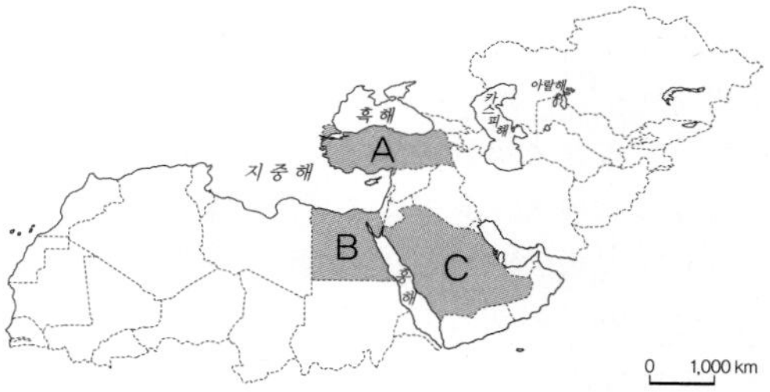

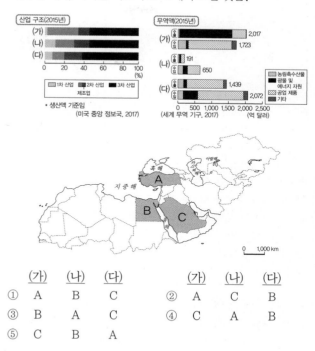

	(가)	(나)	(다)		(가)	(나)	(다)
①	A	B	C	②	A	C	B
③	B	A	C	④	C	A	B
⑤	C	B	A				

16. 건조 아시아와 북부 아프리카에 대한 설명으로 옳지 않은 것은?

① 이란에서는 지하 관개 수로(카나트)를 이용한 관개 농업이 발달하였다.
② 석유 생산량이 많은 사우디아라비아, 아랍 에미리트는 청장년층의 여성 비율이 높다.
③ 전통 가옥에서 볼 수 있는 바드기르는 내부의 더운 열기를 밖으로 배출하는 역할을 한다.
④ 주민들이 주로 먹는 전통 음식으로는 밀로 만든 빵과 가축에게서 얻은 고기, 유제품 등이 있다.
⑤ 사하라 사막을 오가는 대상(隊商)들은 헐렁하게 늘어지는 천으로 온몸을 감싸는 형태의 옷을 주로 입는다.

17. 다음 자료는 서부 유럽과 미국의 공업 지역 이동에 대한 것이다. 이에 대한 설명으로 옳지 않은 것은?

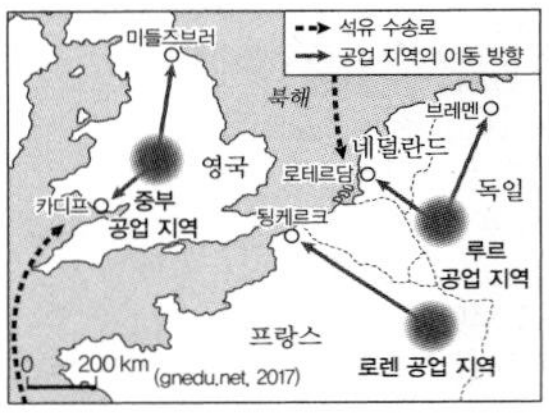

▲ 서부 유럽의 공업 지역 이동

▲ 미국의 공업 지역 이동

서부 유럽에서는 [㉠]이/가 공업의 주요 에너지원으로 이용되고 해외의 값싼 철광석 수입이 증가하면서 ㉡ 임해 지역이나 내륙 수로 등지에 새로운 공업 지역이 형성되었다.
미국은 자동차, 화학, 철강 산업의 공업 경쟁력이 점차 약화되면서 ㉢ 오대호 연안 중심의 북동부 공업 지역은 점차 쇠퇴하였고, ㉣ 남부 및 남서부의 [㉤]을/를 중심으로 새롭게 산업이 성장하였다.

① ㉠에는 석유가 해당된다.
② ㉡은 내륙 지역에 비해 원료 수입과 제품 수출에 유리하다.
③ ㉢은 지역 내에서 생산되는 지하자원을 바탕으로 공업이 발달하였다.
④ ㉤에는 겨울철에 비교적 온화한 '선벨트 지역'이 해당된다.
⑤ ㉢은 ㉣보다 지역 내에서의 첨단 산업 생산액 비중이 높다.

18. 그래프는 북아메리카 자유 무역 협정(NAFTA) 회원국 간의 무역액과 세 국가의 무역 상대국을 나타낸 것이다. 이에 대한 옳은 분석만을 〈보기〉에서 고른 것은?

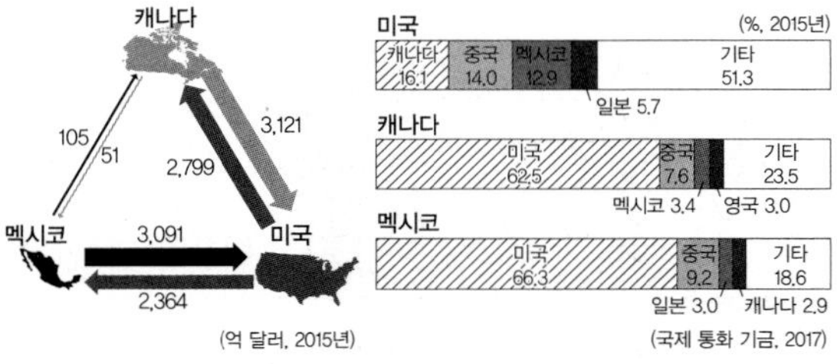

〈보기〉

ㄱ. 미국은 회원국 간의 무역에서 흑자를 나타낸다.
ㄴ. 회원국 모두 제2의 무역 상대국이 아메리카에 위치한다.
ㄷ. 회원국 간 무역에서 흑자액이 가장 많은 국가는 멕시코이다.
ㄹ. 캐나다와 멕시코는 총무역액에서 회원국 간의 무역액이 차지하는 비중이 60% 이상이다.

① ㄱ, ㄴ ② ㄱ, ㄷ ③ ㄴ, ㄷ ④ ㄴ, ㄹ ⑤ ㄷ, ㄹ

19. 그림은 (가), (나) 국가의 인구 규모 1위 도시의 도시 구조를 단순화하여 표현한 것이다. 이에 대한 옳은 설명만을 〈보기〉에서 고른 것은? (단, 두 국가는 영국과 미국 중 하나이고, ㉠, ㉡은 도심, 주거 지역 중 하나임.)

〈보기〉

ㄱ. (가)는 영국, (나)는 미국에 위치한다.
ㄴ. (가)는 (나)보다 도심에 위치한 건물의 평균 층수가 높다.
ㄷ. (가)는 (나)보다 도시 발달의 역사가 길다.
ㄹ. ㉠은 ㉡보다 접근성과 지대가 높다.

① ㄱ, ㄴ ② ㄱ, ㄷ ③ ㄴ, ㄷ ④ ㄴ, ㄹ ⑤ ㄷ, ㄹ

20. 지도에 표시된 지역의 공통적 특징으로 옳은 것은?

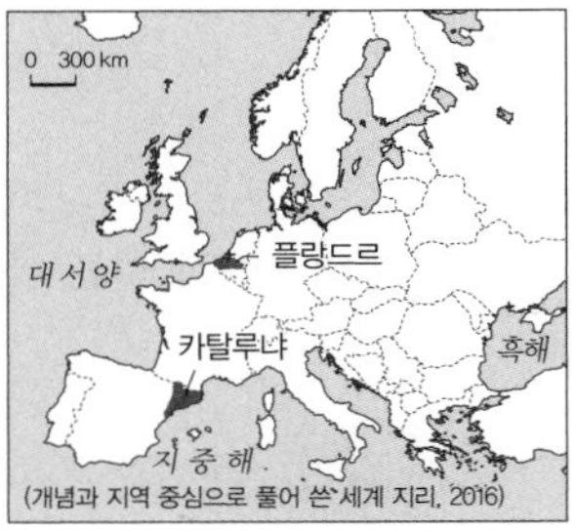

① 각 국가에서 면적에 비해 경제력의 집중도가 낮다.
② 각 국가에서 첨단 산업 발달의 중심지가 되고 있다.
③ 언어 · 문화 · 경제적 배경으로 인한 분리 독립 운동이 나타난다.
④ 각 국가의 주요 종교와 언어가 달라 차별을 받고 있다.
⑤ 지역 내에서 생산되던 자원이 고갈되면서 공업이 쇠퇴하고 있다.

21. 북아메리카와 서부 유럽에 대한 설명으로 옳지 않은 것은?

① 미국 북동부에는 메갈로폴리스가 형성되어 있다.
② 퀘벡주는 문화적인 이유로 캐나다에서 분리 독립하려고 한다.
③ 유럽 연합(EU)은 현존하는 경제 블록 중에서 통합 수준이 가장 높다.
④ 서부 유럽과 미국은 개발 도상국에 비해 도시화의 가속화 단계가 늦게 시작되었고 진행 기간도 짧았다.
⑤ 러스트 벨트란 미국 제조업의 중심지였으나 제조업의 쇠퇴로 쇠락한 미국 북동부의 공장 지대를 말한다.

[22~23] 그림은 두 지역의 기후 환경에 적응한 전통 가옥이다. 이를 보고 물음에 답하시오.

(가)

(나)

단답형

22. (가), (나)의 가옥 명칭을 고르시오.

(가)는 (고상/합장) 가옥이고, (나)는 (고상/합장) 가옥이다.

정답

서술형

23. (가), (나) 가옥의 지붕 경사가 급한 이유를 서술하시오.

정답

서술형

24. 다음 자료의 밑줄 친 의복 문화가 나타나는 이유를 서술하시오.

베르베르족 가운데 사하라 사막에서 유목 생활을 하는 사람들은 <u>품이 넓고 길이가 긴 옷을 입는다</u>. 이슬람 문화권에서는 여성들이 얼굴을 가리고 주로 검은색 의복을 입지만, 베르베르족 여성들은 얼굴을 가리지 않고 화려한 색과 무늬가 들어간 의복을 입으며 장신구를 착용한다.

정답

서술형

25. 지도는 사헬 지대에 위치한 세 국가의 인구와 가축 사육 두수 변화를 나타낸 것이다. 이와 같은 변화가 사헬 지대에서 주로 나타나고 있는 환경 문제에 미친 영향을 서술하시오.

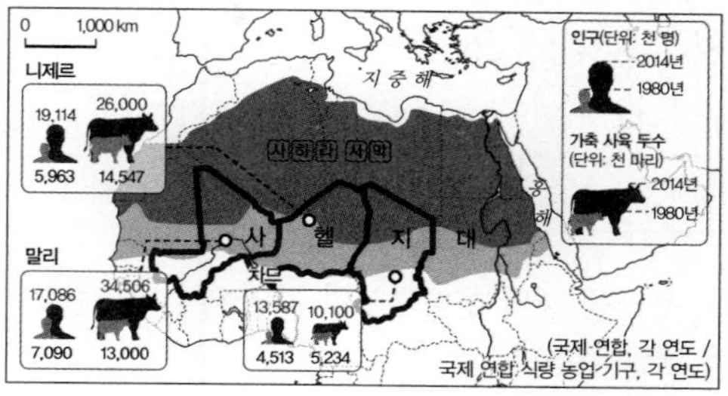

(국제 연합, 각 연도 / 국제 연합 식량 농업 기구, 각 연도)

정답

서술형

26. 그래프는 두 국가의 인구 구조를 나타낸 것이다. 예멘에 비해 사우디아라비아에서 청장년층 남성 비율이 높은 이유를 서술하시오.

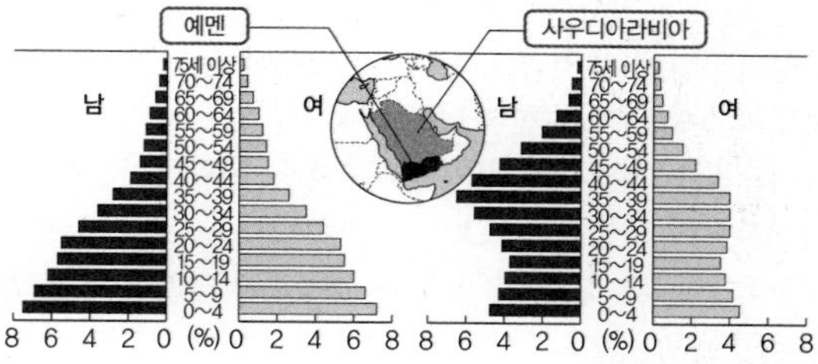

(국제 연합 인구 기금, 2017)

정답

2학기 중간고사

1. ④	2. ③	3. ⑤	4. ①	5. ⑤	6. ⑤
7. ①	8. ③	9. ①	10. ③	11. ③	12. ②
13. ④	14. ④	15. ⑤	16. ②	17. ⑤	18. ⑤
19. ②	20. ③	21. ④	22~26. 해설 참조		

1. 적도 부근을 제외한 대부분의 지역에서 강수량이 적으므로 1월에 해당한다.

ㄱ. A – 망갈로르에서 남서 계절풍은 여름인 7월에 불어온다. ✕

ㄴ. B – 톤레사프 호수는 우기(7월)에는 유량이 늘어 수위가 높고 건기(1월)에는 수량이 감소하여 수위가 낮다. ○

ㄷ. C – 싱가포르는 적도 부근에 위치하여 건기가 나타나지 않는다. ✕

ㄹ. D – 상하이는 1월에 북서 계절풍이 불어와 추운 날씨가 나타난다. ○

2. 몬순 아시아는 세계적인 쌀 생산 지역일 뿐만 아니라 차, 커피의 주요 생산지이다.

③ 인도, 중국, 인도네시아 중에서 (가)는 쌀과 차의 생산량이 가장 많으므로 중국, (나)는 쌀과 차, 커피의 생산량이 2위이므로 인도, (다)는 커피 생산량이 가장 많고, 차 생산량은 매우 적으므로 인도네시아이다. 지도에서 A는 인도, B는 중국, C는 인도네시아이다. ○

3. A는 히말라야산맥, B는 갠지스강, C는 창장강이다.

① 히말라야산맥(A)은 유라시아판과 인도-오스트레일리아판의 충돌로 형성된 신기 습곡 산지이다. ○

② 갠지스강(B)의 주요 수원(水源)은 우기 때에는 빗물이지만 건기 때에는 히말라야산맥(A)의 빙하가 녹은 물이다. ○

③ 높은 산지는 교류에 장애가 되어 문화권의 경계를 이룬다. 히말라야산맥(A)의 남부는 남부 아시아 문화권, 북부는 동아시아 문화권에 속한다. ○

④ 갠지스강(B)의 하류 지역은 겨울에도 온화하기 때문에 벼의 2기작이 가능하다. ○

⑤ 갠지스강(B)과 창장강(C) 모두 하류부가 상류부보다 연 강수량이 많다. ✕

4. 그래프와 같이 몬순 아시아에 위치한 국가에서 주로 재배되는 식량 작물은 쌀(벼)이다.

① 벼는 단위 면적당 생산량이 많고 영양가도 높아 인구 부양력이 높은 작물이다. ✕

② 스시, 퍼, 나시고렝에는 모두 쌀이 주요 재료로 이용된다. ○

③ 열대 몬순 기후 지역은 겨울에도 벼의 생육이 가능하여 벼의 2기작이 이루어진다. ○

④ 벼는 재배 과정에서 많은 물이 필요하므로 하천 주변의 비옥한 충적지에서 많이 재배된다. ○

⑤ 벼는 생육 기간 동안 높은 기온과 많은 물이 필요하여 여름철에 기온이 높고 강수량이 많은 몬순 아시아에서 오랫동안 주요 식량 작물로 재배되어 왔다. ○

5. (가)는 일본, (나)는 필리핀, (다)는 인도네시아이다.

① 나시고렝은 인도네시아(다)의 전통 음식으로 향신료가 많이 사용된다. ✕

② 바롱은 필리핀(나)의 전통 의복으로 파인애플, 바나나, 마닐라삼 등에서 얻은 섬유로 만든다. ✕

③ 일본(가)은 겨울에 춥기 때문에 일부 지역을 제외하면 벼의 2기작이 어렵다. 반면 인도네시아(다)는 연중 기온이 높고 강수량이 많기 때문에 벼의 2기작이 활발하다. ✕

④ 크리스트교 신자 비율은 필리핀(나)이 인도네시아(다)보다 높다. ✕

⑤ 인도네시아(다)는 대부분 알프스-히말라야 조산대에, 필리핀(나)과 일본(가)은 환태평양 조산대에 위치하여 지각이 불안정하다. ○

6. (가)는 연중 기온이 높고 강수량이 많은 곳으로 열대 우림 기후나 열대 몬순 기후 지역에 분포하는 고상 가옥이다. (나)와 (다)는 겨울에 추운 곳인데, 그중에서 (다)는 추우면서도 눈이 많이 내리는 곳이다. (나)는 중국 화북 지방의 사합원, (다)는 일본 기후현의 합장 가옥이다.

① 고상 가옥이 발달한 지역보다 사합원이 발달한 지역이 겨울에 더 춥기 때문에 사합원(나)이 고상 가옥(가)보다 겨울 추위에 대비한 시설이 발달하였다. ✕

② 고상 가옥(가)이 분포하는 열대 기후 지역은 기온의 연교차가 작다. 반면 합장 가옥(다)이 분포하는 일본의 기후현은 열대 기후 지역보다 고위도에 위치하여 기온의 연교차가 크다. ✕

③ 대류성 강수는 지면의 가열에 따른 대기 상승으로 내리는 비이다. 고상 가옥(가)이 분포하는 곳이 사합원(나)이 분포하는 곳보다 대류성 강수가 더 자주 내린다. ✕

④ 합장 가옥(다)이 분포하는 곳은 겨울에 눈이 내리는 지역이고, 최한월 평균 기온이 높지 않다. ✕

⑤ 합장 가옥(다)은 눈이 많이 내리는 것에 대비한 시설이다. ○

7. ① (가)는 중국 북동부 및 북서부 내륙 지역, 인도네시아 등지에서 생산되므로 석유, (나)는 중국 북동부 및 남부, 오스트레일리아 동부 해안 지역(그레이트디바이딩산맥)에서 주로 생산되므로 석탄이다. (다)는 오스트레일리아 서부 지역에 생산지가 많으므로 철광석이다. ○

8. 일본, 중국, 오스트레일리아 중에서 중국은 국내 총생산이 가장 많고 1차 · 2차 산업의 비중이 상대적으로 높으며 3차 산업의 비중이 낮다. 따라서 (나)는 중국이다. (가)와 (다)는 산업 구조는 비슷한데, 상대적으로 오스트레일리아가 일본보다 1차 산업 비중은 높고 2차 산업 비중은 낮다. 오스트레일리아는 지하자원은 풍부하지만 인구 규모가 작아 시장이 작고 세계 주요 소비 시장과의 거리도 멀어 제조업 발달 수준이 높지 않다. 또한 일본은 오스트레일리아보다 국내 총생산이 4배 정도 많다. 따라서 (가)는 일본, (다)는 오스트레일리아이다.

① 일본(가)은 세계적인 석탄 수입국이다. ✕
② 중국(나)은 오스트레일리아(다)로부터 많은 양의 철광석을 수입한다. ✕
③ 오스트레일리아(다)는 지하자원이 풍부하나 제조업의 경쟁력은 낮은 편이다. ○
④ 일본(가)은 중국(나)보다 1인당 국내 총생산(GDP)이 많다. ✕
⑤ 중국(나)은 밀 생산량이 세계 1위이지만 소비량은 그보다 많아 순 수입국(수출량보다 수입량이 많은 국가)이다. ✕

9. ① (가)는 인도, (나)는 중국, (다)는 필리핀이고 지도에서 A는 인도, B는 중국, C는 필리핀이다. ○

10. ① 아나톨리아고원, 이란고원, 아틀라스산맥 등은 신기 조산대에 속하여 지각이 불안정하다. ○
② 나일강의 하구에는 삼각주가 형성되어 있다. ○
③ 북서부 아프리카에서 비를 가져오는 바람은 주로 바다에서 불어오는 서풍 계열의 바람이다. 따라서 이 바람의 바람받이에 해당하는 아틀라스산맥의 북서쪽이 비그늘에 해당하는 남동쪽보다 연 강수량이 많다. ✕
④ 건조 아시아에는 룹알할리 사막, 카라쿰 사막 등이 있고, 북부 아프리카에는 사하라 사막 등이 있다. ○
⑤ 티그리스 · 유프라테스강 유역에서 상류는 온대 기후 지역이지만 하류는 건조 기후 지역이므로 상류 지역이 하류 지역보다 연 강수량이 많다. ○

11. ③ 쌀은 하천 주변의 충적지에서 주로 재배되므로 하천 주변에서 주로 재배되는 (가)이고, 밀은 쌀에 비해 연 강수량이 적은 지역에서 주로 재배되므로 인도 북서부와 중국 북부에서 주로 재배되는 (나)이다. 차는 중국, 인도(아삼 지방), 스리랑카 등지에서 많이 재배되므로 (다)이다. ○

12. (가)는 지중해 연안 지역을 중심으로 분포하므로 지중해식 농업 지역, (나)는 하천 주변 및 오아시스 주변을 중심으로 분포하므로 관개 농업 지역이다.
ㄱ. 지중해식 농업 지역(가)은 여름에 고온 건조한 날씨에 적응한 작물인 올리브, 오렌지, 포도 등의 재배가 활발하다. ○
ㄴ. 지중해식 농업 지역(가)은 지중해성 기후 지역을 중심으로 분포하는데, 지중해성 기후는 여름에 고온 건조하고 겨울에 온난 습윤한 기후이다. ✕
ㄷ. 관개 농업 지역(나)은 물을 구할 수 있는 하천이나 오아시스 주변에 주로 위치한다. ○
ㄹ. 관개 농업 지역(나)은 주로 건조 기후 지역을 중심으로 분포하므로 지중해성 기후 지역을 중심으로 분포하는 지중해식 농업 지역(가)이 관개 농업 지역(나)에 비해 연 강수량이 많다. ✕

13. ④ (가)는 (나)보다 세계에서 건조 아시아와 북부 아프리카 국가가 차지하는 비중이 낮고, 이란, 카타르의 비중이 높은 반면, (나)는 사우디아라비아의 비중이 특히 높으므로 (가)는 천연가스, (나)는 석유이다. ○

14. 거대한 숲을 조성하는 '그레이트 그린 월(Great Green Wall)' 프로젝트를 시행하게 되면 ① 시행 과정에서 일자리가 증가하게 되고 ② 삼림 면적이 증가하여 ③ 사막화 현상이 완화될 것이다. ○
④ 사막화 현상이 완화되면 곡물 생산량은 증가하게 된다. 사헬 지대에서는 사막화로 인해 경지가 황폐화되는 현상이 나타나고 있으므로 그레이트 그린 월(Great Green Wall) 프로젝트가 시행되면 이러한 현상이 완화되어 곡물 생산량은 증가하게 될 것이다. ✕
⑤ 사막화로 인해 고향을 떠나야 하는 기후 난민의 발생이 줄어들게 된다. ○

15. ⑤ (가)는 2차 산업의 비중이 높고, 광물 및 에너지 자원의 수출액이 매우 많으므로 사우디아라비아, (나)는 (가), (다)보다 1차 산업의 비중이 높고, 세 국가 중에서 무역액이 가장 적으므로 이집트, (다)는 공업 제품의 수출액이 많으므로 튀르키예이다. 지도에서 A는 튀르키예, B는 이집트, C는 사우디아라비아이다. ○

16. ① 이란에서는 신기 습곡 산지의 높은 곳에 내린 눈이 녹아 스며들어 형성된 지하수를 지하 관개 수로(카나트)를 이용하여 마을까지 끌어와 농업용수, 생활용수로 이용한다. ○

② 석유 생산량이 많은 사우디아라비아, 아랍 에미리트는 석유 수출을 통해 형성된 자본으로 사회 간접 자본을 건설하면서 외국으로부터 유입된 노동자가 많다. 유입된 노동자는 주로 청장년층의 남성이다. ✕

③ 바람탑인 바드기르는 내부의 더운 열기를 밖으로 배출하는 기능이 있다. ○

④ 건조 기후 지역의 주민들은 비교적 건조한 곳에서도 농경이 가능한 밀로 만든 음식, 유목을 통해 얻은 고기 등을 먹는다. ○

⑤ 사막 기후 지역에서는 통풍에 유리하고 햇볕을 가릴 수 있는 헐렁하게 늘어지는 천으로 온몸을 감싸는 형태의 옷을 주로 입는데, 사하라 사막을 오가는 대상들도 이러한 옷을 입는다. ○

17. ① 서부 유럽에서 공업 지역이 해안 지역으로 이동하게 된 것은 석유 수입량의 증가와 관계가 깊다. ○

② 임해 지역은 내륙 지역보다 중량의 원료를 운송할 수 있는 대형 선박의 접근이 쉽기 때문에 원료 수입과 제품 수출에 유리하다. ○

③ 오대호 연안 공업 지역은 지역 내에서 생산되는 철광석과 석탄을 바탕으로 공업이 발달하였다. ○

④ 미국의 남부 및 남서부는 겨울에도 비교적 따뜻한 지역으로 선벨트 지역에 해당된다. ○

⑤ 오대호 연안 중심의 미국 북동부 공업 지역은 전통적으로 중화학 공업이 발달하였다. ✕

18. ㄱ. 미국은 멕시코 및 캐나다와의 무역에서 적자를 나타낸다. ✕

ㄴ. 미국, 멕시코, 캐나다 모두 무역 상대국 2위는 아시아에 위치한 중국이다. ✕

ㄷ. 멕시코는 미국 및 캐나다와의 무역에서 흑자를 나타내고 액수도 가장 많다. 캐나다는 미국과의 무역에서는 흑자이지만 멕시코와의 무역에서는 적자이다. ○

ㄹ. 캐나다와 멕시코는 총무역액에서 미국이 차지하는 비중이 60% 이상이다. ○

19. (가)는 영국의 런던, (나)는 미국의 뉴욕이다.

ㄱ. (가)는 (나)에 비해 도심에 위치한 건물의 고도가 낮고, 근대 도시 구역 등이 있으므로 영국, (나)는 도심에 고층 빌딩이 많으므로 미국의 도시 구조를 나타낸 것이다. ○

ㄴ. (가)의 도심부는 전통적인 시가지의 경관이 남아 있어, 새로 조성된 (나)의 도심부에 비해 건물의 평균 층수가 낮다. ✕

ㄷ. 영국의 도시(런던)가 미국의 도시(뉴욕)보다 도시 발달의 역사가 길다. ○

ㄹ. 도심인 ㉡이 주변 지역인 ㉠(주거 지역)보다 접근성이 좋고 지대가 높다. ✕

20. 지도에 표시된 지역은 ③ 언어 · 문화 · 경제적 배경으로 인한 분리 독립 운동이 나타나는 지역이다. ○

21. ① 미국 북동부의 보스턴에서 워싱턴에 이르는 해안 지역을 중심으로 메갈로폴리스가 형성되어 있다. ○

② 캐나다는 전체적으로는 영어 사용 인구 비율이 높지만, 북동부에 위치한 퀘벡주는 프랑스어를 사용하는 인구 비율이 높다. 퀘벡주는 문화적인 이유로 캐나다에서 분리 독립하려는 움직임이 있다. ○

③ 유럽 연합(EU)은 회원국 간에 노동력의 이동이 이루어질 뿐만 아니라 유럽 연합(EU) 의회까지 구성되어 있는 등 현존하는 경제 블록 중에서 통합 수준이 가장 높다. ○

④ 서부 유럽과 미국은 개발 도상국에 비해 산업 혁명이 먼저 시작되었으며 이로 인해 도시화율이 빠르게 높아지는 가속화 단계가 먼저 시작되었고, 그 진행 기간도 길었다. ✕

⑤ 러스트 벨트란 미국 제조업의 중심지였으나 제조업의 쇠퇴로 쇠락한 미국 북동부의 공장 지대를 말한다. ○

주관식

22.

단답형 (가) 고상, (나) 합장

23.

서술형 (가) 가옥의 지붕 경사가 급한 것은 강한 비가 많이 내리기 때문에 빗물이 잘 흘러내리도록 하기 위해서이고, (나) 가옥의 지붕 경사가 급한 것은 겨울철에 눈이 많이 내리기 때문에 눈이 잘 흘러내리게 하기 위해서이다.

24.

서술형 모래바람과 강한 햇빛을 차단하기 위해서이다.

25.

서술형 인구가 빠르게 증가하면서 식량 수요가 늘어나 많은 경작지가 개간되었으며, 땔감을 마련하기 위해 삼림이 벌목되었을 뿐만 아니라 가축을 과도하게 방목하면서 초지가 황폐화되었다. 한번 황폐화된 땅은 비가 오더라도 수분이 땅속에 저장되지 않고 오히려 토양 침식이 증가되어 사헬 지대의 사막화가 가속화된다.

26.

서술형 사회 기반 시설을 갖추기 위한 건설 현장에 남성 중심의 외국인 노동자가 많이 유입되었기 때문이다.

1 중 · 남부 아메리카의 민족(인종)

민족(인종)의 분포 및 국가별 구성 비율을 꼭 알아 두어야 해.

아메리카 원주민(인디오)은 고산 기후가 나타나는 안데스 산지, 유럽계 백인은 온대 기후 지역, 아프리카계는 플랜테이션이 활발한 대서양 연안의 열대 기후 지역에서 상대적으로 분포 비중이 높다.

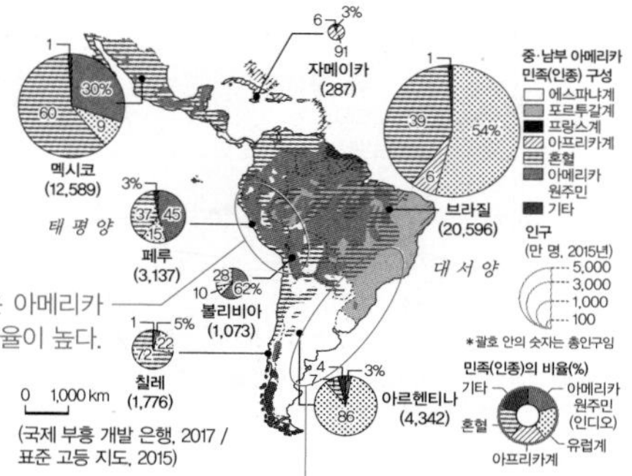

고산 지역은 아메리카 원주민의 비율이 높다.

대서양 연안은 유럽계 백인의 비율이 높다.

요것만은 꼭 체크!

아르헨티나, 우루과이, 브라질은 ①□□□ □□의 비율이 가장 높고, 볼리비아, 페루는 ②□□□□ □□□의 비율이 가장 높으며, 멕시코, 콜롬비아 등은 혼혈의 비율이 가장 높다.

정답 | ① 유럽계 백인 ② 아메리카 원주민

2 중 · 남부 아메리카의 도시 분포와 도시화

중 · 남부 아메리카는 산업화 수준보다 도시화율이 높은데, 도시화의 역사가 긴 유럽보다도 높아. 유럽의 식민 지배 영향으로 유럽과의 연결에 유리한 해안 지역을 중심으로 도시가 발달했다는 것도 알아 두어야 해.

중 · 남부 아메리카는 유럽 식민 지배의 영향으로 해안 지역을 중심으로 도시가 분포하며 도시화율은 경제 발전 수준보다 높은 편이다.

▲ 국가별 도시화율 및 도시 분포

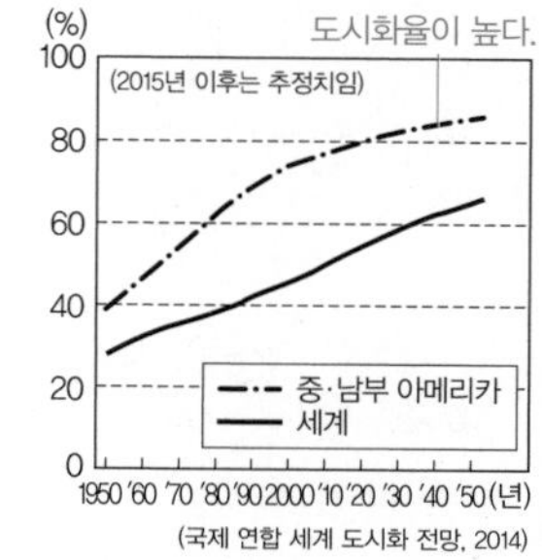

▲ 중 · 남부 아메리카의 도시화율 변화

아르헨티나는 종주 도시화 현상이 나타난다.

요것만은 꼭 체크!

중 · 남부 아메리카 대부분의 국가에서는 급속한 도시화로 수위 도시가 과도하게 성장하여 ①□□ □□□ 현상이 나타난다.

정답 | ① 종주 도시화

3 중 · 남부 아프리카의 종교 분포

중·남부 아프리카에서 사하라 사막과 가까운 곳에서는 대체로 이슬람교를 믿는 주민 비율이 높지만, 중·남부 아프리카 전체적으로는 크리스트교의 비율이 높다는 것을 기억해 두어야 해.

사하라 이남 아프리카 지역에는 다양한 종교가 나타난다.

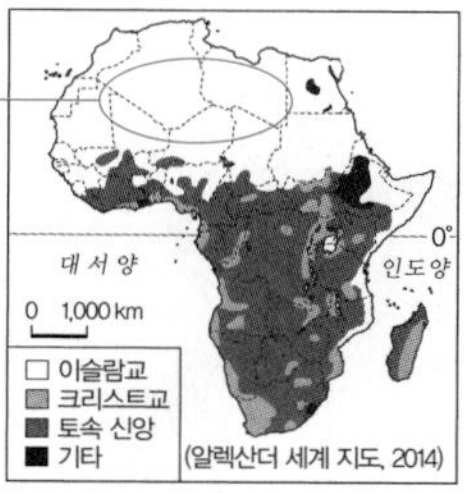

▲ 아프리카의 종교 분포

북부 아프리카는 이슬람교를 믿는 사람이 많다.

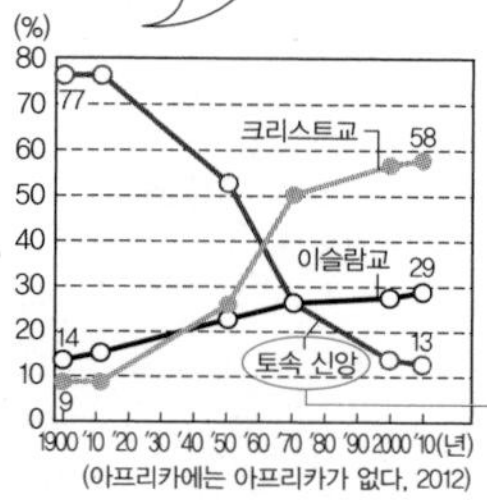

▲ 사하라 이남 아프리카의 종교 비중 변화

근래에 비중이 크게 감소하였다.

요것만은 꼭 체크!

중 · 남부 아프리카에서 사하라 사막과 접하고 있는 지역에서는 ①□□□□을/를 믿는 주민들이 많다. 중 · 남부 아프리카의 적도 남쪽에 위치한 국가는 상대적으로 ②□□□□□을/를 믿는 주민들이 많다.

정답 | ① 이슬람교 ② 크리스트교

4 중 · 남부 아프리카의 자원 분포

아프리카 자원 분포도에서 석유, 석탄의 주요 생산 지역을 파악해 두어야 해.

사하라 이남 아프리카 국가들은 대부분 광물 · 에너지 자원이 풍부하다.

아프리카에서 나이지리아와 남수단은 석유 생산량이 많다.

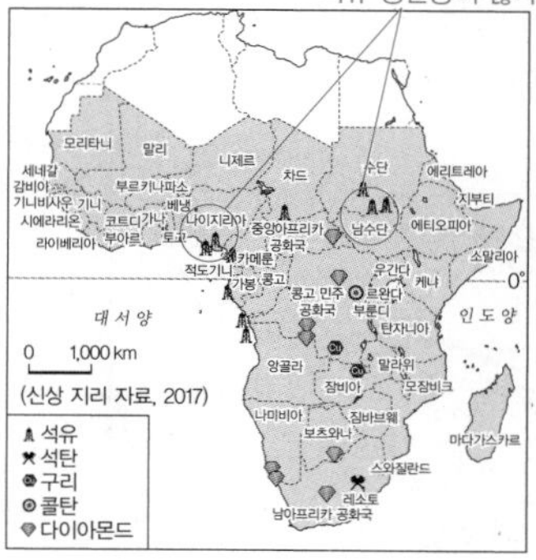

요것만은 꼭 체크!

중 · 남부 아프리카에서 석유 생산량이 많은 국가는 기니만 연안의 ①□□□□□, 오랜 내전 끝에 수단으로부터 독립한 ②□□□이/가 대표적이다. 석탄 생산량이 많은 국가는 아프리카 남단에 위치한 ③□□□□□ □□□이/가 대표적이다.

정답 | ① 나이지리아 ② 남수단 ③ 남아프리카 공화국

5 유럽의 아프리카 식민 지배 영향

아프리카 철도망의 특징, 아프리카에서 국경과 민족(종족) 경계의 불일치 이유 및 그 영향을 알아 두어야 해.

아프리카의 철도망과 국경의 형성에는 유럽의 식민 지배가 큰 영향을 미쳤다.

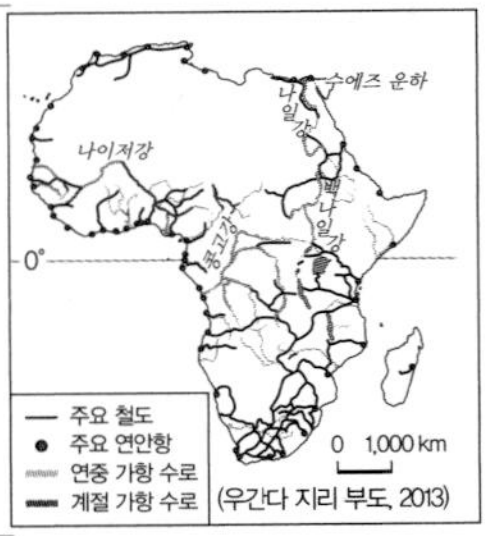

▲ 아프리카의 철도와 가항 수로

철도망이 주로 해안과 내륙을 연결하는 형태이다.

▲ 아프리카의 국가 경계와 민족(종족) 경계

국경과 민족(종족) 경계가 다르다.

요것만은 꼭 체크!

아프리카에서 해안과 내륙을 연결하는 철도망은 풍부한 ①□□을/를 외부로 가져가기 위해 주로 식민지 시기에 만든 것이다. 아프리카에서 국경과 민족(종족) 경계가 다르게 나타나는 것은 국경이 유럽의 ②□□□ 정책으로 설정되었기 때문이다.

정답 | ① 자원 ② 식민지

6 아프리카 자원 개발 국가의 1인당 국내 총생산(GDP) 변화

자원이 풍부하고 이를 수출하는 국가 간에도 1인당 국내 총생산(GDP)에 큰 차이가 나타나는 이유를 알아 두어야 해.

보츠와나, 콩고 민주 공화국 등은 자원 수출액이 많지만 1인당 국내 총생산(GDP)에는 큰 차이가 있다.

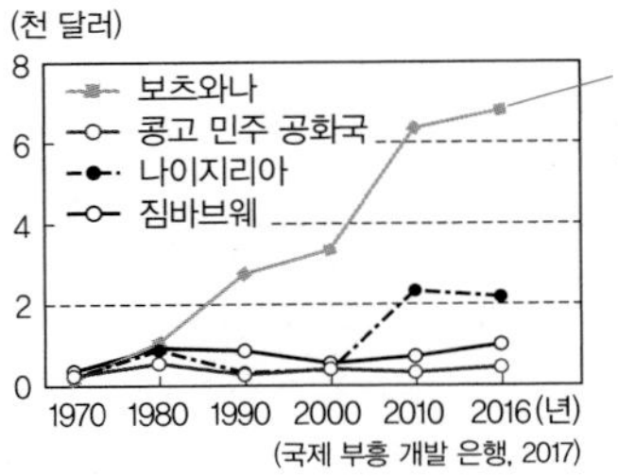

1인당 국내 총생산(GDP)이 빠르게 높아졌다.

▲ 아프리카 네 국가의 1인당 국내 총생산(GDP)

요것만은 꼭 체크!

①□□□□ 정부는 외국 기업과 합작하여 자원을 개발하고 자원 개발로 얻은 이익을 국민 복지 향상을 위해 지출하면서 1인당 국내 총생산(GDP)이 빠르게 증가하였다.

정답 | ① 보츠와나

7 중 · 남부 아메리카의 도시화

중·남부 아메리카는 빠르게 도시화율이 높아지면서 수위 도시에 인구가 집중되는 종주 도시화 현상이 나타난다는 것을 알아 두어야 해.

중 · 남부 아메리카는 도시화 과정에서 수위 도시로 인구가 집중하여 종주 도시화 현상이 뚜렷한 국가가 많다.

슬럼(파벨라)이 대도시 곳곳에 나타난다.

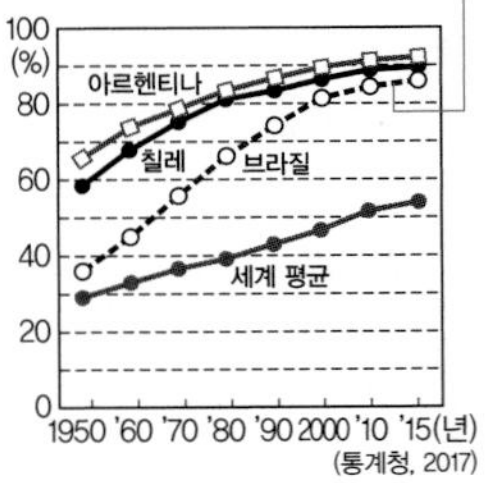

▲ 중 · 남부 아메리카 주요 국가의 도시화율 변화

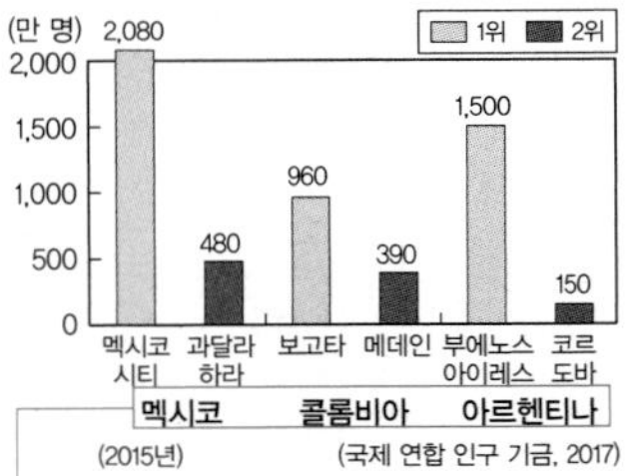

▲ 중 · 남부 아메리카 주요 국가의 종주 도시화 현상

1위 도시의 인구가 2위 도시보다 2배 이상 많다.

요것만은 꼭 체크!

중 · 남부 아메리카의 도시화율은 유럽보다 ①□고, 수위 도시에 인구가 집중하여 ②□□ □□□ 현상이 나타난다.

정답 | ① 높 ② 종주 도시화

8 산성비

산성비는 대기 오염 물질이 바람을 타고 이동하면서 확산되므로 산성비의 원인 물질은 오염 물질의 배출 지역에 부는 바람의 방향을 따라 확산된다는 것을 공부해 두어야 해.

산성비는 화석 에너지 소비 과정에서 나오는 대기 오염 물질이 수증기나 비와 만나 형성된다.

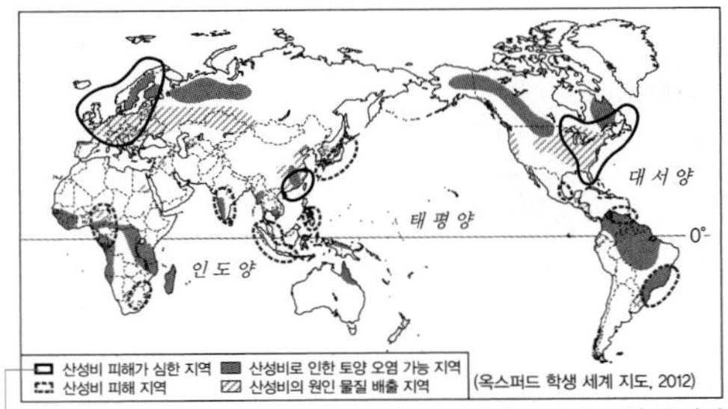

산업 시설이 적은 지역에서도 대기 오염 물질의 이동으로 인해 산성비의 피해가 크게 나타난다.

요것만은 꼭 체크!

①□□□은/는 화석 에너지 소비 과정에서 나오는 황산화물, 질소 산화물 등이 수증기나 비와 만나 형성된다. 서부 유럽에서 대기 중으로 배출된 ①의 원인 물질은 ②□□□을/를 따라 확산된다.

정답 | ① 산성비 ② 편서풍

9 경제 통합 단계별 포괄 범위

통합 단계에 따른 통합 수준을 알아 두어야 해.

지리적으로 인접하고 경제적으로 상호 의존도가 높은 국가들이 공동의 이익을 위해 구성한 경제 블록의 통합 수준에는 다양한 유형이 있다.

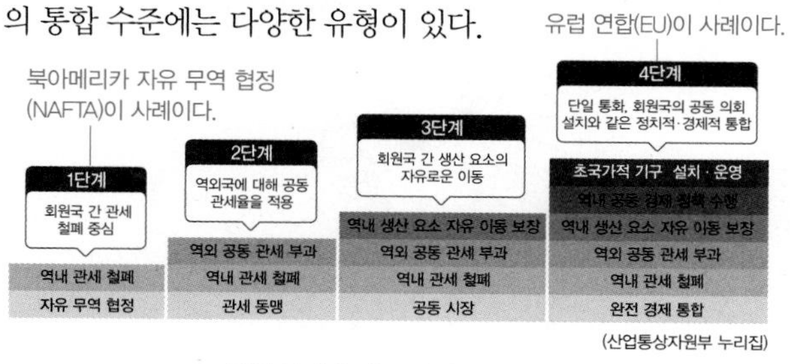

▲ 통합 단계에 따른 경제 블록의 유형

요것만은 꼭 체크!

역내 관세 철폐 수준은 ①□□ □□ □□ 단계, ①에 더하여 역외 공동 관세 부과 수준은 ②□□ □□ 단계, ②에 더하여 회원국 간 생산 요소의 자유로운 이동을 보장하는 수준은 ③□□ □□, ③에 더하여 단일 통화, 회원국의 공동 의회 등 초국가적 기구 설치·운용 수준은 ④□□ □□ □□ 단계이다.

정답 | ① 자유 무역 협정 ② 관세 동맹 ③ 공동 시장 ④ 완전 경제 통합

10 주요 경제 블록

주요 경제 블록의 통합 수준 및 상대적 특징을 알아 두어야 해.

대표적인 경제 블록으로는 유럽 연합(EU), 동남아시아 국가 연합(ASEAN), 북아메리카 자유 무역 협정(NAFTA) 등이 있다.

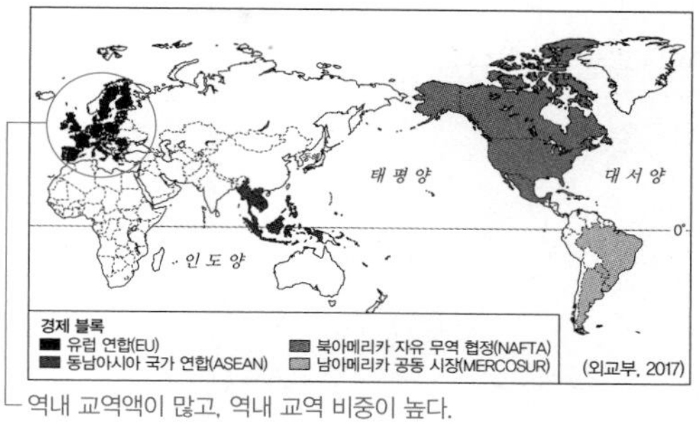

요것만은 꼭 체크!

유럽 연합(EU), 동남아시아 국가 연합(ASEAN), 북아메리카 자유 무역 협정(NAFTA) 중에서 회원국 간 노동력의 이동이 자유롭고, 역내 무역액 비중이 가장 높으며, 회원국 수가 가장 많은 경제 블록은 ①□□ □□이고, 1차 산업 종사자 비중이 가장 높으며, 무역액이 가장 적은 경제 블록은 ②□□□□□ □□ □□이다.

정답 | ① 유럽 연합(EU) ② 동남아시아 국가 연합(ASEAN)

11 환경 문제 해결을 위한 국제 사회의 노력

환경 문제 발생 지역을 지도에서 파악하고, 환경 문제의 주요 원인 및 해결 노력에 대해 알고 있어야 해.

지구적 규모의 환경 문제를 해결하기 위해서는 국제 사회의 협력이 필요하다.

몬트리올 의정서(1987년)	오존층 파괴 물질의 배출 억제, 염화 플루오린화 탄소(CFCs)의 사용 규제
바젤 협약 (1989년)	유해 폐기물의 국가 간 이동에 관한 규제
사막화 방지 협약(1994년)	사막화를 방지하고, 사막화를 겪고 있는 개발 도상국을 재정적·기술적으로 지원
교토 의정서 (1997년)	미국, 유럽, 일본 등 선진국의 온실가스 감축 목표를 제시하고 탄소 배출권 거래제를 도입
파리 협정 (2015년)	선진국과 개발 도상국 모두 온실가스 감축을 포함한 포괄적인 대응에 동참하도록 규정

요것만은 꼭 체크!

오존층 파괴 문제 해결 협약은 ①□□□□ □□□, 2015년 선진국과 개발 도상국 모두 온실가스 감축을 위해 노력한다는 것을 규정한 협약은 ②□□ □□이다. 정답 | ① 몬트리올 의정서 ② 파리 협정

12 세계의 분쟁

세계의 여러 지역에서 발생하는 분쟁의 주요 원인을 토대로 한 공통적 분쟁 원인을 알아 두어야 해.

세계 여러 지역에서는 영역, 자원, 민족, 문화적 차이 등으로 인한 분쟁이 발생하고 있다.

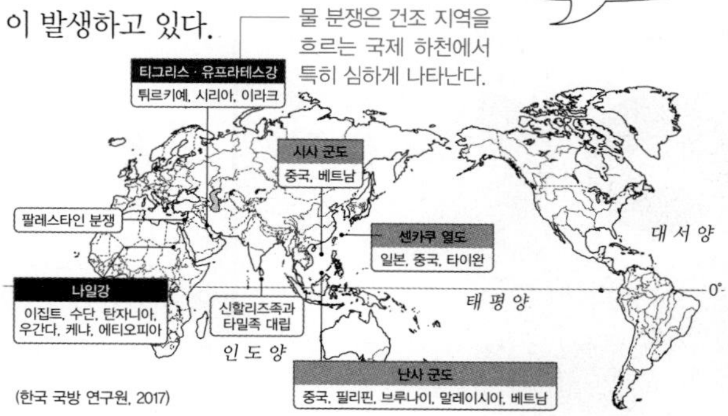

요것만은 꼭 체크!

난사 군도(스프래틀리, 쯔엉사) 분쟁과 센카쿠 열도(댜오위다오) 분쟁의 공통된 분쟁 당사국은 ①□□이다. 정답 | ① 중국

고사구분	2학기 기말	세계지리	학년	

1. 지도는 중 · 남부 아메리카의 민족(인종) 분포를 나타낸 것이다. (가)~(마) 민족(인종)에 대한 옳은 설명만을 〈보기〉에서 고른 것은? (단, (가)~(마)는 아프리카계, 에스파냐계, 포르투갈계, 원주민, 혼혈 중 하나임.)

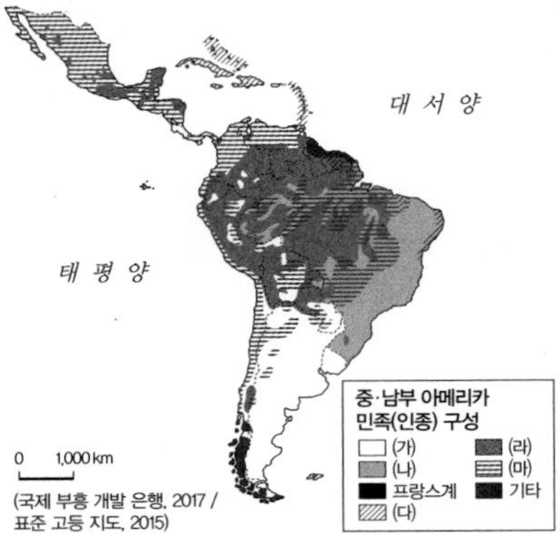

(국제 부흥 개발 은행, 2017 / 표준 고등 지도, 2015)

〈보기〉

ㄱ. (가)는 에스파냐계, (나)는 포르투갈계이다.
ㄴ. (다)는 플랜테이션 노동력 확보를 위해 강제 이주된 아프리카계의 후손이 대부분이다.
ㄷ. (마)는 아프리카계와 유럽계의 혼혈 비중이 가장 크다.
ㄹ. (라)는 (가)보다 아메리카에 거주하기 시작한 시기가 늦다.

① ㄱ, ㄴ ② ㄱ, ㄷ ③ ㄴ, ㄷ ④ ㄴ, ㄹ ⑤ ㄷ, ㄹ

2. 그래프는 세 국가의 민족(인종) 비중 분포를 나타낸 것이다. (가)~(다)에 해당하는 국가를 지도의 A~C에서 고른 것은?

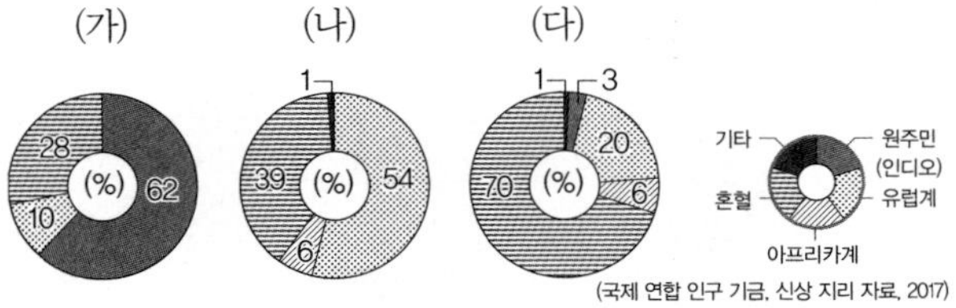

(국제 연합 인구 기금, 신상 지리 자료, 2017)

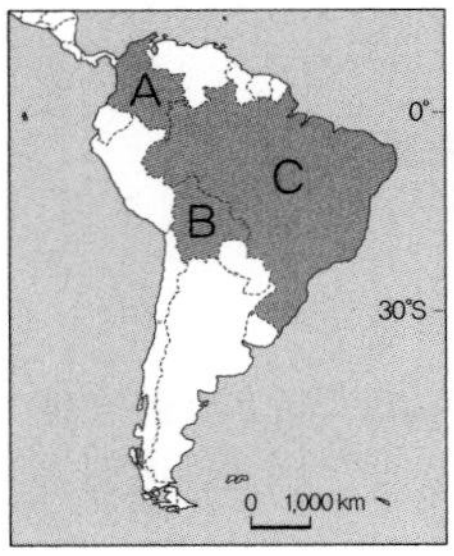

	(가)	(나)	(다)
①	A	B	C
②	A	C	B
③	B	A	C
④	B	C	A
⑤	C	A	B

3. 지도는 중 · 남부 아메리카의 국가별 도시화율 및 도시 분포를 나타낸 것이다. 이에 대한 설명으로 옳은 것은?

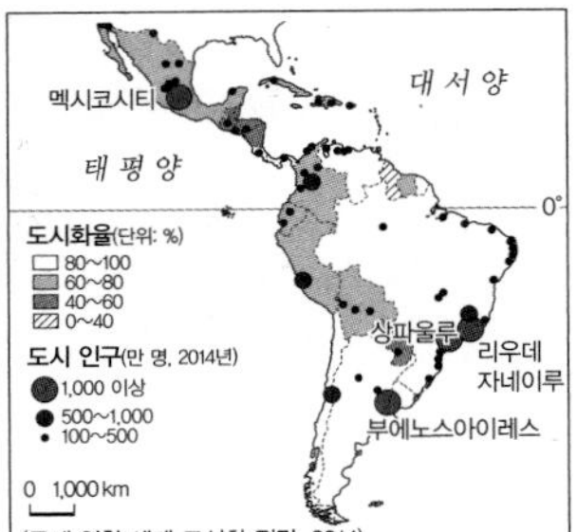

(국제 연합 세계 도시화 전망, 2014)

① 멕시코는 종주 도시화 현상이 나타난다.
② 도시화율이 가장 높은 국가는 태평양 연안에 위치한 페루이다.
③ 아르헨티나는 브라질보다 인구 100만 명 이상인 도시 수가 많다.
④ 인구 1,000만 명 이상의 도시는 해안 지역보다 내륙 지역에 많다.
⑤ 인구 500~1,000만 명 도시 수가 1,000만 명 이상의 도시 수보다 2배 이상 많다.

4. (가), (나) 국가를 지도의 A~C에서 고른 것은?

(가)	• 아프리카의 주요 석유 수출국으로 총수출액의 90% 이상이 석유 수출액에서 나옴 • 아프리카에서 인구가 가장 많은 국가로 북부 지역은 이슬람교 신자 비율이 높고 남부 지역은 크리스트교 신자의 비율이 높음
(나)	• 아프리카에서 경제 규모가 가장 큼 • 아프리카에서 석탄 생산량이 가장 많고, 금, 다이아몬드 등의 생산량도 많음 • 크리스트교 신자 비율이 이슬람교 신자 비율보다 높음

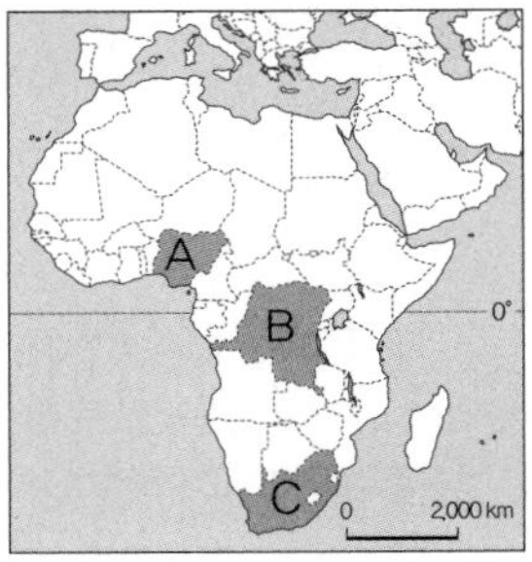

	(가)	(나)
①	A	B
②	A	C
③	B	A
④	B	C
⑤	C	A

5. 다음 자료의 (가), (나) 종교에 대한 설명으로 옳은 것은?

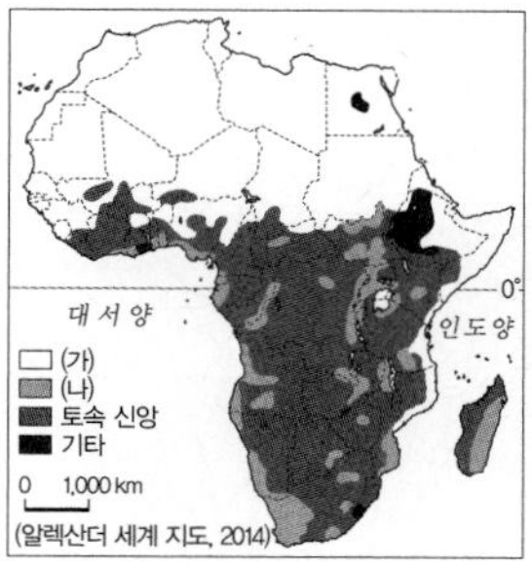

▲ 아프리카의 종교 분포

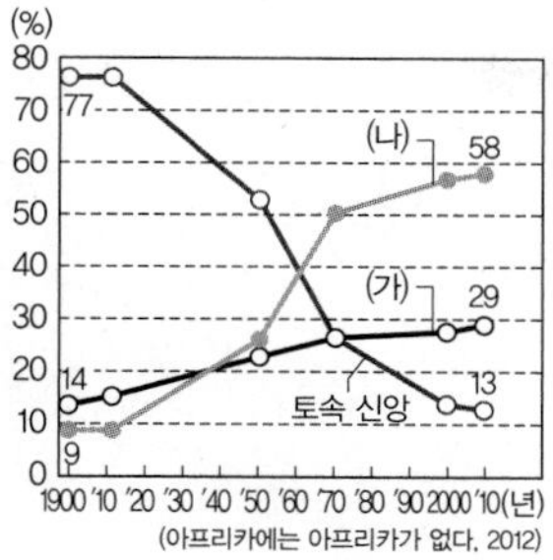

▲ 사하라 이남 아프리카의 종교 비중 변화

① (가)의 사원에는 십자가와 종탑의 경관이 나타난다.
② (가)는 유럽인의 식민지 개척 과정에서 아프리카 남부 지역으로 넓게 전파되었다.
③ (나)의 신자는 하루에 다섯 번 성지를 향해 기도할 의무가 있다.
④ (나)의 사원은 우상 숭배를 금지하는 교리에 따라 아라베스크 무늬로 장식된다.
⑤ (나)는 (가)보다 세계의 신자 수가 많다.

6. 지도는 라틴 아메리카에서 생산되는 세 자원의 주요 생산지를 나타낸 것이다. (가)~(다) 자원으로 옳은 것은?

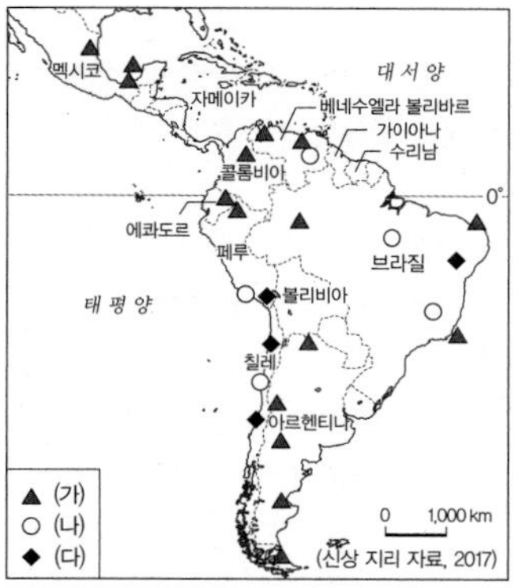

	(가)	(나)	(다)
①	구리	석유	철광석
②	구리	철광석	석유
③	석유	구리	철광석
④	석유	철광석	구리
⑤	철광석	석유	구리

7. 지도는 아프리카와 남아메리카에서 나타나는 공통적인 환경 문제의 발생 지역을 나타낸 것이다. 이 환경 문제의 영향으로 옳은 내용만을 〈보기〉에서 있는 대로 고른 것은?

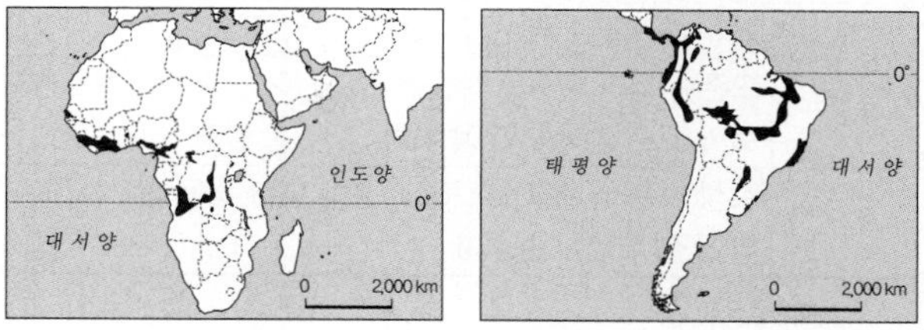

(옥스퍼드 학생 세계 지도, 2012)

〈보기〉

ㄱ. 생물 종의 다양성이 감소한다.
ㄴ. 원주민의 생활 터전이 파괴된다.
ㄷ. 온실가스 흡수 능력이 감소한다.
ㄹ. 소 사육을 위한 방목지가 감소한다.

① ㄱ, ㄴ ② ㄱ, ㄹ ③ ㄴ, ㄹ
④ ㄱ, ㄴ, ㄷ ⑤ ㄴ, ㄷ, ㄹ

8. 다음 자료의 (가), (나) 국가군을 지도의 A~E에서 고른 것은?

구분	(가)	(나)
종교	크리스트교, 토속 신앙	이슬람교
인종	아프리카계가 주류	아랍계가 주류
언어	영어(공용어), 각 부족 언어	아랍어
자원	석유 매장량이 많음	송유관, 정유 시설 보유

(가), (나) 국가는 모두 영국의 식민 통치를 받았으며, 독립 이후 내전이 발생하여 (가) 국가가 분리 독립하였다. 두 국가의 내전 과정에서 약 500만 명에 이르는 난민이 발생하였다.

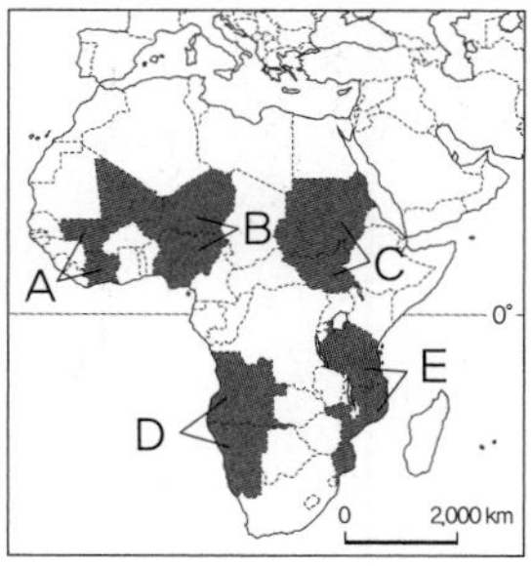

① A
② B
③ C
④ D
⑤ E

9. 표는 지구적 환경 문제 해결을 위한 국제 사회의 노력을 정리한 것이다. (가)~(다)에 들어갈 내용으로 옳은 것은?

협약	내용
(가)	유해 폐기물의 국가 간 이동에 관한 규제
(나)	오존층 파괴 물질의 배출을 억제하여 오존층을 보호함으로써 지구 생태계 및 동식물의 피해를 방지
(다)	산성비 문제 해결을 위해 국경을 넘어 이동하는 대기 오염 물질의 감축 및 통제

	(가)	(나)	(다)
①	바젤 협약	제네바 협약	몬트리올 의정서
②	바젤 협약	몬트리올 의정서	제네바 협약
③	제네바 협약	바젤 협약	몬트리올 의정서
④	제네바 협약	몬트리올 의정서	바젤 협약
⑤	몬트리올 의정서	바젤 협약	제네바 협약

10. 지도는 어느 환경 문제의 발생 지역을 나타낸 것이다. 이 환경 문제의 주요 원인으로 옳은 것은?

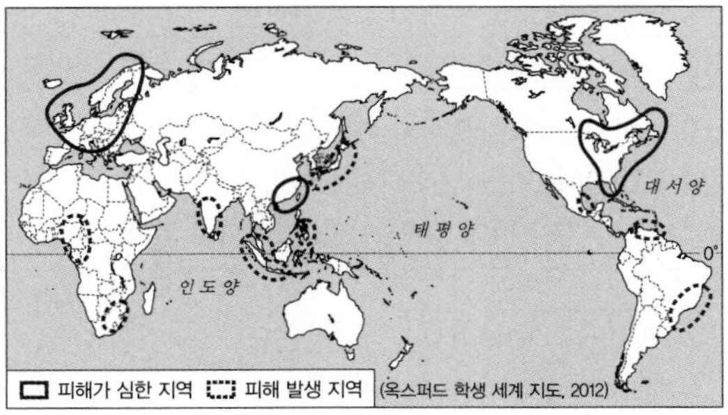

① 가축 방목 증가
② 플라스틱 사용량 증가
③ 화석 에너지 사용량 증가
④ 국가 간 해상 화물 수송량 증가
⑤ 기후 변화에 따른 연 강수량 감소

11. 지도에 표시된 해역의 공통적 특징으로 옳은 것은?

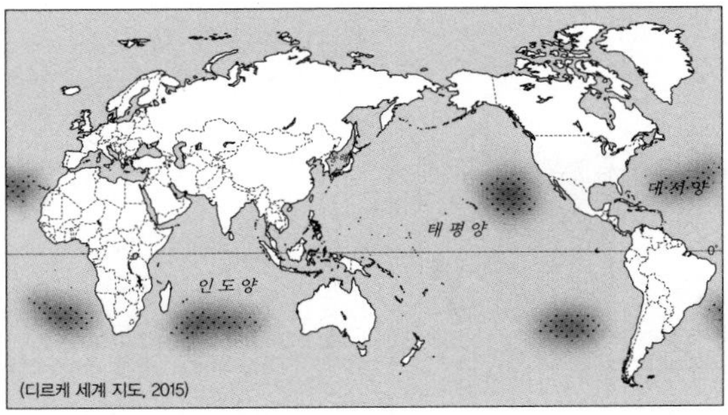

① 열대 저기압이 주로 발생한다.
② 지나친 남획으로 어족 자원이 고갈되었다.
③ 육지에서 배출된 쓰레기가 집적되어 있다.
④ 지구 온난화로 수몰되는 섬이 집중 분포한다.
⑤ 유조선의 사고가 잦아 석유에 의한 해양 오염이 심하다.

12. 다음 글은 물 분쟁 사례를 나타낸 것이다. (가), (나) 하천에 대한 설명으로 옳지 않은 것은?

(가) 튀르키예, 시리아, 이라크 간의 물의 이용을 둘러싼 갈등이 나타난다. 튀르키예에서 댐을 건설하면서 이라크는 물 자원 확보에 어려움이 커졌다.
(나) 이집트, 수단, 탄자니아, 우간다 등의 물의 이용을 둘러싼 갈등이 나타난다. 상류 지역이 하류 지역에 비해 연 강수량이 많다.

① (가)는 티그리스 · 유프라테스강이다.
② (나)는 북서쪽에서 남동쪽으로 흘러 페르시아만으로 유입된다.
③ (가)는 아시아, (나)는 아프리카에 위치한다.
④ (가), (나) 하천의 유역에는 고대 문명의 유적이 분포한다.
⑤ (가), (나) 모두 하구가 위치하는 국가에는 사막이 분포한다.

13. (가)~(다) 경제 블록에 대한 옳은 설명만을 〈보기〉에서 고른 것은?

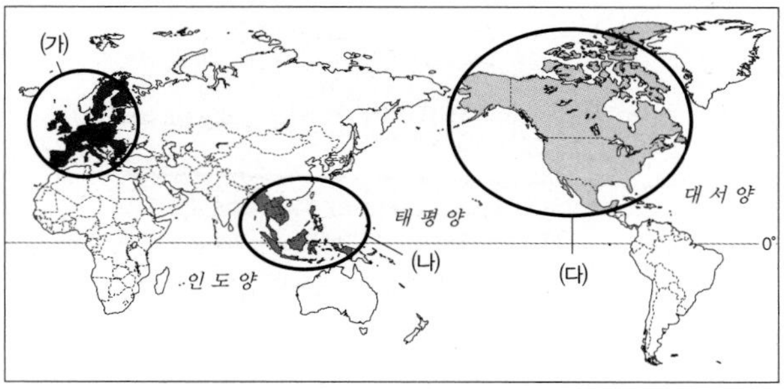

〈보기〉

ㄱ. (가)는 (나)보다 경제 통합 수준이 높다.
ㄴ. (나)는 (가)보다 1차 산업 종사자 비중이 높다.
ㄷ. (나)는 (다)보다 역내 총생산이 많다.
ㄹ. (다)는 (가)보다 역내 무역액 비중이 높다.

① ㄱ, ㄴ ② ㄱ, ㄷ ③ ㄴ, ㄷ
④ ㄴ, ㄹ ⑤ ㄷ, ㄹ

14. 지도는 분쟁 지역과 관련 당사국을 나타낸 것이다. 이들 분쟁의 공통적 원인으로 옳은 것은?

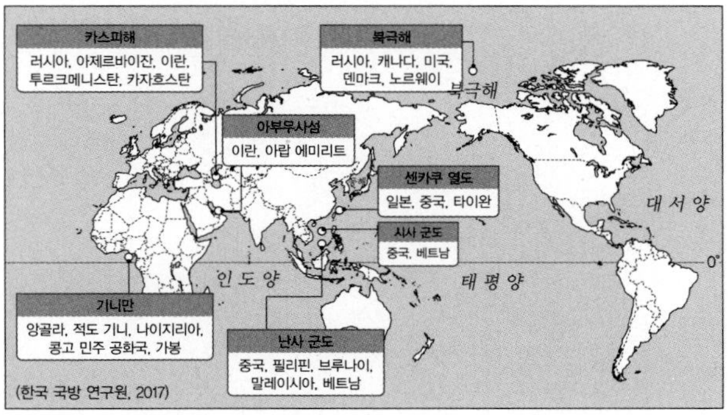

① 물 자원의 분배를 둘러싼 갈등
② 종교 및 언어의 차이로 인한 갈등
③ 소수 민족의 분리 독립을 둘러싼 갈등
④ 에너지 자원의 생산과 분배를 둘러싼 갈등
⑤ 200해리 배타적 경제 수역 선포에 따른 갈등

15. (가)~(다)에 해당하는 경제 통합 유형은?

> (가) 회원국 간 생산 요소의 이동을 보장함
> (나) 회원국 간 관세 철폐 중심의 경제 통합
> (다) 역외 국가에 대하여 공동으로 관세를 부과함

	(가)	(나)	(다)
①	관세 동맹	공동 시장	자유 무역 협정
②	관세 동맹	자유 무역 협정	공동 시장
③	공동 시장	관세 동맹	자유 무역 협정
④	공동 시장	자유 무역 협정	관세 동맹
⑤	자유 무역 협정	관세 동맹	공동 시장

16. 지도는 바이오 에너지 작물 재배를 위한 외국 자본의 아프리카 농지 구매 면적을 나타낸 것이다. 이와 같은 현상이 아프리카에 미치는 영향으로 적절한 내용만을 〈보기〉에서 고른 것은?

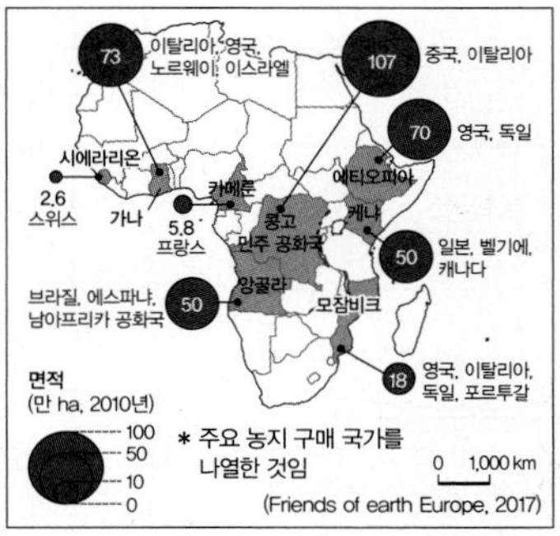

〈보기〉

ㄱ. 고유의 식생이 파괴되는 환경 문제가 나타난다.
ㄴ. 에너지 자급률이 높아지면서 대외 경제 의존도가 낮아진다.
ㄷ. 청정에너지 사용량이 증가하면서 대기 오염 문제가 완화된다.
ㄹ. 농민들이 경작할 땅을 잃고 삶터에서 쫓겨나는 현상이 발생한다.

① ㄱ, ㄴ ② ㄱ, ㄹ ③ ㄴ, ㄷ
④ ㄴ, ㄹ ⑤ ㄷ, ㄹ

17. 다음과 같은 특징을 가진 국가를 지도의 A~E에서 고른 것은?

- 아프리카 중심부에 위치하며 세계에서 11번째로 국토 면적이 넓은 국가
- 금, 구리, 주석, 코발트, 콜탄 등 광물 자원이 풍부하지만 1인당 국내 총생산(GDP)은 매우 적음
- 우간다 및 르완다와 인접한 북동부 지역에서는 반군이 활동하고 있음

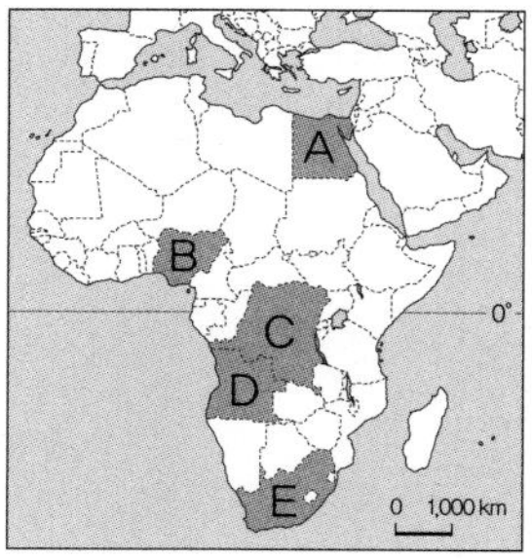

① A ② B ③ C ④ D ⑤ E

18. 다음 자료의 밑줄 친 ㉠에 들어갈 말로 가장 적절한 것은?

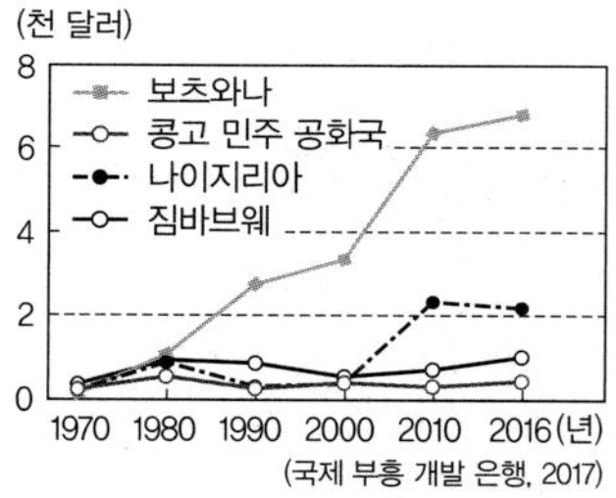

▲ 자원 개발 국가의 1인당 국내 총생산(GDP) 변화

그래프는 아프리카에서 지하자원의 개발과 수출이 활발한 국가들의 1인당 국내 총생산(GDP)의 변화를 나타낸 것이다. 이들 국가 중에서 보츠와나를 제외하면 1인당 국내 총생산(GDP)이 낮은 수준이다. 보츠와나가 짐바브웨, 나이지리아, 콩고 민주 공화국과 달리 지하자원을 개발하고 수출하면서 1인당 국내 총생산(GDP)이 빠르게 증가한 것은 ___㉠___ 때문이다.

① 정부가 자급자족적인 경제 체계를 추구하기
② 다국적 기업이 자원의 개발과 수출을 독점하기
③ 다른 국가들에 비하여 석유 매장량이 풍부하기
④ 정부가 자원의 개발과 분배를 효율적으로 관리하기
⑤ 소수 특권 집단이 자원 개발의 이익을 독차지하기

19. 그래프에 대한 옳은 설명만을 〈보기〉에서 고른 것은?

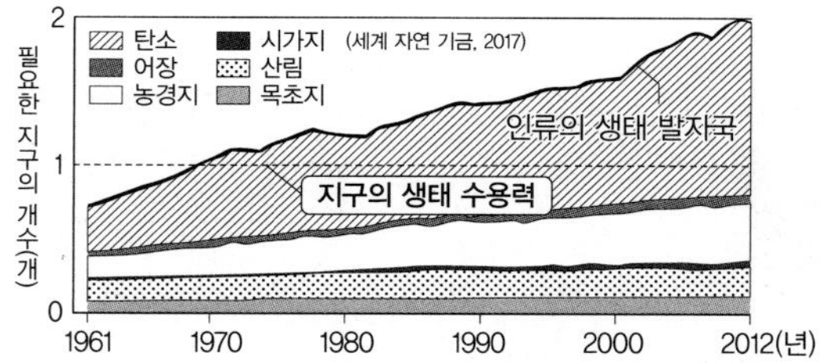

▲ 생태 발자국의 구성 요소와 변화

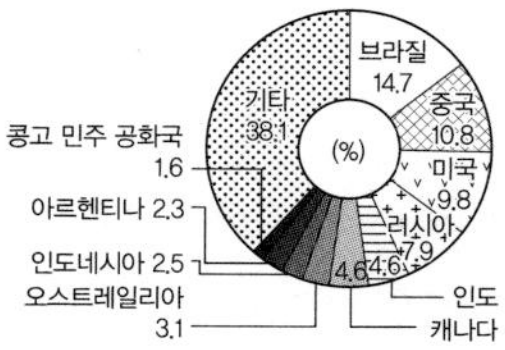

▲ 국가별 생태 수용력 비중

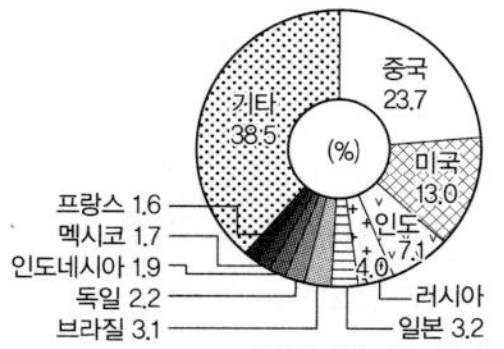

(세계 자연 기금, 2017)

▲ 국가별 생태 발자국 비중

* 생태 수용력: 지구가 재생하고 정화할 수 있는 물, 공기, 토양 등 자원의 양
** 생태 발자국: 인류가 자원을 생산하고 폐기물을 처리하는 데 필요한 모든 비용을 토지 면적으로 환산한 것

〈보기〉

ㄱ. 국가별 생태 발자국은 인구가 많을수록 크다.
ㄴ. 국가별 생태 수용력은 국토 면적이 넓을수록 크다.
ㄷ. 인류의 생태 발자국은 지속적으로 늘어나는 경향을 나타낸다.
ㄹ. 인류의 생태 발자국이 증가하는 데 가장 큰 영향을 미친 것은 탄소이다.

① ㄱ, ㄴ ② ㄱ, ㄷ ③ ㄴ, ㄷ
④ ㄴ, ㄹ ⑤ ㄷ, ㄹ

서술형

20. 다음 글의 밑줄 친 현상이 나타나게 된 원인을 서술하시오.

> 라틴 아메리카는 원주민, 유럽인, 아프리카계 간의 혼혈이 이루어졌으며, 그 결과 원주민 문화와 외래문화가 혼합되어 다양성이 공존하게 되었다.

정답

[21~22] 다음 자료는 라틴 아메리카 세 국가의 도시에 대한 것이다. 이를 보고 물음에 답하시오.

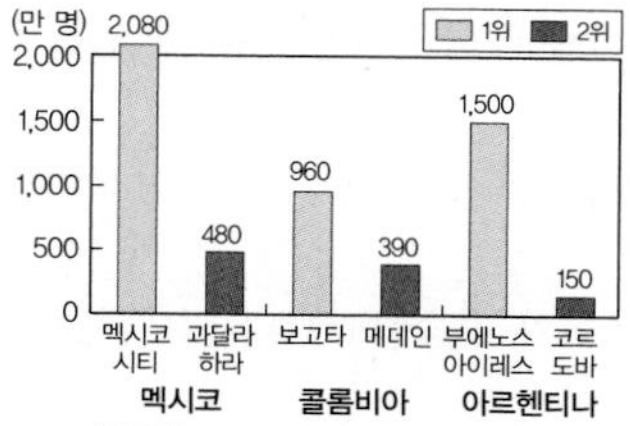

(2015년) (국제 연합 인구 기금, 2017)

그래프는 멕시코, 콜롬비아, 아르헨티나의 인구 규모 1위 도시와 2위 도시의 인구수를 나타낸 것이다. 세 국가뿐만 아니라 중·남부 아메리카의 여러 국가는 급속한 도시화를 거치는 동안 수위 도시에 모든 기능이 과도하게 집중되어 과도시화와 [㉠] 현상이 나타났다. 이러한 도시에서는 사회 기반 시설이 부족한 상태에서 인구가 과도하게 집중되면서 각종 도시 문제가 발생하였다.

단답형

21. ㉠에 들어갈 알맞은 용어를 쓰시오.

정답

서술형

22. ㉠에 들어갈 용어의 개념을 서술하시오.

정답

[23~24] 지도를 보고 물음에 답하시오.

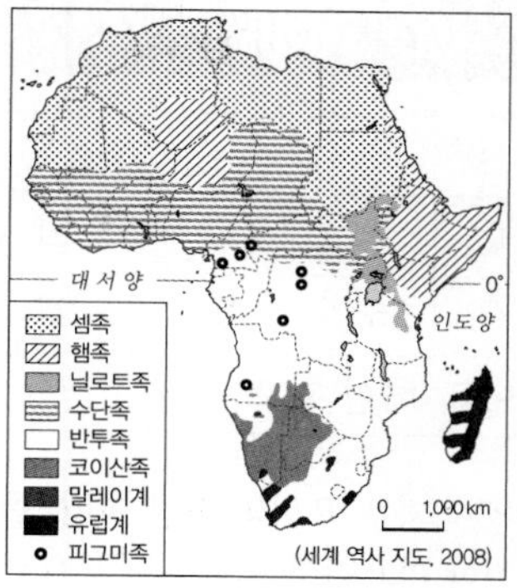

(세계 역사 지도, 2008)

서술형

23. 국경과 민족(인종)의 경계를 비교하고 그 원인을 서술하시오.

정답

서술형

24. 23번에 나타난 현상이 아프리카에 미친 영향을 서술하시오.

정답

서술형

25. 그림은 지구적 규모의 ○○ 환경 문제가 나타나는 원인을 나타낸 것이다. 이 환경 문제의 영향으로 나타나는 현상을 세 가지 서술하시오.

정답

2학기 기말고사

1. ①	2. ④	3. ①	4. ②	5. ⑤	6. ④
7. ④	8. ③	9. ②	10. ③	11. ③	12. ②
13. ①	14. ④	15. ④	16. ②	17. ③	18. ④
19. ⑤	20~25. 해설 참조				

1. 중 · 남부 아메리카는 유럽의 식민 지배, 플랜테이션 노동력에 이용하기 위한 아프리카계의 유입 등으로 민족(인종) 구성이 복잡하다. (가)는 에스파냐계, (나)는 포르투갈계, (다)는 아프리카계, (라)는 원주민, (마)는 혼혈이다.

ㄱ. 중 · 남부 아메리카에서 브라질을 제외한 대부분의 지역은 에스파냐의 식민지였고, 브라질은 포르투갈의 식민지였다. O

ㄴ. 아프리카계가 중 · 남부 아메리카에 대규모로 이주하게 된 것은 유럽인들이 운영하는 플랜테이션의 노동력 확보를 위한 것이었다. O

ㄷ. 혼혈 중에서 가장 큰 비중을 차지하는 것은 원주민과 유럽계의 혼혈이다. ✕

ㄹ. 아메리카의 거주 역사는 원주민이 가장 이르다. ✕

2. (가)는 원주민의 비중이 가장 높고, (나)는 유럽계 백인의 비중이 가장 높으며, (다)는 혼혈의 비중이 가장 높다. 원주민은 고산 도시가 발달한 볼리비아, 페루 등지에서 비중이 높고, 유럽계 백인은 온대 기후가 나타나는 해안 지역에서 상대적으로 비중이 높다.

④ (가)는 볼리비아, (나)는 브라질, (다)는 콜롬비아이다. 지도에서 A는 콜롬비아, B는 볼리비아, C는 브라질이다. 따라서 (가)는 B, (나)는 C, (다)는 A이다. O

3. ① 종주 도시란 인구 규모 1위 도시의 인구가 2위 도시의 인구보다 두 배 이상 많은 도시를 말한다. 멕시코는 인구 1,000만 명 이상의 도시가 하나 있고 다른 도시들은 모두 100~500만 명 도시에 속하므로 멕시코는 종주 도시화 현상이 나타난다. O

② 도시화율이 가장 높은 단계에 속한 국가는 브라질, 아르헨티나, 칠레, 우루과이 등이다. 페루는 도시화율이 60~80% 단계에 속한다. ✕

③ 브라질이 아르헨티나보다 인구 100만 명 이상 도시 수가 많다. ✕

④ 인구 1,000만 명 이상의 도시는 내륙 지역보다 해안 지역에 많다. 라틴 아메리카는 유럽의 식민 지배 영향으로 유럽과 연결에 유리한 항구 지역을 중심으로 도시가 발달하였다. ✕

⑤ 인구 500~1,000만 명 도시 수와 1,000만 명 이상의 도시 수는 지도에서 4개로 같다. ✕

4. ② 아프리카의 주요 석유 수출국이고, 아프리카에서 인구가 가장 많은 국가는 나이지리아(가)이고, 아프리카에서 경제 규모가 가장 큰 국가이며 크리스트교 신자 비율이 높은 국가는 남아프리카 공화국(나)이다. 지도에서 A는 나이지리아, B는 콩고 민주 공화국, C는 남아프리카 공화국이다. 따라서 (가)는 A, (나)는 C이다. O

5. (가)는 이슬람교, (나)는 크리스트교이다.

① 십자가와 종탑의 경관은 크리스트교 사원에서 나타난다. ✕

② 유럽인의 식민지 개척 과정에서 아프리카 남부 지역에 전파된 종교는 크리스트교이다. ✕

③ 신자가 하루에 다섯 번 성지를 향해 기도할 의무가 있는 종교는 이슬람교이다. ✕

④ 아라베스크 무늬로 사원이 장식되는 종교는 이슬람교이다. ✕

⑤ 세계의 신자 수는 크리스트교가 이슬람교보다 많다. O

6. ④ (가)는 석유, (나)는 철광석, (다)는 구리 분포를 나타낸 것이다. O

7. 지도에서 아프리카와 남아메리카에서 환경 문제가 발생하는 지역으로 표현된 곳은 열대림 분포 지역에 해당한다. 따라서 제시된 환경 문제는 열대림 파괴 문제이다.

열대림이 파괴되면 ㄱ. 생물 종의 다양성이 감소하고, ㄴ. 그곳에 살던 원주민의 생활 터전이 파괴되며, ㄷ. 온실가스 흡수 능력이 감소한다. O

ㄹ. 열대림 파괴의 주요 원인 중 하나가 가축 사육을 위한 방목지 조성이다. ✕

8. (가)는 남수단, (나)는 수단에 대한 내용이다.

③ 지도에서 A는 말리와 코트디부아르, B는 니제르와 나이지리아, C는 수단과 남수단, D는 앙골라와 나미비아, E는 탄자니아와 모잠비크이다. O

9. ② (가)는 바젤 협약, (나)는 몬트리올 의정서, (다)는 제네바 협약이다. O

10. 환경 문제가 발생하는 지역의 특징을 통해 해당되는 환경 문제를 파악할 수 있다. 지도에서 환경 문제가 심한 지역은 주로 인구 밀도가 높고 산업이 발달하여 화석 에너지 소비량이 많은 곳이다. 따라서 지도에 나타난 환경 문제는 산성비이다. 산성비의 주요 원인 물질은 화석 에너지 소비 과정에서 나오는 황산화물 등이다.

① 가축 방목 증가는 사막화, 열대림 파괴의 주요 원인이다. ✕
② 플라스틱 사용량 증가는 해양 쓰레기 증가의 주요 원인이다. ✕
③ 산성비는 화석 에너지 사용량의 증가로 발생하였다. ○
④ 해상 화물 운송량이 증가하면서 해양 사고에 의한 오염이 발생하는 사례가 많아졌다. ✕
⑤ 기후 변화에 따른 연 강수량 감소는 지구 온난화와 관련된 것이다. ✕

11. 지도에 표시된 지역은 공통적으로 쓰레기 섬이 발견되는 곳이다.

① 열대 저기압은 주로 저위도의 해상에서 발생한다. ✕
② 지나친 어획으로 어족 자원이 고갈된 해역이 아니다. ✕
③ 지도에 표시된 지역은 아열대 고압대의 중심부의 위치와 관계가 깊고 해류의 흐름이 약한 곳으로 육지에서 배출된 쓰레기가 집적된 곳이다. 이곳 쓰레기의 대부분은 플라스틱이다. ○
④ 지구 온난화로 수몰되는 섬이 집중 분포하는 곳이 아니다. ✕
⑤ 유조선의 사고가 잦은 곳은 유조선의 주요 통항로인데 지도에 표시된 곳은 유조선의 주요 통항로가 아니다. ✕

12. ① (가)는 티그리스·유프라테스강, (나)는 나일강이다. ○
② 나일강은 남쪽에서 북쪽으로 흘러 지중해로 유입된다. (가), (나) 중에서 북서쪽에서 남동쪽으로 흘러 페르시아만으로 유입되는 강은 티그리스·유프라테스강이다. ✕
③ 티그리스·유프라테스강은 아시아, 나일강은 아프리카에 위치한다. ○
④ 티그리스·유프라테스강 유역에는 메소포타미아 문명, 나일강 유역에는 이집트 문명의 유적이 분포한다. ○
⑤ 티그리스·유프라테스강의 하구는 이라크, 나일강의 하구는 이집트인데 두 국가 모두 사막이 분포한다. ○

13. (가)는 유럽 연합(EU), (나)는 동남아시아 국가 연합(ASEAN), (다)는 북아메리카 자유 무역 협정(NAFTA)이다.

ㄱ. (가) 유럽 연합(EU)은 (나) 동남아시아 국가 연합(ASEAN)보다 경제 통합 수준이 높다. ○
ㄴ. 개발 도상국이 많은 (나) 동남아시아 국가 연합(ASEAN)이 선진국이 많은 (가) 유럽 연합(EU)보다 1차 산업 종사자 비중이 높다. ○
ㄷ. (다) 북아메리카 자유 무역 협정(NAFTA)이 (나) 동남아시아 국가 연합(ASEAN)보다 역내 총생산이 많다. ✕
ㄹ. 세 경제 블록 중에서 역내 무역액 비중은 (가) 유럽 연합(EU)이 가장 높다. ✕

14. ① 물 자원 분배를 둘러싼 갈등은 주로 국제 하천에서 나타나는데, 나일강, 티그리스·유프라테스강, 메콩강 유역 등지가 대표적이다. ✕
② 종교 및 언어의 차이로 인한 갈등에 해당하지 않는다. ✕
③ 소수 민족의 분리 독립 운동을 둘러싼 갈등으로는 중국으로부터 티베트족의 분리 독립 운동, 필리핀으로부터 모로족의 분리 독립 운동 등이 있다. ✕
④ 카스피해, 기니만, 북극해 등의 분쟁은 모두 에너지 자원의 개발과 관련이 깊다. ○
⑤ 200해리 배타적 경제 수역 선포에 따른 갈등에 해당하지 않는다. ✕

15. ④ (가)는 공동 시장, (나)는 자유 무역 협정, (다)는 관세 동맹에 대한 것이다. ○

16. 바이오 에너지 작물을 재배하기 위해서는 토지와 물이 필요하다.

ㄱ. 삼림을 개간하여 바이오 에너지 작물을 재배함으로써 식생이 파괴되는 문제가 나타나게 된다. ○
ㄴ, ㄷ. 바이오 에너지 작물은 모두 선진국으로 수출하게 되므로 해당 국가의 에너지 자급률 향상과 대기 오염 문제 완화에 도움이 되지 않을 뿐만 아니라 대외 경제 의존도가 높아진다. ✕
ㄹ. 선진국이 바이오 에너지 작물 재배를 늘리게 되면 식량 작물의 재배 면적이 줄어들고 가난한 농가에서는 물의 이용이 더욱 어려워지게 된다. 이로 인해 농민들은 경작할 땅을 잃고 삶터에서 쫓겨나는 현상이 발생할 수 있다. ○

17. 콩고 민주 공화국은 아프리카 중앙부에 위치하는 국가로 자원이 풍부하지만 선진국에 의존한 개발, 부의 분배 문제 등으로 국민들은 여전히 가난을 면하지 못하고 있다. A는 이집트, B는 나이지리아, C는 콩고 민주 공화국, D는 앙골라, E는 남아프리카 공화국이다.

③ 자료와 같은 특징이 나타나는 국가는 C이다. ○

18. 아프리카 여러 국가들은 자원이 풍부함에도 선진국에

의존하여 개발하거나 부정부패 등으로 자원 개발이 국민 생활 향상으로 이어지지 못하고 가난한 상태인 국가가 많다.
보츠와나는 이들 국가와 달리 자원을 개발하면서 국민 소득이 빠르게 향상하고 있는데, 이는 ④ 민주적인 정부에 의해 자원 개발이 효율적으로 이루어지고 올바른 분배를 하고 있기 때문이다. ○

② 다국적 기업이 자원의 개발과 수출을 독점하거나, ⑤ 소수 특권 집단이 자원 개발의 이익을 독차지하면 자원 개발에 따른 이익을 국민들이 누리기 어려워진다. ✕

19. ㄱ. 세계의 인구는 중국 > 인도 > 미국 등의 순으로 많은데, 생태 발자국 비중은 중국 > 미국 > 인도의 순으로 높으므로 인구와 비례하지 않는다. ✕
ㄴ. 국토 면적은 러시아 > 캐나다 등의 순으로 넓은데 국가별 생태 수용력은 이에 비례하지 않는다. ✕
ㄷ, ㄹ. 인류의 생태 발자국은 지속적으로 늘어나고 있으며 이에 주로 영향을 미치는 것은 탄소이다. ○

주관식

20.
서술형
라틴 아메리카에 라틴계 유럽인이 식민지를 건설한 후 부족한 노동력을 보충하기 위해 아프리카에서 많은 노예를 이주시켰다. 이러한 과정을 거치면서 원주민, 유럽인, 아프리카계 간의 혼혈이 이루어졌다.

21.
단답형
종주 도시화

22.
서술형
수위 도시의 인구가 2위 도시 인구의 두 배 이상인 현상을 말한다.

23.
서술형
국경과 민족(인종)의 경계가 일치하지 않는다. 하나의 국가 안에 여러 민족(인종)이 분포하기도 하고 하나의 민족(인종)이 여러 국가로 나뉘어 분포하기도 한다. 그 원인은 유럽의 여러 국가가 아프리카의 식민 지배 과정에서 민족(인종)의 생활 공동체를 무시한 채 임의대로 국경선을 획정하였기 때문이다.

24.
서술형
서로 다른 생활양식을 지닌 민족(인종)이 하나의 국가 내에 거주하면서 민족(인종) 간의 갈등이 발생할 가능성이 커졌다.

25.
서술형
지구 온난화의 영향으로 발생하는 현상으로는 '빙하가 녹으면서 지구의 평균 해수면이 상승하고 있다, 양서류 등 지구의 여러 생물종이 사라질 위험에 처해 있다, 해수 온도 상승으로 산호초의 백화 현상이 나타났다' 등이 있다.

수학의 왕도
수학 (상)
새 교과서, 새 수능 대비 EBS 수학 기본서
"국내 최대 1268문항"
개념을 시각화 했습니다. 한눈에 쏙!
591문항으로 개념다지기 누구나 할 수 있습니다.
기초에서 고득점으로 계단식 구성으로 "저절로 쑥~"
신유형·고득점문제
실력 문제
기본 문제
대표 문제
개념 문제
2015 개정 교육과정
EBS
수학의 왕도 수학 (상) EBS
수학의 왕도 수학 (하) EBS
수학의 왕도 수학 I EBS
수학의 왕도 수학 II EBS
수학의 왕도 확률과 통계 EBS
수학의 왕도 미적분 EBS

뻔한 기본서는 잊어라! 2015 개정교육과정 반영!
2년 동안 EBS가 공들여 만든 신개념 수학 기본서
수학의 왕도와 함께라면 수포자는 없다!!

1. 개념의 시각화

직관적 개념 설명으로 쉽게 이해한다.

- 개념도입시 효과적인 시각적 표현을 적극 활용하여 직관적으로 쉽게 개념을 이해 할 수 있다.
- 복잡한 자료나 개념을 명료하게 정리 제시하여 시각적 이미지와 함께 정보를 제공하여 개념 이해 도움을 줄 수 있다.

2.국내 최대 문항

세분화된 개념 확인문제로 개념을 다진다.

- 개념을 세분화한 문제를 충분히 연습해보며 개념을 확실히 이해할 수 있도록 문항을 구성하였다.
- 반복 연습을 통해 자연스럽게 대표문제로 이행할 수 있다.

3.단계적 문항 구성

기초에서 고난도 문항까지 계단식 구성

- 기초 개념 확인문제에서부터 대표문제, 기본&실력 종합문제를 거쳐 고난도, 신유형 문항까지 풀다보면 저절로 실력이 올라갈 수 있도록 단계적으로 문항을 구성하였다.

4.단계별 풀이 전략

풀이 단계별 해결 전략을 구성하여 해결 과정의 구체적인 방법을 제시한다.

- 대표 문제의 풀이 과정에 해결 전략을 2~3단계로 제시하여 문항 유형에 따른 해결 방법을 살펴볼 수 있도록 한다.

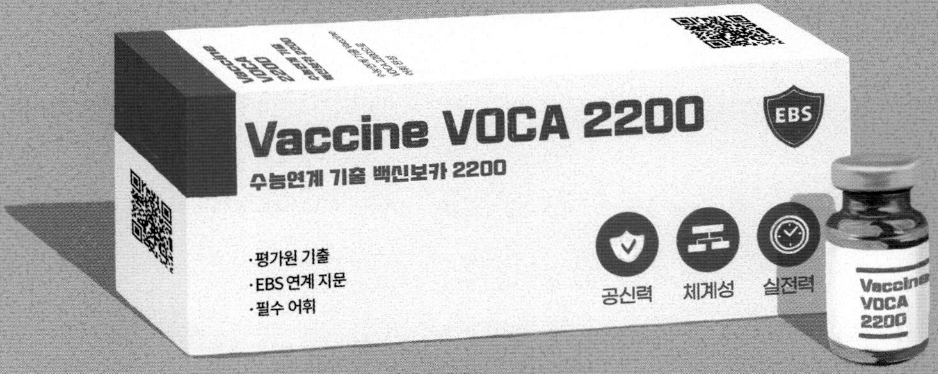
Vaccine VOCA 2200
수능연계 기출 백신보카 2200
EBS
·평가원 기출
·EBS 연계 지문
·필수 어휘
공신력
체계성
실전력
Vaccine
VOCA
2200

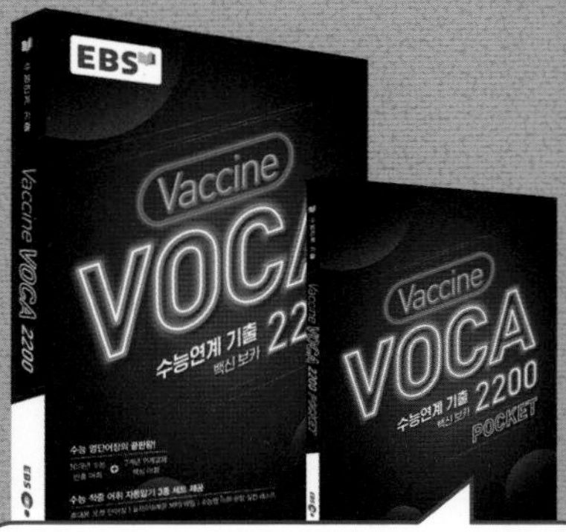
EBS
Vaccine
VOCA
수능연계 기출
백신보카
Vaccine
VOCA
2200
POCKET

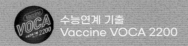

2015 개정 교육과정

EBS

정답과 해설

개념 완성

사회탐구영역

기본 개념부터 실전 연습, 수능 + 내신까지
한 번에 다 끝낼 수 있는 **탐구영역 기본서**

세계지리

"완벽한 학교시험을 위한 특별한 준비"

1. 특별부록 중간고사·기말고사 대비 4회분
범위별 비법 노트 + 모의 중간/기말고사 + 꼼꼼해설
2. 출판사별 교과서 조견표 수록

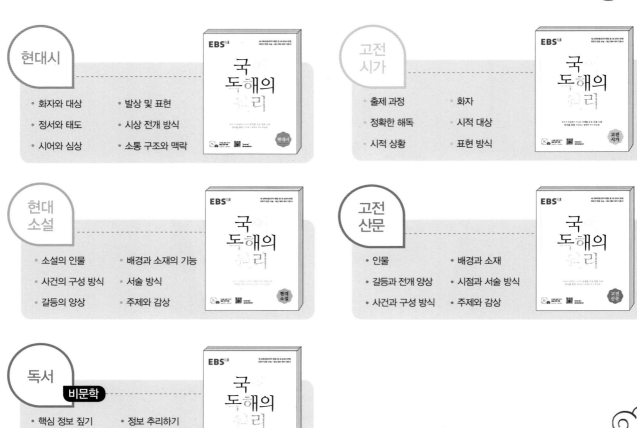

EBS 개념완성 세계지리

정답과 해설

Educational Broadcasting System

I 세계화와 지역 이해

01 세계화와 지역화

기본 문제

본문 8~9쪽

01 ④	02 ④	03 ⑤	04 ⑤	05 ⑤
06 직구(직접 구매(구입))				

01 교통의 발달에 따른 변화 이해

그림은 교통의 발달로 지구의 상대적 크기가 줄어들고 있는 모습을 나타낸 것이다. 교통 발달로 물리적 거리의 중요성이 줄어들면서 지역 간 교류가 늘어나고 있다.

① 교통 발달 및 소득 증가로 국제 관광객 수가 증가하고 있다. ○
② 교통 발달로 지역 간 이동에 소요되는 시간이 줄어들고 있다. ○
③ 교통 발달로 지역 간 교류가 쉬워지면서 다국적 기업의 영향력이 강화되고 있다. ○
④ 교통 발달로 무역이 확대되고 있는데, 세계 각국은 자국의 경제적 이익을 강조하고 있으므로 지역 경제 협력체의 중요성이 강화되고 있다. ✕
⑤ 교통 발달에 따른 국제적 교류의 확대로 국가 및 지역 간 상호 의존성이 증가하고 있다. ○

02 대륙별 상품 무역액 변화 파악

지도는 1955년, 1985년, 2015년의 대륙별 상품 무역액을 나타낸 것이다. 각 대륙 모두 상품 무역액이 크게 증가한 것을 알 수 있다.

① 세계화로 국가 및 지역 간 교류가 확대되면서 교류의 허브(Hub, 중심축)에 해당하는 세계 도시의 중요성이 강화되고 있다. ✕
② 원의 크기를 통해 1985년 아메리카는 유럽보다 상품 무역액이 적은 것을 알 수 있다. ✕
③ 원의 크기를 통해 2015년 오세아니아는 아프리카보다 상품 무역액이 적은 것을 알 수 있다. ✕
④ 대륙 간 상품 무역액이 증가한 것은 교통 및 통신 발달이 이루어졌기 때문이다. ○
⑤ 1985년에는 유럽이 아시아보다 상품 무역액이 많았으나, 2015년에는 아시아가 유럽보다 상품 무역액이 많다. 따라서 1985~2015년 유럽은 아시아보다 상품 무역액 증가율이 낮다. ✕

03 지역화 전략의 유형 파악

지역화 전략에는 지리적 표시제, 지역 브랜드화, 장소 마케팅 등이 있다.

⑤ (가) 상품의 품질과 명성, 특성이 특정 지역의 기후, 지형, 토양 등의 지리적 특성을 반영한 경우 그 원산지의 이름을 상표권으로 인정해 주는 제도는 지리적 표시제이고, (나) 어떤 지역이 다른 지역과 차별화하려고 사용하는 이름이나 기호, 상징물 등을 의미하는 것은 지역 브랜드화이다. 장소 마케팅은 지역의 이미지를 개선하여 관광객이나 기업을 유치하는 것을 말한다. ○

04 햄버거의 현지화 이해

미국의 다국적 햄버거 회사가 세계 각국으로 진출하면서 각 지역에 맞는 전략, 즉 현지화 전략을 구사하고 있다.

⑤ (가)는 빵 대신에 쌀로 만든 '번'을 이용한 햄버거로, 쌀을 주식으로 하는 필리핀(C)에서 판매된다. (나)는 햄버거 빵 대신에 전통 '난'을 이용한 햄버거로, 서남아시아의 사우디아라비아(B) 등지에서 판매된다. ○
독일(A)에서는 소고기 패티 대신에 소시지를 넣은 햄버거가 판매된다.

05 세계화가 영어 사용 확대에 끼친 영향 이해

인터넷의 발달로 세계화의 속도는 더욱 빨라지고 있는데, 이로 인해 영어(㉠) 사용자 수가 증가하고 있다.

① 영어의 종주국은 영국이다. ✕
② 세계에서 모국어 사용자 수가 가장 많은 언어는 중국어이다. ✕
③ 세계화 과정에서 소수의 사람들이 사용하는 언어들이 점차 사라지고 있다. ✕
④ 유럽 연합(EU)과 경제 협력 개발 기구(OECD)의 회원국은 일치하지 않는다. ✕

⑤ 인터넷과 대중문화의 확산으로 영어 사용 인구가 늘어나고 있다. ○

06 해외 직접 구매가 확대되는 현상 파악

문제접근 외국의 인터넷 사이트에서 상품을 구입하는 경우가 많아지고 있는데, 이를 흔히 해외 직구 또는 해외 직접 구매라고 한다.

단답형 답안

직구(직접 구매(구입))

02 지리 정보와 공간 인식 ~
03 세계의 지역 구분

기본 문제

본문 14~15쪽

01 ②	02 ①	03 ③	04 ④	05 ②
06 (가) 파나마 (나) 리오그란데강				

01 바빌로니아 점토판 지도 이해

제시된 지도는 고대 메소포타미아의 신바빌로니아 제국에서 만들어진 세계 지도인 바빌로니아 점토판 지도이다.

ㄱ. 바빌로니아의 점토판 지도는 그 명칭에서 알 수 있는 바와 같이 점토판에 제작되었다. ○
ㄴ. 고대 메소포타미아에서는 지구를 구체(球體)가 아닌 평평한 원반 형태로 인식하였다. ✕
ㄷ. 지도에 나타나 있는 유프라테스강은 서남아시아에 위치한다. ✕
ㄹ. 바빌로니아의 점토판 지도는 현존하는 가장 오래된 세계 지도로 알려져 있다. ○

02 대명혼일도의 특성 파악

중국 명나라의 대명혼일도는 송나라의 화이도와 함께 중국에서 제작된 대표적인 세계 지도이다. 대명혼일도는 우리나라의 혼일강리역대국도지도와 형태가 유사하다.

ㄱ. 지도의 왼쪽 아랫부분에 아프리카가 나타나 있다. ○
ㄴ. 대명혼일도는 중국에서 제작된 지도이다. ○
ㄷ. (가)에는 '혼일강리역대국도지도'가 들어갈 수 있다. ✕
ㄹ. 대명혼일도는 천원지방(天圓地方, 하늘은 둥글고 땅은 네모나고 평평하다) 사상에 근거해서 만든 지도로, '지구는 둥글다'는 생각을 반영하고 있지 못하다. ✕

03 알 이드리시의 세계 지도 이해

제시된 지도는 12세기경에 제작된 알 이드리시의 세계 지도로, 지도의 위쪽이 남쪽이며, 지도의 중앙에 메카가 표현되어 있는 이슬람교 세계관이 반영된 지도이다.

① 지도의 위쪽이 남쪽인 알 이드리시의 지도에서 A는 아프리카에 속한다. ✕
② B는 인도양으로 아프리카와 아시아 사이에 위치하는 것으로 나타냈다. 유럽과 아프리카 사이에 위치하는 바다는 지중해이다. ✕
③ 알 이드리시 세계 지도의 중앙부인 C에는 메카가 위치한다. ○
④ 기원후 150년경에 제작된 지도는 프톨레마이오스의 세계 지도이다. ✕
⑤ 이슬람 학자 알 이드리시에 의해 제작되었다. ✕

04 메르카토르의 세계 지도 이해

제시된 지도는 1569년 메르카토르가 제작한 세계 지도로, 경선과 위선이 직선으로 그려져 있어 어느 지점에서든지 정확한 각도를 파악할 수 있으며, 항해도로 많이 이용되었다.

① 선박 운행에 많이 사용되었다. ✕
② 콜럼버스의 신대륙 발견과 마젤란의 세계 일주 이후인 16세기 중반에 제작되었다. ✕
③ 지도의 중앙부에 유럽과 아프리카가 위치한다. ✕
④ 메르카토르 세계 지도는 방위가 정확하도록 경선 간격을 고정한 채 위선 간격을 조정하였으므로, 고위도로 갈수록 면적이 확대 왜곡되는 단점이 있다. ○
⑤ 경선과 위선이 모두 직선으로 표현되어 있다. ✕

05 원격 탐사의 특성 이해

제시된 그림은 원격 탐사를 나타낸 것이다. 원격 탐사는 관측 대상과의 접촉 없이 지표면으로부터 반사 또는 방출하는 에너지를 인공위성 등에 탑재된 센서로 감지하여 지리 정보를 수집하는 기술이다.

ㄱ. (가)는 인공위성이다. 원격 탐사에서는 인공위성이나 항공기를 이용하여 지리 정보를 수집한다. ○

ㄴ. 위성 위치 확인 시스템은 위성을 이용하여 지표상의 위치를 파악하는 기술이다. 흔히 GPS라고 불린다. ✕

ㄷ. 원격 탐사는 먼 거리에서 센서를 이용하여 넓은 지역에 대한 지리 정보를 수집하는 기술이다. ○

ㄹ. 원격 탐사를 이용하기 위해서는 인공위성을 보유하거나 관련 정보를 쉽게 확보할 수 있어야 하므로 개발 도상국보다 선진국에서 활발히 이용된다. ✕

06 아메리카의 지역 구분 이해

문제접근 지리적으로 아메리카를 구분할 때는 파나마 지협을 기준으로 북아메리카와 남아메리카로 구분하고, 문화적으로 아메리카를 구분할 때는 리오그란데강을 기준으로 앵글로아메리카와 라틴 아메리카로 구분한다.

단답형 답안

(가) 파나마 (나) 리오그란데강

대단원 종합 문제

본문 17~18쪽

01 ⑤	02 해설 참조	03 ③	04 ⑤
05 ②	06 ④	07 ④	08 해설 참조

01 바인 미의 특색 파악

바인 미는 쌀로 만든 바게트에 고기, 어묵, 파, 고수, 오이 등을 첨가하여 만든 베트남의 바게트 샌드위치이다.

① A는 영국, ㉠은 타이이다. 바인 미는 두 나라와 관계가 없다. ✕

② A는 영국, ㉡은 베트남이다. 바게트는 영국과 관계가 없다. ✕

③ A는 영국, ㉢은 인도네시아이다. 바인 미는 영국, 인도네시아와 관계가 없다. ✕

④ B는 프랑스, ㉠은 타이이다. 바인 미는 타이와 관계가 없다. ✕

⑤ B는 프랑스, ㉡은 베트남이다. 바인 미는 프랑스에서 들어온 바게트의 재료에 쌀을 더하고, 베트남 현지 사람들이 선호하는 식재료를 넣어 만든 베트남의 바게트 샌드위치이다. ○

02 세계화 및 현지화의 영향 파악

문제접근 세계화로 다국적 기업이 늘어나 미국 상표가 붙어 있지만 필리핀에서 생산된 셔츠를 구입할 수 있으며, 현지화 전략과 관련하여 국가 및 문화권별로 다른 방식으로 치수가 제시된 신발도 구입할 수 있다.

서술형 답안 베트남에서 생산된 신발을 신고 필리핀에서 생산된 옷을 국내에서 구입할 수 있는 것은 세계화 때문이다. 신발의 치수 표현이 국가별 또는 문화권별로 다른 것은 현지화 전략을 반영한 것이다.

03 티오(TO) 지도와 포르톨라노 해도 비교

(가)는 중세 유럽에서 제작된 티오(TO) 지도로, 아시아, 유럽, 아프리카 대륙과 지중해, 흑해(돈강), 홍해(나일강) 등의 바다 또는 하천이 나타나 있다. (나)는 중세가 끝날 무렵 활발하게 제작된 포르톨라노 해도로 해안에 있는 항구와 도시들이 자세하게 표현되어 있다.

① ㉠은 예루살렘으로, 이슬람교가 발생한 지역이 아니다. 이슬람교는 메카에서 발생하였다. ✕
② 티오(TO) 지도에서 위쪽은 동쪽에 해당한다. ✕
③ 포르톨라노 해도에는 항해에 편리하도록 나침반과 나침반의 중심에서 방사상으로 뻗어 나가는 형태의 수많은 직선들을 그려 넣었다. ○
④ 티오(TO) 지도(가)는 포르톨라노 해도(나)보다 수록된 지리 정보가 적다. ✕
⑤ 포르톨라노 해도(나)는 13세기경부터 제작되었고, 티오(TO) 지도(가)는 대체로 7세기경부터 제작되었다. ✕

04 지구전후도와 프톨레마이오스의 세계 지도 비교

(가)는 조선 후기에 제작된 세계 지도인 지구전후도이고, (나)는 기원후 150년경 프톨레마이오스가 제작한 세계 지도이다.

⑤ 두 지도 모두 지도의 위쪽이 북쪽이고, 경선과 위선이 그려져 있다. 두 지도 중 지구전후도(가)에는 아메리카가 표현되어 있으므로 E에 해당하고, 프톨레마이오스의 세계 지도(나)에는 아메리카가 표현되어 있지 않으므로 D에 해당한다. ○

05 메르카토르의 세계 지도와 혼일강리역대국도지도의 비교

(가)는 1569년 메르카토르가 제작한 세계 지도로, 경선과 위선이 직선으로 그려져 있고 항해도로 많이 이용되었다. (나)는 조선 전기 국가 주도로 제작된 세계 지도로 중국에서 들여온 세계 지도에 조선과 일본을 덧붙여 그린 지도이다.

① 메르카토르의 세계 지도(가)는 16세기 중반에, 혼일강리역대국도지도(나)는 15세기 초반에 제작되었다. ✕
② 신항로 개척 이후에 제작된 메르카토르의 세계 지도(가)는 신항로 개척 이전에 제작된 혼일강리역대국도지도(나)보다 지도에 표현된 지역 범위가 넓다. ○
③ 메르카토르의 세계 지도(가)가 혼일강리역대국도지도(나)보다 선박 운행 시 항로 설정이 쉽다. ✕
④ 혼일강리역대국도지도(나)는 메르카토르의 세계 지도(가)보다 유럽을 간략하게 표현하였다. ✕
⑤ 혼일강리역대국도지도(나)에는 경위선이 표현되어 있지 않다. ✕

06 세계의 문화권 구분 이해

지도의 A는 유럽 문화권, B는 슬라브 문화권, C는 건조 문화권, D는 동아시아 문화권, E는 오세아니아 문화권이다.

① 건조 문화권(C)에서 주민들이 가장 널리 사용하는 언어는 아랍어이다. ✕
② 동아시아 문화권(D)에서는 식사 도구로 숟가락과 젓가락을 주로 이용한다. ✕
③ 유럽 문화권(A)과 슬라브 문화권(B)의 경계에는 높은 산맥이 없다. 알프스산맥은 유럽 문화권 내부에서 북서부 유럽과 남부 유럽을 나누는 경계 역할을 한다. ✕
④ 유럽 문화권(A)과 오세아니아 문화권(E)은 모두 크리스트교 신자 수 비중이 높다. C에서 발생한 크리스트교가 A를 거쳐 E 등지로 전파되었다. ○
⑤ 건조 문화권(C)은 동아시아 문화권(D)보다 인구 밀도가 낮다. 건조 기후가 널리 나타나기 때문이다. ✕

07 지리 정보 시스템의 원리 파악

지리 정보 시스템의 원리를 통해 모든 조건을 만족시키는 국가를 찾는다.

④ 국내 총생산, 인터넷 이용률, 경제 성장률을 모두 만족시키는 국가를 찾은 후 해당 국가를 지도에서 찾으면 된다.

국가명	국내 총생산	인터넷 이용률	경제 성장률
덴마크	×	○	○
프랑스	○	○	×
독일	○	○	○
이탈리아	○	×	×
네덜란드	×	○	○

지도의 A는 네덜란드, B는 덴마크, C는 프랑스, D는 독일, E는 이탈리아인데, 제시된 조건을 모두 만족시키는 국가는 독일이므로 지도의 D가 회사를 설립하기에 가장 적합한 국가이다. ○

08 원격 탐사의 특징 파악

문제접근 자료는 태풍의 통과 전과 후의 위성 영상을 나타낸 것이다. 위성 영상은 인공위성에서 촬영한 것으로 인공위성이나 항공기의 센서로 지구 표면의 지리 정보를 수집하는 것을 원격 탐사라고 한다.

서술형 답안
(가)는 원격 탐사로 관측 대상과의 직접적인 접촉 없이 인공위성이나 항공기 등을 이용한 촬영을 통해 지리 정보를 수집하는 방법이다. 원격 탐사는 넓은 지역에 대한 지리 정보를 주기적으로 수집할 수 있는 장점이 있다.

신유형·수능열기

본문 19~20쪽

1 ①	2 ⑤	3 ④	4 ⑤	5 ①	6 ④
7 ①	8 ⑤				

1 청바지 생산과 세계화 이해

영국에 위치한 최상위 세계 도시인 A는 런던이고, 파키스탄에 위치한 B와 탄자니아에 위치한 C는 세계 도시 체계에서 낮은 지위를 차지하는 도시이다.

ㄱ. ○○사는 여러 국가에 걸쳐 연구 개발 및 생산 활동이 이루어지므로 다국적 기업에 속한다. ○
ㄴ. 최상위 세계 도시인 런던(A)은 파키스탄의 목화 산지에 위치한 도시인 B보다 산업 종사자의 평균 임금이 높다. ○
ㄷ. 청바지는 목화를 이용한 면직물 생산(B) → 면직물을 이용한 봉제(C) → 완제품의 판매(A)의 순서로 이루어지므로 원료 또는 제품은 B → C → A의 순으로 이동한다고 볼 수 있다. ✕
ㄹ. 청바지 생산 과정은 현지화보다는 세계화의 특성을 많이 반영한다. ✕

2 지역화 전략 이해

왜 신유형인가? 지역화 전략에 해당하는 지리적 표시제와 지역 브랜드 등을 해당 지역의 특성과 연관지어 출제하였다.

다르질링 차는 인도의 다르질링에서 생산되는 차로 지리적 표시제 등록 제품이고, 'I ♥ New York'은 미국 뉴욕의 지역 브랜드로 크게 성공하였다.

① ㉠ 다르질링은 인도 북동부에 위치한다. ✕
② ㉡에는 '지리적 표시제'가 들어갈 수 있다. ✕
③ 뉴욕(㉢)은 최상위 세계 도시이지만 미국의 수도는 아니다. ✕
④ ㉣에는 '지역 브랜드' 또는 '도시 브랜드'가 들어갈 수 있다. ✕
⑤ 지리적 표시제(㉡)와 지역 브랜드(㉣)는 장소 마케팅과 함께 지역화 전략으로 이용되고 있다. ○

3 여러 세계 지도 비교

프톨레마이오스 세계 지도(가)는 프톨레마이오스가 기원후 150년경 제작한 지도로 지구를 구체로 간주하여 투영법을 사용하여 만든 지도이다. 메르카토르 세계 지도(나)는 메르카토르가 대항해 시대 이후 메르카토르 도법을 사용하여 유럽, 아시아, 아프리카는 물론 아메리카까지 나타낸 지도이다. 혼일강리역대국도지도(다)는 조선 전기 때 국가 주도로 제작된 지도이다.

① 프톨레마이오스의 세계 지도(가)는 2세기 중엽(복원도 기준으로는 15세기)에 제작되었고, 메르카토르의 세계 지도(나)는 16세기 중엽에 제작되었다. ✕
② 메르카토르의 세계 지도(나)는 중국의 실제 면적을 반영하고 있는 반면, 혼일강리역대국도지도(다)는 중화사상에 따라 중국을 다른 지역보다 넓게 표현하였다. ✕
③ 혼일강리역대국도지도(다)는 동아시아 지역이 상세한 반면, 프톨레마이오스의 세계 지도(가)는 유럽 지역이 상세하다. 따라서 (다)는 (가)보다 지중해 일대의 해안선이 잘 나타나 있지 않다. ✕
④ 프톨레마이오스의 세계 지도(가)와 메르카토르의 세계 지도(나)는 모두 투영법을 사용한 지도로 경선과 위선이 나타나 있다. ○
⑤ 세 지도 중 아메리카가 나타나 있는 지도는 메르카토르의 세계 지도(나)이다. ✕

4 메르카토르의 세계 지도와 통계 지도 이해

왜 신유형인가? 메르카토르 지도의 특성을 통계 지도와 연결지어 두 가지 요소를 함께 묻는 형태로 출제하였다.

메르카토르의 세계 지도는 원통 도법의 일종인 메르카토르 도법을 사용하여 방위각이 정확하게 표현된 지도인데, 경선 간격을 고정한 채 고위도로 갈수록 위선 간격을 넓게 조정하여 고위도로 갈수록 면적이 확대 왜곡되는 문제점이 있다.

ㄱ. 러시아(A)의 1인당 국내 총생산은 1만~2만 5천 달러인 반면, 캐나다(B)의 1인당 국내 총생산은 2만 5천 달러보다 많다. ✕
ㄴ. 고위도로 갈수록 경선 간의 폭이 좁아지므로 C의 실제 면적은 D보다 다소 넓다. ✕
ㄷ. 메르카토르의 세계 지도에서는 모든 경선과 위선이 직각으로 교차한다. ○
ㄹ. 메르카토르 도법에 의해 제작된 지도는 방위각이 정확하여 항해로 설정이 쉽다. ○

5 카토그램 제작에 이용된 지표 파악

카토그램은 통계치의 크기를 국가나 지역의 면적에 비례하도록 나타낸 지도이다. 제시된 지도에서는 중국과 인도가 크게 표현되어 있다.

① 아시아의 중국, 인도, 북아메리카의 미국, 남아메리카의 브라질 등의 면적이 넓게 표현되어 있으므로 지도 제작에 이용된 지표는 인구수이다. ○
② 기대 수명은 유럽의 국가들이 아프리카의 국가들보다 대체로 길다. ×
③ 인구 밀도는 우리나라, 방글라데시 등이 중국, 인도 등보다 높다. ×
④ 합계 출산율은 아프리카의 국가들이 다른 대륙(지역)의 국가들보다 매우 높다. ×
⑤ 노년층 인구 비율은 유럽의 국가들이 아프리카의 국가들보다 매우 높다. ×

6 지역 구분의 지표 차이 파악

지역 구분에 이용되는 자연적 지표에는 위치, 지형, 기후, 식생 등이 있고, 문화적 지표에는 의식, 언어, 종교, 정치 체제 등이 있으며, 기능적 지표에는 기능의 중심이 되는 핵심지와 그 배후지로 이루어지는 권역을 설정할 수 있는 요소로, 사례로는 다국적 기업의 제품 판매권이 있다.

④ (가)는 정치 체제에 따라 세계를 민주 정부, 군사 정부, 입헌 군주제, 일당 체제 등으로 구분한 지도로, 지역 구분에는 문화적 지표가 이용되었다. (나)는 식생 분포에 따라 세계를 열대 우림, 사바나, 스텝, 사막 등으로 구분한 지도로, 지역 구분에는 자연적 지표가 사용되었다. ○

7 지리 정보 시스템(GIS)의 원리를 통한 적합 국가 파악

지리 정보 시스템(GIS)의 원리를 통해 합산 점수가 가장 높은 국가를 찾는다.

① 인구, 도시화율, 청장년층 인구 비율의 점수에 가중치를 주어 합산한 점수를 비교한 후 합산 점수가 가장 높은 국가를 지도에서 찾으면 된다.

(단위: 점)

국가명	인구	도시화율	청장년층 인구 비율	합산 점수
볼리비아	2×2	1	1×2	7
칠레	2×2	3	3×2	13
콜롬비아	3×2	2	3×2	14
파라과이	1×2	1	1×2	5
페루	3×2	2	2×2	12

지도의 A는 콜롬비아, B는 페루, C는 볼리비아, D는 파라과이, E는 칠레인데, 표에서 합산 점수가 가장 높은 국가는 콜롬비아이므로 A가 자동차 공장을 설립하기에 가장 적절한 국가이다. ○

8 지역 조사와 원격 탐사의 특성 이해

(가)는 야외 조사를 통해 지리 정보를 수집하는 지역 조사이고, (나)는 지표면으로부터 반사 또는 방출되는 에너지를 인공위성 등에 탑재된 센서를 이용하여 지리 정보를 수집하는 원격 탐사이다.

ㄱ. 상하이의 지역별 지가 차이는 통계 자료를 수집하여 파악할 수 있다. ×
ㄴ. 콜럼버스의 신대륙 개척 항로는 문헌 조사 등을 통해 파악할 수 있다. ×
ㄷ. 미국 남서부에 위치한 소노란 사막의 야생 식물은 아름다운 꽃을 피우는 경우가 많은데, 이들을 스케치하기 위해서는 현지를 방문해야 한다. 따라서 (가)의 사례에 해당한다. ○
ㄹ. 아마존강 유역의 열대림 파괴 현황은 원격 탐사를 통해 파악할 수 있다. 따라서 (나)의 사례에 해당한다. ○

Ⅱ 세계의 자연환경과 인간 생활

01 열대 기후 환경 ~
02 온대 기후 환경

기본 문제

본문 29~31쪽

01 ⑤	02 ②	03 스콜	04 ②	05 ④
06 ①	07 ①			
08 (가) 이동식 경작(이동식 화전 농업) (나) 플랜테이션				
09 ⑤	10 ④	11 ①	12 ①	13 ④
14 ⑤	15 편서풍			

01 해발 고도에 따른 기온의 차이 이해

(가)는 에콰도르의 수도 키토의 기온 분포를 나타낸 것이고, (나)는 브라질의 아마존강 유역에 위치한 마나우스의 기온 분포를 나타낸 것이다.

① 두 지역 모두 적도 가까이에 위치한다. ✕
② 두 지역 모두 내륙에 위치하여 해류의 영향이 크지 않다. ✕
③, ④ 두 지역 모두 기온의 연교차가 작은 편으로 격해도나 수륙 분포의 영향이 뚜렷하지 않다. ✕
⑤ 키토는 마나우스보다 해발 고도가 높은 곳에 자리 잡고 있기 때문에 키토는 마나우스보다 연중 기온이 낮다. ○

02 강수 발생 시기의 지역적 차이 파악

대기 대순환과 관련된 위도, 수륙 분포 등에 의해 강수량은 물론 강수 발생 시기의 지역적 차이도 뚜렷하게 나타난다.

② A는 사하라 사막, 룹알하리 사막 등이 분포하는 지역으로 건조한 지역이다. B는 서안 해양성 기후가 나타나는 서부 유럽, 온난 습윤 기후가 나타나는 미국 중동부 등지로 연중 습윤한 지역이다. C는 적도 주변의 아마존강, 콩고강 등지로, 연중 비가 많은 지역이다. ○

03 스콜의 특성 파악

문제접근 적도 부근의 열대 지방에서 한낮의 강한 일사로 인한 대기의 상승 작용으로 내리는 비는 스콜이다. 스콜은 태양빛에 의해 지면이 가열된 이후에 주로 내리는데, 우리나라의 소나기와 발생 원리가 비슷하다.

단답형 답안
스콜

04 열대 기후 지역의 지리적 특성 이해

강수량 그래프를 보면 하루 중 오후 3시를 전후하여 강수량이 많은 반면, 오전 중에는 강수량이 적은 것을 알 수 있다. 이와 같은 강수 특징은 전체 강수에서 대류성 강수가 차지하는 비율이 높은 열대 기후 지역에서 나타난다.

갑. 열대 기후 지역은 기온의 일교차가 연교차보다 크게 나타난다. ○
을. 열대 기후 지역은 계절 변화가 잘 나타나지 않는다. ✕
병. 열대 기후가 나타나는 저위도 지역은 연중 일출과 일몰 시각이 비슷하다. ○
정. 열대 기후 지역에서는 대류성 강수가 자주 내린다. ✕

05 열대 우림 기후와 사바나 기후의 특성 비교

(가)는 적도를 중심으로 분포하는 열대 우림 기후이고, (나)는 열대 우림 기후 지역 주변에 분포하는 사바나 기후이다.

① 지도를 통해 열대 우림 기후(가)는 사바나 기후(나)보다 분포 범위가 좁은 것을 알 수 있다. ✕
② 열대 우림 기후(가)는 연중 다우인 반면 사바나 기후(나)는 우기와 건기가 나타나기 때문에 열대 우림 기후(가)는 사바나 기후(나)보다 강수의 월 편차가 작다. ✕
③ 사바나 기후(나)는 열대 우림 기후(가)보다 수목 밀도가 낮다. ✕
④ 사바나 기후(나)는 열대 우림 기후(가)보다 최소우월의 강수량이 적다. 아열대 고압대의 영향을 받을 때 건기가 지속되기 때문이다. ○
⑤ 열대 기후 지역은 저위도에 위치하므로 기온의 연교차가 일교차보다 작다. ✕

06 사바나 기후의 특징 이해

지도는 아프리카 동부의 탄자니아와 케냐 일부 지역에서 이루어지는 누 떼의 이동을 나타낸 것이다. 누 떼는 풀과 물을 찾아 이동한다. (가) 지역에서는 사바나 기후가 나타난다.

① 사바나 기후는 우기와 건기가 뚜렷한 것이 특징이다. ○
② 편서풍은 중위도 및 고위도 대륙 서안 지역에 큰 영향을 준다. ✕
③ 사바나 기후는 수목 기후에 속하므로 연 강수량이 500mm 이상이다. ✕
④ 사바나 기후는 열대 기후에 속하며, 열대 기후는 최한월 평균 기온이 18℃ 이상이다. ✕
⑤ 연중 적도 수렴대의 영향을 받는 곳은 열대 우림 기후 지역이다. ✕

07 주요 카카오 재배 지역 파악

그림의 작물은 카카오이다. 카카오는 열대 기후 지역에서 주로 재배된다.

① A는 코트디부아르이다. 코트디부아르는 가나와 함께 세계적인 카카오 생산 국가이다. ○
② B는 이집트이다. 이집트에서는 대추야자를 많이 생산한다. ✕
③ C는 몽골이다. 몽골에서는 유목이 주로 이루어진다. ✕
④ D는 멕시코이다. 멕시코에서는 옥수수 재배가 많이 이루어진다. ✕
⑤ E는 아르헨티나이다. 아르헨티나에서는 밀 재배가 많이 이루어진다. ✕

08 열대 기후 지역의 농업 파악

문제접근 열대 기후 지역의 주민들은 수렵과 채집을 하거나 화전을 일구어 카사바, 얌 등을 재배하는 이동식 경작을 하였다. 근대에는 선진국의 자본과 현지의 노동력이 결합되어 상품 작물을 재배하는 플랜테이션이 이루어지고 있다.

단답형 답안
(가) 이동식 경작(이동식 화전 농업) (나) 플랜테이션

09 대륙 서안, 대륙 내부, 대륙 동안의 기온 차 파악

A는 런던으로 대륙 서안에 위치하고, B는 키이우로 대륙 내부에 위치하며, C는 도쿄로 대륙 동안에 위치한다.

⑤ 세 도시 중 최한월 평균 기온이 가장 낮고 기온의 연교차가 가장 큰 도시는 키이우(B)이다. 나머지 두 도시 중 대륙 동안에 위치한 도쿄(C)는 대륙 서안에 위치한 런던(A)보다 기온의 연교차가 크다. 따라서 세 도시의 최난월 평균 기온과 최한월 평균 기온으로 옳은 것은 ⑤번이다. ○

10 지중해성 기후의 특색 파악

지도에 표시된 지역은 올리브 기원지와 주요 재배 지역을 나타낸 것이다. 올리브는 지중해성 기후 지역에서 주로 재배된다.

① 지중해성 기후 지역에서는 주로 수목 농업이 이루어진다. ✕
② 지중해성 기후 지역은 연 강수량이 대체로 500mm 내외이다. ✕
③ 지중해성 기후 지역은 겨울에 편서풍과 전선대의 영향을 받고, 여름에 아열대 고압대의 영향을 받는다. ✕
④ 지중해성 기후는 겨울에 편서풍과 전선대의 영향으로 온난 습윤하고, 여름에 아열대 고압대의 영향으로 고온 건조하다. 따라서 겨울보다 여름에 대기 중 상대 습도가 낮다. ○
⑤ 지도에 나타난 지역은 북반구에 위치하므로 1월의 낮 시간 길이가 7월의 낮 시간 길이보다 짧다. ✕

11 파리와 상하이의 기후 차 파악

지도에 표시된 A는 파리이고, B는 상하이이다. (가), (나) 중 기온의 연교차가 큰 (가)는 상하이이고, 나머지 (나)는 파리이다.

ㄱ. (가)와 B는 상하이이고, (나)와 A는 파리이다. ○
ㄴ. 상하이(가)는 파리(나)보다 여름에 고온 다습하여 벼농사에 유리하다. ○
ㄷ. 파리(나)는 상하이(가)보다 고위도에 위치한다. ✕
ㄹ. 파리(A)는 상하이(B)보다 여름 강수 집중률이 낮다. 파리는 연중 편서풍이 부는 반면, 상하이는 여름과 겨울에 풍향과 성격이 달라지는 계절풍이 불기 때문이다. ✕

12 태양의 회귀와 남 · 북반구의 지중해성 기후 지역 비교

지도의 열적도가 남반구에 치우쳐 위치하므로 시기는 1월이다. A는 북반구에 위치하면서 지중해성 기후가 나타나는 로마이고, B는 남반구에 위치하면서 지중해성 기후가 나타나는 케이프타운이다. 1월에 로마는 겨울이고, 케이프타운은 여름이다.

① 1월에 로마(A)는 온난 습윤하고, 케이프타운(B)은 고온 건조하다. 따라서 로마(A)가 케이프타운(B)보다 월 강수량이 많다. ○
② 1월에 로마(A)는 케이프타운(B)보다 월평균 기온이 낮다. ✕
③ 1월에 케이프타운(B)은 로마(A)보다 낮 시간의 길이가 길다. 1월에는 남극권에서 북극권으로 갈수록 낮 시간의 길이가 짧아진다. ✕

④ 1월에 케이프타운(B)은 로마(A)보다 산불 발생 위험이 크다. 고온 건조한 날씨가 지속되기 때문이다. ✕
⑤ 로마(A)와 케이프타운(B)에서 같은 시기에 포도 수확이 이루어질 수는 없다. ✕

13 열대 몬순 및 온대 몬순 기후 지역의 벼농사 이해

지도의 (가)는 중국 남부, 동남아시아, 인도 반도의 동부 등지로 모두 계절풍의 영향으로 벼농사가 활발히 이루어지는 곳이다.

① 극동풍은 북극권과 남극권 일대에서 분다. ✕
② 편서풍은 중위도 및 고위도 대륙 서안 지역에서 분다. ✕
③ 겨울 계절풍은 건조하기 때문에 벼농사에 직접적인 도움이 되지 않는다. ✕
④ 여름 계절풍은 고온 다습하여 벼의 생육에 커다란 도움을 준다. 따라서 (가) 지역에서 이루어지는 벼농사에 가장 큰 영향을 끼친 바람은 여름 계절풍이다. ○
⑤ 열대 저기압은 벼농사에 필요한 비를 가져오지만, 풍수해를 유발하기도 한다. ✕

14 서울과 런던의 하천 경관 비교

(가)는 하천의 폭이 넓고 둔치가 발달해 있는 서울 한강의 하천 경관이고, (나)는 하천의 폭이 좁고 둔치가 발달하지 않은 런던 템스강의 하천 경관이다.

⑤ (가) 서울과 비교할 때 (나) 런던은 연 강수량과 7월 강수량은 적은 반면, 1월 강수량은 많다. 서울은 여름에 고온 다습하고 겨울에 한랭 건조한 반면, 런던은 연중 온난 습윤하다. 서울은 여름 강수량이 매우 많아 연 강수량도 런던보다 많다. 따라서 그림의 E가 정답이다. ○

15 서안 해양성 기후 지역의 주민 생활 파악

문제접근 연중 편서풍이 불어 서안 해양성 기후가 나타나는 지역은 흐리거나 비가 내리는 날이 많다. 따라서 햇볕이 비치는 날이면 공원이나 강가에서 일광욕을 즐기는 사람들이 많다.

단답형 답안
편서풍

03 건조 및 냉·한대 기후 환경과 지형

기본 문제

본문 39~41쪽

01 ②	02 ②	03 (가) 버섯바위 (나) 바람		
04 ⑤	05 ④	06 ⑤	07 ①	
08 타이가		09 ③	10 ③	11 ②
12 ⑤	13 ⑤	14 ②		

01 사막 형성 원인의 지역적 차이 파악

A는 사하라 사막이고, B의 서쪽은 키질쿰 사막과 카라쿰 사막이며, 동쪽은 타클라마칸(타커라마간) 사막이다.

① 사하라 사막(A)은 아열대 고압대의 영향으로 형성된 사막이다. ✕
② 키질쿰·카라쿰 사막과 타클라마칸(타커라마간) 사막(B)은 대륙 내부에 형성된 사막이다. ○
③ 저위도에 위치한 사하라 사막(A)은 대륙 내부에 위치한 키질쿰·카라쿰 사막과 타클라마칸(타커라마간) 사막(B)보다 연평균 기온이 높다. ✕
④ 키질쿰·카라쿰 사막과 타클라마칸(타커라마간) 사막(B)은 사하라 사막(A)보다 기온의 연교차가 크다. 고위도이면서 대륙 내부에 위치하기 때문이다. ✕
⑤ 사하라 사막(A)만 연중 아열대 고압대의 영향을 받는다. ✕

02 건조 기후 지역의 지리적 특징 파악

아프리카의 모리타니에서 북부 아프리카와 서남아시아를 지나 남부 아시아의 파키스탄까지 많이 사육되고 있는 가축은 낙타이다.

① 기온의 연교차가 큰 곳은 고위도 대륙 내부 지역으로, 시베리아 일대가 대표적이다. ✕
② 낙타 사육이 활발한 지역은 건조 기후가 나타나는 곳으로 연 강수량이 매우 적다. ○
③ 계절풍의 영향은 남부 아시아, 동남아시아, 동아시아 지역에서 크게 나타난다. ✕
④ 북부 아프리카와 서남아시아 지역은 이슬람교 신자 수 비율이 높다. ✕
⑤ 밤에 해가 지지 않는 백야 현상이 나타나는 곳은 북극권과 남극권 일대이다. ✕

03 버섯바위의 특성 이해

문제접근 사진에 나타난 지형은 버섯바위로, 바람이 강하게 부는 사막에서 바위의 아랫부분에 모래가 반복적으로 부딪치면서 형성된다.

단답형 답안
(가) 버섯바위 (나) 바람

04 한류 사막 지역의 물 확보 방법 이해

그림은 안개가 많이 발생하는 지역에서 그물망을 이용하여 물을 확보하는 모습을 나타낸 것이다.

① A는 사우디아라비아의 룹알할리 사막이다. 바다로부터 먼 곳이므로 안개가 잘 발생하지 않는다. ✕
② B는 몽골과 그 남쪽에 위치한 고비 사막이다. 대륙 내부에 위치한 사막이므로 안개가 잘 발생하지 않는다. ✕
③ C는 미국 중동부 지역으로 강수량이 많은 곳이므로, 안개 포집기를 이용하여 물을 얻지 않는다. ✕
④ D는 오스트레일리아 서부의 그레이트샌디 사막이다. 이곳은 바다로부터 먼 곳이므로 안개가 잘 발생하지 않는다. ✕
⑤ E는 칠레 북부의 아타카마 사막이다. 이 지역은 한류인 페루 해류가 흘러 사막이 형성된 곳이다. 이곳에서는 안개를 포집하여 물을 확보한다. ○

05 사막 지역의 가옥 특색 파악

사막에서는 나무를 구하기 힘들어 주변에서 흔히 구할 수 있는 흙을 이용하여 흙벽돌집을 짓는 경우가 많다.

ㄱ. 흙벽돌집의 지붕은 평평한데, 이는 사막의 연 강수량이 적기 때문이다. ✕
ㄴ. 흙벽돌집들이 마을을 이루는 곳은 건물 사이의 골목이 좁은데, 이렇게 건물과 건물 사이의 거리가 가까우면 골목에 그늘이 지기 때문에 햇볕을 피하기 좋다. ○
ㄷ. 흙벽돌집의 작은 창문은 외부와의 열 출입을 줄이고 모래, 먼지 등이 집 안으로 들어오는 것을 최소화하기 위함이다. ✕
ㄹ. 흙벽돌집은 벽이 두꺼운데, 이는 외부와의 열 출입을 줄이기 위함이다. 즉 낮에는 외부의 열이 가옥 내로 들어오지 못하고, 밤에는 가옥 내부의 열이 밖으로 나가지 못하게 된다. ○

06 대추야자 생산의 지역 차 파악

지도는 해당 작물의 생산량이 많을수록 국토의 면적을 넓게 표현한 것이다. 알제리, 이집트, 사우디아라비아, 이라크, 이란 등지에서 생산량이 많은 작물을 찾으면 된다.

① 쌀 생산량이 많은 국가는 중국, 인도 등이다. ✕
② 바나나 생산량이 많은 국가는 인도, 중국, 인도네시아, 브라질, 에콰도르 등인데, 저위도 지역에 위치하는 국가가 많다. ✕
③ 올리브 생산량이 많은 국가는 지중해성 기후가 나타나는 지역에 주로 위치한다. 에스파냐, 그리스가 대표적이다. ✕
④ 카사바 생산량이 많은 국가는 열대 기후가 나타나는 지역에 주로 위치한다. 나이지리아, 타이가 대표적이다. ✕
⑤ 대추야자 생산량이 많은 국가는 건조 기후가 나타나는 지역에 주로 위치한다. 알제리, 이집트, 사우디아라비아, 이라크, 이란 등이 대표적이다. ○

07 오스트레일리아의 목양 지역 특성 파악

(가)는 오스트레일리아의 양 방목 지역을 나타낸 것이다. 이들 지역은 연 강수량이 약 250~500mm로, 초원이 형성된다. 오스트레일리아의 스텝 기후 지역에서는 지하수를 확보하여 양을 방목한다.

① 오스트레일리아의 목양 지역에서는 부족한 물을 지하수를 통해 확보한다. 이 지역은 피압수가 풍부한 곳으로 찬정이 분포한다. ○
② 한류 사막이 분포하는 곳이 아니므로 안개가 자주 발생하지 않는다. ✕
③ 오스트레일리아는 남반구에 위치하므로 대소비지 가까이 위치한다고 보기 어렵다. ✕
④ 지도에 표시된 지역 주변에는 빙하가 발달한 높은 산지가 없다. ✕
⑤ 건조 기후가 나타나는 곳이므로 연 강수량이 연 증발량보다 적다. ✕

08 침엽수림 지대의 분포 파악

문제접근 지도에 표시된 지역은 냉대 기후가 나타나는 곳으로 이들 지역에는 침엽수림 지대가 펼쳐져 있다.

단답형 답안
타이가

09 몽골 지역의 전통 가옥과 지리적 특색 이해

그림은 몽골의 전통 가옥인 게르를 설치하는 방법과 게르 주변에서 이루어지는 주민 생활을 나타낸 것이다. 이와 같은 이동식 가옥을 이용하는 곳은 스텝 기후 지역이다.

① 스텝 기후 지역은 건기가 길게 나타난다. ✕
② 스텝 기후 지역은 연 증발량보다 연 강수량이 적다. ✕
③ 스텝 기후 지역은 연 강수량이 250~500mm이다. ○
④ 최난월 평균 기온이 0~10℃인 곳은 툰드라 기후 지역이다. ✕
⑤ 몽골 일대에서는 유목을 하기 때문에 이동식 가옥을 이용한다. ✕

10 저위도 지역과 고위도 지역의 낮 시간과 밤 시간 차이 파악

(가)는 연중 낮과 밤 시간의 길이가 비슷한 저위도 지역이다. (나)는 낮과 밤 시간의 길이 차가 큰 고위도 지역인데, 1월 낮 시간의 길이가 7월 낮 시간의 길이보다 길므로 남반구에 위치한다.

ㄱ. (나)는 남반구에 위치한다. ✕
ㄴ. 저위도 지역(가)은 고위도 지역(나)보다 연평균 기온이 높다. ○
ㄷ. 고위도 지역(나)은 저위도 지역(가)보다 기온의 연교차가 크다. ○
ㄹ. 고위도 지역(나)은 저위도 지역(가)보다 낮과 밤의 길이 변화가 크다. ✕

11 영구 동토층의 분포 이해

지도는 영구 동토층의 분포를 나타낸 것이다. 영구 동토층은 고위도로 갈수록 연속적으로 나타나며, 대륙 서안보다 대륙 동안 지역에서 상대적으로 저위도까지 나타난다.

ㄱ. 영구 동토층은 지중 온도가 연중 0℃ 미만으로 늘 얼어 있다. ○
ㄴ. 여름철에 얼고 녹기를 반복하는 층은 활동층이다. ✕
ㄷ. 영구 동토층은 고위도로 갈수록 연속적으로 분포한다. ✕
ㄹ. 영구 동토층은 지구 온난화로 대기의 기온이 상승하면서 분포 지역이 축소되고 있다. ○

12 빙하 퇴적 지형 이해

빙하 퇴적 지형은 빙하가 후퇴하면서 만든 지형으로 빙력토 평원에 발달한다.

⑤ A는 융빙수에 의해 형성된 제방 모양의 퇴적 지형으로 에스커이다. B는 빙하에 의해 형성된 지형으로, 숟가락을 엎어 놓은 것과 같은 모양의 언덕을 이루는 지형으로 드럼린이다. C는 빙하에 의해 운반된 모래와 자갈 등의 퇴적물이 쌓인 지형으로 모레인(빙퇴석)이라고 불린다. ○

13 툰드라 기후 지역의 경관 특색 이해

집의 바닥이 지표로부터 떨어진 고상 가옥을 볼 수 있고, 밤 12시에도 해가 지지 않는 백야 현상이 나타나는 곳은 툰드라 기후 지역이다.

① 목양이 이루어지는 곳은 스텝 기후 지역이 주를 이룬다. ✕
② 벼농사가 활발히 이루어지는 곳은 열대 및 온대 계절풍 기후 지역이 주를 이룬다. ✕
③ 커피 재배가 활발히 이루어지는 곳은 열대 기후 지역이다. ✕
④ 바람에 의해 만들어진 버섯 모양의 바위를 볼 수 있는 곳은 사막 기후 지역이나 과거에 사막 기후가 나타났던 지역이다. ✕
⑤ 땅이 얼고 녹기를 반복하면서 만들어진 구조토를 볼 수 있는 곳은 툰드라 기후 지역이다. ○

14 사막 포도와 구조토 비교

(가)는 사막 기후 지역에서 바람에 의해 모래가 제거되고 남은 자갈들이 집적되어 만들어지는 사막 포도이고, (나)는 툰드라 기후 지역에서 지표의 동결과 융해 과정에서 입자가 큰 자갈들이 사면을 따라 이동하면서 형성된 다각형 모양의 구조토이다.

① 사막 포도(가)는 바람에 의해 모래가 제거되면서 형성된 지형이므로 바람의 퇴적 작용에 의해 형성된다고 볼 수 없다. 바람의 퇴적 작용으로 형성된 대표적인 지형은 사구이다. ✕
② 구조토(나)는 지표의 동결 및 융해가 반복되면서 형성된다. ○
③ 사막 포도(가)는 구조토(나)보다 대체로 저위도에 위치한다. ✕
④ 구조토(나)는 사막 포도(가)보다 지표의 자갈 집적도가 낮다. ✕
⑤ (가)는 사막 포도이고, (나)는 구조토이다. ✕

04 세계의 주요 대지형 ~
05 독특하고 특수한 지형들

기본 문제

본문 49~51쪽

01	③	02	⑤	03	④	04	해령
05	해설 참조	06	③	07	②	08	④
09	칼데라	10	⑤	11	④	12	②
13	A – 석호, B – 사빈, C – 파식대, D – 시 스택						
14	해설 참조	15	⑤	16	③		

01 세계 대지형의 분포와 특징 이해

지도는 세계 대지형의 분포를 나타낸 것이다. 대지형은 시대순으로 안정육괴, 고기 습곡 산지, 신기 습곡 산지가 형성되었다. (가)는 고기 습곡 산지, (나)는 안정육괴, (다)는 신기 습곡 산지이다.

ㄱ. (가) 고기 습곡 산지는 지각이 비교적 안정되어 있다. ✕
ㄴ. (나) 안정육괴는 고생대 이후 지각 변동을 받지 않은 지역으로 (가) 고기 습곡 산지, (다) 신기 습곡 산지보다 형성 시기가 이르다. ○
ㄷ. (다) 신기 습곡 산지는 (가) 고기 습곡 산지, (나) 안정육괴보다 평균 해발 고도가 높다. 대체로 생성된 순서가 오래될수록 지표의 평균 기복은 낮아지는 경향을 보인다. ○
ㄹ. (가)~(다) 중 대체로 판의 경계와의 거리가 가까운 지형은 (다) 신기 습곡 산지이다. ✕

02 구조 평야의 특징 이해

지도에 표시된 지역은 구조 평야이다. 유럽 대평원, 오스트레일리아의 머리강 · 달링강 유역, 미국의 중앙 대평원은 모두 오랜 지질 시대를 거치면서 큰 지각 변동의 영향을 받지 않은 지역이다.

ㄱ. 구조 평야는 화산의 영향과 관련이 없다. ✕
ㄴ. 구조 평야는 지반의 융기로 형성된 고원 지역과 관련이 없다. ✕
ㄷ. 구조 평야는 오랜 지질 시대를 거치면서 지각 변동을 거의 받지 않은 지형이다. 따라서 판의 경계부에서 대체로 멀리 떨어져 있다. ○
ㄹ. 구조 평야는 지질 시대를 거치는 동안 지각 변동을 거의 받지 않았다. ○

03 지형 형성 작용 이해

표는 지형 형성 작용의 특징을 정리한 것이다. 지형 형성 작용은 크게 지표의 기복을 높이는 내적 작용과 기복을 낮추는 외적 작용으로 구분된다. 내적 작용의 근본적인 에너지원은 지구 내부 에너지이며, 외적 작용은 태양 복사 에너지로부터 비롯된다.

① ㉠ 조륙 운동은 지반이 광범위한 범위에 걸쳐 서서히 융기하거나 침강하는 운동이다. 이 과정에서 순상지나 탁상지가 만들어진다. ○
② ㉡ 조산 운동은 단층이나 습곡 작용과 더불어 대규모 산맥을 만드는 운동이다. 주로 판의 경계 부근에서 횡압력을 통해 지반이 휘거나 끊어지는 작용이 수반된다. ○
③ ㉢ 화산 활동은 지하의 마그마가 지표 밖으로 분출하는 작용이다. 마그마가 지표 밖으로 나오면 용암이 된다. ○
④ ㉣ 풍화는 크게 물리적 풍화와 화학적 풍화로 나뉜다. 대체로 물리적 풍화는 건조 기후나 한대 기후에서 활발하며, 화학적 풍화는 열대 기후 지역에서 활발하다. ✕
⑤ ㉤ 물질의 운반은 주로 빙하, 하천, 바람, 파랑 등을 통해 이루어진다. 빙하, 하천, 바람, 파랑은 각각 침식, 운반, 퇴적 작용을 통해 다양한 지형을 만들어낸다. ○

04~05 대서양 중앙 해령의 특징 파악

문제접근 지도의 A는 대서양 중앙 해령이다. 해령은 해저 산맥으로, 지속적인 마그마의 분출로 산맥이 형성되는 과정에서 판이 서로 멀어지는 특징을 지닌다. 대서양 중앙 해령이 일부 해수면 위로 드러난 곳은 오늘날의 아이슬란드이다.

단답형 답안 04 해령

서술형 답안 05 해령은 판 구조 운동의 관점에서 지각이 생성되는 곳이다. 해령은 바다의 바닥에서 관찰되는 산맥으로, 대서양 중앙 해령을 기점으로 판이 양쪽으로 벌어지고 있다.

06 세계 대지형의 분포와 특징 이해

세계 대지형의 분포와 특징을 사례를 통해 접근하는 문항이다. 특정 사례 지역이 안정육괴, 고기 습곡 산지, 신기 습곡 산지 중 어느 것에 해당하는지 학습해야 한다.

③ A는 안정육괴인 발트 순상지, B는 신기 습곡 산지인 히말라야산맥, C는 고기 습곡 산지인 그레이트디바이딩산맥이다. 따라서 (가)는 B, (나)는 C, (다)는 A이다. ○

07 화산 지형의 종류와 특징 이해

표는 화산 지형의 종류와 특징을 나타낸 것이다. 화산 지형은 용암의 성질에 따라 용암 돔, 순상 화산, 성층 화산으로 나뉜다. 현무암질 용암은 점성이 작으나 유동성이 크고, 안산암질 용암은 점성이 크나 유동성이 작다. ㉠에는 용암 돔, ㉡에는 현무암질, ㉢에는 '화산쇄설물과 용암류의 조합'이 들어갈 수 있다.

ㄱ. ㉠ 용암 돔은 점성이 크고 유동성이 작은 안산암질 또는 유문암질 용암의 분출로 형성되었다. ○

ㄴ. ㉡ 조면암질 또는 유문암질 용암은 안산암질 용암과 같이 대체로 점성이 강하다. 순상 화산은 점성이 작고 유동성이 큰 현무암질 용암의 분출로 형성되었다. 따라서 ㉡에는 '현무암질 용암'이 들어갈 수 있다. ✕

ㄷ. ㉢ 성층 화산은 화산쇄설물과 용암류가 층을 이루면서 겹겹이 쌓인 화산이다. ○

ㄹ. 순상 화산은 ㉠ 용암 돔보다 대체로 화산체의 경사가 완만하다. ✕

08 카르스트 지형과 화산 지형의 형성 작용 이해

(가), (나)는 각각 석회 동굴과 주상절리이다. 석회 동굴은 석회암이 지하수에 의해 용식 작용을 받아 형성된다. 주상 절리는 유동성이 큰 용암이 하천이나 해안에 도달하면서 급격히 수축하는 과정에서 형성된다. 두 지형 모두 독특한 모양을 지녀 관광 자원으로서의 가치가 높다. 따라서 (가)는 기반암의 용식, (나)는 분출된 용암의 냉각과 관련이 깊다.

① 카르스트 지형과 바람의 침식은 관련이 없다. ✕

② 카르스트 지형과 바람의 침식, 화산 지형과 용식 작용은 관련이 없다. ✕

③ (나)는 주상 절리로 바람의 침식과 직접적인 관련이 없다. ✕

④ (가)는 카르스트 지형인 석회 동굴로 기반암의 용식, (나)는 화산 지형인 주상 절리로 용암의 냉각으로 형성되었다. ○

⑤ 분출된 용암의 냉각에 의해 형성된 것은 (나), 기반암의 용식에 의해 형성된 것은 (가)이다. ✕

09 칼데라의 특징 이해

문제접근 자료의 '큰 구멍'은 칼데라를 뜻한다. 칼데라는 마그마가 빠져나간 자리가 무너져 내려 형성되는 경우가 많다. 커다란 솥 또는 냄비 모양의 거대한 분지이며, 크기는 매우 다양하다. 약 250만 년 전 화산이 분화한 후 분화구가 함몰되어 형성되었다는 점을 통해 칼데라임을 알 수 있다. 칼데라에 물이 고인 호수를 칼데라 호라 부른다.

단답형 답안
칼데라

10 화산 지대의 주민 생활 이해

A는 대서양 중앙 해령이 일부 해수면 위로 드러나 형성된 아이슬란드의 지열 발전을 나타낸 자료이다. 아이슬란드는 지열이 풍부하여 온천이 발달하였다. B는 이탈리아의 베수비오 화산이 폭발한 지역에서 관찰할 수 있는 수목 농업 지역이며, C의 뉴질랜드는 환태평양 조산대에 속한 화산섬으로 특히 북섬에 화산과 관련된 지형이 집중해 있다. D는 판의 경계와 비교적 가까운 신기 습곡 산지 일대의 칠레 구리 광산이다.

ㄱ. A는 대서양 중앙 해령이 일부 해수면 위로 드러나 형성된 아이슬란드이다. 해령에서는 꾸준히 지열수가 공급되어 이를 활용한 온천, 지열 발전소가 발달하였다. ✕

ㄴ. B처럼 화산이 폭발한 곳의 토양은 비옥하다. 지하의 다양한 광물이 녹은 형태로 지표 밖으로 나오면서 광물질을 공급하기 때문이다. ✕

ㄷ. C는 뉴질랜드이다. 뉴질랜드에서 볼 수 있는 간헐천은 열수와 수증기 등이 일정한 간격을 두고 주기적으로 분출하는 온천을 뜻한다. 따라서 해당 관광 지역 주변에는 온천이 발달하는 경우가 많다. ○

ㄹ. D는 칠레이다. 사진은 칠레의 추키카마타 구리 광산이다. 해당 지역은 나스카판과 남아메리카판이 수렴하는 지역에서 멀지 않은 곳에 있다. 최근 생산을 개시한 파나마의 구리 광산 역시 판의 경계와 가까운 곳에 있다. ○

11 카르스트 지형의 개념 이해

카르스트 지형은 석회암을 기반암으로 하는 지역으로, 화학적 풍화인 용식 작용으로 다양한 지형이 형성된다. 석회암은 퇴적암으로, 해당 지형이 발달하는 곳은 대부분 과거에 얕은 호수나 바다였을 가능성이 크다. A는 탑 카르스트, B는 우발라, C는 돌리네, D는 석회 동굴이다.

① A는 탑 카르스트이다. 탑 카르스트는 석회암이 오랜 기간 동안 물에 녹아서 만들어진 지형으로 뾰족한 탑처럼 보이는 부분은 풍화와 침식을 견디고 남은 부분에 해당한다. 따라서 카르스트 지형이 발달하기에 유리한 지역은 물의 공급이 원활한 습윤 기후 지역이다. ✕

② B는 우발라이다. 우발라는 돌리네가 연속하여 발달한 복합 돌리네이다. 대체로 두 개 이상의 돌리네가 연속할 때 우발

라로 규정한다. 화산 폭발로 움푹 팬 와지는 화구이며, 함몰이 일어날 경우에는 칼데라라고 부른다. ✕

③ C는 돌리네이다. 돌리네의 내부에는 일반적으로 배수가 원활한 싱크홀이 발달한다. ✕

④ D는 석회 동굴이다. 석회 동굴은 지하수의 강한 용식 작용이 수반되는 경우에 발달한다. 특히 석회암이 다양한 방향으로 균열되어 있으면 동굴의 발달이 탁월하다. ○

⑤ 우발라(B)가 연속하여 발달한다고 해서 석회 동굴(D)이 되는 것은 아니다. ✕

12 곶과 만의 특징 비교

그림은 해안 지형의 곶과 만의 모식도이다. 해안 지형은 드나듦에 따라 바다 쪽으로 돌출된 곶과 내륙으로 들어간 만으로 구분된다. 곶인 A에는 해안 침식 지형, 만인 B에는 해안 퇴적 지형이 발달한다.

ㄱ. 시 스택은 파랑에 의한 침식으로 해식애가 후퇴하는 과정에서 상대적으로 강한 암석이 남은 결과물이다. 그리고 만약 암석이 아치 모양으로 남아 있다면 시 아치이다. 시 스택과 시 아치는 모두 파랑의 침식 작용으로 형성되며, 곶인 A에서 발달한다.

ㄴ. 만에서는 해안의 퇴적 지형이 발달한다. 사취, 사주는 모래가 파랑과 연안류를 따라 이동하다가 퇴적되어 성장하는 지형이다. 따라서 만인 B에서 발달한다.

ㄷ. 해안 단구는 지반의 융기 또는 해수면의 하강으로 형성되는 지형으로 단구면은 과거의 파식대에 해당한다. 따라서 주로 곶인 A에서 발달한다.

ㄹ. 해안 사구는 바람에 의해 사빈의 모래가 배후 지역에 퇴적되어 형성된다. 따라서 만인 B에서 발달한다.

13 해안 지형의 개념 이해

문제접근 그림은 해안 침식 지형과 해안 퇴적 지형의 모식도이다. A, B는 퇴적 지형, C, D는 침식 지형이다. A는 석호이다. 석호는 후빙기 해수면 상승으로 만이 형성된 후 만의 입구를 사주가 막아 형성된다. 사주가 형성되기 시작했을 때의 모래 발달 시점에서는 사취라고 부르기도 한다. B는 사빈이다. 사빈은 모래사장으로, 파랑과 연안류에 의해 풍화 물질이 퇴적되어 형성된다. C는 파식대이다. 파식대는 파랑의 강한 침식 작용이 꾸준히 일어나면서 해식애가 후퇴하는 과정에서 드러난 대지이다. 따라서 파식대가 잘 발달하는 곳은 파랑의 작용이 대체로 강한 편이다. D는 시 스택이다. 해식애가 후퇴하는 과정에서 상대적으로 침식에 강한 암석이 남아 형성된다.

단답형 답안

A – 석호, B – 사빈, C – 파식대, D – 시 스택

14 해안 지형을 보호하기 위한 노력 이해

문제접근 그림의 시설물은 해안에 설치된 그로인이다. 해안은 꾸준히 파랑과 연안류의 영향을 받기 때문에 다양한 양상의 침식과 퇴적이 이루어진다. 이 과정에서 파랑과 연안류의 작용으로 사빈의 모래가 쓸려 없어지기도 한다. 최근에는 인간의 간섭으로 인해 해안이 훼손됨에 따라 그 속도가 더욱 빨라지는 추세이다.

서술형 답안

개발로 인한 해안의 환경 변화, 해수면 상승 등은 사빈의 모래 유실의 원인이 된다. 이와 같은 사빈의 침식을 막기 위해 그로인이라는 인공 구조물을 설치한다.

15 갯벌 해안과 암석 해안의 특징 비교

(가)는 갯벌이 나타나는 해안의 사진이다. 갯벌은 바다로 유입하는 하천에서 공급된 미립 물질이 조류에 의해 퇴적되어 발달한다. (나)는 암석 해안으로, 프랑스의 노르망디 에트르타 절벽이다. 사진에는 파랑의 침식 작용으로 형성된 해식애와 해식 동굴, 시 아치, 시 스택이 나타나 있다.

ㄱ. (가) 갯벌 해안은 해안 퇴적 지형이기는 하지만, 파랑과 연안류가 아닌 조류가 주도하는 해안이다. 밀물과 썰물 시 가까운 바다에 나가 있던 물질이 해안으로 밀려들면서 퇴적된다. ✕

ㄴ. (가) 갯벌 해안은 (나) 암석 해안보다 생물 종 다양성이 높다. 연안으로 공급된 하천의 영양염류와 바다의 광물질이 어우러진 갯벌은 해안 생물 종의 보고로 유명하다. ✕

ㄷ. (가)의 A는 주로 점토로 이루어진 갯벌이며, (나)의 D는 주로 모래로 이루어진 모래 해안이다. 모래는 점토보다 평균 입자 크기가 크다. ○

ㄹ. (나)의 B는 시 아치, C는 해식 동굴이다. 두 지형 모두 파랑의 침식으로 발달하는 공통점이 있다. ○

16 해안 단구의 형성과 발달 이해

그림은 뉴질랜드 남섬의 푸나카이키 해안에 발달한 해안 단구의 모식도이다. 해안 단구의 평탄면은 과거의 파식대에 해당한다. 해수면 변동이나 지반의 융기를 통해 평탄면이 높은 곳에 있게 된 지형이다. 해안 단구는 해수면 또는 지반 변동의 증거가 된다. A는 해식애, B는 해안 단구, C는 단구 형성 이후의 해식애, D는 파식대이다.

ㄱ. 해식애(A)는 파랑의 침식으로 후퇴한다. 이 과정에서 암석 해안의 해식애 앞에는 파식대(D)가 발달하는 것이 일반적이다. ✕

ㄴ. 해안 단구(B)가 형성되려면 해수면 변동 중에서도 하강 작용이 필요하다. 해수면이 내려가면 현재의 파식대가 해수면 위로 드러나 해안 단구가 형성될 수 있다. ○

ㄷ. 해안 단구는 하나만 존재하기도 하지만, 여러 번의 변동을 거치면서 여러 단의 해안 단구가 만들어지기도 한다. 현재의 해식애(C)가 후퇴하면 해안 단구(B)의 면적이 좁아지는 효과가 나타나게 된다. ○

ㄹ. 파식대(D)가 과거의 해안 단구(B)가 아니라 해안 단구(B)가 과거의 파식대(D)인 경우가 많다. 해수면 하강 또는 지반의 융기가 수반되면 파식대가 수면 위로 드러나는 경우가 많다. ✕

대단원 종합 문제

본문 54~55쪽

01	⑤	02	해발 고도	03	해설 참조				
04	⑤	05	④	06	②	07	④	08	③
09	용암 돔			10	⑤				

01 판 구조 운동의 이해

그림은 판 구조 운동의 유형 중 해양판과 대륙판이 충돌하는 경계를 나타낸 것이다. 밀도가 큰 해양판이 대륙판을 만나면 밑으로 파고든다. 이때 강력한 마찰로 지각이 녹아 마그마의 생성이 매우 활발하다.

① A는 대서양 중앙 해령의 아이슬란드이다. 아이슬란드는 판과 판이 서로 멀어지는 경계에 해당한다. 해령에서는 꾸준히 마그마가 올라와 지각이 생성되는 특징이 있다. ✕

② B는 알프스산맥으로 신기 습곡 산지에 해당한다. 알프스산맥은 대륙판인 아프리카판과 대륙판인 유라시아판의 상호 작용으로 형성되었다. 알프스산맥은 신생대의 조산 운동으로 습곡 작용을 받아 형성된 산지이다. ✕

③ C는 동아프리카 지구대로 판과 판이 벌어지는 경계에 해당한다. 지구대 주변에는 거대한 단층 호수와 화산이 발달한다. ✕

④ D는 미국 서부의 샌안드레아스 단층 지역으로 판의 생성이나 소멸이 나타나지 않는 보존 경계에 해당한다. 이 지역에서는 판이 미끄러지는 작용을 통해 지진이 빈번하다. ✕

⑤ E의 칠레 연안은 해양판인 나스카판이 대륙판인 남아메리카판으로 수렴하는 지역이다. 남아메리카의 대규모 화산들은 특정 지역을 따라 열을 지어 분포하는 양상을 보인다. ○

02 열대 고산 기후의 이해

문제접근 글은 적도를 기준으로 에콰도르의 과야킬, 키토의 기후 차이를 비교하고 있다. 과야킬과 키토는 모두 적도 부근에 위치하지만, 과야킬의 연평균 기온은 25℃, 키토는 13.3℃로 10℃ 이상의 차이를 보인다. 이러한 차이는 두 지점의 해발 고도 차에서 기인한다. 키토의 해발 고도는 2,850m이다.

단답형 답안

해발 고도

03 사막의 형성 과정 이해

문제접근 지도의 (가)는 아타카마 사막, (나)는 파타고니아 사막이다. 아타카마 사막은 페루 한류 연안에 위치하여 대기의 안정으로 비구름이 형성되지 않아 사막이 형성된다. 파타고니아 사막은 탁월풍인 편서풍이 산맥을 넘어 건조한 바람이 되어 연중 영향을 주는 지역이다. 두 사막은 비교적 가까운 거리에 있음에도 형성 원인이 확연히 다르다.

서술형 답안

(가) 아타카마 사막, 한류 연안에 위치하여 대기의 안정으로 비구름이 형성되지 않아 사막이 형성되었다.

(나) 파타고니아 사막, 탁월풍의 비 그늘 지역으로 연중 건조한 바람이 불어와 사막이 형성되었다.

04 온대 기후 지역의 생활 양식 이해

온대 기후는 크게 대륙 서안과 동안 기후로 구분할 수 있으며, 서안 기후는 서안 해양성 기후와 지중해성 기후, 동안 기후는 온대 겨울 건조 기후와 온난 습윤 기후로 구분할 수 있다. 이들 지역은 기후 특성으로 인해 각각의 독특한 생활 양식을 갖는다. (가)는 지중해성 기후, (나)는 서안 해양성 기후, (다)는 온난 습윤 기후이며, ㄱ은 네덜란드 암스테르담(Cfb), ㄴ은 아르헨티나 부에노스아이레스(Cfa), ㄷ은 에스파냐 바르셀로나(Cs)이다.

ㄱ. 최한월 평균 기온이 −3~18℃ 사이이므로 온대 기후, 매

월 강수량이 꾸준하므로 습윤 기후이다. 최난월 평균 기온은 22℃ 미만에 해당하므로 서안 해양성 기후(Cfb)이다.
ㄴ. 최한월 평균 기온이 −3~18℃ 사이이므로 온대 기후, 매월 강수량이 꾸준하므로 습윤 기후이다. 최난월 평균 기온은 22℃ 이상에 해당하므로 온난 습윤 기후(Cfa)이고, 6~7월이 겨울인 것으로 보아 남반구에 위치한다.
ㄷ. 최한월 평균 기온이 −3~18℃ 사이이므로 온대 기후, 최난월에 강수량이 가장 적으므로, 여름철이 고온 건조한 지중해성 기후(Cs)이다. 온대 기후 지역에서 이와 같은 강수 패턴을 갖는 것은 지중해성 기후가 유일하다.
⑤ (가)는 ㄷ, (나)는 ㄱ, (다)는 ㄴ이다. ○

05 해안 지형의 특징 이해

그림은 해안 지형의 모식도이다. 해안 지형은 크게 침식 지형과 퇴적 지형으로 구분된다. A는 해식애, B는 시 스택, C는 사주, D는 석호이다. 이 중 해안 침식 지형에 해당하는 것은 해식애와 시 스택이며, 퇴적 지형은 사주와 석호이다. 후빙기 해수면 상승 이후 사주의 성장이 뒷받침되어야만 석호가 형성될 수 있다.

① 해식애(A)는 파랑의 침식으로 형성된다. 특히 파랑의 영향을 꾸준히 받을수록 해안에서 후퇴하는 특징을 지닌다. ○
② 시 스택(B)은 주로 해식애가 후퇴하는 과정에서 침식에 강한 암석이 남아 형성된다. 만약 침식에 강한 암석이 아치 모양으로 남으면 시 아치라고 부른다. ○
③ 사주(C)는 파랑과 연안류에 의한 퇴적 작용으로 형성된 모래둑이다. ○
④ 석호(D)는 후빙기 해수면 상승 이후에 만의 입구가 사주에 의해 막혀서 형성된 호수이다. ✕
⑤ 석호(D)의 형성은 사주(C)의 성장이 뒷받침되어야만 한다. ○

06 주빙하 지형의 특성 이해

지도에 표시된 지역은 툰드라 기후(ET) 지역이다. 툰드라 기후 지역은 동결과 융해의 반복으로 활발한 물리적 풍화를 동반하는 다양한 지형들이 형성된다.

① 버섯바위이다. 버섯바위는 건조 기후 지역에서 바람에 날린 모래가 암석을 차별적으로 침식하는 과정을 통해 형성된다. ✕
② 구조토이다. 구조토는 지표면의 수분이 동결과 융해 작용을 반복하는 과정에서 형성된다. 상대적으로 입자의 크기가 굵은 물질은 주변으로, 작은 물질은 안으로 모이는 현상이 반복되면서 다각형의 패턴이 나타나기 시작한다. ○
③ 사막 포도이다. 건조 기후 지역에서 바람의 영향으로 가벼운 토양 입자가 제거된 후 굵은 모래와 자갈이 남아 형성된다. 사막 포도는 마치 도로를 포장한 것과 같은 모양으로 인해 붙여진 이름이다. ✕
④ 삼릉석이다. 삼릉석은 바람에 날린 모래의 침식을 받아 여러 개의 평평한 면과 모서리가 생긴 돌이다. ✕
⑤ 사구(바르한)이다. 건조 기후 지역에서 바람의 영향으로 모래가 이동하다가 퇴적되어 형성된다. 바람을 받는 사면이 반대 사면보다 경사가 완만한 특징이 나타난다. ✕

07 건조 지형의 특성 이해

그림은 건조 기후 지역에서 발달하는 주요 지형의 모식도이다. 건조 기후 지역은 강수량보다 증발량이 많고, 화학적 풍화보다는 물리적 풍화가 활발하다. 이와 관련하여 건조 지형을 만드는 주요 요인으로는 바람과 유수가 있다. A는 사구, B는 버섯바위, C는 플라야, D는 와디, E는 선상지이다.

① A는 사구이다. 사구는 바람의 퇴적 작용으로 형성되며, 바람을 맞는 쪽은 경사가 완만하고 반대편은 급하다. 따라서 사구의 모양으로 탁월풍의 방향을 알 수 있다. ○
② B는 버섯바위로, 바람의 침식 작용으로 형성된다. 바람이 운반하는 입자가 바위에 부딪치면서 상대적으로 강한 부분이 크게 남아 형성된다. 특히 바위의 아랫부분을 주로 깎으면 버섯 모양이 된다. ○
③ C는 플라야로, 드문 강수 시 일시적으로 물이 고여 형성되는 염호이다. 염호의 물은 염도가 높기 때문에 농사를 지을 수 없고, 식수로 사용할 수도 없다. ○
④ D는 와디로, 평소에는 물이 흐르지 않다가 큰비가 내리면 일시적으로 물이 흐르는 하천이다. 건조하여 이내 물이 마르면 물이 흘렀던 자리는 사람이나 물자의 교통로로 이용되는 경우가 많다. 와디에서 선박의 이동은 불가능하다. ✕
⑤ E는 선상지로, 유수의 퇴적으로 형성된다. 산지를 내려오던 물이 갑자기 경사 급변점을 만나 유속이 느려져 물질이 퇴적된다. ○

08 열대 우림 기후 지역의 특징 이해

지도에 표시된 지역은 열대 우림 기후가 나타나는 지역이다. 열대 우림 기후 지역은 매월 강수량이 60mm가 넘을 정도로 연중 비가 많고 습하다. 또한 적도 부근에 위치하여 증발량이 많고 기온의 연교차가 작다. 열대 우림 기후가 고온 다습한 이유는 적도 수렴대의 영향과 관련이 깊다. 적도 수렴대는 북반구와 남반구의 무역풍이 만나는 곳으로, 비구름의 발달이 탁월하다.

① 지도에 표시된 지역들은 모두 적도 가까이에 위치하므로 연중 고온 다습하다. O
② 세계적으로 유명한 열대 우림으로는 아마존강 유역의 아마존 분지, 콩고강 유역의 콩고 분지, 인도네시아 일대의 보르네오섬 등이 있다. 이들 지역은 모두 단위 면적당 수목의 밀도가 높고 상록 활엽수림으로 이루어진 울창한 숲이 나타난다. O
③ 열대 우림 기후 지역은 연중 강수량이 일정하게 많이 내린다. 여름 계절풍의 영향으로 우기에 강수량이 집중되는 기후는 열대 몬순 기후이다. X
④ 열대 우림 기후 지역은 무역풍의 수렴대로 연중 적도 저압대의 영향권에 들어 비구름의 발달이 탁월하다. O
⑤ 해당 지역들은 태양 복사 에너지를 수직에 가까운 형태로 받기 때문에 단위 면적당 에너지를 받는 양이 많다. 따라서 빠른 지면 가열로 인해 수증기의 증발이 많아 대류성 강수가 빈번하다. 갑자기 내리는 이러한 비를 '스콜'이라고 부른다. O

09 화산 지형의 특징 이해

문제접근 용암은 성질에 따라 점성이 크고 유동성이 약한 유문암질과 안산암질, 유동성이 크고 점성이 약한 현무암질 용암으로 나뉜다. 용암의 성질에 따라 화산체의 모양이 결정되며, 모양에 따라 크게 순상 화산과 용암 돔 등으로 구분된다. 미국의 세인트헬렌스산은 1980년에 대규모로 분출한 바가 있으며, 분출 시 용암 돔이 형성되었다.

단답형 답안
용암 돔

10 카르스트 지형의 형성 이해

자료는 멕시코의 제비 동굴에 관한 것이다. 제비 동굴은 새들이 동굴 내에 서식한다고 하여 붙여진 이름이다. 제비 동굴은 깊이가 400m에 이르는데, 이는 동굴이 깊은 싱크홀의 입구가 함몰되어 만들어졌기 때문이다. 카르스트 지형은 석회암이 화학적 풍화에 해당하는 용식 작용을 받아 형성된다.

① 하천의 하방 침식은 해발 고도가 높은 산지 지역에서 주로 나타난다. 하방 침식을 통해 골짜기가 좁고 깊게 만들어지는 특징을 지닌다. X
② 빙하의 이동에 따른 기반암의 침식으로 형성되는 지형은 빙하 침식 지형이다. 빙하 침식 지형에는 빙식곡, 현곡, 권곡, 호른 등이 있다. X
③ 파랑에 의해 차별 침식을 받아 기반암이 함몰되어 형성되는 것은 해식애이다. 함몰된 해식애가 꾸준히 후퇴하면서 넓어지면 파식대가 형성된다. X
④ 마그마의 분출로 비어 있는 화산체가 무너져 내린 지형은 칼데라이다. 칼데라 역시 함몰 과정이 동반되지만, 싱크홀과는 관련이 없다. X
⑤ 지하수의 용식 작용으로 비어 있던 공간의 입구가 함몰되어 거대한 동굴이 형성되었다. O

신유형·수능열기

본문 56~58쪽

1 ①	2 ③	3 ④	4 ③	5 ④	6 ⑤
7 ③	8 ①	9 ②	10 ⑤	11 ④	12 ③
13 ①					

1 태양의 회귀에 따른 지역별 기후 특성 이해

그림은 태양의 회귀에 따른 계절 변동으로 지역에 따라 복사 에너지를 받는 양이 달라지는 패턴의 모식도이다. 그림에서 태양 입사각이 90도인 지역이 북반구에 위치하므로 북반구의 여름에 해당한다. 이를 통해 북반구 지역의 낮 길이가 길다는 것을 알 수 있다. 또한 북반구가 여름인 경우 북반구의 낮 길이는 적도에서 고위도 지역으로 갈수록 길어진다는 것을 이해해야 한다. 반대로 북반구가 여름인 경우 남반구에서는 고위도로 갈수록 밤의 길이가 길어진다. A는 인도의 콜카타, B는 싱가포르, C는 오스트레일리아의 다윈이다.

ㄱ. 기온의 연교차는 최난월 평균 기온에서 최한월 평균 기온을 뺀 값이다. 연중 덥고 습한 열대 기후는 기온의 연교차가 가장 작은 지역이다. 따라서 B의 기온의 연교차가 가장 작다. ○
ㄴ. 1월 강수 집중률은 C가 가장 높다. 콜카타(A)는 열대 몬순 기후, 싱가포르(B)는 열대 우림 기후, 다윈(C)은 사바나 기후 지역이다. 1월은 남반구가 여름이 되므로 남반구의 다윈(C)은 적도 수렴대의 남하로 우기에 접어들어 강수량이 집중한다. ○
ㄷ. 7월 낮의 길이는 A > B > C 순서로 길다. 북반구가 여름이므로 북반구의 고위도를 기점으로 남반구의 고위도로 갈수록 낮의 길이가 짧아진다. ✕
ㄹ. 연중 적도 수렴대의 영향을 받는 기간은 적도에 있는 B가 가장 길다. 남반구의 C 지역은 1월에 적도 수렴대의 영향권에 들어 우기를 맞는다. ✕

2 태양의 회귀에 따른 지역별 강수 특성 이해

지도는 아프리카 대륙에서 적도 수렴대의 이동에 따른 지역별 강수 분포를 나타낸 것이다. 적도 수렴대는 태양의 회귀에 따라 적도를 기준으로 7월에는 북반구, 1월에는 남반구에 치우쳐 나타난다. A는 카메룬의 야운데(열대 우림 기후(Af)), B는 남아프리카 공화국의 케이프타운(지중해성 기후(Cs)), C는 탄자니아의 다르에스살람(사바나 기후(Aw))이며, (가) 시기는 7월, (나) 시기는 1월이다.

① (가) 시기는 7월로, 북반구의 A는 적도 수렴대의 영향을 강하게 받아 C보다 강수량이 많다. ○
② (나) 시기는 1월로, 지중해성 기후 지역으로 남반구에 위치하는 B는 여름철이 된다. 지중해성 기후 지역인 B는 아열대 고압대의 영향으로 여름철이 고온 건조하다. ○
③ A는 연중 상승 기류가 탁월하여 월 강수량이 고르다. ✕
④ 지중해성 기후 지역인 B와 사바나 기후 지역인 C는 열대 우림 기후 지역인 A보다 강수 편차가 크다. ○
⑤ (가), (나) 강수 변동의 근본적인 원인은 적도 수렴대의 이동을 유발하는 태양의 회귀이다. ○

3 지역별 기후 요소의 비교

세계 여러 지역의 기후 요소를 비교하여 기후 요소가 기후 요인에 따라 어떻게 나타나는지를 알고 있는지 평가하는 문항이다. (가)의 A는 서안 해양성 기후(Cfb), B는 냉대 습윤 기후(Df)이다. (나)의 A는 사막 기후(BW), B는 열대 우림 기후(Af)이다. (다)의 A는 사바나 기후(Aw), B는 지중해성 기후(Cs)이다. (라)의 A는 지중해성 기후(Cs), B는 온난 습윤 기후(Cfa)이다. (마)의 A는 열대 고산 기후(AH), B는 사바나 기후(Aw)이다. 주목할 것은 (가)와 (라)가 위도 조건을 고정한 상태에서 비교하고 있다는 점이다.

① (가)의 경우 1월 평균 기온은 A > B이다. 둘은 비슷한 위도대에 위치하지만, 편서풍과 난류의 영향을 받는 A의 겨울이 더 온화하다. ○
② (나)의 경우 연 강수량은 A < B이다. A는 사하라 사막에 위치한다. ○
③ (다)의 경우 1월 강수량은 A > B이다. A는 남반구의 사바나 기후 지역으로 1월에 우기에 해당하지만, B의 지중해성 기후 지역은 1월인 여름철에 고온 건조하므로 강수량이 적다. ○
④ (라)의 경우 여름철 강수량은 A < B이다. A는 지중해성 기후로 여름철에 고온 건조하여 강수량이 적다. 반면 B는 온난 습윤 기후로 상대적으로 A보다 여름철 강수량이 많다. ✕
⑤ (마)의 경우 연평균 기온은 A < B이다. A가 B보다 적도와 가까워 평균 기온이 높으리라 생각하기 쉽지만, A는 해발고도가 높은 고산 기후 지역이다. 따라서 사바나 기후인 B보다 연평균 기온이 낮다. ○

4 온대 기후의 특징 비교

자료는 온대 기후 지역의 특징을 비교할 수 있도록 구성한 흐름도이다. 온대 기후는 최한월 평균 기온이 −3℃~18℃ 사이의 조건을 만족하는 상태에서 여름철 건조의 여부, 매월 강수량의 분포 등으로 크게 네 가지의 기후로 구분된다. (가)는 지중해성 기후(Cs), (나)는 온난 습윤 기후(Cfa)와 서안 해양성 기후(Cfb), (다)는 온대 겨울 건조 기후(Cw)에 해당한다.

① (가) 지중해성 기후는 여름철에 아열대 고압대의 영향으로 매우 건조하다. ○
② (나) 온대이면서 연중 습윤한 기후로는 온난 습윤 기후와 서안 해양성 기후가 있다. 두 기후는 각각 대륙 동안과 서안에서 나타나므로 (나)는 대륙 동안과 서안에서 모두 나타난다. ○
③ (다) 온대 겨울 건조 기후는 여름철에 계절풍의 영향권에 드는 지역이 많다. 적도 수렴대의 영향을 받는 곳은 열대 기후 지역이다. ✕
④ (가) 지중해성 기후는 (나) 온난 습윤 또는 서안 해양성 기후에 비해 겨울철 강수 집중률이 높다. 이는 지중해성 기후 지역이 여름철에 매우 건조하기 때문이다. ○

⑤ (나) 온난 습윤 또는 서안 해양성 기후 지역은 (다) 온대 겨울 건조 기후 지역보다 건기가 뚜렷하지 않다. 연중 습윤하고, 비가 고르게 오는 편이다. ○

5 온대 기후의 특징 비교

지도에 제시된 세 지점은 모두 온대 기후 지역이다. A는 남아프리카 공화국의 케이프타운(지중해성 기후(Cs)), B는 중국의 광저우(온대 겨울 건조 기후(Cw)), C는 뉴질랜드의 웰링턴(서안 해양성 기후(Cfb))이다.

ㄱ. 7월 강수량은 광저우(B)가 가장 많다. 7월은 북반구가 여름이고, 동아시아 일대는 계절풍의 영향권에 들어 고온 다습한 기후가 나타나기 때문이다. 케이프타운(A) 역시 겨울철이 온난 습윤한 지중해성 기후 지역이고, C의 웰링턴(C) 역시 서안 해양성 기후로 강수량이 연중 고르지만, 계절풍의 영향을 받는 지역보다 강수량이 적다. ○

ㄴ. 1월 평균 기온은 A가 가장 높다. A는 남반구의 지중해성 기후 지역으로 1월이 여름에 해당하여 고온 건조하다. 같은 남반구의 C보다 비구름이 적어 일사량이 많고, 저위도에 위치하기도 한다. ○

ㄷ. 기온의 연교차는 C가 가장 작다. C는 서안 해양성 기후로 연중 바다의 영향을 받아 기온의 연교차가 작게 나타난다. ✕

ㄹ. 연중 편서풍을 받는 기간은 C가 가장 길다. 서안 해양성 기후는 편서풍의 영향으로 연중 습윤한 공기가 유입된다. ○

6 북아메리카 일대의 주요 지형 특성 이해

왜 신유형인가? 단원 간 개념을 복합적으로 사고하는 문항이다. 해안 지형, 빙하 지형, 주빙하 지형, 대지형 등을 종합적으로 학습해야만 한다.

북아메리카 일대의 주요 지형 특성을 묻는 문항이다. 북아메리카 지역에서 특징적인 지형 특성을 갖는 지역을 정리해 둘 필요가 있다. 해안 지형, 빙하 지형, 주빙하 지형, 판의 경계와 관련된 지형 등을 묻고 있다. A는 알래스카 북부로, 툰드라 기후가 나타난다. B는 캐나다 서부의 피오르 해안 지역으로, 과거 빙하의 영향을 받은 지역이다. C는 그린란드 내부 지역으로, 빙설 기후 및 대륙 빙하가 발달하였다. D는 캐나다의 래브라도반도로, 안정육괴인 순상지가 나타난다. E는 미국과 캐나다 접경 지역의 오대호이다. 오대호는 과거 빙하가 있던 자리에 형성된 빙하호이다.

① A는 툰드라 기후 지역으로, 이 지역에서는 집의 바닥을 지면에서 띄워서 짓는 고상 가옥이 발달한다. 이 지역의 고상 가옥은 기둥을 영구 동토층까지 깊숙이 박은 후 그 위에 집을 짓는다. ○

② B는 캐나다의 코스트산맥 주변의 피오르 해안이다. 피오르 해안은 빙하의 영향으로 깎인 빙식곡에 후빙기 해수면 상승에 따라 좁고 깊은 만이 발달한 해안이다. ○

③ C는 그린란드의 내부 지역으로, 오늘날에도 거대한 대륙 빙하가 발달해 있다. ○

④ 시 · 원생대에 형성된 래브라도 순상지(D)의 기반암은 빙하호(E)보다 형성 시기가 이르다. ○

⑤ 빙하호인 오대호(E)는 판의 경계부에 발달한 호수가 아니라 빙하가 후퇴하는 과정에서 침식으로 형성된 빙하호이다. ✕

7 판의 경계 지역의 특징 비교

주요 판의 경계 지역의 특징을 비교하는 문항이다. 판의 경계는 판과 판의 상호작용을 통해 화산과 지진이 빈번하며, 지각이 불안정하고 신기 습곡 산지가 발달하는 경향이 크다. A는 캄차카반도, B는 필리핀, C는 동아프리카 지구대, D는 고기 습곡 산지인 오스트레일리아 동부의 그레이트디바이딩산맥, E는 신기 습곡 산지인 안데스산맥이다.

① A는 캄차카반도이다. 해양판인 태평양판이 대륙판인 북아메리카판으로 수렴하는 곳으로 화산 활동이 활발하다. ○

② B는 필리핀으로, 필리핀판과 유라시아판의 경계부와의 거리가 가깝다. ○

③ C는 동아프리카 지구대로 판이 서로 멀어지는 경계이다. 그 과정에서 화산과 단층호가 발달하기도 한다. ✕

④ D는 고기 습곡 산지로 고생대 습곡 작용을 받아 형성되었다. 따라서 신기 습곡 산지인 E보다 조산 운동을 받은 시기가 이르다. ○

⑤ E는 신기 습곡 산지로, D 고기 습곡 산지보다 산지의 규모와 평균 해발 고도가 높다. ○

8~9 세계의 주요 사막과 주민 생활 이해

왜 신유형인가? 사막 지형을 종합적으로 묻는 문항이다. 대륙 스케일에서의 사막의 형성 과정, 로컬 스케일에서의 기후 특징과 인간 생활을 모두 학습해야만 한다.

세계 주요 건조 기후 지역의 형성과 주민 생활을 종합적으로 묻는 문항이다. 사막은 크게 네 가지 방식으로 형성된다. 아열대 고압대의 영향을 연중 받는 지역, 대륙의 내부, 한류 연안, 비 그늘 지역에서 사막이 발달한다. (가)는 연중 아열대 고압대의 영향을 받는 사하라 사막, (나)는 벵겔라 한류 연안의 나미브 사막, (다)는 대륙 내부의 고비 사막, A는 연중 아열대 고압대의 영향을 받는 그레이트빅토리아 사막, B는 페루 한류 연안의 아타카마 사막이다.

8 ① 아열대 고압대의 영향을 받는 사막(A)과 한류 연안의 사막(B)과 같은 형성 원인을 갖는 곳은 각각 (가) 사하라 사막과 (나) 나미브 사막이다. O

9 ① (가) 사하라 사막은 연중 아열대 고압대의 영향을 받아 하강 기류가 탁월하다. 하강 기류가 탁월한 곳은 비구름의 발달이 어려워 사막이 형성된다. X

② (다) 몽골의 고비 사막 일대의 주민들은 전통적으로 유목 생활을 한다. 유목민은 풀이 자라는 시기에 따라 지역을 옮겨 다니면서 생활한다. O

③ (나) 나미브 사막은 (가) 사하라 사막보다 연평균 안개 발생 빈도가 높다. 벵겔라 한류의 영향으로 대기가 안정되어 있지만, 해안에 위치하여 기온의 차이에 따라 안개 발생 빈도가 높다. X

④ 안정육괴에 해당하는 A 그레이트빅토리아 사막 일대는 판의 경계와 가까운 B 아타카마 사막보다 화산 활동과 지진이 드물다. X

⑤ B 아타카마 사막은 A 그레이트빅토리아 사막보다 바다와의 거리가 가까우므로 격해도가 작다. X

10 주요 해안 지형의 특징 이해

지도는 주요 해안 지형을 나타낸 것이다. (가)는 멕시코 남부 해안의 사주(A)와 석호(B), (나)는 오스트레일리아 북동부의 산호초 해안(C)이다. (가)의 A, B는 모두 퇴적 작용에 의해 발달하며, (나)의 산호초 해안(C)은 석회질로 된 산호충의 유해가 퇴적되어 형성된다.

ㄱ. 사주(A)는 침식보다 퇴적이 우세한 해안에서 잘 발달한다. X

ㄴ. 석호(B)는 수심이 얕다. 대부분의 석호는 하천을 끼고 발달하는 경우가 많으며, 하천을 통해 상류 지역의 퇴적 물질이 꾸준히 공급되어 수심이 얕다. 항만이 잘 발달하는 해안은 좁고 깊은 수심을 가진 만입 지역이다. X

ㄷ. 석호(B)는 토사 공급량이 유지되면 면적이 축소된다. 또한 담수와 염수가 섞여 있어 각종 용수로 활용하기 어렵다. O

ㄹ. 산호초(C)는 석회질로 된 산호충의 유해가 퇴적되어 형성된다. O

11 주요 해안 지형의 특징 이해

지도는 세계의 주요 해안 지형을 나타낸 것이다. A는 이베리아반도에 발달한 리아스 해안, B는 아프리카 남서부의 석호와 사주, C는 북아메리카 북서부의 피오르 해안, D는 갯벌의 발달이 탁월한 캐나다의 펀디만이다. 곶과 만에 발달하는 다양한 해안 지형과 해수면 변동을 종합적으로 이해해야 한다.

ㄱ. 리아스 해안(A)은 이베리아반도의 북부에서 동서로 길게 발달한 칸타브리아산맥이 후빙기 해수면 상승으로 침수되어 발달했다. 빙식곡(U자곡)과는 관련이 없다. X

ㄴ. 석호(B)의 형성은 사주의 발달이 뒷받침되어야 한다. 석호는 후빙기 해수면 상승으로 형성된 만의 입구를 사주가 막으면서 형성된다. O

ㄷ. 피오르 해안(C)은 빙하가 깎아 내려간 좁고 깊은 골짜기가 후빙기 해수면 상승으로 바닷물에 침수되어 형성된다. 하천의 침식이 관여한 것은 리아스 해안이다. X

ㄹ. 갯벌 해안(D)은 조류의 활동으로 형성된다. 캐나다 펀디만은 세계에서 가장 조차가 큰 곳으로 알려져 있다. 따라서 일 수위 변동 폭이 A~C보다 크게 나타난다. O

12 주요 대지형의 특징 비교

지도는 유럽과 아프리카 대륙 주변의 주요 대지형을 나타낸 것이다. A는 고기 습곡 산지인 스칸디나비아산맥, B는 신기 습곡 산지인 알프스산맥, C는 신기 습곡 산지인 캅카스산맥, D는 고기 습곡 산지인 드라켄즈버그산맥이다. 고기 습곡 산지는 신기 습곡 산지보다 형성 시기가 이르고, 산지의 해발 고도와 연속성이 낮으며, 주로 석탄이 매장되어 있다.

ㄱ. 고기 습곡 산지인 스칸디나비아산맥(A)은 신기 습곡 산지인 알프스산맥(B)보다 지각이 안정되어 있다. X

ㄴ. 알프스산맥(B)은 신기 습곡 산지로 해발 고도가 높아 정상부에 빙하가 발달해 있다. O

ㄷ. 신기 습곡 산지인 캅카스산맥(C)은 고기 습곡 산지인 드라켄즈버그산맥(D)보다 평균 해발 고도가 높다. 고기 습곡 산지는 형성된 시기가 오래되어 침식으로 고도가 낮아진 경우가 많다. O

ㄹ. 고기 습곡 산지인 드라켄즈버그산맥(D)은 신기 습곡 산지인 알프스산맥(B)보다 형성 시기가 이르다. X

13 사막 기후 지역의 인간 생활 이해

왜 신유형인가? 공간과 인간의 역사를 접목하여 지리적 사실을 묻는 문항이다. 단순한 지리적 지식을 넘어 실사례와 공간의 지리적 특징을 접목할 수 있어야 한다.

이집트의 피라미드는 주로 석회암을 이용하여 쌓은 파라오의 무덤이다. 석회암은 빗물에 약하지만 이집트는 비가 거의 오지 않는 사막 기후여서 수천 년의 시간 동안 유적이 보존될 수 있었다. 또한 석회암은 다른 암석보다 단단하지 않은 편이어서 가공이 쉽다.

ㄱ. ㉠ 건조한 사막 기후 덕분에 석회암의 피라미드는 오늘날까지 원형의 상태를 유지할 수 있다. 이집트는 지중해와 인접해 있지만, 지중해성 기후가 나타나지 않는다. O

ㄴ. ㉡ 나일강은 외래 하천이다. 나일강은 대체로 강수량이 주기적으로 변동하는 습윤한 기후 지역에서 발원하여 주기적으로 범람한다. O

ㄷ. ㉢ 이집트에서는 일찍부터 대상 무역이 발달하였다. 대상 무역에는 건조 지형인 와디가 교통로로 활발히 이용되었다. 역사적으로 수도 카이로 남서쪽의 파이윰에 조성된 거대한 와디와 오아시스는 대상 무역의 활발한 근거지로 이용되었다. ✕

ㄹ. ㉣ 플라야는 건조 기후 지역에서 발달하는 염호이다. 일시적인 강우에 의해 형성되었다가 짧은 시간 동안 말라버리기 때문에 담수의 조건을 갖추기 어렵다. 따라서 대추야자 재배가 불가능하다. ✕

III 세계의 인문 환경과 인문 경관

01 주요 종교의 전파와 종교 경관

기본 문제 본문 63~65쪽

01 ③	02 ④	03 ③	04 ④	05 ⑤
06 ④	07 ⑤	08 ④	09 ②	10 ④

01 주요 종교의 기원지 위치 파악

(가)는 이슬람교, (나)는 크리스트교, (다)는 불교에 대한 설명이다.

③ 지도에서 예루살렘(A)은 크리스트교, 메카(B)는 이슬람교, 부다가야(C)는 불교의 기원지이다. 따라서 (가)는 B, (나)는 A, (다)는 C이다. O

02 크리스트교와 이슬람교의 특징 이해

(가)는 크리스트교, (나) 이슬람교이다.

① 크리스트교(가) 신자는 유럽과 유럽의 식민 지배를 받았던 아메리카, 오세아니아 및 중·남부 아프리카 지역을 중심으로 분포하며 아시아에서는 필리핀의 신자 수 비율이 높다. O

② 이슬람교(나) 신자는 중앙아시아, 서남아시아, 동남아시아의 인도네시아, 말레이시아 등지, 남부 아시아의 파키스탄, 방글라데시 등지와 북부 아프리카를 중심으로 분포한다. O

③ 종교별 신자 수는 크리스트교(가)가 이슬람교(나)보다 많다. O

④ 종교의 출현 시기는 크리스트교(가)가 이슬람교(나)보다 이르다. ✕

⑤ 크리스트교(가)는 유일신인 하나님을, 이슬람교(나)는 유일신인 알라를 믿는다. O

03 크리스트교와 이슬람교의 분포와 특징 이해

(가)는 유럽, 아메리카 등지를 중심으로 분포하므로 크리스트교, (나)는 서남아시아와 북부 아프리카를 중심으로 분포하므로 이슬람교이다.

① 가톨릭교, 개신교, 정교회 등은 크리스트교(가)의 종파이다. ○
② 수니파, 시아파는 이슬람교(나)의 종파인데, 수니파가 다수파이고, 시아파가 소수파이다. 소수파인 시아파는 이란, 이라크를 중심으로 분포한다. ○
③ 종교의 출현 시기는 크리스트교(가)가 이슬람교(나)보다 이르다. ✕
④ 크리스트교(가)의 발상지는 예루살렘, 이슬람교(나)의 발상지는 메카로, 두 곳 모두 서남아시아에 위치한다. ○
⑤ 크리스트교(가)의 신자 수가 가장 많은 국가는 아메리카의 미국, 이슬람교(나)의 신자 수가 가장 많은 국가는 아시아의 인도네시아이다. ○

04 불교와 힌두교의 분포와 특징 이해

(가)는 동남아시아, 몽골 등지를 중심으로 분포하므로 불교, (나)는 인도를 중심으로 분포하므로 힌두교이다.

① 불교(가)는 인도 북부 지역에서 발생하여 동남 및 동아시아 일대로 전파되었다. ○
② 불교(가)의 종파 중에서 소승(상좌부) 불교는 주로 동남아시아, 대승 불교는 주로 동아시아에 분포한다. ○
③ 민족 종교인 힌두교(나)의 신자는 대부분 인도에 분포하고 네팔 등지에도 분포한다. ○
④ 신자 수는 힌두교(나)가 불교(가)보다 많다. ✕
⑤ 불교(가)와 힌두교(나) 모두 윤회 사상을 믿는다. ○

05 지역별 종교 인구 비율 이해

(가)는 유럽과 아메리카에서 비율이 높으므로 크리스트교, (나)는 중앙아시아, 서남아시아 및 북부 아프리카에서 비율이 높으므로 이슬람교, (다)는 아시아·태평양 지역에 주로 분포하고 (라)보다 비율이 높으므로 힌두교, (라)는 불교이다.

ㄱ. 우상 숭배를 금지하는 교리에 따라 주로 아라베스크 무늬로 사원이 장식되는 종교는 이슬람교(나)이다. ✕
ㄴ. 신자들이 갠지스강을 성스럽게 여기고 갠지스강에 화장(火葬)한 시신의 재를 뿌리는 종교는 힌두교(다)이다. ○
ㄷ. 이슬람교(나) 신자들은 돼지고기를 먹지 않으므로 크리스트교(가) 신자의 1인당 돼지고기 소비량이 더 많다. ○
ㄹ. 이슬람교(나) 사원에는 우상 숭배를 금지하는 교리에 따라 신을 표현한 그림이나 조각상이 없다. 불교(라) 사원에는 부처의 상, 부처와 관련된 그림의 장식이 있다. ○

06 말레이시아, 타이, 필리핀의 종교 분포 이해

(가)는 크리스트교 인구가 가장 많고, (나)는 불교 인구가 가장 많고, (다)는 이슬람교 인구가 가장 많은 나라이다.

④ (가)는 크리스트교 인구가 가장 많으므로 필리핀, (나)는 불교의 인구가 가장 많으므로 타이, (다)는 이슬람교 인구가 가장 많으므로 말레이시아이다. 지도에서 A는 타이, B는 말레이시아, C는 필리핀이다. 따라서 (가)는 C, (나)는 A, (다)는 B이다. ○

07 불교, 이슬람교, 크리스트교의 기원지와 경관 이해

(가)는 불상이 있으므로 불교, (나)는 첨탑과 둥근 지붕, 그리고 머리와 전신을 가린 복장을 한 여성으로 보아 이슬람교, (다)는 십자가가 있으므로 크리스트교이다.

⑤ 지도에서 A는 크리스트교, B는 이슬람교, C는 불교의 발상지이다. 따라서 (가)의 기원지는 C, (나)의 기원지는 B, (다)의 기원지는 A이다. ○

08 세계 주요 종교의 특징 이해

(가) 소를 신성시하여 쇠고기를 먹지 않는 종교는 힌두교이다. (나) 라마단 동안에는 밤에 함께 모여 음식을 먹는 종교는 이슬람교이다. (다) 주말에 교회나 성당에서 예배나 미사에 참석하는 종교는 크리스트교이다. (라) 출가한 승려가 손에 발우(그릇)를 들고 다니면서 먹을 것을 얻는 종교는 불교이다.

④ B는 윤회 사상을 믿지 않고 돼지고기를 먹지 않는 종교이므로 이슬람교(나), A는 크리스트교(다)이다. C는 윤회 사상을 믿으며 남부 아시아에서 신자 비율이 가장 높지 않으므로 불교(라), D는 힌두교(가)이다. 남부아시아에서 신자 수 비율이 가장 높은 종교는 힌두교이다. ○

09 이슬람교와 크리스트교의 전파 과정 이해

(가)는 메카에서 시작되어 전파되었으므로 이슬람교, (나)는 예루살렘에서 시작되어 전파되었으므로 크리스트교이다.

① 신자들이 카스트 제도에 기반을 둔 생활 양식을 따르는 종교는 힌두교이다. ✕
② 상인들의 무역 활동을 통해 동남아시아에 전파된 종교는 이슬람교(가)이다. ○
③ 부처의 사리를 모신 탑은 불교와 관련이 있다. ✕

④ 아시아 여러 지역으로 전파되었으나, 기원지에서는 쇠퇴한 종교는 불교이다. ✕
⑤ 이슬람교(가)와 크리스트교(나) 모두 보편 종교이다. ✕

10 크리스트교의 분포 이해

신자 수 비율이 높은 국가가 아메리카, 오세아니아, 유럽, 남부 아프리카에 주로 분포하므로 크리스트교이다.

① 교리에 따라 할랄 식품을 먹는 종교는 이슬람교이다. ✕
② 살생을 금하며 육식을 대체로 금기시하는 종교는 불교이다. ✕
③ 신앙 실천의 5대 의무를 엄격하게 지키는 종교는 이슬람교이다. ✕
④ 신대륙이란 아메리카, 오세아니아를 의미하는데, 식민지 개척 과정을 통해 이들 지역에 전파된 종교는 크리스트교이다. ○
⑤ 여성들이 얼굴이나 몸 전체를 가리는 의복을 착용하는 종교는 이슬람교이다. ✕

02 세계의 인구 변천과 인구 이주

기본 문제

본문 70~71쪽

01 ③	02 ⑤	03 ⑤	04 ④	05 ④
06 ④	07 ②			

01 지역(대륙)별 인구의 자연 증가율 변화 이해

③ 인구의 자연 증가율은 선진국이 낮고 개발 도상국이 높은데, 개발 수준이 낮은 아프리카가 특히 높다. 그래프에서 (가)는 두 시기 모두 높으므로 아프리카이다. 아프리카는 1950~1955년에 비해 2010~2015년의 인구 증가율이 높다. (나)는 1950~1955년에 비해 2010~2015년에 크게 낮아졌을 뿐만 아니라 2010~2015년에는 인구의 자연 증가율이 음의 값을 나타내므로 선진국이 많은 유럽이다. (다)는 1950~1955년에 비해 2010~2015년에 크게 낮아졌지만 유럽보다는 여전히 높은 라틴 아메리카이다. ○

02 국가별 인구의 자연 증가율 분포 이해

① 기대 수명, ③ 중위 연령 ④ 노령화 지수는 선진국이 많은 유럽, 앵글로아메리카 등지에서 높은 경향이 나타난다. 기대 수명이란 출생아가 앞으로 생존할 것으로 기대되는 평균 생존 연수를 말한다. 중위 연령이란 전체 인구를 연령의 크기순으로 일렬로 세웠을 때에 가운데에 위치한 사람의 연령이다. ✕
② 인구 밀도는 도시가 밀집하여 분포하거나 기후가 온화하고 농경에 유리한 지역에서 높다. ✕
⑤ 지도에서 인구 지표가 높은 국가가 주로 아프리카에 분포하는 것으로 보아 이 인구 지표는 인구의 자연 증가율이다. ○

03 세계의 인구 특징 이해

① 개발 도상국은 인구의 자연 증가율이 높기 때문에 세계의 인구에서 차지하는 개발 도상국의 인구 비중은 증가하였다. ✕
② 세계의 인구 성장은 인구의 자연 증가율이 상대적으로 높은 개발 도상국이 주도하고 있다. ✕
③ 인구가 빠르게 증가하는 국가의 연령층별 인구 구조는 노년층에 비해 유소년층 인구 비중이 매우 높은 피라미드형이다. ✕
④ 출생률과 사망률이 모두 낮아진 인구 변천 단계는 4단계 이후이다. 이 단계에서는 유소년층 인구 비중이 낮다. ✕
⑤ 인구의 자연 증가율은 출생률에서 사망률을 뺀 값이므로 출생률이 높은 상태에서 사망률이 낮아지면 인구의 자연 증가율은 높아진다. ○

04 독일과 필리핀의 인구 특징 이해

(가)는 유입된 이주민의 수가 많고 노년층 인구 비중이 높으므로 선진국인 독일, (나)는 유입된 이주민의 수가 적고 유소년층의 인구 비중이 높으므로 개발 도상국인 필리핀이다.

① 1인당 평균 임금은 선진국인 독일(가)이 개발 도상국인 필리핀(나)보다 높다. ○
② 유입된 이주민 인구 비율은 상대적으로 총인구는 적은데 유입된 이주민은 많은 독일(가)이 필리핀(나)보다 높다. ○
③ 인구의 자연 증가율은 필리핀(나)이 독일(가)보다 높다. ○
④ 출산 장려 정책은 인구 증가율이 매우 낮은 독일(가)에서 필요성이 크다. ✕
⑤ 독일(가)은 선진국, 필리핀(나)은 개발 도상국이다. ○

05 인구 변천 단계 이해

④ A. 1단계는 출생률과 사망률이 모두 높으므로 인구 증가율이 낮다.
B. 2단계는 출생률이 높은 상태에서 사망률이 낮아지는 단계이므로 B에는 '감소'가 해당된다.
C. 3단계는 사망률이 낮은 상태에서 출생률이 감소하는 단계이므로 인구의 자연 증가율이 낮아진다. 따라서 A는 '낮음', B는 '감소', C는 '낮아짐'이 적절하다. O

06 인구 변천 단계의 단계별 특징 이해

ㄱ. 1단계(가)는 3단계(나)보다 인구의 자연 증가율이 낮다. ✕
ㄴ. 유소년층 인구 비율은 출산율이 높은 3단계(나)가 출산율이 낮은 4단계(다)보다 높다. O
ㄷ. 노년층 인구 비율은 인구의 자연 증가율이 낮고 평균 수명이 길어진 5단계(라)가 4단계(다)보다 높다. ✕
ㄹ. 인구 부양력이란 한 지역이 얼마만큼의 인구를 수용할 수 있는 능력을 가지고 있는가를 나타내는 지표로, 기술 진보, 소비 패턴, 가치 구조 등에 따라 달라진다. 1단계(가)에서는 식량 부족, 질병 등이 출생률에 큰 영향을 미쳤지만 이러한 문제가 해결된 5단계(라) 국가에서는 가치관, 경기 변동 등이 출생률에 큰 영향을 미친다. O

07 세계의 인구 이동 특징 이해

(가)는 인구 순 유입 100만 명 이상 국가, (나)는 인구 순 유출 25만 명 이상 국가군으로 (가)는 주로 선진국, (나)는 개발 도상국이다.

ㄱ. 여성의 초혼 연령은 학교에 다니는 기간이 길고 여성의 사회 진출이 활발한 선진국(가)이 개발 도상국(나)보다 높다. O
ㄴ. 1차 산업 종사자 비율은 개발 도상국(나)이 선진국(가)보다 높다. ✕
ㄷ. 합계 출산율은 대체로 개발 도상국(나)이 선진국(가)보다 높다. O
ㄹ. 1인당 국내 총생산(GDP)은 선진국(가)이 개발 도상국(나)보다 많다. ✕

03 세계의 도시화와 세계 도시 체계

기본 문제

본문 76~77쪽

01 ①	02 ⑤	03 ②	04 ①	05 ④
06 ⑤				

01 국가별 도시화율 변화 이해

지도에서 영국(가)은 일찍부터 도시화가 시작되어 1950년에 이미 높은 수준의 도시화율이 나타난다. 아프리카에 위치하는 우간다(나)는 도시화가 시작된 시기도 늦고 천천히 진행된다. 중국(다)은 개방 정책의 영향으로 1990년대부터 도시화율이 빠르게 높아졌다.

① 그래프에서 A는 영국, B는 중국, C는 우간다이다. 따라서 (가)는 A, (나)는 C, (다)는 B이다. O

02 지역별 도시 인구 변화 이해

⑤ 아프리카의 도시 인구는 1955년에는 매우 적었으나 빠르게 증가하였고, 인구 규모가 큰 아시아는 2015년에 도시 인구가 가장 많으며, 유럽은 1955년에 이미 높은 수준의 도시화가 진행된 국가가 많았기 때문에 도시 인구가 많았지만, 1955~2015년에 유럽의 도시 인구는 아시아나 아프리카에 비해 증가 폭이 작다. 따라서 (가)는 아프리카, (나)는 아시아, (다)는 유럽이다. O

03 브라질, 이집트, 일본의 촌락과 도시 인구 변화 이해

도시 인구와 촌락 인구를 합하면 총인구가 된다. 따라서 세 국가의 총인구는 (가)>(다)>(나) 순으로 많으므로 브라질, 이집트, 일본 중에서 인구가 가장 많은 (가)는 브라질, 가장 적은 (나)는 이집트이다. 한편, 이집트는 도시 인구에 비해 촌락 인구가 많으므로 도시화율이 낮은 (나)가 이집트에 해당된다.

① 브라질(가)은 남아메리카, 이집트(나)는 아프리카에 위치한다. ✕
② 브라질(가)이 이집트(나)보다 도시화율이 높다. O
③ 1인당 국내 총생산(GDP)은 일본(다)이 이집트(나)보다 많다. ✕
④ 일본(다)은 2000년에 비해 2017년에 인구가 감소하였으므로 인구 증가율이 브라질(가)보다 낮다. ✕
⑤ 일본(다)의 도쿄는 최상위 세계 도시이다. ✕

04 세계 도시의 특징 분석

ㄱ. 싱가포르가 파리보다 인적 자본 부문의 점수가 높으므로 우위에 있다고 할 수 있다. ○
ㄴ. 베이징은 시카고보다 사업 활동 부문의 점수는 높고, 정보 교류 부문의 점수는 낮다. ○
ㄷ. 세계 도시 지수 10위 이내에 속하는 도시에서 유럽에 위치하는 도시는 런던, 파리로 2개인 반면, 앵글로아메리카에 위치하는 도시는 뉴욕, 시카고, 로스앤젤레스, 워싱턴으로 4개이다. ✕
ㄹ. 세계 도시 지수 1위 도시인 뉴욕은 10위 도시인 워싱턴보다 정치 활동보다 사업 활동 부분에서 뚜렷한 우위에 있다. ✕

05 세계 도시 분석

① 도시 인구 규모가 큰 뉴욕, 멕시코시티 등의 도시는 이보다 규모가 작은 중국 내륙 지역의 도시들보다 도시 인구 증가율이 낮다. ✕
② 최상위 세계 도시는 뉴욕인데, 뉴욕의 도시 인구 증가율은 가장 높지 않다. ✕
③ 도시 인구 증가율이 높은 도시는 주로 개발 도상국에 위치한다. 지도에서 유럽의 도시 중에서 도시 인구 증가율이 300% 이상인 도시는 없다. ✕
④ 인구 1,000만 명 이상인 도시는 아메리카에는 4개인 반면, 아시아는 7개이다. ○
⑤ 미국은 인구 1,000만 명 이상인 도시가 500~1,000만 명인 도시보다 도시 인구 증가율이 낮다. ✕

06 세계 도시 체계 이해

① A는 영국의 런던, C는 일본의 도쿄, D는 미국의 뉴욕으로 모두 최상위 세계 도시이다. ○
② 도시 인구 증가율은 개발 도상국에 위치한 방콕(B)이 선진국에 위치한 런던(A)보다 높다. ○
③ (나) 하위 세계 도시는 아시아의 경우 뭄바이, 방콕 등 7개이지만 남아메리카는 카라카스, 부에노스아이레스 등 3개이다. 남아메리카는 파나마 운하 남쪽의 아메리카이다. ○
④ (가) 최상위 세계 도시는 모두 선진국에 분포하지만 (나) 하위 세계 도시는 선진국뿐만 아니라 개발 도상국에도 많이 분포한다. ○
⑤ 세계 도시에서는 생산자 서비스업이 발달하는데, (가) 상위 세계 도시가 (나) 하위 세계 도시에 비해 생산자 서비스업이 더 발달하였다. ✕

04 주요 식량 자원과 국제 이동 ~ 05 주요 에너지 자원과 국제 이동

기본 문제 본문 85~87쪽

01 ③	02 ②	03 ①	04 ②	05 ④
06 해설 참조		07 ④	08 ③	09 ②
10 ④	11 ⑤	12 ③		

01 쌀, 밀, 옥수수의 국가별 생산 현황 및 주요 특징 파악

전 세계 생산량이 가장 많고, 미국, 브라질 등 아메리카에 있는 국가에서 생산량이 많은 (다)는 옥수수이다. (나)는 중국, 인도, 인도네시아 등 아시아에 있는 국가에서 주로 생산되므로 쌀, 나머지 (가)는 밀이다.

ㄱ. 아시아 계절풍 기후 지역에서 주로 재배되는 작물은 쌀(나)이다. ✕
ㄴ. 쌀(나)은 생산지에서 대부분 소비되므로, 밀(가)이 쌀(나)보다 국제 이동량이 많다. ○
ㄷ. 쌀(나)은 밀(가)보다 단위 면적당 생산량이 많아 인구 부양력이 높다. ○
ㄹ. 옥수수(다)가 쌀(나)보다 바이오 에탄올의 원료로 많이 이용된다. ✕

02 쌀, 밀, 옥수수의 지역(대륙)별 생산 현황 파악

(가)는 지역(대륙)별 생산량을 더한 세계 총 생산량이 가장 많으므로 옥수수, (나)는 오세아니아에서 상대적으로 생산량이 많으므로 밀이고, 나머지 (다)는 쌀이다. 쌀의 생산량이 매우 많은 B는 아시아, 옥수수의 생산량이 많은 A는 아메리카, 밀의 생산량이 상대적으로 많은 C는 유럽이다.

① 옥수수(가)는 밀(나)보다 전 세계 생산량이 많다. ✕
② 밀(나)은 쌀(다)보다 내한성과 내건성이 뛰어나 재배 범위가 넓게 나타난다. ○

③ 옥수수(가)의 기원지는 아메리카(A), 밀(나)의 기원지는 서남아시아의 비옥한 초승달 지대 부근으로 알려져 있으므로 아시아(B)이다. ✕
④ 유럽(C)은 곡물 수입량보다 곡물 수출량이 많다. ✕
⑤ 기업적 농업이 발달한 아메리카(A)는 아시아(B)보다 농가당 경지 면적이 넓다. ✕

03 쌀, 밀의 생산과 이동 파악

(가)는 아시아 계절풍 기후 지역에서 주로 생산되고, (나)보다 국제 이동량이 적으므로 쌀이다. (나)는 (가)보다 재배 범위가 넓고 국제 이동량이 많으므로 밀이다.

① 밀(나)은 쌀(가)보다 국제 이동량이 많고, 단위 면적당 농업용수 사용량이 적으며, 재배 범위가 넓다. 따라서 쌀(가)과 비교한 밀(나)의 상대적 특성은 그림의 A에 해당한다. ○

04 쌀, 밀, 옥수수의 재배 면적 파악

② 모든 시기에 걸쳐 전 세계 재배 면적이 가장 넓은 (가)는 밀이다. (나)는 최근 재배 면적이 많이 증가하고 있는데, 이는 사료용과 바이오 에탄올의 원료로 이용되는 옥수수이다. 또한 최근 육류 소비가 늘어나면서 가축의 사료로 이용되는 옥수수의 재배 면적이 많이 증가하고 있다. 따라서 나머지 (다)는 쌀이다. ○

05 소, 돼지의 주요 사육지와 이동 파악

브라질, 인도, 미국 등에서 주로 사육되는 A는 소이다. 중국, 미국, 브라질과 함께 유럽에 위치한 국가에서 주로 사육되는 B는 돼지이다.

① 이슬람 신자들은 돼지(B)의 식용을 금기시하며, 소(A)의 식용을 금기시하는 것은 힌두교이다. ✕
② 털에 대한 수요가 증가하면서 경제적 가치가 높아진 것은 양이다. ✕
③ 벼농사 지역에서 노동력 대체 효과가 큰 것은 소(A)이다. ✕
④ 돼지(B)의 사육 두수가 가장 많은 국가는 중국으로, 중국은 아시아에 위치한다. ○
⑤ 소(A)는 아메리카 대륙의 사육 두수 비율이 높고, 돼지(B)는 아시아의 사육 두수 비율이 높으므로, 돼지(B)가 소(A)보다 아시아의 사육 두수 비율이 높다. ✕

06 지역(대륙)별 곡물 자원의 수출입 현황 파악

문제접근 A는 곡물 수출 대비 수입량이 많고, B는 곡물 수출 대비 수입량이 적은 지역(대륙)이다. 따라서 A는 개발 도상국이 많은 아프리카, B는 기업적 곡물 농업의 발달로 식량 자원 수출량이 가장 많은 아메리카이다.

단답형 답안 (1) A – 아프리카, B – 아메리카
서술형 답안 (2) 아시아, 아프리카이다. 아시아와 아프리카는 다른 지역(대륙)과 달리 식량 수출 대비 수입량이 많으므로 식량 자원의 국제 가격이 상승할 경우 수입이 어려워져 식량 부족 문제를 겪을 가능성이 크다.

07 세계 1차 에너지원별 소비 변화 파악

A는 세계 1차 에너지 소비량이 가장 많으므로 석유, 석유 다음으로 소비량이 많은 B는 석탄, C는 최근 소비량 증가가 많으므로 천연가스, 나머지 D는 수력이다.

ㄱ. 석유(A)는 신생대 제3기층의 배사 구조에 주로 매장되어 있다. ✕
ㄴ. 석탄(B)은 천연가스(C)보다 연소 시 대기 오염 물질 배출량이 많다. ○
ㄷ. 천연가스(C)는 석유(A)보다 상용화된 시기가 늦다. ✕
ㄹ. 재생 가능 에너지인 수력(D)은 고갈 자원인 석탄(B)보다 고갈 가능성이 낮다. ○

08 주요 국가의 에너지 소비 구조 파악

러시아의 소비량이 많은 B는 천연가스이다. (가)는 (나)보다 천연가스 소비량이 적으므로 (가)는 중국, (나)는 미국이며, 나머지 (다)는 인도이다. 중국과 인도에서 소비 비중이 높은 C는 석탄이고, 미국에서 소비량이 가장 많은 A는 석유, 나머지 D는 원자력이다.

① 미국(나)은 러시아보다 석유(A) 소비량이 많다. ✕
② 중국(가)은 미국(나)보다 석유(A) 생산량이 적다. ✕
③ 미국(나)은 인도(다)보다 천연가스 생산량이 많다. ○
④ 천연가스(B)는 석탄(C)보다 세계 1차 에너지 소비 구조에서 차지하는 비중이 낮다. ✕
⑤ 원자력(D)은 석탄(C)보다 상용화된 시기가 늦다. ✕

09 화석 에너지원별 소비 구조 파악

② 중국의 소비 비중이 높은 (가)는 석탄이다. 미국, 중국, 인도, 일본, 사우디아라비아 등의 소비 비중이 높은 (나)는

석유이다. 미국, 러시아의 소비 비율이 높은 (다)는 천연가스이다. O

10 주요 화석 에너지의 지역(대륙)별 생산 현황 파악

아시아 · 오세아니아의 생산 비중이 매우 높은 (가)는 석탄, 서남아시아의 생산 비중이 높은 (나)는 석유이다.

① 석탄(가)은 고기 조산대 주변에 주로 매장되어 있다. ✕
② 산업 혁명 시기의 주요 에너지 자원은 석탄(가)이다. ✕
③ 석유(나)가 석탄(가)보다 수송용 연료로 사용되는 비중이 높다. ✕
④ 세계 소비량이 많고 자원의 편재성이 큰 석유(나)는 세계 소비량이 적고 비교적 고르게 매장되어 있는 석탄(가)보다 국제 이동량이 많다. O
⑤ 석탄(가)이 석유(나)보다 전 세계 발전용 연료로 많이 이용된다. ✕

11 주요 화석 에너지의 이동 특징 파악

서남아시아에 있는 국가에서 수출이 많으므로 석유의 생산과 이동을 나타낸 것이다.

① 2017년 기준 석유의 최대 생산국은 미국이다. ✕
② 고기 조산대 주변에 주로 매장되어 있는 자원은 석탄이다. ✕
③ 화석 연료 중 대기 오염 물질 배출량이 가장 적은 것은 천연가스이다. ✕
④ 냉동 액화 기술이 개발되면서 소비량이 급증한 것은 천연가스이다. ✕
⑤ 자동차, 항공기 등 수송 수단의 연료로 주로 이용되는 에너지 자원은 석유이다. O

12 주요 신 · 재생 에너지의 특징 파악

필리핀, 인도네시아, 튀르키예, 뉴질랜드 등 지각판의 경계에 위치한 지역에서 발전 설비 비율이 높은 (나)는 지열이고, 지열의 발전 설비가 가장 많은 A는 미국이다. 미국, 브라질 등에서 생산량 비율이 높은 (가)는 바이오 연료이다. (다)는 캐나다, 브라질 등에서 발전량이 많으므로 수력이고, 수력의 발전량이 가장 많은 B는 중국이다.

① 미국(A)은 중국(B)보다 석탄 생산량이 적다. ✕
② 낙차가 크고 유량이 풍부한 지역이 생산에 유리한 것은 수력(다)이다. ✕
③ 판의 경계 부근에서 개발 잠재력이 높은 것은 지열(나)이다. O
④ 식량 부족 문제를 유발하는 신 · 재생 에너지는 바이오 연료(가)이다. ✕
⑤ 수력(다)이 지열(나)보다 발전 시 기상 조건의 영향을 많이 받는다. ✕

대단원 종합 문제

본문 90~91쪽

01 A-크리스트교, B-이슬람교, C-불교, D-힌두교				
02 ⑤	03 ③	04 ⑤	05 ③	06 ②
07 ⑤	08 ②	09 해설 참조		10 ⑤

01 종교별 분포 파악

문제접근 A는 유럽, 아메리카, 중 · 남부 아프리카, 오세아니아에 주로 분포하고, B는 서남아시아와 중앙아시아, 북부 아프리카에 주로 분포한다. C는 동남아시아와 동아시아, D는 남부 아시아를 중심으로 분포한다.

단답형 답안 A-크리스트교, B-이슬람교, C-불교, D-힌두교

02 종교별 주요 특징 파악

A는 크리스트교, B는 이슬람교, C는 불교, D는 힌두교이다. 크리스트교, 이슬람교, 불교는 보편 종교이고, 힌두교는 민족 종교이다.

① 꽃, 나무 덩굴, 문자 등을 기하학적으로 배치한 아라베스크 문양이 있는 모스크는 이슬람교(B)의 대표적 종교 경관이다. ✕
② 예수를 구원자로 믿고 이웃 사랑을 실천하는 종교는 크리스트교(A)이다. ✕
③ 신자들이 하루에 다섯 번 성지를 향해 기도하는 종교는 이슬람교(B)이다. ✕
④ 힌두교(D)는 특정한 민족을 중심으로 포교되는 민족 종교이다. ✕
⑤ 세계 신자 수는 크리스트교(A) > 이슬람교(B) > 힌두교(D) > 불교(C) 순으로 많다. O

03 이슬람교와 불교의 특징 파악

메카의 카바 신전과 관련된 종교인 (가)는 이슬람교, 미얀마의 쉐다곤 파고다 사원과 관련된 종교인 (나)는 불교이다.

ㄱ. 이슬람교(가)의 신자 수가 가장 많은 국가는 인도네시아로, 인도네시아는 동남아시아에 위치한다. ✕
ㄴ. 불교(나)의 성지로는 석가모니의 탄생지인 룸비니와 석가모니가 깨달음을 얻은 곳인 부다가야 등이 있다. ○
ㄷ. 불교(나)는 기원전 6세기, 이슬람교(가)는 기원후 7세기경에 발생하였으므로 불교(나)가 이슬람교(가)보다 기원 시기가 이르다. ○
ㄹ. 이슬람교(가)의 발생지는 서남아시아의 메카이고, 불교(나)의 발생지는 인도 북부 지역이다. ✕

04 국가별 인구 변화 파악

(가)는 인구의 자연 증가율이 매우 높으므로 경제 발전 수준이 낮은 말리, (나)는 최근 인구의 자연 증가율이 '−'로 출생률보다 사망률이 높은 독일이다.

① 말리(가)는 출생률이 높아 유소년층 인구 비율이 매우 높으므로 노년층 인구 비율보다 유소년층 인구 비율이 높다. ✕
② 독일(나)은 2010~2015년에 인구의 자연 증가율이 '−'이므로 사망률이 출생률보다 높다. ✕
③ 선진국인 독일(나)이 경제 발전 수준이 낮은 말리(가)보다 노년층 인구 비율이 높으므로 중위 연령이 높다. ✕
④ 독일(나)은 말리(가)보다 유소년층 인구 비율이 낮으므로 청장년층 인구에 대한 유소년층 인구 비율인 유소년 부양비가 낮다. ✕
⑤ 독일(나)은 말리(가)보다 1인당 국내 총생산(GDP)이 많다. ○

05 지역(대륙)별 인구 유출입 특성 파악

유입 인구 대비 유출 인구가 많은 A와 D는 아프리카와 아시아 중 하나인데, 유입 인구와 유출 인구 규모가 큰 D는 아시아, A는 아프리카이다. B는 유출 인구 대비 유입 인구 비율이 가장 높으므로 앵글로아메리카, 나머지 C는 유럽이다.

① 총인구는 아시아(D)가 가장 많다. ✕
② 노령화 지수가 가장 높은 지역(대륙)은 유럽(C)이다. ✕
③ 아프리카(A)는 유럽(C)보다 개발 도상국의 비율이 높아 합계 출산율이 높다. ○
④ 유럽(C)은 앵글로아메리카(B)보다 산업화된 시기가 이르다. ✕
⑤ 앵글로아메리카(B)에 위치한 나라는 미국과 캐나다뿐이므로, 아시아(D)는 앵글로아메리카(B)보다 국가 수가 많다. ✕

06 세계 도시 체계 이해

A는 런던, B는 뭄바이이고, 런던, 도쿄가 속한 (가)는 최상위 세계 도시이고, 시드니, 서울, 방콕 등이 속한 (나)는 하위 세계 도시이다.

ㄱ. 런던(A)은 뭄바이(B)보다 상위 계층의 세계 도시이므로 생산자 서비스업의 발달 수준이 높다. ○
ㄴ. 개발 도상국인 인도의 뭄바이(B)는 선진국인 영국의 런던(A)보다 도시 인구의 자연 증가율이 높다. ✕
ㄷ. 최상위 세계 도시(가)는 하위 세계 도시(나)보다 동일 계층에 속하는 도시의 수가 적고, 도시 간 거리가 멀다. ○
ㄹ. 인구 규모가 최상위 세계 도시(가)와 하위 세계 도시(나)를 구분하는 가장 중요한 기준이라고 보기는 어렵다. ✕

07 쌀, 밀, 옥수수의 대륙(지역)별 생산 현황 파악

(가)는 특정 대륙의 생산량이 매우 많으므로 쌀이고, 쌀의 생산량이 많은 A는 아시아이다. (다)는 (가), (나)보다 세계 총 생산량이 많으므로 옥수수이고, (나)는 밀이다. 옥수수의 생산량이 많은 B는 아메리카, 밀의 생산량이 상대적으로 많은 C는 유럽이다.

① 밀(나)이 쌀(가)보다 국제 이동량이 많다. ✕
② 옥수수(다)가 밀(나)보다 가축 사료로 많이 이용된다. ✕
③ 쌀(가)의 최대 생산국은 중국이지만, 옥수수(다)의 최대 생산국은 미국이다. ✕
④ 유럽(C)은 옥수수(다)보다 밀(나)의 생산량이 많다. ✕
⑤ 아메리카(B)는 아시아(A)보다 식량 자원 생산량 대비 수출량이 많다. ○

08 소, 양, 돼지의 국가별 사육 현황 파악

브라질, 인도, 미국에서 많이 사육되는 (가)는 소, 중국, 오스트레일리아, 인도에서 사육 두수가 많은 (나)는 양, 중국이 압도적으로 사육 두수가 많은 (다)는 돼지이다.

① 이슬람 문화권에서 식용을 금기시 하는 것은 돼지(다)이다. ✕
② 양(나)은 털에 대한 수요가 증가하면서 경제적 가치가 높아졌다. ○

③ 돼지(다)는 유목에 적합하지 않은 가축이다. ✕
④ 아메리카는 돼지(다)보다 소(가)의 사육 두수가 많다. ✕
⑤ 양(나)은 소(가)보다 강수량이 적은 곳에서 주로 사육된다. ✕

09 석유, 석탄, 천연가스의 용도별 소비 특성 파악

문제접근 (가)는 수송용으로 가장 많이 소비되는 에너지 자원이므로 석유이다. (나)는 산업용으로 가장 많이 소비되므로 석탄, (다)는 산업용과 가정용으로 많이 소비되므로 천연가스이다.

서술형 답안 (가)는 석유, (나)는 석탄이다. 석유는 지역적인 편재성이 커서 국제 이동량이 많다. 석탄은 화석 에너지 중 편재성이 작은 편이고 생산지에서 소비되는 비율이 높아 국제 이동량이 적은 편이다.

10 주요 화석 에너지의 특징 파악

(가)는 석유, (나)는 석탄, (다)는 천연가스이다.

① 석유(가)는 신생대 제3기층의 배사 구조에 주로 매장되어 있다. ✕
② 냉동 액화 기술의 발달로 소비량이 급증한 것은 천연가스(다)이다. ✕
③ 세계 1차 에너지 소비 구조에서 차지하는 비율이 가장 높은 것은 석유(가)이다. ✕
④ 2016년 기준 석유(가)의 최대 순 수출국은 사우디아라비아이고, 2017년 기준 석탄(나)의 최대 순 수출국은 인도네시아이다. ✕
⑤ 석탄(나)은 천연가스(다)보다 연소 시 대기 오염 물질 배출량이 많다. ○

신유형·수능열기

본문 92~94쪽

1 ③	2 ④	3 ③	4 ⑤	5 ②	6 ⑤
7 ②	8 ②	9 ②	10 ④	11 ④	12 ④

1 주요 종교의 지역별 신자 수 비율 및 종교 성지 파악

왜 신유형인가? **종교 성지를 통해 주요 종교를 파악하고, 각 종교의 지역별 신자 수 비율을 통해 해당 지역과 종교를 유추할 수 있는지를 묻고 있는 신유형 문항이다.**

바라나시와 갠지스강 등을 통해 (가)는 힌두교, 무함마드와 관련 있는 (나)는 이슬람교, 예수와 관련 있는 (라)는 크리스트교이다. 이슬람교(나)의 신자 수 비율이 상대적으로 높은 A는 서남아시아와 북부 아프리카, 크리스트교(라)의 신자 수 비율이 높은 B는 유럽, 유럽보다 크리스트교 신자 수 비율이 낮은 C는 앵글로아메리카이다. (다)는 아시아 · 오세아니아의 신자 수 비율이 높으므로 불교이고, 나머지 (마)는 유대교이다.

① 힌두교(가)는 이슬람교(나)보다 세계 신자 수가 적다. ✕
② 기원전 6세기경에 발생한 불교(다)는 크리스트교(라)보다 기원 시기가 이르다. ✕
③ 힌두교(가)와 유대교(마)는 모두 특정한 민족을 중심으로 포교되는 종교인 민족 종교에 해당한다. ○
④ 이슬람교(나)의 경전은 주로 서남아시아와 북부 아프리카(A)에서 사용하는 아랍어로 기록되어 있다. ✕
⑤ 앵글로아메리카(C)는 유럽(B)보다 크리스트교(라)의 전파 시기가 늦다. ✕

2 국가별 종교 분포 파악

말레이시아와 에티오피아에서 신자 수 비율이 높은 B는 이슬람교, 스리랑카에서 신자 수 비율이 높은 D는 불교이다. A는 에티오피아에서 신자 수 비율이 높은 크리스트교, C는 스리랑카에서 불교 다음으로 신자 수 비율이 높으므로 힌두교이다.

① 돼지고기를 금기시하는 종교는 이슬람교(B)이다. ✕
② 수많은 신을 인정하는 다신교는 힌두교(C)이다. ✕
③ 첨탑과 둥근 지붕이 있는 모스크는 이슬람교(B)의 대표적인 종교 경관이다. ✕
④ 불교(D)의 주요 성지로는 룸비니와 부다가야 등이 있다. ○
⑤ 세계 신자 수는 크리스트교(A) > 이슬람교(B) > 힌두교(C) > 불교(D) 순으로 많다. ✕

3 국가별 인구 특성 비교

지도에 표시된 국가는 독일, 니제르, 사우디아라비아, 파키스탄이다. 인구 자연 증가율이 '–'인 (라)는 독일, 인구 자연 증가율보다 인구 증가율이 높은 (다)는 인구의 사회적 증가가 많은 사우디아라비아이다.

(가)는 (나)보다 인구 자연 증가율이 높으므로 니제르, (나)는 인구 자연 증가율보다 인구 증가율이 낮으므로 인구 순 유출이 많은 파키스탄이다.

① 니제르(가)는 독일(라)보다 3차 산업 종사자 비율이 낮다. ✕
② 파키스탄(나)은 사우디아라비아(다)보다 인구 자연 증가율 대비 인구 증가율이 낮으므로 인구 순 유출이 많다. ✕
③ 사우디아라비아(다)는 독일(라)보다 석유 수출량이 많다. ○
④ 독일(라)은 니제르(가)보다 도시화율이 높다. ✕
⑤ 노령화 지수는 독일(라)이 가장 높다. ✕

4 지역(대륙)별 인구 이주 특성 파악

A는 유입 인구보다 유출 인구가 많으므로 경제 발전 수준이 낮은 개발 도상국이 많은 아프리카이다. B는 C보다 인구 순 이동이 적고, 이주자 비중도 낮으므로 유럽, C는 앵글로아메리카이다. (다)는 (가), (나)로부터 모두 유입 인구가 유출 인구보다 많은 인구 순 유입이 나타나므로 앵글로아메리카이다. (가)는 모든 지역으로 유출 인구가 유입 인구보다 많으므로 아프리카이고, (나)는 유럽이다.

① 아프리카(A)는 유럽(B)보다 총인구가 많다. ✕
② 앵글로아메리카(C)는 유럽(B)보다 도시화율이 높다. ✕
③ (가) 아프리카(A)에서 (나) 유럽(B)으로 이동한 인구는 약 930만 명, (다) 앵글로아메리카(C)에서 (나) 유럽(B)으로 이동한 인구는 약 100만 명이다. 따라서 (가) 아프리카(A)에서 (나) 유럽(B)으로 이동한 인구가 (다) 앵글로아메리카(C)에서 (나) 유럽(B)으로 이동한 인구보다 많다. ✕
④ (가) 아프리카는 인구 순 유출이 나타나고, (나) 유럽은 인구 순 유입이 나타나므로, (나) 유럽이 (가) 아프리카보다 인구 순 이동이 많다. ✕
⑤ (다) 앵글로아메리카(C)는 (나) 유럽(B)보다 이주자 비중이 높다. ○

5 국가별 인구 이주 특성 파악

지도에 표시된 A는 알제리, B는 독일, C는 시리아, D는 파키스탄이다.

② (가)는 프랑스로의 이주자 수가 많고 남성 이주자가 여성 이주자보다 많으므로 일자리를 찾아 프랑스로 이주하는 사람이 많은 알제리(A)이다. (나)는 튀르키예, 레바논, 사우디아라비아 등 이슬람 문화권으로의 이주자 수가 많고 남성과 여성의 이주자 수가 비슷하므로 전쟁 등으로 인해 가족 전체가 이주하는 정치적 요인에 의한 이주가 많은 시리아(C)이다. ○

6 지역(대륙)별 도시화율과 촌락 인구 파악

2015년 도시화율이 가장 높고 촌락 인구가 가장 적은 (마)는 앵글로아메리카이다. 2015년 도시화율이 가장 낮은 (나)는 아프리카, 촌락 인구가 가장 많은 (가)는 총인구가 많은 아시아이다. (다)는 (라)보다 1950~2015년에 도시화율이 많이 증가하였으므로 라틴 아메리카, (라)는 유럽이다.

① 라틴 아메리카(다)에는 최상위 세계 도시가 없다. ✕
② 아프리카(나)는 앵글로아메리카(마)보다 지역 내 국가 수가 많다. ✕
③ 라틴 아메리카(다)는 유럽(라)보다 가톨릭교 신자 수 비율이 높다. ✕
④ 유럽(라)은 아시아(가)보다 3차 산업 종사자 비율이 높다. ✕
⑤ 앵글로아메리카(마)는 아시아(가)보다 2015년 도시화율은 높지만, 도시 인구는 적다. ○

7 세계 도시 체계 이해

(가)는 도쿄가 포함되어 있으므로 최상위 세계 도시이고, 최상위 세계 도시인 A는 런던, D는 뉴욕이다. (나)는 뭄바이, 홍콩, 시드니 등이 포함된 도시이므로 하위 세계 도시이고, B는 남아프리카 공화국에 위치한 하위 세계 도시이므로 요하네스버그이며, C는 동남아시아에 위치한 싱가포르이다.

① 국제 연합(UN) 본부는 뉴욕(D)에 있다. ✕
② C는 상위 세계 도시로, 동부 아시아와 서남아시아를 잇는 중간에 위치하고 있으므로 아시아 허브 도시인 싱가포르이다. ○
③ 하위 세계 도시인 B는 최상위 세계 도시인 D보다 생산자 서비스업의 발달 수준이 낮다. ✕
④ 최상위 세계 도시인 (가)는 하위 세계 도시인 (나)보다 세계 경제에 끼치는 영향이 크다. ✕
⑤ 하위 세계 도시인 (나)는 최상위 세계 도시인 (가)보다 동일 계층에 속하는 도시의 수가 많다. ✕

8 쌀, 밀, 옥수수의 특징 파악

단위 면적당 생산량은 (다)>(가)>(나) 순으로 많고, 생산량 대비 수출량 비중은 (나)>(다)>(가) 순으로 높다.

② (가)는 생산량 대비 수출량 비중이 가장 낮으므로, 작물 생산지에서 대부분 소비되어 국제 이동량이 적은 쌀이다. (나)는 단위 면적당 생산량이 가장 적고 생산량 대비 수출량 비중이 가장 높으므로 국제 이동량이 많은 밀이다. (다)는 단위 면적당 생산량이 가장 많고, 밀 다음으로 생산량 대비 수출량 비중이 높으므로 옥수수이다. ○

9 대륙별 쌀, 밀, 옥수수의 생산 현황 파악

왜 신유형인가? **대륙별 세계 3대 식량 작물의 생산 현황을 삼각 그래프와 원그래프로 함께 제시하여 대륙별 작물 재배의 특징과 총생산량을 함께 묻고 있으므로 신유형이다.**

오세아니아에서 생산 비율이 높은 (다)는 밀이다. 쌀, 밀, 옥수수의 총생산량이 가장 많은 B는 아시아이고, 아시아에서 생산 비율이 높은 (나)는 쌀이다. 따라서 나머지 (가)는 옥수수이다. 옥수수의 생산 비율이 높은 D는 아메리카이다. A는 C보다 (가)~(다)의 총생산량이 많고, 밀(다)의 생산 비율이 높으므로 유럽이며, 오세아니아 다음으로 (가)~(다)의 총생산량이 적은 C는 아프리카이다.

① 옥수수(가)의 기원지는 아메리카이다. ✕
② 옥수수(가)는 쌀(나)보다 세계 총생산량이 많다. ○
③ 생산지에서 대부분 소비되는 쌀(나)은 밀(다)보다 국제 이동량이 적다. ✕
④ 유럽(A)은 아시아(B)보다 지역 내 옥수수(가) 생산 비율은 다소 높지만, (가)~(다)의 총생산량은 아시아가 월등히 많으므로 아시아(B)가 유럽(A)보다 옥수수 생산량이 많다. ✕
⑤ 기업적 곡물 농업이 발달한 아메리카(D)는 아프리카(C)보다 농가당 경지 면적이 넓다. ✕

10 주요 신·재생 에너지의 특징 파악

(가)는 미국, 필리핀, 인도네시아, 멕시코, 뉴질랜드에서 설비 용량이 크므로 지열, (나)는 중국, 캐나다, 브라질, 미국, 러시아에서 설비 용량이 크므로 수력이고, 나머지 (다)는 풍력이다. 풍력은 중국, 미국, 독일, 인도, 에스파냐에서 설비 용량이 크다.

ㄱ. 바람이 많이 부는 산지나 해안 지역이 생산에 유리한 것은 풍력(다)이다. ✕
ㄴ. 수력(나)은 낙차가 크고 수량이 풍부한 지역이 생산에 유리하다. ○
ㄷ. 지각판의 경계 지역이 개발에 유리한 것은 지열(가)이다. ✕
ㄹ. 수력(나)이 풍력(다)보다 세계 총에너지 공급에서 차지하는 비중이 높다. ○

11 경제 발전 수준에 따른 에너지 소비 특색 파악

A는 OECD에서 소비량이 가장 많으므로 석유이다. B는 최근 소비량이 많이 증가하고 있으므로 천연가스이고, C는 비OECD에서 소비량이 상대적으로 많으므로 석탄이다. 나머지 D는 수력이다.

① 그래프를 보면 비OECD가 OECD보다 1967~2017년에 총에너지 소비량 증가가 많았다. ✕
② 고기 조산대 주변에 주로 매장되어 있는 자원은 석탄(C)이다. ✕
③ 석유(A)가 천연가스(B)보다 수송용 연료로 많이 이용된다. ✕
④ 석탄(C)은 천연가스(B)보다 세계 1차 에너지원별 발전량에서 차지하는 비중이 높다. ○
⑤ 재생 가능 에너지인 수력(D)이 고갈 자원인 석탄(C)보다 고갈 가능성이 낮다. ✕

12 석유, 석탄, 천연가스의 지역(대륙)별 생산 현황 파악

(가)는 아시아·오세아니아의 생산 비율이 높으므로 석탄, (나)는 (다)보다 유럽의 생산 비율이 상대적으로 높으므로 천연가스, (다)는 석유이다. 석유(다)의 생산 비율이 높은 B는 서남아시아, 천연가스(나)의 생산 비율이 높은 A는 앵글로아메리카이다.

① 석탄(가)의 최대 순 수출국은 2017년 기준 인도네시아로, 인도네시아는 동남아시아에 위치한다. ✕
② 천연가스(나)는 석탄(가)보다 연소 시 대기 오염 물질 배출량이 적다. ✕
③ 천연가스(나)는 석유(다)보다 상용화된 시기가 늦다. ✕
④ 석유(다)는 석탄(가)보다 세계 총소비량이 많다. ○
⑤ 앵글로아메리카(A)는 서남아시아(B)보다 석유(다)의 생산량 대비 수출량이 적다. ✕

IV 몬순 아시아와 오세아니아

01 자연환경에 적응한 생활 모습

기본 문제

본문 100~101쪽

01 ④	02 ②	03 ②	04 ④	05 ②
06 ①				

01 벼농사의 특징 이해

벼의 재배 방식을 통해 기후 특징을 유추하는 문제이다.

① 연중 서늘한 열대 고산 지역에서는 벼가 생육하기 어렵다. ✕

② 벼는 계절풍이 탁월한 대륙 동안에서 주로 재배된다. ✕

③ 벼는 기온이 높고 강수량이 많은 지역에서 주로 재배된다. ✕

④ 계절풍의 영향을 받는 동남 및 남부 아시아는 기후가 고온 다습하여 벼의 2~3기작이 가능하다. 제시된 글은 남서 계절풍의 영향을 받는 우기에 재배되는 벼에 관한 것이다. ○

⑤ 강수량보다 증발량이 많은 아열대 고압대의 영향을 받는 지역에서는 건조 기후가 나타난다. ✕

02 몬순 아시아의 농작물 분포 이해

계절풍과 비옥한 충적 평야로 인해 몬순 아시아는 세계적인 벼농사 지대가 되었다. 또한 몬순 아시아 중 열대 및 아열대 기후 지역에서는 차, 커피, 바나나 등을 재배하는 플랜테이션 농업이 발달하였다. 동남 및 남부 아시아로 진출한 영국은 아삼 지방에서 야생 차나무를 발견하여 플랜테이션으로 발전시켰다. 아삼 지방과 스리랑카는 강수량이 풍부하고 기온이 높아 차의 재배에 적합하다.

① 쌀(㉠)은 강수량이 많은 하천의 삼각주나 충적지에서 주로 재배되는데, 주장강, 메콩강, 갠지스강 하류 지역이 대표적인 재배지이다. ✕

② 차(㉡)는 고온 다습하고 배수가 양호한 지역에서 주로 재배되며, 중국의 화중 지방, 인도의 아삼 지방이 대표적이다. ○

③ 바나나(㉢)이다. ✕

④ 커피(㉣)는 건기와 우기가 뚜렷한 기후에 적합한 작물로 베트남과 인도네시아에서 주로 재배된다. ✕

⑤ 카카오(㉤)이다. ✕

03 몬순 아시아의 전통 음식 이해

자료는 베트남의 전통 음식인 쌀국수(퍼)에 대한 설명이다.

② 을: 쌀국수 면의 주원료인 쌀은 아시아 계절풍 기후 지역에서 주로 생산되며 몬순 아시아 사람들의 주식이다. 아메리카에서 기원한 농작물은 감자, 옥수수 등이다. ○

04 동남아시아의 주민 생활 이해

제시된 지역은 메콩강 하류에 위치한 곳으로 건기와 우기가 뚜렷한 열대 몬순 지역이다. 이곳은 우기에 강수의 집중으로 유량이 매우 많지만 건기에는 그와 대조적으로 유량이 적다.

ㄱ. 몬순 아시아는 계절풍의 영향으로 여름에는 바다에서 오는 습한 바람의 영향으로 습윤한 기후인 우기가, 겨울에는 대륙에서 불어오는 건조한 바람의 영향으로 건기가 된다. ○

ㄴ. 벼농사는 주로 충적 평야에서 이루어진다. ○

ㄷ. 동남아시아에서는 활엽수림의 넓은 잎이나 대나무를 이용하여 개방적인 구조의 고상 가옥과 수상 가옥을 많이 볼 수 있다. ○

ㄹ. 동남아시아에서는 여름철에 강한 상승 기류에 의한 대류성 강수(스콜)가 주로 발생한다. ✕

05 동남아시아 지역의 특성 파악

지도에 표시된 A 국가들은 미얀마, 타이, 베트남, 라오스, 캄보디아이다.

ㄱ. 지도에 표시된 A 국가들은 계절풍의 영향을 받기 때문에 벼를 재배하는 모습을 볼 수 있다. ○

ㄴ. 이동식 가옥에서 거주하고 있는 모습은 주로 스텝 기후에서 볼 수 있다. ✕

ㄷ. 지도에 표시된 A 국가에는 불교 신자가 가장 많다. ○

ㄹ. 낙타에 물건을 싣고 교역을 하는 대상(隊商) 무역은 주로 건조 기후 지역에서 볼 수 있다. ✕

06 몬순 아시아의 주요 축제 이해

국제 빙설제와 송끄란 축제의 배경이 된 각 지역의 자연환경의 특징을 묻는 문항이다. 지도의 A는 중국, B는 일본, C는 타이, D는 인도네시아이다.

① 국제 빙설제가 열리는 하얼빈은 중국 동북부에 위치하여 냉대 겨울 건조 기후가 나타나는데, 특히 겨울에 매우 춥고

눈이 많이 내려서 빙설제가 발달하였다. 송끄란 축제가 열리는 타이는 건기와 우기가 반복되는 열대 몬순 기후로, 가장 덥고 힘든 4월을 지나 우기의 시작을 기념하기 위해 축제를 연다. 따라서 (가)는 A, (나)는 C이다. ○

02 주요 자원의 분포 및 이동과 산업 구조 ~ 03 민족(인종) 및 종교적 차이

기본 문제

본문 108~109쪽

01 ②	02 해설 참조	03 ④	04 ③
05 ④	06 ⑤	07 ①	08 해설 참조

01 몬순 아시아와 오스트레일리아의 주요 자원 분포 파악

(나)는 오스트레일리아의 서부 지역에 많이 분포한 것으로 보아 철광석이다. (다)는 오스트레일리아의 동부 지역에 많이 분포한 것으로 보아 석탄이다. (가)는 석유이다.

① 석유(가)는 신생대 제3기 지층의 배사 구조에 주로 분포한다. ✕
② 철광석(나)은 석탄과 함께 산업 혁명을 주도한 자원으로, 기계, 자동차, 조선을 비롯한 산업 전 영역에 걸쳐 사용되고 있어 흔히 '산업의 쌀'로 불린다. ○
③ 세계 에너지 소비 구조에서 차지하는 비중이 가장 높은 자원은 석유(가)이다. ✕
④ 석유(가)는 석탄(다)보다 자원의 편재성 크며, 국제 이동량이 많다. ✕
⑤ 오스트레일리아의 주요 수출 자원은 철광석(나)과 석탄(다)이다. ✕

02 오스트레일리아의 주요 수출입 상대국 파악

문제접근 몬순 아시아와 오세아니아는 지리적으로 가깝고 지역에 따라 다양한 자원이 분포한다. 또한 국가 간 경제 발전 수준이나 산업 구조의 차이가 크기 때문에 자원의 이동이 활발하다.

서술형 답안 오스트레일리아는 천연자원이 풍부하지만 산업 발달 속도는 느린 편이고, 동부 아시아는 산업 발달 수준이 높고 자원의 공급보다 수요가 많다. 따라서 오스트레일리아에서 생산된 자원은 상대적으로 제조업이 발달한 우리나라, 중국, 일본 등 동부 아시아로 수출된다. 반면 동부 아시아에서 생산된 공업 제품은 오스트레일리아로 수출된다.

03 몬순 아시아 주요 국가의 산업 구조 파악

경제 발전 수준이 낮은 국가는 1차 산업 종사자의 비중이 높은 편이다. 또한 자원 개발이나 제조업이 발달한 국가는 2차 산업 종사자 비중이 높은 편이고, 탈공업화 과정을 겪었거나 관광업의 비중이 높은 국가는 3차 산업 종사자의 비중이 높은 편이다. 지도의 A는 중국, B는 일본, C는 베트남이다.

④ (가)는 3차 산업의 비중이 가장 높고, (나)는 1차 산업의 비중이 가장 높다. (다)는 (가)보다 3차 산업의 비중이 낮고, (나)보다 1차 산업의 비중이 낮다. 따라서 (가)는 일본(B), (나)는 베트남(C), (다)는 중국(A)이다. ○

04 중국과 오스트레일리아의 수출입 구조 파악

오스트레일리아에서 생산된 철광석과 석탄은 제철 · 기계 · 조선 등의 중화학 공업이 발달한 대한민국, 중국, 일본 등지로 많이 수출되고 있다.

③ '세계의 공장'이라 불리는 중국은 제조업이 급성장하면서 공업 제품의 수출 비중이 높다. 오스트레일리아는 철광석 수출액이 전체 상품 수출액의 약 20%를 차지할 정도로 광물 자원에 대한 수출 의존도가 높다. 그리고 철광석 이외에도 석탄, 보크사이트, 금 등의 자원을 수출하고 있다. 또한 밀, 양모, 소고기 등 농산물 수출도 많은 편이다. 반면 전반적으로 임금 수준이 높고, 국내 시장의 규모가 작아 제조업의 경쟁력은 비교적 낮은 편이다. 따라서 (가)는 농산물, (나)는 광산물, (다)는 공업 제품이다. ○

05 동남아시아의 종교별 인구 비율 파악

동남아시아에는 다양한 종교가 분포한다. 인도에서 전파된 힌두교 및 불교는 말레이시아와 타이 등에 영향을 주었고, 13세기 중반 이슬람 상인들에 의해 전파된 이슬람교는 이 지역에 뿌리내려 현재 인도네시아, 말레이시아, 브루나이 등의 국가에서 강력한 영향력을 행사하고 있다. 크리스트교는 300여 년 동안 에스파냐의 식민 지배를 받은 필리핀에 자리 잡았다.

④ (가)는 필리핀에서 차지하는 비율이 매우 높은 것으로 보아 크리스트교이다. (나)는 타이, 미얀마 등 인도차이나 반도에 위치한 국가에서 비율이 높게 나타나는 것으로 보아 불교이다. (다)는 인도네시아, 말레이시아 등의 국가에서 비율이 높게 나타나는 것으로 보아 이슬람교이다. ○

06 오스트레일리아의 원주민 거주 지역 이해

유럽인의 이주 이전에 오스트레일리아에 살았던 종족은 애버리지니이다. 유럽계 백인들이 정착한 이후 일부 원주민들은 이들을 피해 점점 더 건조하고 열악한 지역으로 이주하였다. 그 결과 유럽계 백인들이 선호하지 않았던 오스트레일리아 북부 및 중부 내륙으로 들어가 살기 시작하였다. 현재 다윈을 비롯한 오스트레일리아 북부 지역은 인구의 약 30%가 애버리지니로 구성되어 있고, 오스트레일리아 내륙 일대에는 대규모 원주민 보호 구역이 지정되어 있다.

① 종교적 박해를 피해 유럽에서 이주한 이들은 청교도들로 주로 미국으로 이주하였다. ✕
② 과거 노예 무역으로 이주한 아프리카계 사람들은 미국이나 카리브해 연안 지역 등 주로 아메리카에 많다. ✕
③ 아시아인들의 오스트레일리아 이민은 1970년대 후반 백호주의 폐지 이후 활성화되었으며, 주로 도시 지역에 거주하고 있다. ✕
④ 유럽인과 원주민들 사이에 태어난 혼혈인은 라틴 아메리카 지역에 주로 거주하고 있다. ✕
⑤ 애버리지니는 유럽인의 진출 이전부터 오스트레일리아에서 살아온 원주민이다. ○

07 중국의 소수 민족 분포 지역 파악

자료의 소수 민족은 위구르족이다. 위구르족이 주로 거주하는 지역은 신장웨이우얼자치구이다. 위구르족은 한때 독립국을 이루고 있었으나 중국이 자국 영토로 편입한 뒤 자치구로 설정하면서 중국 정부와 갈등을 겪고 있다.

① A는 신장웨이우얼자치구로, 위구르족의 비율이 높은 지역인데, 한족의 간섭이 심해지면서 분리 독립을 주장하고 있으며, 국제 사회에 도움을 호소하고 있다. ○
② B는 네이멍구자치구로 한족의 비율이 가장 높고, 몽골족이 많이 분포한다. ✕
③ C는 지린성으로 한족의 비율이 가장 높고, 그 다음으로 조선족의 비율이 높다. 조선족은 옌볜자치주에 집중적으로 거주하고 있다. ✕
④ D는 시짱자치구로 티베트족이 대부분이며, 티베트어를 쓰고 불교를 신봉하는 주민이 많다. 분리 독립과 관련하여 중앙 정부와 갈등이 있다. ✕
⑤ E는 광시좡족자치구로 한족이 가장 많고, 그 다음으로 좡족이 많다. ✕

08 스리랑카의 내전 파악

문제접근 스리랑카는 인구의 약 80%를 차지하는 원주민인 신할리즈족과 19세기 이후 영국 식민지 시기에 차 재배를 위해 인도에서 건너온 타밀족으로 구성된 나라이다.

서술형 답안 스리랑카에서는 불교를 믿는 신할리즈족과 힌두교를 믿는 타밀족 간 갈등이 26년간 지속되었다. 내전은 2009년에 종식되었지만, 타밀족에 대한 신할리즈족의 차별은 여전히 지속되고 있다.

대단원 종합 문제

본문 112~113쪽

01 ①	02 ④	03 ③	
04 역내 포괄적 경제 동반자 협정(RCEP)			05 ③
06 ①	07 ③	08 해설 참조	

01 동남아시아 지역의 특징 파악

열대 과일이 많이 생산되고, 전통 의상인 아오자이를 입는다는 것으로 보아 베트남에 대한 설명이다.

① 베트남은 계절풍 기후 지역에 속하여 벼농사가 활발하며, 전통 음식으로는 쌀국수(퍼)가 있다. ○
② 밀로 만든 난과 커리는 인도의 전통 음식이다. ✕
③ 저민 생선으로 만든 스시는 일본의 전통 음식이다. ✕
④ 올리브 오일로 요리한 파스타는 이탈리아의 전통 음식이다. ✕
⑤ 치즈와 소고기를 곁들인 호밀빵은 주로 유럽에서 즐겨 먹는 음식이다. ✕

02 몬순 아시아의 자연재해 파악

밑줄 친 (가) 지역에는 히말라야산맥이 위치해 있으며, 여름 계절풍의 영향으로 홍수가 자주 발생한다.

ㄴ, ㄹ. 지형성 강수와 더불어 열대 저기압인 사이클론이 내습하면 큰 홍수가 발생하면서 많은 인명 및 재산 피해가 발생한다. ○

03 몬순 아시아와 오세아니아의 산업 구조 파악

몬순 아시아와 오세아니아에는 세계적인 선진 공업국에서 경제 발전 수준이 낮은 농업국까지 포함되어 있어 산업 구조가 다양하다. 지도의 A는 중국, B는 일본, C는 인도, D는 인도네시아, E는 오스트레일리아, F는 뉴질랜드이다.

③ (가)는 일본(B)으로 국내 자원이 적어 원자재를 수입하여 이를 가공한 후 수출하는 가공 무역과 첨단 산업 및 생산자 서비스업이 발달하였다. (나)는 인도(C)로 노동 집약형 산업이 발달하고 있으며, 점차 과학 기술과 정보 통신 기술이 발달하면서 벵갈루루, 하이데라바드 등지에 첨단 산업 단지가 조성되었다. (다)는 오스트레일리아(E)로 지하자원이 풍부하여 광업이 발달하였으나 국내 소비 시장이 작고, 노동력이 부족하여 공업 발달에 어려움을 겪고 있다. ○

04 몬순 아시아와 오세아니아의 경제 협력 이해

문제접근 역내 포괄적 경제 동반자 협정(RCEP)은 역내 국가의 상품 무역 자유화, 서비스 및 투자 자유화를 주요 쟁점으로 다루고 있다.

단답형 답안 역내 포괄적 경제 동반자 협정(RCEP)

05 중국의 지역 특성 이해

(가)는 티베트 고원에 위치한 시짱자치구이고, (나)는 창장강(양쯔강) 하류 지역의 화중 평야 일대이다.

③ 중국은 지형적으로 서고동저의 지형이 나타난다. 대싱안링산맥을 기준으로 서부에는 고원 및 산지, 동부에는 평야 지역이 나타나며, 강수량 또한 서부의 건조 지역과 동부의 습윤 지역으로 나뉜다. 민족 분포는 동부 평야 지역에는 주로 한족이 분포하며, 북서부와 남부 일부 지역에서는 소수 민족 분포 비율이 높게 나타나며 자치구를 이루고 있다. 따라서 (나)는 (가)에 비해 소수 민족 비율과 해발 고도는 낮고, 벼농사 비율은 높게 나타난다. ○

06 동남아시아 주요 국가의 전통 음식 이해

(가)는 타이의 전통 음식인 팟타이, (나)는 인도네시아의 전통 음식인 나시고렝에 대한 설명이다. 팟타이와 나시고렝은 쌀을 이용하여 만든 대표적인 볶음 요리에 해당한다. 동남아시아 사람들은 밥에 향신료를 넣어 볶아 먹거나 쌀로 면을 만들어 고기나 채소와 함께 먹는 경우가 많다.

① 타이와 인도네시아는 열대 기후가 나타나는 지역으로 연중 기온이 높다. ○
② 강수량이 적은 기후는 건조 기후이다. ✕
③ 해발 고도가 높은 지역은 고산 기후가 나타난다. ✕
④ 겨울에 눈이 많이 내리는 다설 지역으로 대표적인 곳은 일본의 북서 해안 지역이다. ✕
⑤ 열대 기후는 기온의 일교차가 연교차보다 크다. ✕

07 종교로 인한 갈등 발생 지역 파악

(가) 지도의 A 지역은 주로 이슬람교를 믿고 있는 사람들의 거주 지역이다. 영국으로부터 독립할 당시 카슈미르 지역은 주민의 대다수가 이슬람교를 믿기 때문에 파키스탄에 귀속될 예정이었다. 그러나 이곳을 통치하던 지도자가 인도에 통치권을 넘기면서 인도령이 되었는데, 주민의 대부분은 이슬람교를 믿고 파키스탄에 귀속되기를 바라면서 분쟁이 발생하였다. (나) 지도의 B 지역은 필리핀의 민다나오섬으로, 크리스트교(가톨릭교)와 이슬람교 간의 종교 갈등이 40년 넘게 지속되는 지역이다. 따라서 (가), (나) 지도에 표시된 지역의 공통된 주요 종교는 이슬람교이다.

① 불교에 대한 설명이다. ✕
② 크리스트교에 대한 설명이다. ✕
③ 둥근 돔 형태의 지붕과 높이 솟은 첨탑이 있는 모스크는 이슬람교의 대표적 경관이다. ○
④, ⑤ 힌두교와 관련 있는 주민의 생활양식과 종교 경관에 대한 설명이다. 힌두교는 다신교로, 힌두교 사원이나 가정에는 다신교의 특성을 반영하여 각양각색의 신들이 조각되어 있는 경우가 많다. ✕

08 뉴질랜드의 민족(인종) 특징 파악

문제접근 뉴질랜드는 영국 등 유럽 이민자들이 국민의 주류를 이루며 서구적 문화와 가치관이 지배적이지만 한편으로는 원주민인 마오리족 문화 또한 잘 융화되어 있다.

서술형 답안 국장을 통해 뉴질랜드의 유럽계 백인과 원주민인 마오리족의 조화로운 삶을 엿볼 수 있다. 현재 뉴질랜드에서는 영어와 함께 마오리족의 언어를 국가 공용어로 채택하고 있으며, 마오리족의 전통을 존중하고 그들의 문화를 관광 자원으로 활용하고 있다.

신유형·수능열기

본문 114~116쪽

1 ②	2 ①	3 ⑤	4 ④	5 ②	6 ④
7 ⑤	8 ⑤	9 ③	10 ④	11 ⑤	12 ②

1 몬순 아시아의 계절풍 이해

지도는 몬순 아시아의 계절풍과 적도(열대) 수렴대의 이동을 나타낸 것이다. (가)는 해양에서 대륙으로 바람이 부는 것으로 보아 7월(우기)에 해당되며, (나)는 대륙에서 해양으로 바람이 부는 것으로 보아 1월(건기)에 해당된다.

ㄱ. 몬순 아시아의 (가) 7월(우기)은 (나) 1월(건기)보다 기온이 높다. ○
ㄴ. (가) 7월(우기)은 (나) 1월(건기)보다 기온이 높고 강수량이 많기 때문에 벼농사에 미치는 영향이 크다. ✕
ㄷ. A의 영향을 받는 지역은 상승 기류가 발생하는 수렴대에 해당되어 날씨가 흐리고 강수가 많다. ✕
ㄹ. B 지역(방콕)은 (가) 7월(우기)이 (나) 1월(건기)보다 강수량이 많다. ○

2 몬순 아시아 주요 국가의 특성 이해

(가)~(다) 중 인구 밀도는 (나)가 가장 높고, 쌀 생산량은 (가)가 가장 많다. 지도의 A는 중국, B는 인도, C는 베트남이다.

① 몬순 아시아에서 쌀 생산량이 많은 지역은 국토 면적이 비교적 넓은 중국, 인도 등이다. (가)는 쌀 생산량이 가장 많고, 상대적으로 인구 밀도가 낮은 중국(A)이다. (나)는 인구 밀도가 가장 높고 쌀 생산량도 (가) 다음으로 많은 인도(B)이다. (다)는 인구 밀도는 (나) 다음으로 높고 쌀 생산량은 가장 적은 베트남(C)이다. ○

3 아시아의 대지형

A는 안정육괴, B는 고기 조산대, C는 신기 조산대에 해당되는 지형이다.

① A는 안정육괴로 선캄브리아대에 급격한 조산 운동을 받았으나 고생대부터 현재까지 조륙 운동이 지속되어 순상지나 탁상지를 이루고 있다. ✕
② 신기 조산대에 대한 설명이다. B는 고기 조산대이다. ✕
③ 신기 조산대(C)는 판의 경계에 위치하여 지반이 불안정하다. ✕
④ 지표의 기복은 산지인 고기 조산대(B)가 안정육괴(A)보다 심하다. ✕
⑤ 고기 조산대(B)는 고생대부터 중생대 중기까지 조산 운동을 받은 반면, 신기 조산대(C)는 중생대 말 이후에 조산 운동으로 형성되었다. ○

4 몬순 아시아의 전통 음식 이해

(가)처럼 덥고 습한 지역에서는 음식이 쉽게 상하기 때문에 기름에 볶거나 튀기는 조리법이 발달하였다. 또한 열대 과일을 이용한 음식이 많으며, 음식을 상하지 않게 하고 풍미를 더하기 위해 향신료를 활용한다. (나)에 해당하는 시짱(티베트)고원은 춥고 건조한 내륙, 고산 지대라는 특성상 농업보다는 유목에 치중할 수밖에 없기 때문에 몽골 요리와 마찬가지로 육류와 유제품의 비중이 높다.

④ (가) 지역은 계절풍의 영향을 받는 열대 기후가 나타나고, (나) 지역은 고산 기후가 나타나는 티베트이다. (나) 고산 기후가 나타나는 티베트는 (가) 계절풍의 영향을 받는 열대 기후 지역보다 연평균 기온이 낮으며, 기온의 연교차가 크고, 연 강수량이 적다. 따라서 정답은 D이다. ○

5 몬순 아시아와 오스트레일리아의 산업 구조 파악

(가)는 중국으로 세계에서 미국 다음으로 국내 총생산이 많다. 중국의 공업은 식품, 섬유 등 경공업 중심에서 기계, 제철, 화학 등 중화학 공업 중심으로 그 비중이 변화하고 있으며, 최근에는 첨단 산업도 발달하고 있다. (나)는 인도로 중국과 오스트레일리아에 비해 1차 산업 비중이 높다. (다)는 오스트레일리아이며 세계 시장과 지리적으로 멀고 노동력이 풍부하지 못하기 때문에 제조업은 크게 발달하지 못하였다.

ㄱ. 1차 산업 생산액은 1차 산업 비중에서 국내 총생산을 곱하면 구할 수 있다. 따라서 (가)가 (나)보다 1차 산업 생산액이 많다. ○
ㄴ. 오스트레일리아(다)는 세계적인 석탄 수출국이다. ✕
ㄷ. 공업 제품 수출 비중은 중국(가)이 오스트레일리아(다)보

다 높다. ✕

ㄹ. 1인당 국내 총생산은 국내 총생산을 인구수로 나누어 구할 수 있으며 (가)~(다) 중에서는 오스트레일리아(다)가 가장 많다. ○

6 인도 정보 통신 기술 산업(IT)의 발달 요인 이해

인도는 세계 2위의 인구 대국으로 여전히 1차 산업 종사자 비중이 높고, 섬유 및 면방직 공업 등 노동 집약형 산업이 발달하고 있으나, 정보 통신 기술 산업(IT)의 규모 또한 꾸준히 증가하고 있다. 뉴델리, 벵갈루루, 뭄바이 등 주요 도시는 인도 및 해외 기업이 밀집해 대규모 정보 기술 클러스터로 발전하고 있다.

ㄱ. 동력 및 지하자원은 정보 통신 기술 산업(IT)과 큰 연계성이 없다. ✕

ㄴ. 인도는 영어가 공용어이기 때문에 정보 통신 기술 산업(IT)에 유리하게 작용한다. ○

ㄷ. 정보 통신 기술 산업(IT)은 입지 선정에 있어 원료와 운송비가 차지하는 비중이 낮다. ✕

ㄹ. 미국의 실리콘 밸리와 12시간의 시차가 발생하여 업무의 연계성이 높다. ○

7 몬순 아시아와 오세아니아 주요 국가의 수출 구조 파악

왜 신유형인가? 몬순 아시아와 오세아니아 주요 국가의 수출 구조를 통해 각 국가의 지리 정보를 종합적으로 유추해야 문항을 해결할 수 있으므로 신유형 문제라 할 수 있다.

각 국가의 수출 구조를 통해 어떤 국가인지를 파악해야 한다. (가), (나) 국가는 공산품 수출 비율이 높은 것으로 보아 중국 또는 일본인데 총 수출액이 (나)가 (가)보다 많기 때문에 (나)가 중국이고, (가)는 일본이다. (다)는 철광석과 석탄 수출 비중이 높은 것으로 보아 오스트레일리아이다. (마)는 팜유의 수출 비중이 높은 것으로 보아 인도네시아이고, (라)는 인도이다.

① 중국(나)은 세계에서 쌀 생산량이 가장 많다. ✕

② 산업 구조가 고도화된 오스트레일리아(다)가 중국(나)보다 3차 산업 종사자 비율이 높다. ✕

③ 인도(라)는 세계에서 중국 다음으로 총인구가 많다. ✕

④ 인도네시아(마)는 세계에서 이슬람교 신자 수가 가장 많다. ✕

⑤ 중국(나)은 러시아, 캐나다, 미국 다음으로 국토 면적이 넓다. ○

8 오스트레일리아의 무역 상대국 변화 파악

오스트레일리아는 영국 연방에 속하여 문화적 · 정치적인 이유로 영국을 비롯한 유럽 국가들이나 미국과의 교역 비중이 높았다. 하지만 1980년대 이후 일본을 비롯한 몬순 아시아 국가들의 경제가 성장하면서 이들 국가와의 무역 비중이 점차 커지고 있다. 따라서 (가)는 영국, (나)는 중국이다.

⑤ 중국(나)은 영국(가)보다 총인구가 많고, 1차 산업 종사자 비중이 높으며, 오스트레일리아로부터의 거리가 가깝다. 따라서 정답은 E이다. ○

9 몬순 아시아의 주요 분쟁 원인 이해

동남 및 남부 아시아는 다양한 민족(인종)과 종교로 인해 여러 지역에서 갈등이 표출되고 있다.

③ 카슈미르 지역은 대부분 이슬람교를 믿는 주민들로 구성되어 힌두교도가 절대 다수인 인도로부터의 독립을 희망하고 있다. 스리랑카 분쟁은 불교를 믿는 신할리즈족과 힌두교를 믿는 타밀족 간 갈등이다. 동티모르 분쟁과 민다나오 분쟁은 크리스트교와 이슬람교 간의 갈등이다. 따라서 이들 분쟁의 주요 원인은 서로 다른 종교 간의 갈등이다. ○

10 동남 및 남부 아시아 지역의 분쟁 파악

왜 신유형인가? 기존의 민족(인종) 및 종교 갈등은 개별 국가별로 문항 구성이 이루어졌으나, 이 문항은 분쟁에 대한 종합적인 사고력을 요구하기에 신유형이라 할 수 있다.

동남 및 남부 아시아 지역은 다양한 민족(인종), 종교, 언어 등이 분포하며, 이로 인해 지금도 곳곳에서 갈등이 표출되고 있다.

ㄱ. 필리핀은 크리스트교(가톨릭)를 믿는 사람이 다수를 이룬다. ○

ㄴ. 1947년 영국으로부터 인도와 파키스탄이 독립하는 과정에서 이슬람교도가 많은 카슈미르 지역이 인도에 속하게 되었고 이로 인해 파키스탄(이슬람교)과 인도(힌두교) 간 분쟁이 발생하였다. 국제 연합(UN)의 중재로 정전 협정이 체결되고 카슈미르의 영토가 분할되었으나 갈등은 지속되고 있다. ○

ㄷ. 크리스트교(가톨릭교)가 다수를 이루는 필리핀은 소수 이슬람교도와의 갈등이 발생하고 있다. 민다나오섬에 거주하는 이슬람교도인 모로족은 정부의 차별에 대항하며 오랫동안 무장 투쟁을 이어 오고 있다. ○

ㄹ. 스리랑카에서는 힌두교도인 타밀족과 불교도인 신할리즈족 간의 갈등이 지속되고 있다. ✕

11 중국의 소수 민족 분포와 특징 파악

중국은 전체 인구의 약 92%를 차지하는 한족과 약 55개의 소수 민족으로 구성되어 있다. 지도의 A는 위구르족이 주로 거주하는 신장웨이우얼자치구, B는 티베트족이 주로 거주하는 시짱자치구이다.

① A 지역은 사막이 넓게 분포하는 건조 기후 지역이다. ✕
② 시짱자치구(B)에 대한 설명이다. ✕
③ 중국은 서고동저의 지형으로 넓은 충적 평야가 펼쳐진 지역은 동부 지역이다. ✕
④ 신장웨이우얼자치구(A)에 대한 설명이다. ✕
⑤ A, B 두 지역 모두 중국으로부터 분리 독립하려는 움직임이 있어 갈등을 빚고 있다. ○

12 몬순 아시아와 오세아니아의 종교 갈등과 포용 정책 파악

지도의 A는 미얀마, B는 베트남, C는 오스트레일리아, D는 뉴질랜드이다.

② (가) 미얀마는 불교 국가이지만, 로힝야족은 이슬람교를 믿는 민족이다. 미얀마 정부는 이들을 방글라데시에서 온 불법 이주자로 규정하고, 이들에 대한 배척과 탄압 정책을 시행해 왔다.
(나) 오스트레일리아에서는 과거 원주민인 애버리지니에 대한 탄압과 차별이 있었으며, 이에 따라 원주민과 유럽계 백인 이주민 간의 갈등이 오랫동안 지속되었다. ○

V 건조 아시아와 북부 아프리카

01 자연환경에 적응한 생활 모습

기본 문제

본문 122~123쪽

01 ③	02 ㄴ	03 해설 참조	04 ④
05 ⑤	06 ③	07 ①	

01 건조 아시아와 북부 아프리카 지역의 통계 지표 분석

지도는 건조 아시아와 북부 아프리카 지역의 1인당 국내 총생산(GDP)의 상위 8개국과 하위 8개국을 나타낸 것이다. 상위 8개국은 이스라엘, 바레인, 카타르, 아랍 에미리트, 쿠웨이트, 사우디아라비아, 오만, 레바논이며, 하위 8개국은 세네갈, 감비아, 말리, 니제르, 차드, 예멘, 아프가니스탄, 타지키스탄이다. 주요 자원 보유국이거나 유럽과의 교류가 활발한 국가일수록 경제 발전 수준이 높다는 점에 착안하여 접근해야 한다.

① 인구 밀도는 대체로 유럽과 인접한 튀르키예 아나톨리아반도 일대가 높게 나타난다. 상위 및 하위 8개국은 대부분 건조 기후 지역이므로 인구 밀도가 높지 않다. ✕
② 합계 출산율은 가임 여성 1명이 평생 낳을 것으로 예상되는 평균 출생아 수를 말한다. 일반적으로 경제 발전 수준이 낮은 국가일수록 합계 출산율이 높게 나타난다. ✕
③ 1인당 국내 총생산은 자원의 보유량이 많거나 산업 구조의 재편으로 제조업이 성장 중인 국가에서 높게 나타난다. 카타르는 천연가스 대국이고 사우디아라비아, 아랍 에미리트 등은 석유 대국이다. ○
④ 1차 산업 종사자 비중은 경제 발전 수준이 낮을수록 높게 나타난다. 일반적으로 산업 구조가 고도화되면서 2, 3차 산업의 비중이 높아지는 경향이 강하다. ✕
⑤ 단위 면적당 수목의 밀도는 기후 조건과 관련이 깊다. 제시된 지도에서 상위 8개국에 속하는 국가의 상당수는 건조 기후에 해당하므로 단위 면적당 수목의 밀도가 낮게 나타난다. ✕

02~03 건조 아시아와 북부 아프리카의 자연환경 특성 이해

문제접근 지도에 표시된 것은 건조 아시아와 북부 아프리카 지역의 주요 산맥과 하천이다. A는 신기 습곡 산지인 아틀라스산맥, B는 빅토리아호와 에티오피아(아비시니아)고원 일대에서 발원하여 남에서 북으로 흐르는 나일강, C는 아나톨리아고원에서 발원하여 페르시아만으로 유입하는 티그리스 · 유프라테스강이다. 주요 산맥의 형성 과정과 특징, 주요 하천의 인류사적 의미를 두루 학습해 두어야 한다.

ㄱ. 마그마의 꾸준한 상승으로 판과 판이 서로 멀어지는 발산 경계에 해당한다. 세계적으로 유명한 발산 경계로는 동아프리카 지구대가 있다. 이 지역은 지각이 벌어지고 있어, 화산과 단층 작용이 활발하게 나타난다.

ㄴ. 아틀라스산맥은 유라시아판과 아프리카판이 수렴하여 형성된 산맥으로, 대륙판과 대륙판이 만나는 판구조 운동을 통해 솟아오른 신기 습곡 산맥이다. 따라서 ㄴ이 A 산맥의 형성 과정에 해당하는 모식도이다.

단답형 답안

02 ㄴ

서술형 답안

03 B – 나일강, C – 티그리스 · 유프라테스강

나일강(B)과 티그리스 · 유프라테스강(C)은 외래 하천, 4대 고대 문명의 발상지 등의 공통점이 있으며, 모두 습윤한 기후 지역에서 발원하여 건조 기후 지역을 통과해 흐른다.

04 건조 아시아와 북부 아프리카 주요 국가별 경지 이용 특성

그래프는 건조 아시아와 북부 아프리카 주요 국가별 경지 이용에 관한 통계 자료이다. 국가별로 특징적인 작물의 통계에 주목할 필요가 있다. 이집트는 다른 나라보다 옥수수와 쌀, 사우디아라비아는 대추야자, 튀르키예는 보리, 카자흐스탄은 밀 재배 면적의 비중이 높다. 경지 이용은 해당 지역의 자연환경과 곡물 수요에 따라 결정된다. 이와 같은 통계 자료가 제시되는 문항은 해당 통계를 비교하는 데 주안점을 두어야 한다.

ㄱ. 이집트의 옥수수 재배 면적은 전체 경지 면적(367만 ha)의 24.2%이고, 튀르키예는 전체 경지 면적(2,363만 ha)의 2.5%에 해당한다. 따라서 이집트는 튀르키예보다 옥수수의 재배 면적이 넓다. ○

ㄴ. 카자흐스탄의 밀 재배 면적은 전체 경지 면적(2,412만 ha)의 56.8%이므로 약 1,370ha, 다른 국가의 밀 재배 면적의 합은 약 960ha이므로 카자흐스탄의 밀 재배 면적은 다른 국가의 합보다 넓다. ✕

ㄷ. 대추야자는 사우디아라비아의 식량 대용 작물이다. 대추야자의 열매는 당을 많이 함유하고 있으며, 주로 오아시스 주변에서 재배하였다. ○

ㄹ. 총경지 면적 대비 쌀의 재배 면적 비중이 가장 큰 나라는 이집트이다. ○

05 건조 기후 지역의 관개 농업 이해

사진은 요르단 상공에서 촬영한 농업 경관이다. 요르단은 국토 대부분이 건조 사막 기후에 해당하여 하천의 발달이 어려워 지하수를 이용한 관개 농업을 많이 한다. 특히 일정한 간격으로 지하수를 뽑아 균일하게 물을 공급할 수 있는 스프링클러를 사용하기 때문에 중앙 회전식 원형 경작지가 나타나는 곳이 많다.

ㄱ. A는 주로 지하수를 모으는 시설이다. 건조 기후 지역은 증발량이 많아 지하수에 의존하는 경우가 많다. ✕

ㄴ. 벼는 물을 많이 필요로 하는 작물이기 때문에 건조 기후 지역에서 재배하기 어렵다. ✕

ㄷ. A와 같은 관개 시설을 이란에서는 카나트라고 부른다. ○

ㄹ. 해당 지역의 경작지가 원형인 이유는 스프링클러를 이용하여 주변의 같은 거리에 물을 공급하기 때문이다. ○

06 건조 아시아와 북부 아프리카의 의식주 이해

글은 건조 아시아와 북부 아프리카의 의식주를 정리한 것이다. 건조 기후 지역의 의식주를 이해하는 핵심 키워드는 강한 일사량, 극히 적은 강수량이다.

① ㉠ 헐렁하게 늘어지는 천으로 온몸을 감싸는 옷을 입는 이유는 강한 일사량과 모래바람에 대비하기 위함이다. ○

② ㉡ 빵은 건조 기후 지역 사람들이 쉽게 만들어서 휴대할 수 있는 장점이 있다. 빵의 주재료는 밀이다. ○

③ ㉢ 건조 기후 지역의 주요 가축은 양, 염소, 낙타 등이다. 이들 가축들은 모두 건조한 환경에서 비교적 잘 견디는 특징이 있다. 돼지는 충분한 물이 필요하기 때문에 습윤한 기후가 사육에 유리하다. ✕

④ ㉣ 전통 가옥의 경우 강한 일사량과 낮과 밤의 기온 차에 대비하기 위해 흙으로 집을 짓고, 창문을 작게 하였다. 특히 흙집은 낮 동안 열기를 보존했다가 밤에 서서히 내보내는 장점이 있다. ○

⑤ ㉤ 이동식 천막은 주로 유목민들이 이용한 주거 형태이다. 몽골 일대에서는 이러한 이동식 천막을 '게르'라고 부른다. ○

07 건조 기후 지역의 전통 가옥 특성 이해

자료는 건조 아시아와 북부 아프리카에서 볼 수 있는 바드기르에 대한 내용이다. 바드기르는 지나가는 바람을 실내로 끌어 들여 바깥 공기와 순환시키면서 실내 공기를 냉각하기 위해 고안되었다.

ㄱ. 바드기르는 건조 기후 지역에서 볼 수 있는 시설이다. 건조 기후 지역은 대체로 기온의 일교차가 크다. ○

ㄴ. 건조 기후 지역은 증발량이 강수량보다 많은 지역이다. 증발량은 강수가 형성될 수 있는 필요 조건인데, 해당 지역은 이를 만족하지 못해 사막이 형성되기도 한다. ○

ㄷ. 건조 기후 지역은 연중 건조하여 비가 거의 내리지 않는다. 겨울철에 편서풍의 영향으로 온난 습윤한 기후는 서안 해양성 기후이다. ✕

ㄹ. 바드기르가 설치된 건조 아시아와 북부 아프리카의 사막 지역은 연중 하강 기류가 탁월한 아열대 고압대의 영향으로 사막이 형성되는 지역이다. 적도 수렴대와는 관련이 없다. ✕

02 주요 자원의 분포 및 이동과 산업 구조 ~ 03 사막화의 진행

기본 문제

본문 128~129쪽

01 ②	02 ⑤	03 ⑤	04 ②	05 ⑤
06 ⑤				

01 주요 화석 에너지 자원의 분포와 특징 이해

그래프는 건조 아시아와 북부 아프리카 일대의 주요 화석 에너지의 지역별 생산 비중을 표현한 것이다. 세계적으로 수요가 많은 화석 에너지는 석유, 석탄, 천연가스이다. 이 세 자원 중 건조 아시아와 북부 아프리카에 집중하여 매장되어 있는 자원은 석유와 천연가스이다. 석유와 천연가스는 모두 페르시아만 일대의 서남아시아에서 생산 비중이 높지만, 천연가스는 상대적으로 북부 아프리카와 중앙아시아 지역에서의 생산 비중이 석유보다 조금 더 높게 나타난다. 따라서 (가)는 석유, (나)는 천연가스이다.

ㄱ. (가)는 석유, (나)는 천연가스이다. ○

ㄴ. (나) 천연가스는 (가) 석유보다 국제 이동량이 적다. 세계에서 국제 이동량이 가장 많은 자원은 (가) 석유이다. ✕

ㄷ. 자연 상태에서 (가) 석유는 (나) 천연가스보다 운반이 쉽다. 천연가스는 채굴 당시 가스 상태이므로 급격히 냉각시켜 액체 상태로 만들어 운반해야 한다. 이러한 기술을 냉동 액화 기술이라고 부르며, 이것을 운반하는 배를 LNG선이라고 한다. ○

ㄹ. (가) 석유와 (나) 천연가스는 주로 신생대 제3기 지층에 매장되어 있다. 고생대 지층에서 산출되는 주요 화석 에너지 자원은 석탄이다. ✕

02 북부 아프리카의 신 · 재생 에너지 파악

자료는 모로코의 태양광 발전과 관련된 내용이다. 모로코는 북부 아프리카 서쪽 끝에 위치한 국가로 지브롤터 해협을 사이에 두고 이베리아 반도와 맞닿아 있다. 모로코 일대는 여름철에 아열대 고압대의 영향으로 고온 건조한 기후가 나타난다. 이러한 기후 조건은 태양광 발전에 유리하다.

ㄱ. ㉠ 마라케시는 산지, 라바트는 해안 도시이다. 지도에 표현된 일사량 평년값을 비교해 보면 마라케시가 라바트보다 일사량이 많은 도시임을 알 수 있다. 따라서 마라케시가 태양광 발전에 더 유리하다. ✕

ㄴ. ㉡ 태양광 발전을 할 수 있는 기후 조건의 이점이라면 여름철에 아열대 고압대의 영향으로 고온 건조한 지중해성 기후라는 데 있다. 서안 해양성 기후는 안개와 비가 잦아 태양광 발전에 불리하다. ✕

ㄷ. ㉢ 태양광 발전소를 산간 및 사막 지역을 중심으로 설치하는 이유는 해당 지역이 지리적으로 에너지원을 공급받기에 불리한 지역이기 때문이다. 태양광 발전은 마을 단위의 독립적인 설치가 가능하여, 소규모로 에너지 소외 지역에 전기를 공급하기에 유리하다. ○

ㄹ. 태양광 발전은 세계적으로 주목받고 있는 신 · 재생 에너지이다. 지구 온난화에 따른 화석 연료의 문제점이 대두되고 있으며, 화석 연료 또한 고갈되어 가는 상황이기 때문에 에너지 시장의 구조적인 변화가 필요하다. 태양광 발전은 화석 에너지 시장의 구조적인 변화에 대응하는 방법 중의 하나이다. ○

03 사막화로 인한 환경 문제 이해

사막화가 진행 중인 곳은 물 부족이 매우 심하여 이 문제를 바르게 풀어내기 위해 다양한 방법을 고안하고 있다. 제시된 글은 그중에서도 농사와 관련된 방법을 소개하고 있다.

① 사막화가 심화될수록 농산물을 길러낼 수 있는 지력이 부족해진다. 일반적으로 농산물은 퇴비의 주기적인 공급 없이 계속해서 재배하면 수확량이 점차 떨어진다. 따라서 농업 생산성이 떨어질 수밖에 없다. ○

② 사막화가 심화될수록 주변 지역과 물 또는 식량 분쟁이 확대될 수 있다. ○

③ 사막화가 심화될수록 생태계 파괴에 따른 생물 종 감소가 나타난다. 물 부족은 일부 동식물의 멸종과 직접적인 관련이 있다. ○

④ 사막화가 심화될수록 토양 침식이 가속화되어 모래 폭풍이 증가할 수 있다. 토양은 기본적으로 식물의 뿌리가 보존하는데, 식물이 적어짐에 따라 토양 침식이 가속화된다. 나아가 약한 바람에도 모래 폭풍이 발생할 가능성이 커진다. ○

⑤ 자외선의 투과량이 증가하는 현상은 오존층 파괴와 관련이 깊다. ✕

04 건조 아시아와 북부 아프리카의 인구 이동 파악

지도는 페르시아만 연안의 외국인 노동자 이동을 나타낸 것이다. 페르시아만 일대는 세계에서 원유 매장량이 가장 많은 곳 중 하나이다. 이 일대의 주요 산유국은 원유를 이용하여 막대한 부를 축적하였고, 이를 바탕으로 주요 기간 산업 건설에 관한 노동 수요가 증가하였다. 특히 최대 산유국인 사우디아라비아로 젊은 남성 노동력의 유입이 매우 활발하다.

ㄱ. 인구 유입 지역은 기간 산업에 대한 투자가 활발한 지역이 많다. 기간 산업이란 한 나라의 기초가 되는 전력, 철강, 석유, 가스 산업 등을 뜻한다. ○

ㄴ. 지도 내에서 가장 많은 인구가 유입하는 국가는 사우디아라비아이다. 사우디아라비아는 최대 산유국으로 자본의 순환이 빠르고 기간 산업 및 신산업 육성에 적극적이다. 이들 지역으로 유입하는 사람들은 주로 청장년층이며, 남성이다. ✕

ㄷ. 사우디아라비아에는 원유를 판매하여 얻은 막대한 수익을 바탕으로 자본의 유입이 활발하다. ○

ㄹ. 지도의 인구 이동은 주로 경제적인 이유로 발생한다. 분쟁이 발생한 지역에서 새로운 거주지를 찾아 떠나는 대표적인 난민 발생국으로는 시리아를 꼽을 수 있다. ✕

05 건조 아시아와 북부 아프리카 주요국의 산업 구조 이해

자료는 건조 아시아와 북부 아프리카 주요국의 산업 구조의 특징을 정리한 것이다. 이들 지역에서 산업 구조가 차별적인 국가를 꼽자면 1차 산업이 도드라지는 이집트, 2차 산업 중 광업이 탁월하게 발달한 사우디아라비아, 2차 산업 중 제조업의 발달이 탁월한 튀르키예, 최근 대형 유전과 가스전의 발견으로 새로운 성장 동력을 갖춘 카자흐스탄이 대표적이다.

⑤ (가)는 사우디아라비아로 C, (나)는 튀르키예로 B, (다)는 카자흐스탄으로 D, (라)는 이집트로 A이다. ○

06 북부 아프리카의 사헬 지대 특징 이해

지도에 표현된 (가)는 사헬 지대이다. 사헬 지대는 사하라 이남 아프리카로 넘어가는 사바나의 경계 지역에 위치한 곳으로, 세계에서 사막화가 가장 빠르게 진행 중인 곳이다. 본래 이 지역은 스텝 기후에 해당하지만 인구 증가로 과도한 목축과 농경이 이루어지면서 생태 환경이 회복되지 않아 환경 재앙이 심화하고 있다. 그리고 기아와 생활 환경의 황폐화가 진행 중이며, 해당 지역에 거주하는 부족 또는 국가 간의 경쟁과 분쟁이 잦아지고 있기도 하다.

ㄱ. 사헬 지대는 사바나 기후 지역의 범위와 일치하지 않는다. 사헬 지대는 사하라 사막 남쪽 가장자리에 있는 지역으로 대부분이 스텝 기후 지역에 속한다. ✕

ㄴ. 사헬 지대에서는 대규모 플랜테이션 농업이 불가능하다. 플랜테이션 농업이란 선진국의 자본과 기술에 원주민의 노동력이 결합된 상업적 농업 형태를 말한다. 플랜테이션 작물로는 커피, 사탕수수, 카카오, 차 등이 있다. 이들은 모두 기호 작물이라는 공통점을 지닌다. ✕

ㄷ. 사헬 지대에서는 빠른 사막화로 인해 모래 폭풍의 발생 빈도가 증가하는 추세이다. 모래 폭풍은 지표를 덮고 있는 식생의 밀도가 꾸준히 감소함에 따라 나타나는 환경 재앙 중 하나다. 모래 폭풍이 증가하면 수막염의 전파와 확산이 빨라지는 효과가 있다. ○

ㄹ. 사헬 지대에서는 깨끗한 물 공급이 어려워 수인성 콜레라가 창궐하기도 한다. 사막화는 곧 물 부족과 관련되므로 오염된 물로 인한 병원균의 전파가 빈번하다. 최근에는 사헬 지대에 안정적이고 깨끗한 물을 공급하기 위한 적정 기술이 개발되어 보급 중이기도 하다. ○

대단원 종합 문제

본문 132~133쪽

01 ⑤	02 ⑤	03 ⑤	04 ④	05 ④
06 ④	07 ①	08 ⑤		

01 건조 아시아와 북부 아프리카의 기후 특징 비교

지도는 건조 아시아와 북부 아프리카 지역의 두 기후를 표현한 것이다. 이 일대는 건조 기후 지역으로 연 강수량이 500mm 미만인 곳이 매우 넓은 면적을 차지하고 있다. 건조 기후는 사막 기후와 스텝 기후로 구분되며, 스텝 기후는 사막 주변에 발달한다. (가)는 사막이 발달한 지역이며, (나)는 그 주변의 스텝 기후 지역이다.

ㄱ. (가) 사막 기후는 (나) 스텝 기후보다 상대 습도가 낮다. 대체로 사막 기후는 연 강수량이 250mm를 넘지 않으며, 스텝 기후는 연 강수량이 250~500mm 정도이다. ✕

ㄴ. (가) 사막 기후는 (나) 스텝 기후보다 토양 내 유기물의 함량 비율이 낮다. 토양의 유기물 함량은 강수 조건의 영향이 크다. 토양 속의 유기물은 미생물의 영양원, 또는 식물의 양분으로서 농업 생산성과 관련이 깊다. ✕

ㄷ. (나) 스텝 기후는 (가) 사막 기후보다 단위 면적당 식생의 밀도가 높다. 식생의 밀도는 대체로 강수 조건과 비례한다. 사막이 불모지에 가깝다면 스텝은 다년생 풀이 자랄 수 있는 환경 조건이다. ○

ㄹ. (나) 스텝 기후는 (가) 사막 기후보다 단위 면적당 가축 사육 두수가 많다. 스텝 기후 지역에서 자라는 다년생 초본류를 이용하여 스텝에서는 유목 생활을 하는 부족이 많다. ○

02 건조 아시아와 북부 아프리카의 인구 구조 이해

그래프는 건조 아시아와 북부 아프리카에 속하는 두 국가의 인구 피라미드이다. 인구 피라미드는 유소년층, 청장년층, 노년층을 기준으로 연령대별 구조를 파악하기에 유리하다. 대체로 해당 국가의 노동 수요가 많으면 청장년층의 비중이 높고, 선진국처럼 저출산과 고령화의 문제점을 가진 국가는 유소년층의 비중이 낮고, 노년층의 비중이 높게 나타난다. 경제 발전 수준이 낮은 국가는 합계 출산율이 높아 유소년층의 비중이 높게 나타나고, 기대 수명이 짧아 노년층의 비중이 낮다. (가)는 아랍 에미리트, (나)는 예멘이다.

ㄱ. (가)는 아랍 에미리트의 인구 피라미드이다. 아랍 에미리트는 막대한 석유 자본을 획득하여 산업 구조의 다변화를 꾀하고 있다. 아랍 에미리트의 유명 도시로는 두바이, 아부다비 등이 있다. 따라서 기간 산업 육성 및 건설 경기가 활발하여 청장년층 남성 노동력의 유입이 매우 활발하다. (나)는 예멘의 인구 피라미드이다. 예멘은 아라비아반도 남부의 저개발 국가이다. 경제 발전 수준이 높지 않고 합계 출산율이 높으며, 유소년층의 비중이 높다. ✕

ㄴ. (가) 아랍 에미리트는 (나) 예멘보다 청장년층에서 남성의 비중이 높게 나타난다. 따라서 (가)는 (나)보다 청장년층 성비가 높다. ✕

ㄷ. (나) 예멘은 (가) 아랍 에미리트보다 경제 발전 수준이 낮다. 천연자원이 없는 것은 아니지만 국가 체제가 안정적이지 않아 내전과 난민 발생이 많다. ○

ㄹ. (나) 예멘의 청장년층은 일자리를 찾아 이웃한 사우디아라비아, 아랍 에미리트로 이동하는 경향이 강하다. 사우디아라비아는 아랍 에미리트와 마찬가지로 막대한 석유 자본을 바탕으로 경제가 성장 중인 국가이다. ○

03 베두인족의 전통 생활 양식 이해

자료는 베두인족의 의식주에 관한 것이다. 베두인족은 시리아 · 이란 · 아프리카 북부의 건조 지대에서 생활하고 있다. 유목을 주로 하며 사막에 가장 가까이 사는 부족이다. 베두인은 아랍어로 '사막의 거주민'이라는 뜻이다.

① ㉠ 유목 생활은 주로 수평적인 이동 패턴을 보인다. 베두인족은 물을 찾아 수평적 유목 생활을 한다. 수직적 이동성이 강한 목축업은 지중해성 기후 지역의 이목이다. 이목은 고온 건조한 여름에는 고지대, 상대적으로 온난 습윤한 겨울철에는 저지대로 이동하는 방식을 취한다. ✕

② ㉡ 건조 기후 지역의 오아시스에서는 주로 밀과 대추야자를 재배해 왔다. 벼농사는 계절풍이 탁월한 지역에서 주로 재배된다. ✕

③ ㉢ 밀은 주요 식량 작물 중 하나이다. 쌀보다 추위와 건조함에 잘 견디는 작물이라 세계 여러 곳에서 재배된다. 고온다습한 계절풍에 최적화된 작물은 벼이다. ✕

④ ㉣ 베두인족의 전통 복장이 대체로 흰색인 이유는 햇빛을 잘 반사하기 때문이고, 온몸을 감싸는 헐렁한 천을 걸치는 이유는 모래바람에 대비하기 위함이다. ✕

⑤ ㉤ 낙타는 건조 아시아와 북부 아프리카 일대에서 가장 중요한 동물이다. 낙타는 건조한 기후에 최적화된 몸으로 진화되어 오랜 시간 수분을 섭취하지 않고도 생존할 수 있다. 때문에 전통적으로 대상 무역에 활용되어 왔다. ○

04 건조 아시아와 북부 아프리카의 관광 자원 이해

관광 자원으로서 가치가 있는 유적이나 지형 조건 등을 지역 이해의 소재로 인식하고 있는지를 묻는 문제이다. (가)는 모로코, (나)는 알제리, (다)는 이집트, (라)는 사우디아라비아, (마)는 카자흐스탄이다.

① (가) 모로코는 사하라 사막과 멀지 않아 사막 투어가 가능하다. 붉은 사막의 도시로 일컬어지는 마라케시에 머물며 낙타 타기, 샌드 보드 등을 체험할 수 있다. ○
② (나) 알제리는 고대 로마의 주요 식민 거점이었고, 이슬람교의 전파 이후 무슬림의 비중이 증가한 국가이다. 알제리는 이와 관련된 다양한 볼거리와 세계유산을 보유하고 있다. ○
③ (다) 이집트는 고대 이집트 문명의 발상지로, 이와 관련하여 다양한 유적을 보유하고 있다. 고대 파라오의 무덤인 피라미드가 대표적인 관광 자원이다. ○
④ (라) 사우디아라비아는 최대 산유국 중 하나이다. 사우디아라비아는 아라비아 문명과 관련이 깊으며, 이슬람교의 성지인 메카, 메디나가 위치한 국가이기도 하다. 크리스트교의 성지로 평가되는 예루살렘은 이스라엘에 있다. ✕
⑤ (마) 카자흐스탄은 고대 실크로드의 유적을 많이 간직하고 있다. 옛 수도인 알마티를 비롯하여 투르케스탄 등의 도시에는 유네스코에 등재된 세계유산이 즐비하다. ○

05 건조 아시아와 북부 아프리카 주요 국가의 무역 구조 분석

그래프는 건조 아시아와 북부 아프리카 주요 국가의 무역 구조를 나타낸 것이다. 어떤 나라의 무역 구조를 살펴보면 농업, 광업, 제조업 등 국가의 주요 경제 구조를 알 수 있다. 사우디아라비아는 천연자원 대국으로 수출 품목 중 연료 및 광물 자원의 비중이 높다. 이집트는 상대적으로 농산물의 수출 · 수입 비중이 높고, 제조업이 발달한 튀르키예는 공업 제품의 비중이 높다. 최근 천연자원의 개발이 한창인 카자흐스탄은 사우디아라비아와 마찬가지로 원료 및 광물의 수출이 높다. ㉠은 농산물, ㉡은 연료 및 광물 자원이다.

ㄱ. 이집트의 ㉠ 농산물 수출액은 튀르키예의 ㉠ 농산물 수입액보다 적다. 이집트의 수출액은 27십억 달러의 18.7%이고, 튀르키예의 수입액은 242십억 달러의 7.5%이다. ✕
ㄴ. 사우디아라비아는 네 국가 중 ㉡ 연료 및 광물 자원의 수출액이 가장 많다. 사우디아라비아와 카자흐스탄의 수출 비중은 80% 대로 비슷하나, 두 국가의 총 수출액이 약 5배 가량 차이가 나기 때문이다. ○
ㄷ. ㉠은 농산물이다. 농업이 발달한 이집트의 수출입이 높고, 연료 및 광물 자원의 수출이 활발한 사우디아라비아와 카자흐스탄에서 수입 비중이 높기 때문이다. ㉡은 연료 및 광물 자원이다. 사우디아라비아와 카자흐스탄에서 수출 비중이 매우 높기 때문이다. ✕
ㄹ. 튀르키예의 공업 제품 수출액은 카자흐스탄의 공업 제품 수입액보다 많다. 튀르키예의 수출액은 158십억 달러의 76.8%이고, 카자흐스탄의 수입액은 41십억 달러의 81.6%이다. 비중은 5% 정도의 차이지만, 액수가 4배 가량 차이가 난다. ○

06 건조 아시아와 북부 아프리카의 자원 보유국 분석

지도에 표시된 국가군은 건조 아시아와 북부 아프리카 일대의 주요 자원 보유 및 미보유 현황을 범주화한 것이다. (가) 국가군은 사우디아라비아, 아랍 에미리트, 쿠웨이트, 카타르이며, (나) 국가군은 이집트, 튀르키예, 요르단, 투르크메니스탄이다. 자원을 보유한 국가들은 자원의 수출을 통해 1인당 국내 총생산(GDP)이 높고, 화석 에너지의 생산량이 많다. 반면 핵심 자원을 보유하지 못한 국가들은 1차 산업 종사자 비중이 상대적으로 높게 나타나는 편이다.

④ 자원을 보유한 (가) 국가군에 대한 자원 미보유국 (나)의 상대적인 특징을 고르는 문항이므로 1인당 국내 총생산(GDP)이 낮고 화석 에너지 생산량이 적고, 1차 산업 종사자 비중이 높은 ㄹ에 해당한다. ○

07 인간의 경제 활동에 따른 환경 피해 이해

자료는 인간의 경제 활동에 따른 환경 피해 과정을 나타낸 모식도이다. 환경의 수용 범위를 고려하지 않은 인간의 경제 활동은 결국 지구 온난화의 심화 가능성을 높인다.

ㄱ. 인간의 경제 활동은 대부분 환경의 수용 범위를 넘어서는 행위이다. ○
ㄴ. 관개는 농경지에 인공적으로 물을 공급하는 행위이다. ○
ㄷ. 기업적 방목은 축산 기업이 광대한 목장을 조성하여 영리를 추구하는 행위이다. 가축과 함께 계절에 따라 이동하는 목축의 형태는 유목이다. ✕
ㄹ. 기업적 방목이 활발해지면 대규모 소 트림으로 인해 지구 온난화가 빨라지게 된다. ✕

08 건조 아시아의 주요 국가와 도시의 특징 이해

건조 아시아의 주요 국가와 도시의 특징을 묻는 문항이다. A는 튀르키예, B는 이라크, C는 이란, D는 사우디아라비아, E는 아랍 에미리트이다.

① 튀르키예(A)는 제조업의 비중이 높은 국가이다. 튀르키예는 지리적 이점을 이용하여 제조업을 집중적으로 육성하고 있다. 1996년 유럽과 관세 동맹을 체결하여 탄탄한 내수 시장을 바탕으로 자동차 공업, 가전제품 공업 등을 육성하고 있다. ✕

② 이라크(B)는 건조 아시아의 주요 산유국이다. 이라크는 한때 건조 아시아에서도 손꼽히는 부유한 국가였지만, 정치 기반의 악화 및 전쟁으로 경제가 크게 쇠락하였다. ✕
③ 이란(C) 역시 경제 발전의 상당수를 원유 수출을 통해 이루고 있다. 하지만 자국의 기술 수준이 낮고 대외 기업에 대한 의존도가 높은 편이라서 높은 수준의 경제 발전을 이루지는 못하고 있다. ✕
④ 사우디아라비아(D)는 세계 최대의 산유국 중 하나로, 막대한 원유를 바탕으로 많은 자본을 축적해 왔다. 하지만 최근 대체 에너지 개발 등 지구 온난화에 대비하려는 움직임이 많아짐에 따라 산업 구조를 재편하려는 노력을 기울이고 있다. 석유 수출로 얻은 자본은 화학 및 소재 관련 제조업에 재투자되고 있다. ✕
⑤ 아랍 에미리트(E)는 주요 산유국이자 부유한 나라 중 하나이다. 원유 수출을 통해 마련한 자본은 대부분 제조업, 기간 산업, 관광 산업 등에 투자하고 있다. 특히, 두바이는 세계적인 수준의 관광 및 서비스 산업의 발달로 '사막의 기적'이라 불린다. 두바이에는 부르즈 할리파 등 초고층 빌딩이 즐비하다. ○

신유형·수능열기

본문 134~136쪽

1 ①	2 ⑤	3 ②	4 ①	5 ②	6 ③
7 ①	8 ④	9 ①	10 ⑤	11 ③	12 ⑤

1 건조 아시아와 북부 아프리카의 기후 특징 이해

그래프는 건조 아시아와 북부 아프리카 주요 도시의 기후 그래프이다. 지중해와 면한 곳에서 지중해성 기후가 나타나고, 북부 아프리카와 아라비아반도 대부분의 지역은 사막 기후이다. 사막 주변을 둘러싼 지역에서는 스텝 기후가 나타나기도 한다. 그래프 A는 지중해성 기후, B는 사막 기후, C는 스텝 기후이다.

A. 최한월 평균 기온이 −3~18℃이므로 온대 기후 지역이다. 특이한 것은 최한월이 최난월보다 강수량이 많다는 점이다. 이것은 여름철에 고온 건조하고 겨울철에 온난 습윤한 지중해성 기후의 특징이다. 따라서 지도의 ㄱ(모로코의 카사블랑카)에 해당한다. ○

B. 최난월과 최한월의 강수량이 극히 적다. 따라서 연 강수량도 극히 적으리라는 추정이 가능하므로 사막 기후이다. 지도의 ㄴ(이집트의 카이로)에 해당한다. ○

C. 이곳은 스텝 기후 지역이다. 내륙에 위치하여 기온의 연교차가 가장 크게 나타난다. 지도의 ㄷ(이란의 마슈하드)에 해당한다. ○

2 건조 아시아의 주요 자연환경 특징 이해

왜 신유형인가? 지도에 표시된 지역의 자연 및 인문 환경을 종합적으로 이해해야 한다. 판구조 운동, 하천의 방향, 기후 특징, 주민 생활 등을 종합한 융합형 문항이다.

A는 나일강, B는 홍해, C는 룹알할리 사막, D는 티그리스 · 유프라테스강, E는 아무다리야강, 시르다리야강이다.

① 나일강(A)은 남에서 북으로 흘러 지중해로 유입한다. 나일강이 남에서 북으로 흐르는 가장 큰 이유는 홍해 주변에 발달한 단층 산지 때문이다. 나일강의 주요 수원지는 에티오피아(아비시니아)고원 일대의 사바나 기후 지역이다. ○
② 홍해(B)는 판과 판이 벌어지는 경계로, 동아프리카 지구대의 일부가 해수면보다 낮은 지역에 해당한다. 이 지역에 물이 고여 홍해가 되었다. ○
③ 룹알할리 사막(C)은 연중 아열대 고압대의 영향을 받아 사막이 되었다. 사하라 사막, 그레이트빅토리아 사막 등과 형성 원인이 같다. ○
④ 티그리스 · 유프라테스강(D)은 모두 외래 하천이다. 외래 하천이란 수원이 풍부한 곳에서 발원하여 사막을 거쳐 흐르는 강을 뜻한다. 티그리스 · 유프라테스강은 튀르키예의 아나톨리아반도에서 발원하며, 고대 문명의 발상지가 위치한다. ○
⑤ 아무다리야강, 시르다리야강(E) 유역은 대부분 사막 기후이다. 따라서 벼농사와는 관련이 없다. ✕

3 아라비아반도의 자연환경 특징 이해

왜 신유형인가? 아라비아반도로 스케일을 좁혀 단원의 핵심 개념을 종합적으로 엮은 문항이다. 아라비아반도를 둘러싼 바다의 특징과 대지형의 종류, 자원의 매장 분포에 관한 융합형 문항이다.

지도의 A, B는 아라비아반도에 속하는 지역이다. 아라비아반도는 홍해와 인접한 곳(나즈드고원)에서는 고도가 높고, 페르시아만으로 갈수록 고도가 낮아지는 특징을 보인다. 특히 단단한 지층과 무른 지층이 교대로 나타나면서 케스타 지형을 이룬다. 케스타 평원은 안정육괴의 구조 평야에 속한다. A는 홍해에 인접한 아라비아반도의 서부 지역, B는 페르시아만에 인접한 아라비아반도의 동부 지역이다.

ㄱ. A-B 일대는 사막 기후 지역이다. 따라서 곳에 따라 와디와 사구(바르한)가 발달한다. ○
ㄴ. A에서 B로 갈수록 평균 해발 고도가 낮아진다. 홍해는 동아프리카 열곡대 중에서 낮은 지구대에 물이 고여 만들어진 바다이다. 열곡대와 가까운 A 지역이 상대적으로 고도가 높다. ✕
ㄷ. B에서 A로 갈수록 지각 운동은 활발해진다. 홍해와 가까운 지역은 열곡대와 가까워 오늘날에도 지각이 확장 중이다. ○
ㄹ. A 홍해에 면한 바다 일대는 B 페르시아만에 면한 바다 일대보다 석유의 생산량이 적다. 페르시아만 일대는 과거에 쌓인 두꺼운 퇴적암(석회암, 사암 등)이 침강 및 침전되면서 많은 양의 원유 및 천연가스를 비축하게 되었다. ✕

4 이란의 관개 시설 파악

지도에는 이란의 관개 시설인 카나트가 나타나 있다. 이란의 건조 사막 지역에서는 대수층을 형성하여 흐르는 지하수를 이용하는 시설을 고안하였다. 이것은 고대 페르시아 제국으로 거슬러 올라갈 정도로 오래전에 개발된 시설이다. 카나트는 일정한 간격으로 구멍을 뚫어 용도에 맞게 물을 공급한다. 카나트를 통해 공급된 물은 농업용수 및 생활용수로 사용된다.

① 줄을 지어 발달한 A는 카나트이다. 카나트는 지하의 물을 이용하는 관개 시설이다. 오아시스와는 관련이 없다. ✕
② 카나트는 강수량보다 증발량이 많은 건조 기후 지역에서 발달한 특수 시설이다. 지역에 따라 건조한 기후 조건을 극복하기 위해 지하수를 이용하는 시설을 포카라, 카레즈 등으로 부르기도 한다. ○
③ 건조 기후 지역은 대부분의 지역에서 지표수가 부족하다. ○
④ 카나트의 물은 주로 농업 및 생활용수로 활용한다. 과수원의 경우 강한 일사 조건을 바탕으로 포도 등을 재배한다. ○
⑤ 카나트와 같은 지하 관개 시설을 만들면 점차 지하수가 고갈되어 토양 염류화가 진행될 가능성이 크다. 이란의 카나트의 경우 인구 증가로 공급량보다 소비량이 많아지고 있다. ○

5 건조 기후 지역의 생활 양식 이해

왜 신유형인가? 박물관의 전통 유물을 통해 전통 생활 양식을 이해하는 문항이다. 자연환경이 인간 생활에 어떤 영향을 주는지 탐구하는 문항이다.

사우디아라비아(A)의 박물관에서 볼 수 있는 다수의 유물은 모두 건조 기후와 관련이 깊다. (가) 왕의 의복은 길고 헐렁하다. (나) 대추야자 모양의 항아리를 통해 A 지역에서 대추야자가 중요한 식량 자원이었음을 알 수 있다. (다) 토기의 재료로 사용된 진흙은 건조 기후 지역의 전통 가옥의 재료로도 사용되었다. (라) 낙타 조형물을 통해 A 지역이 건조 기후 지역임을 알 수 있다.

① (가) 왕의 의복을 통해 큰 기온의 일교차에 대비한 의복임을 알 수 있다. 건조 기후 지역은 대기에 수증기의 양이 충분하지 않아 낮과 밤의 온도 변화가 크다. ○
② (나) 항아리에 묘사된 대추야자는 건조 기후 지역의 주요 식량 작물이다. 대추야자는 주로 오아시스 주변에서 재배했다. 플라야는 염호이므로 대추야자를 재배할 수 있는 조건을 충족하기 어렵다. ✕
③ (다) 토기의 재료인 진흙은 A 국가의 전통 가옥인 흙벽돌집에서도 활용되었다. 건조 기후 지역에서는 연중 비가 거의 오지 않아 진흙으로 집을 지어도 붕괴의 위험이 없다. 진흙을 주기적으로 으깨어 균열이 생긴 곳을 보수하면서 가옥이나 종교 시설을 유지할 수 있다. ○
④ (라) 낙타 조형물을 통해 오아시스를 거점으로 대상 무역이 활발히 이루어졌음을 알 수 있다. 낙타는 건조 지역에 맞도록 진화하면서 혹에 물을 저장하는 몸의 구조를 갖게 되었다. ○
⑤ (가)~(라)는 A 국가가 건조 기후 지역임을 나타낸다. ○

6 건조 아시아와 북부 아프리카의 천연자원 이해

지도는 건조 아시아와 북부 아프리카에서 생산되는 주요 화석 에너지 자원의 수출량을 나타낸 지도이다. (가) 자원의 수출량 상위 5개국은 사우디아라비아, 아랍 에미리트, 이라크, 쿠웨이트, 카자흐스탄이다. 따라서 (가)는 석유이다. (나) 자원의 수출량 상위 5개국은 카타르, 투르크메니스탄, 알제리, 우즈베키스탄, 오만이다. 따라서 (나)는 천연가스이다. 이 문항의 핵심은 페르시아만 일대에 핵심 산유국이 집중되어 있다는 점, 북부 아프리카의 알제리가 천연가스 생산 비중이 높다는 점이다.

③ (가)는 석유, (나)는 천연가스이다. ○

7 건조 아시아 주요 국가의 산업 구조와 수출 구조 분석

그래프는 건조 아시아 주요 국가의 산업 구조와 수출 품목을 표현한 것이다. 지도의 A는 튀르키예, B는 사우디아라비아, C는 아프가니스탄이다. 튀르키예(A)는 지리적인 이점과 유럽과의 관세 동맹을 바탕으로 대규모 제조업 시설을 갖추고 있다. 그러므로 주요 수출 품목에서 자동차, 기계, 전자기기 등의 비중이 높다. 사우디아라비아(B)는 세계 최대의 산유국 중 하나이다. 따라서 수출 품목에서 석유의 비중이 압도적으로 높은 수치를 보이며, 산업 구조는 2차 산업의 비중이 상대적으로 매우 높게 나타난다. 아프가니스탄(C)은 세 국가 중 1차 산업인 농업의 비중이 높은 국가로, 수출에서도 관련 품목의 비중이 크다. 그래프의 (가)는 튀르키예, (나)는 사우디아라비아, (다)는 아프가니스탄이다.

① (가)는 세 국가 중 수출 품목에서 제조업의 비중이 높게 나타나므로 튀르키예(A)이다. (나)는 산업 구조에서 2차 산업의 비중이 압도적으로 높고, 수출 품목에서 석유의 비중이 압도적으로 높은 것으로 보아 사우디아라비아(B)이다. (다)는 산업 구조에서 1차 산업의 비중이 가장 높고, 수출 품목에서도 농산물이 많은 것으로 보아 아프가니스탄(C)이다. ○

8 건조 기후 지역의 식량 작물 파악

그래프는 이집트의 벽화에 표현된 대추야자(A)에 관한 것이다. 이집트에서는 오아시스나 나일강의 수원을 이용하여 전통적으로 대추야자를 재배해 왔다. 세계에서 대추야자의 생산량이 많은 국가는 대부분 건조 기후 지역에 속한다.

ㄱ. 주로 잎을 가공하여 음료를 만드는 기호 작물은 차이다. ×

ㄴ. 대추야자는 염분이 있는 토양에서도 비교적 잘 견디는 작물이다. ○

ㄷ. 대추야자는 쌀, 밀, 옥수수 등의 식량 작물보다 세계 수요가 많지 않은 편이다. 따라서 대규모 플랜테이션 농업 방식은 적합하지 않다. ×

ㄹ. 대추야자는 강수량이 적은 지역에서도 잘 적응하는 작물이다. 재배에 적합한 강수 조건은 120~250mm 정도이며, 열매를 맺는 시기에는 비가 오지 않아야 한다. ○

9 사막화 방지 대책 이해

자료는 사막화에 관한 지리 조사 계획표이다. 모래 방지 벽, 녹색 숲 사업, 방풍림 사업 등의 사례를 통해 조사의 목적이 사막화 억제 방법임을 유추할 수 있다. 모래 방지 벽은 사막화가 심해진 지역에서 염류화된 토양이나 모래가 바람을 타고 새로운 농경지로 유입하는 것을 억제하는 시설이다. 방풍림 사업 역시 모래의 유입을 차단하여 사막화가 일어나지 않은 지역을 보호하기 위한 것이다. 따라서 ㉠에 들어갈 조사 목적은 건조 기후 지역의 사막화 억제 방법이 가장 타당하다.

① 건조 기후 지역의 사막화 억제 방법으로는 모래 방지 벽 설치, 녹색 숲 사업, 방풍림 사업 등이 있다. ○

② 화산 토양에 필요한 목초지 조성 방법과 사례들은 관련이 없다. 화산 토양은 광물질의 함유량이 많아 매우 비옥하다. ×

③ 습윤한 기후 지역에서의 지력 보호 방법과 사례들은 관련이 없다. 습윤한 기후에서는 나무가 잘 자라 기본적으로 지력 유지에 유리하다. 다만 열대 우림 지역은 연중 강수량이 많아 토양 내 염기성 물질이 꾸준히 용탈되어 척박한 것이 특징이다. ×

④ 조수 간만의 차가 큰 해안 지역의 경작지 조성 방법과 사례의 내용은 관련이 적다. 또한 해안은 짠 바닷물과 모래의 유입이 있어 방풍림을 조성하기도 하지만, 대체로 제시된 자료와는 관련이 적다. 아타카마 사막이나 나미브 사막과 같은 해안 사막의 경우는 강수량이 극히 적어 농경지 조성 자체가 매우 어렵다. ×

⑤ 지역 내 상품 작물의 수확량을 높일 수 있는 신기술과 사례의 내용은 관련이 적다. 기본적으로 사막화가 진행되는 지역이므로 농경 자체가 어려운 경우가 많기 때문이다. ×

10 건조 아시아와 북부 아프리카 지역의 농업 이해

지도는 건조 아시아와 북부 아프리카 지역의 농업 형태를 나타낸 것이다. 지도에 표시된 (가)는 지중해에 면해 있으므로 지중해성 농업이다. (나)는 사막 곳곳에 점의 형태로 나타나 있으므로 오아시스 농업이다. 지중해성 기후는 여름철에는 고온 건조하고 겨울철에는 온난 습윤하다. 따라서 여름철에는 수목 농업이 활발하고, 겨울철에는 밀, 보리, 호밀과 같은 곡물 농업을 실시한다. 오아시스에서는 전통적으로 대추야자를 재배한다. 대추야자는 열매를 맺는 시기에 강수량이 적어야 하므로 사막의 오아시스 주변 지역이 생육 조건을 만족한다.

⑤ (나) 오아시스 농업 지역은 (가) 지중해식 농업 지역보다 연 강수량이 적고, 아열대 고압대의 영향을 받는 기간이 길고, 단위 면적당 대추야자 생산량이 많다. 따라서 그림의 ㅁ이 정답이다. ○

11 건조 아시아와 북부 아프리카의 자연환경 특징 이해

지도는 건조 아시아와 북부 아프리카 지역의 주요 산맥과 하천, 바다를 표현한 것이다. A는 아틀라스산맥, B는 사하라 사막, C는 나일강 삼각주, D는 카스피해, E는 아랄해이다.

① A 아틀라스산맥은 신기 습곡 산지이다. 지중해를 향해 솟아 있어 편서풍이 유입되면 바람을 받는 지중해 쪽에 지형성 강수가 내린다. 따라서 지중해에 면한 쪽의 강수량이 산맥의 바람그늘 지역보다 강수량이 많다. ○

② B 사하라 사막은 일교차가 크고 강수량보다 증발량이 많다. ○

③ C 나일강 삼각주는 나일강 하구에 형성된 퇴적 지형이다. 삼각주는 상류에서부터 공급된 다량의 모래 등이 하구에 이르러 유속의 감소로 퇴적된 지형이다. 삼각주는 조수 간만의 차가 작은 지역에서 잘 발달한다. ✕

④ D 카스피해는 제2의 페르시아만이라 불릴 정도로 주변에 많은 양의 천연자원이 매장되어 있다. ○

⑤ E 아랄해는 중앙아시아 지역에서 사막화가 가장 극명하게 진행된 지역이다. 상류 지역에서 댐을 조성하여 대규모로 목화를 재배하면서부터 아랄해의 면적은 급격히 줄어들게 되었다. 나아가 지표에 드러난 호수 바닥에서 토양 염류화가 진전되어 주변 농경지에도 적지 않은 피해가 발생하고 있다. ○

12 다르푸르 분쟁과 환경 난민 이해

자료는 수단의 다르푸르 분쟁 지역에 관한 것이다. 다르푸르 분쟁 지역은 북부 사막 지대와 남부 초원 지대로 구성된다. 이곳에서는 인구 증가에 따른 사막화가 심화되면서 많은 환경 문제와 난민이 발생하고 있다.

ㄱ. ㉠ 북부 사막 지대는 ㉡ 남부 초원 지대보다 연 강수량이 적다. ㉠은 사막 기후, ㉡은 스텝 기후에 해당한다. ✕

ㄴ. ㉡ 남부 초원 지대는 ㉠ 북부 사막 지대보다 식생의 밀도가 높다. 스텝 기후 지역에서는 전통적으로 유목 생활을 하였다. 인구 증가에 따른 과도한 목축이 이 일대의 사막화를 촉진하기도 하였다. ✕

ㄷ. ㉢은 사헬 지대에서 뚜렷하게 나타난다. 다르푸르 분쟁의 원인에는 지구 온난화에 따른 사헬 지대의 사막화도 포함된다. ○

ㄹ. ㉣은 난민의 분류상 환경(기후) 난민에 해당한다. 환경(기후) 난민은 생태학적 난민이라고도 부르며, 세계 난민의 절대다수를 차지하는 전쟁 난민과 구분하기 위하여 고안된 개념이다. ○

VI 유럽과 북부 아메리카

01 주요 공업 지역의 형성과 최근 변화

기본 문제 본문 142~143쪽

01 ③	02 ④	03 ②	04 ⑤	05 ②
06 ④				

01 유럽 전통 공업 지역의 입지 조건 이해

지도에 표시된 지역은 영국의 요크셔, 랭커셔, 프랑스의 로렌, 독일의 루르, 작센 지방이다. 이들 지역에는 석탄 및 철광석이 매장되어 있다. 서부 유럽은 산업 혁명이 가장 먼저 일어난 지역으로, 증기 기관을 사용했던 산업 혁명 당시의 주된 동력 자원이 석탄이었기 때문에 석탄 산지를 중심으로 공업 지역이 형성되었다.

① 첨단 산업의 입지 조건에 해당한다. ✕

② 석탄 자원의 고갈과 석유 · 천연가스와 같은 새로운 연료가 공업에 사용되면서 점차 공업 지역은 원료의 수입에 용이한 임해 지역으로 이동하게 되었다. ✕

③ 지도에 표시된 지역은 석탄, 철광석 등 공업에 필요한 원료 자원이 매장되어 있는 곳이며, 이를 바탕으로 공업이 성장하였다. ○

④ 지도에 표시된 지역은 고숙련 노동력의 확보와 무관한 지역이다. ✕

⑤ 고급 기술 인력의 확보는 첨단 산업과 관련되는 설명이며 주로 대학, 연구소가 위치한 대도시 지역에 해당한다. ✕

02 유럽 임해 공업 지역의 성장 요인 파악

지도에 표시된 공업 지역은 영국의 뉴캐슬, 미들즈브러, 카디프, 프랑스의 르아브르, 네덜란드의 로테르담으로, 이들 지역은 해안에 위치하고 있다. 교통이 발달하고 석유를 주요 자원으로 이용하기 시작하면서 석탄 산지 주변에 입지해 있던 전통적인 공업 지역은 쇠퇴하고 원료 수입과 제품 수출에 편리한 항구 도시나 내륙 수로 연안 등에 임해 공업 지역이 성장하였다.

ㄱ. 에너지 절약형 산업은 주로 첨단 산업에 해당된다. ✕

ㄴ. 새롭게 사용되기 시작한 석유 자원은 주로 해외에서 수입되는 에너지 자원이므로 원료의 해외 의존도 증가와 관련 있다. ○

ㄷ. 생산 공장의 해외 이전은 교통 · 통신 발달 및 세계화의 진전 등으로 새롭게 등장한 다국적 기업과 관련 있다. 임해 공업 지역의 성장은 생산 공장의 국내 이전에 해당한다. ✕
ㄹ. 임해 공업 지역의 성장은 국내에서 채굴되던 석탄 자원이 해외에서 수입된 석유 자원으로 대체되었음을 의미한다. ○

03 유럽의 임해 공업 지역과 첨단 산업 발달 지역 비교

지도의 A는 첨단 기술 산업 지역을 나타낸 것으로 영국의 케임브리지 사이언스 파크, 프랑스의 소피아 앙티폴리스 등이 대표적인 지역이다. B는 해안 또는 하천 등의 교통 발달 지역에 위치한 공업 지역을 나타낸 것이다.

ㄱ. A는 첨단 산업으로 부가 가치가 높은 산업에 속한다. ○
ㄴ. B는 원료 산지에 발달한 공업 지역이 아니라 해외의 에너지 자원 수입과 제품 수출에 용이한 임해 공업 지역이다. ✕
ㄷ. A는 첨단 산업이므로 B에 비해 공업 발달의 역사가 짧다. ○
ㄹ. B는 주로 자원을 많이 소비하는 중화학 공업에 해당하므로 첨단 산업에 비해 대기 오염 물질의 배출량이 많다. ✕

04 미국 공업 지역의 발달 역사 이해

글은 미국의 공업 발달 역사를 요약한 것이다. 대서양 연안 뉴잉글랜드 지역에서 시작한 미국의 공업은 이후 오대호 연안 공업 지역으로 확대되었으며, 제조업이 점차 쇠퇴하면서 태평양 연안 및 멕시코만 연안의 선벨트 지역으로 공업 중심이 이동하였다.

① 뉴잉글랜드 지방은 대서양 연안에 해당하는 지역으로 유럽과의 인접성을 바탕으로 공업이 발달하였다. ○
② 오대호 연안 공업 지역은 메사비의 철광석, 애팔래치아산맥 주변의 풍부한 석탄을 기반으로 성장하였다. ○
③ 개발 도상국의 성장에 따른 산업 구조 조정, 환경 오염에 대한 규제, 임금 상승 등은 이 지역의 제조업 경쟁력을 낮추는 원인이 되었다. 이로 인해 미국의 공업 중심은 북동부 및 중서부의 러스트 벨트 지역에서 남부 및 서부의 선벨트 지역으로 이동하였다. ○
④ 태평양 연안 공업 지역, 멕시코만 연안 공업 지역은 선벨트 지역에 해당한다. ○
⑤ 실리콘 밸리가 위치한 곳은 캘리포니아주의 샌프란시스코이며 태평양 연안 공업 지역에 속한다. ✕

05 미국 공업 지역의 위치에 따른 특성 파악

제시된 글에서는 철광석과 탄전, 편리한 수운을 언급하고 있으므로 오대호 연안의 공업 지역에 해당한다. 이 지역의 동쪽으로는 보스턴, 뉴욕, 필라델피아, 볼티모어 등의 도시가 대도시권을 이루고 있다. 이 지역의 대표적인 공업 도시로는 피츠버그, 디트로이트 등이 있다.

① A는 시애틀을 중심으로 한 공업 지역이다. 항공 및 우주 산업이 발달하였다. ✕
② B는 디트로이트를 중심으로 한 오대호 연안 공업 지역이다. ○
③ C는 보스턴을 중심으로 한 뉴잉글랜드 공업 지역이다. 이곳은 과거 섬유 산업이 발달한 지역이다. ✕
④ D는 샌프란시스코, 로스앤젤레스 등을 중심으로 한 태평양 연안 공업 지역이다. 컴퓨터, IT 등 첨단 산업이 발달하였다. ✕
⑤ E는 휴스턴을 중심으로 한 멕시코만 연안 공업 지역이다. 석유 화학, 우주 산업 등이 발달하였다. ✕

06 미국 공업 중심의 변화 분석

그래프는 미국의 지역별 제조업 출하액 비중 변화를 나타낸 것으로 북동부, 중서부의 경우 점차 감소하는 추세를 보이는 반면, 남부 및 서부는 점차 증가하는 추세를 보이고 있다. 이는 오대호 연안 공업 지역의 쇠퇴와 함께 태평양 연안 공업 지역, 멕시코만 연안 공업 지역과 같은 선벨트 지역의 공업이 성장했기 때문이다.

① 남부 및 서부 지역은 선벨트 지역으로서 첨단 산업이 성장하면서 미국 내 제조업 출하액 비중이 증가하였을 것이다. ○
② 남부 및 서부의 비중 증가는 북동부 및 중서부 지역의 공업 쇠퇴와 관련된다. 따라서 자동차, 화학, 철강 등의 중화학 공업 경쟁력 약화 때문으로 파악할 수 있다. ○
③ 러스트 벨트는 북동부 및 중서부 지역에 해당하므로 이 지역의 공업 쇠퇴는 남부 및 서부의 상대적 출하액 비중 증가와 관련된다고 할 수 있다. ○
④ 산업 클러스터는 기업과 연구소 그리고 대학이 근접 입지하면서 상호 협력하는 혁신 체계로서 주로 첨단 산업 발달과 관련되어 있다. 따라서 오대호 중심의 산업 클러스터가 형성된다는 것은 북동부 및 중서부 제조업 출하액 비중 증가와 관련이 있다. ✕
⑤ 태평양 연안과 멕시코만 연안은 각각 서부 및 남부의 선벨트 지역으로 이 지역의 공업 성장으로 남부 및 서부의 제조업 출하액 비중이 증가하였다. ○

02 현대 도시의 내부 구조와 특징 ~
03 지역의 통합과 분리 운동

기본 문제

본문 148~149쪽

01 ①	02 ④	03 ⑤	04 ②	05 ⑤
06 ⑤				

01 도시 내부 구조 중 도심의 특성 이해

글은 도시 내 지역 분화가 도시 내부 각 지역의 접근성과 지대가 다르기 때문에 나타난다고 분석하고 있다. 도심은 도시에서 지대와 접근성이 가장 높은 곳으로 중심 업무 지구(CBD)가 형성되어 있다. 그리고 업무용 고층 빌딩이 밀집되어 있고 상주인구가 적기 때문에 인구 공동화 현상이 나타난다.

① 도심은 지대가 높은 곳으로 제한된 면적을 효율적으로 이용하기 위하여 고층 건물이 들어서 있다. ✕
② 도심은 중심 업무 지구(CBD)를 이루며 도시의 중추 관리 기능을 수행하므로 업무용 고층 빌딩이 밀집 분포한다. ○
③ 도시 내에서 접근성이 가장 좋은 곳으로 지대가 높아 토지 이용이 집약적(고층화)으로 이루어진다. ○
④ 주거 기능의 경우 도심의 높은 임대료를 견딜 수 없으므로 주로 외곽에 위치한다. 따라서 도심은 상주인구가 적어 인구 공동화 현상이 나타난다. ○
⑤ 대기업의 본사, 언론(신문사 등), 행정(시청 등) 등 중추 관리 기능이 입지하는 곳은 도심이다. ○

02 도심 부근 낙후 지역의 변화에 대한 이해

글은 도심 근처의 낙후된 저급 주택 지구가 새롭게 개발되는 이른바 도심 재활성화(젠트리피케이션)에 대한 것이다.

① 도심 재활성화의 대상이 되는 지역은 현재의 도심이 아니라 도심 인근의 저급 주택 지구이다. 따라서 ㉠은 중심 업무 지구가 아니다. ✕
② 도시 내 지대와 접근성이 가장 높은 곳은 도심이다. ㉠은 도심이 아니라 저급 주택 지구이므로 해당 내용은 옳지 않다. ✕
③ 북부 아메리카 도시에서 저급 주택 지역에 주로 거주하는 사람들은 사회 · 경제적 지위가 낮은 아프리카계 주민이다. ✕
④ 도심 근처의 낙후 지역은 중간 지역으로서 과거 발달했던 공업 지역과 인근의 주택 지구였으나, 현재는 쇠락한 공장과 낙후된 불량 주택 지구로 전락하였다. ○
⑤ 도심 재활성화로 낙후 지역이 고급 상업 및 주거 지역으로 변화된다면 교외화로 인해 빠져나갔던 인구를 다시 끌어들일 수 있게 된다. ✕

03 유럽의 도시 구조 특징 비교

그림은 도시 중심과 도시 외곽의 주변 지역에 위치한 건물의 높이 차이가 크지 않은 것으로 보아 유럽에서 일반적으로 나타나는 도시 구조이다. 유럽은 도심에 위치한 역사적인 건축물을 보존하기 위해 도심에서 조금 떨어진 지역에 런던의 카나리 워프나 파리의 라 데팡스와 같은 새로운 업무 중심지가 만들어지는 경향이 있다.

ㄱ. 북부 아메리카와는 달리 유럽의 경우 도심 근처에 고소득층 주민의 거주지가 형성되는 경우가 많다. ✕
ㄴ. 유럽의 도시 구조는 매우 오랜 시간에 걸쳐 형성된 것이므로 계획적으로 만들어진 북부 아메리카의 도시에 비해 도로망이 불규칙적이다. ✕
ㄷ. 유럽의 도시는 과거 중세 때 만들어진 역사적인 건축물이 그대로 보존되어 있는 경우가 많다. ○
ㄹ. 북부 아메리카의 경우 도심에 높은 고층 건물이 밀집되어 있으며 외곽으로 가면서 건물의 고도가 크게 낮아지는 반면 유럽의 경우 도심과 외곽의 건물 고도의 차이가 크지 않다. ○

04 유럽 연합(EU)과 북아메리카 자유 무역 협정(NAFTA)의 비교 이해

지도의 A는 유럽 연합(EU), B는 북아메리카 자유 무역 협정(NAFTA)의 회원국을 나타낸 것이다. 유럽 석탄 철강 공동체(ECSC)를 모체로 탄생한 유럽 연합(EU)은 경제적 협력을 넘어 정치적 통합까지 진행되고 있다. 한편 북아메리카 자유 무역 협정(NAFTA)은 미국, 캐나다, 멕시코의 관세와 투자 장벽이 철폐되면서 역내 무역이 크게 증가하였고 지역 경제도 성장하였다.

ㄱ. 유럽 연합(EU)은 경제적으로 단일 화폐를 사용하며 통상, 산업 등에 대한 공동 정책을 추구함은 물론 독자적인 법령 체계와 입법, 사법, 행정 체계를 갖추는 등 정치적 통합을 추구하고 있다. ○

ㄴ. 북아메리카 자유 무역 협정(NAFTA)은 재화와 서비스의 이동을 허락하지만 노동력의 자유로운 이동은 제한하고 있다. ✕
ㄷ. 유럽 연합(EU)의 전신인 유럽 석탄 철강 공동체(ECSC)의 결성은 제2차 세계 대전 이후(1951년)이며 북아메리카 자유 무역 협정(NAFTA)은 1992년에 체결되었다. ○
ㄹ. 유럽 연합(EU)은 유로(Euro)라고 불리는 역내 공동 화폐가 있으나, 북아메리카 자유 무역 협정(NAFTA)은 공동 화폐를 사용하지 않는다. ✕

05 유럽의 분리 독립 운동 원인 이해

지도의 A 지역은 스코틀랜드(영국), 바스크(에스파냐), 카탈루냐(에스파냐), 플랑드르(벨기에), 파다니아(이탈리아) 지역으로 분리 독립 움직임이 나타나는 지역이다.

① 유럽의 경우 주로 이슬람교를 믿는 아프리카계 이주민과의 문화적 갈등이 나타나지만 분리 독립의 원인은 아니다. ✕
② 급속한 도시화로 인한 도시 문제가 심각한 지역은 중·남부 아메리카 지역이다. 유럽의 경우 도시화가 시작된 시기가 빠르며 점진적으로 진행되었다. ✕
③ 자원 개발로 인한 환경 파괴의 문제는 사하라 이남 아프리카와 중·남부 아메리카의 당면 과제이다. ✕
④ 지구 온난화는 알프스 산지 빙하의 범위를 축소시키는 원인이 될 수 있으나, 유럽의 분리 독립 운동과는 무관하다. ✕
⑤ A 지역은 스코틀랜드를 제외하고는 대체로 해당 국가 내에서 경제적 수준이 높은 지역이며, 민족, 언어, 역사 등의 문화적 속성이 다른 지역이다. ○

06 유럽과 북부 아메리카의 지역 경제 협력체 이해

지도의 A는 유럽 연합(EU), B는 동남아시아 국가 연합(ASEAN), C는 북아메리카 자유 무역 협정(NAFTA), D는 남아메리카 공동 시장(MERCOSUR)이다.

⑤ (가)는 3개국 간 역내 관세와 무역 장벽의 폐지를 언급하였으므로 회원국이 3개국인 C이다. (나)에서는 입법, 사법, 행정 체계를 갖춘 정치적 통합의 수준까지 도달하였으므로 지역 경제 협력체 중 가장 통합 수준이 높은 A이다. ○

대단원 종합 문제

본문 152~153쪽

01 ④	02 ③	03 산업 클러스터	04 ③
05 ⑤	06 ②		
07 A-중심 업무 지구(CBD), B-인구 공동화			
08 ④	09 ①		

01 유럽의 임해 공업 지역 성장 요인 파악

지도의 A는 석탄 및 철광석 매장 지역을 중심으로 발달한 전통 공업 지역이다. B는 첨단 산업이 발달한 지역이며, C는 원료의 수입과 제품의 수출에 유리한 해안 및 하안에 위치한 공업 지역이다.

ㄱ. 오랜 석탄의 채굴로 채탄 비용이 상승하면서 공업에 필요한 연료가 석탄에서 해외의 수입 석유로 대체되었다. 공업에 사용되는 에너지 자원의 변화는 임해 공업 지역의 성장에 주요 원인이 되었다. ○
ㄴ. 새롭게 사용되기 시작한 석유는 주로 해외에서 선박을 통해 공급되었다. 따라서 철도 교통의 의존도는 감소하였다. ✕
ㄷ. 석유가 공업의 원료로 사용된 이유는 오랜 채굴로 인하여 석탄이 고갈되고 이에 따라 채탄 비용이 증가했기 때문이다. ○
ㄹ. 석유가 공업의 주요한 원료로 이용되기 시작하면서 석유의 수입에 용이한 임해 공업 지역이 성장하기 시작했다. ○

02 유럽의 첨단 산업 발달 지역의 입지 조건 이해

B는 첨단 산업이 발달한 지역으로 런던, 파리 등의 대도시나 환경이 쾌적한 곳에 입지하는 경향을 보인다.

① 첨단 산업은 고학력의 연구 인력이 필요하므로 대학 및 연구소 등의 연구 기관 주위에 입지하려는 경향이 있다. ○
② 고급 인력을 유치하기 위해서 첨단 산업은 주거·생활 환경이 쾌적한 곳에 입지하는 경향이 있다. ○
③ 첨단 산업은 대체로 원료 및 제품의 1단위당 무게가 크지 않으면서도 부가 가치가 높은 산업이므로 운송비로 인한 입지적 제약이 크지 않다. ✕
④ 관련 업종이 밀집하여 분포하는 경우 다양한 정보 교류가 용이하다는 장점이 있다. ○
⑤ 첨단 산업은 산·학·연 간 협력하는 산업 클러스터를 통해 혁신하며 경쟁력을 갖추는 것이 중요하므로 대학교, 연구소 등에 인접하여 입지하는 경향이 있다. ○

03 산업 클러스터의 개념 및 사례 지역 파악

문제접근 산업 클러스터는 기업, 대학, 연구소 등이 근접하여 입지하고 상호 협력함으로써 첨단 산업의 경쟁력을 강화하는 혁신 체계라고 할 수 있다. 대표적인 산업 클러스터로는 영국의 케임브리지 사이언스 파크, 프랑스의 소피아 앙티폴리스, 스웨덴의 시스타 사이언스 시티, 핀란드의 오울루 테크노폴리스 등이 있다.

단답형 답안 산업 클러스터

04 오대호 연안 공업 지역의 쇠퇴 원인 이해

피츠버그는 오대호 연안에 위치해 있으며 인근의 석탄 및 철광석을 활용하여 철강 공업이 성장한 공업 도시이다. 그래프를 보면 1950년까지 인구가 급속도로 증가하였으나, 이후 인구가 지속적으로 감소하고 있다. 이와 같은 인구 감소는 피츠버그의 철강 산업 쇠퇴 때문이다.

① 피츠버그 철강 산업 노동자의 임금 상승으로 인하여 이 지역에서 생산되는 철강의 가격 경쟁력이 하락하였다. 이는 철강 공장의 폐업으로 이어졌다. ○
② 생산 설비의 오랜 사용으로 인한 설비 노후화로 생산 단가의 절감이 어려웠으며 이는 철강의 가격 경쟁력 악화로 이어졌다. ○
③ 피츠버그에서는 최근 쇠락한 공장들을 영화관, 외식업체, 쇼핑센터가 밀집된 복합 문화 시설로 바꾸는 등의 도시 재생이 이루어지고 있다. 도시 재생 사업이 성공적으로 이루어질 경우 다시 도시의 인구가 증가 추세로 돌아설 것이다. 그러나 해당 내용에서는 도시의 인구 감소에 초점을 맞추고 있으므로 관광 문화 산업의 육성은 적절하지 않다. ✕
④ 해외에서 생산되는 철강의 수입 증가는 이 지역에서 생산되는 철강의 시장 점유율 감소와 관련 있다. ○
⑤ 높은 인건비와 높은 제조 단가로 인한 철강 업체들의 가격 경쟁력 저하가 피츠버그에서 철강 산업이 쇠퇴하게 된 원인이 되었다. ○

05 오대호 연안 공업 지역과 태평양 연안 공업 지역의 비교

A는 원료 산지를 중심으로 중화학 공업이 발달한 오대호 연안 공업 지역이며, B는 첨단 산업이 발달한 태평양 연안 공업 지역이다.

⑤ 태평양 연안 공업 지역(B)은 오대호 연안 공업 지역(A)에 비해 공업 발달의 역사가 짧으며, 제품의 부가 가치가 크고, 연구 개발비가 생산비에서 차지하는 비중이 높다. ○

06 유럽과 북부 아메리카의 도시 구조 비교

A는 도시에서 전통적인 구시가지가 유지된다고 하였으므로 유럽이며, B는 유럽에 비해 상대적으로 도시 형성 역사가 오래되지 않았다고 하였으므로 북부 아메리카이다.

ㄱ. 유럽에서 산업 혁명이 시작되었으므로 북부 아메리카(B)보다 유럽(A)이 공업 발달의 역사가 길다. ○
ㄴ. 유럽(A)은 도시 발달의 역사가 길고 과거 도심의 모습이 그대로 유지되어 있는 반면 북부 아메리카(B)는 도시 발달의 역사가 짧다. 따라서 도심 주변의 도로 폭은 북부 아메리카(B)의 도시가 넓은 편이다. ✕
ㄷ. 북부 아메리카(B)의 도시는 도심과 주변 지역의 건물 높이 차이가 큰 반면 유럽(A)의 도시는 도심과 주변의 건물 높이 차이가 상대적으로 크지 않은 편이다. ○
ㄹ. 북부 아메리카(B)의 고급 주택 지구는 도심에서 거리가 먼 교외에 위치하는 반면 유럽(A)의 고급 주택 지구는 도심에서 비교적 가까운 곳에 위치하는 경우가 많다. ✕

07 현대 도시의 도심에서 나타나는 특성 이해

문제접근 지대와 지가가 높은 도심 지역은 높은 지대를 지불할 수 있는 업종들이 들어서고 토지 이용이 집약적으로 이루어진다. 따라서 도심에는 고층 건물이 밀집해 있고 중추 관리 기능이 집중된다. 따라서 도심은 주거 기능이 상업 기능에 밀려 나가 상주인구가 감소한다.

단답형 답안 A-중심 업무 지구(CBD), B-인구 공동화

08 분리 독립 움직임이 나타나는 지역 파악

유럽에서는 스코틀랜드, 바스크, 카탈루냐 등의 지역이 표시되어 있으며, 북부 아메리카에서는 퀘벡주가 표시되어 있는 것으로 보아 이들 지역은 공통적으로 분리 독립 움직임이 나타나는 지역에 해당한다.

① 원료 산지를 중심으로 한 공업이 발달한 지역은 영국의 랭커셔, 요크셔, 독일의 루르, 자르, 프랑스의 로렌 지방 등이다. ✕
② 영국의 수도는 런던, 에스파냐의 수도는 마드리드, 이탈리아의 수도는 로마이며, 캐나다의 수도는 오타와인데 표시된 범위에 각국의 수도가 포함되지 않는 것으로 보아 수도를 중심으로 형성된 대도시권이 아니다. ✕
③ 지도의 국가들은 경제적 수준이 높으며 또한 표시된 지역은 대체로 국가 내에서도 경제적 수준이 높은 지역이므로 노동비를 절감하기 위한 다국적 기업의 생산 공장이 입지

하기에는 어려움이 있다. ✕

④ 지도에 표시된 지역은 모두 분리 독립 운동이 나타나는 지역이다. ○

⑤ 대체로 국가 내에서 경제적 수준이 높은 지역일수록 분리 독립을 원하는 경향이 있으므로 해당 내용은 옳지 않다. ✕

09 북아메리카 자유 무역 협정(NAFTA) 체결 이후 회원국 간 무역액 변화 분석

1992년 체결된 북아메리카 자유 무역 협정(NAFTA)으로 3개국 간 관세와 투자 장벽이 철폐되었다. 이 협정을 바탕으로 미국의 첨단 기술, 캐나다의 자원 산업, 멕시코의 노동 집약적 산업이 특화되었고 각 산업들 간 상호 보완적 관계를 형성하게 되었다. 미국의 자본 투자로 멕시코의 국경 지대에 마킬라도라 산업이 발달하게 되면서 미국과 멕시코 간 무역액은 크게 증가하였다.

① A는 1990년과 2015년 두 시기 모두 무역액이 가장 많은 나라이므로 미국이다. C는 북아메리카 자유 무역 협정(NAFTA) 이전에 비해 무역액의 변화가 가장 크게 나타나므로 멕시코이다. 따라서 B는 캐나다이다. ○

신유형·수능열기

본문 154~156쪽

1 ②	2 ①	3 ④	4 ④	5 ①	6 ⑤
7 ⑤	8 ②	9 ②	10 ③	11 ②	12 ⑤

1 유럽 연합(EU)과 북아메리카 자유 무역 협정(NAFTA)의 특징 비교

지도에서 (가)는 유럽 연합(EU), (나)는 북아메리카 자유 무역 협정(NAFTA)의 회원국을 나타낸 것이다.

① (가)의 회원국 국민은 유럽 연합(EU)의 시민으로서 솅겐 조약에 따라 국가 간 이동이 자유롭다. ○

② (가) 유럽 연합(EU)의 모든 회원국이 단일 화폐인 유로화를 사용하는 것은 아니다. 스웨덴, 덴마크 등은 유로화를 사용하지 않는다. ✕

③ (나) 북아메리카 자유 무역 협정(NAFTA) 이후 미국과 인접한 멕시코 접경 지역에는 마킬라도라 산업이 발달하였다. 마킬라도라는 면세 부품과 원료를 미국에서 수입하고 이를 조립해 완제품을 수출하는 멕시코 내 공장을 의미한다. ○

④ (나) 북아메리카 자유 무역 협정(NAFTA)이 경제적 수준의 통합에 머물렀다면 (가) 유럽 연합(EU)은 정치적 통합을 추구한다는 점에서 통합의 수준이 높다고 할 수 있다. ○

⑤ (나) 북아메리카 자유 무역 협정(NAFTA)의 체결 시기는 1992년이며, (가) 유럽 연합(EU)은 제2차 세계 대전 이후에 통합 노력이 시작되었다. ○

2 유럽과 북부 아메리카의 전통 공업 지역 이해

(가)는 유럽의 석탄 산지를 중심으로 발달한 공업 지역, (나)는 오대호 연안의 석탄 및 철광석 산지를 중심으로 발달한 공업 지역을 나타낸 것이다.

ㄱ. (가), (나) 두 공업 지역은 모두 석탄, 철광석 등의 자원을 바탕으로 발달한 공업 지역이다. ○

ㄴ. (가), (나) 두 공업 지역 모두 계속된 자원 채굴로 인한 채탄 비용의 상승, 공업 시설 설비의 노후화 등으로 쇠퇴하였다. ○

ㄷ. 첨단 산업이 발달한 지역에 해당하는 설명이다. ✕

ㄹ. (가), (나) 공업 지역은 일찍이 공업이 성장한 대도시 지역으로 인건비가 다른 지역에 비해 높은 편이다. ✕

3 북부 아메리카 공업 지역의 특성 파악

(가)는 풍부한 철광석을 바탕으로 성장한 공업 도시를 나타낸 것이다. 이에 해당하는 지역은 오대호 연안 공업 지역에 위치할 것이다. (나)는 IT, 바이오 산업 등 첨단 산업이 발달한 지역으로서, '날씨가 좋은 곳'이라는 표현에서 태평양 연안 공업 지역에 위치할 것이라고 추론할 수 있다.

④ A는 항공, 우주 산업이 발달한 시애틀, B는 실리콘 밸리가 위치한 샌프란시스코, C는 철강 산업이 발달한 피츠버그, D는 에너지(석유, 천연가스) 산업 및 항공, 우주 산업이 발달한 휴스턴이다. 따라서 (가)는 C, (나)는 B이다. ○

4 유럽 및 북부 아메리카 공업 지역의 특성 파악

(가)는 유럽에서 첨단 산업이 발달한 지역, (나)는 유럽에서 지하자원을 중심으로 공업이 발달한 지역을 나타낸 것이며, (다)는 미국의 첨단 산업 발달 지역, (라)는 미국에서 지하자원을 중심으로 공업이 발달한 지역을 나타낸 것이다.

① 첨단 산업이 발달한 (가)에는 연구 · 개발을 위해 관련 산업이 밀집하여 분포하는 경향이 있다. ○
② (나)는 주요 석탄 산지에 해당하며 이를 바탕으로 공업이 성장하였다. ○
③ (다)에는 시애틀, 로스앤젤레스, 샌프란시스코가 위치하며, 이 중 샌프란시스코에 실리콘 밸리가 있다. ○
④ (라)는 오대호 연안 공업 지역이다. 미국 내에서 공업 발달 역사가 가장 오래된 공업 지역은 대서양 연안의 뉴잉글랜드 공업 지역이다. ✕
⑤ 유럽 및 북부 아메리카 모두 지하자원 중심의 공업 지역이 쇠퇴하고 첨단 산업이 발달했다. 따라서 지하자원을 중심으로 공업이 발달한 (나), (라) 지역이 (가), (다) 지역보다 먼저 공업이 발달했다. ○

5 유럽과 북부 아메리카 도시 구조의 비교

왜 신유형인가? **도시 체계에서 다루는 세계 도시들의 자료들을 분석하여 대륙별 도시군을 추론하고, 이를 바탕으로 유럽과 북부 아메리카 도시 구조의 상대적 특성을 파악하는 문제로 단원 간 내용의 결합이 요구되는 문항이다.**

그래프는 도시별 국제기구 본부 수와 세계 500대 기업의 본사 수를 나타낸 것이다. 북부 아메리카(미국)의 경우 도시의 역사가 길지 않아 경제적 영향력은 높은 반면 정치적 영향력이라고 할 수 있는 국제기구 본부 수는 적은 편이다. 따라서 (가) 국가군은 유럽(파리, 런던)이며, (나) 국가군은 북부 아메리카(뉴욕, 시카고, 로스앤젤레스)이다.

① (나) 북부 아메리카의 도시는 도시 발달의 역사가 짧으며, 도심의 평균 건물 높이가 높고, 도심과 고급 주택 지구 간 평균 거리가 멀다. 따라서 그림의 A에 해당한다. ○

6 유럽과 북부 아메리카의 도시 및 통합 운동 파악

글은 유럽과 북부 아메리카의 도시에서 나타나는 도시 구조의 차이에 대한 것이다. 도심과 주변 지역 간 건물의 높이 차가 작고, 단조로운 스카이라인이 나타나는 도시는 주로 유럽의 도시에 해당하고, 도심에 고층 건물이 많으며 도시 외곽에 고급 주택 지구가 나타나는 도시는 주로 북부 아메리카의 도시에 해당한다. 따라서 ㉠은 유럽, ㉡은 북부 아메리카이다.

① ㉠ 유럽은 유럽 연합(EU)이 결성된 이후에도 스코틀랜드, 카탈루냐 등 국가 내 분리 독립의 움직임이 나타나고 있다. ✕
② ㉠은 유럽, ㉡은 북부 아메리카이다. ✕
③ ㉠ 유럽은 ㉡ 북부 아메리카보다 먼저 산업 혁명이 시작되었다. ✕
④ ㉠ 유럽의 지역 경제 협력체 구성 노력이 ㉡ 북부 아메리카보다 먼저 시작되었다. ✕
⑤ ㉠ 유럽과 ㉡ 북부 아메리카 모두 공업 발달 초기에는 석탄 매장지 주변을 중심으로 공업이 성장하였다. ○

7 북부 아메리카 도시 구조의 이해

왜 신유형인가? **도심 지역의 인구 변화 자료를 바탕으로 교외화와 도심 재활성화를 추론하는 문항이다.**

맨해튼은 뉴욕의 도심에 해당하는 곳으로, A 시기에는 지속적으로 인구가 증가하다가 대중교통의 발달로 교외화가 이루어져 B 시기에 인구가 감소하였다. 최근 도심 재활성화(젠트리피케이션)가 이루어지면서 다시 인구가 증가하는 경향을 보이고 있다.

ㄱ. 맨해튼이 있는 뉴욕은 북부 아메리카의 도시이므로 중세에 건축된 역사적 건축물이 존재하지 않는다. ✕
ㄴ. A 시기에는 맨해튼의 상주인구가 계속 증가하고 있는 시기이므로 인구 공동화 현상이 일어나지 않는다. ✕
ㄷ. B 시기의 인구 감소는 대중교통의 발달로 교외 지역에 주거 지역이 만들어졌기 때문이다. ○
ㄹ. C 시기의 인구 증가는 도심 재활성화로 불량 주택 지구나 공업 지구가 새로운 상업 및 주거 지구로 재개발되었기 때문이다. ○

8 도심 재활성화(젠트리피케이션)의 이해

글은 도심 주변의 빈민가가 새로운 상업 및 주거 지구로 탈바꿈하면서 교외의 인구가 도심으로 이동하여 정착하는 도심 재활성화(젠트리피케이션) 과정에 관한 것이다.

① 도심의 인구 공동화는 주거지의 교외화로 도심의 상주인구가 감소하는 현상을 말한다. ✕
② 도심 재활성화를 통한 주거 환경의 개선으로 도심은 새로운 주거 공간으로 각광받고 있다. ○
③ 교외화와 도시 외곽 주거 지역의 형성은 글의 내용과 무관하다. ✕
④ 역사와 전통을 간직한 유럽의 도시 구조가 글에서는 나타나 있지 않다. ✕
⑤ 대중교통의 발달은 교외화를 촉진시키며, 도시의 영향권이 확대된다. ✕

9 유럽 및 북부 아메리카에서 분리 독립 움직임이 나타나는 지역 파악

(가)는 독립한다고 하더라도 유럽 연합(EU)에 재가입해야 한다는 것으로 미루어 브렉시트를 추진했던 영국의 스코틀랜드이다. (나)는 프랑스어를 사용하는 지역으로 분리 독립을 요구하는 캐나다의 퀘벡주이다.

② A는 영국, B는 에스파냐, C는 캐나다이므로 (가)는 A, (나)는 C이다. ○

10 유럽 연합(EU)과 북아메리카 자유 무역 협정(NAFTA)의 비교

(가)는 유럽 연합(EU)이며, (나)는 북아메리카 자유 무역 협정(NAFTA)의 회원국을 나타낸 것이다.

① (가) 유럽 연합(EU)은 유럽 의회와 같은 초국가적 기구를 설치 · 운영하고 있다. ○
② (가) 유럽 연합(EU)은 다수의 회원국이 단일 통화인 유로(Euro)를 사용한다. ○
③ (나) 북아메리카 자유 무역 협정(NAFTA)은 재화 및 용역의 자유로운 이동이 가능하지만 노동력의 이동은 제한된다. ✕
④ (나) 북아메리카 자유 무역 협정국(NAFTA)은 역내 무역에 대한 관세를 부과하지 않지만 역외국에 대한 관세는 회원국마다 다르게 부과한다. ○
⑤ (나) 북아메리카 자유 무역 협정(NAFTA)은 경제적 통합만을 추구한다는 점에서 (가) 유럽 연합(EU)의 정치 · 경제적 통합의 수준이 더 높다고 할 수 있다. ○

11 유럽에서 분리 독립을 추구하는 지역 파악

글은 유럽의 개별 국가에서 나타나는 분리 독립의 움직임을 나타낸 것이며, 지도는 이와 같은 분리 독립의 움직임이 나타나는 지역을 나타낸 것이다. A는 영국의 스코틀랜드, B는 스웨덴의 스몰란드, C는 에스파냐의 바스크, D는 에스파냐의 카탈루냐, E는 이탈리아의 파다니아이다.

② B는 스웨덴의 스몰란드 지역으로, 분리 독립 운동과는 관련이 없는 지역이다. ○

12 유럽 연합(EU)의 형성과 국가별 특성 이해

지도의 A는 유럽 연합(EU)에 먼저 가입한 국가군이며, B는 2000년 이후에 유럽 연합(EU)에 가입한 국가, C는 유럽 연합(EU)에 속하지 않은 국가군이다.

① A 국가군 중에서 영국은 2020년에 유럽 연합(EU)을 탈퇴하였다. ○
② C 국가군의 아이슬란드, 노르웨이, 스위스는 유럽 연합(EU)에 속하지 않는다. ○
③ 동부 유럽에 해당하는 B 국가군은 2000년 이후에 유럽 연합(EU)에 가입하였다. ○
④ B 국가군의 동부 유럽은 A 국가군의 서부 유럽에 비해 경제적 수준이 낮은 편이다. ○
⑤ 유럽 연합(EU)에 속한 모든 국가가 유로화를 사용하는 것은 아니다. ✕

VII 사하라 이남 아프리카와 중 · 남부 아메리카

01 도시 구조에 나타난 도시화 과정의 특징 ~
02 다양한 지역 분쟁과 저개발 문제

기본 문제

본문 162~163쪽

01 ⑤	02 ④	03 ③	04 ④	05 ③
06 ③	07 ②			

01 중 · 남부 아메리카 도시의 특징 이해

중 · 남부 아메리카는 오래전부터 고산 도시를 중심으로 마야 · 아스테카 · 잉카 문명 등 찬란한 고대 문화가 발달했던 지역이다. 이후 라틴계 유럽인이 식민지를 건설하면서 기존 도시를 변형하여 새롭게 식민 도시를 건설하였고, 자원을 수탈하기 위해 해안을 중심으로 새롭게 도시를 만들었다. 농촌 지역의 인구가 도시로 집중되면서 빠른 도시화가 진행되었고 이로 인하여 여러 도시 문제가 발생하였다.

① 고도가 높은 지역은 연중 기온이 일정한 고산 기후가 나타나 거주에 유리하므로 도시가 발달하였다. O
② 대부분 국가에서 식민 도시, 특히 수도를 중심으로 산업화와 경제 성장이 진행되면서 경제 성장에서 소외된 농촌에서 도시로 향하는 이촌 향도 현상이 발생하였다. 급속한 도시화가 진행되면서 도시의 기반 시설에 비해 지나치게 많은 인구가 도시로 집중하는 과도시화 현상이 발생하였다. O
③ 자원을 유럽으로 반출하기 위한 항구를 중심으로 도시가 발달하였다. O
④ 식민 지배의 영향으로 이 지역 주요 도시의 중심에는 광장, 성당, 격자형 가로망 등이 나타난다. O
⑤ 농촌 인구는 도시 외곽에 정착하여 슬럼을 형성하였다. ✕

02 중 · 남부 아메리카의 민족(인종)의 다양성 이해

중 · 남부 아메리카에는 다양한 인종이 분포한다. 원주민은 안데스 산지와 아마존강 유역에 주로 분포하며, 플랜테이션 농업에 필요한 노동력 충당을 위해 아프리카에서 노예로 이주한 아프리카계는 북동부 지역에 주로 거주한다. 상대적으로 소득 수준이 높은 유럽계는 남동부 해안에 주로 거주한다.

① 중 · 남부 아메리카를 식민 지배했던 국가는 대부분 에스파냐, 포르투갈이다. O
② 아프리카에서 노예로 이주한 아프리카계는 플랜테이션 농업에 필요한 노동력을 충당하기 위한 강제적 이동에 해당한다. O
③ 원주민, 아프리카계는 중 · 남부 아메리카에서 사회 · 경제적으로 하류층에 해당한다. O
④ 아르헨티나는 유럽계 백인의 인구 비율이 가장 높다. ✕
⑤ 중 · 남부 아메리카의 도심 주변에는 주로 상류층인 라틴계 유럽인이 거주한다. O

03 중 · 남부 아메리카의 도시화 특성 이해

중 · 남부 아메리카의 도시화가 빠르게 진행되면서 도시가 제공할 수 있는 도시 기능을 초과하는 인구가 집중되었다. 이와 같은 현상을 과도시화라고 한다.

① 종주 도시화는 도시 간 인구 규모의 차이에 대한 것이며, 국가 내 1위 도시(수위 도시)의 인구가 2위 도시의 인구보다 2배 이상 많은 것을 의미한다. ✕
② 중 · 남부 아메리카 도시의 경우 유입 인구는 대체로 도시 외곽에 정착한다. ✕
③ 농촌에서 유입된 인구는 대체로 도시 외곽에 정착하며, 일자리가 부족하여 비공식 부문에 종사하는 경우가 많다. O
④ 유입 인구가 도시 외곽에 정착하면서 형성되는 불량 주택 지구는 계획적이고 체계적인 시가지 확장에 의한 것이라고 볼 수 없다. ✕
⑤ 특정 도시로의 인구 유입은 국가의 지역 불균등 발전과 관련된다. ✕

04 중 · 남부 아메리카의 도시 체계 이해

그래프는 수위 도시(인구 규모 1위 도시)와 2위 도시 간 도시 인구 비율의 격차를 나타낸 것이다. 가장 격차가 작은 쿠바의 경우에도 두 도시 간 격차가 15.3%p 정도로 인구의 차이가 크다. 이와 같은 격차는 특정 도시를 중심으로 산업화가 급속히 진행되었기 때문이다.

ㄱ. 경제 발전에 따른 사망률 감소는 특정 지역으로의 인구 집중을 설명할 수 있는 원인이라고 볼 수 없다. ✕
ㄴ. 특정 대도시 중심으로 산업 시설이 집중하고 산업화가 진행되면서 상대적으로 빈곤한 농촌 지역에서 대도시로 인구가 이동하였다. O
ㄷ. 유입된 인구는 도시 외곽 지역에 정착하여 새로운 불량 주거 지역을 형성하였다. 이것은 인구 이동에 의한 결과로

서 도시 간 인구 격차의 원인으로 보기 어렵다. ✕
ㄹ. 농촌 지역에서 수위 도시로 인구가 집중하면서 수위 도시와 2순위 도시 간의 격차가 벌어졌다. ○

05 중 · 남부 아메리카 도시 구조의 특성 이해

지도는 멕시코시티의 일부분을 나타낸 것으로 성당, 광장 등과 격자형 가로망 등이 있는 것으로 보아 이 지역은 도시의 중심에 해당하는 지역이다.

ㄱ. 도심과 그 주변 지역으로, 중심 업무 지구 및 상류층이 거주하는 고급 주택 지구가 분포할 것이다. ✕
ㄴ. 중 · 남부 아메리카의 도시에서 도심부와 그 주변에는 경제적으로 상류층을 구성하는 유럽계의 백인이 주로 거주한다. ○
ㄷ. 식민 지배의 영향으로 격자형의 가로망이 나타나며, 유럽의 영향을 받은 근대적인 도시 경관이 나타나는 지역이다. ○
ㄹ. 원주민이나 아프리카계와 같이 하류층에 해당하는 주민들은 주로 도시의 외곽에 거주한다. ✕

06 사하라 이남 아프리카의 분쟁 원인 이해

식민 지배 과정에서 유럽 열강이 부족의 생활 공동체를 무시한 채 임의대로 국경선을 획정하여 부족 간 갈등이 심화되었다. 겉으로는 하나의 국가에 통합되어 있으나 안으로는 여전히 부족 중심의 생활문화가 지속되고 있어 국가 내 민족과 종교의 차이로 인한 갈등이 계속되는 것이다.

① 플랜테이션 농업은 사하라 이남 아프리카 국가들의 경제 발달을 가로막는 장애 요소임에는 분명하나 해당 글과는 관련이 없다. ✕
② 사하라 이남 아프리카는 자원이 풍부하나 자원 개발로 얻어진 이익이 주민들에게 배분되지 못하고 오히려 내전을 위한 무기 구입에 사용되는 등의 부작용이 나타난다. 그러나 해당 글은 자원 개발에 따른 문제점과는 관련이 없다. ✕
③ 유럽 열강의 식민지 분할은 한 국가 내 여러 부족들 간의 갈등을 유발하는 요인이 되었다. ○
④ 유럽의 식민 지배로 사하라 이남 아프리카의 크리스트교 신자 비중이 높아지고 있다. 그러나 해당 글과는 관계가 없다. ✕
⑤ 유럽 열강은 효율적인 식민 지배를 위해 식민지 내 부족 간 차별 정책을 실시하였다. 이로 인해 독립 후 부족 간 갈등이 나타나기도 하였다. 그러나 해당 글 내용의 원인으로는 적절하지 않다. ✕

07 사하라 이남 아프리카의 저개발 원인 이해

사하라 이남 아프리카 국가들은 빈곤과 저개발 등 경제적인 어려움을 겪고 있다. 경제적인 어려움으로 인해 높은 유아 사망률, 식수 부족, 기아 등이 발생하고 있다. 이와 같은 빈곤 문제는 이 지역의 잦은 분쟁, 일부 지도자들의 독재와 부정부패 등 여러 측면의 원인이 복합적으로 작용한 결과이다.

① 유럽 열강은 아프리카를 식민 통치하는 동안 지하자원 채굴과 플랜테이션 농업에 집중하였다. 이와 같은 영향으로 사하라 이남 아프리카 국가들은 독립 이후에도 농산물과 광물 위주의 수출 구조를 벗어나지 못하여 국제 경쟁력이 취약하다. ○
② 사하라 이남 아프리카 국가들은 산업화 수준이 상대적으로 낮은 편이며, 농산물과 광물 위주의 수출 구조에서 벗어나지 못하고 있다. ✕
③ 이 지역의 지하자원은 유럽 열강의 자본과 기술에 의해 개발되었다. 독립 이후에도 자원 개발을 위한 기술과 자본은 부족한 실정이다. ○
④ 이 지역의 도로, 철도는 식민 지배를 위해 건설된 것으로 독립 이후 국가 경제 발전을 이끌 수 있는 기반 시설로서는 충분하지 않다. ○
⑤ 광물, 에너지 자원에 의존한 경제 구조는 국제 시장 가격 변화에 따른 불안정성을 가지고 있으므로 장기적으로는 사하라 이남 아프리카 국가들의 발전을 저해하는 요소가 된다. ○

03 자원 개발을 둘러싼 과제

기본 문제 본문 168~169쪽

01 ③	02 ④	03 ④	04 ②	05 ②
06 ⑤				

01 사하라 이남 아프리카의 자원 분포 파악

지도에서 A는 코트디부아르, B는 나이지리아, C는 에티오피아, D는 콩고 민주 공화국이다. A는 카카오, B는 석유, C는 커피, D는 구리가 대표적인 수출품이다.

③ (가)는 수출의 90% 이상을 석유가 차지하므로 나이지리아(B)에 대한 설명이다. (나)의 '코퍼 벨트'는 아프리카 잠비

아~콩고 민주 공화국에 걸친 구리 광산 지역이다. 따라서 (나)는 콩고 민주 공화국(D)에 해당한다. ○

02 사하라 이남 아프리카의 자원 분포 파악

아프리카 국가별 비중을 나타낸 그래프에서 사하라 이남 아프리카 국가 중 나이지리아, 앙골라 등의 비율이 높은 것으로 보아 (가) 자원은 석유이다.

① 칠레는 구리 자원에 대한 경제 의존도가 높아 가격 변동에 취약하다. ✕
② 코퍼(copper)는 구리를 의미하며, 코퍼 벨트는 구리의 매장량이 많다. ✕
③ '피의 휴대폰'과 관련이 깊은 자원은 '검은 금(Black gold)'이라고도 불리는 콜탄이다. ✕
④ 수단은 인종, 종교의 이질성 및 경제 격차에 따른 남북 간 갈등으로 지속적인 내전과 분쟁을 겪었으며 2011년 남수단이 분리 독립되었다. 그러나 여전히 석유 자원의 수입 배분 비율에 대한 갈등이 존재한다. ○
⑤ 베네수엘라 볼리바르는 최대 석유 매장국이다. 세계 최대 석유 생산국은 사우디아라비아이다(BP, 2018 기준). ✕

03 사하라 이남 아프리카 및 중 · 남부 아메리카의 자원 개발에 따른 문제점과 대책 파악

사하라 이남 아프리카 및 중 · 남부 아메리카 지역은 공통적으로 특정 자원이 국가의 경제 구조에서 차지하는 비중이 높고 소수의 부패한 권력자에게 자원 개발의 이익이 집중되고 있다. 1차 산업 중심의 경제 구조는 국제 가격 변동에 따른 불확실성이 존재하므로 이에 대한 대책이 필요하다. 또한 자원 개발에 따른 환경 문제도 해결해야 할 과제이다.

① 지속 가능한 발전을 위한 노력은 환경 문제 해결을 위한 대책이다. ○
② 제조업 육성을 위한 인프라를 구축하는 것은 1차 산업 위주의 경제 구조를 탈피하기 위한 대책이다. ○
③ 부패한 권력자에게 개발 이익이 집중되는 것을 막기 위해서는 민주적인 정치 제도의 정착 및 부패 척결 등이 필요하다. ○
④ 국가별 특화 자원 생산만을 위한 투자 증대는 특정 자원이 국가의 경제 구조에서 차지하는 비중을 더욱 높일 것이므로 적절한 대책이라고 할 수 없다. ✕
⑤ 소수의 권력자에게 개발 이익이 집중되는 것보다는 자원 개발의 이익을 국민 생활의 개선에 사용하는 것이 필요하다. ○

04 중 · 남부 아메리카의 자원 분포 파악

② 순상지가 넓게 분포하는 지역은 브라질로 철광석의 주요 산지이다. 화산 분출 지역이 넓으며, 은의 생산량이 많은 국가는 멕시코이다. 베네수엘라 볼리바르는 석유의 매장량이 풍부하며 생산량도 많다. ○

05 중 · 남부 아메리카 자원 개발의 문제점 이해

그래프는 구리의 국제 시장 가격 변화에 따른 칠레의 국내 총생산(GDP) 변화를 나타낸 것이다. 구리의 국제 시장 가격이 낮은 해에는 칠레의 국내 총생산(GDP)이 전년 대비 감소하고, 국제 시장 가격이 높은 해에는 칠레의 국내 총생산(GDP)이 전년 대비 증가하는 것으로 파악된다.

① 중 · 남부 아메리카에서는 자원 개발의 이익이 소수의 독재 정치인이나 다국적 기업으로 집중되고 있다. 그러나 해당 자료와는 관련이 적다. ✕
② 중 · 남부 아메리카는 특정 자원에 대한 의존도가 높으므로 국가 경제의 안정성이 낮다. 국가 경제의 안정을 위해서는 산업 구조의 다각화 노력이 필요하다. ○
③ 다국적 기업이 이익의 대부분을 가져가고 있으므로 자원 개발이 실질적으로 국가 경제에 기여하기 위한 대책이 필요하다. 그러나 이 내용은 해당 자료와는 관련이 적다. ✕
④ 자원 개발에 따른 환경 문제 발생은 해당 자료와는 관련이 없다. ✕
⑤ 해당 자료는 광물 자원에 대한 것이며 플랜테이션 농업과는 관련이 없다. ✕

06 사하라 이남 아프리카와 중 · 남부 아메리카의 자원 개발에 따른 문제점 파악

사하라 이남 아프리카와 중 · 남부 아메리카는 모두 자원이 풍부한 지역이지만 자원이 국가 경제 발전에 기여하기보다는 오히려 정치적 불안을 가중시키며 주민들의 생활을 어렵게 만드는 이른바 '자원의 저주'를 겪고 있다.

① 두 지역은 모두 유럽의 식민 지배를 받은 지역으로 독립 이후에도 광물 위주의 수출이 국가 경제에 차지하는 비중이 상대적으로 높아 국제 경쟁력이 취약하다. ○
② 자원 개발로 얻어진 이익이 주민들에게 분배되지 못하고 소수의 독재 권력에 집중되고 있어 빈부 격차가 더욱 심해지고 있으며 주민들의 상대적 박탈감도 커지고 있다. ○
③ 광물 및 농산물을 중심으로 한 1차 산업 위주의 산업 구조는 지역 경쟁력 저하의 한 원인이다. ○

④ 다국적 기업이 주체가 된 자원 개발은 개발 이익의 해외 유출과 연관된다. ○
⑤ 대토지 소유제(아시엔다, hacienda)는 에스파냐에서 유래된 대토지 소유 제도이다. 중 · 남부 아메리카의 플랜테이션은 이와 같은 대토지의 농장에서 이루어졌다. 이로 인해 원주민은 농토를 잃고 도시로 이동하여 도시의 빈민이 되었다. ✕

대단원 종합 문제 본문 172~173쪽

01 ②	02 ②	03 ①	04 ③	05 ④
06 (가) 크리스트교 (나) 이슬람교		07 ③		08 ①

01 중 · 남부 아메리카의 다양한 민족(인종) 분포 파악

글의 (가)는 유럽계 백인, (나)는 혼혈, (다)는 아프리카계이다. 지도는 중 · 남부 아메리카의 국가별 민족(인종) 구성을 나타낸 것이다.

② 사회 · 경제적으로 상류층을 이루는 유럽계 백인은 아르헨티나에서의 비중이 높게 나타나므로 A는 유럽계 백인이다. 자메이카에서 비중이 가장 높으며 브라질에서도 11%를 차지하는 B는 아프리카계이다. 이들은 플랜테이션에 필요한 노동력으로 이주해 왔다. C는 멕시코, 콜롬비아, 칠레 등 안데스 산지 주변 국가에서 비율이 높게 나타나는 혼혈이다. ○

02 중 · 남부 아메리카 도시의 특징 이해

ㄱ. 수도, 식민 도시 등 소수의 대도시를 중심으로 산업이 성장하였으므로 소수의 대도시에 기능이 집중하는 경향이 나타난다. ○
ㄴ. 아마존 분지 내부는 열대 우림이 밀집한 곳으로 상대적으로 도시 발달에 유리하지 않다. 대도시는 주로 교역에 유리한 해안, 인간 거주에 유리한 기후가 나타나는 고산 지역에 도시가 분포하는 경향이 나타난다. ✕
ㄷ. 특정 도시 중심의 산업화와 도농 간 개발 격차로 인해 이촌 향도 현상이 나타났으며 급속한 도시 인구 증가로 과도시화 현상이 나타났다. ○
ㄹ. 포르투갈이 식민 도시를 건설한 국가는 브라질이며, 안데스 산지 중심으로는 에스파냐가 식민 도시를 건설하였다. ✕

03 중 · 남부 아메리카의 도시 구조 이해

중 · 남부 아메리카는 식민 지배의 경험이 도시 구조에 반영되어 있다. 예를 들어 도심의 광장과 성당이 그것이다. 민족(인종)에 따른 사회적 계층 구분이 도시 구조에도 반영되어 있는데, 도심 주변에는 상류층인 유럽계 백인이 주로 거주하고 도시의 외곽에는 하류층인 원주민들이 주로 거주한다.

① 사회적 신분은 민족(인종)에 따라 구별된다. 예를 들어 유럽계 백인은 상류층, 원주민은 하류층에 해당하며, 혼혈은 중류층에 해당한다. ○
② 도심 주변의 격자형 가로망은 식민 지배의 영향으로 만들어진 것이므로 자연 발생적인 것이라고 볼 수 없다. ✕
③ 도심 주변의 주거지가 형성된 후 농촌에서 유입된 인구가 도시 외곽의 주거지를 형성하였다. ✕
④ (가)에는 사회적 지위가 높은 유럽계 백인이 들어갈 수 있다. ✕
⑤ (나)에는 사회적 지위가 낮은 원주민이 들어갈 수 있다. ✕

04 중 · 남부 아메리카의 고산 도시의 이해

민요에서 '안데스산맥의 고향', '잉카 동포들과 함께 살던 곳', '쿠스코 광장'이라는 가사에서 이 노래의 공간적 배경이 안데스 산지에 위치한 고산 도시임을 알 수 있다.

① 잉카 문명이 발달한 지역은 안데스산맥이 지나는 고산 지역이다. ○
② 저위도의 고산 지역에서는 연중 기온이 일정하게 유지되는 고산 기후(상춘 기후)가 나타난다. ○
③ 카카오는 주로 열대 우림 기후가 나타나는 지역에서 플랜테이션 작물로 재배된다. 고산 지역은 열대 기후가 나타나지 않으며 넓은 농경지를 확보하기에도 불리하다. ✕
④ 중 · 남부 아메리카의 광장에서는 주변에 성당이 위치하는 것이 일반적이다. '쿠스코 광장(아르마스 광장)'에서도 크리스트교 성당을 볼 수 있다. ○
⑤ 마추픽추, 와이나픽추는 모두 고대 문명 유적지이다. ○

05 사하라 이남 아프리카의 분쟁 원인 이해

지도는 민족(종족) 경계와 국가 경계의 불일치를 보여주고 있다. 이와 같은 불일치는 유럽 열강들이 국경선을 민족이나 부족의 분포를 무시하고 임의로 결정하였기 때문이다. 한 국가 내에 여러 부족이 공존하거나 한 부족이 여러 국가로 나뉘게 되었으며, 이로 인하여 여러 갈등과 분쟁이 일어났다.

④ 정: 남아프리카 공화국은 백인 정권의 유색 인종에 대한 차별 정책으로 인종 갈등이 발생했던 지역이다. ✕

06 나이지리아의 분쟁 원인 파악

문제접근 사하라 이남 아프리카의 북부에는 주로 이슬람교를 믿는 주민들이 대다수를 차지하고 남부에는 크리스트교 및 토속 종교를 믿는 주민들이 대다수를 차지하고 있다. 이슬람교와 크리스트교의 경계에 해당하는 지역들(나이지리아, 수단 등)은 종교로 인한 갈등이 나타난다.

단답형 답안 (가) 크리스트교, (나) 이슬람교

07 나이지리아와 수단 분쟁의 공통점 파악

나이지리아와 수단은 공통적으로 이슬람교와 크리스트교의 경계 지역에 해당한다. 따라서 국가 내에서 북부 지방은 이슬람교, 남부 지방은 크리스트교를 믿는 주민의 비율이 많다.

ㄱ. (가)는 나이지리아이며 이슬람교도가 많은 지역은 북부 지역이다. ✕
ㄴ. (나)는 수단이며 2011년 남수단이 분리되었다. ○
ㄷ. 나이지리아는 기니만 연안, 수단은 남수단 지역에 주로 석유가 매장되어 있다. 두 국가의 분쟁은 모두 석유 자원과 관련이 있다. ○
ㄹ. (가), (나) 모두 북부의 이슬람교, 남부의 크리스트교 사이의 갈등이다. ✕

08 사하라 이남 아프리카와 중 · 남부 아메리카의 공통점 파악

두 지역은 모두 유럽 열강의 식민 지배를 받은 지역으로 플랜테이션 농업 발달, 자원 개발과 이에 따른 문제점이 나타나고 있다. 또한 저개발과 국가의 불균형 발전 등의 문제도 나타난다.

① 중 · 남부 아메리카는 식민 지배의 영향으로 대부분의 국가에서 크리스트교를 믿으므로 서로 다른 종교 간의 갈등 문제가 나타나지 않는다. ✕

신유형·수능열기

본문 174~176쪽

1 ⑤	2 ③	3 ④	4 ④	5 ④	6 ③
7 ①	8 ①	9 ④	10 ①	11 ⑤	12 ③

1 중 · 남부 아메리카의 도시화 특성 이해

왼쪽 그래프에서 칠레, 아르헨티나는 캐나다에 비해 기울기가 급한 것으로 보아 빠르게 도시화가 진행되었음을 알 수 있다. 오른쪽 그래프를 보면 1위 도시 인구 비율이 2위 도시 인구 비율에 비해 매우 높으므로 종주 도시화가 진행되었음을 알 수 있다.

① 1910년 칠레나 아르헨티나는 캐나다에 비해 도시화율이 낮았으므로 본격적인 도시화 시기가 늦다. ○
② 도시로의 빠른 인구 증가로 도시가 제공할 수 있는 기능에 비해 많은 인구가 도시로 유입되어 과도시화 현상이 나타나고 있다. ○
③ 아르헨티나와 칠레의 경우 1위 도시와 2위 도시의 인구 비율의 격차가 2배 이상 차이가 나고 있으므로 종주 도시화가 나타난다고 할 수 있다. ○
④ 수위 도시로의 과도한 인구 집중으로 비공식 부문 경제 활동 인구가 증가하였다. ○
⑤ 도시 외곽에는 새롭게 유입한 주민들이 불량 주택 지구를 형성하였다. ✕

2 중 · 남부 아메리카의 민족(인종)별 거주지 분리 현상 이해

왜 신유형인가? 특정 도시를 사례로 한 도시 구조의 특성을 중 · 남부 아메리카 국가들의 민족(인종)별 구성 특성과 연결하여 파악하고 있다. 따라서 이 문항은 국가별 민족(인종) 분포 특성, 도시 내 민족(인종) 분포 특성이라는 서로 다른 공간 스케일의 내용을 서로 연결해야 한다.

(가)는 고소득층을 이루고 있으며 도시 중심부의 고급 주택 지구에 거주하므로 유럽계 백인이다. (나)는 해발 고도가 높은 도시 외곽 지역에 거주하므로 원주민에 해당한다.

③ 유럽계 백인은 중 · 남부 아메리카의 동남부 지역에 주로 분포하며 원주민은 안데스 산지를 중심으로 분포하는 경향이 있다. 그래프에서 유럽계 백인(가)은 아르헨티나에서 가장 높은 비율을 보이고 있는 B이다. 또한 원주민(나)은 페루에서 가장 높은 비율을 보이고 있는 A이다. C는 브라질의 사탕수수 플랜테이션 농장의 노동력 확보를 위해 강제 이주된 아프리카계이다. ○

3 중 · 남부 아프리카 도시의 특성 이해

중 · 남부 아메리카는 식민 지배의 영향으로 북부 아메리카와는 다른 도시 구조가 나타난다. 도심부에는 광장과 성당 그리고 규칙적인 격자형 도로망이 나타난다. 이 주변으로는 유럽계 백인들이 거주하는 주택지가 분포한다. 반면 도시의 외곽에는 농촌에서 유입된 저소득층 인구들이 불량 주택 지구를 이루고 있다.

④ ㉣ 상류층의 고급 주택 지구는 울타리나 담장 등을 둘러 폐쇄적인 공동체를 형성하는 경우가 많다. ○

4 사하라 이남 아프리카의 종교 분포

사하라 이남 아프리카의 종교는 북부의 이슬람교와 남부의 크리스트교로 구분할 수 있다. 이 두 종교의 경계가 되는 지역은 종교로 인한 갈등이 나타나는데, 나이지리아, 수단 등이 그 사례이다. 따라서 (가)는 이슬람교, (나)는 크리스트교, (다)는 토착 종교이다.

④ 1990년에 비해 2010년에는 토착 종교가 대폭 감소하였으며 크리스트교는 대폭 증가하였다. 이슬람교의 증가 비율은 크리스트교에 비해 적은 편이다. 따라서 그래프의 A는 토착 종교, B는 이슬람교, C는 크리스트교이다. 그러므로 (가)는 B, (나)는 C, (다)는 A이다. ○

5 사하라 이남 아프리카의 갈등과 수출 구조 이해

왜 신유형인가? 종교, 민족 간 갈등 내용을 바탕으로 국가를 추론하고 해당 국가의 수출 구조를 확인하는 문항으로 국가 내에서 발생하는 갈등에 자원이 어떠한 영향을 주는지 파악할 수 있는 문항이다.

(가)는 나이지리아에 해당하는 내용이며, (나)는 르완다에 해당하는 내용이다.

④ A는 다이아몬드의 수출 비중이 높은 것으로 보아 보츠와나이며, B는 원유의 수출 비중이 높은 것으로 보아 나이지리아이다. C는 탄탈륨, 바나듐 등의 수출 비중이 높은 것으로 보아 르완다이다. 탄탈륨은 콜탄을 원료로 만들어지는데, 이 콜탄은 접경 국가인 콩고 민주 공화국에서 반입된 것이다. ○

6 사하라 이남 아프리카 국가의 저개발과 빈곤의 원인 이해

그래프는 절대 빈곤층의 수를 대륙별로 나타낸 것이다. 전체 빈곤 인구는 줄어들고 있으나, 사하라 이남 아프리카의 빈곤 인구는 감소하지 않는 것을 그래프에서 확인할 수 있다.

① 정권 유지를 위한 독재와 부정부패로 자원 개발로 얻는 수익이 국가의 경제 발전에 온전히 사용되고 있지 않으며, 주민들의 삶의 질 개선에 크게 기여하지 못하는 실정이다. ○
② 민족, 종교 간 분쟁은 사하라 이남 아프리카 저개발의 큰 원인이다. ○
③ 사하라 이남 아프리카의 출생율은 다른 대륙에 비해 매우 높다. 따라서 노동력이 부족하다고 할 수 없다. ✕
④ 식민 지배의 영향으로 플랜테이션 농업에 대한 의존이 매우 높다. 플랜테이션 농업으로 인한 이익도 대부분 소수의 특권층이나 다국적 기업으로 유출되기 때문에 빈곤 인구를 감소하는데 큰 도움이 되지 못한다. ○
⑤ 식민 지배 시기에 건설된 도로, 철도 등은 자원 수탈을 위한 것으로 현재 국가의 경제 개발을 위해서는 새로운 사회 기반 시설 확충이 필요하다. ○

7 사하라 이남 아프리카 주요 국가의 산업 구조 파악

첫 번째 방문국은 카카오 농장이 있는 것으로 보아 기니만 연안의 코트디부아르, 가나 등의 국가에 해당한다. 두 번째 방문국은 석유가 외화 수입의 대부분을 차지하며 나이저강 삼각주 유전 지대가 언급되는 것으로 보아 나이지리아이다. 세 번째 방문국은 커피의 원산지가 언급되고 있으므로 에티오피아의 고원 지대에 해당한다.

① 지도의 A는 코트디부아르, B는 나이지리아, C는 에티오피아, D는 콩고 민주 공화국, E는 남아프리카 공화국이다. 따라서 A → B → C 순으로 방문하게 된다. ○

8 사하라 이남 아프리카의 저개발 요인과 대책

신문 머리기사의 내용은 모두 사하라 이남 아프리카 저개발의 요인에 해당한다. 자원 채굴에 의존한 국가 경제, 농산물과 광물 자원에 의존하고 있는 무역 구조, 소수의 특권층과 다수의 빈곤층 사이의 빈부 격차, 민족, 종교의 문제로 인한 내전 등은 이 지역 저개발의 원인이다.

① 특정 자원 중심의 산업 의존도를 높일 경우 경제적 불안정이 가중될 우려가 있다. ✕
② 정치적 불안정을 해결하고 부정부패를 척결하여 자원 개발로 얻은 이익을 국가 경제 발전에 재투자할 필요가 있다. ○
③ 빈곤층의 삶의 질 향상을 위해서는 부의 정의로운 분배가 필요하다. ○

④ 사회 간접 자본 확충과 산업 구조 다각화는 농업과 광업 위주의 사하라 이남 아프리카 국가들에게 필요한 대책이다. ○

⑤ 자원 개발로 얻어진 이익을 주민들에게 제공하여 절대 빈곤층을 감소시키는 것은 사하라 이남 아프리카 국가들의 중요한 과제이다. ○

9 사하라 이남 아프리카 각 국가들의 자원 개발의 차이

(가)는 국토 면적이 넓은 콩고 민주 공화국이다. 북동부의 반군 세력이 콜탄 등의 자원을 르완다 등에게 넘기고 필요한 무기를 공급받고 있다. (나)는 보츠와나이다. 이 지역은 정치적 혼란 없이 꾸준히 경제 성장을 이어온 아프리카 국가 중 하나이다. A는 나이지리아, B는 에티오피아, C는 콩고 민주 공화국, D는 보츠와나이다.

④ (가)는 C, (나)는 D이다. ○

10 나이지리아와 베네수엘라 볼리바르의 자원 문제

나이지리아와 베네수엘라 볼리바르는 석유 자원이 많이 매장되어 있는 국가이지만, 풍부한 자원으로 인해 갈등 및 분쟁이 나타난다. 지역 주민들의 삶은 더욱 피폐해지고 있으며 빈부 격차가 더욱 심해지고 있어 이른바 '자원의 저주'가 나타나는 국가라고 할 수 있다.

① 나이지리아와 베네수엘라 볼리바르의 정치적 불안정과 관계 깊은 자원은 석유이다. ○

11 콜탄(탄탈륨)의 분포 및 콜탄 생산으로 인한 문제 파악

르완다 및 콩고 민주 공화국의 생산 비율이 매우 높게 나타나는 자원은 콜탄으로, 전자 부품의 원료로 이용되는 자원이다. 콩고 민주 공화국의 동부 지역을 근거지로 하는 반군은 르완다에 콜탄을 밀반출하고 그 대가로 무기를 얻으면서 콩고 내전의 장기화에 영향을 주었다. 콜탄 광산의 개발로 열대림 파괴, 수질 오염 등의 환경 피해가 나타났으며 광산 노동자의 무분별한 고릴라 사냥으로 동부 고릴라 개체 수가 감소하였다.

⑤ 보석으로 가공되는 자원은 다이아몬드이다. 콜탄은 휴대 전화 배터리의 원료로 사용된다. ✕

12 중 · 남부 아메리카 자원 개발에 따른 문제 이해

아마존의 열대 우림은 광산 개발, 목축지 및 농경지 확보, 내륙 도시 건설 등의 이유로 점차 축소되고 있다. 광합성 작용을 통해 이산화 탄소를 흡수하는 열대 우림이 파괴되면 온실 기체가 증가하여 지구 온난화가 가속화된다. 아마존의 원주민들은 이 과정에서 생활 공간을 빼앗기고 도시의 빈민으로 전락하기도 한다.

③ (가)는 지구 온난화와 같은 환경 문제에 대해 우려하고 있으므로 환경 운동 단체의 입장이다. (나)는 밀림이 파괴되면서 사냥할 동물들이 사라지고 식량이 부족하다고 하였으므로 해당 지역에서 살아가는 원주민의 입장에 해당한다. ○

VIII 평화와 공존의 세계

01 경제의 세계화와 경제 블록

기본 문제

본문 180~181쪽

01 ⑤	02 공간적 분업	03 ⑤	04 ④
05 ④	06 ③		

01 지역 무역 협정(RTA)의 증가 원인 파악

세계화에 따른 경제 환경의 변화로 지역 무역 협정(RTA)이 증가하고 있다.

① 제시된 기간 동안의 대륙 간 무역량은 증가하였다. ✕
② 교통 발달로 인하여 과거에 비해 운송비가 차지하는 비중이 줄어들었다. ✕
③ 환경 오염 심화와 지역 무역 협정(RTA) 발효 건수의 증가는 관련이 없다. ✕
④ 선진국과 개발 도상국 간의 경제적 격차는 확대되었다. ✕
⑤ 세계화가 진행되면서 생산비를 줄이기 위하여 생산 요소의 이동이 늘어났으며, 생산성을 높이기 위한 분업의 중요성이 강조되었다. 지역 무역 협정(RTA)의 체결은 해당국 간의 무역 장벽을 낮추고 생산 요소의 이동과 분업을 활발하게 한다. ○

02 다국적 기업의 공간적 분업 이해

문제접근 공간적 분업이란 기업의 규모가 커지면서 본사, 연구소, 생산 공장 등의 입지가 공간적으로 분리되는 현상이다. 기업의 규모가 확대되면서 각종 기업 활동이 공간적으로 분화되어 다국적 기업으로 성장하게 된다. 그 과정에서 본사, 모공장은 정보 획득 등의 이유로 본국에 위치하며 생산 공장, 영업 지점, 대리점 등은 원료 획득, 인건비 절감, 시장 확보 등을 중요시하여 가장 유리한 지역으로 진출하게 된다.

단답형 답안 공간적 분업

03 자유 무역 협정(FTA)의 특징 이해

자유 무역 협정(FTA: Free Trade Agreement)은 체결 국가 간에 배타적인 무역 특혜를 부여하는 협정으로, 지역 경제 통합의 성격을 띠며 협정국 간 무역 장벽 해소 및 자유 무역을 추구한다.

① 생산 요소의 자유로운 이동은 공동 시장 수준의 경제 협력이 이루어질 때 나타난다. ✕
② 관세 동맹 체결 이후 기대되는 효과이다. ✕
③, ④ 유럽 연합(EU)과 같이 단일 시장을 결성하고 경제 · 정치적 통합을 꾀할 때 기대되는 효과이다. ✕
⑤ 자유 무역 협정(FTA)이 발효되면 국가 간 관세 장벽이 낮아져 협정국 간의 교역이 확대되는 효과가 나타난다. ○

04 세계 무역 기구(WTO)의 특징 이해

세계 무역 기구(WTO)는 GATT 체제 이후 우루과이 라운드에서 합의된 사항들에 대한 이행을 감시하기 위해 1995년 설립되었다. 범세계적인 자유 무역의 추진은 선진국 및 다국적 기업에 유리하며 개발 도상국에 불리하게 작용한다는 비판의 중심에 있다.

ㄱ. 세계 무역 기구(WTO)는 자유 무역이 이루어질 수 있도록 감시한다. ○
ㄴ. 세계 무역 기구(WTO)는 농산물, 공산품, 서비스업을 총망라한 자유 무역을 추진하고 있다. ○
ㄷ. 세계 무역 기구(WTO)는 국가 간 무역에서 발생하는 분쟁 조정 및 해결을 위한 강제적 구속력을 행사할 수 있다. ○
ㄹ. 관세 부과, 수입 할당제 등의 정책은 보호 무역과 관련되어 있다. ✕

05 경제 통합의 유형 파악

제시된 그림은 단계별 경제 통합 정도를 나타낸 것이다. 자유 무역 협정에서 완전 경제 통합 순으로 가면서 통합의 정도는 높아진다.

④ 경제 통합의 유형은 네 가지로 구분할 수 있다. 자유 무역 협정은 가장 느슨한 형태로, 회원국 간의 관세 인하 및 철폐를 통한 자유 무역을 추구한다. 관세 동맹은 회원국 간의 관세를 낮추거나 없애고 역외국에 대해 공동 관세를 적용한다. 공동 시장은 회원국 간에 생산 요소의 자유로운 이동을 보장한다. 경제 통합은 통합의 정도가 가장 높은 유형으로, 단일 통화 사용뿐만 아니라 경제와 정치의 통합을 추구한다. ○

06 세계의 주요 경제 블록 파악

지도에서 A는 유럽 연합(EU), B는 동남아시아 국가 연합(ASEAN), C는 북아메리카 자유 무역 협정(NAFTA), D는 남아메리카 공동 시장(MERCOSUR)을 나타낸 것이다.

③ 자유 무역 협정(FTA)은 회원국 간 무역 장벽 해소, 관세 축소를 통한 자유 무역을 추구한다. 북아메리카 자유 무역 협정(NAFTA)이 이에 해당한다. 그 다음 높은 단계인 관세 동맹은 회원국 간 관세를 없애는 반면 역외국에 대해서는 공동 관세율을 적용한다. 남아메리카 공동 시장(MERCOSUR)이 이에 해당한다. 마지막 최종 단계인 완전 경제 통합 단계는 단일 통화, 회원국의 공동 의회 설치와 같은 정치 · 경제적 통합을 추구하며, 마스트리흐트 조약 발효 이후의 유럽 연합(EU)이 이에 속한다. 따라서 (가)는 C, (나)는 D, (다)는 A이다. ○

02 지구적 환경 문제와 국제 협력 ~
03 세계 평화와 정의를 위한 지구촌의 노력들

기본 문제

본문 186~187쪽

01 ②	02 ④	03 사막화	04 ③
05 ③	06 ①		

01 산성비의 특성 이해

지도에 나타나는 환경 문제는 북서 유럽과 북아메리카 북동부 지역에서 피해가 심하게 나타나는 특징을 보이고 있다. 이는 공업이 크게 발달한 지역에서 겪을 수 있는 피해로, 산성비의 피해 지역을 나타낸 것이다.

ㄱ. 산성비는 바람에 의해 주변 지역으로 이동하여 공업이 크게 발달하지 않았어도 산성비의 피해를 입을 수 있다는 점에서 국제 문제로 부각되고 있다. ○
ㄴ. 물 자원 이용을 둘러싼 국가 간의 갈등은 건조 기후 지역의 유프라테스강과 티그리스강, 나일강 등과 같이 여러 국가를 거쳐 흐르는 국제 하천에서 잘 나타난다. 또한 동남아시아의 메콩강도 여러 국가를 흐르면서 물 자원과 관련된 국가 간 갈등이 빚어지고 있다. ✕
ㄷ. 산성비는 공업 발달 과정에서 파생한 대기 오염이다. ○
ㄹ. 인구 증가로 인한 방목지와 경작지의 확대로 인해 나타나는 환경 문제가 가장 뚜렷하게 나타나는 곳은 사막 주변 지역의 사막화로, 사헬 지대가 대표적이다. ✕

02 지구 온난화의 이해

(가)는 지구 온난화이다. 지구 온난화로 인해 사막화, 물 부족, 곡물 생산량 감소 등 다양한 측면에서 피해가 발생하고 있으며, 해수면을 상승시켜 저지대를 위협하고 있다.

① 지구 온난화의 주요 원인 중 하나는 화석 연료의 소비량 증가이다. ○
② 삼림은 이산화 탄소를 흡수하고 산소를 배출하는 역할을 하는데, 삼림 면적이 축소되는 것은 대기 중의 이산화 탄소 함량을 높여 지구 온난화가 심화되는 원인이 된다. ○
③ 파리 협정은 2020년 만료되는 교토 의정서를 대체하는 협정으로, 모든 당사국이 온실가스 감축 목표를 지향한다는 내용을 담고 있다. ○
④ 백내장 및 피부암 증가는 오존층 파괴와 관련 있다. ✕
⑤ 지구 온난화로 기온이 상승하면서 우리나라의 사과나 귤 같은 농작물의 재배 지역이 북상하고 있다. ○

03 사막화의 다양한 원인 이해

문제접근 사막화는 장기간의 가뭄, 과도한 방목과 개간, 삼림 벌채가 주요 원인이 되어 발생하는 환경 문제이다.

단답형 답안 사막화

04 지구 온난화의 영향 이해

지구 온난화는 산업화와 도시화에 따른 화석 연료의 사용 증대, 삼림 파괴 등으로 인한 이산화 탄소 배출량이 증가하면서 지구의 대기 온도가 상승하는 현상을 말한다.

③ 연평균 기온이 상승함에 따라 고산 식물의 고도 한계가 높아질 것이며, 북극해 빙하 면적의 분포 범위는 좁아질 것이다. ○

05 지구 온난화 해결을 위한 노력 이해

지구 온난화를 해결하기 위해 전 세계 각국에서 국가 및 민간 차원의 다양한 노력을 하고 있다. 제시된 자료는 온실가스 배출을 줄이기 위한 캠페인의 사례이다. '지구의 시간' 행사는 절전을 통해 온실가스 배출을 줄이자는 취지에서 시행되는 캠페인이다.

① 산성비 문제를 나타내는 신문 기사의 제목이다. ✕
② 해양 쓰레기 문제를 나타내는 신문 기사의 제목이다. ✕

③ 지구 온난화 문제를 나타내는 신문 기사의 제목이다. ○
④ 미세 먼지 문제를 나타내는 신문 기사의 제목이다. ✕
⑤ 오존층 파괴 문제에 대한 신문 기사의 제목이다. ✕

06 주요 난민 발생국 현황 파악

그래프에 제시된 국가들은 서남 및 남부 아시아와 아프리카 지역에 위치한 국가로, 대부분 내전 중이거나 극심한 경제난을 겪고 있다.

① 난민은 정치적 탄압이나 내전 등 정치적 요인으로 자신이 태어난 국가를 떠나 타국으로 이주한 사람들을 말한다. 그래프에 제시된 6개국에서 2016년에 발생한 전체 난민 중 약 70%가 발생하였다. ○

대단원 종합 문제

본문 189~190쪽

01 ④	02 ②	03 ④	04 해설 참조
05 파리 협정	06 ②	07 ④	08 ③

01 주요 경제 블록에 대한 이해

경제 블록은 각 단계별로 포괄 범위가 다르다. 자유 무역 협정(FTA)은 회원국 간 관세 장벽 해소, 관세 동맹은 역외국에 대해 공동 관세율의 적용을 포괄한다. 공동 시장은 회원국 간 생산 요소의 자유로운 이동까지 가능하다. (가)는 북아메리카 자유 무역 협정(NAFTA), (나)는 남아메리카 공동 시장(MERCOSUR), (다)는 유럽 연합(EU)이다.

④ (가) 북아메리카 자유 무역 협정(NAFTA)은 자유 무역 협정으로 역내 관세가 철폐된다. (나) 남아메리카 공동 시장(MERCOSUR)은 역외 공동 관세 부과, (다) 유럽 연합(EU)은 역내 생산 요소의 자유 이동 단계에 도달하였다. 따라서 (가)는 B, (나)는 C, (다)는 D이다. ○

02 북아메리카 자유 무역 협정(NAFTA)과 남아메리카 공동 시장(MERCOSUR) 비교

(가)는 북아메리카 자유 무역 협정(NAFTA), (나)는 남아메리카 공동 시장(MERCOSUR)이다.

② 역내 경제 규모를 고려하면 (나) 남아메리카 공동 시장(MERCOSUR)은 (가) 북아메리카 자유 무역 협정(NAFTA)보다 역내 총생산이 적다. 경제 통합의 수준은 관세 동맹 단계인 (나) 남아메리카 공동 시장(MERCOSUR)이 자유 무역 협정 단계인 (가) 북아메리카 자유 무역 협정(NAFTA)보다 높다. 가톨릭교 신자 수 비중은 (나) 남아메리카 공동 시장(MERCOSUR)에 속하는 국가가 (가) 북아메리카 자유 무역 협정(NAFTA)에 속하는 국가보다 높다. 따라서 정답은 B이다. ○

03 세계 무역 환경의 변화 이해

세계 무역 기구(WTO)는 다자간 협상을 통해 무역의 자유화를 확대해 왔다. 그러나 최근 세계 무역 기구(WTO)에 의한 협상 진척이 어려워지자 당사국끼리 양자 간 협상을 통한 자유 무역 협정이 빠르게 증가하고 있다.

① 세계 무역 기구(WTO)의 출범을 통해서 국가 간의 관세 및 비관세 장벽이 낮아졌으며, 국가 간 무역과 투자가 활성화되어 다국적 기업의 활동이 활발해졌다. 그러나 세계 무역 기구(WTO)의 출범으로 국제 경쟁력이 낮은 산업을 보호하기 어려워졌다는 문제도 발생하였다. ✕
② 다자주의란 다수의 국가가 참여하여 공동의 원칙을 수립하는 제도 및 방법이다. ✕
③ 자국의 산업을 보호하기 위해 실시하고 있는 보호 무역의 정책으로는 수입 상품에 대해 세금을 부과하는 관세 정책과 수입량을 제한하는 비관세 장벽인 수입 할당제 등이 있다. ✕
④ 경제 블록은 회원국인 역내 국가와는 자유 무역을, 비회원국인 역외 국가들에 대해서는 차별 대우를 취하는 폐쇄적인 지역권이다. ○
⑤ 제시된 세 경제 블록 중에서 경제 통합 정도가 가장 높은 것은 유럽 연합(EU)으로, 단일 화폐 사용 및 공동 경제 정책 등을 실시하고 있다. ✕

04 다국적 기업의 공간적 분업 이해

문제접근 다국적 기업은 설립 초기에 자국에 기반을 두고 성장하지만 분공장, 영업 지점, 대리점 등을 세계 여러 나라로 확산시키면서 통합된 조직을 완성한다. 모국에 본사를 두고 국외 여러 지역에 분산된 지사와 생산 공장을 관리하며, 연구 및 개발 센터는 경영상 필요하다고 판단하는 곳에 설립한다. 특히, 생산 공장은 인건비가 저렴한 개발 도상국이나 현지 시장 공략을 위해 선진국에 입지하는 경우가 많다.

서술형 답안 현지 생산 공장은 인건비가 비교적 저렴한 중국, 인도네시아, 베트남 등과 넓은 판매 시장이 있는 미국, 브라질, 유럽 등에 설립되어 있다.

05 주요 환경 협약(의정서) 파악

문제접근 환경 문제가 발생하는 범위가 여러 국가에 걸쳐 있고, 전 지구적으로 영향을 미치고 있어 세계적인 연대를 위해 여러 환경 협약(의정서)이 체결되었다. 파리 협정은 2015년 파리 제21차 국제 연합(UN) 기후 변화 협약 당사국 총회에서 2020년 이후의 기후 변화 대응 전략으로 전 세계 거의 모든 국가가 온실가스 배출량 감축 목표를 설정하고 단계적으로 감축하기로 한 협약이다.

단답형 답안 파리 협정

06 세계의 주요 환경 문제 이해

(가)는 공업화가 진전된 지역 및 인근 지역에서 발생하므로 산성비의 피해가 발생하는 지역이다. (나)는 주로 건조 기후 지역에서 볼 수 있으므로 사막화 피해가 발생하는 지역이다.

① 산성비를 일으키는 오염 물질은 편서풍을 타고 주변 지역으로 이동하여 주변 국가와의 갈등을 유발한다. O
② 삼림 파괴는 산성비 피해의 결과이며, 삼림의 파괴로 가속화되고 있는 환경 문제는 지구 온난화이다. X
③ 사막화는 사막 주변 지역에서 피해 발생 빈도가 높다. O
④ 사막화의 주요 원인은 과도한 경작과 목축, 지구 온난화 등이 있다. O
⑤ 사막화 및 산성비의 피해는 국가 간 공조를 통해 줄일 수 있다. 국제 사회는 사막화를 방지하고 사막화를 겪고 있는 개발 도상국을 지원하기 위해 사막화 방지 협약을 맺었고, 산성비 문제의 해결을 위해 대기 오염의 장거리 국경 이동에 관한 제네바 협약을 체결하였다. O

07 주요 환경 협약(의정서) 파악

(가)는 습지 보존과 관련된 것으로 보아 람사르 협약임을 알 수 있다. (나)는 염화 플루오린화 탄소의 사용 규제와 관련된 것으로 보아 몬트리올 의정서임을 알 수 있다.

④ 람사르 협약(B)은 습지의 보호와 지속 가능한 이용을 목적으로 한 협약이다. 오존층 파괴 문제와 관련된 협약은 몬트리올 의정서(D)로, 1987년 오존층 파괴의 원인 물질인 염화 플루오린화 탄소(CFCs)의 사용을 규제하기 위해 체결하였다. 따라서 (가)는 B, (나)는 D이다. O

08 난민들의 국제 인구 이동 파악

인구 이동은 원인에 따라 경제적 이동, 정치적 이동, 종교적 이동으로 구분할 수 있다. 인구 이동이 발생하고 있는 지역을 살펴보면 주로 아프리카, 서남 및 남부 아시아, 라틴 아메리카 북부 지역이라는 것을 알 수 있다.

① 종교적 자유를 찾기 위한 이동 사례는 과거 영국 청교도들이 미국으로 이동한 것을 들 수 있다. X
② 지하자원을 개발하기 위한 이동 사례는 1848년에 미국의 캘리포니아에서 금광이 발견되면서 동부 지역의 사람들이 서부 지역으로 이동한 것을 들 수 있다. X
③ 지도에 나타난 이동은 정치적 탄압이나 박해, 공포 등 정치적 요인 때문에 자신이 태어난 나라를 떠나 타국으로 이주하게 된 난민들의 이동이다. O
④ 관광을 목적으로 한 일시적 이동 사례는 휴가를 즐기기 위해 유럽 북서부 지역에서 지중해 지역으로 이동하는 것을 들 수 있다. X
⑤ 경제적 요인에 의한 노동력의 이동 사례로는 일자리를 찾기 위해 개발 도상국에서 선진국으로 이동하는 것을 들 수 있다. X

신유형·수능열기

본문 191~192쪽

1 ⑤	2 ④	3 ④	4 ⑤	5 ②	6 ④
7 ④	8 ①				

1 주요 경제 블록의 특징 비교

(가)는 유럽 연합(EU), (나)는 아시아 · 태평양 경제 협력체(APEC)의 가입국을 표시한 것이다.

⑤ (나) 아시아 · 태평양 경제 협력체(APEC)은 (가) 유럽 연합(EU)보다 경제적 통합 수준이 낮고, 역내 생산 요소의 이동성이 작으며, 회원국 수가 적다. 유럽 연합(EU) 회원국은 2018년 기준 28개국이며, 아시아 · 태평양 경제 협력체(APEC)의 회원국은 21개국이다. 따라서 정답은 E이다. O

2 다국적 기업의 공간적 분업 이해

지도의 기업은 본사, 연구소, 판매 지사, 생산 공장 등이 분산되어 있는 다국적 기업이다.

ㄱ. 본사는 우리나라에 있고, 해외에 영업 및 생산 시설이 있으므로 다국적 기업임을 알 수 있다. ○
ㄴ. 교통과 통신의 발달로 다국적 기업의 입지 범위가 확대되고 있다. ○
ㄷ. 생산 공장은 중국을 비롯하여 동남아시아 지역에 밀집된 것으로 보아 대체로 저임금 노동력을 고용하기 유리한 곳에 있음을 알 수 있다. ○
ㄹ. 기업의 관리 기능을 수행하는 곳은 본사로, 공간적으로 분산되어 있지 않다. ✕

3 주요 경제 블록의 특징에 대한 이해

왜 신유형인가? 총 수출액과 총 수입액을 통해 해당 경제 블록이 어디에 속하는지 알아야 함과 동시에 각 경제 블록의 종합적인 특징을 학습해야만 문항을 해결할 수 있기에 신유형이라 할 수 있다.

총 무역액이 가장 많은 (가)는 유럽 연합(EU)이고, 총 무역액이 가장 적은 (다)는 동남아시아 국가 연합(ASEAN)이며, (나)는 북아메리카 자유 무역 협정(NAFTA)이다.

① (가) 유럽 연합(EU)은 경제적 통합의 수준이 가장 높은 완전 경제 통합의 단계에 해당한다. 하지만 모든 회원국이 유로화를 공식 화폐로 사용하는 것은 아니다. ✕
② 역외 공동 관세를 부과하는 단계는 관세 동맹이다. (나) 북아메리카 자유 무역 협정(NAFTA)은 자유 무역 협정 단계에 속한다. ✕
③ (가) 유럽 연합(EU)에 대한 설명이다. ✕
④ (가) 유럽 연합(EU)은 (나) 북아메리카 자유 무역 협정(NAFTA)보다 총 무역액에서 역내 무역액이 차지하는 비중이 높다. ○
⑤ (나) 북아메리카 자유 무역 협정(NAFTA)의 회원국은 2018년 기준 3개국이며, (다) 동남아시아 국가 연합(ASEAN)의 회원국은 10개국이다. ✕

4 주요 경제 블록의 특징 파악

지도의 A는 유럽 연합(EU), B는 걸프 협력 회의(GCC), C는 동남아시아 국가 연합(ASEAN), D는 아시아 · 태평양 경제 협력체(APEC), E는 남아메리카 공동 시장(MERCOSUR)이다.

⑤ (가)는 아시아 · 태평양 경제 협력체(APEC), (나)는 동남아시아 국가 연합(ASEAN)에 관한 설명이다. 아시아 · 태평양 경제 협력체(APEC)는 회원국들이 태평양 연안 국가라는 공통점을 제외하고는 역사 · 문화 · 경제 발전 단계 등이 모두 상이하여 역내 공동 시장을 형성하기 어려운 실정이다. 동남아시아 국가 연합(ASEAN)은 동남아시아 국가들의 상호 협력을 통한 경제적 번영과 사회 발전, 지역 평화와 안전 도모 등을 위해 결성된 지역 경제 협력체로 인도네시아, 타이, 말레이시아, 싱가포르, 필리핀 등 동남아시아 10개국이 참여하고 있다. 따라서 (가)는 D, (나)는 C이다. ○

5 세계 무역 현황의 특색 파악

지도는 세계의 무역 현황을 나타낸 것으로 화살표는 지역 내 이동과 지역 외 이동을 표시한 것이다. 화살표가 굵을수록 그 수치가 크며, 화살표가 나가는 것은 수출, 들어오는 것은 수입에 해당한다.

① 북아메리카의 가장 큰 수출 시장은 아시아 및 오세아니아이다. ✕
② 아시아 및 오세아니아는 지역 외 무역에서 북아메리카와의 무역액(1,065십억 달러+504십억 달러=1,569십억 달러)보다 서유럽과의 무역액(900십억 달러+738십억 달러=1,638십억 달러)이 더 많다. ○
③ 남아메리카는 북아메리카와의 무역에서 수입액(214십억 달러)이 수출액(173십억 달러)보다 많으므로 적자를 기록하고 있다. ✕
④ 서유럽은 지역 내 무역액이 4,665십억 달러로 지역 외 무역액을 모두 합친 것보다 많다. ✕
⑤ 아프리카의 지역 내 무역액은 98십억 달러, 동유럽 지역 내 무역액은 131십억 달러로 동유럽이 아프리카보다 많다. ✕

6 퍼머 가뭄 지수 파악

가뭄 지수를 통하여 지구 온난화를 확인할 수도 있다. 가뭄 지수는 인간 생활이나 동식물 생육에 피해를 가져올 정도로 강수량 부족이 장기화되는 현상을 수치로 나타낸 것이다. 지구 온난화로 인하여 일부 지역에서는 가뭄이 심화되고 있다.

ㄱ. 고위도로 갈수록 가뭄 지수의 수치가 낮아지지 않는다. ✕
ㄴ. 유럽이 아시아보다 가뭄 지수가 낮은 것으로 보아 가뭄이 심화될 것이다. ○
ㄷ. 가뭄 지수의 수치가 클수록 습윤한 지역이며, 작을수록 극심한 가뭄 지역이다. ✕
ㄹ. 지중해성 기후 지역은 대체로 가뭄 지수가 낮다. ○

7 국가별 이산화 탄소 배출량 비교

지도에 표시된 국가는 중국, 미국, 인도, 러시아, 일본, 독일, 한국, 이란, 캐나다, 사우디아라비아이다.

④ 지도는 2015년 기준 1위~10위까지의 이산화 탄소 배출량을 국가별로 나타낸 것이다. 이산화 탄소 배출량이 많은 국가는 대체로 인구가 많은 국가, 산업화된 국가, 난방용 에너지의 사용량이 많은 국가 등이다. ○

8 세계의 주요 난민 발생국의 이해

왜 신유형인가? 난민 수 상위 10개국의 위치와 특징을 종합적으로 학습해야만 문항을 해결할 수 있기에 신유형이라 할 수 있다.

난민은 인종, 종교 또는 정치적 · 사상적 차이로 인한 박해를 피해 외국이나 다른 지역으로 탈출하는 사람을 뜻한다.

① 갑. (가)는 시리아로, 난민 수가 가장 많다. 미얀마는 불교 국가이지만 로힝야족은 이슬람교를 믿는 민족이다. 미얀마 정부는 이들을 방글라데시에서 온 불법 이주자로 규정하고, 이들에 대한 배척과 탄압 정책을 시행해 왔다. 난민 수 상위 10개국은 모두 아시아와 아프리카에 위치해 있다. 난민 수 상위 10개국 중 시리아, 아프가니스탄, 미얀마는 아시아 국가로 나머지 아프리카 국가의 난민 수보다 많다. 따라서 모두 옳은 진술이므로 정답은 갑이다. ○

인용 사진 출처

국사편찬위원회 11쪽(혼일강리역대국도지도(부분도))
나사 홈페이지 127쪽(아랄해의 면적 변화(2000년, 2018년))

북앤포토 6쪽(뉴욕의 지역 브랜드 I♥NY), 6쪽(피자에 나타난 글로컬라이제이션), 9쪽(빵 대신 쌀로 만든 '번'에 닭고기나 소고기를 넣어 만든 햄버거), 9쪽(빵 대신 전통 '난'에 양고기와 채소를 넣어 만든 햄버거), 17쪽(바인 미), 37쪽(툰드라 기후 지역의 연못), 41쪽(한대 기후 지역의 고상 가옥), 44쪽(석회 동굴), 45쪽(뤄핑의 돌리네(나사전)), 50쪽(슬로베니아의 포스토이나 동굴), 50쪽(응고롱고로), 50쪽(이탈리아 베수비오 화산 지역의 포도밭), 50쪽(칠레의 추키카마타 구리 광산), 51쪽(독일 바덴해 갯벌), 98쪽(아오자이), 98쪽(치파오), 99쪽(고상 가옥(말레이시아)), 99쪽(고상 가옥(말레이시아)), 99쪽(나시고렝(인도네시아)), 99쪽(나시고렝), 99쪽(사합원(중국 화북 지방)), 99쪽(사합원(중국 화북 지방)), 99쪽(카오팟(타이)), 106쪽(인도네시아 국장), 109쪽(중국의 위구르족), 113쪽(나시고렝), 113쪽(팟타이), 114쪽(티베트 뗀뚝), 118쪽(카자흐 초원), 120쪽(스프링클러 농업(사우디아라비아)), 120쪽(태양열 발전소(모로코의 와르자자트)), 121쪽(이란의 바드기르), 123쪽(바드기르), 123쪽(원형 경작지), 126쪽(기후(환경) 난민(소말리아)), 132쪽(베두인족의 빵), 132쪽(베두인족의 이동식 가옥), 132쪽(베두인족의 전통 복장), 136쪽(녹색 숲 사업), 136쪽(모래 방지벽), 187쪽(불 꺼진 에펠 탑), 187쪽(불 켜진 에펠 탑), 부록 9쪽(건조 지형의 선상지), 부록 9쪽(건조 지형의 와디),

아이엠서치 39쪽(버섯바위), 44쪽(석회화 단구), 44쪽(주상절리), 45쪽(탑 카르스트(구이린)), 45쪽(탑 카르스트(중국 구이린)), 50쪽(뉴질랜드 북섬의 간헐천), 50쪽(아이슬란드의 지열 발전소), 50쪽(영국의 자이언트 코즈웨이), 51쪽(프랑스 노르망디 해변), 55쪽(세인트헬레스산(미국)), 62쪽(사우디아라비아 국기), 62쪽(아일랜드 국기), 62쪽(타이 국기), 90쪽(메카의 카바 신전), 90쪽(미얀마의 쉐다곤 파고다), 98쪽(합장 가옥), 99쪽(수상 가옥(미얀마)), 99쪽(스시(일본)), 99쪽(스시), 99쪽(퍼(베트남)), 99쪽(퍼), 101쪽(퍼), 114쪽(파인애플 볶음밥), 118쪽(아틀라스산맥), 부록 6쪽(인도네시아의 전통 가옥), 부록 6쪽(몽골의 게르), 부록 8쪽(건조 기후 지역의 흙집), 부록 8쪽(버섯바위), 부록 14쪽(독일 쾰른 성당(크리스트교)), 부록 14쪽(미얀마 쉐다곤 파고다(불교)), 부록 14쪽(인도 스리미낙시 사원(힌두교)), 부록 14쪽(튀르키예 블루모스크(이슬람교))

파노라미오 55쪽(멕시코 제비동굴)

https://commons.wikimedia.org/wiki/File:Mesquite_Sand_Dunes.JPG, Daniel Mayer/ CC BY-SA 3.0 부록 9쪽(건조 지형의 사구)

Memo

Memo

Memo

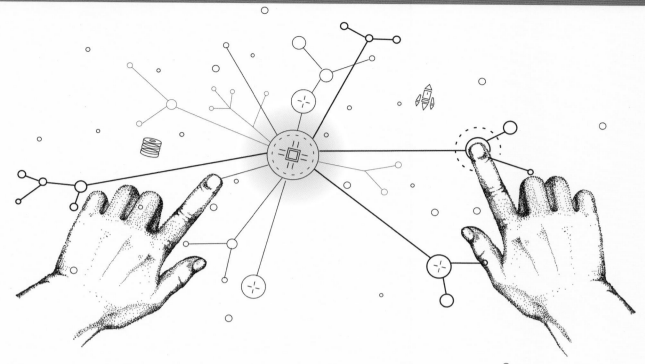

학교시험 대비 활용 방법

- 우리학교 교과서를 확인한다.
- 개념완성에 수록된 교과서 조견표를 확인한다.
- 시험범위 '비법 노트' 와 '모의 중간/기말고사' 로 공부한다.

EBS

개념완성

사회탐구영역

세계지리

정답과 해설

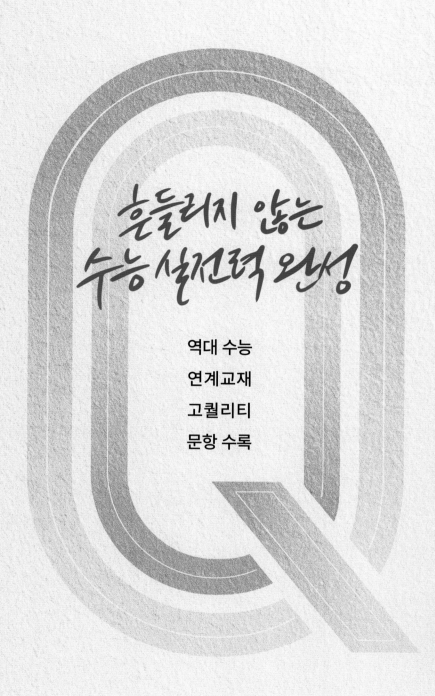

고1~2, 내신 중점

구분	고교 입문		기초	기본	특화	단기
국어	고등예비 과정	내 등급은?	윤혜정의 개념의 나비효과 입문 편 + 워크북 어휘가 독해다! 수능 국어 어휘	기본서 올림포스	국어 특화 국어 독해의 원리 국어 문법의 원리	단기 특강
영어			정승익의 수능 개념 잡는 대박구문 주혜연의 해석공식 논리 구조편	올림포스 전국연합 학력평가 기출문제집	영어 특화 Grammar POWER Listening POWER Reading POWER Voca POWER 영어 특화 고급영어독해	
수학			기초 50일 수학 + 기출 워크북 매쓰 디렉터의 고1 수학 개념 끝장내기	유형서 올림포스 유형편	고급 올림포스 고난도 수학 특화 수학의 왕도	
한국사 사회				기본서 개념완성	고등학생을 위한 多담은 한국사 연표	
과학			50일 과학	개념완성 문항편	인공지능 수학과 함께하는 고교 AI 입문 수학과 함께하는 AI 기초	

과목	시리즈명	특징	난이도	권장 학년
전 과목	고등예비과정	예비 고등학생을 위한 과목별 단기 완성		예비 고1
국/영/수	내 등급은?	고1 첫 학력평가 + 반 배치고사 대비 모의고사		예비 고1
	올림포스	내신과 수능 대비 EBS 대표 국어·수학·영어 기본서		고1~2
	올림포스 전국연합학력평가 기출문제집	전국연합학력평가 문제 + 개념 기본서		고1~2
	단기 특강	단기간에 끝내는 유형별 문항 연습		고1~2
한/사/과	개념완성&개념완성 문항편	개념 한 권 + 문항 한 권으로 끝내는 한국사·탐구 기본서		고1~2
국어	윤혜정의 개념의 나비효과 입문 편 + 워크북	윤혜정 선생님과 함께 시작하는 국어 공부의 첫걸음		예비 고1~고2
	어휘가 독해다! 수능 국어 어휘	학평·모평·수능 출제 필수 어휘 학습		예비 고1~고2
	국어 독해의 원리	내신과 수능 대비 문학·독서(비문학) 특화서		고1~2
	국어 문법의 원리	필수 개념과 필수 문항의 언어(문법) 특화서		고1~2
영어	정승익의 수능 개념 잡는 대박구문	정승익 선생님과 CODE로 이해하는 영어 구문		예비 고1~고2
	주혜연의 해석공식 논리 구조편	주혜연 선생님과 함께하는 유형별 지문 독해		예비 고1~고2
	Grammar POWER	구문 분석 트리로 이해하는 영어 문법 특화서		고1~2
	Reading POWER	수준과 학습 목적에 따라 선택하는 영어 독해 특화서		고1~2
	Listening POWER	유형 연습과 모의고사·수행평가 대비 올인원 듣기 특화서		고1~2
	Voca POWER	영어 교육과정 필수 어휘와 어원별 어휘 학습		고1~2
	고급영어독해	영어 독해력을 높이는 영미 문학/비문학 읽기		고2~3
수학	50일 수학 + 기출 워크북	50일 만에 완성하는 초·중·고 수학의 맥		예비 고1~고2
	매쓰 디렉터의 고1 수학 개념 끝장내기	스타강사 강의, 손글씨 풀이와 함께 고1 수학 개념 정복		예비 고1~고1
	올림포스 유형편	유형별 반복 학습을 통해 실력 잡는 수학 유형서		고1~2
	올림포스 고난도	1등급을 위한 고난도 유형 집중 연습		고1~2
	수학의 왕도	직관적 개념 설명과 세분화된 문항 수록 수학 특화서		고1~2
한국사	고등학생을 위한 多담은 한국사 연표	연표로 흐름을 잡는 한국사 학습		예비 고1~고2
과학	50일 과학	50일 만에 통합과학의 핵심 개념 완벽 이해		예비 고1~고1
기타	수학과 함께하는 고교 AI 입문/AI 기초	파이선 프로그래밍, AI 알고리즘에 필요한 수학 개념 학습		예비 고1~고2